한국사

파워특강
한국사

개정1판 발행	2024년 04월 17일
개정2판 발행	2025년 01월 17일

편 저 자 | 공무원시험연구소

발 행 처 | (주)서원각

등록번호 | 1999-1A-107호

주　　소 | 경기도 고양시 일산서구 덕산로 88-45(가좌동)

교재주문 | 031-923-2051

팩　　스 | 031-923-3815

교재문의 | 카카오톡 플러스친구 [서원각]

홈페이지 | www.goseowon.co.kr

Preface

2000년대 들어와서 꾸준히 이어지던 공무원 시험의 인기는 현재도 변함이 없으며 9급 공무원 시험 합격선이 예년에 비해 상승하고 높은 체감 경쟁률도 보이고 있습니다.

최근의 공무원 시험은 과거와는 달리 단편적인 지식을 확인하는 수준의 문제보다는 기본 개념을 응용한 수능형 문제, 또는 과목에 따라 매우 지엽적인 영역의 문제 등 다소 높은 난도의 문제가 출제되는 경향을 보입니다. 그럼에도 불구하고 합격선이 올라가는 것은 그만큼 합격을 위한 철저한 준비가 필요하다는 것을 의미합니다.

한국사는 최근으로 올수록 제시된 사료를 해석하여 역사적 사건을 정확히 알아내고 유추하여 해결하는 문제와 역사적 사건의 흐름을 파악하는 문제가 주로 출제되고 있습니다. 따라서 핵심이론을 흐름에 맞춰 이해하고 다양한 유형의 문제들을 풀어보는 한편, 자주 출제되는 사료에 익숙해져야 합니다. 또한 다른 과목들처럼 기출문제와 비슷한 유형의 문제가 반복적으로 출제되므로 기출문제 분석을 통해 실제 시험유형을 파악하는 것이 중요합니다. 마지막으로 최근 출제빈도가 높아지고 있는 중세~근세 정치·경제활동 영역에 대한 철저한 준비가 필요합니다.

본서는 광범위한 내용을 체계적으로 정리하여 수험생으로 하여금 보다 효율적인 학습이 가능하도록 구성하였습니다. 핵심이론에 더해 해당 이론에서 출제된 기출문제를 수록하여 실제 출제경향 파악 및 중요 내용에 대한 확인이 가능하도록 하였으며, 출제 가능성이 높은 다양한 유형의 예상문제를 단원평가로 수록하여 학습내용을 점검할 수 있도록 하였습니다.

신념을 가지고 도전하는 사람은 반드시 그 꿈을 이룰 수 있습니다. 서원각 파워특강 시리즈와 함께 공무원 시험 합격이라는 꿈을 이룰 수 있도록 열심히 응원하겠습니다.

Structure

step 1

핵심이론 정리

방대한 양의 기본이론을 체계적으로 정리하여 필수적인 핵심이론을 담았습니다. 한국사를 정치·경제·사회·문화로 분류하여 한국사 시험에서 가장 중요한 시대별 변화와 그 흐름을 쉽게 파악할 수 있습니다. 서원각만의 빅데이터로 구축된 빈출 사료를 수록하여 이론 학습과 동시에 문제 출제 포인트 파악이 가능합니다.

step 2

기출문제 파악

공무원 시험에서 가장 중요한 것은 기출 동향을 파악하는 것입니다. 이론정리와 기출문제를 함께 수록하여 개념이해와 출제경향 파악이 즉각적으로 이루어지도록 구성했습니다. 이를 통해 문제에 대한 이해도와 해결능력을 동시에 향상시켜 학습의 효율성을 높였습니다.

step3

예상문제 연계

문제가 다루고 있는 개념과 문제 유형, 문제 난도에 따라 엄선한 예상문제를 수록하여 문제풀이를 통해 기본개념과 빈출이론을 다시 한 번 학습할 수 있도록 구성하였습니다. 예상문제를 통해 응용력과 문제해결능력을 향상시켜 보다 탄탄하게 실전을 준비할 수 있습니다.

step 4

최신 기출분석

기출문제를 단원별로 수록하였습니다. 최신 기출 동향을 파악하고 학습된 이론을 기출과 연계하여 정리할 수 있습니다.

step 5

반복학습

반복학습은 자신의 약점을 보완하고 학습한 내용을 온전히 자기 것으로 만드는 과정입니다. 반복학습을 통해 이전 학습에서 확실하게 깨닫지 못했던 세세한 부분까지 철저히 파악하여 보다 완벽하게 실전에 대비할 수 있습니다.

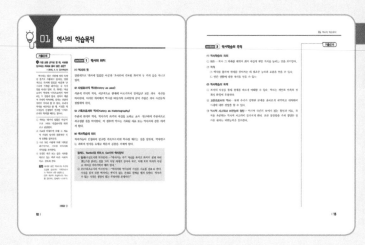

1. 이론 정리
한국사 핵심이론을 이해하기 쉽게 체계적으로
요약하여 정리했습니다.

2. 기출문제 연계
이론학습이 기출문제 풀이와 바로 연결될 수 있
도록 이론과 기출문제를 함께 수록하였습니다.

3. 포인트 팁
학습의 포인트가 될 수 있는 중요 내용을 한눈
에 파악할 수 있도록 구성하였습니다.

1. 단원별 예상문제
기출문제 분석을 통해 예상문제를 엄선하여 다
양한 유형과 난도로 구성하였습니다.

2. 핵심을 콕!
핵심이론을 반영한 문제 구성으로 앞서 배운
이론복습과 실전대비가 동시에 가능합니다.

3. 친절한 해설
수험생의 빠른 이해를 돕기 위해 세심하고 친
절한 해설을 담았습니다.

1. 포인트 팁
학습의 포인트가 될 수 있는 중요 내용을 한눈
에 파악할 수 있도록 구성하였습니다.

Contents

03 통치구조와 정치활동

04 경제구조와 경제활동

Contents

07 근현대사의 흐름

01

한국사의 바른이해

01 역사의 학습목적

기출문제

🔵 다음 글을 근거로 할 때, 사료를 탐구하는 자세로 옳지 않은 것은?

▶ 2016. 4. 9. 인사혁신처

역사라는 말은 사람에 따라 다양한 뜻으로 사용되고 있지만, 일반적으로 '과거에 있었던 사실'과 '조사되어 기록된 과거'라는 두 가지 뜻을 지니고 있다. 즉, 역사는 '사실로서의 역사'와 '기록으로서의 역사'라는 두 측면이 있다. 전자가 객관적 의미의 역사라면, 후자는 주관적 의미의 역사라 할 수 있다. 우리가 역사를 배운다고 할 때, 이것은 역사가들이 선정하여 연구한 '기록으로서의 역사'를 배우는 것이다.

① 사료는 '과거에 있었던 사실'이므로 그대로 '사실로서의 역사'라고 판단한다.
② 사료를 이해하기 위해 그 사료가 기록된 당시의 전반적인 시대 상황을 살펴본다.
③ 사료 또한 사람에 의해 '기록된 과거'이므로, 기록한 역사가의 가치관을 분석한다.
④ 동일한 사건 또는 같은 시대를 다루고 있는 여러 다른 사료와 비교·검토해 본다.

> **Tip** 제시된 글은 역사가의 주관적 입장을 강조하는 '기록으로서의 역사'에 대한 관점이다. ①은 객관적 사실로서의 역사를 강조하는 랑케의 사관이다.

정답 ①

section 1 역사의 의미

(1) 역사의 뜻

일반적으로 '과거에 있었던 사실'과 '조사되어 기록된 과거'의 두 가지 뜻을 지니고 있다.

(2) 사실로서의 역사(history as past)

객관적 의미의 역사, 시간적으로 현재에 이르기까지 일어났던 모든 과거 사건을 의미한다. 이러한 의미에서 역사란 바닷가의 모래알과 같이 수많은 과거 사건들의 집합체가 된다.

(3) 기록으로서의 역사(history as historiography)

주관적 의미의 역사, 역사가가 과거의 사실을 토대로 조사·연구하여 주관적으로 재구성한 것을 의미한다. 이 경우의 역사는 기록된 자료 또는 역사서와 같은 의미가 된다.

(4) 역사학습의 의미

역사가들이 선정하여 연구한 기록으로서의 역사를 배우는 것을 말한다. 역사연구는 과학적 인식을 토대로 학문적 검증을 거쳐야 한다.

> **랑케(L. Ranke)와 카(E.H. Carr)의 역사인식**
> ① 랑케(사실로서의 역사인식) … "역사가는 자기 자신을 죽이고 과거가 본래 어떠했는가를 밝히는 것을 그의 지상 과제로 삼아야 하고, 이때 오직 역사적 사실로 하여금 이야기하게 해야 한다."
> ② 카(기록으로서의 역사인식) … "역사가와 역사상의 사실은 서로를 필요로 한다. 사실을 갖지 못한 역사가는 뿌리가 없는 존재로 열매를 맺지 못한다. 역사가 없는 사실은 생명이 없는 무의미한 존재이다."

section 2 역사학습의 목적

(1) 역사학습의 의의

① 의미 … 역사 그 자체를 배워서 과거 사실에 대한 시식을 늘리는 것을 의미한다.

② 의의

  ⊙ 역사를 통하여 현재를 살아가는 데 필요한 능력과 교훈을 얻을 수 있다.

  ⓒ 인간 생활에 대한 지식을 얻을 수 있다.

(2) 역사학습의 목적

① 과거의 사실을 통해 현재를 바르게 이해할 수 있다. 역사는 개인과 민족의 정체성 확립에 유용하다.

② **교훈으로서의 역사** … 현재 우리가 당면한 문제를 올바르게 파악하고 대처하여 미래에 대한 전망을 할 수 있다.

③ **역사적 사고력과 비판능력 함양** … 역사적 사건의 보이지 않는 원인과 의도, 목적을 추론하는 역사적 사고력이 길러지게 된다. 또한 잘잘못을 가려 정당한 평가를 내리는 비판능력을 길러준다.

1 보기의 주장과 역사가의 입장이 유사하게 짝지어져 있는 것은?

> ㉠ 역사는 객관적 사건들의 집합이다.
> ㉡ 역사는 역사가에 의해 쓰인다.
> ㉢ 역사가는 과거와 현재의 대화이다.
> ㉣ 역사가는 과거의 사실만을 밝혀내야 한다.

	랑케		카
①	㉠, ㉡		㉢, ㉣
②	㉠, ㉢		㉡, ㉣
③	㉠, ㉣		㉡, ㉢
④	㉡, ㉢		㉠, ㉣

 Point

㉠, ㉣은 사실로서의 역사적 견해이므로 랑케의 주장과 유사하고 ㉡, ㉢은 기록으로서의 역사적 견해이므로 카의 주장과 유사하다.

2 역사에 대한 설명으로 옳지 않은 것은?

① '기록으로서의 역사'에는 역사가의 주관이 개입되면 안 된다.
② 역사를 통하여 현재를 살아가는데 필요한 삶의 지혜와 교훈을 얻을 수 있다.
③ 사료와 역사적 진실이 반드시 일치하는 것은 아니므로 사료 비판이 필요하다.
④ '사실로서의 역사'란 과거에 존재했던 모든 사실과 사건을 의미한다.

 Point

기록으로서의 역사란 과거의 사실 중에 역사가의 조사와 연구과정을 거쳐 역사적으로 의미가 있는 사실만을 뽑아 주관적으로 재구성한 것을 의미한다. 따라서 역사가의 주관이 개입된다.

3 다음에서 설명하는 역사가의 입장과 관련 있는 것은?

> 역사는 '과거와 현재의 대화'이다. 역사학습이야말로 과거 세계와 현재 인간의 대화에 의한 만남의 광장이다. 우연한 만남이 아니라, 역사적 실천을 목적으로 하는 만남인 것이다. 역사학습은 과거 사실로서의 역사를 바르게 이해하는 데에서 출발하나, 궁극적으로는 현재를 살고 있는 우리들의 성장을 기약하는 것이다.

① 랑케의 역사적 입장이다.
② 역사가는 있는 그대로의 사실을 밝혀내려고 노력해야 한다.
③ 역사가와 역사상의 사실은 서로를 필요로 한다.
④ 역사가는 자기 자신을 죽이고 과거가 본래 어떠했는지 밝혀내는 것을 우선으로 해야 한다.

Point
제시된 글의 '과거와 현재의 대화'라는 부분으로 보아 'EH'의 역사적 입장임을 알 수 있다.
①, ②, ④ 역사의 의미를 과거에 있었던 사실로서 인식하는 역사관이다.

4 역사적 사실은 '현재적 입장에서 재해석해야 한다'는 입장과 일치하는 역사학습의 과정이 아닌 것은?

① 임진왜란이 한국과 일본의 외교관계에 끼친 영향을 조사한다.
② 동학농민운동 중 농민들이 주장한 폐정개혁안과 갑오개혁의 홍범 14조를 비교, 분석한다.
③ 일제강점기에 일본이 토지조사사업을 통해 수탈한 토지의 면적을 알아본다.
④ 실학자들이 주장한 개혁안들이 정책에 반영되었다면 어떤 변화가 나타났을까 가정한다.

Point
현재주의적 관점에서 역사가의 태도는 역사가가 객관적일 수 없으며, 현재의 관점에서 과거의 사실을 재해석해야 한다는 입장이다.
③ 객관적인 사실로서 역사가가 재해석한 것이라고 보기 어렵다.

Answer 1.③ 2.① 3.③ 4.③

5 다음 중 역사와 역사학에 관한 내용으로 옳지 않은 것은?

① 역사라는 말은 '사실로서의 역사'와 '기록된 사실'이라는 두 측면의 의미가 있다.

② 역사학의 주된 관심은 인간활동의 구조적 측면을 연구하는 데 있다.

③ 사료의 해석은 역사가의 사관이나 역사의식이 주관적으로 작용되기도 한다.

④ 역사는 변화적 측면을 연구하는 학문활동이기 때문에 역사과학으로 정의하기도 한다.

 Point

② 역사학은 인간활동의 변화적 측면에 관심을 가진다. 하지만 사회과학은 구조적 측면의 연구에 주목한다.

Answer 5.②

02 한국사와 세계사

section 1 한국사의 보편성과 특수성

(1) 세계사적 보편성

국가와 민족을 초월한 전세계 인류의 공통성을 말한다. 동물이나 식물과 다른 인간 고유의 생활모습과 자유, 평등, 박애, 평화, 행복 등 공통적인 이상을 추구하는 것을 말한다.

(2) 민족의 특수성

인간이 살아가는 지역의 고유한 자연환경과 역사 경험을 통해 다양한 언어, 풍속, 종교, 예술, 사회제도가 창출되는 것을 말한다. 이는 교통과 통신이 발달하지 못했던 근대 이전에 두드러졌다. 이에 세계를 몇 개의 문화권으로 나누기도 하고 하나의 문화권 안에서 민족 문화의 특수성을 추출하기도 한다.

Point 팁 보편성과 특수성
　　㉠ 보편성: 모든 것에 두루 미치거나 통하는 성질, 일반성
　　㉡ 특수성: 사물의 특수한 성질, 특이성

(3) 우리 민족사의 발전

우리 민족은 국토의 자연환경을 효과적으로 활용하여 다양한 민족과 국가들과 문물을 교류하면서 내재적인 변화와 발전을 이룩하였다.

① 우리 역사의 보편성 … 자유와 평등, 민주와 평화 등 전인류의 공통적 가치를 추구해 왔다.

② 우리 민족의 특수성 … 단일민족국가의 전통을 유지해오고 있다. 국가에 대한 충성과 부모에 대한 효도가 중시되고, 두레·계·향도와 같은 공동체조직이 발달하였다.

Point 팁 우리나라 불교와 유교의 특수성 … 불교는 현세 구복적이며 호국적인 성향이 매우 강하였고, 유교는 삼강오륜의 덕목 중에서 나라에 대한 의리를 강조하였다.

(4) 한국사의 이해

우리 민족의 역사적 삶의 특수성을 이해하고 그 가치를 깨우치는 것이어야 한다. 우리 역사와 문화의 특수성에 대한 이해는 한국사를 바르게 인식하는 데 기초가 될 뿐만 아니라 우리가 민족적 자존심을 잃지 않고 세계문화에 공헌하는 데에도 필요하다.

section 2 민족문화의 이해

(1) 민족문화의 형성

① **선사시대** … 아시아 북방문화와 연계되는 문화를 형성하였다. 조상들의 슬기와 노력으로 다른 어느 민족의 그것과도 구별되는 특수성을 지니고 있으면서도 보편적 가치를 추구해 왔다.

② **고대사회** … 중국 문화와 깊은 연관을 맺으면서 독자적인 고대문화를 발전시켰다.

③ **고려시대** … 불교를 정신적 이념으로 채택하였다.

④ **조선시대** … 삼강오륜과 같은 유교적 가치를 중시하였다.

(2) 민족문화의 발전

① 튼튼한 전통문화의 기반 위에서 민족적 특수성을 유지하고 한국 문화의 개성을 확립하였다.

② 외래 문화를 주체적으로 수용하여 세계사적 보편성을 추구하였다.

(3) 세계화시대의 역사의식

안으로는 민족주체성을 견지하되, 밖으로는 외부세계의 변화에 적극적으로 대응하는 개방적 민족주의에 기초하여야 한다. 아울러 인류 사회의 평화와 복리 증진 등 인류 공동의 가치를 추구하는 진취적 역사정신이 세계화시대에 요구되는 사고라 할 수 있다.

1 다음 중 우리나라 역사의 특수성이 아닌 것은?

① 호국불교적인 성격이 강했다.
② 독자적인 고대 문화를 발전 시켰다.
③ 유교적 가치를 중요하게 여겼다.
④ 농사를 짓고 무리생활을 하였다.

　　농사를 짓고 무리생활을 하는 것은 신석기시대 인간이 가진 보편적인 특징 중 하나이다. 따라서 우리나라 역사만의 특이점이
　　라고 할 수 없다.

2 다음 중 올바르게 한국사를 이해하는 방법은?

① 우리나라의 역사는 다른 나라의 역사와 완전히 다르므로 특수성의 논리에만 충실해야 한다.
② 다른 나라의 시선에서만 우리나라 역사를 제대로 이해할 수 있다.
③ 우리나라 역사의 특수성만이 가치가 있는 것이다.
④ 특수한 우리나라의 역사를 이해하여 세계사적 보편가치를 찾아낸다.

　　올바르게 한국사를 이해하는 방법은 우리 민족의 역사적 삶의 특수성과 세계사적 보편성을 함께 이해하는 것이다.

Answer　1.④　2.④

3 한국사가 세계사의 조류에 합류하기 시작한 것은 언제부터인가?

① 고려시대 이후
② 임진왜란 이후
③ 강화도조약 이후
④ 광복 이후

우리 민족사가 세계사의 조류에 합류하기 시작한 것은 1876년 강화도조약을 통해 문호를 개방한 이후부터였다.

4 다음 중 한국사의 이해와 관련이 없는 것은?

① 한국인의 역사적 삶의 특수성을 인식하고 그 가치를 높게 인식하여야 한다.
② 우리의 역사를 교조주의의 틀에 맞추어 해석하고 서술해서는 안된다.
③ 우리의 역사를 옳게 이해하고 연구하기 위해서 세계사적 보편성의 논리에만 충실해야 한다.
④ 한국사의 특수성을 바르게 이해하려면 세계사적 보편성에도 관심을 가지고 이해의 폭을 넓혀야 한다.

③ 우리의 역사를 바르게 이해하기 위해서는 한국사 전개의 특수성을 옳게 인식하고 그 바탕 위에서 세계사적 보편성과 잘 조화되도록 하여야 한다.

5 다음 글의 요지를 가장 바르게 설명한 것은?

> 한국의 불교는 현세구복적이고 호국적인 성향이 남달리 강하였다. 또한 한국의 유교는 삼강오륜의 덕목 중에서도 충·효·의가 강조되었는데, 이는 우리 조상이 가족질서에 대한 헌신과 국가수호, 그리고 사회정의 실현에 특별한 관심을 가졌음을 보여 주는 것으로, 중국의 유학이 인(仁)을 중심 개념으로 설정하고, 사회적 관용을 존중하는 것과 대비된다고 볼 수 있다.

① 우리 문화는 세계사적 보편성과 무관하다.
② 한국인들은 자신들만의 고유 문화를 발전시켰다.
③ 우리 문화에는 보편성과 특수성이 함께 나타난다.
④ 세계 문화의 흐름이 우리 민족문화에도 그대로 나타난다.

Point

유교와 불교는 동아시아 문화권이라 불릴 정도로 중국, 일본 등과의 공통적인 문화요소이다. 이러한 문화는 동아시아 삼국에 전파되어 각각 발달하면서 그 지역의 역사적 조건과 고유문화에 따라 독특한 모습을 띠게 되었다.
①② 모든 민족의 역사에는 보편성과 특수성이 함께 존재한다.
④ 문화는 생활양식의 총체로, 그 지역 사람들의 생활 속에서 주체적으로 수용된다.

02

선사시대의 문화와 국가의 형성

01 선사시대의 전개

기출문제

문 선사시대에 대한 설명으로 옳지 않은 것은?

▶ 2010. 4. 10. 행정안전부

① 석기 시대에는 무리 중에서 경험이 많고 지혜로운 사람이 지도자가 되었으나 권력을 가지지는 못했다.

② 신석기 시대의 대표적인 토기는 빗살무늬 토기이지만 이보다 앞선 시기의 토기도 발견되고 있다.

③ 신석기 시대의 부족은 혈연을 바탕으로 한 씨족을 기본 구성 단위로 하였다.

④ 구석기 시대의 대표적인 사냥 도구로는 긁개, 밀개 등이 있다.

Tip ④ 긁개와 밀개는 구석기시대의 조리 도구이다. 사냥도구로는 주먹도끼와 슴베찌르개 등이 있다.

┃정답 ④

section 1 선사시대의 세계

(1) 인류의 기원

① **오스트랄로피테쿠스(남방원숭이)** … 약 300만~350만 년 전에 출현한 최초의 인류로 직립보행을 하였다. 두 손으로 간단하고 조잡한 도구를 사용할 수 있었고, 아프리카 동남부지역에서 발견되었다.

② **호모 하빌리스(능력 있는 사람)** … 약 200만 년 전에 출현하였고, 도구를 만들어 쓴 최초의 인간이다. 아프리카의 남·동부에서 발견되었다(구석기 시대).

③ **호모 에렉투스(곧선 사람)** … 약 70만 년 전에 출현하였고, 직립인간으로 자바원인, 북경원인, 하이델베르크인이 대표적이다. 불을 사용하였고, 사냥과 채집활동을 하였다.

④ **호모 사피엔스(슬기 사람)** … 약 20만 년 전에 출현하였고, 네안데르탈인으로 여러 종류의 석기 제작 및 시체매장풍습이 있었다.

⑤ **호모 사피엔스 사피엔스(슬기 슬기 사람)** … 약 4만 년 전에 출현하였고, 체질상의 특징이 오늘날의 인류와 거의 같으며 현생 인류(크로마뇽인)의 직계조상으로 추정되고 있다.

Point 팁 인류의 진화요인
ⓐ 직립보행 : 도구 사용 가능, 두뇌용량의 커짐 → 지능 발달
ⓑ 언어의 사용 : 의사소통 → 경험의 공유, 문화의 발전

(2) 신석기 문화와 청동기 문명의 발생

① **신석기 문화**

ⓐ 농경과 목축이 시작되었으며, 간석기와 토기를 처음으로 사용하였다.

ⓑ 정착생활을 하였으며, 촌락 공동체가 형성되었다.

ⓒ 채집경제(수렵, 어로, 채집)에서 생산경제(농경, 목축)로 전환되면서 인류의 생활양식이 크게 변하였다.

ⓓ 신석기 혁명

• 지역 : 중동의 비옥한 초승달 지대, 중국, 동남아시아 등지에서 시작되었다.

• 의의 : 수렵·채집에만 의존하던 인류가 농경과 목축이라는 전혀 새로운 차원의 경제활동을 전개하여 여러 가지 사회문화적 발전을 이루었다.

② 청동기 문명의 발생

　　㉠ 기원전 3,000년경을 전후하여 4대 문명이 형성되었다(메소포타미아의 티그리스강과 유프라테스강, 이집트의 나일강, 인도의 인더스강, 중국의 황허강 유역).

　　㉡ 청동기 시대에는 관개농업이 발달하고, 청동기가 사용되었으며, 도시가 출현하고, 문자를 사용하고, 국가가 형성되었다.

Point 팁 선사시대와 역사시대

　　㉠ 선사시대 : 문자를 사용하지 못한 구석기, 신석기 시대를 말한다.

　　㉡ 역사시대 : 문자를 사용한 청동기 시대 이후로, 우리나라는 철기 시대부터 문자를 사용한 것으로 추정된다.

section 2 우리나라의 선사시대

(1) 우리 민족의 기원

① **우리 민족의 형성** … 우리 조상들은 만주와 한반도를 중심으로 동북아시아에 넓게 분포하였다. 신석기 시대부터 청동기 시대를 거쳐 민족의 기틀이 형성되었다.

② **동방문화권의 형성** … 인근 문화권과 교류하면서 독자적인 문화를 형성하였다.

③ **우리 민족의 특징**

　　㉠ 인종상으로 황인종에 속하고, 언어학상으로 알타이어족과 가까운 관계에 있다.

　　㉡ 우리 민족은 오래전부터 하나의 민족 단위를 형성하고 농경생활을 바탕으로 독자적인 문화를 이룩하였다.

(2) 구석기 시대의 유물과 유적

① **시작** … 우리나라와 그 주변지역에 구석기 시대 사람들이 살기 시작한 것으로 약 70만 년 전부터이다.

② **시대구분**(석기를 다듬는 방식에 따라 세 시기로 구분)

　　㉠ **전기 구석기** : 한 개의 큰 석기를 여러 용도에 사용하였고 찍개, 주먹도끼 등이 대표적이다(평남 상원 검은모루 동굴, 경기도 연천 전곡리).

　　㉡ **중기 구석기** : 큰 몸돌에서 떼어낸 돌 조각인 격지를 이용해 작은 석기를 제작하였고 밀개, 긁개, 찌르개 등이 대표적이다(웅기 굴포리).

　　㉢ **후기 구석기** : 쐐기 같은 것을 대고 같은 형태의 돌날격지 여러 개를 제작하였다(충남 공주 석장리, 단양 수양개).

기출문제

문 밑줄 친 '주먹도끼가 사용된 시대에 대한 설명으로 옳은 것은?**
▶ 2023. 6. 10. 제1회 지방직

이 유적은 경기도 연천군 한탄강 언저리에 넓게 위치하고 있다. 이곳에서 아슐리안 계통의 <u>주먹도끼</u>가 다량으로 출토되어 더욱 많은 관심이 집중되었다. 이곳에서 발견된 <u>주먹도끼</u>는 그 존재 유무로 유럽과 동아시아 문화가 나뉘어진다고 한 모비우스의 학설을 무너뜨리는 결정적 증거가 되었다.

① 동굴이나 바위 그늘, 강가의 막집 등에서 살았다.
② 내부에 화덕이 있는 움집이 일반적인 주거 형태였다.
③ 토기를 만들어 음식을 조리하거나 식량을 저장하였다.
④ 구릉에 마을을 형성하고 그 주변에 도랑을 파고 목책을 둘렀다.

Tip 연천은 대표적인 구석기 유적지로 해당 지역에서 출토된 주먹도끼는 구석기 시대 유물이다.
②③ 신석기 시대
④ 청동기 시대

▌정답 ①

Point 팁

구석기 시대의 유적지 분포

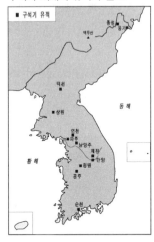

구석기 시대의 유물

〈주먹도끼〉

〈슴베찌르개〉

(3) 구석기 시대의 생활

① **경제**
㉠ 뗀석기와 동물의 뼈나 뿔로 만든 뼈도구를 사용하여 채집과 사냥을 하면서 생활하였다.
㉡ 처음에는 찍개 같은 도구를 제작하여 사용하다가 점차 뗀석기의 제작기술이 발달함에 따라 용도가 뚜렷한 작은 석기를 만들게 되었다.
㉢ 사냥도구로 주먹도끼, 찍개, 팔매돌 등을 조리도구로 긁개, 밀개 등을 제작하여 사용하였다.

② **주거**
㉠ 동굴이나 바위 그늘에서 살거나 강가에 막집을 짓고 살았다(상원 검은모루 동굴, 제천 창내, 공주 석장리).
㉡ 후기의 막집에는 기둥자리, 담자리, 불땐 자리가 남아 있고 집터의 규모는 작은 것은 3~4명, 큰 것은 10명이 살 수 있을 정도의 크기였다.

③ **사회**
㉠ **무리생활**: 무리를 이루어 큰 사냥감을 찾아다니며 이동생활을 하였다.
㉡ **평등한 공동체적 생활**: 생산력이 낮아 모든 사람이 공동체적 생활을 하였고, 무리 가운데 경험이 많고 지혜로운 사람이 무리를 이끌었으나 권력을 갖지는 못했다.

④ **종교, 예술** … 석회암이나 동물의 뼈 또는 뿔 등에 고래와 물고기를 새긴 조각품(단양 수양개)을 만들어 풍성한 사냥감을 비는 주술적 의미를 담았다.

⑤ 중석기 시대

ㄱ 환경 : 빙하기가 지나고 기후가 따뜻해져 큰 짐승 대신에 작고 빠른 짐승을 잡기 위해 활과 잔석기를 사용하였다.

ㄴ 도구 : 한 개 내지 여러 개의 석기를 나무나 뼈에 꽂아 쓰는 이음도구(톱, 활, 창, 작살)를 만들었다.

ㄷ 생활 : 기후가 따뜻해지면서 동식물이 번성하게 되어 식물의 채취와 고기잡이를 많이 하였다.

Point 팁 한반도의 구석기 유적들
ㄱ 연천 전곡리 : 동북아시아 최초로 아슐리안형 양날주먹도끼 발굴
ㄴ 청원 두루봉 동굴 : 완벽한 모양의 인골 흥수아이 발견
ㄷ 함경북도 종성 동관진 : 일제강점기 시기 최초로 발견된 구석기 유적

(4) 신석기 시대의 유물과 유적

① **시작** … 우리나라의 신석기 시대는 기원전 8,000년경부터 시작되었다.

② **간석기의 사용** … 돌을 갈아서 여러 가지 형태와 용도를 가진 간석기를 사용하였다.

③ **토기의 사용** … 음식을 조리하고 저장하게 되었다.

④ **유적지와 토기**

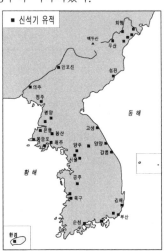
■ 신석기 유적
〈신석기 시대의 유적지 분포〉

ㄱ 전기 신석기 : 이른 민무늬 토기(원시무문 토기), 덧무늬 토기(융기문 토기), 눌러찍기무늬 토기(압인문 토기) 등이 발견되고 있다. 강원 양양 오산리, 제주 한경 고산리, 강원 고성 문암리, 부산 동삼동 조개더미 등에서 발견되었다.

ㄴ 중기 신석기 : 빗살무늬 토기(즐문 토기, 기하문 토기)가 전국 각지에 널리 분포되어 있으며, 도토리나 달걀모양의 뾰족한 밑 또는 둥근밑 모양을 하고 있으며 크기가 다양하다. 대표적인 유적은 서울 암사동, 평양 남경, 김해 수가리 등으로 대부분 바닷가나 강가에 자리 잡고 있다.

기출문제

❓ 신석기시대 유적과 유물을 바르게 연결한 것만을 모두 고르면?
▶ 2021. 4. 17. 인사혁신처

ㄱ 양양 오산리 유적 – 덧무늬토기
ㄴ 서울 암사동 유적 – 빗살무늬토기
ㄷ 공주 석장리 유적 – 미송리식토기
ㄹ 부산 동삼동 유적 – 아슐리안형 주먹도끼

① ㄱ, ㄴ   ② ㄱ, ㄹ
③ ㄴ, ㄷ   ④ ㄷ, ㄹ

Tip ㄷ 공주 석장리 유적(구석기) – 미송리식 토기(청동기)
ㄹ 부산 동삼동 유적(신석기) – 아슐리안형 주먹도끼(구석기)

※ 신석기 시대의 유적과 유물

유적	• 서울 암사동 유적 • 부산 동삼동 유적 • 제주 고산리 유적 • 고성 문암리 유적 • 양양 오산리 유적
유물	• 간석기 • 갈돌과 갈판 • 빗살무늬토기 • 가락바퀴와 뼈바늘 • 조가비 탈

정답 ①

(5) 신석기 시대의 생활

① 농경생활의 시작

　⊙ 잡곡류의 경작 : 황해도 봉산 지탑리와 평양 남경의 유적에서 탄화된 좁쌀이 발견되어 잡곡류를 경작하였다는 것을 알 수 있다.

　ⓒ 농기의 사용 : 돌괭이, 돌삽, 돌보습, 돌낫 등이 주요 농기구였다.

> **Point 팁** 현재 남아 있지는 않지만 중국이나 일본의 경우처럼 나무로 만든 농기구를 사용하였을 가능성도 있다.

　ⓒ 소규모 경작 : 집 근처의 텃밭이나 강가의 퇴적지를 소규모로 경작하였던 것으로 보인다.

② 경제

　⊙ 사냥과 고기잡이 : 사냥은 주로 활이나 창으로 사슴류와 멧돼지 등을 잡았고, 고기잡이에는 여러 가지 크기의 그물과 작살, 돌이나 뼈로 만든 낚시바늘 등을 이용하였다.

> **Point 팁** 농업 생산력이 미약하였기 때문에 식량을 얻는 중요한 수단은 여전히 사냥과 고기잡이였다.

　ⓒ 가락바퀴나 뼈바늘이 출토되는 것으로 보아 원시적인 수공업으로 의복이나 그물을 제작하였다.

③ 주거 … 바닥은 원형이거나 모서리가 둥근 네모꼴이다. 중앙에 화덕이 있고 출입문은 남쪽에 있으며, 화덕이나 출입문 옆에 위치한 저장구덩이를 가진 움집에서 4~5명 정도의 가족이 거주하였다.

④ 사회 … 혈연을 바탕으로 한 씨족이 족외혼을 통하여 부족을 형성하였고, 지배와 피지배의 관계가 발생하지 않은 평등한 사회였다.

⑤ 원시신앙의 출현

　⊙ 애니미즘 : 자연현상, 자연물에 영혼이 있다고 믿어 재난을 피하거나 풍요를 기원하는 것을 의미한다. 태양과 물에 대한 숭배가 대표적이다.

　ⓒ 영혼, 조상숭배 : 사람이 죽어도 영혼은 없어지지 않는다는 믿음을 말한다.

　ⓒ 샤머니즘 : 인간과 영혼 또는 하늘을 연결시켜 주는 존재인 무당과 그 주술을 믿는 것이다.

ⓔ 토테미즘 : 자기 부족의 기원을 특정 동식물과 연결시켜 그것을 숭배하는 믿음이다.

(Point 팁) .... 원시신앙은 농경과 정착생활로 인해 자연의 섭리를 생각하게 되면서 나타났다.

⑥ 예술 … 흙으로 빚어 구운 얼굴 모습이나 동물의 모양을 새긴 조각품, 조개껍데기 가면, 조가비나 동물뼈 또는 이빨로 만든 장식물과 치레걸이 등이 있다.

단원평가 선사시대의 전개

1 한반도 선사시대에 대한 설명으로 옳지 않은 것은?

① 구석기 시대 전기에는 주먹도끼와 슴베찌르개 등이 사용되었다.

② 신석기 시대 집터는 대부분 움집으로 바닥은 원형이나 모서리가 둥근 사각형이다.

③ 신석기 시대 사람들은 조개류를 많이 먹었으며, 때로는 장식으로 이용하기도 하였다.

④ 청동기 시대의 전형적인 유물로는 비파형동검, 붉은간토기, 반달돌칼, 홈자귀 등이 있다.

　구석기 시대 전기에는 주먹도끼와 찍개 등이 사용되었고, 슴베찌르개는 후기에 사용되었다.

2 구석기시대 사람들의 생활상에 대한 설명으로 가장 옳은 것은?

① 대체로 동굴이나 바위그늘에서 생활하였으며 불을 사용할 줄 알았다.

② 단양 수양개, 연천 전곡리, 공주 석장리 등 강가에 살던 사람들은 주로 고기잡이와 밭농사를 하며 생활하였다.

③ 이 시기의 대표적인 무덤 형식은 고인돌과 돌널무덤이다.

④ 주먹도끼, 가로날도끼, 민무늬토기 등의 도구를 사용했다.

　② 밭농사를 한 것은 청동기 시대이다.
　③ 청동기 시대에 대한 설명이다.
　④ 민무늬토기는 청동기 시대의 대표적인 토기이다.

3 우리 민족의 기원에 대한 설명으로 옳지 않은 것은?

① 언어학상으로 알타이어족에 속한다.

② 구석기 시대에서 신석기 시대를 거치는 과정에서 민족의 기틀이 이루어졌다.

③ 인종상으로 황인종에 속한다.

④ 만주, 한반도를 중심으로 활동하였다.

② 우리나라에 사람이 살기 시작한 것은 구석기 시대부터이며 신석기 시대에서 청동기 시대를 거치는 과정에서 민족의 기틀이 이루어졌다.

4 구석기 시대 사람들의 생활 모습을 가장 잘 나타낸 것은?

① 사냥과 채집활동을 위해 이동생활을 하였다.
② 여가시간을 이용하여 많은 장식용 조각품을 제작하였다.
③ 농경생활의 시작으로 정착생활을 하게 되었다.
④ 정치와 종교의식을 주관하는 정치적 지배자가 출현하였다.

구석기인들은 사냥과 채집생활을 하면서 사냥의 대상이 되는 동물의 번성을 비는 주술적 의미의 조각품을 제작하였다.

5 다음 중 신석기 시대의 사회에 대한 설명으로 옳은 것은?

① 우경을 이용하는 벼농사가 이루어지고 있었다.
② 계급사회가 형성되면서 군장이 등장하고 있었다.
③ 움집에 취사와 난방을 위한 화덕이 있는 걸로 보아 정착생활을 하고 있었다.
④ 부족 간의 정복활동이 활발해졌으며 우세한 부족은 선민사상을 가지기 시작하였다.

신석기 시대의 사회
① 청동기 시대에 벼농사가 본격화되고 철제 농구와 우경에 의한 농경이 발전하였다.
② 신석기 시대는 씨족을 단위로 한 부족사회이며 권력자가 출현하지 않는 평등한 공동체사회였다.
④ 선민사상은 청동기 시대에 나타나는 특징이다.

Answer 1.① 2.① 3.② 4.① 5.③

6 다음과 같은 유물을 사용했던 시기의 사회상으로 옳지 않은 것은?

> 주먹도끼, 찍개, 팔매돌

① 강가나 해안가에서 막집을 짓고 살았다.
② 뗀석기 도구를 사용해 사냥을 하였다.
③ 무리생활을 시작하였으며 권력을 가진 지도자가 등장하였다.
④ 동물의 뼈, 뿔 등에 풍성한 사냥감을 비는 주술적 의미의 조각품을 남겼다.

    ③ 권력을 가진 지도자가 등장하기 시작한 것은 청동기 시대이다.

7 다음과 같은 유물을 사용했던 시기의 사회상을 바르게 말한 것은?

> 빗살무늬토기, 가락바퀴

① 제천의식을 담당하는 족장
② 뼈바늘을 이용하여 그물을 손질하는 여성
③ 고인돌을 옮기는 사람들
④ 가축을 이용하여 밭을 가는 남성

    빗살무늬토기와 가락바퀴는 신석기 시대의 대표적인 유물로, 빗살무늬토기는 음식물을 조리하거나 저장하는데 사용되었고
가락바퀴는 실을 뽑는 데 사용된 도구로 옷이나 그물을 만들었음을 알 수 있다.

8 신석기 시대에 애니미즘이 생겨나게 된 요인이 된 것은?

① 사냥
② 석기 만들기
③ 농경생활
④ 집단생활

    선사시대의 인간은 농경생활을 하게 되면서 농사에 큰 영향을 미치는 해, 구름, 비, 천둥, 우박과 같은 자연현상이나 산이나
하천 같은 자연물에 정령이 있다는 것을 믿음으로써 재난을 피하려 하거나 풍요를 기원하는 애니미즘이 생겨나게 되었다.

9 다음 중 내용이 옳지 않은 것은?

	구분	구석기 시대	신석기 시대
①	도구·경제	뗀석기, 사냥 및 채집	간석기, 농경 목축
②	사회	평등사회, 이동생활, 무리생활	평등사회, 이동생활, 씨족사회
③	주거	동굴이나 강가의 막집	움집
④	유적	함북 웅기 굴포리, 충남 공주 석장리	서울 암사동, 김해 수가리

Point
② 신석기 시대에는 농경의 시작으로 정착과 촌락공동체의 형성이 이루어진 시기이다.

10 다음 글에 대한 설명으로 옳은 것은?

> 농경과 정착생활을 시작하면서 인간은 자연의 섭리를 생각하게 되었다. 그리하여 농사에 큰 영향을 끼치는 자연현상이나 자연물에도 정령이 있다는 믿음이 생겨났다.

① 태양이나 물의 숭배가 대표적이다.
② 구석기 시대에 나타난 종교생활이다.
③ 곰과 호랑이를 부족의 수호신으로 섬겼다.
④ 우세한 부족이 스스로 하늘의 후손이라고 주장하였다.

Point
제시된 글은 애니미즘에 대한 설명으로, 자연계의 모든 사물에 생명이 있고, 따라서 영혼이 깃들어 있다고 생각하여 생겨났다. 특히 '농사에 큰 영향을 끼치는 자연현상이나 자연물'이라는 점을 주목하면 태양과 물이 농사에 필수적인 요소였다는 것을 생각할 수 있다.

Answer 6.③ 7.② 8.③ 9.② 10.①

11 다음은 선사시대의 도구제작방법을 나타낸 것이다. 이에 대한 설명으로 옳은 것은?

> 전기에는 큰 석기 한 개를 가지고 여러 가지 용도로 썼으나, 중기에는 큰 몸돌에서 떼어 낸 돌조각인 격지들을 가지고 잔손질을 하여 석기를 만들었다. 후기에는 쐐기 같은 것을 대고 형태가 같은 여러 개의 돌날 격지를 만드는 데까지 발달하였다.

① 전기에는 사냥과 채집, 후기는 농경이 중심이 된 사회였다.
② 후기에 이르러서는 진흙으로 빚은 토기를 사용하기도 하였다.
③ 전기는 구석기, 중기는 중석기, 후기는 신석기 시대를 가리킨다.
④ 전기에는 주먹도끼, 후기에는 슴베찌르개와 같은 도구가 사용되었다.

 Point

제시된 글은 구석기 시대를 뗀석기의 제작방법에 따라 세 단계로 구분한 것이다. 구석기 시대에는 사냥과 채집을 하며, 주로 동굴이나 바위 그늘에 살거나 강가에 막집을 짓고 살았다.

12 신석기 시대에 씨족사회에서 부족사회로 발전하게 된 요인은 무엇인가?

① 씨족 간의 빈부차 발생으로 인해 지배와 피지배관계가 형성되었다.
② 씨족 간의 족외혼을 통해 부족 공동체가 형성되었다.
③ 씨족 간의 전쟁을 통한 정복활동이 활발하게 전개되었다.
④ 씨족은 각각 폐쇄적인 독립된 사회를 이루고 있었다.

 Point

씨족은 혈연을 기초로 한 사회구성체이고, 부족은 자연적 사회구성체라고 할 수 있다. 혈연 중심의 씨족사회는 족외혼을 통하여 지역적 단일사회인 부족을 형성하게 되었다.

13 다음 중 우리나라 신석기 문화의 특징으로 옳은 것은?

① 우리나라의 신석기 시대는 기원전 8,000년경부터 시작되었다.

② 동굴이나 바위그늘에서 살았으며 유적은 상원의 검은모루동굴, 제천 창내 등이 있다.

③ 주먹도끼, 찍개 등의 사냥도구를 이용하여 채집과 수렵을 시작하였다.

④ 일부 저습지에서는 벼농사가 시작되었다.

②, ③ 구석기 시대의 내용이다.

④ 청동기 · 철기 시대의 생활이다.

14 다음 유물이 만들어진 시대의 사회상으로 옳은 것은?

- 충북 청주 산성동 출토 가락바퀴
- 경남 통영 연대도 출토 치레걸이
- 인천 옹진 소야도 출토 조개껍데기 가면
- 강원 양양 오산리 출토 사람 얼굴 조각상

① 한자의 전래로 붓이 사용되었다.

② 무덤은 일반적으로 고인돌이 사용되었다.

③ 조, 피 등을 재배하는 농경이 시작되었다.

④ 반량전, 오수전 등의 중국 화폐가 사용되었다.

Point

가락바퀴, 치레걸이, 조개껍데기 가면, 사람 얼굴 조각상과 같은 유물들은 모두 신석기 시대를 대표하는 유물들이다. 또한 신석기 시대부터 농경이 시작되었기 때문에 이 시대 사회상을 보여주는 보기는 ③번이다.

①, ④ 철기(고조선) ② 청동기

※ 치레걸이

일명 장신구라고도 하며 신체나 의복에 붙여 장식을 하거나 신분의 상징성을 나타내기 위해 만들어진 도구의 총칭을 말한다. 치레걸이는 다른 나라의 경우 구석기 시대 때부터 만들어지기 시작했지만 우리나라에서는 아직 구석기 시대의 치레걸이가 출토된 적이 없고 신석기 시대 이래로 나타난다.

Answer 11.④ 12.② 13.① 14.③

15 다음 유물이 등장한 시기의 생활 모습에 관한 설명으로 옳은 것은?

> • 팽이처럼 밑이 뾰족하거나 둥글고, 표면에 빗살처럼 생긴 무늬가 새겨져 있다.
> • 곡식을 담는 데 많이 이용되었다.

① 철제 농기구로 농사를 지었다.
② 비파형동검을 의식에 사용하였다.
③ 취사와 난방이 가능한 움집에 살았다.
④ 죽은 자를 위한 고인돌 무덤을 만들었다.

팽이처럼 밑이 뾰족하거나 둥글고 표면에 빗살처럼 생긴 무늬가 새겨져 있으며 곡식을 담는데 많이 이용된 유물은 빗살무늬 토기이고 이 토기는 신석기 시대의 대표적인 유물이다.
① 철기 ②, ④ 청동기

02 국가의 형성

section 1 고조선과 청동기 문화

(1) 청동기의 보급

① **청동기 시대의 시작** … 한반도에서는 기원전 10세기경에, 만주지역에서는 이보다 앞서는 기원전 13~15세기경에 청동기 시대가 전개되었다.

② **사회변화** … 생산경제가 이전보다 발달하고 청동기 제작과 관련된 전문 장인이 출현하였으며 사유재산 제도와 계급이 발생하게 되었다.

③ **유적** … 중국의 요령성과 길림성을 포함하는 만주 지역과 한반도에 걸쳐 분포되어 있다.

　㉠ **북한지역** : 함북 회령 오동리, 나진 초도, 평북 강계 공귀리, 의주 미송리, 평양 금탄리와 남경

　㉡ **남한지역** : 경기 여주 흔암리, 파주 덕은리, 충남 부여 송국리, 충북 제천 황석리, 전남 순천 대곡리

④ **유물**

　㉠ **석기** : 반달돌칼, 바퀴날 도끼, 홈자귀

　㉡ **청동기** : 비파형 동검과 화살촉 등의 무기류, 거친무늬거울

　㉢ **토기** : 미송리식 토기, 민무늬토기, 붉은간토기

　㉣ **무덤** : 고인돌, 돌널무덤, 돌무지무덤

Point 팁 　무르고 귀한 청동으로는 농기구에 사용되지 않았으며 철기시대에 이르러서야 금속제 농기구가 보편화 되었다.

⑤ **비파형 동검과 미송리식 토기**

　㉠ **비파형 동검** : 만주로부터 한반도 전역에 이르는 넓은 지역에서 출토되어 미송리식 토기 등과 함께 이 지역이 청동기 시대에 같은 문화권에 속하였음을 보여 준다.

　㉡ **미송리식 토기** : 밑이 납작한 항아리 양쪽 옆으로 손잡이가 달리고 목이 넓게 올라가서 다시 안으로 오므라들며, 표면에 접선무늬가 있는 것이 특징이다.

🔆 다음 유물이 사용된 시대에 대한 설명으로 옳은 것은?

▶ 2023. 4. 8. 인사혁신처

미송리식 토기, 팽이형 토기, 붉은 간 토기

---

① 비파형 동검이 사용되었다.

② 오수전 등의 화폐가 사용되었다.

③ 아슐리안형 주먹도끼가 사용되었다.

④ 철이 많이 생산되어 낙랑과 왜에 수출되었다.

Tip 해당 토기는 모두 청동기 시대에 사용되었다. 비파형 동검은 청동기 시대에 제작된 것으로 만주로부터 한반도 전역에 이르는 넓은 지역에서 출토되었다.
②④ 철기
③ 구석기

┃정답 ①

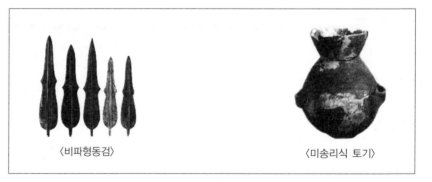

〈비파형동검〉   〈미송리식 토기〉

(2) 철기의 사용

① **철기 시대의 시작** … 우리나라에서는 중국 전국시대 혼란기에 유이민들이 전래하면서 기원전 4세기경부터 철기를 쓰기 시작하였다.

② **철기 문화의 보급**
　㉠ 철제 농기구의 사용에 의한 농업의 발달로 경제기반이 확대되었다.
　㉡ 철제무기의 사용으로 청동기는 의기화가 되고, 철제무기를 바탕으로 정복전쟁이 더욱 활발해지면서 영역국가들이 등장하기 시작하였다.

③ **유물**
　㉠ **화폐 출토** : 명도전, 오수전, 반량전 등으로 중국과의 활발한 교류를 알 수 있다.
　㉡ **붓의 출토** : 경남 창원 다호리 유적에서 나온 붓은 한자를 사용했음을 알 수 있다.

④ **청동기의 독자적 발전**
　㉠ 비파형 동검은 세형동검으로, 거친무늬 거울은 잔무늬 거울로 형태가 변하였다.
　㉡ **거푸집의 사용** : 전국의 여러 유적에서 청동기를 제작하던 거푸집이 발견되어 청동기 문화의 토착화와 독자적인 문화의 성립을 알 수 있다.

⑤ **다양한 토기의 사용** … 민무늬토기 이외에 입술 단면에 원형·타원형·삼각형의 덧띠를 붙인 덧띠토기, 검은간토기 등이 사용되었다.

(3) 청동기·철기 시대의 생활

① 경제 생활의 발전

⊙ 간석기의 다양화 : 생산 경제가 발달하게 되었다.

ⓒ 농경의 발달 : 개간도구(돌도끼, 홈자귀, 괭이)로 곡식을 심고, 추수도구(반달 돌칼)로 농경을 더욱 발전시켰다(청동기는 농기구로 사용하지 않았다).

ⓒ 농업 : 조, 보리, 콩, 수수 등 밭농사 중심이었지만 일부 저습지에서 벼농사 가 시작되었다.

ⓔ 수렵·어로·가축사육 : 사냥이나 고기잡이도 여전히 하고 있었지만 농경의 발달로 점차 그 비중이 줄어들었고 돼지, 소, 말 등의 가축의 사육은 증가하 였다.

② 주거생활의 변화

⊙ 집터 유적 : 한반도 전역에서 발견되는데 대체로 앞쪽에는 시냇물이 흐르고 뒤쪽에는 북서풍을 막아 주는 나지막한 야산이 있는 곳에 우물을 중심으로 자리 잡고 있다. 이것은 우리나라의 전통적인 취락여건으로 오늘날 농촌의 자연취락과 비슷한 모습이다(배산임수 취락).

• 집터의 형태와 구조

−대체로 직사각형이며 움집은 점차 지상가옥으로 바뀌어 갔다.

−움집 중앙의 화덕은 한쪽 벽으로 옮겨지고, 저장구덩도 따로 설치하거나 한쪽 벽면을 밖으로 돌출시켜 만들었다.

−창고와 같은 독립된 저장시설을 집 밖에 따로 만들기도 하였고, 움집을 세우는 데에 주춧돌을 이용하기도 하였다.

• 다양한 용도의 집터 : 그 넓이가 다양한 것으로 보아 주거용 외에 창고, 공동작업 장, 집회소, 공공의식장소 등도 만들었음을 알 수 있다. 이를 통하여 사회조직이 점차 발달하였고 복잡해졌다는 것을 추정할 수 있다.

• 집터의 규모 : 보통의 집터는 부부를 중심으로 하는 4~8명 정도의 가족이 살 수 있는 크기이며, 이는 한 가족용으로 만들어진 것이다.

ⓒ 정착생활의 규모의 확대 : 집터는 넓은 지역에 많은 수가 밀집되어 취락형태 를 이루고 있다. 이것은 농경의 발달과 인구의 증가로 정착생활의 규모가 점차 확대되었음을 보여 주는 것이다.

기출문제

🔴 한국 철기시대의 주거 양상에 대한 설명으로 옳지 않은 것은?

▶ 2011. 5. 14. 상반기 지방직

① 부뚜막이 등장하였다.

② 지상식 주거가 등장하였다.

③ 원형의 송국리형 주거가 등장하 였다.

④ 출입구 시설이 붙은 '여(呂)'자형 주거가 등장하였다.

Tip ③ 부여 송국리 선사취락지는 청동기시대 집터로 다양한 크 기의 장방형 움집의 흔적이 남아있다.

정답 ③

📖 우리나라 청동기 시대의 유적과 유물에 대한 설명으로 옳은 것은?

▶ 2013. 9. 7. 서울특별시

① 청동기 시대에는 수공업 생산과 관련된 가락바퀴가 처음으로 사용되었다.
② 불에 탄 쌀이 여주 흔암리, 부여 송국리 유적에서 발견되었다.
③ 청동기 시대 유적은 한반도 지역에 국한하여 주로 분포되어 있다.
④ 청동기 시대에는 조개 껍데기 가면 등의 예술품도 많이 제작되었다.
⑤ 청동기 시대 토기로는 몸체에 덧띠를 붙인 덧무늬토기가 대표적이다.

Tip ① 가락바퀴가 처음 사용된 것은 신석기 시대이다.
③ 청동기 시대 유적은 한반도뿐만 아니라 만주 지역에도 분포되어 있다.
④ 조개껍데기 가면 등의 예술품이 많이 제작된 것은 신석기 시대이다.
⑤ 덧무늬토기는 신석기 시대의 토기이다.

[신석기 시대와 청동기 시대의 주거지]

구분	신석기	청동기
형태	원형, 모서리가 둥근 네모꼴 움집	직사각형 움집, 지상가옥
화덕위치	중앙	한쪽 벽
저장구덩	화덕, 출입문 옆	따로 설치, 밖으로 돌출
규모	4~5명	4~8명

③ 사회생활의 변화
　㉠ 성역할의 분리 : 여성은 가사노동에, 남성은 농경·전쟁에 종사하였다.
　㉡ 빈부격차와 계급의 발생 : 생산력의 증가에 따라 잉여생산물이 생기게 되자, 힘이 강한 자가 이를 개인적으로 소유하여 빈부의 격차와 계급의 분화를 촉진하였고 무덤의 크기와 껴묻거리의 내용에 반영되었다.

④ 고인돌의 출현
　㉠ 계급사회의 반영 : 청동기 시대에는 고인돌과 돌널무덤 등이 만들어졌고, 철기 시대에는 널무덤과 독무덤 등이 만들어졌다. 그 중에서 계급사회의 발생을 보여 주는 대표적인 무덤이 고인돌이다.
　㉡ 고인돌의 전형적인 형태 : 보통 북방식과 같이 4개의 판석 형태의 굄돌을 세워 돌방을 만들고 그 위에 거대하고 편평한 덮개돌을 얹은 것이다.
　㉢ 전역에 분포 : 고인돌은 우리나라 전역에 걸쳐 분포되어 있다.
　㉣ 의의 : 무게가 수십 톤 이상인 덮개돌을 채석하여 운반하고 무덤에 설치하는 데에는 많은 인력이 필요하였다. 따라서 고인돌은 당시 지배층이 가진 정치 권력과 경제력을 잘 반영해 주고 있다.

⑤ 군장의 출현
　㉠ 선민사상의 대두 : 경제, 정치력이 우세한 부족이 스스로 하늘의 자손이라 믿는 선민사상을 가지고 주변의 약한 부족을 통합하거나 정복하고 공납을 요구하였다.
　㉡ 정복활동의 활발 : 청동·철로 된 무기로 정복활동이 활발하였다.
　㉢ 계급사회와 군장의 출현 : 평등사회는 계급사회로 바뀌게 되고 권력과 경제력을 가진 지배자인 군장이 출현하게 되었다.

정답 ②

(4) 청동기 · 철기 시대의 예술

① 주술적 성격

　㉠ 청동으로 만든 도구의 모양이나 장식에는 미의식과 생활모습이 표현되었고, 지배층의 무덤에서 출토된 청동으로 만든 의식용 도구에는 호랑이, 사슴, 사람의 손 모양 등을 사실적으로 조각하거나 기하학적 무늬를 정교하게 새겨 놓아 의식을 행하는 데 사용되었다.

　㉡ 흙으로 빚은 사람이나 짐승 모양의 토우는 본래의 용도 외에도 풍요를 기원하는 주술적 의미를 가지고 있다.

② 풍성한 수확의 염원

　㉠ 고령 양전동 알터 바위그림 : 기하학 무늬가 새겨져 있어 태양숭배와 풍요를 기원하는 의미를 가진다.

〈고조선의 세력 범위〉

(5) 단군과 고조선

① 고조선의 건국

　㉠ 족장 사회의 출현 : 청동기 문화의 발전으로 금속무기를 사용하는 족장이 지배하는 사회가 출현하고, 강한 족장들이 주변을 정복하여 점차 권력을 강화해 갔다.

　㉡ 고조선의 건국 : 단군왕검이 우리나라 최초의 국가인 고조선을 건국(B.C. 2,333년)하였으며, 단군왕검은 지배자의 칭호였다.

　㉢ 고조선의 세력범위 : 요령지방을 중심으로 성장하여 인접한 족장사회들을 통합하면서 한반도 대동강유역까지 발전하였는데, 비파형동검과 북방식 고인돌, 미송리식 토기의 출토지역과 일치한다.

② 단군신화에 나타난 사회의 모습

　㉠ 내용 : 환웅 부족이 태백산 신시를 중심으로 세력을 형성하였고, 환웅 부족과 곰 부족이 연합하여 고조선을 형성함으로써 단군왕검이 탄생하고 홍익인간 이념을 내세운 제정일치의 사회가 되었다.

　㉡ 해석 : 농경생활과 선민사상을 통해 자기 부족의 우월성을 과시하였으며, 사유재산의 성립과 계급분화를 통하여 지배층이 등장했음을 보여준다. 토템사상과 제정일치 사회(단군은 제사장, 왕검은 정치적 지배자)임을 보여준다.

문 (나)는 (개)의 결과이자, (대)의 원인이 되었다. (나)에 들어갈 내용으로 적절한 것은?

▶ 2014. 3. 22. 사회복지직

(개) 위만 왕조는 철기 문화를 기반으로 자신의 세력을 점차 확대하였다.

(나)

(대) 한 무제의 대규모 무력 침략을 받아 마침내 왕검성이 함락되었다.

① 부왕, 준왕과 같은 강력한 왕이 등장하여 왕위를 세습하였다.

② 위만은 준왕의 신임을 얻어 서쪽 변경을 수비하는 임무를 맡았다.

③ 고조선은 요령 지방을 중심으로 성장하여 점차 한반도까지 발전하였다.

④ 고조선은 중국 대륙과 한반도 남부의 직접 교역을 막아 중계무역의 이익을 독점하였다.

Tip 위만 조선은 발달된 철기문화와 지리적 이점을 이용하여 동쪽의 예나 남쪽의 진나라가 한나라와 직접 교역하는 것을 막고 중간에서 중계무역을 통해 막대한 이익을 독점하였다. 이에 한 무제가 대규모 병력을 위만조선을 침략하여 왕검성을 함락시키면서 마침내 위만조선은 멸망하게 되었다.
  ① 기원 전 3세기~기원 전 2세기 무렵으로 위만 조선 이전의 일이다.
  ② 역시 위만 조선 이전인 전기 고조선 준왕 때의 일이다.
  ③ 전기 고조선에 대한 설명으로 전기 고조선의 중심지는 요령지방이었지만 기원 전 4세기~기원 전 3세기 경 연나라 장수 진개에 의해 평양지역으로 이동하였다.

정답 ④

③ 고조선의 발전 … 초기에는 요령지방, 후기에는 대동강 유역의 왕검성 중심으로 독자적인 문화를 이룩하면서 발전하였다.

㉠ 왕위세습 : 부왕, 준왕 같은 강력한 왕이 등장하여 왕위를 세습하였다(B.C. 3세기경).

㉡ 관리 설치 : 상(相), 대부(大夫), 장군 등의 관직을 두었다.

㉢ 중국과 대립 : 요서지방을 경계로 하여 연(燕)과 대립하였다.

> **단군신화**
>
> 옛날에 환인(桓因) − 제석(帝釋)을 이름 − 의 서자(庶者) 환웅(桓雄)이 항상 천하에 뜻을 두고 인간 세상을 탐내어 구하였다. 아버지는 아들의 뜻을 알고, 삼위태백(三危太伯)을 내려다 보매, 인간 세계를 널리 이롭게 할 만한지라, 이에 천부인(天符印) 세 개를 주어, 내려가서 세상을 다스리게 하였다. 환웅은 무리 삼천 명을 거느리고, 태백의 산꼭대기에 있는 신단수(神檀樹) 아래로 내려와 이를 신시(神市)라 일렀다. 이 분이 환웅천황이다. 풍백(風伯), 우사(雨師), 운사(雲師)를 거느리고 곡식, 수명, 질병, 형벌, 선악 등을 주관하면서, 인간의 삼백예순 가지나 되는 일을 맡아 인간 세계를 다스리고 교화시켰다.
>
> 「삼국유사」

(6) 위만의 집권

① 위만 조선의 성립

㉠ 위만의 세력 확대 : 중국 유이민 집단인 위만이 준왕의 신임을 받아 서쪽 변경을 수비하는 임무를 맡게 되고 이주민 세력을 통솔하면서 자신의 세력을 점차 확대하여 나갔다.

㉡ 위만의 건국 : 준왕을 축출하고 위만이 왕이 되었다(B.C. 194).

Point 팁 위만 조선의 의미 … 위만은 고조선으로 들어올 때 상투를 틀고 조선인의 옷을 입었다. 그리고 왕이 된 뒤에도 나라 이름을 그대로 조선이라 하였고, 그의 정권에서는 토착민 출신으로 높은 지위에 오른 자가 많았다. 따라서 위만의 고조선은 단군의 고조선을 계승한 것으로 볼 수 있다.

② **위만 조선의 발전**

○ **경제적 발전**: 철기 문화의 수용으로 인해 농업과 무기생산을 중심으로 한 수공업이 발달하였다.

○ **정복사업의 전개**: 사회·경제적 발전을 통해 중앙정치조직을 갖춘 강력한 국가로 성장하고, 활발한 정복사업을 전개하여 광대한 영토를 차지하였다.

○ **중계무역**: 지리적인 이점을 이용하여 예나 진이 중국 한나라와 직접 교역하는 것을 막고, 중계무역으로 이득을 독점하려 하자 한과 대립하게 되었다.

③ **고조선의 멸망**

○ **한과의 대항**: 위만 조선에 위협을 느낀 한의 무제는 대규모 침략을 강행하였으나 고조선은 한의 군대에 맞서 완강하게 대항하였다.

○ **위만 조선의 멸망**: 장기간의 전쟁으로 지배층의 내분이 일어나 왕검성이 함락되어 멸망하였다(B.C. 108).

④ **한 군현의 설치와 소멸** … 고조선이 멸망하자 한은 고조선의 일부 지역에 4개의 군현을 설치하여 지배하고자 하였으나 결국 고구려의 공격을 받아 소멸되었다.

(7) **고조선의 사회**

① **8조법과 고조선의 사회상** … 권력과 경제력의 차이가 발생하고, 재산의 사유가 이루어지면서 형벌과 노비가 생겨나게 되었다.

> **8조법의 내용과 고조선의 사회상**
> ① **기록 문헌** … 후한 때 반고의 「한서지리지」에 일부 조목의 내용만이 전해진다.
> ② **주요 내용**
> ○ 사람을 죽인 자는 즉시 사형에 처한다.
> ○ 사람을 상해한 자는 곡물로써 배상한다.
> ○ 남의 물건을 훔친 자는 노비로 삼되, 자속하려는 자는 돈 50만전을 내야 한다.
> ③ **사회상**
> ○ 개인의 생명과 재산이 존중된 제정일치의 사회였다.
> ○ 사유재산제도가 발달하였다.
> ○ 농업 중심의 노예제 사회, 계급사회였다.
> ○ 가부장적 가족제도가 있었다.
> ○ 형벌과 노비가 존재했다.
> ○ 범죄를 수치로 여겼으며 여자의 정절을 귀하게 여겼다.

② 한 군현 설치 후의 사회상

　㉠ 토착민들의 저항 : 한 군현이 설치된 후 억압과 수탈을 당하던 토착민들은 이를 피하여 이주하거나 단결하여 한 군현에 대항하였다.

　㉡ 한 군현의 법 조항 확대

　　• 토착민들이 한 군현의 억압과 수탈에 대항하였고, 이에 한 군현은 엄한 율령을 시행하여 자신들의 생명과 재산을 보호하려 하였다.

　　• 법 조항도 60여 조로 증가하였고 풍속도 각박해져 갔다.

section 2 여러 나라의 성장

(1) 부여

① 건국 … 만주 송화강 유역의 평야지대를 중심으로 성장하였다.

② 경제생활

　㉠ 농경과 목축을 주로 하였고, 하호(下戶)의 생산활동에 의존하였다.

　㉡ 특산물로는 말·주옥·모피 등이 유명하였다.

③ 정치

　㉠ 발전과 쇠퇴 : 1세기 초에 이미 왕호를 사용하였고, 3세기 무렵 한나라와 주변 지역 사이에서 중계 무역을 하며 번성하였으나, 3세기 말에 선비족의 침입으로 크게 쇠퇴한 후, 국력을 회복하지 못하고 결국 494년 부여 왕실이 고구려에 항복(문자명왕 3년, 494)함으로써 완전히 멸망하였다.

　㉡ 정치 조직

　　• 왕은 중앙을 직접 통치하였으며 왕 아래에 가, 대사자, 사자 등의 관리를 두었다.

　　• 가축의 이름을 딴 마가, 우가, 저가, 구가는 저마다 따로 행정구역을 직접 다스렸는데 이를 사출도라 하며, 중앙과 더불어 5부를 이루었다.

　　• 왕권은 미약하였으나 왕이 나온 대표 부족의 세력은 매우 강하여 궁궐, 성책, 감옥, 창고 등의 시설을 갖추었다.

　㉢ 가의 역할 : 왕을 추대하기도, 수해나 한해로 오곡이 잘 익지 않으면 왕에게 책임을 물어 교체하기도 하였다.

문 다음에 해당하는 나라에 대한 설명으로 옳은 것은?

▶ 2021. 6. 5. 제1회 지방직

• 은력(殷曆) 정월에 지내는 제천행사는 나라에서 여는 대회로 날마다 먹고 마시고 노래하고 춤추는데, 이를 영고라 하였다. 이때 형옥을 중단하고 죄수를 풀어주었다.

• 국내에 있을 때의 의복은 흰색을 숭상하며, 흰 베로 만든 큰 소매 달린 도포와 바지를 입고 가죽신을 신는다. 외국에 나갈 때는 비단옷·수 놓은 옷·모직옷을 즐겨입는다.

－『삼국지』 위서 동이전 －

① 사람이 죽으면 뼈만 추려 가족 공동 무덤인 목곽에 안치하였다.

② 읍군이나 삼로라고 불린 군장이 자기 영역을 다스렸다.

③ 가축 이름을 딴 마가, 우가, 저가, 구가 등이 있었다.

④ 천신을 섬기는 제사장인 천군이 있었다.

Tip 제시문은 부여에 관한 내용이다. 부여에서는 12월에 영고라는 제천행사를 지내면서 수렵사회의 전통을 기념하고 흰 옷을 즐겨 입었다. 정치적으로는 5부족 연맹체의 연맹왕국으로 왕이 존재했지만 왕 아래 마가, 우가, 구가, 저가 등의 부족장 세력이 독자적 행정 구역인 사출도를 통치하였다.
① 옥저의 가족공동묘
② 옥저와 동예의 군장세력
④ 삼한의 종교적 지도자로 제정분리 사회 특징

정답 ③

④ 법률(부여의 4조목)

  ㉠ 살인자는 사형에 처하고, 그 가족은 데려다 노비로 삼는다(연좌제 적용).

  ㉡ 절도죄를 지은 자는 12배의 배상을 물린다(1책 12법).

  ㉢ 간음한 자는 사형에 처한다.

  ㉣ 부인이 투기가 심하면 사형에 처하되, 그 시체는 산 위에 버린다. 단, 그 여자의 집에서 시체를 가져가려면 소·말을 바쳐야 한다.

Point 팁   4조목의 법은 「삼국지」 위지 동이전에서 전해진다.

⑤ 풍습

  ㉠ 순장 : 왕이 죽으면 많은 사람들을 껴묻거리와 함께 묻는 순장의 풍습이 있었다.

  ㉡ 형사취수제 : 노동력 확보를 위해 형이 죽으면 동생이 형수를 아내로 맞았다.

  ㉢ 흰옷을 좋아하고 은력(殷曆)을 사용하였다.

  ㉣ 제천행사 : 수렵사회의 전통을 보여주는 것으로 12월에 하늘에 제사를 지내고 노래와 춤을 즐기는 영고를 열었으며, 죄수를 풀어주었다.

  ㉤ 우제점복 : 소를 죽여 그 굽으로 길흉을 점치기도 하였다.

⑥ 역사적 의의 ··· 연맹왕국의 단계에서 멸망하였지만 고구려나 백제의 건국세력이 부여의 한 계통임을 자처하였고, 건국신화도 같은 원형을 바탕으로 하고 있다.

부여

나라에는 군왕이 있으며 가축의 이름을 따서 벼슬 이름을 부르고 있다. 마가, 우가, 저가, 구가, 태사자, 사자 등이 있다. 읍락에는 호민(豪民, 지방 세력가)이 있으며, 민(民)인 하호(下戶)는 모두 노복과 같이 여겼다. 제가(諸家)는 사출도를 나누어 맡아본다.

산과 언덕이 많고 들이 넓다. 동이(東夷)가 사는 지역에서 가장 넓은 평지이며, 그 땅은 오곡은 잘되나 과실이 나지 않는다. 정월 보름에 하늘에 제사지낸다. 온 나라가 대회를 열고, 연일 마시고 노래하고 춤추니 영고(迎鼓)라 한다. 이 때 감옥을 열고 죄인을 풀어 준다.

다스림이 매우 엄하여 살인한 사람은 죽이고, 그 집 사람들은 노비로 삼는다. 도둑질한 자는 12배로 갚아야 한다. 남녀 간의 관계가 음행한 자나 투기한 부인은 모두 죽인다.

「삼국지」 위지 동이전

문 〈보기〉에서 설명하는 나라의 법률로 가장 옳지 않은 것은?

▶ 2020. 6. 13. 제2회 서울특별시

〈보기〉

은력(殷曆) 정월에 하늘에 제사를 지내며 나라에서 대회를 열어 연일 마시고 먹고 노래하고 춤추는데, 영고(迎鼓)라고 한다. 이때 형옥(刑獄)을 중단하여 죄수를 풀어 주었다.

「삼국지」 위지 동이전

① 남에게 상처를 입힌 자는 곡식으로 갚게 했다.

② 도둑질을 하면 그 물건의 12배를 변상케 했다.

③ 형벌이 매우 엄하여 사람을 죽인 사람은 사형에 처하고 그 집안사람은 노비로 삼았다.

④ 남녀 간에 간음을 하거나 투기하는 부인은 모두 죽였다.

Tip 고대 국가인 부여에 관한 내용이다. 「삼국지」 위지 동이전에 실린 부여의 법률은 다음과 같다.

(1) 사람을 죽인 사람은 사형에 처하고 그 집안사람은 적몰(籍沒)하여 노비(奴婢)로 삼는다.

(2) 도둑질을 하면 12배를 변상케 한다.

(3) 남녀 간에 음란한 짓을 하거나 부인이 투기하면 모두 죽였다.

(4) 투기하는 것을 더욱 미워하여 죽이고 나서 그 시체를 나라의 남산 위에 버려서 썩게 한다. 친정집에서 가져가려면 소와 말을 바쳐야 내어 준다.

이를 통해 부여의 형벌이 매우 엄격한다는 것을 알 수 있으며, 노동력을 중시하고 사유재산제, 가부장적 사회 등의 모습을 살펴볼 수 있다.

① 고조선의 8조법에 해당하는 내용이다.

정답 ①

문 다음 풍습이 있었던 국가에 대한 사실로 옳은 것은?

▶ 2021. 3. 6. 제1차 경찰공무원(순경)

　혼인할 때 말로 미리 정하고, 여자의 집에서 자기들이 살고 있는 큰 집 뒤에 조그만 집을 짓는다. …… 자식을 낳아서 장성하면 부인은 남편의 집으로 돌아간다.

① 큰 새의 깃털을 사용하여 장사를 지냈다.
② 관리가 뇌물을 받으면 3배를 추징하였다.
③ 대가들은 스스로 사자, 조의, 선인을 두었다.
④ 다른 마을을 함부로 침범하면 소, 말 등으로 배상하였다.

Tip 제시된 풍습은 고구려에서 행해지던 서옥제(데릴사위제)이다. 서옥제는 혼인을 정한 뒤 신부집의 뒤꼍에 조그만 집을 짓고 거기서 자식을 낳고 장성하면 아내를 데리고 신랑집으로 돌아가는 제도이다.
③ 고구려는 5부족연맹체로 왕 아래 상가, 고추가 등의 대가들이 있었으며, 대가들은 독립적인 세력을 유지하였다. 이들은 각기 사자, 조의, 선인 등의 관리를 거느렸다.

┃정답 ③

(2) 고구려

① **건국** … 부여 계통의 주몽이 부여의 지배계급 내의 분열, 대립과정에서 박해를 피해 남하하여 독자적으로 압록강 중류 졸본(환인)지방에서 건국하였다(B.C. 37).

② **경제** … 대부분 산악지대로 농토가 부족하고 토지가 척박했기 때문에 약탈 경제에 의존하였다. 식량을 보관하는 부경이라는 창고가 있었으며, 특산물로는 활인 맥궁이 유명하였다.

③ **정치**

　㉠ 건국 초기부터 주변의 소국을 정복하고 평야지대로 진출하였으며, 한의 군현을 공략하고 요동으로 진출하여 옥저를 정복하여 공물을 받았다.

　㉡ 5부족 연맹체로 소노부, 계루부, 절노부, 순노부, 관노부 등 5부족이 중심이 되었다.

　㉢ 왕 아래 상가, 고추가 등의 대가들이 있었으며, 대가들은 독립적인 세력을 유지하고 각기 사자, 조의, 선인 등의 관리를 거느렸다.

　㉣ 고구려 귀족의 대표회의인 제가회의에서 왕을 선출하거나, 중대한 범죄자가 있으면 사형에 처하고 그 가족을 노비로 삼는 등의 결정을 하였다.

④ **풍속**

　㉠ **서옥제(데릴사위제)** : 혼인을 정한 뒤 신부집의 뒤꼍에 조그만 집을 짓고 거기서 자식을 낳고 장성하면 아내를 데리고 신랑집으로 돌아가는 제도이다.

　㉡ **제천행사** : 10월에는 추수감사제인 동맹을 성대하게 열었다.

　㉢ **조상신 제사** : 건국 시조인 주몽과 그 어머니 유화부인을 조상신으로 섬겨 제사를 지냈다.

Point 팁 부여와 고구려의 공통점

　㉠ 부여족의 자손으로 5부족 연맹체를 이루었다.
　㉡ 부여에는 영고, 고구려에는 동맹이라는 제천행사가 있었다.
　㉢ 군장과 관리의 명칭에 가(加)와 사자(使者)가 있다.
　㉣ 하호가 생산을 담당하였다.
　㉤ 1책 12법이 행하여졌다.
　㉥ 우제점법(점복)이 행하여졌다.

고구려

큰 산이 많고 골이 깊으며 평야가 없다. 사람들은 산골짜기에 살며 산골 물을 마신다. 좋은 농토가 없어 애써서 경작하나 식구들의 식생활에 부족하다. 그 나라 사람들은 성미가 사납고 성급하여 노략질하기를 좋아한다.

그 나라 안의 대가(大家, 부족장)들은 농사를 짓지 않으며 좌식자(坐食者, 일하지 않는 자)가 만여 명이나 된다. 하호(下戶, 평민 또는 노예)는 식량과 고기와 소금을 멀리서 져다 이들에게 공급하고 있다.

10월에 하늘에 제사 지낸다. 온 나라가 대회를 가지므로 동맹(同盟)이라 한다.

「삼국지」위지 동이전

(3) 옥저와 동예

① 옥저

㉠ **경제** : 비옥한 토지로 인해 농사가 잘되고 어물과 소금 등 해산물이 풍부하였으나, 고구려에 공납으로 바치거나 수탈을 당하였다.

㉡ **풍속** : 고구려와 같이 부여족의 한 갈래였으나 풍속이 달랐다.

  • 민며느리제 : 장래에 결혼할 것을 약속하면, 여자가 어렸을 때 남자 집에 가서 성장을 하면 남자가 여자 집에 예물을 치르고 결혼하는 풍속으로 일종의 매매혼이다.

  • 골장제(가족공동무덤) : 가족이 죽으면 시체를 가매장하였다가 나중에 그 뼈를 추려서 목곽에 안치하고 목곽 입구에는 죽은 자의 양식으로 쌀을 담은 항아리를 매달아 놓았다.

② 동예

㉠ **경제**

  • 토지가 비옥하고 해산물이 풍부하여 농경, 어로 등 경제생활이 윤택하였다.

  • 명주와 삼베를 짜는 등 방직기술이 발달하였다.

  • 단궁(활)과 과하마(조랑말), 반어피(바다표범의 가죽) 등이 유명하였다.

㉡ **풍속**

  • 제천행사 : 무천이라는 제천행사를 10월에 열었다.

  • 족외혼을 엄격하게 지켰다(씨족사회의 유습).

  • 책화 : 각 부족의 영역을 함부로 침범하지 못하게 하고 만약 침범하면 노비와 소, 말로 변상하게 하였다(씨족사회의 유습).

🔍 **다음 풍습이 있었던 나라에 대한 설명으로 옳은 것은?**

▶ 2022. 4. 2. 인사혁신처

• 가족이 죽으면 시체를 가매장하였다가 나중에 그 뼈를 추려서 가족 공동 무덤인 커다란 목곽에 안치하였다.

• 목곽 입구에는 죽은 자가 먹을 양식으로 쌀을 담은 항아리를 매달아 놓기도 하였다.

– 『삼국지』위서 동이전 –

① 민며느리제라는 혼인 풍습이 있었다.

② 제가가 별도로 사출도를 다스렸다.

③ 소도라는 신성 구역이 존재하였다.

④ 무천이라는 제천행사를 열었다.

Tip 제시문의 국가는 옥저. 옥저는 동예와 같이 읍군, 삼로라는 군장이 통치하는 군장 국가였고, 풍습으로는 가족공동묘와 민며느리제가 있었다. 민며느리제는 어린 신부가 신랑과 혼인하여 노동력을 제공하고, 일정 기간 성장한 이후 신랑 쪽에서 예물을 가저와 혼인하는 제도로, 일종의 매매혼 제도이다.
② 부여 ③ 삼한 ④ 동예

정답 ①

문 **(개)와 (내)의 나라에 대한 설명으로 옳은 것은?**

▶ 2013. 8. 24. 제1회 지방직

(개) 고구려 개마대산 동쪽에 있는데 개마대산은 큰 바닷가에 맞닿아 있다. … (중략) … 그 나라 풍속에 여자 나이 10살이 되기 전에 혼인을 약속한다. 신랑 집에서는 여자를 맞이하여 다 클 때까지 길러 아내를 삼는다.

(내) 남쪽으로는 진한과 북쪽으로는 고구려 · 옥저와 맞닿아 있고 동쪽으로는 큰 바다에 닿았다. … (중략) … 해마다 10월이면 하늘에 제사를 지내는데 밤낮으로 술 마시며 노래 부르고 춤추니, 이를 무천이라고 한다.

① (개) – 서옥제라는 혼인 풍속이 있었다.

② (개) – 중대한 범죄자가 있으면 제가 회의를 통하여 사형에 처하였다.

③ (내) – 족장들은 저마다 따로 행정 구획인 사출도를 다스렸다.

④ (내) – 다른 부족의 영역을 침범하면 책화라고 하여 노비, 소, 말로 변상하였다.

Tip (개)는 옥저의 민며느리제에 대한 설명이며, (내)는 동예의 무천에 대한 설명이다.
① 서옥제는 고구려의 혼인풍습이다.
② 고구려에 대한 설명이다.
③ 부여에 대한 설명이다.

┃정답 ④

③ 옥저와 동예의 한계

㉠ 위치 : 함경도 및 강원도 북부의 동해안의 변방에 위치하여 선진문화의 수용이 늦어졌으며, 고구려의 압력으로 크게 성장하지 못하였다.

㉡ 정치 : 대군장 혹은 대군왕이 존재하지 않았으며, 각 읍락에 읍군, 삼로라는 군장이 자기 부족을 지배하는 군장국가 단계에 머물렀다. 후에 고구려에 복속되었다.

> **옥저와 동예**
> 대군장(大君長)이 없고, 한대(漢代) 이래로 후(侯), 읍군(邑君), 삼로(三老)의 관직이 있어서 하호(下戶)를 통치하였다.
> 예(濊, 동예)의 풍속은 산천을 중요시하여 산과 내마다 각기 구분이 있어 함부로 들어가지 않는다. 부락을 함부로 침범하면 벌로 생구(生口, 노비)와 소, 말을 부과하는데, 이를 책화(責禍)라 한다. 동성끼리는 결혼하지 않는다.
> 해마다 10월이면 하늘에 제사 지내는데, 주야로 술 마시며 노래 부르고 춤추니 이를 무천(舞天)이라 한다.
>
> 「삼국지」 위지 동이전

(4) 삼한

① 진(辰)의 성장과 발전

㉠ 성장 : 고조선 남쪽지역에는 일찍부터 진이 성장하고 있었다. 진은 기원전 2세기경 고조선의 방해로 중국과의 교통이 저지되기도 하였다.

㉡ 발전 : 고조선 사회의 변동에 따라 대거 남하해 오는 유이민에 의하여 새로운 문화가 보급되어 토착문화와 융합되면서 사회가 더욱 발전하였다.

㉢ 연맹체의 출현 : 진이 발전하면서 마한, 변한, 진한의 연맹체들이 나타나게 되었다.

② 삼한의 형성

㉠ 마한

• 위치 : 천안 · 익산 · 나주지역을 중심으로 하여 경기 · 충청 · 전라도지방에서 발전하였다.

• 구성 : 54개의 소국으로 이루어졌고 모두 10만여 호였는데, 그 중에서 큰 나라는 1만여 호, 작은 나라는 수천 호였다.

㉡ 변한과 진한

• 위치 : 변한은 김해 · 마산지역을 중심으로, 진한은 대구 · 경주지역을 중심으로 발전하였다.

• 구성 : 변한과 진한은 각기 12개국으로 이루어졌고 모두 4만~5만 호였는데, 그 중에서 큰 나라는 4,000~5,000호, 작은 나라는 600~700호였다.

• 풍속 : 장사(장례)를 지낼 때 큰 새의 깃털을 이용하여 사망자의 승천을 빌었다.

③ 삼한의 주도 세력

  ㉠ 마한 목지국 : 삼한의 맹주국으로 목지국 지배자가 마한왕 또는 진왕으로 추대되어 삼한 전체를 주도하였다.

Point 팁 마한 목지국

  ㉠ 변천 : 초기에 성환·직산·천안지역을 중심으로 발달하였으나 백제의 성장과 지배 영역의 확대에 따라 남쪽으로 옮겨 익산지역을 거쳐 나주 부근(오늘날의 대안리, 덕산리, 신촌리, 복암리)에 자리 잡았을 것으로 추정된다.

  ㉡ 쇠퇴 : 왕을 칭하던 국가단계의 목지국의 멸망 시기는 알 수 없으나 근초고왕이 마한을 병합하는 4세기 후반까지는 존속하였고, 그 이후에는 백제의 정치세력 하에 있는 토착세력으로 자리 잡았을 것으로 보인다.

  ㉢ 유물·유적 : 나주지역에 대형 고분이 분포되어 있고 금동관도 출토된다.

  ㉡ 삼한의 정치적 지배자 : 삼한의 지배자 중 세력이 큰 것은 신지, 견지 등으로, 작은 것은 부례, 읍차 등으로 불렸다.

④ 삼한의 제정분리

  ㉠ 군장 : 정치적 지배자였다.

  ㉡ 천군 : 제사장으로 농경과 종교에 대한 의례를 신성지역인 소도(蘇塗)에서 행하였으며, 이곳은 군장의 세력이 미치지 못하는 지역으로 죄인이 도망을 하여 숨더라도 잡아가지 못하였다.

Point 팁 제사장의 기능…삼한시대 제사장의 존재에서 원시신앙의 변화와 제정의 분리를 엿볼 수 있는데, 당시 신·구문화의 충돌과 이에 따른 사회갈등을 완화시키는 역할을 하였다.

⑤ 삼한의 경제·사회상

  ㉠ 철기를 바탕으로 수전 농업이 발달하고 벼농사의 일반적 보급으로 김제 벽골제·밀양 수산제·제천 의림지 등 저수지가 만들어졌다.

  ㉡ 초가지붕의 반움집이나 귀틀집에서 살았으며 널무덤과 독무덤이 유행하였다.

  ㉢ 원시공동체적 전통인 두레를 통해 여러 공동 작업을 하였다.

  ㉣ 제천행사 : 해마다 씨를 뿌리고 난 뒤인 5월 수릿날과 가을 곡식을 거두어들이는 10월에 계절제를 열어 하늘에 제사를 지냈다.

문 다음 자료는 초기철기시대 여러 나라의 성장을 보여주는 지도이다. 각 나라에 대한 설명으로 옳은 것은?

▶ 2011. 6. 11 서울특별시

① (가) – 12월에 열리는 제천행사인 영고는 수렵사회의 전통을 보여준다.

② (나) – 송화강의 평화지대를 중심으로 하였고, 말, 주옥, 모피가 유명하였다.

③ (다) – 매년 10월 무천이라는 제천행사를 열었고, 족외혼을 엄격히 지켰다.

④ (라) – 반움집이나 귀틀집에서 살았고 두레조직을 통해 공동 작업을 하였다.

⑤ (마) – 각 읍락에는 읍군, 삼로라는 군장이 부족을 다스렸으나 크게 성장하지 못하였다.

Tip (가) 부여 (나) 고구려 (다) 옥저 (라) 동예 (마) 삼한
② 부여에 대한 설명이다.
③ 동예에 대한 설명이다.
④ 삼한에 대한 설명이다.
⑤ 옥저와 동예에 대한 설명이다.

정답 ①

ⓜ 변한의 철 생산 : 철이 많이 생산되어 낙랑, 왜 등에 수출하고, 교역에서 화폐처럼 사용하기도 하였다. 이미 기원전부터 제철이 성장하였다는 것은 마산 성산동·진해 등지의 야철지를 통해 알 수 있다.

　　ⓗ 토우로 대지의 풍요를 기원하고, 암각화로 사냥과 고기잡이의 성공과 풍성한 수확을 기원하였다.

⑥ 삼한의 변동

　ⓐ 철기 시대 후기의 문화발전은 삼한사회의 변동을 가져왔다.

　ⓑ 지금의 한강유역에서는 백제국이 성장하면서 마한지역을 통합해 갔다.

　ⓒ 낙동강 유역에서는 가야국이, 그 동쪽에서는 사로국이 성장하여 중앙집권국가의 기반을 마련하면서 각각 가야 연맹체와 신라의 기틀을 다져 나갔다.

삼한

한(韓)은 대방 남쪽에 있다. 동서는 바다에 이어져 있고, 남은 왜와 이어져 있는데, 넓이는 4천 리나 된다. 삼종(三種)이 있으니, 첫째가 마한이요, 둘째가 진한이고, 셋째가 변한이다. 이 지방 사람들은 토지에 정착하여 벼를 심어 곡식으로 먹고 누에를 쳐서 비단을 짜 입는다. 이 나라에 각각 장수(將帥)가 있는데, 그 가운데 큰 자는 자기를 신지(臣智)라고 부르고, 그 다음 가는 자는 읍차(邑借)라고 한다. 마한은 50여 나라로 되어 있다. 그 가운데 큰 나라는 만여 가나 되는 나라도 있고, 작은 나라는 몇 천 가밖에 되지 않는 나라도 있다. 5월에 파종(播種)하고 난 후 귀신에 제사를 올린다. 이 때 많은 사람들이 모여 노래 부르고 춤을 추고 술을 마시며 밤낮 쉬지 않고 놀았다. 10월에 농사가 끝나면 다시 그와 같이 제사 지내고 즐긴다. 귀신을 믿으며 국읍(國邑)마다 한 사람을 뽑아 천신(天神)에게 제사 지내는 일을 맡아 보게 하였는데 그를 천군(天君)이라 불렀다. 또 이들 여러 고을에는 각각 특정한 별읍(別邑)이 있었으며, 그 곳을 소도라고 불렀다. 큰 나무를 세우고 방울과 북을 매달아 놓고 귀신을 섬겼다. 도망꾼들이 그 곳으로 도망을 가면 그를 붙잡지 않았다. 변진(변한) 역시 12개 나라로 구성되었고, 여러 소별읍(小別邑)이 있다. 나라에서 철이 생산되었는데, 한(韓), 예(濊), 왜(倭)가 와서 모두 가져간다. 시장에서 물건을 거래할 때에는 철을 사용했는데, 마치 중국에서 철을 사용하듯이 했다.

「삼국지」 위지 동이전

[연맹왕국의 비교]

부여	고구려	옥저	동예	삼한
송화강 유역	압록강 유역	함흥평야	함경도 강원도 북부	한강 이남
5부족연맹체, 왕 →마가, 우가, 저가, 구가	5부족연맹체, 왕 →고추가, 상가	연맹체를 형성하지 못하고 부족장이 통치(삼로, 읍군)		제정분리(제사장 : 천군, 군장 : 신지 · 견지 · 읍차 · 부례)
• 반농반목 • 말, 주옥, 모피 생산	• 부경 : 지배층의 창고 • 약탈경제	• 어물 • 소금	• 단궁 • 과하마 • 반어피 • 방직기술의 발달	• 저수지 축조 • 변한 : 철생산 (왜, 낙랑에 수출) • 벼농사 발달
• 순장 • 형사취수제 • 우제점법 • 1책12법 • 은력	• 서옥제 (데릴사위제) • 점복 • 1책12법	• 가족공동묘 • 민며느리제	• 족외혼 • 책화	• 두레 • 소도
영고(12월)	동맹(10월)		무천(10월)	수릿날(5월), 계절제(10월)

Point 팁 여러 나라의 성장

옥저와 동예의 집터

〈철(凸)자형 집터〉

〈여(呂)자형 집터〉

기출문제

문 ㉠~㉢에 대한 설명이 바르게 연결된 것은?
▶ 2017. 6. 24 제2회 서울특별시

㉠ 농경이 발달하였고, 어물과 소금 등 해산물이 풍부하였다.
㉡ 도둑질을 하면 물건 값의 12배를 변상하게 하였다.
㉢ 산과 내마다 각기 구분이 있어서 함부로 들어가지 못하였다.
㉣ 국읍에 각각 한 사람씩 세워 천신의 제사를 주관하게 하였다.

① ㉠ - 10월에 동맹이라는 제천행사를 실시하였다.
② ㉡ - 형이 죽으면 형수를 아내로 삼는 풍습이 있었다.
③ ㉢ - 족내혼과 함께 민며느리제라는 혼인 풍속이 있었다.
④ ㉣ - 상가, 고추가 등이 제가회의를 열어 국가 대사를 결정하였다.

Tip ㉠ 옥저, ㉡ 부여, ㉢ 동예, ㉣ 삼한
①④ 고구려 ③ 옥저

정답 ②

1 (가)~(다)의 유물에 대한 설명으로 옳은 것은?

(가)   (나)   (다)

① (가) : 한반도 안에서 독자적인 발전을 이룬 청동기 형태이다.
② (나) : 애니미즘과 토테미즘이 등장하던 시기에 처음 제작되었다.
③ (다) : 주춧돌을 사용한 집터에서 주로 발견된다.
④ (가), (나) : 우리 민족이 최초로 세운 국가의 특징적인 유물이다.

 Point

(가) 비파형동검 – 청동기
(나) 미송리식 토기 – 청동기
(다) 빗살무늬 토기 – 신석기
④ 우리 민족이 최초로 세운 국가는 고조선으로, 고조선은 청동기 문화를 바탕으로 형성되었다.

2 다음 중 청동기 시대의 특징으로 옳지 않은 것은?

① 빈부의 격차가 발생하였으며 계급이 점차 형성되었다.
② 여성은 주로 집안 일을 남자는 농경이나 전쟁에 종사하는 성 역할의 분리가 이루어졌다.
③ 중국의 영향을 받아 비파형 동검이 세형 동검으로 형태가 변하였다.
④ 농경의 발달로 정착생활의 규모가 점점 확대되었다.

 Point

③ 비파형 동검은 세형동검으로 독자적 발전을 이루었다.

3 우리나라 청동기 문화에 대한 특징으로 옳지 않은 것은?

① 한반도에서는 기원전 10세기경에 청동기 시대가 전개되었다.

② 청동기 문화의 대표적인 유물로는 비파형동검과 민무늬토기가 있다.

③ 생산경제가 발달하였으며 청동기 제작과 관련된 전문장인이 출현하였다.

④ 집터는 대개 원형이나 모서리가 둥근 네모꼴이다.

④ 신석기 시대 집터에 대한 설명이다.

4 다음 시기와 관련이 깊은 사실을 모두 고르면?

> 지배자와 피지배자의 분화가 촉진되어 평등사회는 계급사회로 바뀌어 갔고, 족장(군장)이라 불리는 지배자가 나타났다.

㉠ 빗살무늬토기의 사용	㉡ 농사의 시작
㉢ 고인돌의 제작	㉣ 선민사상의 대두

① ㉠, ㉡

② ㉡, ㉢

③ ㉡, ㉣

④ ㉢, ㉣

제시된 내용은 생산경제가 발달하여 사유재산이 발생함에 따라 빈부의 격차가 생기고 계급이 형성되었으며 지배자가 등장한 청동기 시대에 대한 설명이다. 고인돌은 강력한 지배계급의 발생을 보여 주는 것이며, 선민사상은 정치권력이나 경제력이 우세한 부족이 스스로 하늘의 후손이라고 주장한 것으로 군장세력이 성장하는 과정에서 나타났다.
㉠, ㉡ 신석기 시대에 해당하는 사실이다.

Answer 1.④ 2.③ 3.④ 4.④

5 다음 중 청동기의 보급으로 일어난 변화로 옳지 않은 것은?

① 청동제 농기구를 제작하였다.　　　　② 사유재산 제도가 생겨났다.

③ 무덤의 양식이 변화하였다.　　　　　④ 정복활동이 활발해졌다.

　① 청동기 시대의 농기구는 돌도끼, 홈자귀, 괭이, 반달돌칼 등의 석기가 중심이 되었다.

6 다음 중 청동기 시대의 경제활동에 대한 설명으로 옳지 않은 것은?

① 한반도에서는 처음으로 저습지에서 벼농사가 이루어졌다.

② 다양한 간석기의 사용으로 생산경제가 발달하게 되었다.

③ 농업은 조, 콩, 수수 등을 경작하는 밭농사가 중심을 이루었다.

④ 명도전, 반량전과 같은 교환수단이 사용되었다.

　④ 명도전, 반량전, 오수전을 사용한 것은 철기 시대부터였으며, 이는 중국과의 교역을 말해주는 유물이다.

7 청동기와 철기 시대에 계급이 발생하게 된 이유로 가장 옳은 것은?

① 많은 가옥이 밀집되어 취락형태를 이루게 되었다.

② 농경도구의 발전으로 농업생산력이 증대하였다.

③ 비파형 동검이 세형 동검으로 발전하였다.

④ 선민사상이 생겨나게 되었다.

　농사기구가 발달함에 따라 농업생산력이 증가하여 잉여생산물의 축적과 재산의 개인적 소유가 생겨났으며 이를 통해 빈부의 격차와 계급의 분화가 이루어졌다.

8 다음에서 설명하는 시대의 특징이 아닌 것은?

> - 사유재산제도와 계급이 나타나게 되었다.
> - 일부 저습지에서는 벼농사가 이루어졌다.
> - 금속제 무기를 사용하여 활발한 정복활동을 하였다.
> - 미송리식 토기와 민무늬토기가 고인돌에서 발견되었다.

① 비파형 동검을 사용하던 시대이다.
② 반달돌칼, 바퀴날도끼 등의 농기구가 사용되었다.
③ 군장세력이 출현하여 국가전체를 지배하였다.
④ 촌락이 배산임수의 지형에 위치하고 있었다.

> ③ 군장세력은 청동기 문화의 발전과 함께 등장하였으나 국가 전체를 지배하게 된 것은 고대국가단계에서이다.

9 다음과 같은 사회현상을 바탕으로 일어난 역사적 사실은 무엇인가?

> 이 시기에는 크고 작은 고인돌들이 많이 만들어졌다. 무게가 수십 톤 이상인 덮개돌을 채석하여 운반하고 무덤을 설치하기까지는 많은 인력이 필요하였다. 따라서 이같은 무덤을 만들 수 있는 강력한 세력이 나타났음을 알 수 있다.

① 제정분리의 심화   ② 선민사상의 대두
③ 보편 종교의 탄생   ④ 사유재산 제도의 형성

> 청동기 시대에는 거대한 고인돌 무덤을 만들 수 있을 정도로 상당한 정치권력과 경제력을 갖춘 지배자가 나타났다. 이는 사유재산제도와 계급이 발생하면서 나타났으며, 부족 내에서 족장세력이 성장하여 세력이 약한 다른 부족을 통합하면서 국가가 성립되기 시작하였다. 정치·경제적 영향력이 강한 부족에서는 이를 미루어 스스로 하늘의 자손이라 칭하는 선민사상이 나타나게 되었다.

Answer 5.① 6.④ 7.② 8.③ 9.②

10 다음 중 철기의 보급으로 나타난 변화로 옳은 것은?

① 철제 농기구의 사용으로 농업생산이 활발하였다.

② 가축은 사육하지 않았으며, 육류는 주로 사냥을 통해 획득하게 되었다.

③ 철제 도구의 사용으로 석기는 사라지게 되었다.

④ 청동기는 주로 무기와 농기구로 사용되었다.

 Point

철기의 보급

① 철기 시대에는 보습, 쟁기, 낫 등의 철제 농기구를 사용함으로써 농업생산력이 증대되었다.

② 사냥이나 고기잡이도 여전히 하고 있었지만, 농경의 발달로 점차 그 비중이 줄어들고 돼지, 소, 말 등 가축의 사육은 이전
보다 늘어났다.

③ 간석기가 매우 다양해지고 기능도 개선되어 농경을 더욱 발전시켰다.

④ 청동기는 의식용 도구로 변하였다.

11 우리 민족의 역사적 철기 문화의 발달과정을 바르게 설명한 것을 모두 고르면?

> ㉠ 부여, 고구려는 철기 문화를 바탕으로 성립하였다.
> ㉡ 외부의 영향 없이 한반도에서 독자적으로 발달하였다.
> ㉢ 위만 조선의 성립 이후 철기 문화가 한반도 전역으로 확산되었다.
> ㉣ 고조선은 철기 문화를 배경으로 성립하였음을 고고학 발굴을 통해 알 수 있다.

① ㉠, ㉡   ② ㉠, ㉢

③ ㉡, ㉣   ④ ㉢, ㉣

 Point

철기는 중국에서 전래되었고, 고조선은 청동기 문화를 배경으로 성립하였다.

12 다음 보기 중 부여 사회의 특수성만 모아 놓은 것은?

> ㉠ 우제점법 　　　　　　　　　㉡ 1책 12법
> ㉢ 제정분리 　　　　　　　　　㉣ 벼농사의 발달

① ㉠, ㉡　　　　　　　　　　　② ㉠, ㉢

③ ㉢, ㉣　　　　　　　　　　　④ ㉡, ㉣

　　Point
　　부여 사회의 특징
　　㉠ 정치 : 5부족연맹체, 왕 → 마가, 우가, 저가, 구가
　　㉡ 경제 : 반농반목, 말, 주옥, 모피 생산
　　㉢ 제천행사 : 영고(12월)
　　㉣ 풍습 : 순장, 우제점복, 형사취수제, 일부다처제

13 다음 중 고조선에 대한 설명으로 옳지 않은 것은?

① 단군왕검은 제정일치사회의 지배자였다.　　② 남의 물건을 훔친 자는 노비로 삼았다.

③ 대부, 장군 등의 관직이 설치되었다.　　　　④ 만주와 한반도 전역에 걸쳐 발달하였다.

　　Point
　　④ 고조선은 요령지방과 대동강 유역을 중심으로 독자적인 문화를 이룩 · 발전하게 된다.

14 다음 중 부여의 생활모습으로 옳지 않은 것은?

① 말, 주옥, 모피 등을 주로 생산하였다.

② 데릴사위제의 일종인 서옥제라는 풍습이 유행하였다.

③ 부족장이나 왕이 죽으면 많은 사람을 함께 묻는 순장이 있었다.

④ 전쟁이 나면 소를 죽여 그 굽으로 길흉을 점치기도 했다.

　　Point
　　② 데릴사위제의 일종인 서옥제는 고구려의 풍습이다.

Answer　10.① 11.② 13.① 14.④ 14.②

15 다음은 고조선의 법률에 대한 자료이다. 이를 바탕으로 당시의 사회모습을 추론한 것으로 옳은 것은?

> 사람을 죽인 자는 죽인다. 남에게 상처를 입힌 자는 곡식으로 갚는다. 도둑질을 하는 자는 노비로 삼는다. 백성들은 도둑질을 하지 않아 대문을 닫고 사는 일이 없었으며, 여자들은 정조를 지키고 신용이 있어 음란하지 않았다.
>
> 「한서지리지」

① 모두가 자유롭고 평등한 사회였다.
② 남성과 여성이 동일한 대우를 받았다.
③ 개인의 복수가 공식적으로 인정되었다.
④ 국가가 사유재산보호에 앞장 서고 있다

 Point

고조선의 8조법을 통해서 당시 사회에 권력과 경제력의 차이가 생겨나고, 재산의 사유가 이루어지면서 형벌과 노비가 발생했다는 것을 알 수 있다. 형벌이 있었던 것은 국가 차원에서 노동력과 사유재산을 중요하게 여기고 보호하였다는 것을 알 수 있다.

16 다음을 통해 알 수 있는 부여와 고구려 사회에 대한 설명으로 옳은 것은?

> • 사출도　　　　　　　• 제가회의　　　　　　　• 대사자, 사자

① 제사와 정치가 분리되어 있었다.
② 일찍부터 연맹왕국으로 발전하였다.
③ 농경과 목축을 기반으로 한 사회였다.
④ 두 나라의 종족 구성이 대체로 비슷하였다.

 Point

부여에는 왕 아래 마가, 구가, 저가와 대사자, 사자 등의 관리가 있었다. 가(加)들은 왕의 신하이면서도 자신의 출신 지역인 사출도를 독자적으로 다스렸다. 제가회의는 고구려의 귀족회의로 나라의 중요정책을 결정하고, 국가에 중대한 범죄자가 있으면 회의를 열어 형을 결정하기도 하였다. 이는 부여와 고구려가 여러 개의 소국이 합쳐진 연맹왕국으로 발전하였음을 보여 주는 것이다.

17 다음 중 초기의 고구려에 대한 설명으로 옳지 않은 것은?

① 동맹이라는 제천행사를 거행하였다.

② 한 군현을 공략하여 요동지방으로 진출을 꾀하였다.

③ 초기부터 왕위세습이 이루어졌다.

④ 국가의 중요한 일은 제가회의를 통해 결정하였다.

Point

③ 초기의 고구려는 5부족연맹체로 처음에는 연노부에서 왕이 선출되었지만, 나중에는 계루부 고씨가 왕에 선출되고 계속 세습되기 시작했다.

18 다음은 혼인풍속에 대한 내용이다. 이에 대한 설명으로 옳은 것은?

> ㉠ 혼인을 정한 뒤 신부 집의 뒤꼍에 조그만 집을 짓고 거기서 자식을 낳아 자식이 장성하면 아내를 데리고 신랑 집으로 돌아간다.
>
> ㉡ 장래에 혼인할 것을 약속하면, 여자가 어렸을 때 남자 집에 가서 장성한 후에 남자가 예물을 치르고 혼인한다.

① ㉠보다는 ㉡이 더 진보된 풍속이라 할 수 있다.

② ㉠은 민며느리제, ㉡은 서옥제를 설명한 것이다.

③ ㉠㉡은 모두 노동력의 중요성을 반영하는 풍속이다.

④ 당시에 이미 가부장적 가족제도가 확립되어 있음을 알 수 있다.

Point

㉠은 고구려의 서옥제, ㉡은 옥저의 민며느리제에 대한 설명이다. 이는 당시 사회가 혼인을 노동력의 이동으로 생각하였음을 반영하는 것이다.

Answer 15.④ 16.② 17.③ 18.③

19 다음 중 고구려과 부여의 공통점이 아닌 것은?

① 소를 죽여 점을 보는 풍속이 있었다.

② 남의 물건을 훔친 자는 물건 값의 12배를 배상한다.

③ 5부족연맹체로 이루어져 있다.

④ 중국과 친선관계를 유지하였다.

④ 부여는 북방의 유목민족이나 고구려에 대항하기 위해 중국과 친선관계를 유지하였으며, 고구려는 한 군현과의 팽팽한 경쟁관계에서 발전하였다.

20 다음 중 고대사회의 성격으로 옳지 않은 것은?

① 율령을 반포하는 등 체제의 정비작업이 추진되었다.

② 대외적으로는 끊임없이 정복활동을 펴 영토를 확장시켜 갔다.

③ 부족신앙과 부족전통을 크게 강조하였다.

④ 불교가 수용되어 중앙집권화의 진전을 사상적으로 뒷받침하였다.

③ 연맹왕국의 성격이다. 고대사회에서는 중앙집권화가 진행되면서 부족신앙과 전통은 상당 부분 희석되었다.

※ 고대사회의 성격

㉠ 왕권의 강화

• 고대사회가 성립되면서 종래의 지방 족장세력은 중앙의 보다 강력한 힘에 통합되어 감으로써 그 독립성을 상실하게 되었다.

• 국왕의 지위가 강화되면서, 족장세력은 종래 그가 다스리던 지역의 지배력은 계속 유지 할 수 있었으나, 점차 왕권에 복속되어 갔다.

㉡ 율령의 반포 : 왕권이 확대됨에 따라 율령을 반포하는 등 체제의 정비작업이 추진되었다.

㉢ 영토의 확장 : 대외적으로 끊임없이 정복활동을 추진하여 영토를 확장시켜 갔다.

㉣ 불교의 수용 : 중앙집권화의 진전을 사상적으로 뒷받침하였다.

㉤ 신분제도와 정치제도의 확립 : 중앙집권적 지배체제에 따라 정비되었다.

21 다음 중 옥저에 대한 설명으로 옳지 않은 것은?

① 매매혼의 제도인 민며느리제가 있었다.
② 해안지대에서 성장하여 해산물, 염, 어물 등이 주된 특산물이었다.
③ 고구려와 함께 한에 대항하여 함흥을 중심으로 고대 왕국으로 발전하였으나, 낙랑에 멸망되었다.
④ 가족공동묘제를 가졌고, 세골장의 풍습이 있었다.

    ③ 옥저는 고대왕국 성립을 이루지 못하고 고구려 태조왕에게 멸망당했다.

22 다음 중 옥저와 동예가 고대국가로 발전하지 못한 이유는?

① 일찍부터 고구려의 팽창으로 압박과 수탈을 당하였다.
② 군장의 지위는 세습이 아닌 선출을 통하여 결정되었다.
③ 씨족사회의 전통이 강하게 남아 강력한 정치 권력의 탄생이 어려웠다.
④ 해안가에 위치하여 농업이 발달하지 못했다.

    옥저와 동예는 함경도와 강원도 북부의 동해안 지방에 위치해 선진문화의 수용이 늦었으며, 일찍부터 고구려의 수탈과 압박
    으로 인해 큰 성장을 하지 못했다.

23 다음 설명 중 옳지 않은 것은?

① 고구려에서는 각 부족장들도 사자, 조의, 선인 등을 거느렸다.
② 옥저는 소금, 어물 등의 해산물을 고구려에 공납으로 바쳤다.
③ 동예에서는 다른 씨족의 생활권을 침범하지 못하게 하였다.
④ 부여는 연맹왕국의 단계를 거쳐 중앙집권국가 단계로까지 발전하였다.

    ④ 만주 송화강유역의 평야지대를 중심으로 성장한 부여는 5부족 연맹체를 유지해오다가 5세기 말 고구려에 편입되었다.

Answer   19.④   20.③   21.③   22.①   23.④

24 다음은 「삼국지」 동이전에 기록된 어떤 나라에 대한 설명이다. (가)와 (나)의 나라에 대한 설명으로 옳은 것은?

> (가) 토질은 오곡에 알맞고, 동이지역 중에서 가장 넓고 평탄한 곳이다.
> (나) 큰 산과 깊은 골짜기가 많고, 사람들이 성품이 흉악하고 노략질을 좋아하였다.

① (가)는 10월에 추수 감사제인 동맹이라는 제천 행사를 지냈다.
② (나)는 자신의 생활권을 침범하면 노비나 소와 말로 변상하게 하였다.
③ (가)는 남의 물건을 훔쳤을 때 물건 값의 12배를 배상하게 하는 법이 있었다.
④ (나)는 가족이 죽으면 시체를 가매장했다가 뼈만 추려서 커다란 목곽에 안치 하였다.

Point

(가)는 부여, (나)는 고구려에 대한 설명이다.
① 고구려에 대한 설명이다.
② 동예에 대한 설명이다.
④ 옥저에 대한 설명이다.

25 다음 자료의 (가), (나) 국가에 대한 설명으로 옳은 것은?

> (가) 산과 내마다 구분이 있어 함부로 들어가지 않으며, 이를 어기면 우마로 배상하였다.
> (나) 가족이 죽으면 시체를 가매장 하였다가 나중에 그 뼈를 추려 가족 공동무덤인 커다란 목곽에 안치하였다.

① (가): 12월에 영고라는 제천 행사를 지냈다.
② (나): 민며느리제라는 혼인 풍속이 있었다.
③ (가), (나): 왕권이 강화된 중앙집권국가로 발전하였다.
④ (가), (나): 대가들이 제가회의라는 부족장회의를 운영하였다.

Point

(가)는 동예의 책화, (나)는 옥저의 골장제에 대한 지문이다.
② 민며느리제와 골장제는 옥저의 풍습이다.
① 영고라는 제천행사는 부여의 풍습이다.
③ 옥저와 동예는 군장국가단계에 머물렀다.
④ 제가회의는 고구려 귀족의 대표회의이다.

26 다음 중 삼한의 형성과정으로 옳은 것은?

① 한강 이남의 여러 부족 중 세력이 강한 부족의 활발한 정복활동을 통해 성장하였다.

② 진과 한의 교체기에 한반도로 들어온 중국의 유이민들이 세운 소국 연맹체로 출발하였다.

③ 부여족의 한 갈래가 한강 이남으로 진출하여 연맹체를 형성하였다.

④ 한강 이남의 진과 고조선 유이민들이 융합하여 연맹체로 발전하였다.

Point

고조선 남쪽의 진에는 고조선의 유민에 의하여 새로운 문화가 보급되었는데 토착문화와 융합되면서 더욱 사회가 발전하였다. 그리하여 마한, 변한, 진한의 연맹체가 나타나게 되었다.

27 다음 자료에 나타난 국가에 대한 설명으로 옳은 것은?

> 구릉과 넓은 못이 많아서 동이 지역 중에서 가장 넓고 평탄한 곳이다. 토질은 오곡을 가꾸기에 알맞지만, 과일은 생산되지 않았다. …(중략)… 형벌은 엄하고 각박하여 살인자는 사형에 처하고 그 가족은 노비로 삼았다. 도둑질을 하면 12배로 변상케 하였다.
>
> 「삼국지」

① 5월에 파종하고 난 후 귀신에 제사를 올렸다.

② 형이 죽으면 형수를 아내로 삼는 풍습이 있었다.

③ 농업이 발달하여 저수지를 축조하여 벼농사를 지었다.

④ 대군장이 존재하지 않았으며, 각 읍락에 읍군, 삼로라는 군장이 자기 부족을 지배하였다.

Point

자료는 부여에 대한 설명이다.

② 부여는 노동력 확보를 위해 형이 죽으면 동생이 형수를 아내로 맞았다.

①, ③ 삼한에 대한 설명이다.

④ 옥저·동예에 대한 설명이다.

28 (가), (나)의 나라에 대한 설명으로 옳은 것만을 〈보기〉에서 모두 고르면?

> (가) 살인자는 사형에 처하고 그 가족은 노비로 삼았다. 도둑질을 하면 12배로 변상케 했다. 남녀 간에 음란한 짓을 하거나 부인이 투기하면 모두 죽였다. 투기하는 것을 더욱 미워하여, 죽이고 나서 시체를 산 위에 버려서 썩게 했다. 친정에서 시체를 가져가려면 소와 말을 바쳐야 했다.
>
> (나) 귀신을 믿기 때문에 국읍에 각각 한 사람씩 세워 천신에 대한 제사를 주관하게 했다. 이를 천군이라 했다. 여러 국(國)에는 각각 소도라고 하는 별읍이 있었다. 큰 나무를 세우고 방울과 북을 매달아 놓고 귀신을 섬겼다. 다른 지역에서 거기로 도망쳐 온 사람은 누구든 돌려보내지 않았다.
>
> 「삼국지」 위지 동이전

〈보기〉

ㄱ (가) – 왕 아래에는 상가, 고추가 등의 대가가 있었다.

ㄴ (가) – 농사가 흉년이 들면 국왕을 바꾸거나 죽이기도 하였다.

ㄷ (나) – 제천 행사는 5월과 10월의 계절제로 구성되어 있었다.

ㄹ (나) – 동이(東夷) 지역에서 가장 넓고 평탄한 곳이라 기록되어 있었다.

---

① ㄱ, ㄴ   ② ㄱ, ㄹ

③ ㄴ, ㄷ   ④ ㄷ, ㄹ

 Point

(가)는 '살인자는 사형에 처하고 그 가족은 노비로 삼았다. 도둑질을 하면 12배로 변상케 했다'라는 부분을 통해 부여의 1책 12법 임을 알 수 있고 (나)는 '천군', '소도'라는 용어로 보아 삼한에 대한 글임을 알 수 있다.

ㄱ은 고구려의 관직을 나타내고 있으며 부여의 관직으로는 마가·우가·저가·구가 등이 있었다.

ㄹ은 (가)에 해당되는 내용이다.

29 다음 중 마한에 대한 설명이 아닌 것은?

① 마한 목지국의 지배자가 마한왕 또는 진왕으로 추대되어 삼한 전체를 주도하였다.

② 54개의 소국으로 이루어졌고 모두 10만여 호였다.

③ 천안 · 익산 · 나주지역을 중심으로 대구 · 경주 지역에서 발전하였다.

④ 나주지역에 대형 고분관이 분포되어 있고 금동관도 출토되었다.

마한의 위치는 천안 · 익산 · 나주지역을 중심으로 경기 · 충청 · 전라도 지방에서 발전하였다.

30 다음 중 고구려에 대한 설명이 아닌 것은?

① 명주와 삼베를 짜는 등 방직기술이 발달하였다.

② 10월에는 추수감사제인 동맹을 성대하게 열었다.

③ 혼인풍속으로 서옥제가 있었다.

④ 특산물로 맥궁이라는 활이 있었다.

① 동예에 대한 설명이다.

(**Answer**) 28.③ 29.③ 30.①

03

통치구조와 정치활동

01 고대의 정치

section 1 고대의 세계

(1) 동양의 고대

① **중국** … 주나라가 쇠퇴하면서 춘추전국시대로 분열되어 혼란기를 겪었다.
  ㉠ **진** : 춘추전국을 통일하여 중앙집권적 통치체제를 확립하였다.
  ㉡ **한** : 유교적 중국 문화의 기틀을 확립하였고 영토를 크게 확장하여 서역과의 교역을 확대하였다.
  ㉢ **위 · 진남북조** : 양쯔강 이남 지방이 개발되고 문벌귀족 사회가 성립되었으며, 불교가 융성하여 귀족문화가 발달하였다.
  ㉣ **수** : 6세기 말 중국을 통일하였으나 고구려 원정이 실패하여 멸망하였다.
  ㉤ **당** : 동아시아 문화권이 성립되어 한자, 유교, 불교, 율령체제 등이 우리나라, 일본, 베트남 등에 전파되었다.

> **Point 팁** 춘추전국시대
> ㉠ 중앙집권적 영역국가, 군현제
> ㉡ 실력주의 사회, 신분제의 동요
> ㉢ 농업생산력 증대, 토지사유화의 촉진, 상업의 발전
> ㉣ 제자백가의 출현

② **인도** … 아리아인이 남하하여 철기 문화를 보급하고 브라만교와 카스트 제도가 확립되었다. 또한 브라만교에 반대하고 평등을 강조한 불교가 성립되었다.
  ㉠ **마우리아 왕조** : 소승불교가 발전하였고 동남아시아로 전파되었다.
  ㉡ **쿠샨 왕조** : 대승불교가 발전하였고 간다라미술과 함께 동북아시아로 확산되었다.
  ㉢ **굽타 왕조** : 인도의 민족종교인 힌두교가 성립되고, 인도의 고전문화가 완성되어 인도 문화의 원형이 형성되었다.
③ **오리엔트** … 사산조 페르시아가 번성하여 비잔틴제국과 대립하였다. 7세기에는 아라비아반도에서 마호메트가 이슬람교를 창시하여 이슬람문화권이 형성되어 갔다.

(2) 서양의 고대

① 그리스 … 아테네와 스파르타를 중심으로 발전하였다.

 ㉠ 아테네 : 시민 중심의 민주정치가 발전했고, 인간 중심의 문화가 발달하였다.

 ㉡ 헬레니즘 문화의 전파 : 알렉산더의 동방원정으로 그리스 문화와 오리엔트 문화가 융합되면서 헬레니즘 문화가 발전하였다.

> **Point 팁** 오리엔트 문화
> 페르시아, 아라비아, 이집트 등의 동쪽문화, 태양신 등 제정일치의 강력한 왕권을 가진 농경국가

② 로마 … 기원전 3세기 말 이탈리아 반도를 통일하고 지중해 전역에 대제국을 건설한 로마는 공화정으로 혼란을 거듭하다가 제정이 성립되어 200년 동안 평화를 이루었다.

 ㉠ 그리스 문화와 헬레니즘 문화가 융합되어 서양 고대문화를 완성시켰다.

 ㉡ 실용적이고 현실적인 문화가 발달되었고 법률과 크리스트교라는 서양 문화의 2대 조류를 형성하였다.

section 2 고대국가의 성립

(1) 고대국가의 성격

① **연맹왕국의 형성** … 철기 문화의 보급과 이에 따른 생산력의 증대를 토대로 성장한 여러 소국들은 그 중 우세한 집단의 족장을 왕으로 하는 연맹왕국을 이루었다. 연맹왕국은 종래의 군장세력이 자기 부족에 대한 지배권을 행사했으므로 중앙 집권 국가로서는 한계가 있었다.

② 고대국가의 형성

 ㉠ 대외정복활동 : 왕은 자기 집단 내부의 지배력을 강화하는 동시에 다른 집단에 대한 지배력을 키워 나갔고 이 과정에서 주변지역을 활발하게 정복하여 영역을 확대하고 정복과정에서 경제력과 군사력을 바탕으로 왕권이 강화되었다.

 ㉡ 율령 반포 : 통치체제가 정비되었다.

 ㉢ 불교 수용 : 집단의 통합을 강화하기 위하여 불교를 받아들였다.

> **Point 팁** 국가의 발전단계 … 군장국가 → 연맹왕국(초기 국가) → 중앙집권국가(고대국가)

③ 고대국가로의 발전과정

　　㉠ 선진문화의 수용과 지리적 위치에 따라 시기의 차이를 보인다.

　　㉡ 고구려, 백제, 신라의 순서로 고대국가체제가 정비되고, 가야 연맹은 삼국의 각축 속에서 중앙집권화를 이루지 못하고 해체되었다.

(2) 삼국의 성립

① 초기의 고구려

　　㉠ **성장**: 졸본성에서 주변 소국을 통합하며 성장하였으며, 국내성으로 도읍을 옮겼다.

　　㉡ **지배체제의 정비**

　　　　• 태조왕(1세기 후반): 계루부 고씨의 형제상속에 의한 왕위계승을 확립하고, 옥저와 동예를 복속하여 중국과의 전쟁에 있어 후방기지를 확보하였다.

　　　　• 고국천왕(2세기 후반): 부자상속에 의한 왕위계승을 확립하고, 부족적인 전통을 지녀온 5부를 행정적 성격의 5부로 개편하여 족장들을 중앙귀족으로 편입시켰으며 진대법을 시행하여 자영소농민들을 보호하였다.

② 초기의 백제

　　㉠ **건국(B.C. 18)**: 한강 유역의 토착민과 고구려 계통의 북방 유이민의 결합으로 성립되었는데, 우수한 철기 문화를 보유한 유이민 집단이 지배층을 형성하였다.

　　㉡ **고이왕(3세기 중엽)**: 형제상속에 의한 왕위계승을 확립하고, 관등제 정비(6좌평, 16관등제)와 백관의 공복을 제정하는 한편 율령을 반포하여 중앙 집권 체제를 정비하였다.

③ 초기의 신라

　　㉠ **건국(B.C. 57)**: 경주의 토착 집단과 유이민 집단의 결합으로 박혁거세에 의해 건국되었다.

　　㉡ **성립**: 초기에는 석탈해 집단의 합류로 박·석·김의 세 부족이 연맹하여 이사금(왕)으로 추대하는 6부족 연맹체로 발전하였다.

　　㉢ **지배체제의 정비(내물마립간, 4세기)**: 활발한 정복활동을 통해 낙동강 유역의 진한지역을 차지하였다. 김씨에 의한 왕위세습권을 확립하고 이사금 대신 마립간이라는 칭호를 사용하여 중앙 집권 체제를 정비하였다.

　　㉣ **고구려의 간섭**: 백제와 왜의 침략(399)으로 내물마립간은 고구려 광개토대왕의 원조를 받아 이를 물리쳤으나 고구려의 영향력 하에 놓였다. 고구려를 통해 중국과 외교관계를 맺고 중국문물을 받아들였다.

📖 밑줄 친 '왕'에 대한 설명으로 옳은 것은?

▶ 2023. 4. 8. 인사혁신처

16년 겨울 10월, 왕이 질양(質陽)으로 사냥을 갔다가 길에 앉아 우는 자를 보았다. 왕이 말하기를 "아! 내가 백성의 부모가 되어 백성들이 이 지경에 이르게 하였으니 나의 죄로다." … (중략) … 그리고 관리들에게 명하여 매년 봄 3월부터 가을 7월까지 관청의 곡식을 내어 백성들의 식구 수에 따라 차등 있게 빌려주었다가, 10월에 이르러 상환하게 하는 것을 법규로 정하였다.

－ 『삼국사기』 －

① 낙랑군을 축출하였다.
② 「진대법」을 시행하였다.
③ 백제의 침입으로 전사하였다.
④ 영락이라는 독자적인 연호를 사용하였다.

> **Tip** 제시문은 진대법을 시행한 고구려 고국천왕에 관한 내용이다. 진대법은 빈민구제를 위한 제도로 봄에 곡식을 빌려주어 가을에 상환하는 춘대추납제로 운영하였다.
> ① 고구려 미천왕
> ③ 고구려 고국원왕
> ④ 고구려 광개토대왕

┃정답 ②

Point 팁 신라 왕호의 변화… 거서간(군장) → 차차웅(제사장) → 이사금(연맹장) → 마립간(대군장) → 왕(중국식 칭호)

④ 초기의 가야

　　㉠ 위치 : 낙동강 하류의 변한지역에서는 철기 문화를 토대로 농업생산력이 증대되어 정치집단들이 등장하였다.

　　㉡ 전기 가야연맹(금관가야 중심)

　　　• 금관가야는 김수로에 의해 건국되었으며, 세력 범위는 낙동강유역 일대에 걸쳐 있었다.

　　　• 농경문화가 발달하고 토기 제작(일본 스에키토기에 영향) 및 수공업이 발달하여 경제적인 발전을 이루었다.

　　　• 철의 생산과 낙랑·대방 및 일본 규슈지방과의 중계무역으로 많은 이득을 얻었다.

　　　• 백제와 신라의 팽창으로 세력이 약화되고 신라를 지원하는 고구려 광개토대왕의 공격으로 금관가야에서 대가야로 연맹이 재편되었다.

section 3 삼국의 발전과 통치체제

(1) 삼국의 정치적 발전

① 고구려

　　㉠ 영토확장

　　　• 4세기 미천왕 때에 서안평을 점령하고 낙랑군을 축출하여 압록강 중류를 벗어나 남쪽으로 진출할 수 있는 발판을 마련하였다.

　　　• 평양성전투(371)에서 백제 근초고왕에 의해 고국원왕이 전사함으로써 국가적 위기를 맞기도 하였다.

　　㉡ 국가체제의 정비와 국력의 확장(소수림왕, 4세기 후반)

　　　• 불교 수용, 태학 설립, 율령 반포로 중앙집권국가로의 체제를 강화하였다.

　　　• 지방에 산재한 부족세력을 통제하면서 새로운 발전의 토대를 마련하였다.

기출문제

묜 (가) 나라에 대한 설명으로 옳은 것은?

▶ 2021. 6. 5. 제1회 지방직

북쪽 구지에서 이상한 소리로 부르는 것이 있었다. … (중략) … 구간(九干)들은 이 말을 따라 모두 기뻐하면서 노래하고 춤을 추었다. 자줏빛 줄이 하늘에서 드리워져서 땅에 닿았다. 그 줄이 내려온 곳을 따라가 붉은 보자기에 싸인 금으로 만든 상자를 발견하고 열어 보니, 해처럼 둥근 황금알 여섯 개가 있었다. 알 여섯이 모두 변하여 어린아이가 되었다. … (중략) … 가장 큰 알에서 태어난 수로(首露)가 왕위에 올라 　(가)　를/을 세웠다.

— 『삼국유사』 —

① 해상 교역을 통해 우수한 철을 수출하였다.

② 박, 석, 김씨가 교대로 왕위를 계승하였다.

③ 경당을 설치하여 학문과 무예를 가르쳤다.

④ 정사암 회의를 통해 재상을 선발하였다.

Tip (가)는 김수로왕을 시조로 하는 금관가야이다. 가야는 6가야 연맹의 연맹왕국으로 초기에는 금관가야(김해)가 중심이 되었지만 광개토대왕의 남하로 그 중심지가 대가야(고령)으로 이동하였다. 가야는 우수한 철을 생산하여 철을 제조하는 기술이 발달하였고, 해상 중계 무역을 통해 철을 수출하였다.
② 신라 초기
③ 고구려 교육기관
④ 백제 귀족회의

정답 ①

문 〈보기〉는 백제 어느 왕대의 사실이다. 백제의 이 왕과 대립하였던 고구려의 왕은?

2022. 2. 26. 제1회 서울특별시

〈보기〉

겨울 11월에 왕이 돌아가셨다. 옛 기록[古記]에 다음과 같이 전한다. "백제는 나라를 연 이래 문자로 일을 기록한적이 없는데 이때에 이르러 박사(博士) 고흥(高興)을 얻어 『서기(書記)』를 갖추게 되었다."

① 동천왕
② 장수왕
③ 문자명왕
④ 고국원왕

Tip 제시문은 4세기 백제 근초고왕 때이다. 근초고왕은 박사 고흥으로 하여금 사서 〈서기〉를 편찬하게 하였고, 마한 정복, 고구려 평양성 공격을 통해 고구려 고국원왕을 살해하는 등 대내적 영토 확장을 시도하였다. 대외적으로는 중국의 요서, 산둥 및 일본 규슈지방 까지 진출을 하고 동진과 국교를 체결하여 백제의 영향력을 확대하였다.

② 백제

㉠ 대외팽창(근초고왕, 4세기 후반) : 마한의 대부분을 정복하였으며, 황해도 지역을 두고 고구려와 대결(고국원왕 패사)하기도 하였다. 또한 낙동강 유역의 가야에 지배권을 행사하였고, 중국의 요서지방과 산둥지방, 일본의 규슈지방까지 진출하였다.

〈4세기 백제의 영토〉

㉡ 중앙 집권 체제의 정비(근초고왕) : 왕권은 점차 전제화되고 왕위의 부자상속이 시작되었다.

㉢ 중앙 집권 체제 확립(침류왕) : 불교를 공인하였다(384).

③ 신라

㉠ 국력의 신장
• 눌지왕 : 부자상속제를 확립하고 고구려의 간섭을 배제하기 위해 나 · 제 동맹(433)을 결성하였다.
• 소지왕 : 6촌을 6부의 행정구역으로 개편하고, 백제 동성왕과 결혼동맹을 체결하여 고구려에 대항하였다.

㉡ 지배체제 정비
• 지증왕(6세기 초) : 국호를 사로국에서 신라로, 왕호를 마립간에서 왕으로 고치고 적극적인 한화정책(漢化定策)을 추구하였다. 우경을 권장하고 동시전을 설치하고 이사부로 하여금 우산국(울릉도)을 복속시켰다.
• 법흥왕(6세기 중엽) : 병부의 설치, 상대등 제도의 마련, 율령의 반포, 공복의 제정 등을 통해 제도를 정비하였다. 금관가야를 정복하여 낙동강까지 영토를 확장하고 이차돈의 순교로 불교를 공인되고 독자적 연호인 건원을 사용하여 중앙 집권 체제를 완비하였다.

Point 팁 중앙집권국가의 특징
㉠ 영토확장을 위한 정복사업
㉡ 왕위의 부자세습
㉢ 권력의 중앙집권화
㉣ 관료제와 엄격한 신분제도
㉤ 율령반포 · 불교수용

정답 ④

(2) 삼국 간의 항쟁

① 고구려의 대제국 건설

ⓐ 광개토대왕(5세기) : 대제국 건설의 기초를 마련하는 시기이다.
- 숙신(여진)을 정벌하여 만주지방을, 후연(선비족)을 정벌하여 요동지방을 확보하였다.
- 백제를 압박하여 한강유역 이북을 차지하였다.
- 신라 내물왕을 도와 신라에 침입한 왜를 격퇴하고 한반도 남부에까지 영향력을 확대하였다.
- 우리나라 최초의 연호인 영락을 사용하였다.

ⓑ 장수왕(5세기) : 동북아시아의 대제국 건설의 시기이다.
- 수도를 국내성에서 평양으로 천도(427)하고 백제의 수도인 한성을 함락(개로왕 패사)하여 한강유역을 완전히 점령하였다.
- 중국 남북조와 각각 교류하면서 중국을 견제하였다.
- 우리나라 최초의 사학인 경당을 설치하였다.
- 광개토대왕의 업적을 기리기 위해 광개토대왕릉비(414)를, 고구려의 남하정책을 기념하여 중원고구려비(481)를 건립하였다.
- 만주와 한반도에 걸친 광대한 영토를 차지하여 중국과 대등한 지위의 대제국을 건설하였다.

ⓒ 문자왕(5세기 후반) : 동부여를 복속하고 고구려 최대의 영토를 확보하였다.

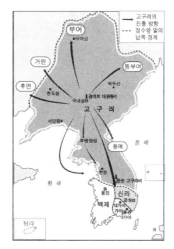

〈5세기 고구려의 영토〉

Point 팁 광개토대왕비 … 장수왕 2년(414)에 건립된 것으로 만주 집안현 국내성에 위치하고 있다. 비문에는 고구려 건국, 광개토대왕의 업적, 연호 등이 기록되어 있는데 비려 정복, 숙신 정벌, 신라·가야의 왜구 정벌, 동부여 정벌 등 영토 확장 과정이 잘 드러나 있다.

② 백제의 중흥

ⓐ 웅진(공주) 천도(문주왕, 5세기 후반) : 고구려의 남하정책으로 대외팽창이 위축되어 무역활동이 침체되는 가운데 정치적 혼란으로 왕권이 약화되고 귀족세력이 국정을 장악하게 되었다.

ⓑ 체제 정비(5세기 후반)
- 동성왕 : 신라와 결혼 동맹을 맺고 고구려에 대항하였고, 탐라를 복속시켰다.
- 무령왕 : 지방의 22담로라는 특별행정구역을 설치하고 왕족을 파견하여 지방통제를 강화하고 중국 남조의 양나라와 교류를 통해 대내외적 안정을 찾아갔다.

기출문제

문 밑줄 친 '이 왕'에 대한 설명으로 옳은 것은?

▶ 2022. 4. 2. 인사혁신처

백제 개로왕은 장기와 바둑을 좋아하였는데, 도림이 고하기를 "제가 젊어서부터 바둑을 배워 꽤 묘한 수를 알게 되었으니 개로왕께 알려드리기를 원합니다."라고 하였다. …(중략)… 개로왕이 (도림의 말을 듣고) 나라 사람을 징발하여 흙을 쪄서 성(城)을 쌓고 그 안에는 궁실, 누각, 정자를 지으니 모두가 웅장하고 화려하였다. 이로 말미암아 창고가 비고 백성이 곤궁하니, 나라의 위태로움이 알을 쌓아 놓은 것보다 더 심하게 되었다. 그제야 도림이 도망을 쳐 와서 그 실정을 고하니 <u>이 왕</u>이 기뻐하여 백제를 치려고 장수에게 군사를 나누어 주었다.

— 『삼국사기』 —

① 평양으로 도읍을 천도하였다.
② 진대법을 처음으로 시행하였다.
③ 낙랑군을 점령하고 한 군현 세력을 몰아내었다.
④ 신라에 침입한 왜군을 낙동강 유역에서 물리쳤다.

Tip 제시문의 왕은 5세기 고구려 장수왕이다. 장수왕은 국내성에서 평양성 천도 이후 남하정책을 적극적으로 추진하며 대외적 영토 확장을 시도하였다. 이 과정에서 고구려 승려 도림을 백제에 들어가게 하여 바둑을 좋아하는 백제 개로왕의 신임을 얻게 한 이후 백제 내정을 어지럽히게 하였다. 이후 장수왕은 백제 한성을 공격하여 개로왕을 실해하고 한강 유역 일대를 점령하였으며, 이후 백제는 수도를 한성에서 웅진으로 천도하였다.
② 고국천왕 ③ 미천왕
④ 광개토대왕

정답 ①

문 밑줄 친 '이 나라'에 대한 설명으로 옳은 것은?

▶ 2024. 3. 23. 인사혁신처

5세기 후반 가야의 주도 세력으로 성장한 <u>이 나라</u>는 낙동강 유역이라는 지리적 이점과 풍부한 철을 활용하여 후기 가야 연맹의 맹주가 되었다.

① 진흥왕에 의해 멸망하였다.
② 사비로 천도하고 국호를 남부여로 하였다.
③ 지방 행정 구역을 5경 15부 62주로 나누었다.
④ 평양으로 수도를 옮기고 남진 정책을 추진하였다.

Tip 제시문의 이 나라는 대가야이다. 전기 가야 연맹은 김해의 금관가야였으나 고구려의 남하로 인하여 금관가야의 세력이 약화되고, 고령을 중심으로 한 대가야가 후기 가야연맹의 중심국가가 되었다. 이후 금관가야는 신라의 법흥왕에 의해 복속되었고, 대가야는 신라 진흥왕에 의해 복속되었다.
② 백제 성왕
③ 발해 선왕
④ 고구려 장수왕

ⓒ **성왕**(6세기 중반)
• 체제 정비 : 사비(부여)로 천도(538)하고, 남부여로 국호를 개칭하였다.
• 제도 정비 : 중앙은 22부, 수도는 5부, 지방은 5방으로 정비하였다.
• 승려 등용 : 불교를 진흥시키고, 일본에 불교를 전파하였다.
• 중국의 남조와 교류하였다.

Point 팁 신라와 백제의 동맹
ⓐ 나·제 동맹(433) : 신라 눌지왕과 백제 비유왕
ⓑ 결혼동맹(498) : 신라 소지왕과 백제 동성왕
ⓒ 군사동맹 : 신라 진흥왕과 백제 성왕
ⓓ 영향 : 한강 유역을 신라에 빼앗긴 성왕은 관산성(옥천) 전투에서 전사하고 나·제 동맹은 결렬되었다.

③ **신라의 발전**

ⓐ **진흥왕**(6세기 중반)
• 체제 정비 : 화랑도를 국가적 조직으로 개편하고, 불교 교단을 정비하였다.
• 영토 확장 : 한강 유역을 장악하여 경제적 기반을 강화함으로써 전략적 거점을 확보할 수 있었고 중국 교섭의 발판이 되었다. 대가야를 정복하고, 고구려를 공격하여 북으로 함경도까지 영토를 넓혔다.

ⓑ **신라의 영토 확장 기념비**
• 단양적성비(진흥왕, 6세기 중엽) : 단양 일대의 고구려 영토를 차지하고 이곳 백성들을 선무한 표적으로 세운 비로 관직명과 율령 정비를 알 수 있다.
• 진흥왕 순수비(국토 확장 및 국위 선양 기념)
－북한산비(555) : 한강 유역 점령 기념
－창녕비(561) : 대가야 정복 기념
－황초령비(568)·마운령비(568) : 원산만 진출 기념

〈6세기 신라의 영토〉

④ **가야연맹의 해체**
ⓐ **후기 가야연맹** : 5세기 후반 고령지방의 대가야를 중심으로 새롭게 형성되었다. 신라와의 결혼 동맹으로 국제적 고립에서 벗어나려 하였다.
ⓑ **가야의 해체** : 중앙집권국가로 발전하지 못하고 금관가야는 신라 법흥왕, 대가야는 신라 진흥왕에 의해 각각 멸망되었다.

정답 ①

(3) 삼국의 통치체제

① 통치조직의 정비

　㉠ 삼국 초기에는 부족 단위 각 부의 귀족들이 독자적으로 관리를 거느리는 방식으로 귀족회의에서 국가의 중요한 일을 결정하였다.

　㉡ 중앙 집권 체제의 형성

　　• 왕을 중심으로 한 통치체제로 왕의 권한이 강화되었다.

　　• 관등제와 행정구역이 정비되어 각 부의 귀족들은 왕권 아래 복속되고, 부족적 성격이 행정적 성격으로 개편되었다.

② 관등조직 및 중앙관제

　㉠ 정치조직

구분	관등	수상	중앙관서	귀족합의제
고구려	10여 관등	대대로(막리지)	–	제가회의
백제	16관등	상좌평	6좌평, 22부	정사암회의
신라	17관등	상대등	병부, 집사부	화백회의

　㉡ 신라의 골품제도 : 관등제도와 함께 결합하여 운영하였는데 신분제에 의해 제약을 받았다.

③ 지방제도

　㉠ 지방조직

구분	수도	지방(장관)	특수행정구역
고구려	5부	5부(욕살)	3경(평양성, 국내성, 한성)
백제	5부	5방(방령)	22담로(지방 요지)
신라	6부	5주(군주)	2소경[중원경(충주), 동원경(강릉)]

　㉡ 지방제도의 정비 : 최상급 지방 행정 단위로 부와 방 또는 주를 두고 지방장관을 파견하였고, 그 아래의 성이나 군에도 지방관을 파견하여 지방민을 직접 지배하였으나 말단 행정단위인 촌은 지방관을 파견하지 않고 토착세력을 촌주로 삼았다. 그러나 대부분의 지역은 중앙정부의 지배가 강력히 미치지 못하여 지방세력가들이 지배하게 되었다.

④ 군사조직 … 지방행정조직이 그대로 군사조직이기도 하여 각 지방의 지방관은 곧 군대의 지휘관(백제의 방령, 신라의 군주)이었다.

기출문제

🔛 (가) 국가에 대한 설명으로 옳은 것은?

▶ 2024. 6. 22. 제1회 지방직

　　(가) 의 호암사에는 정사암이란 바위가 있다. 나라에서 장차 재상을 의논할 때에 뽑을 후보 서너 명의 이름을 써서 상자에 넣고 봉해서 바위 위에 두었다. 얼마 후에 열어 보고 이름 위에 도장이 찍힌 자국이 있는 사람을 재상으로 삼았다. 이런 까닭에 정사암이라 했다.

－『삼국유사』 －

① 6좌평과 16관등제를 마련하였다.

② 태학이라는 교육기관을 설립하였다.

③ 인안이라는 독자적인 연호를 사용하였다.

④ 골품에 따라 관등이나 관직 승진에 제한이 있었다.

> **Tip** 제시문은 백제의 귀족회의체인 정사암 회의에 관한 내용이다. 고구려에는 제가회의, 신라에는 화백회의라는 귀족합의체가 있었다.
> 6좌평과 16관등제는 백제의 관제이다.
> ② 고구려 소수림왕
> ③ 발해 무왕
> ④ 신라

▌정답 ①

section 4 대외항쟁과 신라의 삼국통일

(1) 고구려와 수 · 당의 전쟁

① 동아시아의 정세(6세기 말)

㉠ 중국 : 수(隋)가 남북조를 통일하여 고구려를 침공하였다.

㉡ 한반도 : 신라의 팽창으로 고구려와 백제가 여 · 제동맹을 맺어 대응하였다.

㉢ 국제 : 남북연합(돌궐 · 고구려 · 백제 · 왜) ↔ 동서연합(수 · 신라)

Point 팁 동아시아 국제정세의 변화

㉠ 4세기 후반 : 동진, 백제, 왜 ↔ 전진, 고구려, 신라

㉡ 5～6세기 : 고구려 ↔ 신라, 백제

㉢ 6세기 중엽～7세기 : 돌궐, 고구려, 백제, 왜 ↔ 신라, 수, 당

② 수와의 전쟁 … 수의 성장에 고구려가 영양왕 때 요서지방을 선제공격하자, 수의 문제와 양제는 고구려를 침입해왔는데 을지문덕이 살수에서 큰 승리를 거두었다(612).

③ 당과의 전쟁

㉠ 초기에는 고구려에 유화정책을 취했으나 곧이어 동북아시아로 세력을 뻗쳐왔다.

㉡ 고구려는 당의 침략에 대비하여 천리장성을 축조하고 연개소문은 대당 강경정책을 추진하였다.

㉢ 당 태종은 요동의 여러 성을 공격하고 전략상 가장 중요한 안시성을 공격하였으나 패하였다(645). 이후 고구려는 당의 빈번한 침략을 물리쳐 당의 동북아시아 지배야욕을 좌절시켰다.

〈고구려와 수의 전쟁〉

〈고구려와 당의 전쟁〉

정답 ②

(2) 백제와 고구려의 멸망

① 한반도 정세의 변화 … 여 · 제 동맹 이후 나 · 당 연합이 결성되었다.

② 백제의 멸망

　㉠ 원인 : 정치질서의 문란과 지배층의 향락으로 국방이 소홀해지면서 몰락하게 되었다.

　㉡ 과정 : 신라의 김유신은 황산벌에서 백제를 격파하여 사비성으로 진출하였고, 당군은 금강 하구로 침입하였다. 결국 사비성은 함락되었다(660).

　㉢ 부흥운동 : 복신과 흑치상지, 도침 등은 주류성과 임존성을 거점으로 하여 사비성과 웅진성을 공격하였으나 나 · 당연합군에 의하여 진압되었다. 이 때 왜군이 백제 지원을 나섰으나 백강 전투에서 패배하고 말았다.

③ 고구려의 멸망

　㉠ 원인 : 지배층의 분열과 국력 약화로 정치가 불안정하였다.

　㉡ 과정 : 나 · 당연합군의 침입으로 평양성이 함락되었다(668).

　㉢ 부흥운동 : 보장왕의 서자 안승을 받든 검모잠과 고연무 등은 한성과 오골성을 근거지로 한 때 평양성을 탈환하였으나 결국 실패하였다. 그러나 7세기 후반 고구려 유민들의 발해 건국을 통해 고구려의 전통을 지속할 수 있었다.

(3) 신라의 삼국통일

① 과정 … 신라 · 고구려 · 백제 유민의 연합으로 당과 정면으로 대결하였다.

　㉠ 당의 한반도 지배 의지 : 한반도에 웅진도독부, 안동도호부, 계림도독부를 설치하였다.

　㉡ 나 · 당전쟁 : 신라의 당 주둔군에 대한 공격으로 매소성과 기벌포싸움에서 승리를 거두게 되고 당군을 축출하여 삼국통일을 이룩하였다(676).

② 삼국통일의 의의와 한계

　㉠ 의의 : 당의 축출로 자주적 성격을 인정할 수 있으며 고구려와 백제 문화의 전통을 수용하고, 경제력을 확충함으로써 민족문화 발전의 토대를 마련하였다는 점에서 큰 의의가 있다.

　㉡ 한계 : 외세(당)의 협조를 받았다는 점과 대동강에서 원산만 이남에 국한된 불완전한 통일이라는 점에서 한계성을 가진다.

〈나 · 당전쟁〉

기출문제

문 (가) 인물에 대한 설명으로 옳은 것은?

▶ 2020. 7. 11. 인사혁신처

김춘추가 당나라에 들어가 군사 20만을 요청해 얻고 돌아와서 　(가)　을/를 보며 말하기를, "죽고 사는 것이 하늘의 뜻에 달렸는데, 살아 돌아와 다시 공과 만나게 되니 얼마나 다행한 일입니까?" 라고 하였다. 이에 　(가)　이/가 대답하기를, "저는 나라의 위엄과 신령함에 의지하여 두 차례 백제와 크게 싸워 20 성을 빼앗고 3만여 명을 죽이거나 사로잡았습니다. 그리고 품석 부부의 유골이 고향으로 되돌아왔으니 천행입니다."라고 하였다.

「삼국사기」

① 황산벌에서 백제군을 물리쳤다.
② 화랑이 지켜야 할 세속오계를 제시하였다.
③ 진덕여왕의 뒤를 이어 신라왕으로 즉위하였다.
④ 당에서 숙위 활동을 하다가 부대총관이 되어 신라로 돌아왔다.

Tip 해당 인물은 김유신이다. 김유신은 김춘추와 더불어 삼국통일의 초석을 다진 인물로 황산벌에서 계백이 이끈 백제의 결사대를 물리치고 백제를 멸망시켰다. 이후 고구려 정벌과 한반도에서 당나라 군대를 축출하기 위해 노력하였다.
② 원광법사
③ 김춘추
④ 김인문

|정답 ①

문 다음 전투 이후에 일어난 사건으로 옳은 것만을 모두 고르면?

▶ 2023. 4. 8. 인사혁신처

이근행이 군사 20만 명의 대군을 이끌고 매소성(買肖城)에 머물렀다. 우리 군사가 공격하여 달아나게 하고 전마 30,380필을 얻었는데, 남겨놓은 병장기도 그 정도 되었다.

— 『삼국사기』 —

㉠ 웅진도독부가 설치되었다.
㉡ 김흠돌이 반란을 일으켰다.
㉢ 교육 기관인 국학이 설립되었다.
㉣ 복신과 도침이 부여풍과 함께 백제 부흥 운동을 일으켰다.

① ㉠, ㉡
② ㉠, ㉣
③ ㉡, ㉢
④ ㉢, ㉣

Tip 제시문은 신라 문무왕 때 발생한 매소성 전투(675)이다. 신라는 삼국 통일 과정에서 나당연합군을 결성했지만 통일 이후 당나라의 한반도 지배 야욕이 노골화되기 시작하자 매소성, 기벌포 전투에서 당나라를 제압하고 나당전쟁에서 승리하였다.
㉡㉢ 모두 신라 신문왕 대의 일로 김흠돌의 반란을 계기로 신문왕은 왕권을 강화하는 계기를 마련하였다. 진골귀족의 영향력을 약화시키기 위하여 6두품을 기용하고, 관료전 지급 및 녹읍 폐지, 국학을 설치하였다.
㉠ 웅진도독부는 나당연합군의 공격으로 백제 직후 설치되었다(660)
㉣ 백제 부흥 운동은 백제 멸망 직후 전개되었다(660~663)

정답 ③

section 5 남북국시대의 정치변화

(1) 통일신라의 발전

① 왕권의 전제화

㉠ 무열왕 : 최초의 진골출신 왕으로 통일과정에서 왕권을 강화하였으며 이후 무열왕 직계 자손이 왕위를 계승하게 되었다.

㉡ 유교 정치 이념의 수용 : 통일을 전후하여 유교 정치 이념이 도입되었고, 중앙집권적 관료정치의 발달로 왕권이 강화되어 갔다.

㉢ 집사부 시중의 기능 강화 : 상대등의 세력을 억제하였고 왕권의 전제화가 이루어졌다.

㉣ 신문왕

• 김흠돌 모역 사건을 통해 귀족세력을 숙청하고 정치세력을 재편성하였다.

• 지방행정조직을 9주 5소경으로 완비하고 군사조직으로 중앙군 9서당, 지방군 10정을 조직하였다.

• 문무관리에게 관료전을 지급하고 녹읍을 폐지하여 귀족의 경제기반을 약화시켰다.

• 국학을 설립하여 유학사상을 강조하고 유교정치이념을 확립시켰다.

② 정치세력의 변동

㉠ 왕권이 전제화되면서 진골귀족의 세력은 약화되었고 진골귀족에 비해 정치적으로 성장할 수 없었던 6두품 세력은 왕권과 결탁하여 상대적으로 부각되었다.

㉡ 6두품의 진출 : 학문적 식견을 바탕으로 왕의 정치적 조언자로 활동하거나 행정실무를 총괄하였다. 이들은 전제 왕권을 뒷받침하고, 학문·종교분야에서 활약하였다.

③ 전제 왕권의 동요(8세기 후반, 경덕왕)

㉠ 진골귀족 세력의 반발로 흔들리기 시작하였다.

㉡ 녹읍제가 부활하고, 사원의 면세전이 증가되어 국가재정의 압박을 가져왔다.

㉢ 귀족들이 특권적 지위를 고수하려 하고, 향락과 사치가 계속되자 농민의 부담은 가중되었다.

(2) 발해의 건국과 발전

① 건국

㉠ 고구려 유민은 요동지방을 중심으로 대당 저항을 하였고, 이에 당은 보장왕을 이용한 회유책(민족분열정책)을 사용하였으나 고구려 유민의 동족의식만 강화시켰다.

ⓛ 고구려 출신의 대조영이 길림성에 건국하여 남쪽의 신라와 북쪽의 발해가 공존하는 남북국이 형성되었다(698).

Point 팁 발해 … 처음에는 진(眞)이라 하였다가 뒤에 발해로 고쳤으며 연호를 천통(天統)이라 하였다.

② **국가성격**

ㄱ **이원적 민족구성** : 지배층은 고구려인이고 피지배층은 말갈인으로 구성되었다.

ㄴ **고구려 계승의식 표방** : 일본에 보낸 국서에 고려 또는 고려국왕이라는 칭호를 사용하였고, 고구려 문화와 유사성이 있다.

ㄷ 천통(대조영), 인안(무왕), 대흥(문왕), 건흥(선왕) 등 독자적 연호 사용으로 중국과 대등한 지위에 있음을 과시하기도 하였다.

③ **발해의 발전**

ㄱ **영토 확장**(무왕)

• 만주의 대부분과 연해주의 영토를 장악하였다.

• 장문휴의 수군을 통해 당의 산둥반도를 공격하고, 돌궐·일본과 연결하여 당과 신라에 대항하였다.

ㄴ **체제 정비**(문왕)

• 당과 친선관계를 맺어 중국문물을 수용하였고, 신라와는 동해안을 따라 이르던 교통로인 신라도를 통해 교류하였다.

• 지배체제 정비와 함께 수도를 중경에서 상경으로 천도하였다.

〈발해의 건국〉

ㄷ **중흥기**(선왕)

• 요동지방으로 진출하였으며 남쪽으로는 신라와 국경을 접할 정도로 넓은 영토를 차지하였다.

• 광대한 영토를 효과적으로 통치하기 위하여 5경 15부 62주의 지방행정제도를 완비하였다.

• 당으로부터 '해동성국(海東盛國)'이라는 칭호를 받았다.

ㄹ **멸망** : 거란의 세력 확대와 귀족들의 권력투쟁으로 인해 국력이 쇠퇴하면서 거란에 멸망하였다(926).

기출문제

문 (가) 왕에 대한 설명으로 옳은 것은?
▶ 2022. 4. 2. 인사혁신처

당 현종 개원 7년에 대조영이 죽으니, 그 나라에서 사사로이 시호를 올려 고왕(高王)이라 하였다. 아들 [(가)] 이/가 뒤이어 왕위에 올라 영토를 크게 개척하니, 동북의 모든 오랑캐가 겁을 먹고 그를 섬겼으며, 또 연호를 인안(仁安)으로 고쳤다.
－『신당서』－

① 수도를 상경성으로 옮겼다.
② '해동성국'이라고 불릴 만큼 전성기를 이루었다.
③ 장문휴를 시켜 당의 등주(산둥성)를 공격하였다.
④ 고구려 유민과 말갈족을 이끌고 동모산에 도읍을 정하였다.

Tip 제시문의 왕은 발해 무왕이다. 무왕은 장문휴로 하여금 당의 등주를 공격하는 등 당과 대립하였으며, 인안이라는 독자적인 연호를 사용하였다. 또한 당과의 대립 관계 속에서 일본에 외교 사절을 보내 통교하였으며, 당시 일본에 보낸 국서에 발해가 고구려를 계승하였음을 밝히기도 하였다.
① 발해 문왕
② 발해 선왕
④ 발해 고왕(대조영)

정답 ③

문 ㉠, ㉡의 국가에서 실시한 제도로 옳게 짝지은 것은?

▶ 2021. 3. 6. 제1차 경찰공무원(순경)

신이 숙위원(宿衛院)의 보고를 보았더니, 왕자 대봉예가 글을 올려 (㉠)를 (㉡)보다 윗자리에 앉게 해 달라고 주청하였던 사실을 알게 되었습니다.

① ㉠ 3성 6부
　㉡ 사심관 제도
② ㉠ 5경 15부 62주
　㉡ 상수리 제도
③ ㉠ 9주 5소경
　㉡ 빈공과
④ ㉠ 9서당 10정
　㉡ 주자감

Tip 제시된 글은 897년(발해 대위해 4년)에 당나라에 사신으로 파견된 발해 왕자 대봉예가 발해의 국세가 신라보다 강성함을 들어 발해가 신라보다 우선해야 한다고 당 소종에게 요구하였다가 거절당한 쟁장 사건의 내용이다. 따라서 ㉠은 발해, ㉡은 통일신라이다.
② 발해는 지방제도를 5경 15부 62주로 구성하였다. 상수리 제도는 신라의 지방 세력 통제방식으로 중앙정부가 일종의 볼모를 이용해 지방 세력을 통제하던 방식이다.

정답 ②

(3) 남북국의 통치체제

① 통일신라

　㉠ **중앙정치체제** : 전제 왕권의 강화
　• 집사부 중심의 관료기구가 강화되었다.
　• 집사부 시중의 지위가 강화되고(국정총괄) 집사부 아래에 위화부와 13부를 두고 행정업무를 분담하였다.
　• 관리들의 비리와 부정방지를 위한 감찰기관인 사정부를 설치하였다.

Point 팁 통일신라의 중앙관제

관부명	담당업무	6전제도와 비교	고려 유사 관부
집사부(성)	국가기밀사무	중시(시중)	중추원
병부	군사	병부	병부
조부	공부(貢賦)수납		호부
예부	의례	예부	예부
승부	마정(馬政)		
영객부	외교·외빈접대		예부
위화부	관리·인사	이부	이부
창부	재정담당	호부	호부
공장부	공장(工匠)사무	공부	공부
좌·우이방부	형사·법률	형부	형부
사정부	감찰		어사대
선부	선박·교통		
사록관	녹봉·사무		
예작부	토목·건축	공부	공부

　㉡ **유교정치이념의 수용** : 국학을 설립하였다.
　㉢ **지방행정조직의 정비**(신문왕) : 9주 5소경으로 정비하여 중앙 집권 체제를 강화하였다.
　• 9주(도독) : 주의 장관은 총관(후에 도독)으로 군사적 기능은 약화되고, 행정적 기능이 강화되었다. 일부 군·현에는 태수와 현령이 중앙에서 파견되었다.
　• 5소경 : 수도의 지역적 치우침을 보완하기 위하여 군사적·행정적 요지에 설치하였다.
　• 지방관의 감찰을 위하여 외사정을 파견하였고, 상수리제도를 실시하였으며, 향·부곡이라 불리는 특수행정구역도 설치하였다.
　㉣ **군사조직의 정비**
　• 9서당 : 옷소매의 색깔로 표시하였는데 부속민에 대한 회유와 견제의 양면적 성격이 있다.

• 10정 : 9주에 각 1정의 부대를 배치하였으나 한산주에는 2정(남현정, 골내근정)을 두었다.

ⓜ 통치체제 변화의 한계와 의의 : 중국식 정치제도의 도입으로 강력한 중앙집권적 전제국가로 발전하였다. 그러나 진골귀족이 권력을 독점하는 한계를 가지고 있었다.

② 발해

ⓣ 중앙정치체계 : 당의 제도를 수용하였으나 명칭과 운영은 독자성을 유지하였다.
  • 3성 : 정당성(대내상이 국정총괄), 좌사정(충·인·의), 우사정(지·예·신부)
  • 6부 : 충부, 인부, 의부, 자부, 예부, 신부

Point 팁 시대별 중앙행정기관의 비교

신라	발해	고려	조선
위화부	충부	이부	이조
창부	인부	호부	호조
예부	의부	예부	예조
병부	지부	병부	병조
좌이방부	예부	형부	형조
공장부	신부	공부	공조

• 중정대(감찰), 문적원(서적관리), 주자감(중앙의 최고교육기관)

ⓛ 지방제도 : 5경 15부 62주로 조직되었고, 지방행정의 말단인 촌락은 주로 말갈인 촌장이 지배하였다.

ⓒ 군사조직 : 중앙군(10위), 지방군

(4) 신라말기의 정치변동과 호족 세력의 성장

① 전제 왕권의 몰락

ⓣ 국가기강의 해이 : 진골귀족들의 반란과 왕위쟁탈전이 심화되었다.

ⓛ 귀족 연합 정치 : 집사부 시중보다 상대등의 권력이 더 커졌다.

ⓒ 지방 민란의 발생 : 김헌창의 난(822)과 같은 지방민란이 발생하여 중앙의 지방 통제력이 더욱 약화되는 계기가 되었다.

〈후삼국의 성립〉

기출문제

문 밑줄 친 '반란'에 대한 설명으로 옳은 것만을 모두 고르면?
▶ 2024. 3. 23. 인사혁신처

웅천주 도독 헌창이 반란을 일으켜, 무진주·완산주·청주·사벌주 네 주의 도독과 국원경·서원경·금관경의 사신 및 여러 군현의 수령들을 위협하여 자신의 아래에 예속시키려 하였다.

ⓣ 천민이 중심이 된 신분 해방 운동 성격을 가졌다.
ⓛ 반란 세력은 국호를 '장안', 연호를 '경운'이라 하였다.
ⓒ 주동자의 아버지가 왕이 되지 못한 것에 대한 불만으로 일어났다.
ⓔ 무열왕 직계가 단절되고 내물 왕계가 다시 왕위를 차지하는 결과를 가져왔다.

① ⓣ, ⓛ   ② ⓣ, ⓔ
③ ⓛ, ⓒ   ④ ⓒ, ⓔ

Tip 제시문은 신라 헌덕왕 대 발생한 김헌창의 난(822)이다. 웅천주 도독이었던 김헌창은 태종 무열왕계 직계 후손인 자신의 아버지 김주원이 귀족 간 권력 쟁탈 과정에서 왕위에 오르지 못한 것에 대하여 불만을 품고 난을 일으켰다. 국호를 '장안', 연호를 '경운'이라 하였고, 반란은 실패하였으나 그 이후에도 신라의 정치적 불안정은 지속되었다.
ⓔ 김지정의 난(780, 혜공왕)

┃정답 ③

문 〈보기〉에서 (가)의 인명과 그의 저술을 옳게 짝지은 것은?

▶ 2022. 2. 26. 제1회 서울특별시

〈보기〉

진성왕 8년(894) 봄 2월에 (가) 이 시무 10여 조를 올리자, 왕이 이를 좋게 여겨 받아들이고 아찬으로 삼았다.

① 김대문 – 『화랑세기』
② 김대문 – 『계원필경』
③ 최치원 – 『제왕연대력』
④ 최치원 – 『한산기』

Tip 신라말 시무 10여 조를 왕에게 올린 인물은 6두품 출신의 최치원이다. 최치원은 당에 유학하며 빈공과에 응시해 급제하였고, 이후 신라에 귀국하여 신라 말 혼란스러운 사회 안정을 위한 개혁책을 제시하였다. 주요 저술에는 〈계원필경〉, 〈제왕연대력〉, 〈사산비명〉, 〈법장화상전〉 등이 있다.
① 김대문은 8세기 초 성덕왕대 진골 출신 귀족으로 〈한산기〉, 〈고승전〉, 〈화랑세기〉등을 저술하였다.
② 〈계원필경〉은 최치원이 저술하였다.
④ 〈한산기〉는 김대문이 저술하였다.

정답 ③

② 농민의 동요

　㉠ 진성여왕 때부터 농민들의 국가에 대한 전면적인 항쟁이 시작되었고, 대규모의 조직적 항쟁도 전개 되었다. 특히 원종애노의 난으로 인해 지방 호족세력의 형성에 커다란 영향을 미쳤으며, 통일신라를 붕괴시키는 계기가 되었다.

　㉡ 진성여왕 때부터 농민들의 국가에 대한 전면적인 항쟁이 시작되었고, 대규모의 조직적 항쟁도 전개되었다.

③ **호족 세력의 등장** … 지방의 행정·군사권과 경제적 지배력을 가진 호족 세력은 성주나 장군을 자처하며 반독립적인 세력으로 성장하였다.

④ **개혁 정치** … 진성여왕시기 최치원이 시무 10조와 같이 6두품 출신의 유학생과 선종의 승려가 중심이 되어 골품제사회를 비판하고 새로운 정치이념을 제시하였다.

(5) 후삼국의 성립

① **후백제** … 농민 출신의 견훤이 군진·호족 세력을 토대로 완산주(전주)에 건국하였다(900).

　㉠ 중국과는 외교관계를 맺었으나 신라에는 적대적이었다.

　㉡ 한계 : 농민에 대한 지나친 조세 부과로 반감을 샀으며, 호족 세력의 포섭에 실패하였다.

② **후고구려**

　㉠ 건국 : 신라 왕실의 후손 궁예가 초적·호족 세력을 토대로 송악(개성)에 건국하였다(901).

　㉡ 국호는 후고구려 → 마진 → 태봉으로 바뀌었고 도읍지도 송악에서 철원으로 옮겨졌다.

　㉢ 관제 : 국정 최고 기구인 광평성과 여러 관서를 설치하고 9관등제를 실시하였다.

　㉣ 한계 : 농민에 대한 지나친 조세를 부과하였고 미륵신앙을 이용한 전제정치를 펼쳐 신하들에 의해 축출되었다.

Point 팁 후삼국시대의 영웅

　㉠ 궁예 : 신라 왕족 출신의 호족으로서 한반도 2/3를 차지하는 전성기를 맞이하나 미륵신앙에 기반을 둔 신정적 전제 정치의 한계로 몰락했다.

　㉡ 견훤 : 호족 세력의 아들로서 초기에는 뛰어난 군사적 지략으로 성공했으나, 신라에 대한 지나친 적대정책과 호족 세력 포섭에 한계를 보였다.

　㉢ 왕건 : 예성강 하구의 해상세력으로서 궁예의 부하로 있으면서 무공을 세웠으며, 호족 세력을 널리 포섭하고 친신라정책으로 후삼국통일의 대세를 장악하였다.

1 다음 중 고대사회의 성격에 대한 설명으로 옳지 않은 것은?

① 율령반포를 통해 체제정비가 추진되었다.

② 불교를 통해 왕권강화를 사상적으로 뒷받침하였다.

③ 정복활동을 통해 영토를 확장시켰다.

④ 족장들이 독립된 세력으로 지위를 강화시켰다.

 Point

④ 고대국가단계에서는 부족장들이 왕권 아래 복속되어 가기 시작했다.

2 다음 중 고대의 군사제도에 대한 설명으로 옳지 않은 것은?

① 신라는 통일 후 9서당을 신라, 고구려, 백제, 말갈인으로 조직하였다.

② 신라의 지방군은 10정으로 각 주에 1정씩 배치하고 북쪽 국경지대에는 2정을 두었다.

③ 삼국은 지방관이 군대를 지배하였다.

④ 발해는 10위를 전국에 배치하였다.

 Point

④ 발해는 중앙군사조직으로 10위를 두었다.

3 삼국시대 금석문 자료에 대한 설명으로 옳지 않은 것은?

① 호우총 출토 청동 호우의 존재를 통해 신라와 고구려 관계를 살펴볼 수 있다.

② 사택지적비를 통해 당시 백제가 도가(道家)에 대한 이해를 하고 있었음을 알 수 있다.

③ 울진 봉평리 신라비를 통해 신라가 동해안의 북쪽 방면으로 세력을 확장하였음을 알 수 있다.

④ 충주 고구려비(중원 고구려비)를 통해 신라가 고구려에게 자신을 '동이(東夷)'라고 낮추어 표현했음을 알 수 있다.

 Point

④ 중원고구려비를 통해 당시 고구려가 신라를 동이(東夷)라 칭하면서 그 국왕에게 종주국으로서 의복을 하사했다는 내용 등을 알 수 있다.

4 가야에 대한 다음 설명 중 옳은 것을 모두 고르면?

> ㉠ 가야왕 하지가 중국 남제에 사신을 보낸 적이 있다.
> ㉡ 한군현, 왜와의 중계무역을 통해 많은 이득을 얻었다.
> ㉢ 진한이 6가야연맹으로 발전하였다.
> ㉣ 철기 문화와 벼농사가 발달한 부족연맹국가였다.

① ㉠, ㉣

② ㉠, ㉡, ㉣

③ ㉢, ㉣

④ ㉡, ㉢, ㉣

 Point

3세기 중엽 변한 12국이 금관가야를 주축으로 6가야연맹으로 발전하였다.

5 **삼국의 성립에 대한 설명으로 옳은 것은?**

① 초기의 고구려는 졸본성에서 주변 소국을 통합하고, 국내성으로 도읍을 옮기며 성장하였다.

② 초기의 백제는 지배층인 한강 유역의 토착민과 피지배층인 고구려 계통의 북방 유이민의 결합으로 성립되었다.

③ 초기의 신라는 박·석·김의 세 집단의 합의를 통해 왕을 추대하고, 주요 집단들의 독자적 세력을 억압하면서 발전하였다.

④ 초기의 가야는 낙동강 하류 변한지역에서 청동기 문화를 토대로 농업생산력이 증대되어 등장한 정치집단들에 의해 성립되었다.

 Point

삼국의 성립

② 백제는 우수한 철기 문화를 보유한 고구려 계통의 북방 유이민이 지배층을 형성하였다.

③ 신라는 박·석·김의 세 집단이 번갈아 왕위를 차지하였다. 주요 집단들의 독자적인 세력 기반을 유지하면서 유력 집단의 우두머리가 왕(이사금)으로 추대되었다.

④ 가야는 낙동강 하류 변한지역에서 철기 문화를 토대로 농업생산력이 증대되어 등장한 정치집단에 의해 성립되었다.

6 **중앙집권국가의 특징에 해당하는 것을 모두 고르면?**

㉠ 영토확장을 위한 정복사업	㉡ 왕위의 부자세습
㉢ 권력의 집권화	㉣ 관료제와 유연한 신분제도
㉤ 율령반포와 불교수용	

① ㉠, ㉡, ㉢

② ㉠, ㉡, ㉢, ㉤

③ ㉠, ㉡, ㉣, ㉤

④ ㉠, ㉡, ㉢, ㉣, ㉤

 Point

중앙집권국가의 특징

㉠ 영토확장을 위한 정복사업

㉡ 왕위의 부자세습

㉢ 권력의 중앙집권화

㉣ 관료제와 엄격한 신분제도

㉤ 율령반포

㉥ 불교수용

Answer 3.④ 4.② 5.① 6.④

7 삼국의 형세가 다음 지도와 같을 때의 상황으로 옳지 않은 것은?

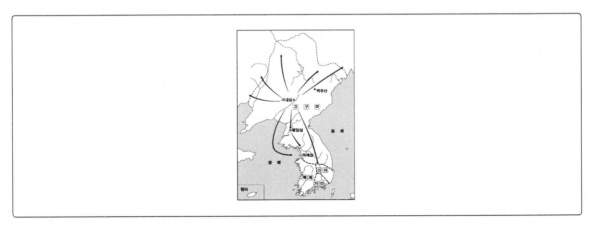

① 고구려에서는 불교가 공인되었다.
② 신라와 백제 사이에 나·제 동맹이 체결되었다.
③ 백제는 웅진에서 사비로 수도를 옮겼다.
④ 고구려는 신라에 침입한 왜를 격퇴시켰다.

> **Point**
> 지도는 5세기 광개토대왕 및 장수왕 때의 고구려의 최대전성기를 나타낸 것이다. 광개토대왕은 요동을 포함한 만주 일대,
> 한강 이북을 차지했으며 장수왕은 서해안까지 진출했다. 이때 장수왕의 남하정책으로 신라의 눌지왕과 백제의 비유왕 사
> 이에 나·제 동맹이 체결되었다.
> ① 고구려의 불교공인은 4세기 소수림왕 시기의 일이다.

8 4세기 경 삼국의 정세에 대한 설명으로 옳지 않은 것은?

① 신라는 진흥왕 때 한강 유역을 차지하고 통일의 기틀을 마련했다.
② 고구려 미천왕은 서안평을 점령하여 고조선의 옛 영토를 대부분 수복하였다.
③ 백제의 근초고왕은 요서지방, 산둥지방 그리고 일본의 규슈지역까지 진출하였다.
④ 신라 내물왕은 낙동강 동쪽의 진한을 점령하고 중앙집권국가로 발전하기 시작하였다.

> **Point**
> ① 신라가 한강 유역을 차지하고 통일의 기틀을 마련한 것은 6세기 중엽 이후의 일이다.

9 김부식이 「삼국사기」에서 다음과 같이 신라시대를 구분한 기준은?

> • 상대 : 박혁거세~진덕여왕, 내물왕 직계
>
> • 중대 : 무열왕~혜공왕, 무열왕 직계
>
> • 하대 : 선덕왕~경순왕, 내물왕 직계

① 왕족의 성씨를 기준으로 구분

② 골품에 의한 왕실의 혈족적 관계로 구분

③ 불교식 왕명을 기준으로 구분

④ 사회발전 단계에 의한 구분

삼국사기

② 김부식은 「삼국사기」에서 신라시대를 왕의 혈족관계를 기준으로 하여 구분하였다.

③ 일연은 「삼국유사」에서 불교식 왕명을 기준으로 하여 구분하였다.

10 삼국의 발전과정에서 나타난 사실이다. 공통적인 성격은 무엇인가?

> • 2세기 태조왕 – 계루부 고씨의 왕위세습
>
> • 3세기 고이왕 – 6좌평 행정분담
>
> • 4세기 눌지왕 – 김씨 왕위세습, 마립간 칭호 사용

① 고조선의 통치질서를 계승하였다.

② 국왕을 중심으로 한 중앙 집권 체제가 강화되었다.

③ 연맹왕국의 확립을 위한 제도를 정비하였다.

④ 유교정치이념을 구현하였다.

중앙 집권 체제의 정비는 왕위세습, 율령반포, 관등이나 관직 등의 제도를 정비함으로써 더욱 강화되었다.

Answer 7.① 8.① 9.② 10.②

11 고구려가 삼국항쟁의 주도권을 장악하고 있던 시기의 사실로 옳은 것은?

① 나·제 동맹이 강화되었다.

② 수나라가 고구려를 침공하였다.

③ 화랑도가 국가조직으로 확대되었다.

④ 집사부가 설치되었다.

 Point

① 고구려 장수왕의 남하정책을 막기 위해 신라(눌지왕)와 백제(비유왕)는 433년에 처음으로 나·제 동맹을 맺었고, 동부여를 복속시켜 고구려의 최대의 영토를 확보한 문자왕 2년에 서로 결혼동맹(신라 소지왕, 백제 동성왕)을 맺음으로써 동맹을 강화하였다.

12 다음은 고구려와 백제의 발전과정을 서술한 것이다. 이러한 고구려와 백제의 팽창이 가능하였던 시대적 배경으로 가장 적절한 것은?

> • 고구려가 한 군현 세력을 축출하고, 이어서 요동지역을 확보하였다.
> • 백제가 요서지방으로 진출하고, 이어서 산동지방과 일본에까지 진출하였다.

① 고구려와 백제는 동맹을 맺어 중국의 압력에 공동으로 대항하였다.

② 위, 촉, 오 삼국이 형성으로 중국 사회가 혼란해졌다.

③ 고구려와 백제는 율령 반포를 통해 집권체제를 강화하였다.

④ 북방민족의 침입으로 인해 중국의 혼란 상태가 장기간 지속되었다.

 Point

제시문은 4세기의 상황으로 당시 중국이 5호 16국으로 분립되어 국세가 약화되었던 시기에 한반도 세력이 그 영역을 확대해 가는 과정이다.

13 다음 비문의 내용에 해당하는 고구려왕의 업적으로 옳은 것은?

> 영락 10년(400) 경자에 보병과 기병 5만을 보내 신라를 구원하게 하였다. 후퇴하는 왜적을 추격하여 종발성을 함락하고 병사를 두어 지키게 하였다.

① 후연을 격파하여 요동으로 진출하였다.
② 율령을 반포하여 국가체제를 정비하였다.
③ 지방세력 통제를 위해 불교를 공인하였다.
④ 지두우를 분할 점령하여 흥안령 일대의 초원지대를 장악하였다.

> 제시문은 광개토대왕릉비의 내용이다.
> ②③ 소수림왕의 업적이다.
> ④ 장수왕의 업적이다.

14 신라 진흥왕의 영토확장 연구에 적절하지 않은 것은?

① 울진 봉평 신라비 – 동해안 지방으로의 영토 확장
② 북한산비 – 한강유역의 진출과정
③ 마운령비 – 신라 영토가 원산항까지 북상
④ 창녕비 – 낙동강 진출

> 영토의 확장
> ① 울진 봉평 신라비는 법흥왕(524) 때에 세워진 신라의 비석으로 율령의 반포를 알려준다.
> ② 북한산비는 6세기 진흥왕(555)이 한강 하류까지의 진출을 알 수 있는 비이다.
> ③ 마운령비(568)는 신라가 동북방면의 국경인 함경남도 이원군에까지 이르렀음을 보여준다.
> ④ 창녕비는 신라 진흥왕(561) 때에 세워진 것으로 대가야를 정벌하고 낙동강유역을 평정한 뒤 세워졌다.

Answer 11.① 12.④ 13.① 14.①

15 다음 중 5세기 후반의 한반도 정세에 대한 설명으로 옳은 것은?

① 백제와 신라가 서로 동맹하여 고구려의 팽창을 견제하였다.

② 백제와 신라가 불교를 공인하여 중앙집권화의 사상적 뒷받침을 하였다.

③ 고구려는 남해안 일부 지역에 침투한 왜군을 격퇴하였다.

④ 낙동강 유역에는 가야연맹이 성장하여 신라와 백제를 압박하였다.

한반도의 정세

② 백제와 신라가 불교를 공인한 시기는 각각 4세기 말(침류왕), 6세기 전반(법흥왕)이다.

③ 5세기 초 광개토대왕 때의 일이다.

④ 가야는 백제와 신라의 공격을 받아 세력이 크게 약화되었다.

16 밑줄 친 '왕'의 재위 기간에 있었던 사실로 옳은 것은?

> 이찬 이사부가 왕에게 "국사라는 것은 임금과 신하들의 선악을 기록하여, 좋고 나쁜 것을 만대 후손들에게 보여 주는 것입니다. 이를 책으로 편찬해 놓지 않는다면 후손들이 무엇을 보고 알겠습니까?" 라고 아뢰었다. 왕이 깊이 동감하고 대아찬 거칠부 등에게 명하여 선비들을 널리 모아 그들로 하여금 역사를 편찬하게 하였다.
>
> 「삼국사기」

① 정전 지급   ② 국학 설치

③ 첨성대 건립   ④ 북한산 순수비 건립

6세기 신라 진흥왕(540~576)대의 사실이다. 진흥왕은 화랑도를 정비하여 국력을 대외로 확장하여 대가야, 한강 유역, 함경 북도까지 진출하는 등 신라 최대의 영토를 확보하였다. 이 과정에서 단양 적성비와 4개의 순수비(창녕비, 북한산 순수비, 황초령비, 마운령비)를 세웠다.

① 정전은 신라 성덕왕 대에 지급하였다.

② 국학은 신라 신문왕 때 설치한 교육기관이다.

③ 첨성대는 신라 선덕여왕 때 설립되었다.

17 다음 사건들을 시간 순으로 바르게 나열한 것은?

> ㉠ 신라 – 건원(建元)이라는 독자적인 연호를 만들었다.
>
> ㉡ 가야 – 대가야가 멸망하면서 가야연맹이 완전히 해체되었다.
>
> ㉢ 고구려 – 낙랑군을 완전히 몰아내고 대동강 유역을 확보하였다.
>
> ㉣ 백제 – 수도인 한성이 함락되고 왕이 죽자 도읍을 웅진으로 옮겼다.

① ㉠ – ㉡ – ㉢ – ㉣   ② ㉡ – ㉢ – ㉣ – ㉠

③ ㉢ – ㉣ – ㉠ – ㉡   ④ ㉣ – ㉠ – ㉡ – ㉢

> ㉢ 4세기 고구려 미천왕(300~331)
>
> ㉣ 5세기 백제 개로왕(455~475)
>
> ㉠ 6세기 신라 법흥왕(514~540)
>
> ㉡ 6세기 신라 진흥왕(540~576)

18 신라의 삼국통일 후 다음과 관련하여 설치한 것은?

> • 중앙의 귀족들을 이곳에 이주시켰다.
>
> • 수도가 동남쪽에 치우쳐 있는 것을 보완하기 위하여 설치하였다.
>
> • 지방문화의 중심을 이루어 지방문화 발달에 이바지하였다.

① 9주   ② 5소경

③ 9서당   ④ 10정

> 수도의 치우침현상을 보완하고, 지방사회에 문화를 보급하기 위해 옛 삼국의 위치를 고려하여 5소경(북원경, 중원경, 서원경, 남원경, 금관경)을 설치하였다.

Answer 15.① 16.④ 17.③ 18.②

19 다음 중 신라하대에 등장한 호족 세력에 대한 설명으로 옳지 않은 것은?

① 해상무역을 통해 경제적 부를 축적하고 군사적 기반을 마련하였다.

② 왕위쟁탈전에서 밀려난 중앙귀족들이 지방에 정착하여 지방세력을 형성하였다.

③ 근거지에 성을 쌓고 스스로 성주나 장군을 자처하였다.

④ 중앙의 진골귀족과 함께 골품제를 통하여 사회적 특권을 누리고 있었다.

> 호족 세력은 스스로 성주나 장군으로 자처하며 반독립적인 세력으로 성장하게 되었다. 지방의 행정과 군사권을 장악하였으며, 경제적 지배력도 행사하였다.
> ④ 골품제로의 혜택은 입을 수 없었다.

20 다음은 발해와 관련된 내용이다. 이와 관련된 것은?

> 대외적으로는 중국과의 대등한 지위를 나타낸 것이며, 대내적으로는 왕권의 강대함을 표현하는 것이기도 하였다.

① 유학생들이 당의 빈공과에 합격하였다.

② 고구려계승의식을 분명히 하였다.

③ 3성 6부의 중앙정치조직을 정비하였다.

④ 인안, 대흥 등의 독자적인 연호를 사용하였다.

> ④ 발해의 독자적인 연호사용은 중국과의 대등한 지위를 강조하기 위한 자주성의 표현이며, 주체성을 의미하는 것이고 대내적으로는 왕권의 강대함을 표현한 것이다.

21 발해의 대외관계에 대한 옳은 설명으로만 묶인 것은?

> ㉠ 발해는 당나라의 문화를 받아들였으며, 정혜공주의 묘는 전형적인 당나라 양식의 벽돌무덤이다.
> ㉡ 발해는 북으로 돌궐과 통하였고, 일본과 친선관계를 맺고자 여러차례 사신을 파견하였다.
> ㉢ 발해는 당나라에 유학생을 파견하여 빈공과 급제자를 배출하였다.
> ㉣ 발해는 신라와 연합하여 당나라의 공격에 대항하였다.

① ㉠, ㉡　　　　　　　　　　　　　　　② ㉠, ㉣
③ ㉡, ㉢　　　　　　　　　　　　　　　④ ㉢, ㉣

발해의 대외관계
㉠ 발해의 문화는 귀족중심의 예술로서 고구려의 문화를 토대로 당나라의 문화를 흡수하여 부드러우면서도 웅장하고 건실
한 문화를 이루고 있었으며 정혜공주의 묘는 고구려의 전통적 양식의 돌방무덤이다.
㉣ 발해는 신라와 긴밀한 교섭은 없으나 관계 개선을 위한 사신의 왕래 등 친선과 대립이 교차되는 관계에 있었으며 신라
는 당의 요청으로 발해의 남쪽을 공격하다가 실패하였다.

22 삼국과 남북국시대의 지방통치조직에 대한 설명 중 옳지 않은 것은?

① 고구려는 수도와 지방을 모두 5부로 나누고 지방에는 욕살이라는 지방장관을 파견하였다.
② 백제는 수도와 지방을 각각 5부, 5방으로 나누고 지방장관으로 방령을 파견하였다.
③ 신라는 5주로 나누고 군주를 지방장관으로 삼았다.
④ 발해는 촌락의 촌장을 고구려인으로 임명하여 통제력을 강화하였다.

④ 발해는 촌락의 촌장을 토착 말갈인의 유력자로 임명하였다.

Answer　19.④　20.④　21.③　22.④

23 신라 중대에 대한 설명으로 옳지 않은 것은?

① 녹읍이 폐지되고 관료전과 정전이 지급되었다.

② 상대등의 권한이 강화되고 6두품이 주요관서의 장관이 되었다.

③ 신문왕대에 9주 5소경의 지방제도를 마련하였다.

④ 귀족세력이 숙청되고 왕권이 강화되었다.

 Point

② 신라 중대는 무열계 김씨가 왕위에 등장하였는데 이로 이해 이전의 왕들보다 왕권이 강화되었으며 상대등의 권한이 약화되고 집사부의 장인 시중의 권한이 강화되었다.

24 백제 근초고왕의 업적에 대한 다음의 설명 중 옳지 않은 것은?

① 남쪽으로는 마한을 멸하여 전라남도 해안까지 확보하였다.

② 북쪽으로는 고구려의 평양성까지 쳐들어가 고국천왕을 전사시켰다.

③ 중국의 동진, 일본과 무역활동을 전개하였다.

④ 왕위의 부자상속을 확립하였다.

 Point

② 백제 근초고왕은 371년 고구려와의 평양성 전투에서 고구려의 고국원왕을 전사시키고 영토를 확장시켰다.

25 다음 중 삼국통일의 역사적 의의와 관계없는 것은?

① 고구려의 옛 지역을 상실함으로써 활동범위가 좁아졌다.

② 단일 민족으로 통일하는 기반을 조성하였다.

③ 당나라의 내정간섭으로 오늘날의 영토를 확보하였다.

④ 민족문화의 전통을 수립하였다.

 Point

신라는 고구려와 백제를 멸망시키고 삼국을 통일하여 단일 민족의 통일국가를 이룩하였으나, 외세와의 연합을 통한 자주성을 약화시켰고, 광대한 고구려의 영토를 잃었다.

26 다음의 사건들이 일어난 순서대로 바르게 배열한 것은?

> ㉠ 발해 멸망　　　　　　　㉡ 후고구려 건국
> ㉢ 신라멸망　　　　　　　　㉣ 후백제 멸망
> ㉤ 고려건국

① ㉠－㉡－㉢－㉣－㉤　　　　　② ㉠－㉡－㉣－㉢－㉤
③ ㉡－㉤－㉠－㉢－㉣　　　　　④ ㉡－㉤－㉢－㉠－㉣

후삼국의 통일과정 … 후고구려 건국(901) → 고려 건국(918) → 발해 멸망(926) → 신라 멸망(935) → 후백제 멸망(936)

27 다음 국가발전단계 중에서 (　　) 안에 들어갈 내용에 대한 설명으로 옳지 않은 것은?

> 군장국가 → 연맹국가 → (　　)

① 활발한 정복활동이 이루어졌다.
② 대가들이 각자 관리를 거느렸다.
③ 율령이 반포되어 체제가 정비되었다.
④ 불교의 수용으로 통치이념이 확립되었다.

고대국가로 발전하기 위해서는 율령의 반포, 불교의 수용, 영토의 확장, 왕권의 강화가 이루어져야 한다.
② 연맹국가였을 당시의 고구려에 관한 것이다.

28 다음 통일신라 지방통치제도의 시행 목적으로 옳은 것은?

> 외사정, 9주 5소경, 상수리제도

① 백제와 고구려의 유민통합   ② 지방 통치의 강화
③ 지방 군사력의 강화   ④ 지방 토착세력의 통합

> **Point**
> 통일신라는 주·군에 감찰임무를 가진 외사정을 파견하여 중앙집권적 통치조직을 강화시켰으며 9주 5소경을 두어 수도인 금성이 지역적으로 동남쪽에 치우쳐 있는 것을 보완하고, 각 지방의 균형있는 발전을 꾀하였다. 또한 지방호족의 자제를 상경시켜 놓음으로써 지방세력을 통제하였다.

29 (가), (나) 국왕의 재위시기에 있었던 사실로 옳은 것만을 모두 고르면?

> (가) 대조영의 뒤를 이어 즉위하였다. 영토 확장에 힘을 기울여 동북방의 여러 세력을 복속하고 북만주 일대를 장악하였다.
> (나) 대부분의 말갈족을 복속시키고, 요동 지역으로 진출하였다. 이후 전성기를 맞은 발해를 중국에서는 해동성국(海東盛國)이라고 불렀다.

> ㉠ (가) – 수도를 중경에서 상경으로 옮겼다.
> ㉡ (가) – 장문휴가 수군을 이끌고 당(唐)의 산둥(山東) 지방을 공격하였다.
> ㉢ (나) – '건흥' 연호를 사용하고, 지방 행정 조직을 정비하였다.
> ㉣ (나) – 당시 국왕을 '대왕'이라 표현한 정혜공주의 묘비가 만들어졌다.

① ㉠, ㉡   ② ㉠, ㉣
③ ㉡, ㉢   ④ ㉢, ㉣

> **Point**
> 대조영의 뒤를 이어 동북방의 여러 세력을 복속시키고 북만주 일대를 장악한 왕은 발해 무왕(가)이고 중국으로부터 해동성국이라 불리며 발해의 전성기를 맞이한 왕은 발해 선왕(나)이다.
> ㉠, ㉣ 수도를 중경에서 상경으로 옮기고 정혜공주의 묘비를 만든 것은 발해 문왕이다.

30 발해의 정치체계에 대한 설명으로 옳지 않은 것은?

① 당의 제도를 수용하였으나 명칭과 운영은 독자성을 유지하였다.

② 3성 6부의 체계를 성립하였다.

③ 주자감은 교육과 서적관리를 담당했다.

④ 5경 15부 62주의 지방제도를 마련하였다.

Point

　　③ 문적원에서 서적관리를 담당하였다.

02 중세의 정치

기출문제

section 1 중세의 세계

(1) 동양의 중세

① 5대 10국(10세기) … 귀족사회가 붕괴되고, 사대부세력이 대두되었다.

② 송

    ㉠ 문치주의의 확립 : 황제 독재체제가 마련되고, 과거제도가 확립되었다.

    ㉡ 강남 개발 : 여진족이 침입하여 북중국을 빼앗기고 강남으로 이동하게 되었다. 이를 계기로 양쯔강 이남이 개발되었다.

    ㉢ 성리학의 발달 : 주희가 체계화한 성리학이 발달하여 우리나라 등 주변국에 영향을 주었다.

③ 몽고 제국(원) … 13세기에 동서양에 걸친 대제국을 건설하여, 동서 문화의 교류가 촉진되었다.

④ 일본 … 왕권이 약화되어 지방호족의 장원을 소유하고, 무사를 고용하는 봉건제도(9세기 중엽)가 발달하였다.

⑤ 인도 … 굽타왕조가 붕괴되어 정치적으로 분열되고 이슬람 세력이 침투하게 되었다.

(2) 서양의 중세

① 서유럽 문화권 … 로마 가톨릭을 중심으로 발전하였다.

    ㉠ 프랑크 왕국 : 로마 교회와 연합하였으며 9세기에 독일, 프랑스, 이탈리아로 분열되었다.

    ㉡ 봉건제도 : 왕권의 약화로 지방분권체제가 형성되었으며, 장원제도가 발달하였다.

    ㉢ 로마 가톨릭 : 교단조직이 로마 교황의 영도 아래 발전하게 되었다.

Point 팁 십자군운동 이후 봉건제후의 몰락으로 왕권강화와 교황권 추락, 도시의 발달과 상품 · 화폐경제가 발달하였다.

② **비잔틴 문화권** … 그리스 문화와 헬레니즘 문화의 전통을 유지하였고 그리스 정교가 발달하였다. 비잔틴 문화는 동북부의 슬라브 사회에 전파되어 동유럽 문화의 바탕이 되었다.

③ **이슬람 문화권**

　㉠ **이슬람제국**: 아프리카 북부를 지배하고 8세기에 이베리아 반도의 대부분을 차지하였다.

　㉡ **고유문화의 형성**: 그리스 철학과 헬레니즘시대의 자연과학이 융합된 문화이다.

Point 팁　유럽의 봉건제도 … 로마의 은대지제도와 게르만의 종사제도가 그 기원이 되었다. 이는 주군과 봉신의 쌍무적인 계약관계로 이루어져 주군은 부양과 보호의 의무를 가지며, 봉신은 주군에게 충성하고 군역의 의무를 가졌다. 경제구조는 장원제도를 취하였으며 농노들은 부역, 공납, 잡세의 의무를 지니고 영주에 예속된 신분이었다.

section 2 중세사회의 성립과 전개

(1) 고려의 성립과 민족의 재통일

① **고려의 건국**

　㉠ **왕건의 등장**: 송악의 호족으로서 예성강 유역의 해상세력과 연합하였다. 처음에는 궁예 휘하로 들어가서 한강 유역과 나주지방을 점령하여 후백제를 견제하였다. 이후에는 궁예의 실정을 계기로 정권을 장악하게 된다.

　㉡ **고려의 건국**: 고구려의 후계자임을 강조하여, 국호를 고려라 하고 송악에 도읍을 세웠다. 조세경감, 노비해방으로 민심을 수습하고 호족 세력을 융합하였다.

② **민족의 재통일** … 중국의 혼란기를 틈타 외세의 간섭없이 통일이 성취되었다.

　㉠ **고려의 정책**: 지방세력을 흡수·통합하였고, 중국 5대와 교류하였다.

　㉡ **후삼국통일**: 신라에 우호정책을 펼쳐 신라를 병합하고(935) 후백제를 정벌하였으며(936), 후삼국뿐만 아니라 발해의 유민을 수용하여 민족의 재통일을 이루었다.

기출문제

묻 밑줄 친 '왕'의 재위 기간에 있었던 사실로 옳은 것은?

▶ 2021. 3. 6. 제1차 경찰공무원(순경)

　세자 대광현이 수만 명을 이끌고 투항하였다. 왕이 대광현에게 성과 이름을 하사하고 그들을 후하게 대우하였다.

① 왕규의 난이 일어났다.
② 광군을 조직하여 거란의 침략에 대비하였다.
③ 고구려의 수도였던 평양을 서경이라 하였다.
④ 귀법사를 창건하여 화엄종을 통합하게 하였다.

Tip 밑줄 친 왕은 고려 태조이다. 발해가 거란에게 패하고 발해국의 세자 대광현이 무리를 이끌고 오자, 태조는 이들을 후하게 대접하고 대광현에게 왕계라는 성명을 내렸다.
③ 태조는 서경(평양)을 중시하여 청천강~영흥만으로의 영토를 회복하였다.
① 태조의 외척인 왕규는 두 딸을 태조의 15, 16비로 바쳐 권세를 장악하다가 혜종 때 16비의 소생인 광주원군을 왕으로 삼으려고 일으킨 반란이다.
② 광군은 정종 때 거란족의 침입에 대비하기 위하여 호족의 군대를 연합하여 편성한 것으로서 뒤에 주현군의 모체가 되었다.

정답 ③

(2) 태조의 정책

① **취민유도(取民有度)정책** … 흩어진 백성을 모으고 조세를 징수함에 법도가 있게 한다는 민생안정책으로 유교적 민본이념을 나타낸다(세율을 1/10로 경감).

  ㉠ **조세경감** : 호족의 지나친 수취를 금지하였다.

  ㉡ **민심수습** : 전란 중 억울하게 노비가 된 자를 해방하였다.

  ㉢ **흑창 설치** : 고구려의 진대법을 계승하여 춘궁기에 곡식을 나눠주고 추수 후에 갚게 하는 빈민구제기구이다. 성종 때 의창으로 바뀌었다.

② **통치기반 강화**

  ㉠ **관제정비** : 태봉의 관제를 중심으로 신라와 중국의 제도를 참고하여 정치제도를 만들고, 개국공신과 호족을 관리로 등용하였다.

  ㉡ **호족회유** : 호족을 회유하기 위해 정략결혼, 왕씨 성을 하사하는 사성정책, 개국공신과 호족을 중앙관리로 임명하거나 역분전을 제공하였다.

  ㉢ **호족견제** : 사심관 제도(우대)와 기인 제도(감시)를 실시하였다.

Point 팁

고려의 호족견제책

  ㉠ 사심관제도 : 고려는 중앙의 고관들을 출신지방의 사심관으로 임명하였으며, 이들에게 부호장 이하의 향리임명권을 주어 향리를 규찰하고 치안유지의 책임을 맡게 하였다. 이 제도는 조선시대 경재소와 유향소로 분화되어 계승되었다.

  ㉡ 기인제도 : 지방호족을 견제하기 위해서 그들의 자제 혹은 일부 향리의 자제를 수도에 오게 하여 왕실 시위를 맡게 한 제도였는데, 초기에는 볼모적 성격이 강하였으나, 이 기회를 이용하여 교육을 받고 과거를 거쳐 중앙관리로 편입되기도 하였다.

  ㉣ **통치규범** : 정계, 계백료서를 지어 관리들이 지켜야 할 규범을 제시하였고, 후손들이 지켜야 할 교훈이 담긴 훈요 10조를 남겼다.

Point 팁

훈요십조

1. 국가의 대업(건국)은 제불(諸佛)의 호위와 지덕에 힘입음을 기억하라.
2. 사사(寺社)의 쟁탈·남조를 금하라.
3. 연등과 팔관의 주신(主神)을 함부로 가감치 말라.
4. 왕위는 적자적손의 계승·원칙이되 불초하면 형제 중 인망 있는 자를 선택하라.
5. 거란과 같은 야만국의 풍속을 본받지 말라.
6. 서경(西京)은 수덕이 순조로워 대업만대의 판이니 중시하라.
7. 차현 이남, 공주강(금강) 외의 산형지세는 배역하여 인심도 같으므로 등용치 말라.
8. 관리의 녹봉은 그 직무에 따라 제정하라.
9. 백성을 부리되 때를 가려서 하고, 요역·부역을 가벼이 하라.
10. 소인을 멀리하고 현인을 친하게 하며, 조세를 적게 하며, 상벌을 공평히 하라.

③ **북진정책** ··· 고구려를 계승하였음을 강조하여 국호를 고려라 하고 국가의 자주성을 강조하기 위해 천수(天授)라는 연호를 사용하였다.

　㉠ **서경(평양) 중시** : 청천강~영흥만으로의 영토를 회복하였다.

　㉡ **거란 배척** : 발해를 멸망시킨 무도한 국가로 인식하여 거란을 배척하였다.

(3) 광종의 개혁정치

① **고려 초의 혼란기**(혜종, 정종)

　㉠ **왕위계승분쟁** : 호족과 공신세력의 연합정권이 형성되어 왕자들과 외척들 사이에 왕위계승다툼이 일어났다.

　㉡ **왕규의 난** : 정략결혼과 호족, 외척세력의 개입으로 나타난 부작용이었다.

> **Point 팁**　왕규의 난(945) ··· 태조의 외척인 왕규는 두 딸을 태조의 15, 16비로 바쳐 권세를 장악하다가 혜종 때 16비의 소생인 광주원군을 왕으로 삼으려고 일으킨 반란이다.

② **광종의 개혁정치** ··· 왕권의 안정과 중앙 집권 체제를 확립하기 위한 것이었다.

　㉠ **전제 왕권의 확립** : 공신과 호족 세력을 숙청하고, '칭제건원'을 실시했으며, '광덕', '준풍' 등의 독자적인 연호를 사용하였고, 개경을 황도라 불렀다.

　㉡ **노비안검법** : 후삼국 혼란기에 불법적으로 노비가 된 자를 해방하여 호족의 경제적·군사적 기반을 약화시키고, 노비들을 양인으로 회복시켜 조세와 부역을 담당하게 하여 국가재정을 강화시켰다.

　㉢ **과거제도** : 쌍기의 건의를 받아들여 실시하였으며, 문신 유학자를 등용하여 신·구세력의 교체를 도모하였다.

　㉣ **공복제도** : 관료의 위계질서 확립을 위해 관등에 따라 자, 단, 비, 녹으로 복색을 구분하였다.

　㉤ **불교장려** : 귀법사와 흥왕사를 짓고 혜거를 국사로, 탄문을 왕사로 임명하였다.

　㉥ **제위보 설치** : 빈민구제기금을 만들어 빈민을 구제하였다.

　㉦ **주현공부법 실시** : 국가수입 증대를 위해 실시하였다.

　㉧ **외교관계** : 송과 문화적·경제적 목적에서 외교관계를 수립하였으나, 군사적으로는 중립적 자세를 취하였다.

③ **경종의 전시과제도 실시** ··· 중앙관료의 경제적 기반을 보장하기 위한 것이었다.

(4) 유교적 정치질서의 강화

① 최승로의 시무 28조

  ㉠ **유교정치이념의 강조** : 유교를 진흥하고 불교행사를 축소시켰다.

  ㉡ **지방관의 파견** : 중앙집권화와 호족 세력에 대한 통제를 위한 것이었다.

  ㉢ **통치체제의 정비** : 문벌귀족 중심의 정치를 이룩하였다.

② 성종의 중앙집권화

  ㉠ 유교적 정치이념을 실현하기 위해 6두품 출신의 유학자를 등용하였다.

  ㉡ 당의 3성 6부제를 기반으로 2성 6부를 마련하고 고려의 독자적 기구인 도병마사와 식목도감을 설치하였다.

  ㉢ 지방에 12목을 설치하고 지방관을 파견하여 지방에 대한 직접 통치가 가능하게 되었다.

  ㉣ 향리제도를 실시하여 지방의 호족을 향리로 편제하였다.

  ㉤ 중앙에는 국자감을 설치하고 지방에는 향교를 개설하고 경학박사와 의학박사를 파견하였다.

  ㉥ 우리나라 최초의 화폐인 건원중보를 발행하였다.

Point 팁   최승로의 시무 28조

6. 불보의 돈과 곡식은 여러 절의 중들이 각기 사람을 시켜 관장하며 비싼 이자를 주어 백성을 괴롭히니 이를 모두 금지하소서.

7. 지방관을 두소서.

9. 관료들이 조회 할 때는 모두 중국 및 신라의 제도를 따라 공복을 입게 하고 높고 낮음을 구분하도록 하소서.

11. 풍속은 각기 다른 것이므로 모든 것을 반드시 중국과 같게 할 필요는 없습니다.

12. 공물과 요역을 공평하게 하소서.

13. 연등과 팔관으로 백성들을 많이 동원하고 노역이 심하오니 원컨대 이를 감하여 백성이 힘 펴게 하소서.

20. 불교를 행하는 것은 몸을 닦는 일이고, 유교를 행하는 것은 나라를 다스리는 근원이니, 몸을 닦는다는 것은 다음 생을 위한 것이며, 나라를 다스리는 것은 곧 오늘의 일이옵니다. 오늘은 지극히 가깝고 다음 생은 지극히 먼 것이니, 가까운 것을 버리고 먼 것을 구하는 일이 또한 그릇된 일이 아니겠습니까?

section 3 통치체제의 정비

(1) 중앙의 통치조직

① 정치조직(2성 6부)

　㉠ 2성

　　• 중서문하성 : 중서성과 문하성의 통합기구로 문하시중이 국정을 총괄하였다.

　　– 재신 : 2품 이상의 고관으로 백관을 통솔하고 국가의 중요정책을 심의·결정하였다.

　　– 낭사(낭관) : 3품 이하의 관리로 정책을 건의하거나, 정책집행의 잘못을 비판하는 일을 담당하였다.

　　• 상서성 : 실제 정무를 나누어 담당하는 6부를 두고 정책의 집행을 담당하였다.

　㉡ **중추원(추부)** : 군사기밀을 담당하는 2품 이상의 추밀과 왕명출납을 담당하는 3품의 승선으로 구성되었다.

　㉢ **삼사** : 화폐와 곡식의 출납에 대한 회계 업무를 담당하였다.

　㉣ **어사대** : 풍속을 교정하고 관리들의 비리를 감찰하는 감찰기구이다.

　㉤ **6부**(이·병·호·형·예·공부) : 상서성에 소속되어 실제 정무를 분담하던 관청으로 각 부의 장관은 상서, 차관은 시랑이었다.

② 귀족 중심의 정치

　㉠ 귀족합좌 회의기구(중서문하성의 재신, 중추원의 추밀)

　　• 도병마사 : 재신과 추밀이 함께 모여 회의로 국가의 중요한 일을 결정하는 곳이다. 국방문제를 담당하는 임시기구였으나 원간섭기 도평의사사(도당)로 개편되면서 구성원이 확대되고 국정 전반에 걸친 중요사항을 담당하는 최고정무기구로 발전하였다.

> **Point 팁** 재신과 추밀 … 6부를 비롯한 주요 관부의 최고직을 겸하여 중앙의 정치 운영에서 가장 핵심적인 위치를 차지하고 있었다.

　　• 식목도감 : 임시기구로서 재신과 추밀이 함께 모여 국내 정치에 관한 법의 제정 및 각종 시행규정을 다루던 회의기구였다.

　㉡ **대간(대성)제도** : 어사대의 관원과 중서문하성의 낭사로 구성되었다. 비록 직위는 낮았지만 왕이나 고위관리들의 활동을 지원하거나 제약하여 정치 운영의 견제와 균형을 이루었다.

　　• 서경권 : 관리의 임명과 법령의 개정이나 폐지 등에 동의하는 권리

　　• 간쟁 : 왕의 잘못을 말로 직언하는 것

　　• 봉박 : 잘못된 왕명을 시행하지 않고 글로 써서 되돌려 보내는 것

기출문제

문 (가)에 들어갈 기구로 옳은 것은?

▶ 2021. 6. 5. 제1회 지방직

고려 시대 중서문하성과 중추원의 고위 관료들은 도병마사와 ⎡(가)⎤ 에서 국가의 중요한 일을 논의하였다. 도병마사에서는 국방과 군사 문제를 다루었고, ⎡(가)⎤ 에서는 제도와 격식을 만들었다.

① 삼사　　② 상서성
③ 어사대　　④ 식목도감

Tip 고려의 중앙 관제는 당의 영향을 받아 2성 6부제를 근간으로 하고 있다. 2성은 중서문하성(재신, 낭사)과 상서성, 6부는 이부, 병부, 호부, 형부, 예부, 공부로 구성하여 국가의 중대사를 심의, 결정, 집행하였다. 또한 중국 송의 영향을 받아 중추원(추밀, 승선)을 두어 군국기무와 왕명 출납을 담당하기도 하였다. 반면 고려의 독자성을 반영한 도병마사와 식목도감을 설치하여 군사 및 대내적 격식에 관한 중대사를 귀족 간 합의체로 운영하였는데, 이는 중서문하성의 재신과 중추원 추밀이 참여하였다.
① 삼사는 화폐와 곡식의 출납, 회계를 담당하였다.
② 상서성은 정책을 집행하는 기구로 그 예하에 6부를 두고 있다.
③ 어사대는 관리 감찰 및 풍기 단속을 담당하였다.

정답 ④

고려의 지방제도에 대한 설명으로 옳은 것을 〈보기〉에서 모두 고른 것은?

▶ 2020. 6. 13. 제2회 서울특별시

〈보기〉
㉠ 양계 지역은 계수관이 관할하였다.
㉡ 수령이 파견된 주현보다 수령이 파견되지 않은 속현의 수가 많았다.
㉢ 성종 때 12목이 설치되었다.
㉣ 향·소·부곡 등의 특수행정조직이 있었다.

① ㉠, ㉡, ㉢ ② ㉠, ㉡, ㉣
③ ㉠, ㉢, ㉣ ④ ㉡, ㉢, ㉣

Tip 고려 지방 행정 체계는 성종 때 최승로의 '시무 28조' 건의에 따라 순차적으로 이루어졌다. 고려 초 지방호족 및 귀족의 권한 강화로 중앙집권체제가 제대로 확립되지 않음을 비판하면서 지방관 파견을 통해 지방에 대한 중앙의 통제력 강화가 필요함을 건의하였다. 그 결과 전국에 12목이 설치되었고 전국을 5도 양계로 구분하였다. 5도는 일반 행정구역으로 안찰사가 파견되었으며 그 밑으로 3경, 4도호부, 8목을 설치하였다. 양계는 북방의 국경 지대를 동계와 북계로 구분한 군사 행정 구역으로 병마사가 파견되었다. 5도 아래 지방관이 파견된 지역은 주현, 지방관이 파견되지 않은 지역은 속현이라 하였는데 당시 속현이 주현의 수보다 더 많았다. 또한 특수 행정 구역으로 향, 부곡, 소가 존재하여 일반 주현보다 더 많은 조세와 부역을 부담하였다.
㉠ 양계에는 병마사가 파견되었으며, 계수관은 3경, 4도호부, 8목의 수령을 지칭한다.

정답 ④

(2) 지방행정조직의 정비

① 정비과정
㉠ 초기 : 호족 세력의 자치로 이루어졌다.
㉡ 성종 : 12목을 설치하여 지방관을 파견하였다.
㉢ 현종 : 전국을 5도와 양계, 경기로 나눈 다음 그 안에 3경·4도호부·8목을 비롯하여 군·현·진을 설치하였다.

② 지방조직

〈5도 양계〉

㉠ 5도(일반행정구역) : 상설 행정기관이 없는 일반 행정 단위로서 안찰사를 파견하여 도 내의 지방을 순찰하게 하였다. 도에는 주와 군(지사)·현(현령)이 설치되고, 지방관이 파견된 주현과 파견되지 않은 속현이 있었다.

㉡ 양계(군사행정구역) : 북방의 국경지대에는 동계와 북계를 설치하여 병마사를 파견하고, 국방상의 요충지에 군사 특수 지역인 진을 설치하였다.

㉢ 8목 4도호부 : 행정과 군사적 방비의 중심적인 역할을 맡은 곳이다.

㉣ 특수행정구역
• 3경 : 풍수설과 관련하여 개경(개성), 서경(평양), 동경(경주, 숙종 이후 남경)에 설치하였다.
• 향·부곡·소 : 향·부곡은 국공유지를 경작하고, 소는 특정 공납품을 생산하는 등 특정한 역에 대한 부가적 부담으로 인해 일반적인 양민과 달리 그 신분이 노비·천민에 유사하였다.

㉤ 지방행정 : 실제적인 행정사무는 향리가 처리하여 지방관보다 영향력이 컸다 (속현, 향·부곡·소 등).

Point 팁 고려·조선시대의 향리

고려	조선
조세, 공물, 노동력 징발	수령 보좌(지위 격하)
신분상승 가능	신분상승 제한
문과응시 허용 → 사대부 성장	문과응시 불허
외역전 받음(세습)	무보수 → 폐단 발생

(3) 군역제도와 군사조직

① 중앙군

- ㉠ **2군 6위**: 국왕의 친위부대인 2군과 수도경비와 국경방어를 담당하는 6위로 구성되었다.
- ㉡ **직업군인**: 군적에 올라 군인전을 지급받고, 군역을 세습하였으며, 군공을 세워 신분을 상승시킬 수 있는 중류층이었다. 이들은 상장군, 대장군 등의 무관이 지휘하였다.

Point 팁 중앙군의 성격 … 초기에는 전문직업군인으로 군역을 세습하면서 군인전을 받았다. 중기에 이르러서는 각종 노역에 동원되면서 도망자가 속출하자 일반 농민으로 충원되면서 질적으로 저하되었다. 특수군인 별무반, 삼별초를 별도로 편성하기도 했다.

② 지방군

- ㉠ **주진군**: 양계에 배치되었으며 국방의 주역을 담당한 상비군(좌군, 우군, 초군)으로 국경 수비를 하였다.
- ㉡ **주현군**: 5도에 배치되었으며 주로 자기 토지를 경작하는 농민으로 구성되어 지방관의 지휘를 받아 치안과 지방 방위·노역에 동원되었다.

Point 팁 특수군
- ㉠ 광군: 정종 때 거란족의 침입에 대비하기 위하여 호족의 군대를 연합하여 편성한 것으로서 뒤에 주현군의 모체가 되었다.
- ㉡ 별무반: 여진족 정벌을 위해 숙종 때 윤관의 주장에 의해 편성된 군대로 신기군(기병), 신보군(보병), 항마군(승병)으로 편성되었다.
- ㉢ 삼별초: 최우 집권시 편성된 좌·우별초, 신의군이 포함되어 조직되었으며, 공적인 임무를 띤 군대로 최씨 정권에 의해 사병화되었고 개경 환도 후 몽고에 항쟁하였다.
- ㉣ 연호군: 양민과 천민으로 구성된 혼성부대이다.

(4) 관리임용제도

① 과거제도(법적으로 양인 이상이면 응시가 가능)

- ㉠ **제술과**: 문학적 재능과 정책을 시험하였다.
- ㉡ **명경과**: 유교경전에 대한 이해능력을 시험하였다.
- ㉢ **잡과**: 지리, 회계, 법률 등 실용기술학을 시험하였다.

기출문제

문 군사 조직에 대한 설명으로 옳은 것은?

▶ 2023. 6. 10. 제1회 지방직

고려 정부는 몽골과 강화를 맺고 개경으로 환도하였다. 대몽 항전에 적극적이었던 ____(가)____ 은/는 개경 환도를 반대하고 반란을 일으켰다. 이어 진도로 근거지를 옮기면서 항쟁을 전개하였다.

① 포수, 사수, 살수의 삼수병으로 편제되었다.
② 윤관의 건의로 편성된 기병 중심의 부대였다.
③ 도적을 잡기 위해 설치한 야별초에서 시작되었다.
④ 양계 지방에서 국경 지역 방어를 맡았던 상비적인 전투부대였다.

Tip (가)는 삼별초이다. 최씨 무신 집권기 최우는 도적을 잡기 위해 야별초를 설치하였고, 이후 야별초의 수가 증가하면서 좌별초와 우별초로 나뉘어졌다. 또한 몽골에 포로로 잡혀가 도망 온 자들을 중심으로 신의군을 편성하였는데, 이를 좌별초, 우별초와 함께 삼별초라 하였다. 최씨 무신 정권의 강력한 군사적 기반이자 이후 대몽항쟁의 상징이 되기도 하였다.
① 조선시대 훈련도감
② 고려시대 별무반
④ 고려시대 주진군

정답 ③

ⓔ **한계와 의의** : 능력 중심의 인재등용과 유교적 관료정치의 토대 마련의 계기가 되었으나 과거출신자보다 음서출신자가 더 높이 출세할 수밖에 없었고, 무과는 실시하지 않았다.

② **음서제도** … 왕족의 후예·공신의 후손·5품 이상의 고관의 자손은 과거를 거치지 않고 관직에 진출할 수 있는 제도로 과거보다 더 중요시 되었으며, 공음전과 함께 고려 문벌귀족사회의 특징적 모습을 상징한다.

section 4 문벌귀족사회의 성립과 동요

(1) 문벌귀족사회의 성립

① **출신유형** … 지방호족 출신이 중앙관료화된 것으로, 신라 6두품 계통의 유학자들이 과거를 통해 관직에 진출하여 성립되었다.

② **문벌귀족의 형성** … 대대로 고위관리가 되어 중앙정치에 참여하게 되고, 과거와 음서를 통해 관직을 독점하였다.

③ **문벌귀족사회의 모순**

ⓐ **문벌귀족의 특권**
- 정치적 특권 : 과거와 음서제를 통해 고위 관직을 독점하였다.
- 경제적 특권 : 과전, 공음전, 사전 등의 토지겸병이 이루어졌다.
- 사회적 특권 : 왕실 및 귀족들간의 중첩된 혼인관계를 이루었다.

ⓑ **측근세력의 대두** : 과거를 통해 진출한 지방 출신의 관리들이 국왕을 보좌하면서 문벌귀족과 대립하였다.

ⓒ **이자겸의 난, 묘청의 서경천도운동** : 문벌귀족과 측근세력의 대립으로 발생한 사건들이다.

(2) 이자겸의 난과 서경천도운동

① **이자겸의 난**(인종, 1126)

ⓐ **배경** : 금의 사대요구에 타협적인 이자겸 세력과 이자겸의 권력 독점에 반발하는 왕의 측근세력 간의 대립이 심화되었다. 경원 이씨의 권력독점은 문종~인종까지 80여 년간 이어져 왔고, 이자겸은 예종과 인종 때 거듭 외척이 되어 왕권을 능가하였다.

ⓑ **과정** : 이자겸은 인종 때 왕위 찬탈을 시도하였으나, 인종이 척준경을 회유하여 이자겸을 제거하고 탄핵을 받은 척준경을 몰아내면서 이자겸의 난은 종결되었다.

(개) 정중부와 이의방이 정변을 일으켰다.
(내) 최충헌이 이의민을 제거하고 권력을 잡았다.
(대) 충주성에서 천민들이 몽골군에 맞서 싸웠다.
(래) 이자겸이 척준경과 더불어 난을 일으켰다.

① (개)→(내)→(래)→(대)
② (개)→(대)→(내)→(래)
③ (래)→(개)→(내)→(대)
④ (래)→(개)→(대)→(내)

> **Tip** (래) 이자겸의 난(1126)은 이자겸과 척준경을 중심으로 인종을 제거하려 한 사건이다.
> (개) 무신정변(1170)은 고려 의종 때 무신들에 대한 차별대우에 반발하여 정중부, 이의방 등이 중심이 되어 일으킨 사건이다.
> (내) 무신정변은 하극상이 반복되어 불안정한 체제가 나타났지만 최충헌이 이의민을 제거하고 최씨 무신 정권을 확립하였다.(1196)
> (대) 몽골의 1차 침입 과정에서 발생하였다.(1231)

ㅣ정답 ③

ⓒ 결과 : 경원 이씨 세력이 몰락으로 귀족사회의 동요가 일어나고 묘청의 서경 천도운동의 계기가 되었다.

② 묘청의 서경천도운동(1135)

　　㉠ 배경 : 이자겸의 난 이후 왕권이 약화되고, 궁궐이 소실되었으며, 서경 길지론이 대두되어 민심이 동요하였다.

　　㉡ 내용

　　　• 서경(평양)천도, 칭제건원, 금국정벌을 주장하였으나 문벌귀족의 반대에 부딪혔다.

　　　• 묘청의 거사는 대위국 건국과, 연호를 천개라 하고 서북지방을 장악하였다.

　　㉢ 결과 : 개경파 문벌귀족의 반대로 김부식이 이끄는 관군에 진압되고 말았다.

Point 팁 서경세력과 개경세력

　　㉠ 서경세력 : 서경세력과 신진관료, 무인세력들이 중심이 되어 풍수지리설, 금국정벌, 칭제건원을 주장하였고 고구려 계승의식을 보여주었다.

　　㉡ 개경세력 : 중앙의 문벌귀족이 중심이 되어 유교를 바탕으로 사대관계 인정하고 서경천도를 반대하였다. 신라 계승의식을 보여주었다.

　　㉣ 영향 : 분사제도와 삼경제가 폐지되고 숭문천무풍조가 생겨나 무신정변의 계기가 되었다.

(3) 무신정권의 성립

① 무신정변(1170)

　　㉠ 원인 : 숭문천무정책으로 인한 무신을 천시하는 풍조와 의종의 실정이 원인이 되었다.

　　㉡ 과정 : 정중부, 이의방 등이 의종을 폐하고 명종을 옹립하였다.

　　㉢ 무신정권의 전개 : 정중부(중방정치)에서 경대승(도방정치), 이의민(중방정치), 최충헌으로 정권이 넘어갔다.

　　㉣ 결과

　　　• 정치 : 문신 중심의 귀족사회에서 관료체제로 전환되는 계기가 되었다.

　　　• 경제 : 전시과 체제가 붕괴되고 무신에 의해 토지의 독점이 이루어져 사전과 농장이 확대되었다.

　　　• 문화 : 조계종이 발달하고 패관문학과 시조문학이 발생하였다.

　　　• 사회 : 하극상 풍조가 만연하면서 신분질서가 동요하였다.

기출문제

문 다음 사건에 대한 설명으로 옳은 것은?

▶ 2021. 4. 3. 소방공무원

　왕에게 건의하기를, "저희가 보니 서경 임원역의 땅은 음양가들이 말하는 대화세(大華勢)입니다. 만약 이곳에 궁궐을 세우고 수도를 옮기면 …… 금이 공물을 바치고 스스로 항복할 것이며, 36개 나라가 모두 신하가 될 것입니다."라고 하였다. …… 국호를 대위(大爲), 연호를 천개(天開), 그 군대를 천견충의군(天遣忠義軍)이라고 불렀다.

－『고려사』

① 김부식이 이끄는 관군에게 진압당하였다.

② 이자겸이 척준경을 끌어들여 난을 일으켰다.

③ 정중부, 이의방 등 무신들이 정권을 장악하였다.

④ 최우는 교정도감 외에 정방과 삼별초를 설치하였다.

Tip 제시된 사료는 묘청의 난(1135년)에 대한 설명이다. 묘청은 서경 천도 운동이 실패하자 서경에 궁궐을 짓고 국호를 대위(大爲), 연호를 천개(天開), 군대를 천견충의군(天遣忠義軍)이라고 하며 난을 일으켰다.

① 묘청의 난은 발생 1년 만인 1136년 김부식이 이끄는 관군에게 진압당하였다.

② 이자겸의 난(1126년)

③ 무신 정변(1170년)

④ 최우 집권기(1219~1249년)

정답 ①

기출문제

문 (가)의 재위 기간에 있었던 사실로 옳은 것은?

▶ 2024. 3. 23. 인사혁신처

강조의 군사들이 궁문으로 마구 들어오자, 목종이 모면할 수 없음을 깨닫고 태후와 함께 목 놓아 울며 법왕사로 옮겼다. 잠시 후 황보유의 등이 ▢(가)▢ 을/를 받들어 왕위에 올렸다. 강조가 목종을 폐위하여 양국공으로 삼고, 군사를 보내 김치양 부자와 유행간 등 7인을 죽였다.

① 윤관이 별무반 편성을 건의하였다.

② 외적이 침입하여 국왕이 복주(안동)로 피난하였다.

③ 서희의 외교 담판으로 강동 6주 지역을 획득하였다.

④ 불교 경전을 집대성한 초조대장경 조판이 시작되었다.

> **Tip** 제시문은 고려시대 강조의 정변(1009)으로 강조가 목종을 폐위시키고 현종을 옹립한 사건이다. 당시 대외적으로 거란이 침략하는 등의 불안정한 상황이 지속되자 초조대장경을 조판하기 시작하여 불교의 힘으로 외적의 침략을 극복하고자 하였다. 몽골의 침입 과정에서 초조대장경은 소실되었고, 이후 팔만대장경(재조대장경)이 조판되었다.
> ① 별무반(1104): 고려 숙종 대 여진정벌을 위해 조직되었다.
> ② 고려 후기 공민왕이 홍건적의 침입으로 안동(복주)로 피난하였다.
> ③ 서희 외교담판(993): 고려 성종 대 거란의 침입과정에서 서희의 활약으로 강동 6주를 확보하였다.

▌정답 ④

---

② 사회의 동요

㉠ 무신정권에 대한 반발로 김보당의 난과 조위총의 난이 일어났다.

㉡ 하극상인 농민의 난(김사미·효심의 난)·하층민의 난(망이·망소이의 난)이 일어났으며 신분해방을 추구(만적의 난)하였다.

③ 최씨 정권

㉠ **최충헌의 독재정치**: 민란을 진압하고 반대파를 제거하며 시작되었다. 최충헌은 봉사 10조를 통해 사회 개혁안을 제시하여 정치적 기반을 확보하였다.

㉡ **최씨 정권의 기반**

• 정치: 교정도감(최충헌)과 정방(최우), 서방(최우)을 중심으로 전개되었다.

• 경제: 전라도와 경상도 일대에 대규모 농장을 형성하였다.

• 군사: 사병을 보유하고 도방을 설치하여 신변을 경호하였다.

㉢ **한계**: 정치적으로 안정되었지만 국가통치질서는 오히려 약화되었다. 최씨 정권은 권력의 유지와 이를 위한 체제의 정비에 집착했을 뿐, 국가의 발전이나 백성들의 안정을 위한 노력에는 소홀하였다.

Point 팁 무신정권의 주요 권력기구

기구	설치자	성격
중방		무신의 최고회의기관
도방	경대승, 최충헌	사병집단, 무인정권의 군사배경
정방	최우	최씨정권 최고인사기구(공민왕 때 폐지)
서방	최우	최씨정권 문인우대기구
교정도감	최충헌	관리비위규찰·인사행정·세정담당장인 교정별감이 국정을 장악

section 5 대외관계의 변화

(1) 거란의 침입과 격퇴

① **고려의 대외정책** … 친송배요정책으로 송과는 친선관계를 유지했으나 거란은 배척하였다.

② **거란(요)의 침입과 격퇴**

㉠ **1차 침입**(성종, 993): 서희의 담판으로 강동 6주를 확보하였으며, 거란과 교류관계를 맺었다.

㉡ **2차 침입**(현종, 1010): 고려의 계속되는 친송정책, 강조의 정변을 계기로 40만 대군이 침입하여 개경이 함락되었으나, 현종의 입조(入朝) 조건으로 거란이 퇴군할 때 양규가 귀주에서 격퇴하였다.

ⓒ **3차 침입**(현종, 1018) : 현종의 입조(入朝) 조건과 강동 6주 반환요구를 거절하자, 소배압의 10만 대군이 침입하였으나 강감찬 등이 귀주에서 격퇴하고 양국은 강화를 맺었다.

ⓔ **결과** : 고려, 송, 거란 사이의 세력균형을 유지하게 되었다.

ⓜ **영향** : 나성과 천리장성(압록강~도련포)을 축조하여 수비를 강화하였다.

Point 팁 송은 고려와 군사동맹을 원했으나 고려는 거란과 여진의 군사적 압력을 피하기 위하여 문화 · 경제적 교류에 치중하였다.

(2) 여진 정벌과 9성 개척

① **윤관의 여진 정벌**

ⓐ **고려의 여진정책** : 회유와 동화 정책을 펴서 여진을 포섭해 나갔다.

ⓑ **동북 9성** : 기병을 보강한 윤관의 별무반이 여진을 토벌하여 동북 9성을 축조하였다.

ⓒ **9성의 반환** : 여진의 계속된 침입으로 고려를 침략하지 않고 조공을 바치겠다는 여진의 조건을 고려가 수락하면서 9성을 돌려주었다.

② **여진의 금(金) 건국**(1115)

ⓐ 여진은 더욱 강해져 거란을 멸한 뒤 고려에 대해 군신관계를 요구하자 현실적인 어려움으로 당시의 집권자 이자겸은 금의 요구를 받아들였다.

ⓑ 이자겸의 사대외교는 자신의 정권 유지를 위한 것이었다.

(3) 몽고와의 전쟁

① **몽고와의 전쟁**

ⓐ **원인** : 몽고는 과중한 공물을 요구하였으며, 몽고의 사신 저고여가 피살되는 사건이 일어났다.

ⓑ **몽고의 침입**

- 제1차 침입(1231) : 몽고 사신 저고여의 피살을 구실로 몽고군이 침입하였고 귀주성에서 박서가 항전하였다. 강화가 체결되고 몽고는 서경 주변에 다루가치를 설치 후 철수하였다.

- 제2차 침입(1232) : 몽고의 요구에 반발하여 최우가 강화도로 천도하자 몽고는 침입을 하였고, 처인성에서 김윤후가 몽고장수 살리타를 사살하자 철수하였다.

- 제3차 침입(1235) : 몽고는 남송 정복을 앞두고 배후의 고려를 제거할 목적으로 침입을 하였고 1~2차 정복 실패를 만회하기 위한 장기적인 무력공세로 고려에 가장 피해를 주었다(황룡사 9층탑, 대구 부인사 대장경판 소실).

- 제4차~제8차 침입 : 농민, 노비, 천민들의 활약으로 몽고를 끈질기게 막아냈다.

기출문제

문 **(개)에 대한 설명으로 옳은 것은?**
▶ 2021. 6. 5. 제1회 지방직

건국 초부터 북진 정책을 추진한 고려는 발해를 멸망시킨 [(개)]를/을 견제하고 송과 친선 관계를 맺었다. 이에 송과 대립하던 [(개)]는/은 고려를 경계하여 여러 차례 고려에 침입하였다.

① 강조의 정변을 구실로 고려를 침략하였다.
② 고려에 동북 9성을 돌려달라고 요구하였다.
③ 다루가치를 배치하여 고려의 내정을 간섭하였다.
④ 쌍성총관부를 두어 철령 이북의 땅을 지배하였다.

Tip (개는 거란이다. 고려 초 거란은 고려의 친송정책에 반발하며 3차례에 걸쳐 고려를 침공하였다. 1차 침입(993)은 서희의 외교 담판으로 고려가 강동 6주를 확보하였고, 이후 강조의 정변을 계기로 강동 6주 반환을 요구하며 2차 침입(1010)을 감행하였으나 양규의 활약과 현종의 거란 입조를 조건으로 퇴각하였다. 이후 거란의 요구 조건이 관철되지 않자 3차 침입(1018)을 단행했지만 강감찬이 이끄는 고려 군이 귀주대첩에서 거란에 승리하였다.
② 여진
③ 몽골의 내정간섭 감찰관
④ 몽골

정답 ①

기출문제

ⓒ 결과 : 전 국토가 황폐화되고 민생이 도탄에 빠졌다.

ⓔ 최씨 정권의 몰락 : 온건파의 활약으로 최씨 정권은 무너지고 왕실이 몽고와 강화조약을 맺어 개경 환도가 이루어졌다(1270).

ⓜ 몽고와의 강화정책 의미 : 고려의 끈질긴 항쟁으로 몽고가 고려 정복계획을 포기하게 되고 고려의 주권과 고유한 풍속을 인정하게 되었다는 것이다.

② 삼별초의 항쟁(1270~1273)

ⓐ 배경 : 배중손은 무신정권의 붕괴와 몽고와의 굴욕적인 강화를 맺는 데 반발하였다.

ⓑ 경과 : 개경으로 환도하자 대몽 항쟁에 앞장섰던 삼별초는 배중손의 지휘 아래 장기 항전을 계획하고 진도로 옮겨 저항하였고, 여·몽연합군의 공격으로 진도가 함락되자 다시 제주도로 가서 김통정의 지휘 아래에 계속 항쟁하였으나 여·몽연합군에 의해 진압되었다.

ⓒ 장기항쟁 가능 이유 : 몽고군이 접근하기 어려운 지리적 이점과 일반 민중들의 적극적인 지원이 있었기 때문이다.

ⓓ 결과 : 원은 제주에 탐라총관부를 설치하고 목마장을 두었다.

ⓔ 의의 : 삼별초의 항쟁은 고려인의 배몽사상과 자주정신을 보여주었다.

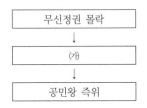

(가) 시기의 사실로 옳지 않은 것은?

▶ 2022. 4. 2. 인사혁신처

> 무신정권 몰락
> ↓
> (가)
> ↓
> 공민왕 즉위

① 만권당이 만들어졌다.
② 정동행성이 설치되었다.
③ 쌍성총관부가 수복되었다.
④ 『제왕운기』가 저술되었다.

Tip 제시문 (가)의 시기는 원 간섭기이다.
① 만권당(1314)은 고려 후기 충선왕이 원의 연경에 세운 독서당으로, 학술연구기관이다.
② 정동행성(1280)은 원이 일본 원정을 위해 설치하였지만 원정 실패 이후에는 고려의 내정 간섭 기구 역할을 담당했다.
④ 이승휴의 〈제왕운기〉(1287)는 충렬왕 때 편찬된 사서로, 자주적 민족의식을 고취하는 역사서이다.
③ 쌍성총관부 수복은 공민왕 즉위 이후이고, 그 결과 철령 이북의 땅을 수복하였다(1356).

정답 ③

section 6 고려 후기의 정치변동

(1) 원(몽고)의 내정간섭

① 정치적 간섭

ⓐ 일본 원정 : 두 차례의 원정에 인적·물적 자원이 수탈되었으나, 실패하였다.

ⓑ 영토의 상실과 수복

• 쌍성총관부 : 원은 화주(영흥)에 설치하여 철령 이북 땅을 직속령으로 편입하였는데, 공민왕(1356) 때 유인우가 무력으로 탈환하였다.

• 동녕부 : 자비령 이북 땅을 차지하여 서경에 두었는데, 충렬왕(1290) 때 고려의 간청으로 반환되었다.

• 탐라총관부 : 삼별초의 항쟁을 평정한 후 일본 정벌 준비를 위해 제주도에 설치하고(1273) 목마장을 두었다. 충렬왕 27년(1301)에 고려에 반환하였다.

ⓒ 관제의 개편 : 관제를 격하시키고(2성→첨의부, 6부→4사, 중추원→밀직사) 고려를 부마국 지위의 왕실호칭을 사용하게 하였다.

ⓓ 원의 내정간섭

• 다루가치 : 1차 침입 때 설치했던 몽고의 군정 지방관으로 공물의 징수·감독 등 내정간섭을 하였다.

- 정동행성 : 일본 원정 준비기구로 설치된 정동행중서성이 내정간섭기구로 남았다. 고려·원의 연락기구였다.
- 이문소 : 정동행성에 설립된 사법기구로 고려인을 취조·탄압하였다.
- 응방 : 원에 매를 생포하여 조달하는 기구였으나 여러 특권을 행사해 폐해가 심하였다.

② **사회·경제적 수탈** … 금, 은, 베, 인삼, 약재, 매 등의 막대한 공물의 부담을 가졌으며 몽고어, 몽고식 의복과 머리가 유행하고, 몽고식 성명을 사용하는 등 풍속이 변질되었다.

(2) 공민왕의 개혁정치

① 원 간섭기의 고려 정치
 ㉠ **권문세족의 횡포** : 권문세족은 고위관직을 독점하고 농장을 확대하였으며 막대한 노비를 소유하였다.
 ㉡ 충선왕과 충목왕이 개혁의지를 불태웠으나 원의 간섭으로 실패하였다.

② **공민왕의 개혁정치** … 원·명 교체기로 원의 간섭이 약해지자 대외적으로 반원자주 정책, 대내적으로는 왕권 강화를 위한 개혁정책을 추진하였다.
 ㉠ **반원 자주 정책**
- 개혁을 위해 기철 등의 친원세력을 숙청하였다.
- 원의 연호, 체두변발을 금지하고 몽고의 풍습을 일체 금지하였다.
- 고려의 내정을 간섭하던 정동행성 이문소를 폐지하고 관제를 다시 2성 6부로 복구하였다.
 ㉡ **영토의 수복**
- 유인우로 하여금 무력으로 쌍성총관부를 공격하여 철령 이북의 땅을 수복하였다.
- 요동을 공략하여 압록강 건너 동녕부를 점령하였다 (후에 명이 지배).
 ㉢ **왕권 강화 정책** : 반원 자주 정책이 친원파의 반발로 중단될 위기에 놓이자, 이에 대외적인 개혁의 완수를 위해 대내적으로 왕권을 강화하고 권문세족을 눌렀다.

〈공민왕의 영토수복〉

- 정방의 폐지 : 왕권을 제약하고 신진사대부의 등장을 억제하고 있던 정방을 폐지하였다.
- 과거제도를 강화하여 신진사대부의 진출을 촉진하고 성균관을 통해 유학교육을 강화하였다.

기출문제

문 (가)에 대한 설명으로 옳은 것은?
▶ 2023. 4. 8. 인사혁신처

신돈이 [(가)]을/를 설치하자고 요청하자, … (중략) … 이제 도감이 설치되었다. … (중략) … 명령이 나가자 권세가 중에 전민을 빼앗은 자들이 그 주인에게 많이 돌려주었으며, 전국에서 기뻐하였다.
— 『고려사』 —

① 시전의 물가를 감독하는 임무를 담당하였다.
② 국가재정의 출납과 회계 업무를 총괄하였다.
③ 불법적으로 점유된 토지와 노비를 조사하였다.
④ 부족한 녹봉을 보충하고자 관료에게 녹과전을 지급하였다.

> **Tip** 제시문의 (가)는 고려 말 공민왕 때 설치한 전민변정도감이다. 공민왕은 신돈을 등용하고 전민변정도감 설치하여 친원파를 숙청하고 왕권 강화를 시도하였다. 전민변정도감은 불법적 빼앗긴 토지와 노비를 원주인에게 돌려주는 정책을 시행하여 친원파 권문세족의 경제적 기반과 군사적 기반을 약화시키는 역할을 하였다.
> ① 경시서(고려 문종)
> ③ 삼사(고려 성종)
> ④ 녹과전(고려 고종)

- 전민변정도감의 설치 : 승려 신돈을 등용하여 권문세족들이 부당하게 빼앗은 토지와 노비를 본래의 소유주에게 돌려주거나 양민으로 해방시켰다. 이를 통하여 권문세족들의 경제기반을 약화시키고 국가재정수입의 기반을 확대하였다.
- ㄹ 개혁의 실패원인 : 권문세족들의 강력한 반발로 신돈이 제거되고, 개혁추진의 핵심인 공민왕까지 시해되면서 중단되고 말았다. 결국 이 시기의 개혁은 개혁추진세력인 신진사대부 세력이 아직 결집되지 못한 상태에서 권문세족의 강력한 반발을 효과적으로 제어하지 못하였고, 원나라의 간섭 등으로 인해 실패하고 말았다.

> **Point 팁** 전민변정도감 … 고려말기에 설치한 특별기구로 권문세족들이 부당하게 빼앗은 토지를 원래의 소유주에게 돌려주거나 노비를 양민으로 해방시키는 기능을 하였다. 권문세족의 경제기반을 약화시키고 국가재정수입의 기반이 확대되었다.

(3) 신진사대부의 성장

① **출신배경** … 학문적 실력을 바탕으로 과거를 통하여 중앙에 진출한 지방의 중소지주층과 지방향리 출신이 많았다.

② **정치활동**
  ㄱ 정치이념으로는 성리학을 수용하였으며, 불교의 폐단을 비판하였다.
  ㄴ 개혁정치를 추구하여 권문세족의 비리와 불법을 견제하였다.
  ㄷ 홍건적과 왜구의 침입을 격퇴하면서 성장한 신흥무인세력과 손을 잡으면서 사회의 불안과 국가적인 시련을 해결하고자 하였다.

③ **한계** … 권문세족의 인사권 독점으로 관직의 진출이 제한되었고 과전과 녹봉도 제대로 지급받지 못하는 등 경제적 기반이 약하여 고려 후기 개혁정치에 적극적으로 참여했으나, 권문세족에 맞서기에는 역부족이었다.

> **Point 팁** 권문세족과 신진사대부
>
> | 권문세족 | 신진사대부 |
> | --- | --- |
> | 중앙 고관 | 지방향리 |
> | 음서로 진출 | 과거로 진출 |
> | 부재 대지주 | 재향 중소지주 |
> | 비유학자 | 성리학자 |
> | 불교 옹호 | 배불론자 |
> | 친원파 | 친명파 |

ㅣ정답 ③

(4) 고려의 멸망

① **신흥무인세력의 등장** … 홍건적과 왜구의 침입을 격퇴하는 과정에서 성장한 세력이다.

② **위화도 회군**(1388)

 ㉠ **요동정벌** : 우왕 말에 명은 쌍성총관부가 있던 땅에 철령위를 설치하여 명의 땅으로 편입하겠다고 통보하였다. 이에 최영은 요동정벌론을 이성계는 4불가론을 주장하여 대립하였다.

 ㉡ **경과** : 최영의 주장에 따라 요동정벌군이 파견되었으나 위화도 회군으로 이성계가 정권을 장악하였다.

 ㉢ **결과** : 급진개혁파(혁명파)는 정치적 실권을 장악하고 새 왕조를 개창할 수 있는 기반을 마련하였으며, 명(明)과의 관계를 호전시켜 나갔다.

③ **과전법의 실시** … 전제개혁을 단행하여 과전법을 마련하였다. 과전법 실시로 고갈된 재정이 확충되고 신진관료들의 경제기반이 마련되었으며 피폐한 농민생활을 개선시켜 주고 국방에 필요한 재원을 확보할 수 있었다.

④ **조선의 건국** … 급진개혁파는 역성혁명을 반대하던 온건개혁파를 제거하고 도평의사사를 장악하였다. 뒤이어 이성계가 공양왕의 왕위를 물려받아 조선을 건국하였다.

Point 팁
> 이성계의 4불가론
> ㉠ 작은 나라가 큰 나라를 칠 수 없다.
> ㉡ 여름철 출병은 불리하다.
> ㉢ 왜구가 국방상 허점을 노린다.
> ㉣ 무기가 녹슬고 군사들이 질병에 걸리기 쉽다.

단원평가 중세의 정치

1 고려의 형률제도에 대한 설명으로 옳은 것은?

① 주로 당나라의 것을 끌어다 썼으며, 때에 따라 고려의 실정에 맞는 율문도 만들었다.

② 행정과 사법이 명확하게 분리·독립되어 있었다.

③ 실형주의(實刑主義)보다는 배상제(賠償制)를 우위에 두고 있었다.

④ 기본적으로 태형(笞刑), 장형(杖刑), 도형(徒刑), 유형(流刑)의 4형 체계를 가지고 있었다.

고려의 형률제도

② 우리나라에서 행정과 사법이 명확하게 분리, 독립하게 된 것은 갑오개혁 이후이다.

③ 고려는 실형주의를 더 우위에 두고 있었다.

④ 고려는 조선과 같이 태형(笞刑), 장형(杖刑), 도형(徒刑), 유형(流刑), 사형(死刑) 이렇게 오형제도(五刑制度)로 이루어져 있다.

2 다음 중 고려의 대간제도에 대한 설명으로 옳은 것은?

① 왕권 보좌의 역할만을 담당하였다.

② 서경과 간쟁의 권한을 행사하였다.

③ 재신과 추밀들로 구성되었다.

④ 법제·격식문제를 협의하였다.

대간제도

① 왕권의 보좌뿐 아니라 견제의 역할까지 담당하였다.

③ 도병마사와 관련 있다.

④ 식목도감에서 담당하였다.

3 다음은 고려시대에 일어난 역사적 사건을 시대순으로 나열한 것이다. ㈎시기에 발생한 역사적 사실에 대한 설명으로 옳은 것을 모두 고르면?

> 이자겸의 난→㈎→무신정변→몽고의 침입→위화도회군

> ㉠ 풍수지리설을 배경으로 서경천도운동이 일어났다.
> ㉡ 최고 집정부인 교정도감이 설치되었다.
> ㉢ 금국정벌론과 칭제건원이 제기되었다.
> ㉣ 고구려 계승이념에 대한 이견과 갈등이 일어났다.
> ㉤ 과거제도와 노비안검법이 시행되었다.

① ㉠, ㉡, ㉤
② ㉠, ㉢, ㉣
③ ㉡, ㉢, ㉤
④ ㉢, ㉣, ㉤

Point

이자겸의 난과 무신정변 사이에 일어난 역사적 사건은 묘청의 서경천도운동이다.
㉠ 묘청의 서경천도운동은 서경길지설을 바탕으로 일어났다.
㉡ 교정도감은 최충헌이 무신정변을 통해 권력을 잡은 후 인사행정 및 기타 권력유지를 위해 설치한 기관이다.
㉢ 묘청의 서경천도운동으로 당시 금(여진)의 침입에 대해 금국정벌론과 칭제건원을 주장하였다.
㉣ 묘청의 서경천도운동 당시 서경파는 고구려 계승이념에 따라 북진정책을, 개경파의 김부식은 신라 계승의식을 표방하였다.
㉤ 고려전기 광종 때 실시된 정책들이다.

4 다음 중 고려초기의 기인제도에 대한 설명으로 옳지 않은 것은?

① 신라말의 상수리제도에 그 기원을 둔 것이라 할 수 있다.
② 기인은 조선시대에 와서도 그 용어 자체가 남아 고려시대와 같은 임무를 맡았다.
③ 고려초 지방향리세력의 통제를 위하여 실시한 것이다.
④ 향리의 자제를 인질로 삼아 수도에 머물게 하고 그 지방에 대한 고문으로 세운 자를 기인이라 한다.

Point

기인제도는 지방호족을 견제하기 위해서 그들의 자제를 수도에 오게 하여 왕실 시위를 맡게 한 제도였는데, 초기에는 볼모적인 성격이 강하였지만 이 기회를 이용해 교육을 받고 과거를 거쳐 중앙관리로 편입되기도 했다.

Answer 1.① 2.② 3.② 4.②

5 태조 왕건이 실시한 정책들이다. 이러한 정책 추진의 목적은?

> • 전국의 20여 호족과 혼인관계를 맺었다.
> • 유력 호족에게 왕씨 성을 하사하였다.
> • 「정계」, 「계백료서」를 지어 신하의 규범을 밝혔다.
> • 사심관제도를 두어 향리를 규찰하게 하였다.

① 군현제도를 실시하여 중앙 집권 체제를 확립한다.
② 신흥사대부를 등용하여 왕권을 강화한다.
③ 무인세력을 등용하여 북진정책의 세력으로 삼는다.
④ 호족 세력을 통합하여 집권체제를 안정시킨다.

태조 왕건에게는 후삼국 사회의 분열을 극복하고 통치체제를 재정비하는 것이 시급한 문제였다. 그는 중앙 집권 체제를 정비하는 데 있어 지방의 독자적인 세력인 호족들을 집권체제 안으로 통합하는 일이 가장 중요한 과제였다.

6 다음의 사실들의 공통점은?

> • 기인제도   • 과거제도
> • 시무 28조   • 12목 설치

① 중앙집권 강화   ② 문벌귀족사회 형성
③ 양반제 확립   ④ 정치세력 교체

시무 28조에서는 유교사상에 입각한 중앙집권적 관료정치를 주장하였고, 과거제도와 12목을 설치하여 지방의 제도를 정비하고 기인제도로 지방의 호족을 견제하는 것은 중앙 집권 체제를 더욱 강화시키는 것이다.

7 다음 훈요 10조의 내용을 통해 짐작할 수 있는 왕건의 정책은?

> • 짐은 삼한 삼천의 음덕에 힘입어 대업을 달성하였다.
> • 서경은 수덕이 순조로워 대업만대의 땅이니 중시하라.

① 수취제도를 개선하여 민생안정을 도모하였다.
② 중앙 집권 체제 수립을 위해 지방관을 파견하였다.
③ 고구려의 옛 영토회복을 위해 서경을 북진정책의 기지로 삼았다.
④ 사회동란을 일으키는 세력을 척결하여 사회질서를 바로잡았다.

북진정책… 고려는 고구려 계승이념을 토대로 서경을 설치하고 발해유민을 적극 포섭하여 우대하는 등 고구려의 옛 땅을 찾기 위해 북방의 영토확장에 노력하였다. 이러한 북진정책의 일환으로 태조 말년에 반도북부에 살고 있던 여진족을 축출하고, 청천강에서 영흥만까지 영토를 확장하였다.

8 다음 정책들의 근본적인 목적으로 옳은 것은?

> • 노비안검법 실시   • 주현공부법 실시
> • 과거제도 실시   • 관리의 공복제도 실시

① 왕권강화   ② 민생안정
③ 호족통합   ④ 관제정비

광종의 개혁… 왕권을 강화시키고 호족들의 세력을 약화시키기 위한 것이다.
㉠ 노비안검법 : 불법적으로 노비가 된 자를 조사하여 양인으로 해방시켜 주는 제도로서 호족의 경제적·군사적 기반이 약화되어 왕권이 강화되었으며 국가의 재정기반이 확대되었다.
㉡ 주현공부법 : 국가수입을 증대를 위하여 각 주현 단위로 조세와 공물의 액수를 정하여 징수하는 제도이다.
㉢ 과거제도 : 정치적 식견과 능력을 갖춘 관료층을 형성하기 위한 제도로서 학문의 성적에 따라 신진관리를 등용하여 신·구세력의 세대교체를 이룩하였다.
㉣ 관리의 공복제도 : 관료제도 질서를 통한 왕권확립을 위해 관리의 복색을 4색으로 구분하였다.

(Answer) 5.④ 6.① 7.③ 8.①

9 다음의 시무책이 제안된 국왕대의 사실로 옳은 것은?

> 불교를 행하는 것은 수신의 도요, 유교를 행하는 것은 치국의 본입니다. 수신은 내생의 자(資)요, 치국은 금일의 요무(要務)로서, 금일은 지극히 가깝고 내생은 지극히 먼 것인데도 가까움을 버리고 지극히 먼 것을 구함은 또한 잘못이 아니겠습니까?

① 12목을 설치하였다.
② 서경에 대화궁을 지었다.
③ 5도 양계의 지방제도를 확립하였다.
④ 독자적 연호를 처음으로 사용하였다.

 Point

최승로의 시무 28조는 고려 성종 대에 제안되었고 12목(牧) 또한 고려 성종 대에 최초로 설치되어 각 목(牧)마다 관리가 파견 되었다.

10 고려 전기에 통치체제가 정비되는 과정에서 시행된 정책들이다. 순서대로 나열된 것은?

> ㉠ 학문성적에 따라 관리를 채용하였다.
> ㉡ 12목을 설치하고 지방관을 파견하였다.
> ㉢ 인품에 따라 전지와 시지를 지급하였다.
> ㉣ 관료의 본분을 밝힌 「계백료서」를 발표하였다.

① ㉠ – ㉡ – ㉢ – ㉣ 　　　　　② ㉠ – ㉢ – ㉡ – ㉣
③ ㉡ – ㉠ – ㉢ – ㉣ 　　　　　④ ㉣ – ㉠ – ㉢ – ㉡

 Point

고려 전기의 통치체제
㉠ 신·구 세력의 교체를 목적으로 과거제도를 실시하였다(광종).
㉡ 최승로의 시무 28조를 채택하여 전국에 12목을 설치하고 지방관을 파견하였다(성종).
㉢ 전국적 규모로 모든 관리에게 등급에 따라 토지를 지급하는 전시과를 실시하였다(경종).
㉣ 지방호족들을 견제하고 지방통치를 보완하기 위하여 사심관과 기인제도를 실시하였고 「정계」와 「계백료서」를 지었다(태조).

11 **다음 중 고려시대의 신분제도에 대한 설명으로 옳지 않은 것은?**

① 향·부곡의 주민들은 과거응시에 있어서 제한을 받았다.

② 대체로 무신보다 문신이 우대되었다.

③ 중류계층에 향리도 포함된다.

④ 남반은 문신 및 무신처럼 귀족층에 해당된다.

　　고려시대 신분제도

　　④ 남반은 궁중에서 실무를 담당하는 세력으로 중류층에 해당된다.

　　① 향·부곡민들은 비록 신분은 양인이지만 그 역은 일반 양인보다 고되었으며, 많은 부분에서 차별대우를 받았다(身良役賤).

　　② 문신은 무신보다 동일 품계에서도 경제적·군사적으로 더 우대되었다.

　　③ 고려의 대표적인 중류계층으로는 향리, 서리, 남반 등이 있었다.

12 **고려시대 정치제도에 관한 내용이다. 가장 적절한 내용은?**

> • 태조 때에 사심관제도와 기인제도를 시행하였다.
> • 군현제 실시 초기에는 주현이 130개, 속현이 374개였다.
> • 5도의 안찰사는 중앙관으로서 관할구역의 순시만 맡았다.

① 국가의 정령이 말단향촌까지 전달되고 집행되었다.

② 강력한 중앙 집권 체제가 실시되었다.

③ 숭문천무의 풍조가 강해 무신정변의 원인이 되었다.

④ 호족 세력의 강성으로 집권체제의 정비에 어려움이 많았다.

　　고려시대에는 호족 세력이 강하여 중앙 집권 체제의 확립에 어려움이 많았다. 태조는 호족 세력을 집권체제 안으로 통합하기 위하여 지방을 호족 세력의 자치에 맡기고 또한 호족을 견제하기 위하여 기인제도와 사심관제도를 실시하였다. 성종에 이르러서는 12목을 설치하여 지방관을 파견하였다.

13 다음 중 고려시대의 군사제도에 대한 설명으로 옳지 않은 것은?

① 중앙군은 무과합격자들이 지휘하였다.

② 중앙군은 2군 6위 부대로 편성되었다.

③ 상장군, 대장군들이 회의기구로 중방을 두었다.

④ 양계에는 초군, 좌군, 우군으로 구성된 주진군을 배치하였다.

 Point

① 고려시대에는 무과가 시행되지 않았다.

14 다음 중 고려시대의 대외관계에 대한 설명으로 옳지 않은 것은?

① 송나라와는 우호적인 관계를 유지했다.

② 여진족을 토벌하고 동북 9성을 축조했다.

③ 거란의 침입으로 도읍을 강화로 옮겼다.

④ 공민왕은 반원정책의 일환으로 쌍성 총관부를 수복하였다.

 Point

③ 몽고의 1차침입 후 몽고가 무리한 조공을 요구하였고 이에 최씨정권은 수도를 옮기고 몽고와의 전쟁에 대비하였다.

15 다음의 내용을 통해 알 수 있는 고려의 대외관계로 옳은 것은?

- 왕건은 고구려의 후계자라는 뜻에서 국호를 고려라 하고 도읍을 송악으로 정했다.
- 발해의 유민들이 망명해오자 이들을 크게 우대하였다.
- 고려는 친송정책을 추진하였다.

① 중국과의 교류가 빈번해져 몽고풍이 유행하고 풍속이 변질되기에 이르렀다.

② 여진에 대한 방어를 위해서 송과 연맹관계를 맺었다.

③ 고려는 북방영토 확장에 힘을 기울이게 되었고 그 결과 거란과 대립하였다.

④ 강동 6주의 획득으로 북쪽 국경선이 압록강과 두만강으로 확대되었다.

> 고려는 고구려 계승을 강조하여 북진정책의 전진기지로 서경(평양)을 중시하고, 발해를 멸망시킨 거란과는 북진정책 · 친송정책으로 대립하였다.

16 다음의 사실들을 종합하여 내린 결론으로 옳은 것은?

> - 거란의 제1차 침입 때 서희는 적장 소손녕과 담판하여 강동 6주를 획득하였다.
> - 거란의 제2차 침입 때 개경이 함락되기도 하였으나, 양규가 귀주에서 거란군을 격퇴하였다.
> - 거란의 제3차 침입 때 거란군은 귀주에서 강감찬이 지휘하는 고려군에게 섬멸되었다.

① 세력이 약화된 거란이 여진과 손을 잡고 고려와 송에 대항하였다.
② 송은 고려의 북진정책을 지원하여 거란을 자극하였다.
③ 고려는 거란을 격파하고 압록강, 두만강 유역을 회복하였다.
④ 고려의 군사력으로 고려, 송, 요의 관계가 세력균형을 이루었다.

> **Point**
>
> 송은 군사동맹을 요구하였으나 고려는 거란과 여진의 군사적 압력을 피하기 위하여 문화 · 경제적 교류에 치중하였다. 고려는 친송배요정책으로 송과는 친선관계를 유지하였으나 거란은 배척하여 거란에게 3번의 침입을 받았다. 그 결과 고려, 송, 거란 사이에 세력균형을 유지하게 되었고 나성과 천리장성을 축조하여 수비를 강화하였다.

17 고려 중기 북진정책을 좌절시킨 것과 관련이 깊은 역사의식은 무엇인가?

① 고구려 계승의식이 강한 사관
② 정통과 대의명분을 중시한 성리학적 사관
③ 민족의식의 각성에 입각한 불교사관
④ 합리주의와 도덕주의에 입각한 유교사관

> **Point**
>
> 김부식은 묘청의 서경천도운동을 진압한 문벌귀족의 대표적 인물이었다. 유교적 합리주의 사관에 기반을 두고 금국에 대한 사대관계를 인정하였고 신라 계승의식을 보여주었다.

(**Answer**) 13.① 14.③ 15.③ 16.④ 17.④

18 다음 (갑)과 (을)의 담판 이후에 있었던 (을)의 활동으로 옳은 것은?

> (갑) 그대 나라는 신라 땅에서 일어났고 고구려 땅은 우리의 소유인데 그대들이 침범했다.
> (을) 아니다. 우리야말로 고구려를 이은 나라이다. 그래서 나라 이름도 고려라 했고, 평양에 도읍하였다. 만일 땅의 경계로 논한다면 그대 나라 동경도 모두 우리 강역에 들어 있는 것인데 어찌 침범이라 하겠는가.

① 9성 설치
③ 강동6주 경략

② 귀주 대첩
④ 천리장성 축조

 Point

> (갑)은 소손녕, (을)은 서희로 거란의 1차 침입 당시의 담판 내용이다.
> ① 예종 때 윤관이 별무반을 이끌고 여진족을 정벌한 후 동북 지역에 9성을 설치하였다.
> ② 귀주 대첩은 거란의 3차 침입 때인 1019년의 일이다.
> ③ 천리장성은 거란과 여진의 침입을 방어하기 위한 것으로 1033년에 시작하여 1044년에 완공하였다.

19 다음 자료를 토대로 고려 초기의 지방통치에 대해 바르게 추론한 것을 모두 고른 것은?

> • 건국초기에 향리의 자제를 뽑아 서울에 볼모로 삼고, 또한 출신지의 일에 대하여 자문에 대비하게 하였는데, 이를 기인이라 한다.
> • 태조 18년 신라왕 김부가 항복해 오니 신라국을 없애고 경주라 하였다. 김부로 하여금 경주의 사심관이 되어 부호장 이하의 임명을 맡게 하였다.

> ㉠ 호족들의 지방통제권을 부분적으로 인정하였다.
> ㉡ 고려는 신라의 9주 5소경 제도를 그대로 이어받았다.
> ㉢ 국초부터 지방관을 파견하여 중앙 집권 체제를 갖추었다.
> ㉣ 고려에서는 호족 세력의 통합을 위한 여러 정책을 펴 나갔다.

① ㉠, ㉡
③ ㉡, ㉢

② ㉠, ㉣
④ ㉡, ㉣

 Point

> 기인제도와 사심관제도에 대한 설명이다. 두 제도 모두 지방 유력자들을 일정하게 대우하면서도 이들의 성장을 중앙에서 통제하려는 데 주안점을 두었다.

20 다음 중 최씨 무신정권에 대한 설명으로 옳지 않은 것은?

① 도방과 삼별초는 군사적 기반이 되었다.
② 최우는 정방을 두어 인사권을 행사하였다.
③ 교정도감이 최고 집정부 역할을 하였다.
④ 광대한 공음전을 세습하여 경제적 기반으로 삼았다.

 Point

④ 최씨 정권은 정치적 권력을 이용하여 사유지를 늘려 농장으로 삼아 부를 축적하였다.

21 다음 글과 관련 있는 민란은?

"이미 우리 시골(소)의 격을 올려서 현으로 삼고, 또 수령을 두어 그로써 안무하였는데, 돌이켜 다시 군사를 내어와서 토벌하여 내 어머니와 처를 잡아들여 얽어매니 그 뜻이 어디에 있는가……. 반드시 왕경에 이른 뒤에야 그칠 것이다."

① 조위총의 난　　　　　　　　② 최광수의 난
③ 효심의 난　　　　　　　　④ 망이·망소이의 난

 Point

향·부곡·소는 천민거주지로 망이·망소이의 난은 천민들의 신분해방운동이었다. 이 난으로 인해 공주명학소는 충순현으로 승격되었다.

22 다음에서 설명하고 있는 왕이 실시한 정책으로 옳은 것은?

> 충숙왕의 둘째 아들로서 원나라 노국대장공주를 아내로 맞이하고 원에서 살다가 원의 후원으로 왕위에 올랐으나 고려인의 정체성을 결코 잃지 않았다.

① 정동행성의 이문소를 폐지하였다.　　② 수도를 한양으로 옮겼다.

③ 삼군도총제부를 설치하였다.　　④ 연구기관인 만권당을 설립하였다.

Point

제시문에서 설명하는 왕은 공민왕이다.

② 수도를 한양으로 옮긴 것은 조선 태조 때인 1394년이다.

③ 삼군도총제부는 1391년(공양왕 3)에 설치되었다.

④ 고려 충선왕 때 원나라 수도 연경에 설치되었다.

23 밑줄 친 '이번 문서'를 보낸 조직에 대한 설명으로 옳은 것은?

> • 이전 문서에서는 몽고의 연호를 사용했는데, <u>이번 문서</u>에서는 연호를 사용하지 않았다.
> • 이전 문서에서는 몽고의 덕에 귀의하여 군신 관계를 맺었다고 하였는데, <u>이번 문서</u>에서는 강화로 도읍을 옮긴 지 40년에 가깝지만, 오랑캐의 풍습을 미워하여 진도로 도읍을 옮겼다고 한다.
>
> 「고려첩장(高麗牒狀)」

① 최우가 도적을 막기 위해 만든 조직에서 비롯되었다.

② 최충헌이 신변 보호와 집권체제 강화를 위해 조직하였다.

③ 거란의 침입에 대비하기 위한 조직으로 편성되었다.

④ 쌍성총관부 탈환에 주도적인 역할을 한 조직이었다.

Point

위에 나온 내용 중 '이번 문서에서는 강화로 도읍을 옮긴 지 40년에 가깝지만, 오랑캐의 풍습을 미워하여 진도로 도읍을 옮겼다'는 내용을 통해 해당 조직이 고려시대 삼별초임을 알 수 있다.

※ 삼별초 … 정확한 설치 연대는 알 수 없으나 고려시대 최씨 정권의 최우 집권기 때 만들어진 야별초가 좌별초 · 우별초로 나뉘고 후에 몽고의 포로로 잡혀갔던 이들이 돌아와 편성된 신의군이 합쳐져 삼별초가 되었다. 따라서 삼별초의 형성은 최씨 정권 말엽이라 할 수 있지만 그 시작은 최우의 야별초에서 비롯되었다고 볼 수 있다.

24 고려시대의 대외항쟁에 관한 다음의 항목들 중에서 관련 있는 것끼리 올바르게 짝지어진 것은?

> ㉠ 묘청　　　　　　　　　　　㉡ 서희
> ㉢ 최충헌　　　　　　　　　　㉣ 강감찬
> ㉤ 정도전　　　　　　　　　　㉥ 귀주대첩
> ㉦ 신진사대부　　　　　　　　㉧ 강동 6주

① ㉠, ㉡, ㉢, ㉣　　　　　　　　② ㉡, ㉣, ㉤, ㉦
③ ㉡, ㉣, ㉥, ㉧　　　　　　　　④ ㉢, ㉤, ㉦, ㉧

고려의 대외정책 … 친송배요정책으로 송과는 친선관계를 유지했으나 거란은 배척하였다.

25 고려시대의 행정기관과 그 역할이 바르게 연결된 것은?

① 삼사 – 국정 전반에 걸친 중요사항 결정
② 중추원 – 군사기밀, 왕명출납
③ 어사대 – 화폐와 곡식 출납, 회계
④ 도병마사 – 풍속의 교정, 관리의 비리 감찰

① 화폐와 곡식의 출납, 회계
③ 풍속의 교정, 관리의 비리 감찰
④ 국정 전반에 걸친 중요사항 결정

Answer 　22.① 　23.① 　24.③ 　25.②

26 다음은 고려의 과거제도에 대한 설명이다. 이를 토대로 당시의 사회모습을 바르게 추론한 것은?

> 관리선발은 음서와 과거를 통해 이루어졌으며 점차 과거의 중요성이 높아졌다. 문학적 재능과 유학의 경서를 시험하는 제술과나 명경과에는 주로 귀족과 향리의 자제들이 응시하였으며, 백정이나 농민들은 기술학을 시험하는 잡과에 주로 응시하였다. 과거에 합격한 사람은 시험관인 좌주를 중심으로 결속되었으며, 그들의 도움으로 쉽게 관직에 진출하였다.

① 신라 때에 비해 능력 본위의 사회였다.
② 과거는 귀족 중심의 사회구조를 무너뜨렸다.
③ 모든 계층에게 관리가 될 수 있는 길이 열려 있었다.
④ 학교교육은 유교교육과 동일시되었다.

Point

① 신라는 골품제도라는 신분제도가 있어 신라인의 사회활동과 정치활동에 제한이 있었다. 그러나 고려는 과거제도를 통해 관리를 선발하고, 비교적 폭넓게 관직에 오를 기회를 제공하였다.

27 공민왕이 개혁정치에 대한 설명으로 적합하지 않은 것은?

① 전민변정도감을 설치하였다.
② 몽고식 관제를 폐지하고 원간섭기 이전으로 복귀하였다.
③ 쌍성총관부를 무력으로 철폐하였다.
④ 권문세족의 적극적인 후원을 받았다.

Point

공민왕의 개혁정치
㉠ 반원 자주 정책 : 친원세력 숙청, 정동행성 이문소 폐지, 관제 복구, 몽고풍 일소, 쌍성총관부 수복, 요동지방 공략
㉡ 내정개혁 : 신돈의 등용, 권문세족 억압, 정방 폐지, 전민변전도감 설치, 성균관의 설치, 신진사대부 등용
㉢ 실패원인 : 원의 압력, 권문세족의 반발, 신진사대부의 미약

28 몽고와의 전쟁 중에 일어난 사건이 아닌 것은?

① 처인성에서 김윤후가 몽고장수 살리타를 사살하였다.

② 몽고 사신 저고여의 피살을 구실로 몽고군이 침입하여 귀주성의 박서가 항전하였다.

③ 몽고 제 2차 침입 때 다루가치가 설치되었다.

④ 제 4차~제 8차 침입에 농민, 노비, 천민들의 활약으로 몽고를 막아냈다.

Point

　　　다루가치는 몽고 1차 침입 때 서경주변에 설치 후 철수하였다.

29 삼별초에 대한 설명으로 옳은 것은?

① 삼별초의 항쟁은 민중들의 지지를 받지 못하였다.

② 좌별초, 우별초, 주진군으로 이루어졌다.

③ 공적인 임무를 띤 군대로 최씨 정권에 의해 사병화되었다.

④ 배중손은 최씨 정권의 붕괴와 몽고와의 굴욕적인 강화를 맺는 데 반발하였다.

Point

　　　① 당시 민중의 지지가 있었기 때문에 장기 항쟁이 가능했다.

　　　② 주진군은 고려 양계에 배치된 상비군으로 국방 수비를 담당하였다.

　　　③ 최우에 의해 만들어진 사병 조직인 야별초를 확대해 정규군 조직으로 개편한 것이 삼별초이다.

30 공민왕의 반원 자주 정책이 아닌 것은?

① 친원 세력을 숙청하였다.

② 정치도감을 설치하여 정치 개혁을 꾀했다.

③ 몽고의 풍습을 금지하였다.

④ 정동행성 이문소를 폐지하고 관제를 다시 2성 6부로 복귀하였다.

Point

　　　정치도감은 충목왕의 폐정개혁 기관이었다.

Answer　26.① 27.④ 28.③ 29.④ 30.②

03 근세의 정치

section 1 근세의 세계

(1) 동양의 근세

① 명의 건국과 발전

    ㉠ **건국** : 몽고족의 원 왕조가 축출되어, 한족 왕조의 명이 건국되었다(1368). 강력한 전제국가가 형성되어, 서민의 생활과 문화가 향상되었다.

    ㉡ 정화의 남해원정으로 중국인들이 동남아시아로 진출하게 되었다.

    ㉢ **쇠퇴 및 멸망** : 몽고족과 왜구가 침입하고, 임진왜란 때에는 조선으로 출병하여 국력이 쇠퇴하였고 청에 의해 멸망하였다(1644).

② 이슬람 국가들의 번영

    ㉠ **오스만 제국** : 서아시아, 아프리카, 유럽에 걸친 제국으로 번영하였다.

    ㉡ **티무르 제국 · 사파비 왕조**(이란) : 중앙아시아에서 번영하였다.

    ㉢ **무굴 제국**(인도) : 인도 문화와 이슬람 문화가 융합하며 발전하였다.

    ㉣ **이슬람 세력의 동남아시아 진출** : 인도네시아, 말레이시아 일대 동남아시아가 이슬람화되었다.

③ 일본의 변천

    ㉠ 무로마치 막부가 성립되었다가(14세기) 전국시대로 분열되었다(15세기).

    ㉡ 도요토미가 전국시대를 통일하고(16세기) 조선을 침략하였으나 실패로 돌아갔다.

    ㉢ 에도 막부 때 집권적 봉건제도가 성립되었고, 서양의 문물이 수용되었다.

④ **서세동점**(西勢東漸) ⋯ 유럽 세력이 인도 및 동남아시아로 진출하였다.

(2) 서양의 근세

① 르네상스

    ㉠ **발생 및 전파** : 14~15세기 이탈리아에서 시작되어 16세기에는 알프스 이북 유럽으로 전파되었다.

    ㉡ **내용** : 그리스 · 로마의 고전문화 부흥을 통하여 지성과 감성의 조화를 추구하였고, 인간중심적이고 현세적인 근대문화를 창조하였다.

② 유럽세계의 확대

　　㉠ 배경 : 신항로를 개척하고, 신대륙을 발견하게 되었다.

　　㉡ 선구자 : 포르투갈(동양무역독점)과 에스파냐(신대륙 식민지 개척)를 중심으로 활발히 전개되었다. 네덜란드, 영국, 프랑스도 해외진출에 가세하였다.

　　㉢ 결과 : 유럽의 경제가 발전하여 상업혁명이 일어나고 자본주의가 발전하기 시작하여 절대왕정은 중상주의 정책을 적극적으로 추진하였다.

③ 종교개혁

　　㉠ 루터파, 칼뱅파, 영국 국교회 등의 프로테스탄트 교회가 성립하였다.

　　㉡ 사회개혁운동이나 민족운동과 연결되어 전개되었다.

　　㉢ 가톨릭 교회의 개혁운동으로 예수회가 창설되었다(동양과 신대륙에 선교).

section 2 근세사회의 성립과 전개

(1) 조선의 건국

① 고려 말의 정세

　　㉠ 권문세족의 횡포 : 고위 관직을 독점하고 대농장을 소유하였다.

　　㉡ 신진사대부의 개혁 요구 : 사원 경제의 폐단과 토지제도의 개혁을 주장하였다.

　　㉢ 신진사대부의 분열

　　　• 온건개혁파 : 이색, 정몽주 등이 고려 왕조 체제 내의 점진적 개혁을 주장하였다.

　　　• 급진개혁파 : 정도전 등이 고려 왕조를 부정하고 역성혁명을 주장하였다.

② 조선의 개창(1392) … 위화도 회군으로 정권을 장악하고 전제개혁을 단행(과전법 실시로 권문세족의 경제기반 붕괴)하게 되었다. 이성계와 급진개혁파는 온건개혁파를 제거하고 조선을 건국하였다.

(2) 국왕 중심의 통치체제정비와 유교정치의 실현

① 태조

　　㉠ 국호 개정 : 국호를 '조선'이라 하여 고조선의 후계자임을 자처하였다.

　　㉡ 한양천도(풍수지리설의 영향) : 한양은 풍부한 농업생산력을 보유하였고 교통과 군사의 중심지 역할을 하였다.

　　㉢ 3대 정책 : 숭유억불 정책, 중농억상 정책, 사대교린 정책이다.

　　㉣ 정도전의 활약 : 민본적 통치규범을 마련하고(조선경국전), 재상 중심의 정치를 주장하였으며(의정부서사제), 불교를 비판하며(불씨잡변) 성리학을 통치이념으로 확립하였다.

(Point 팁) 한양천도와 조선 … 한양으로 천도함으로써 정치적으로는 고려의 구 귀족세력의 약화를 가져왔고 사상적으로는 한양명당설을 수용하였다. 또한 농업생산력이 풍부하고 교통의 요지인 한양의 경제적인 발달을 가져왔다. 국호를 '조선'이라 함은 고조선의 후계자임을 드높인 것이었고 고려시대의 신라 계승의식과 고구려 계승의식을 통합하는 의미를 가진다.

② 태종(국왕 중심의 통치체제)

ㄱ 왕권 확립 : 두 차례의 왕자의 난을 통해 개국공신 세력을 견제하고 숙청하게 되었다.

ㄴ 관제개혁 : 도평의사사를 폐지하고(의정부 설치) 6조직계제를 실시하였으며 사간원을 독립시켜 대신들을 견제하고, 신문고를 설치하였다.

ㄷ 경제기반 안정과 군사력 강화 : 양전사업을 실시하고, 호패법도 시행하였다. 사원전을 몰수하였으며, 노비도 해방시키고 사병도 폐지하였다.

③ 세종(유교정치의 실현)

ㄱ 집현전을 설치하여 유학자를 우대하고, 한글을 창제하였다.

ㄴ 6조직계제를 폐지하고 의정부서사제(재상합의제)로 정책을 심의하였다. 이는 왕권과 신권의 조화를 말해준다.

문 조선 세조 대에 있었던 사실로 옳은 것만을 모두 고르면?

▶ 2024. 3. 23. 인사혁신처

ㄱ 사병을 혁파하였다.
ㄴ 집현전을 폐지하였다.
ㄷ 『경국대전』을 완성하였다.
ㄹ 6조 직계제를 시행하였다.

① ㄱ, ㄴ   ② ㄱ, ㄹ
③ ㄴ, ㄷ   ④ ㄴ, ㄹ

(Point 팁) 의정부서사제 … 왕이 인사와 군사 두 분야만 친히 관여하고 나머지 6조에서 올라오는 모든 일들은 의정부의 영의정, 좌의정, 우의정이 논의한 후 결정된 사항을 왕이 결재하는 형식이다.
※ 6조직계제 … 6조의 장관인 판서가 의정부를 거치지 않고 왕에게 직접 보고하여 업무를 처리하는 제도

ㄷ 유교적 의례의 실천 : 국가행사를 오례에 따라 거행하였다. 사대부의 주자가례도 이를 말해준다.

(3) 문물제도의 정비

① 세조(왕권의 재확립과 집권체제의 강화)

ㄱ 계유정난을 일으켜 왕위를 차지하고 조정권신과 지방세력을 억제하고 왕권을 강화하기 위한 정책을 펴게 되었다.

ㄴ 6조직계제를 재실시하여 왕권을 강화하고 집현전과 경연을 폐지하여 공신이나 언관들의 활동을 억제하였다.

ㄷ 「경국대전」의 편찬을 시작하여 조선의 통치규범을 확립하고자 하였다.

ㄹ 불교에 심취하여 「월인석보」 등 불서를 간행하는 간경도감을 설치했다.

Tip 계유정난(1453)은 단종 원년 수양대군이 김종서, 황보인 등을 제거하고 정권을 장악한 사건이다. 이 사건을 계기로 조카인 단종을 몰아내고 수양대군이 왕위에 집권하였다. 집권 후 세조는 왕권 강화를 위하여 6조 직계제를 시행하고, 집현전을 폐지하여 경연을 제한하였다. 한편 통치질서 확립을 위하여 〈경국대전〉 편찬을 시작하였다.
ㄱ 조선 태종
ㄷ 조선 성종

▌정답 ④

② 성종(유교적 집권체제의 완성)

㉠ 홍문관(집현전 계승)을 설치하여 학문 연구 및 국왕의 자문기구 역할을 담당하고, 경연을 활성화하여 홍문관 관원 및 정승 등 고위관리가 참석하여 주요정책을 토론하였다.

㉡ 「경국대전」을 완성, 반포하여 조선왕조의 통치규범을 집대성하였다(유교적 법치국가 확립).

㉢ 간경도감 폐지, 도첩제 폐지, 관수관급제 실시, 오가작통법 제정 등을 실시하였다.

section 3 통치체제의 정비

(1) 중앙정치체제

① 양반관료체제의 확립

㉠ 「경국대전」으로 법제화하고 문·무반이 정치와 행정을 담당하게 하였다.

㉡ 18품계로 나뉘며 당상관(관서의 책임자)과 당하관(실무 담당)으로 구분하였다. 관직은 경관직(중앙관)과 외관직(지방관)으로 편제하였다.

② 의정부와 6조 … 고관들이 중요정책회의에 참여하거나 경연에 참여함으로써 행정의 통일성과 전문성 및 효율성의 조화를 꾀하였다.

㉠ 의정부 : 최고 관부로 재상의 합의로 국정을 총괄하였다.

㉡ 6조 : 직능에 따라 행정을 분담하였다.

• 이조 : 문관의 인사(전랑이 담당), 공훈, 상벌을 담당하였다.

• 호조 : 호구, 조세, 회계, 어염, 광산, 조운을 담당하였다.

• 예조 : 외교, 교육, 문과 과거, 제사, 의식 등을 담당하였다.

• 병조 : 국방, 통신(봉수), 무과 과거, 무관의 인사 등을 담당하였다.

• 형조 : 형률, 노비에 대한 사항을 담당하였다.

• 공조 : 토목, 건축, 수공업, 도량형, 파발에 대한 사항을 담당하였다.

③ 언론 학술기구 … 삼사로 정사를 비판하고 관리들의 부정을 방지하였다.

㉠ 사간원(간쟁)·사헌부(감찰) : 서경권을 행사(관리임명에 동의권 행사)하였다.

㉡ 홍문관 : 학문적으로 정책결정을 자문하는 기구이다.

Point 팁 3사의 언관 … 관직은 높지 않았으나, 학문과 덕망이 높은 사람이 임명되어 특별한 일이 없는 한 판서나 정승 등 고위 관직에 오를 수 있었다. 3사의 기능 강화는 권력의 독점과 부정을 방지하는 데 크게 기여하였다.

문 밑줄 친 '왕의 재위 기간에 편찬된 서적으로 옳은 것은?
▶ 2024. 3. 23. 인사혁신처

• 왕은 집현전을 계승한 홍문관을 설치하고 중단되었던 경연을 다시 열었다.

• 왕은 훈구 세력을 견제하기 위해 사림 세력을 등용하였다.

---

① 대전통편
② 동사강목
③ 동국여지승람
④ 훈민정음운해

Tip 홍문관을 설치하여 삼사 체제를 완성하고, 경연 시행, 사림 세력을 등용한 인물은 조선 성종이다.
동국여지승람은 조선 성종 때 간행된 관찬지리지이다.
①② 정조
④ 영조

정답 ③

문 조선 시대의 관청에 대한 설명으로 옳은 것은?

▶ 2022. 4. 2. 인사혁신처

① 사간원 – 교지를 작성하였다.
② 한성부 – 시정기를 편찬하였다.
③ 춘추관 – 외교문서를 작성하였다.
④ 승정원 – 국왕의 명령을 출납하였다.

Tip 승정원은 왕명 출납을 담당하던 기구이다. 승정원의 고려의 중추원의 기능을 계승하였다.
① 사간원은 사헌부, 홍문관과 더불어 삼사를 구성하는 기구로 간쟁과 봉박 기능을 담당하였다. 사헌부는 관리 감찰, 홍문관은 경연을 담당했으며, 교지를 작성한 기관은 예문관이다.
② 한성부는 수도 한양의 행정과 치안을 담당하는 곳이다. 시정기는 춘추관에서 편찬한 것으로, 관청들의 업무를 기록하였고 사초와 함께 조선왕조실록 편찬의 자료로 활용되었다.
③ 춘추관은 역사서를 편찬하고 보관하던 곳이다. 외교문서는 승문원에서 작성하였다.

정답 ④

④ **의금부** … 왕명에 의한 직속 사법기관으로 왕족의 범죄, 반역죄 같은 중죄를 다스림(왕권강화)

⑤ **승정원** … 왕명의 출납을 맡은 왕의 비서기관(왕권강화)

⑥ **춘추관** … 역사서의 편찬과 보관을 담당하였다.

⑦ **성균관** … 최고의 국립 교육 기관이었다.

⑧ **한성부** … 수도의 행정과 치안을 담당하고 일반 범죄를 취급하였다.

⑨ **포도청** … 상민의 범죄를 담당하였다.

(2) 지방행정조직

① **중앙 집권 체제의 강화**

㉠ 모든 군현에 수령을 파견하였고 수시로 암행어사를 보냈다.

㉡ 향·부곡·소을 일반 군현으로 승격시킨 것은 백성에 대한 국가의 공적 지배력이 강화되었음을 의미한다.

② **지방조직** … 전국을 8도로 나누고, 하부에 부·목·군·현을 설치하였다. 지방관의 임명에는 상피제가 적용되었다.

Point 팁 상피제 … 친인척과 같은 관서에 근무하지 않도록 하거나 출신 지역의 지방관으로 임명되지 않도록 하였던 제도이다.

㉠ **관찰사(감사)** : 8도의 지방 장관으로서 행정, 군사, 감찰, 사법권을 행사하였다. 수령에 대한 행정을 감찰하는 역할을 담당하였다.

㉡ **수령** : 부, 목, 군, 현에 임명되어 관내 주민을 다스리는 지방관으로서 행정, 사법, 군사권을 행사하였다.

㉢ **향리** : 6방에 배속되어 향역을 세습하면서 수령을 보좌하였다(아전).

③ **향촌사회**

㉠ **면·리·통** : 향민 중 책임자를 선임하여, 수령의 명령을 받아 인구 파악 및 부역을 담당하는 역할을 하였고, 군현 아래 설치하였다.

㉡ **특수지방제도**

• 유향소(향청) : 지방 양반 사족들이 구성한 향촌 자치적인 성격의 기구로, 좌수와 별감을 선출하였다. 폐지와 부활을 반복하였으며 향규를 제정하여 수령감시 및 보좌·풍속교정 등의 기능을 하였다.

• 경재소 : 유향소와 정부 간 연락을 통해 유향소를 통제하고 중앙집권의 강화를 위해 해당 지방출신의 중앙고관을 책임자로 임명하였으나 사림들의 세력이 강화되면서 폐지되었다.

(3) 군역제도와 군사조직

① 군역제도

ㄱ 양인개병제 : 양인의 신분이면 누구나 병역의 의무를 지는 제도이다.

ㄴ 운영 : 현직관료와 학생을 제외한 16세 이상 60세 이하의 양인 남자의 의무이다.

ㄷ 보법 : 정군(현역군인)과 보인(정군의 비용부담)으로 나눈다.

ㄹ 노비 : 권리가 없으므로 군역이 면제되고, 특수군(잡색군)으로 편제되었다.

② 군사조직

ㄱ 중앙군(5위) : 궁궐과 서울을 수비하며 정군을 중심으로 갑사(시험을 거친 직업군인)나 특수병으로 지휘 책임을 문관관료가 맡았다.

ㄴ 지방군 : 병영(병마절도사)과 수영(수군절도사)으로 조직하였다.
  • 초기 : 영진군으로 국방상 요지인 영이나 진에 소속되어 복무하였다.
  • 세조 이후 : 진관체제를 실시하였다.

Point 팁 진관체제 … 지역 단위의 방위체제로 각 도에 한두 개의 병영을 두어 병마절도사가 관할지역군대를 장악하고, 병영 밑에 몇 개의 거진을 설치하여 거진의 수령이 그 지역 군대를 통제하는 체제였다. 수군도 육군과 같은 방식으로 편제되었다.

ㄷ 잡색군 : 서리, 잡학인, 신량역천인(신분은 양인이나 천한 일에 종사), 노비 등으로 조직된 일종의 예비군으로 유사시에 향토방위를 담당한다(농민은 제외).

③ 교통·통신체계의 정비

ㄱ 봉수제(통신) : 군사적 목적이 중시된 통신제도로, 밤에는 불, 낮에는 연기를 이용하여 급한 소식을 전하였다.

ㄴ 역참 : 물자수송과 통신을 위해 전국의 주요 교통요지에 설치되어 국방과 중앙집권적 행정운영을 용이하게 해주었다.

Point 팁 파발제 … 임진왜란 때 공문전달을 위한 통신망으로 기발과 보발이 있다.

(4) 관리등용제도

① 과거

ㄱ 종류
  • 문과 : 문관을 선발하는 시험이며 예조에서 담당하였다.
  • 무과 : 무관 선발시험은 병조에서 담당하고 28명을 선발하였다.
  • 잡과 : 해당 관청에서 역과, 율과, 의과, 음양과의 기술관을 선발하였다.

ⓛ **응시자격**: 양인 이상이면 응시할 수 있으나 실제로는 양반이 주로 응시하였다. 문과의 경우 탐관오리의 아들, 재가한 여자의 아들과 손자, 서얼에게는 응시를 제한하고 무과와 잡과에는 제한이 없었다.

ⓒ **시험의 실시시기**: 정기시험인 식년시(3년 단위), 부정기시험인 별시(증광시, 알성시) 등이 수시로 행하였다.

② **취재** … 재주가 부족하거나 나이가 많아 과거 응시가 어려운 사람을 대상으로 하급 실무직에 선발하였다.

③ **천거** … 기존 관리를 대상으로 하였다(조광조의 현량과).

④ **이과** … 훈민정음으로 서리, 향리, 아전을 선발하였다.

⑤ **음서** … 2품 이상의 관리의 자제는 과거를 거치지 않고 관직에 등용되는 것으로, 고려보다 대상이 대폭 축소되고 고관으로 승진이 제한되었다.

⑥ **인사 관리 제도의 정비**

ⓐ **상피제**: 권력의 집중과 부정을 방지하였다.

ⓑ **서경제**: 사헌부와 사간원에서 관리 임명시에 심사하여 동의하는 절차로서 5품 이하 관리 임명시에 적용하는 것이다.

ⓒ **근무 성적 평가**: 하급관리의 근무 성적 평가는 승진 및 좌천의 자료가 되었다.

section ④ 사림의 대두와 붕당정치

(1) 훈구와 사림

① **훈구**

ⓐ **출신배경**: 조선 초기 건국을 주도했던 혁명파 사대부가 훈구세력으로 이어지게 된다. 계유정난을 통해 세조의 집권을 도운 공신세력이다.

ⓑ **경제기반**: 막대한 토지를 가진 대지주 출신들이 많았다.

ⓒ **정치적 역할**: 조선 초기 문물제도의 정비에 기여하였다.

② **사림**

ⓐ **출신배경**: 여말 온건파 사대부의 후예로서 길재와 김종직에 의해 영남과 기호지방에서 성장한 세력을 말한다.

ⓑ **경제기반**: 대부분이 향촌의 중소지주이다.

③ 훈구파와 사림파

훈구파	사림파
• 15세기 민족문화 창조	• 16세기 사상계 주도
• 중앙집권 추구	• 향촌자치 주장
• 부국강병, 민생안정 추구	• 의리와 도덕 숭상
• 과학기술 중시	• 과학기술 천시
• 패도정치 인정, 왕도정치 추구	• 왕도정치 이상
• 사장 중시	• 경학 중시
• 자주성이 강함	• 중국 중심의 세계관

(2) 사림의 정치적 성장

① 사림의 정계 변동

㉠ 성종 때 김종직과 그 문인들이 중앙정계에 진출하여 이조전랑(인사권 담당)과 3사의 언관직을 담당하여 훈구세력의 부정부패를 비판하였다.

Point 팁 이조전랑 ··· 이조전랑은 품계가 5, 6품에 불과하였으나, 홍문관 출신 중에서 명망이 높은 자가 선임되었다. 이조전랑은 자신의 마음에 들지않는 인물은 천거를 거부할 수 있을 정도로 문관인사에 큰 영향력을 행사하였다. 특별한 과오가 없으면 재상까지 승진할 수 있었으며, 자신의 후임자는 스스로 천거할 정도로 요직이었다. 이조전랑직을 둘러싼 다툼이 붕당정치를 격화시킨 한 요인이 되었다.

㉡ 성종은 사림을 등용하고 훈구세력을 견제하였다.

② 사화의 발생

㉠ 원인 : 사림과 훈구 간의 정치적 · 학문적 대립으로 발생하였다.

㉡ **무오사화**(1498) · 갑자사화(1504) : 연산군의 폭정으로 발생하였으며 영남 사림은 몰락하게 되었다.

㉢ **조광조의 개혁정치**(왕도정치의 추구)

• 현량과 실시 : 국왕이 덕행있는 사람을 추천에 의거 직접 등용하는 제도로, 사림을 등용하여 급진적인 개혁을 추진하였다.

• 위훈삭제 시행 : 훈구파를 견제하기 위해 공신들의 위훈을 삭제하였다.

• 소격서 폐지 : 도교 또는 불교와 관련된 종교행사를 폐지하였다.

• 성리학적 사회질서 강화를 위해 소학 교육을 강조하고, 향촌자치를 위해 향약의 전국적 시행을 추진하였다.

• 결과 : 훈구세력의 반발을 샀으며 결국 기묘사화(주초위왕 사건)로 조광조와 사림 세력이 실각되고 말았다.

ⓔ **을사사화(명종, 1545)** : 중종이 다시 사림을 등용하였으나 명종 때 외척다툼으로 을사사화가 일어나고 사림은 축출되었다.

Point 팁 사화의 발생과 사림세력의 확대
　ㄱ 무오사화 : 세조를 비방한 조의제문(弔義帝文)을 사초에 기록한 것을 트집잡아 이극돈·유자광 등의 훈구파가 연산군을 충동하여 사림파를 제거하였다.
　ㄴ 갑자사화 : 임사홍 등은 연산군의 생모 윤비 폐출사건을 들추어서 윤필상, 한명회 등의 훈구파와 김굉필 등의 사림파를 제거하였다.
　ㄷ 기묘사화 : 남곤·심정 등의 훈구파가 조광조의 혁신정치에 불만을 품고, 조광조 일파(조광조, 김식, 김안국 등의 사림파)를 모략하여 처형하였다.
　ㄹ 을사사화 : 왕위계승문제로 명종의 외척인 윤원형이 선왕인 인종의 외척 윤임 일파를 제거하였고, 사림의 세력은 크게 꺾였다.

③ **결과** … 사림은 정치적으로 위축되었으나 중소지주를 기반으로 서원과 향약을 통해 향촌에서 세력을 회복하게 되었다.

(3) 붕당의 출현(사림의 정계주도)

① **동인과 서인** … 척신정치(권력을 독점한 권세가들이 마음대로 하는 정치)의 잔재를 청산하기 위한 방법을 둘러싸고 대립행태가 나타났다.
　ㄱ **동인**
　　• 신진사림 출신으로서 정치개혁에 적극적이다.
　　• 수기(修己)를 강조하고 지배자의 도덕적 자기절제를 강조하였다.
　　• 이황, 조식, 서경덕의 학문을 계승하였다.
　ㄴ **서인**
　　• 기성사림 출신으로서 정치개혁에 소극적이다.
　　• 치인(治人)에 중점을 두고 제도개혁을 통한 부국안민에 힘을 썼다.
　　• 이이, 성혼의 문인들을 중심으로 구성되었다.

② **붕당의 성격과 전개**
　ㄱ **성격** : 학문과 이념에 따라 성립되었으며, 정파적 성격과 학파적 성격을 지녔다.
　ㄴ **전개** : 초기에는 강력한 왕권으로 형성이 불가능하였으나, 중기에 이르러 왕권이 약화되고 사림정치가 전개되면서 붕당이 형성되었다.

(4) 붕당정치의 전개

① **붕당의 분화**
　ㄱ 동인의 분당은 정여립의 모반사건을 계기로 세자 책봉 문제(건저의사건)를 둘러싸고 시작되었다.

Point 팁 건저의사건 ··· 선조 24년에 선조는 세자로 신성군을, 정철은 장자인 임해군을 추대하였다. 이에 선조의 미움을 사게 되어 논죄의 대상이 되었다.

- 남인은 온건파로 초기에 정국을 주도하였다.
- 북인은 급진파로 임진왜란이 끝난 뒤부터 광해군 때까지 정권을 장악하였다.

ⓛ 광해군의 개혁정치

- 명과 후금 사이에 중립외교를 실시하는 등 실리적인 정책들을 시행하였다.
- 북인은 집권하면서 정권을 독점하려 하였고, 영창대군 살해, 인목대비 유폐와 더불어 과도한 전후복구사업으로 민심을 이탈하였다.
- 서인이 주도한 인조반정으로 광해군과 북인은 몰락하게 되며, 서인의 주도하에 남인이 참여하는 정치구조가 만들어졌다.

② 붕당정치의 전개

ⓐ 서인과 남인의 공존관계 유지 : 서인이 집권하여 남인 일부와 연합하고, 상호 비판 공존체제가 수립되었다.

ⓛ 정치여론수렴 : 서원을 중심으로 여론을 수렴하여 중앙정치에 반영되었다.

ⓒ 예송 논쟁(현종) : 효종의 왕위계승 정통성에 대하여 서인과 남인의 정치적 대립이 격화되었다.

- 기해예송 : 서인의 주장을 채택하여 서인정권이 지속되었다.
- 갑인예송 : 남인의 주장을 채택하여 서인의 세력이 약화되고 남인정권이 운영되었다.

Point 팁 서인과 남인의 비교

ⓐ 서인 : 노비속량과 서얼허통에 비교적 적극적이고 상업과 기술발전에 호의적인 부국강병에 관심이 있었다.

ⓛ 남인 : 수취체제의 완화와 자영농민의 육성에 치중하였고, 상업과 기술발전에 소극적이었다.

ⓓ 공존의 붕괴 : 서인과 남인의 정치공존은 경신환국(서인이 남인을 역모죄로 몰아 숙청하고 정권을 독점)으로 붕괴되었다.

(5) 붕당정치의 성격

① 원칙 : 여러 붕당이 협력 및 상호 견제를 통해 정치를 운영하는 것이다.

② 성격

ⓐ 3사 언관과 이조 전랑의 정치적 비중이 강화되었다.

ⓛ 재야에서 공론을 주도하는 지도자인 산림이 출현하고, 서원과 향교를 통한 수렴이 이루어졌다.

ⓒ 합좌기구인 비변사를 통해 여론을 수렴하고 공론을 중시하였다.

기출문제

問 다음과 같이 상소한 인물이 속한 붕당에 대한 설명으로 옳은 것만을 모두 고르면?

▶ 2023. 4. 8. 인사혁신처

상소하여 아뢰기를, "신이 좌참찬 송준길이 올린 차자를 보았는데, 상복(喪服) 절차에 대하여 논한 것이 신과는 큰 차이가 있었습니다. 장자를 위하여 3년을 입는 까닭은 위로 '정체(正體)'가 되기 때문이고 또 전중(傳重: 조상의 제사나 가문의 법통을 전함)하기 때문입니다. ··· (중략) ··· 무엇보다 중요한 것은 할아버지와 아버지의 뒤를 이은 '정체'이지, 꼭 첫째이기 때문에 참최 3년복을 입는 것은 아닙니다." 라고 하였다.

―『현종실록』―

ⓐ 기사환국으로 정권을 장악하였다.

ⓛ 인조반정을 주도하여 집권세력이 되었다.

ⓒ 정조 시기에 탕평정치의 한 축을 이루었다.

ⓓ 이이와 성혼의 문인을 중심으로 형성되었다.

① ⓐ, ⓛ ② ⓐ, ⓒ
③ ⓛ, ⓓ ④ ⓒ, ⓓ

Tip 제시문은 인조반정 이후 서인과 남인 사이에 전개된 1차 예송논쟁(기해예송, 1659) 중 남인에 관한 내용이다. 기해예송은 효종 사후 계모인 자의대비의 복상기간을 놓고 서인과 남인이 대립하였다. 서인은 효종이 장자가 아니기 때문에 사대부의 예를 적용하여 복상기간을 1년으로 할 것을 주장하였으나, 남인은 왕의 예우를 적용하여 복상기간을 3년으로 할 것을 주장하며 서인과 대립하였다. 그 결과 1차 예송논쟁에서는 서인이 승리하였다.

정답 ②

③ 한계
　㉠ 사림 자체가 분열되면서 치열한 정권다툼이 생겼다.
　㉡ 백성들의 의견이 반영되지 않고 국민의 복리보다는 당파의 이익을 우선시하였다.
　㉢ 현실 문제를 경시하고 의리와 명분에 치중하였다(학벌·문벌·지연과 연결).

section 5 조선 초기의 대외관계

(1) 명과의 관계

① 외교정책의 원칙

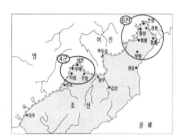
〈4군 6진〉

　㉠ 사대외교 : 명과의 관계를 말하며 왕권의 안정과 국가의 안전보장을 목적으로 한다.
　㉡ 교린정책 : 중국 이외의 주변 민족에 대한 회유와 교류정책이다.

② 대명외교
　㉠ 조선 초기 : 태조는 정도전을 중심으로 한 요동정벌로 명과의 긴장관계가 유지되었으나, 태종은 요동정벌을 포기하고 친선관계를 유지하여 매년 사절을 교환하고 문화교류가 활발하게 진행되었다.
　㉡ 대명외교의 성격 : 겉으로는 사대정책을 유지했으나 실제로는 자주적 실리 외교로써 선진문물을 수용하여 공무역의 형태로 무역하였다.

(2) 여진과의 관계

① 대여진 정책(강온양면정책)
　㉠ 회유책 : 귀순을 장려하였고, 북평관을 세워 국경무역과 조공무역을 허락하였다.
　㉡ 강경책 : 본거지를 토벌하고 국경지방에 자치적 방어체제를 구축하여 진·보를 설치하였다.

② 북방 개척
　㉠ 4군 6진 : 세종 때 최윤덕, 김종서 등은 압록강에서 두만강에 이르는 4군 6진을 설치하였다.
　㉡ 사민정책 : 삼남지방의 주민을 강제로 이주시켜 북방개척과 국토의 균형있는 발전을 꾀하였다.
　㉢ 토관제도 : 토착인을 하급관리로 등용하는 것이다.

(3) 일본 및 동남아시아와의 관계

① **대일 관계**

  ㉠ **강경책** : 고려 말~조선 초에 왜구의 침략이 빈번하게 발생하자 수군을 강화하고 화약무기를 개발하는 등 왜구 격퇴에 노력하였다. 세종 때는 이종무를 시켜 쓰시마 섬을 토벌하기도 하였다. 강경대응에 왜구들은 평화적 무역관계를 요구하였고 조선은 일부 항구를 통한 제한된 무역을 허용하였다.

  ㉡ **회유책** : 3포(부산포, 제포, 염포)를 통해 계해약조(1443)를 맺고 조공무역을 허용하였다.

② **동남아시아와의 교역** … 조공, 진상의 형식으로 물자교류를 하고 특히 불경, 유교경전, 범종, 부채 등을 류큐(오키나와)에 전해주어 류큐의 문화발전에 기여하였다.

section 6 양 난의 극복과 대청관계

(1) 왜군의 침략

① **조선의 정세**

  ㉠ **왜구약탈** : 3포왜란(임신약조) → 사량진왜변(정미약조) → 을묘왜변(교역중단)

  ㉡ **국방대책** : 3포왜란 이후 군사문제를 전담하는 비변사가 설치되었으며, 진관체제에서 제승방략체제로 전환하였다.

  ㉢ **16세기 말** : 사회적 혼란이 가중되면서 국방력이 약화되어 방군수포현상이 나타났다(군적수포제 실시).

〈관군과 의병의 활동〉

  ㉣ **국론의 분열** : 붕당에 따라 일본 정세에 대한 인식의 차이가 노출되어 적극적인 대책이 강구되지 못하였다.

② **임진왜란(1592)** … 왜군 20만이 기습으로 정발과 송상현이 분전한 부산진과 동래성이 함락되고, 신립마저 패배하자 선조는 의주로 피난하고 명에 사신을 보내 구원을 요청하였다. 그러나 왜군은 평양, 함경도까지 침입한다.

Point 팁

진관체제 : 세조시기에 시작된 지역방어체계, 군사이동 없이 지역 군인이 담당지역방어를 전담하는 분산적 지역방어체계
제승방략체제 : 유사시 전투거점에 병력을 모아 중앙에서 파견한 전문 지휘관의 지휘를 받는 집중적 방어체계

기출문제

문 〈보기〉의 조선시대 사건을 시간 순으로 바르게 나열한 것은?

▶ 2020. 6. 13. 제2회 서울특별시

〈보기〉
㉠ 기묘사화   ㉡ 을묘왜변
㉢ 계유정난   ㉣ 무오사화

① ㉠ - ㉡ - ㉢ - ㉣
② ㉡ - ㉢ - ㉣ - ㉠
③ ㉢ - ㉣ - ㉠ - ㉡
④ ㉣ - ㉠ - ㉡ - ㉢

Tip ㉢ 계유정난(1453) : 수양 대군이 난을 일으켜 단종을 폐위하고 왕으로 즉위하게 된 사건(세조)

㉣ 무오사화(1498) : 김종직의 '조의제문' 사건을 훈구파가 문제삼아 사림들이 대대적으로 탄압(연산군)

㉠ 기묘사화(1519) : 조광조의 개혁정치에 훈구파가 문제삼아 조광조를 비롯한 사림이 탄압받은 사건(중종)

㉡ 을묘왜변(1555) : 일본이 전라남도 강진, 진도 일대에 침입한 사건으로 이전에는 3포 왜란 등이 있었다(명종)

┃정답 ③

밑줄 친 '곽재우'에 대한 설명으로 옳지 않은 것은?

▶ 2023. 6. 10. 제1회 지방직

여러 도에서 의병이 일어났다. … (중략) … 도내의 거족(巨族)으로 명망 있는 사람과 유생 등이 조정의 명을 받들어 의(義)를 부르짖고 일어나니 소문을 들은 자들은 격동하여 원근에서 이에 응모하였다. … (중략) … 호남의 고경명·김천일, 영남의 <u>곽재우</u>·정인홍, 호서의 조헌이 가장 먼저 일어났다.

－『선조수정실록』－

① 홍의장군이라 칭하였다.
② 의령을 거점으로 봉기하였다.
③ 행주산성에서 일본군을 크게 무찔렀다.
④ 익숙한 지리를 활용한 기습 작전으로 일본군에 타격을 주었다.

Tip 곽재우는 임진왜란 당시 의령을 거점으로 봉기한 의병대장으로 붉은 옷을 입고 전공을 세워 홍의장군이라 하였다. 특히 의령 지역의 지리적 이점을 기반으로 왜군과의 전투에서 효과적인 승리를 거둘 수 있었다.
③ 행주산성에서 군을 통솔한 인물은 권율이다.

(2) 수군과 의병의 승리

① 수군의 승리
- ㉠ 이순신(전라좌수사)의 활약 : 판옥선과 거북선을 개량하고, 수군을 훈련시켰다.
- ㉡ 남해의 제해권 장악 : 옥포(거제도)에서 첫 승리를 거두고, 사천(삼천포, 거북선을 이용한 최초의 해전), 당포(충무), 당항포(고성), 한산도(학익진 전법) 등지에서 승리를 거두어 남해의 제해권을 장악하였고 전라도지방을 보존하였다.
- ㉢ 왜군의 수륙병진 작전이 좌절되자 전세전환의 계기가 마련되었다.

② 의병의 항쟁
- ㉠ 의병의 봉기 : 농민이 주축이 되어 전직관리, 사림, 승려가 주도한 자발적인 부대였다.
- ㉡ 전술 : 향토지리와 조건에 맞는 전술을 사용하였다. 매복, 기습작전으로 아군의 적은 희생으로 적에게 큰 타격을 주었다.
- ㉢ 의병장 : 곽재우(의령), 조헌(금산), 고경명(담양), 정문부(길주), 서산대사 휴정(평양, 개성, 한성 등), 사명당 유정(전후 일본에서 포로 송환) 등이 활약하였다.
- ㉣ 전세 : 관군이 편입되어 대일항전이 조직화되고 전력도 강화되어 진주성에서 대승을 거두는 등 역전의 계기가 되었다.

(3) 전란의 극복과 영향

① 전란의 극복
- ㉠ 조·명 연합군의 활약 : 평양성을 탈환하고 행주산성(권율) 등지에서 큰 승리를 거두었다.
- ㉡ 조선의 군사력 강화 : 훈련도감과 속오군을 조직하였고 화포 개량과 조총을 제작하였다.

Point 팁 훈련도감 … 임진왜란 때 왜군의 조총에 대항하기 위하여 조총으로 무장한 부대를 만들었다. 훈련도감은 포수, 사수, 살수의 삼수병으로 편제되었다.

- ㉢ 휴전회담 : 왜군은 명에게 휴전을 제의하였으나, 왜군의 무리한 조건으로 3년 만에 결렬되었다.
- ㉣ 정유재란 : 왜군은 조선을 재침하였으나 이순신에게 명량·노량해전에서 패배하였다.

┃정답 ③

② 왜란의 영향

　　㉠ 국내적 영향

　　　• 인구와 농토가 격감되고 농촌이 황폐화되어 민란이 발생하였다.

　　　• 국가재정 타개책으로 공명첩을 대량으로 발급하여 신분제가 동요되었고, 납속이 실시되었다.

Point 팁 공명첩 … 성명이 기록되어 있지 않은 관직임명장으로 왜란, 호란 중에 국가재정 확보를 위해 임시방편으로 곡식이나 금전을 바치는 자에게 발급되었다. 납속과 함께 신분제를 크게 동요시켰다.

　　　• 토지대장과 호적이 소실되어 조세, 요역의 징발이 곤란하였다.

　　　• 경복궁, 불국사, 서적, 실록 등의 문화재가 소실·약탈당하였다.

　　　• 일본을 통하여 조총, 담배, 고추, 호박 등이 전래되었다.

　　㉡ 국제적 영향

　　　• 일본은 문화재를 약탈하고, 성리학자와 도공을 납치하였다. 이는 일본 문화가 발전하는 계기가 되었다.

　　　• 여진족은 급성장하였으나(후금 건국, 1616), 명은 쇠퇴하였다.

(4) 광해군의 중립외교

① 전후 복구

　　㉠ 호적 및 양안(토지대장)을 재작성하여 국가재정기반을 확보하고, 산업을 진흥하였다.

　　㉡ 군사력 강화를 위해 성곽과 무기를 수리하였다.

　　㉢ 소실된 사고를 5대 사고로 재정비하였고, 허준의 「동의보감」이 편찬되었다.

② 중립외교정책

　　㉠ 배경 : 임진왜란 이후 여진족이 후금을 건국하여 명에 전쟁을 선포하자 명은 조선에게 원군을 요청하였다.

　　㉡ 과정 : 조선은 명의 후금 공격 요구를 거절할 수 없었고 후금과 적대 관계를 맺을 수도 없었다. 이에 명을 지원하러 갔던 조선군 강홍립 장군은 광해군의 밀명으로 후금에 항복하여 마찰을 피하기도 하였다. 명의 원군 요청을 적절히 거절하면서 후금과 친선정책을 추구하였다.

　　㉢ 결과 : 대의명분을 강조한 서인과 남인의 반발을 야기하였고 이후 인조반정의 원인이 되기도 한다. 그러나 국내에 전쟁의 화가 미치지 않아 왜란 후 복구사업에 크게 기여하였다.

기출문제

🔎 밑줄 친 '왕'의 재위 기간에 있었던 사실로 옳은 것은?

▶ 2024. 6. 22. 제1회 지방직

　당초에 강홍립 등이 압록강을 건너게 된 것은 왕이 명 조정의 지원군 요청을 거부하기 어려워 출사시킨 것이었다. 우리나라는 애초부터 그들을 원수로 대하지 않아 싸울 뜻이 없었다. 그래서 왕이 강홍립에게 비밀리에 명령을 내려 오랑캐와 몰래 통하게 하던 것이다.

① 전국에 「대동법」을 실시하였다.

② 허준이 『동의보감』을 편찬하였다.

③ 자의 대비의 복상 문제로 예송이 일어났다.

④ 청과 국경을 정하기 위해 백두산정계비를 세웠다.

Tip 제시문은 조선 광해군 대 명의 요청으로 파견된 강홍립 부대에 관한 내용이다. 임진왜란 이후 집권한 광해군은 명청교체기에서 중립외교 정책을 실시하였고, 전란으로 인하여 황폐화된 국토와 민생불안정을 해소하기 위하여 이원익의 건의로 경기도에 한하여 대동법을 시행하였다. 그러나 양반 지주층의 반대로 전국적으로 확대되는데 있어 많은 시간이 소요되었고 숙종 대에 이르러 전국적으로 실시되었다. 또한 허준이 〈동의보감〉을 완성하는 등의 업적을 남기기도 하였다.

①④ 대동법이 전국적으로 시행된 것과 백두산 정계비 건립은 모두 조선 숙종 대이다.

③ 자의대비 복상문제로 예송 논쟁이 발생한 시기(기해예송)은 조선 현종 대이다.

정답 ②

(5) 호란의 발발과 전개

① 정묘호란(1627)

　㉠ 원인: 명의 모문룡 군대의 가도 주둔과 이괄의 난 이후 이괄의 잔당이 후금에 건너가 조선 정벌을 요구한 것으로 발생하였다.

> **Point 팁** 이괄의 난(1624) … 이괄은 인조반정에 큰 공을 세웠으나 논공행상에서 2등 공신이 되자, 이에 불만을 품고 난을 일으켜 서울을 점령하였다.

　㉡ 과정: 후금이 황해도 황주까지 공격하였으며, 이립·정봉수 등은 의병을 조직하여 용골산성과 의주지방에서 활약하였다.

　㉢ 결과: 강홍립의 중재로 정묘조약(형제관계, 명·후금 사이에 중립유지)이 이루어져 후금의 군대는 철수하였다.

> **Point 팁** 정묘조약 … 조선은 후금과 형제관계를 맺으며 조공을 약속하고 명과 후금에 대해 조선은 중립을 지키며 중강개시와 회령개시를 열 것 등을 조약으로 맺었다.

② 병자호란(1636)

　㉠ 원인: 후금이 중국을 장악한 후 국호를 청으로 고치고 군신관계를 요구하자 조선은 거부하였다.

　㉡ 과정: 청의 요구에 국내에서 주전론과 주화론으로 나뉘어 논쟁이 벌어지고, 주전론을 따르게 되면서 청은 재침입하게 된다. 청 태종이 한양을 점령하였고 인조는 남한산성에 피난하여 항전을 하였으나 삼전도에서 항복을 하게 된다.

　㉢ 결과: 청과 군신관계를 맺게 되고, 소현세자·봉림대군(효종)과 강경한 척화론자들이 인질로 잡혀가게 된다.

(6) 북벌 운동의 전개

① 추진세력 … 서인세력(송시열, 송준길, 이완 등)은 군대를 양성하는 등의 계획을 세웠으나 실천하지 못하였다.

② 추진동기 … 서인의 정권유지를 위한 것이었다.

③ 효종의 북벌 계획 … 이완을 훈련대장으로 임명하고 군비를 확충하였지만 효종의 죽음으로 북벌계획은 중단되었다.

> **Point 팁** 나선정벌 … 북벌 운동준비 중 청과 연합하여 만주에 침입하는 러시아군을 물리쳤다.

1 다음 중 조선왕조가 일반 민중사회에까지 유교이념을 확산하기 위해 보급한 것은?

> ㉠ 소학   ㉡ 가묘
>
> ㉢ 서당   ㉣ 주자가례

① ㉠, ㉡   ② ㉠, ㉣

③ ㉡, ㉢   ④ ㉢, ㉣

Point

조선시대는 숭유정책을 기본으로 하였다. 주자가례를 채용하고 소학교육을 장려하였으며, 유교가 상류사회로부터 민중의 일상생활에까지 뿌리를 내렸다.

2 다음 조선시대에 시행한 시책들의 공통된 목적으로 옳은 것은?

> • 특권층의 범위를 축소하였다.
> • 16세 이상의 장정들에게 호패를 착용하게 하였다.
> • 양안을 작성하고 호적을 정리하였다.
> • 노비변정사업을 실시하였다.

① 유교적 사회질서의 확립   ② 향촌자치체제의 강화

③ 국가재정기반의 확대   ④ 양천이원제의 신분제도 확립

Point

제시된 시책들은 세금을 원활히 징수하여 국가의 재정기반을 확고히 하기 위한 것들이다.

Answer   1.②   2.③

3 조선과 고려에서 모두 추진한 정책은?

> ㉠ 국토회복을 위한 북진정책　　　　　　㉡ 지방세력에 대한 통제와 견제력
>
> ㉢ 신·구 세력의 교체를 위한 전제개혁　　㉣ 민심수습을 위한 각종 종교행사의 장려

① ㉠, ㉡　　　　　　　　　　　　　　② ㉡, ㉢

③ ㉠, ㉡, ㉢　　　　　　　　　　　　④ ㉠, ㉡, ㉣

Point

고려와 조선의 정책

㉠ 국토회복을 위한 북진정책
- 고려 : 서경 설치, 거란과의 전쟁
- 조선 : 4군 6진 개척, 요동 수복 운동 등

㉡ 지방세력에 대한 통제와 견제력
- 고려 : 기인 제도와 사심관 제도
- 조선 : 경재소, 유향소 설치

4 조선을 다른 시대와 구분하여 근세라고 부르는 근본적인 이유는?

① 양인의 수가 더욱 증가하고 권익이 더욱 신장되었다.

② 강한 민족의식이 성장하였다.

③ 모든 지역에 지방관을 파견하여 중앙집권적 통치를 하였다.

④ 민족의 독창적 문화를 형성하였다.

Point

① 봉건적 중세사회와 비교해 볼 때 조선을 근세사회로 구분 지을 수 있는 가장 근본적인 이유는 양인의 수적 증가와 권익 신장이다.

※ 근세사회의 특징

　㉠ 정치면
- 왕권 중심으로 권력구조를 바꾸고, 중앙집권적으로 제도를 개편하여 관료 체제의 기틀을 마련하였다.
- 중앙 집권 체제의 원만한 운영을 위해 왕권과 신권의 조화에 노력하여 모범적인 유교정치를 추구하였다.

　㉡ 사회면
- 양인의 수가 증가하고 양인의 권익이 더욱 신장되었을 뿐 아니라, 자영농의 수가 전보다 더 늘어났고, 경작권이 보장되었다.
- 과거제도가 정비되면서 능력이 보다 존중되었다.

　㉢ 문화면 : 교육의 기회가 확대되었고, 민족적 자각을 바탕으로 민족 문화의 확고한 기반을 마련하였다.

5 다음 중 조선 태종의 치적이 아닌 것은?

① 신문고를 설치하였다.　　　　　　② 호패법을 실시하였다.

③ 직전법을 실시하였다.　　　　　　④ 주자소를 설치하여 계미자를 만들었다.

 Point

　　태종의 개혁 … 사병제도 폐지, 의정부 권한 축소, 승정원과 의금부 설치, 6조직계제 실시, 신문고의 설치, 양전사업의 실시, 호패법 시행, 사원경제 개혁, 주자소 설치(계미자 주조), 5부학당의 설치 등

　　③ 직전법은 세조 12년(1466)에 실시된 것으로 현직자에 한하여 과전을 지급하던 토지제도이다.

6 다음 조선 건국 후의 지방행정에 관한 내용에서 추론할 수 있는 사실로 옳은 것은?

> • 모든 군현에 수령을 파견하여 속현이 소멸되고 향리의 지위가 격하되었다.
> • 향·부곡·소가 소멸되고 면·리제를 편성하여 향민 중에서 책임자를 선임, 수령의 명령을 집행하게 하였다.

① 백성들은 지방 세력가의 임의적인 지배에서 벗어나게 되었다.

② 성문화된 법전이 정비되어 법치주의 이념이 구현되었다.

③ 사림세력이 크게 성장하고 향약이 널리 보급되었다.

④ 향촌자치를 광범위하게 허용하였다.

Point

　　① 지방에 관리를 파견하고 제도를 정비함으로써 중앙 집권 체제가 완성되었다.

7 다음 중 조선시대에 대한 설명으로 옳지 않은 것은?

① 평화 추구의 친선정책을 외교정책의 기본으로 삼았다.

② 양반중심의 지배질서와 가족제도에 종법사상이 적용되었다.

③ 정치면에서는 전제군주제의 강화를 추구하였다.

④ 지배층의 농민지배를 허용하는 사회경제질서를 관철시키려 하였다.

Point

　　③ 조선시대에는 중앙집권적 제도를 개편하여 양반관료체제를 마련하였다.

Answer 3.① 4.① 5.③ 6.① 7.③

8 다음에서 조선왕조의 중앙집권화 정책에 관련이 깊은 것을 모두 고른 것은?

> ㉠ 수령의 권한 강화 　　　　　 ㉡ 서원의 보급
> ㉢ 유향소의 기능강화 　　　　 ㉣ 호패법의 실시

① ㉠, ㉡　　　　　　　　　　　　② ㉠, ㉣
③ ㉡, ㉢　　　　　　　　　　　　④ ㉢, ㉣

조선의 중앙집권화 정책
　㉠ 수령은 직접 관내의 주민을 다스리는 지방관으로 조세와 공물의 징수를 담당하였다. 면·리·통에 책임자를 선임하여 수령의 정령을 집행하게 함으로써 국가의 통치권이 향촌의 말단까지 미칠 수 있었다.
　㉣ 호패법은 농민들의 토지 이탈을 방지하여 중앙집권의 강화, 인적자원의 확보, 국민동태의 파악을 위해 시행되었다.
　㉡, ㉢ 사림세력이 향촌에서의 지배력을 강화하는 수단이었다.

9 조선의 통치기구에 대한 설명 중 옳은 것은?

① 의정부는 최고의 행정집행기관으로 그 중요성에 의해 점차 실권을 강화하였다.
② 홍문관은 정치의 득실을 논하고 관리의 잘못을 규찰하고 풍기·습속을 교정하는 일을 담당하였다.
③ 예문관과 춘추관은 대간(臺諫)이라 불렸는데, 임명된 관리의 신분·경력 등을 심의·승인하는 역할을 담당하였다.
④ 지방 양반들로 조직된 향청은 수령을 보좌하고 풍속을 바로 잡고 향리를 규찰하는 등의 임무를 맡았다.

조선의 통치기구
　① 의정부(議政府)는 조선시대 최고 합의 기구이고 조선 후기로 올수록 점점 실권이 약화되었다. 조선시대 최고의 행정집행기관은 육조(六曹)이다.
　② 홍문관(弘文館)은 조선시대 궁중의 경서·사적의 관리와 문한(文翰)의 처리 및 왕의 각종 자문에 응하는 일을 담당하던 관서로 사헌부·사간원과 함께 삼사(三司)로 불렸다.
　③ 대간(臺諫)이란 감찰 임무를 맡은 대관(臺官)과 국왕에 대한 간쟁 임무를 맡은 간관(諫官)의 합칭으로 조선시대 때 대관은 사헌부(司憲府), 간관은 사간원(司諫院)이었다. 예문관은 조선시대 임금의 말이나 명령을 대신하여 짓는 것을 담당하기 위해 설치한 관서이고 춘추관은 조선시대 시정(時政)의 기록을 관장하던 관서이다.

10 조선 후기 예송에 대한 설명으로 옳지 않은 것은?

① 갑인예송에서 남인은 조대비가 9개월복의 상복을 입어야 한다고 주장하였다.

② 기해예송은 서인의 주장대로 조대비가 효종을 위해 1년복을 입는 것으로 결정되었다.

③ 기해예송은 효종이 사망하자 조대비가 상복을 3년복으로 입을 것인가, 1년복으로 입을 것인가를 둘러싸고 일어났다.

④ 갑인예송은 효종비가 사망하자 조대비가 상복을 1년복으로 입을 것인가, 9개월복으로 입을 것인가를 둘러싸고 일어났다.

> **Point**
>
> 갑인예송 당시 남인들은 기년복(朞年服 : 1년 동안 입는 상복)을 입어야 한다고 주장하였다.
>
> ※ 예송논쟁 … 조선의 현종과 숙종 대에 효종과 효종비가 승하하자 인조의 계비이던 자의대비의 복상기간을 어떻게 할 것인가를 두고 남인과 서인이 두 차례에 걸쳐 격렬하게 논쟁을 벌였는데 이를 예송 또는 예송논쟁이라 한다.

11 조선시대 지방 행정 조직에 대한 설명으로 옳지 않은 것은?

① 고려시대까지 특수행정구역이었던 향, 부곡, 소도 일반 군현으로 승격시켰다.

② 향리의 권한이 강화되어 지방관이 파견되지 않은 속현이 더 많았다.

③ 전국 8도에 관찰사를 파견하고, 수시로 암행어사를 지방에 보내기도 하였다.

④ 군현 아래에는 면 · 리(里) · 통을 두었다.

> **Point**
>
> ② 고려시대의 지방행정에 대한 내용으로 지방관이 파견되는 주현을 통하여 간접적으로 중앙정부의 통제를 받았다. 조선시대에는 속현을 폐지하고 전국의 주민을 국가가 직접 지배하기 위하여 모든 군현에 수령을 파견하였다.

Answer   8.② 9.④ 10.① 11.②

12 다음 중 각 시기의 정치적 합의기관으로서 그 성격이 다른 것은?

① 신라는 씨족사회의 전통을 계승한 화백(和白)제도를 두었다.

② 발해는 선조성과 중대성의 두 기관을 관장하는 정당성을 두었다.

③ 고려는 재신(宰臣)인 재추와 간관(諫官)인 낭사로 구성된 중서문하성을 두었다.

④ 조선은 국정을 총괄하는 최고관부로서 3정승으로 구성된 의정부를 두었다.

 Point

③ 고려의 최고합의기구는 도병마사(도평의사사)로서, 중서문하성의 재신과 중추원의 추밀로 구성되어 국가의 중요 정책을 협의하였다.

13 다음 조선의 정치기구의 기능에 대한 설명을 통해 당시의 정치를 바르게 설명하고 있는 것은?

> 사헌부는 백관에 대한 감찰, 탄핵과 정치에 대한 언론 및 풍속교정을, 사간원은 국왕에 대한 간쟁과 정치 일반에 대한 언론을 담당하며, 홍문관은 궁중의 서적과 문헌의 관장 및 왕의 학문적 · 정치적 고문에 응하는 학술적인 기능을 담당하였다.

① 언론기능이 강화되어 당파간의 조화를 이룰 수 있었다.

② 이런 언론이 제대로 기능할 때는 왕권이나 신권의 전제를 막을 수 있었다.

③ 이 기관들은 유기적인 관계를 형성하지 않고 독자적으로만 기능하였다.

④ 신권이 강화되어 왕권의 약화를 초래하였다.

 Point

조선시대 삼사인 사간원, 사헌부, 홍문관은 언론과 학술의 기능을 담당한 기구였다. 이러한 언론이 제대로 기능할 때는 왕권이나 신권의 전제를 막을 수 있었으나, 일정한 세력에 의하여 삼사의 언론이 이용될 때는 혼란을 면치 못했다.

14 조선시대의 지방행정조직에 대한 설명이다. 고려시대와의 차이점을 설명한 것 중 옳지 않은 것은?

- 경재소는 유향소와 정부 사이의 연락기능을 담당하였다.
- 향리는 6방을 조직하고 향역을 세습하였다.
- 속현과 향·부곡·소가 소멸되고, 면·리제가 정착되었다.

① 중앙 집권 체제가 강화되었다.　　　　② 천민의 행정구역이 소멸되었다.

③ 향촌자치는 허용되지 않았다.　　　　④ 중인계층의 신분이 세습되었다.

 Point

③ 유향소는 지방자치기관으로 수령을 보좌하는 고문기관이었다. 이를 통해 향촌자치가 허용되었다.

15 다음의 조직에 관한 설명으로 옳지 않은 것은?

- 선조 27년 임진왜란 중에 삼수병을 양성하기 위하여 훈련도감이 설치되었다.
- 인조 2년 왕실을 호위하는 어영청이 설치되었으며, 효종 때는 북벌계획에 따라 군비의 확충이 이루어졌다.
- 인조 2년 경기 일대 방어를 위해 속오군 중에 정병을 선발하여 총융청을 설치하였다.
- 인조 4년 남한산성 방어를 위해 수어청이, 숙종 8년 왕실호위를 강화하기 위해 금위영이 설치되었다.

① 지방군은 속오군을 중심으로 진관이 복구되었다.

② 서인 등 집권세력의 군사적 기반구실을 하였다.

③ 필요에 따라 임기응변으로 설치되었다.

④ 농병일치제에서 용병제로 변화하였다.

Point

① 15세기에 중앙군사조직으로 정비되었던 5위제가 제대로 운영되지 못하고 왜란 중에 붕괴되었으므로 임진왜란 중에 설치된 훈련도감을 시작으로 5군영이 설치되었다. 5군영은 임기응변적으로 설치되었고, 용병제와 상비군의 성격을 지녔다. 또한 붕당정치기에 서인세력의 군사적 기반이 되기도 하였다.

Answer　12.③　13.②　14.③　15.①

16 임진왜란 이전에 수립된 조선왕조의 국방체제로서 지역의 군대를 한 곳에 집결시켜, 집결된 군대를 중앙에서 파견된 장수가 지휘하는 국방체제의 명칭은 무엇인가?

① 영진 체제

② 속오군 체제

③ 제승방략 체제

④ 진관 체제

    제승방략 체제 … 각 요충지에 진관을 설치하여 독자적으로 적을 막는 진관체제가 적의 수가 많을 때에는 효과가 없었으므로 16세기 후반에 각 지역의 군사를 방어처에 집결시켜 중앙에서 파견되는 장수의 지휘하에 두게 하는 것이다.

17 다음과 관련된 정치세력에 대한 설명으로 옳은 것은?

> • 향촌자치 추구 • 왕도정치 추구
>
> • 도덕과 의리숭상 • 관념적 이기론 중시

① 청나라 문물수용을 주장하였다.

② 현량과를 통한 관리등용을 주장하였다.

③ 역성혁명을 주도한 세력이었다.

④ 근세문화발달에 이바지하였다.

    제시된 내용과 관련된 정치세력은 사림파이다. 15세기 말경 언관직을 맡아 의리와 정통을 숭상하고 도덕정치를 구현하려는 한편, 훈구파의 독주와 비리에 대해 비판적인 입장을 지녔고 각사를 중심으로 발언권을 크게 확대시켜 갔다.

18 다음의 기관들이 수행한 공통적인 기능은?

> • 어사대 • 중정대 • 사헌부

① 관리의 부정방지와 기강확립

② 국왕과 신하 사이의 권력조화

③ 지방세력의 통제강화

④ 국방강화와 군무협의

    시대별 감찰기구 … 사정부(통일신라시대) → 중정대(발해) → 어사대(고려시대) → 사헌부(조선시대)

19 조선시대 유향소의 설치목적 및 기능에 대한 설명으로 가장 거리가 먼 것은?

① 향리를 감찰하고 수령을 보좌하였다.

② 향촌사회의 풍속교정을 담당하였다.

③ 지방자치의 기능을 수행하였다.

④ 서울의 행정 및 치안 유지를 위해 설치하였다.

Point

유향소 … 지방자치를 위하여 설치한 기구로 수령을 보좌하고 향리를 감찰하며 향촌사회의 풍속을 바로 잡았으며 수시로 향회를 소집하고 여론을 수렴하면서 백성을 교화하였다.

④ 수도의 행정 및 치안 담당을 위해서 한성부가 설치되었다.

20 다음은 일련의 사건을 정리한 것이다. ( ) 안에 들어갈 적절한 내용은?

> 북인의 집권→이괄의 난→( )→명과 국교 단절

① 일본은 조선에서 활자, 그림, 서적 등을 약탈해 갔다.

② 용골산성, 의주 등지에서 의병들이 활약하였다.

③ 조선은 비변사를 설치하여 군사문제를 담당하게 하였다.

④ 윤휴를 중심으로 북벌의 움직임이 제기되기도 하였다.

Point

조선의 대외관계

㉠ 북인의 집권: 광해군이 즉위하자 북인이 집권하였는데, 먼저 전쟁의 뒷수습을 위한 정책을 실시하였고, 중립외교를 통한 실리를 추구하였다.

㉡ 이괄의 난: 인조를 옹립한 서인정권은 광해군의 중립외교를 비판하고 친명배금정책을 추진하여 후금을 자극하였다. 그러나 인조반정 후 논공행상에 불만을 품은 이괄이 반란을 일으키고 그 잔당이 후금과 내통하였다.

㉢ 정묘호란(1627): 후금은 광해군을 위하여 보복한다는 명분을 내걸고 평안도 의주를 거쳐 황해도 평산에 이르렀으며, 철산 용골산성의 정봉수와 의주의 이립 등이 의병을 일으켜 관군과 합세하여 적을 막아 싸웠다. 후금의 군대는 보급로가 끊어지자 화의가 이루어져 형제관계를 맺게 되었다.

㉣ 병자호란(1636): 후금은 세력이 커져서 국호를 청이라 고치고 조선에 군신관계를 맺도록 요구하자 조선에서는 외교적 교섭을 통하여 문제를 해결하자는 주화론과 청의 요구에 굴복하지 말고 전쟁까지도 불사하자는 주전론이 대립하였으나 주전론으로 기울자 청은 침입해왔다. 조선은 대항하였으나 청과 군신관계를 맺고 명과의 관계를 단절하였으며, 두 왕자와 3학사를 인질로 잡아갔다.

Answer 16.③ 17.② 18.① 19.④ 20.②

21 광해군이 추진한 외교정책에 의해 나타나는 직접적인 결과로 옳은 것은?

> 광해군은 신흥하는 후금과 임진왜란 때 조선을 도와준 명 사이에서 신중한 중립외교 정책을 추진하였다.

① 송시열, 이완 등이 후금을 정벌하자는 북벌론을 주장하였다.
② 명분과 의리를 추구하는 사람들이 반정을 일으켰다.
③ 명이 철산 앞바다의 가도를 무력으로 점령하였다.
④ 조선과 후금 사이에 군신관계가 맺어졌다.

> 광해군의 중립외교정책은 현실성, 실리성 있는 외교정책으로 왜란 후의 복구사업에 크게 기여하였으나 명분과 의리를 중시하는 사람들의 지지를 받지 못했다.

22 다음과 같은 현상이 나타나게 된 것과 같은 배경에서 발생한 사실은?

> • 북방의 여진족이 급속히 성장하여 후금을 세웠다.
> • 조선의 성리학이 일본에 전해져 큰 영향을 끼쳤다.
> • 공명첩이 대량 발급되어 신분질서가 해이해져 갔다.

① 호란의 발생   ② 북벌론의 대두
③ 훈련도감의 설치   ④ 쓰시마 섬의 정벌

> ③ 훈련도감은 왜란의 영향으로 개편된 군사제도이다.
> ※ 임진왜란의 영향으로 나타난 국내외의 상황
>   ㉠ 국내적 영향 : 인구와 농토가 격감되고 농촌이 황폐화되어 민란이 발생하였다. 또한 토지대장과 호적이 소실되어 국가의 재정이 궁핍해졌고, 이에 대한 대책으로 공명첩을 대량으로 발급하였고 납속이 실시되었다.
>   ㉡ 국제적 영향 : 일본은 문화재를 약탈하고 성리학자와 도공을 납치하였다. 이는 일본 문화가 발전하는 계기가 되었다. 여진족은 급성장하여 후금을 세웠으나 명은 쇠퇴하였다.

23 다음과 같은 역사적 평가를 내릴 때, 그 근거로 옳은 것은?

> 조선의 건국은 정치권력과 경제력을 독점하고 있던 권문세족을 무너뜨리고, 신진사대부들이 사회의 주도 세력으로 성장하였음을 보여 주고 있다.

① 한양천도　　　　　　　　　　　② 위화도 회군
③ 과전법 실시　　　　　　　　　　④ 집현전 실시

 Point

위화도 회군으로 실권을 잡은 신진사대부들은 과전법을 마련하여 전제개혁을 단행함으로써 농장을 해체하여 권문세족의 경제기반을 무너뜨리고, 신진관료들에게 토지를 지급할 수 있게 하였다.

24 다음 중 조선이 고려에 비해 한 단계 발전된 모습을 보여주면서 근세사회로 나아갔다는 주장의 근거로 적절한 사실을 모두 고르면?

> ㉠ 양인의 과거 응시가 가능하였다.
> ㉡ 전국을 8도로 나누고 지방관을 파견하였다.
> ㉢ 삼사의 활동이 강화되고 경연제도가 자리 잡았다.
> ㉣ 과거제도의 비중이 커지고 음서의 범위가 줄어들었다.

① ㉠, ㉡　　　　　　　　　　　　② ㉠, ㉢
③ ㉢, ㉣　　　　　　　　　　　　④ ㉡, ㉢

 Point

조선은 고려에 비해 권력의 집중을 방지하면서 행정의 효율성을 높이는 방법으로 의정부 아래 6조와 삼사(사헌부, 사간원, 홍문관)를 두었고 관리선발제도가 정비되었다.

Answer　21.② 22.③ 23.③ 24.③

25 의정부 서사제와 6조 직계제가 실시된 상황을 설명한 것이다. 두 제도에 대한 설명으로 옳지 않은 것은?

> 태종은 6조를 정3품 관청에서 정2품 관청으로 높여 6조 직계제를 실시하였다. 그러나 세종 때는 의정부의 기능을 강화시켜 의정부 서사제를 운영하였다. 이후 의정부 정승을 중심으로 의정부 서사제가 더욱 강화되었다. 이에 반발한 수양대군이 정변을 일으켜 권력을 장악하고 다시 6조 직계제를 실시하였다.

① 6조직계제가 실시됨으로써 왕권이 강화되었다.
② 의정부서사제는 귀족 중심의 정치를 의미하는 것이다.
③ 의정부서사제는 왕권과 신권의 조화가 이루어졌다.
④ 6조직계제에서는 일반 행정업무를 의정부에 보고하지 않았다.

 Point
② 의정부 서사제는 대신 중심의 정치 운영을 도모한 제도로, 소수의 가문에게 권력이 집중되던 고려의 귀족정치와는 크게 달랐다.

26 다음의 각 항을 연대순으로 옳게 연결한 것은?

> ㉠ 계해약조 ㉡ 3포의 개항
> ㉢ 을묘왜변 ㉣ 쓰시마정벌
> ㉤ 사량진왜변

① ㉠ - ㉡ - ㉢ - ㉣ - ㉤
② ㉡ - ㉣ - ㉠ - ㉢ - ㉤
③ ㉢ - ㉤ - ㉡ - ㉠ - ㉣
④ ㉣ - ㉡ - ㉠ - ㉤ - ㉢

 Point
조선과 일본과의 관계
㉠ 계해약조(1443) : 세종 25년에 세견선 50척, 세사미두 200석 등의 제한된 범위 내에서 교역을 허락하였다.
㉡ 3포의 개항(1427) : 세종 8년에 부산포, 염포, 제포를 개항하여 무역을 허용하였다.
㉢ 을묘왜변(1555) : 명종 때 전라남도 연안지방을 습격, 이후 일본과 교류가 일시 단절되었다.
㉣ 쓰시마정벌(1419) : 세종 1년에 이종무가 쓰시마섬을 정벌하여 왜구의 근절을 약속받고 돌아왔다.
㉤ 사량진왜변(1544) : 중종 39년에 사량진에서 일어난 왜인들의 약탈사건으로 이후 인원수, 배 크기, 벌칙강화를 내용으로 하는 정미약조를 체결하였다.

27 다음 사건이 일어난 순서대로 나열한 것은?

> ㉠ 김종직의 무덤을 파헤쳐 시신을 참수하였다.
> ㉡ 조광조의 혁신정치에 불만을 품은 훈구파가 조광조 일파를 모략하였다.
> ㉢ 명종을 해치려 했다는 이유로 윤임 일파가 몰락하였다.
> ㉣ 연산군의 생모 윤비 폐출사건을 들추어 이에 관여한 사람을 몰아냈다.

① ㉡ - ㉢ - ㉠ - ㉣
② ㉠ - ㉢ - ㉡ - ㉣
③ ㉡ - ㉣ - ㉠ - ㉢
④ ㉠ - ㉣ - ㉡ - ㉢

> ㉠ 무오사화 (1498년, 연산군 4)
> ㉡ 기묘사화 (1519년, 중종 14)
> ㉢ 을사사화 (1545년, 명종 즉위년)
> ㉣ 갑자사화 (1504년, 연산군 10년)

28 조광조의 개혁정치에 대한 설명으로 아닌 것은?

① 국왕이 덕행 있는 사람을 추천에 의거해 직접 등용하는 현량과를 실시하였다.
② 사림파를 견제하기 위해 위훈삭제를 시행하였다.
③ 소격서를 폐지하였다.
④ 향촌자치를 위해 향약의 전국적 시행을 추진하였다.

> ② 위훈삭제는 훈구파를 견제하기 위해 시행하였다.

29 임진왜란 때의 주요 전투를 벌어진 순서대로 바르게 나열한 것은?

> ㉠ 권율 장군이 행주산성에서 왜군을 크게 무찔렀다.
> ㉡ 조선과 명나라 군대가 합세하여 평양성을 탈환하였다.
> ㉢ 진주목사 김시민이 왜의 대군을 맞아 격전 끝에 진주성을 지켜냈다.
> ㉣ 이순신 장군이 한산도 앞바다에서 왜의 수군을 격퇴하고 제해권을 장악하였다.

① ㉠ - ㉡ - ㉢ - ㉣
② ㉠ - ㉢ - ㉡ - ㉣
③ ㉣ - ㉡ - ㉢ - ㉠
④ ㉣ - ㉢ - ㉡ - ㉠

㉣ 한산도대첩(1592년 7월) → ㉢ 진주대첩(1592년 10월) → ㉡ 평양성탈환(1593년 1월) → ㉠ 행주대첩(1593년 2월)

30 (개), (내) 사이에 일어난 사실로 가장 옳은 것은?

> (개) 조 · 명 연합군과 이순신의 활약으로 전세가 불리해진 왜군은 명에게 휴전을 제의하였다. 이에 따라 명과 왜군의 휴전 회담이 시작되었다.
> (내) 김류, 이귀, 이괄 등 서인이 광해군을 무력으로 몰아내고 능양군을 추대하여 왕으로 삼았다. 광해군과 대북파는 명을 배신하고 폐모살제(廢母殺弟)의 패륜을 저질렀다는 죄목으로 쫓겨났다.

① 청으로부터 군신관계의 체결을 요구받았다.
② 명과 후금 사이에서 신중한 중립외교를 펼쳤다.
③ 백두산정계비를 세워 중국과의 국경선을 정하였다.
④ 계해약조를 통해 일본과의 제한된 교역을 허가하였다.

(개)는 임진왜란(1592), (내)는 인조반정(1623)이다.
② 광해군의 중립외교는 임진왜란 이후 중국의 명 · 청 교체기에 실시한 외교정책이다.

Answer 29.④ 30.②

04 정치상황의 변동

section 1 근대의 세계

(1) 서양의 근대

① **근대사회로의 이행** … 르네상스와 종교개혁의 영향으로 근대 의식이 성장하여 동양보다 앞서 근대 국민국가가 성립하였다.

② **절대왕정국가** … 절대왕정의 성립으로 국왕 중심의 중앙 집권 체제가 형성되었다.
  ㉠ 관료제와 상비군제도가 확립되었다.
  ㉡ 중상주의 정책을 추진하였고 식민지를 획득하기 위한 경쟁이 치열하였다.

③ **시민혁명** … 근대 시민계급이 중심이 되었다.
  ㉠ **전개** : 영국의 청교도혁명과 명예혁명으로부터 시작하여 독립혁명과 프랑스혁명으로 이어졌다.
  ㉡ **영향** : 봉건체제가 붕괴되어 자유주의와 민주주의가 발전하였다.

④ **산업혁명** … 영국에서 유럽으로 전파되어 자본주의 사회가 확립되었다.

⑤ **근대 문화의 발달** … 자연과학이 발달하고 인간 중심의 문화(개인주의와 합리주의)가 대두되었다.

(2) 동양의 근대

① **서세동점(西勢東漸)현상** … 서구열강의 식민지획득 경쟁이 활발하여 동양이 원료의 공급지이자 상품시장으로 확보하는 곳이 되었다.

② **아시아 각국의 민족운동**
  ㉠ **중국** : 태평천국운동과 양무운동을 추진하였다.
  ㉡ **일본** : 메이지유신으로 근대화와 제국주의가 팽창되었다.
  ㉢ **인도** : 세포이항쟁과 스와라지운동을 하였다.

③ **아시아 근대화 운동의 한계** … 아시아 각국은 근대적 제도의 도입과 산업화를 추진하였으나 서양 식민지 체제로 편입되고 말았다.

기출문제

문 〈보기〉의 ㈎ 기구에 대한 설명으로 가장 옳은 것은?

▶ 2022. 2. 26. 제1회 서울특별시

〈보기〉
임시로 ___㈎___ 를 설치하였는데, … 이것은 일시적인 전쟁 때문에 설치한 것으로서, 국가의 중요한 모든 일을 다 맡긴 것은 아니었다. 그런데 오늘에 와서 … 의정부는 한갓 헛이름만 지니고 6조는 모두 그 직임을 상실하였다.

① 오직 군사 문제만을 다루었다.
② 고종 대에 폐지되었다.
③ 세종 대에 설치되었다.
④ 임진왜란이 끝난 후 위상이 추락하였다.

Tip 제시문의 기구는 조선 중종 때 설치된 비변사이다. 조선 중기 여진이나 왜구 등의 빈번한 침략이 이어지는 과정에서 중종 대 삼포왜란을 계기로 국방 문제에 대한 대비를 위한 임시기구로 설치되었다. 이후 명종 때 을묘왜변 이후 상설기구가 되었고, 임진왜란을 계기로 국방 문제 뿐만 국정 전반을 관장하는 최고 회의 기구가 되었다. 특히 조선 후기 세도정치의 정치 기구화 되면서 왕권을 약화시키자 고종 즉위 후 흥선대원군이 비변사를 혁파하고 의정부와 삼군부의 기능을 부활시켰다.

|정답 ②

section **2** **통치체제의 변화**

(1) 정치구조의 변화

① 비변사의 기능 강화

  ㉠ 중종 초(1510)에 여진족과 왜구에 대비하기 위해 설치한 임시기구였으나 임진왜란을 계기로 문무고관의 합의기구로 확대되었다.

  ㉡ 군사뿐만 아니라 외교, 재정, 사회, 인사 등 거의 모든 정무를 총괄하였다.

  ㉢ 전란이 끝난 뒤에도 붕당 간의 이해관계 조정기구로 그 성격이 바뀌었다.

  ㉣ 영향 : 왕권이 약화되고, 의정부와 6조의 기능이 약화되었다.

Point 팁 비변사의 폐지 … 흥선대원군의 개혁으로 기능이 크게 약화되어, 일반 정무는 다시 의정부가 담당하고 국방문제는 새로 설치된 삼군부가 담당하게 됨으로써 폐지되었다.

② 정치운영의 변질

  ㉠ 3사의 언론기능 : 공론을 반영하기보다 각 붕당의 이해관계를 대변하였다.

  ㉡ 이조·병조의 전랑 : 상대 붕당을 견제하는 기능으로 변질되어 붕당 간의 대립을 격화시켰다.

(2) 군사제도의 변화

① 중앙군(5군영)

  ㉠ 설치배경 : 대외관계와 국내정세 변화에 따라 설치되었으며 서인정권의 군사적 기반이 되었다.

  ㉡ 5군영

   • 훈련도감(수도) : 임진왜란 중 설치되었으며 삼수병(포수·살수·사수)으로 편성되었다. 급료를 받는 직업적 상비군이었다(용병제).

   • 어영청(수도) : 이괄의 난을 계기로 편성되었고 효종 때는 북벌운동의 중추기관이었다. 지방에서 교대로 번상하고 기·보병으로 구성되었다.

   • 총융청(경기 및 북한산성) : 이괄의 난을 계기로 편성되고 북한산성 등 경기 일대의 방어를 위해 속오군으로 편성되었다.

   • 수어청(광주 부근) : 정묘호란 후 남한산성을 개축하고 이를 중심으로 남방을 방어하기 위해 설치되었다.

   • 금위영(수도·왕실 수비) : 수도방위를 위해 설치되고 기·보병 중심의 선발 군사들로 지방에서 교대로 번상케 하였다.

Point 팁 5군영 … 조선전기의 5위제가 방군수포제의 실시로 유명무실화되고 군사력이 약화되었다. 그 결과 임진왜란 초기에 관군이 패배하는 주요 요인이 되었으며, 이에 따라 왜란 중에 군사제도 개편 주장이 대두되어 훈련도감이 설치되었다. 그 뒤 4개의 군영이 설치되었으나, 군영마다 군인의 종류가 제각각이었다.

② 지방군(속오군)

    ㉠ 지방군제의 변천

- 조선 초기 : 각 지역의 중요한 지역을 방어하는 진관체제였다.
- 16세기 후반 : 유사시에 필요한 방어처에 각 지역의 병력을 동원하여 중앙에서 파견되는 장수가 지휘하게 하는 제승방략체제였다.
- 17세기 이후 : 진관체제가 복구되고 속오법에 따라 군대를 정비하였다.

    ㉡ 속오군 : 양천혼성군(양반, 농민, 노비)으로서, 농한기에 훈련하고 유사시에 동원되었다. 양반의 군역 기피로 사실상 상민과 노비로만 편성되었다.

(3) 수취제도의 개편

① 배경 … 경제구조의 변동과 신분제의 동요 등으로 다수의 농민은 생존조차 어려웠다. 이에 따른 농민들의 불만해소와 사회안정을 도모하기 위해서 수취제도를 개편하였다.

② 전세제도의 개편

    ㉠ 영정법 : 전세를 풍흉에 관계없이 1결당 미곡 4두로 고정시켰다.

    ㉡ 결과 : 전세율이 다소 낮아졌으나 농민의 대다수인 전호들에게는 도움이 되지 못하였고 전세 외에 여러 가지 세가 추가로 징수되어 조세의 부담은 증가하였다.

③ 공납제도의 개편

    ㉠ 방납의 폐단 : 방납의 폐단으로 농민들의 부담이 컸다.

    ㉡ 대동법 : 종전의 민호에 토산물을 부과·징수하던 공납을 토지의 결수에 따라 미, 포, 전을 납입하게 하는 제도이다.

    ㉢ 결과

- 토지가 없거나 적은 농민의 부담이 일시적으로 감소하였다.
- 후에 지주들의 부담이 농민에게 전가되면서 농민의 부담이 지속된다.
- 공인(어용상인)의 등장은 상품수요와 공급의 증가와 함께 상품화폐 경제가 발달하게 하였다.
- 후에 상납미의 증가로 발생한 지방 재정의 악화로 지방 수령과 아전들은 백성들을 수탈하게 된다.
- 별공과 진상은 그대로 존속되고, 대동세가 농민에게 전가되는 경우도 있었다.
- 조세의 금납화가 촉진되고, 상업도시의 발전을 가져오기도 하였다.

기출문제

문 밑줄 친 '이 제도'의 시행 결과로 옳은 것은?
▶ 2013. 8. 24. 제1회 지방직

<u>이</u> 제도가 처음 경기도에서 실시되자 토호와 방납인들은 그동안 얻었던 이익을 모두 잃게 되었다. 그래서 온갖 수단을 다 동원하여 왕에게 폐지할 것을 건의했으나, 백성들이 <u>이</u> 제도가 편리하다고 하였기 때문에 계속 실시하기로 하였다.

「열조통기」

① 전국의 농민이 공납을 현물로 납부하게 되었다.
② 전세가 풍흉에 관계없이 토지 1결당 미곡 4두로 정해졌다.
③ 공인이 활동하여 수공업이 활기를 띠고 상품 수요가 증가하였다.
④ 호(戸)를 기준으로 하였기 때문에 농민의 세금 부담이 줄어들었다.

Tip 제시된 자료에서 밑줄 친 이 제도는 공납의 폐단을 시정하기 위해 시행한 대동법이다.
① 대동법은 현물로 납부하던 공납을 쌀, 포, 동전 등으로 납부할 수 있게 한 것이다.
② 영정법에 대한 설명이다. 대동법의 경우 토지 1결당 12두를 부과하였다.
④ 대동법은 토지를 기준으로 하였다.

정답 ③

기출문제

④ 군역제도의 개편
  ㉠ 군포징수의 폐단 : 징수기관이 통일적으로 이루어지지 않아 농민들이 이중, 삼중의 부담을 가졌다.
  ㉡ 균역법 : 12개월마다 내던 군포 2필을 1필로 반감하였다.
  ㉢ 결과 : 일시적으로 농민부담이 경감되었으나 폐단이 다시 발생하여 농민으로부터 반감을 사게 되고 전국적인 저항을 불러왔다.

⑤ 향촌지배방식의 변화
  ㉠ 조선 전기 : 사족의 향촌자치를 인정하였으나 후기에는 수령과 향리 중심의 지배체제로 바뀌어 농민수탈이 심해졌다.
  ㉡ 농민들의 향촌사회 이탈을 막고자 호패법과 오가작통제를 강화하였다.

section 3 정쟁의 격화와 탕평정치

(1) 붕당정치의 변질

① 원인 … 17세기 후반 사회 · 경제적 변화가 원인이 되었다.
  ㉠ 농업생산력의 향상과 상품화폐 경제의 발달로 정치집단이 상업적 이익에 대한 관심이 높아져 독점하는 경향이 커졌다.
  ㉡ 정치적 쟁점이 예론(예송논쟁)에서 군영의 장악(군사력, 경제력 확보)으로 변질되었다.
  ㉢ 지주제와 신분제가 동요하자 양반의 향촌지배력이 약화되고, 붕당정치의 기반이 붕괴되었다.

② 변질 양상
  ㉠ 환국 : 붕당 사이의 견제와 균형을 유지하던 붕당정치 형태가 무너지고 정국을 주도하는 붕당과 견제하는 붕당이 서로 교체됨으로써 특정 붕당이 정권을 독점하는 일당전제화 추세가 대두되었다.
  ㉡ 경신환국 이후의 서인 : 노장세력과 신진세력 간에 갈등이 생기면서 노론(대의명분 존중, 민생 안정)과 소론(실리 중시, 적극적 북방개척 주장)으로 나뉘게 되었다.

③ 정치운영의 변질
  ㉠ 국왕이 환국을 주도하여 왕실의 외척 및 종실 등 왕과 직결된 집단의 정치적 비중이 증대되었다.
  ㉡ 환국이 거듭되는 동안 자기 당의 이익을 직접 대변하는 역할을 하는 3사와 이조전랑의 정치적 비중이 감소되었다.
  ㉢ 고위 관원의 정치권력이 집중되면서 비변사의 기능이 강화되었다.

④ 결과

　　㉠ 왕위계승 문제 : 상대방에 대한 보복으로 사사(賜死)가 빈번하였고, 외척의 정치적 비중이 높아져 갔으며, 정쟁의 초점이 왕위계승 문제에 두어지는 등 붕당정치가 정상적으로 운영되지 못하였다.

　　㉡ 벌열가문의 정권 독점 : 정권은 몇몇 벌열가문에 의해 독점되었고, 지배층 사이에서는 종래 공론에 의한 붕당보다도 개인이나 가문의 이익을 우선하는 경향이 현저해졌다.

　　㉢ 양반층의 분화 : 양반층이 분화되면서 권력을 장악한 부류도 있었으나, 다수의 양반은 몰락하여 갔다. 중앙의 정쟁에서 패한 사람들은 정계에서 배제되어 지방 세력화하였으니, 그들은 연고지로 낙향하여 서원을 설립하여 세력의 근거지로 삼았다.

　　㉣ 서원의 남설(濫設) : 특정 가문의 선조를 받드는 사우(祠宇)와 뒤섞여 도처에 세워졌다.

(2) 탕평론의 대두

① 붕당정치변질의 문제점

　　㉠ 정쟁과 사회분열 : 공론(公論)과 공리(公理)보다 집권욕에만 집착하여 균형관계가 깨져서 정쟁이 끊이지 않고 사회가 분열되었다.

　　㉡ 왕권의 약화 : 정치집단간의 세력균형이 무너지고 왕권 자체도 불안하게 되었다. 이에 강력한 왕권을 토대로 국왕이 정치의 중심에 서서 세력의 균형을 유지하려는 탕평론(蕩平論)이 제기되었다.

② 숙종의 탕평론

　　㉠ 탕평론의 제시 : 공평한 인사관리를 통해 정치집단 간의 세력균형을 추구하였다.

　　㉡ 한계 : 명목상의 탕평책에 불과하여 편당적인 인사관리로 빈번한 환국이 발생(경신환국, 기사환국, 갑술환국)하였다.

Point 팁　　붕당정치 변질과정의 사건들

　　㉠ 경신환국(庚申換局) : 경신대출척이라고도 한다. 숙종(1680)때 서인이 남인인 허적의 서자 허견 등의 역모사건을 고발하여 남인이 축출되고 서인이 중용되었다. 경신환국 직후 서인 내에서 남인에 대한 처분을 놓고 강경론을 편 송시열 등이 노론으로, 온건한 처벌을 주장한 윤증 등 소장파가 소론으로 분열되었다.

　　㉡ 기사환국(己巳換局) : 숙종 15년(1689)에 희빈 장씨가 출산한 왕자(경종)를 세자로 책봉하는 과정에서 서인이 몰락하고 남인이 재집권하였는데, 이 때 남인이 서인에 대하여 극단적인 보복을 가하였다.

　　㉢ 갑술환국(甲戌換局) : 숙종 20년(1694) 폐비 민씨가 복위하는 과정에서 이를 주도한 서인이 다시 집권하게 되었는데, 이 때 서인이 남인에게 보복을 가하였다.

다음과 같은 내용의 교서를 발표한 왕에 대한 설명으로 가장 적절한 것은?

▶ 2020. 5. 31. 제1차 경찰공무원(순경)

우리나라는 원래 땅이 협소하여 인재 등용의 문도 넓지 못하였다. 그런데 근래에 와서 인재 임용이 당에 들어 있는 사람만으로 이루어지고, 조정의 대신들이 서로 공격하여 공론이 막히고 서로를 반역자라 지목하니 선악을 분별할 수 없게 되었다. 지금 새로 일으켜야 할 시기를 맞아 과거의 허물을 고치고 새로운 정치를 펴려 하니, 유배된 사람은 경중을 헤아려 다시 등용하되 탕평의 정신으로 하라. 지금 나의 이 말은 위로는 종사를 위하고 아래로 조정을 진정하려는 것이니, 이를 어기면 종신토록 가두어 내가 그들과는 나라를 함께 할 뜻이 없음을 보이겠다.

① 문물제도의 정비를 반영한 「탁지」 등을 편찬하였다.
② 초계문신제를 신설하여 인재 재교육 정책을 추진하였다.
③ 통공 정책을 실시하여 자유로운 상업 활동의 범위를 확대하였다.
④ 신문고 제도를 부활시키고 「동국문헌비고」 등을 편찬하여 문물과 제도를 정비하였다.

> **Tip** 조선 후기 영조의 탕평책에 관한 내용이다. 영조는 붕당정치의 폐단을 개혁하고 왕권을 강화하기 위해 탕평책을 시행하였다. 이를 위해 탕평파를 육성하고 서원을 정리, 이조전랑직의 권한 축소, 산림의 공론 축소를 시행하였고 속대전(법전), 속오례의(의례서)를 편찬하였다. 또한 민생 안정을 위해 신문고 제도를 부활시키고 균역법을 시행하여 군포 납부의 부담을 경감하였다. 동국문헌비고는 일종의 백과사전으로 영조 때 홍봉한이 저술하였다.
> ①, ②, ③ 조선 후기 정조 때 시행된 탕평책과 상공업 진흥 정책 등이다.

정답 ④

(3) 영조의 탕평정치

① **탕평책의 추진**

  ㉠ 한계 : 탕평의 교서를 발표하여 탕평책을 추진하였으나 편당적 조처로 정국이 불안정하였다.

  ㉡ 이인좌의 난 : 소론과 남인의 일부 강경파는 노론정권에 반대하고 영조의 정통을 부정하였다.

Point 팁 이인좌의 난(1728) … 소론 강경파외 남인 일부가 경종의 죽음에 영조와 노론이 관계되었다고 하면서 영조의 탕평책에 반대하여 일으킨 반란이다.

② **정국의 수습과 개혁정치** … 탕평파를 육성하고, 붕당의 근거지인 서원을 정리하였고, 이조전랑의 권한을 약화시키기 위해 이조전랑의 후임자 천거제도를 폐지하였다. 그 결과 정치권력은 국왕과 탕평파 대신에게 집중되었다.

③ **영조의 치적**

  ㉠ 탕평교서를 발표하고 탕평비를 건립하였다.

  ㉡ 서원을 대폭 정리하고 산림의 존재를 부정하였다.

  ㉢ 이조전랑의 후임자 천거권과 삼사 선발권을 폐지하여 당쟁을 미연에 방지하였다.

  ㉣ 군역 부담을 줄이기 위해 균역법을 시행하고 세 군영(훈련도감, 금위영, 어영청)이 도성을 방어하였다.

  ㉤ 신문고 제도가 부활하고 사형수에 대해 엄격한 삼심제와 악형을 폐지하였다.

  ㉥ 「속대전」(법전), 「동국문헌비고」(백과사전), 등을 편찬하여 문물과 제도를 정비하였다.

④ **한계** … 강력한 왕권으로 붕당 사이의 다툼을 일시적으로 억제하기는 하였으나 소론 강경파의 변란(이인좌의 난, 나주괘서사건)으로 노론이 권력을 독점하게 되었다.

(4) 정조의 탕평정치

① **정치세력의 재편** … 사도세자의 죽음을 둘러싼 갈등을 겪은 정조는 강력한 탕평책을 추진하여 벽파를 물리치고 시파를 고루 기용하여 왕권의 강화를 꾀하였다. 또한 영조 때의 척신과 환관 등을 제거하고, 노론과 소론 일부, 남인을 중용하였다.

② 왕권 강화

　㉠ 규장각의 육성 : 붕당의 비대화를 막고 국왕의 권력과 정책을 뒷받침하는 기구이다.

Point 팁　규장각 … 본래 역대 왕의 글과 책을 수집 보관하기 위한 왕실 도서관의 기능을 기구로 설치되었다. 그러나 정조는 여기에 비서실의 기능과 문한기능을 통합적으로 부여하고, 과거시험의 주관과 문신교육의 임무까지 부여하였다.

　㉡ 초계문신제의 시행 : 신진 인물과 중·하급 관리를 재교육한 후 등용하는 제도이다.

Point 팁　초계문신제 … 정조는 정치적 세력기반을 강화하고 문화적으로는 이념과 정책의 연구를 진흥하려는 목적으로 37세 이하의 관리 중 몇 명을 선발하여 본래의 직무 대신 규장각에서 연구에 전념하게 하였다. 매월 2차례 시험을 보고 40세가 되면 수료하였다.

　㉢ **장용영의 설치** : 국왕의 친위부대를 설치하고 병권을 장악하여, 왕권을 뒷받침하는 군사적 기반이 되었다.

　㉣ **수원 육성** : 화성을 세워 정치적·군사적 기능을 부여함과 동시에 상공인을 유치하여 자신의 정치적 이상을 실현하는 상징적 도시로 육성하고자 하였다.

　㉤ **수령의 권한 강화** : 수령이 군현 단위의 향약을 직접 주관하게 하여 지방 사림의 영향력을 줄이고 국가의 백성에 대한 통치력을 강화하였다.

　㉥ 서얼과 노비의 차별을 완화하였으며, 통공정책으로 금난전권을 폐지하였다.

　㉦ 「대전통편」, 「동문휘고」, 「탁지지」 등을 편찬하였다.

탕평론

탕평정치는 왕이 중심이 되어서 붕당정치에서 나타난 문제점을 극복하려는 것이었다. 그것은 붕당 사이의 대립을 조정하고, 사회·경제적 변화 사이에서 지배층에게 부분적인 양보를 요구하는 정책을 추진하는 등 개혁적인 측면이 있었다. 그러나 탕평정치는 근본적으로 왕권을 중심으로 권력의 집중과 정치세력의 균형을 꾀하면서 기존 사회체제를 재정비하여 안정시키려는 것이었다. 따라서 여러 정책들이 보수적인 성격을 띠고 있었고, 정치 운영에서 왕의 개인적인 역량에 크게 의존하는 것이어서 탕평정치가 구조적인 틀을 갖추어 안정적으로 유지되기는 어려웠다.

기출문제

문 밑줄 친 '왕의 재위 기간에 있었던 사실로 옳은 것은?**

▶ 2021. 6. 5. 제1회 지방직

왕은 노론과 소론, 남인을 두루 등용하였으며 젊은 관료들을 재교육하기 위해 초계문신제를 시행하였다. 또 서얼 출신의 유능한 인사를 규장각 검서관으로 등용하였다.

① 동학이 창시되었다.
② 『대전회통』이 편찬되었다.
③ 신해통공이 시행되었다.
④ 홍경래의 난이 발생하였다.

Tip 제시문은 조선 후기 정조 때의 일이다. 영조의 탕평책이 성공하지 못한 이후 정조는 보다 강력한 탕평책을 추진하고 왕권을 강화하고자 하였다. 이를 위해 장용영을 설치하고 규장각 검서관으로 서얼 출신들을 등용하기도 하였다. 또한 초계문신제를 시행하여 젊은 관리를 재교육하였으며, 상공업을 육성하기 위하여 육의전을 제외한 시전 상인의 금난전권을 폐지하는 신해통공(1791) 정책을 시행하였다. 법전으로 〈대전통편〉을 편찬하기도 하였다.
① 철종 때 경주 출신의 몰락 양반인 최제우가 창시(1860)
② 고종 때 흥선대원군의 주도 하에 편찬(1865)
④ 홍경래의 난은 순조 때 발생(1811)

정답 ③

❓ 다음과 같은 정치 형태가 나타난 시기의 상황 설명으로 옳은 것은?

▶ 2010. 6. 12. 서울특별시

정조가 죽고 순조가 12세의 나이로 즉위하자 정조의 유탁으로 김조순이 그의 딸을 왕비로 들여, 순조를 보필하게 되면서 안동김씨에 의한 세도정치가 시작되어 중앙의 요직은 모두 이들 일족이 독점하였다. 그 뒤 조만영의 딸이 익종의 비가 되어 헌종을 낳자 헌종 때는 풍양조씨에 의한 세도정치가 15년 가까이 계속되었다. 그러나 김조순의 일문인 김문근의 딸이 철종의 비가 되면서 다시 안동김씨가 정국을 주도하였다.

① 붕당의 교체가 급격히 진행되는 환국이 나타나기 시작했다.
② 군역의 부담을 줄여주기 위한 균역법이 시행 되었다.
③ 비변사가 핵심 정치 기구로 자리 잡았다.
④ 청에 대한 적개심으로 북벌 정책을 추진하였다.
⑤ 인사관리를 통해 세력 균형을 유지하려 하였다.

Tip ①, ⑤ 숙종
　　　② 영조
　　　③ 19C 세도정치기
　　　④ 효종

‖정답 ③

section ④ 정치질서의 변화

(1) 세도정치의 전개(19세기)

① 배경 … 정조의 탕평정치로 왕에게 권력이 집중되었던 것이 정조가 죽은 후 왕이 행하던 역할을 하지 못하게 되자 정치세력간의 균형이 다시 깨지고 몇몇 유력가문 출신의 인물들에게 집중되었다.

② 세도정치의 전개
　㉠ 순조 : 정순왕후가 수렴청정을 하면서 노론 벽파가 정권을 주도하며 신유박해를 이용하여 정조가 양성한 인재를 대거 몰아냈다. 정순왕후가 죽자 순조의 장인인 김조순을 중심으로 안동 김씨의 세도정치가 시작되었다.
　㉡ 헌종 : 외척인 풍양 조씨의 세도정치가 이어졌으며 안동 김씨와 어느 정도 세력균형이 유지되었다.
　㉢ 철종 : 안동 김씨가 다시 권력을 장악하고, 흥선대원군이 정국을 주도하기 전까지 지속된다.

Point 팁 세도정치 … 18세기 이전에는 인격이 출중하고 학식이나 덕망이 뛰어나서 사림의 지지를 받는 자에게 정치의 대권을 맡겨서 왕도정치의 이상을 구현하는 정치로 존중되었다. 그러나 18세기 이후에 들어서는 국왕과의 정실관계로 집권한 왕실의 외척으로서 국왕의 총애 하에 정보와 사찰, 인사행정을 장악하여 폐쇄적·독점적인 정치풍토를 조성하는 폐단을 낳았다.

(2) 세도정치기의 권력구조

① 정치집단의 폐쇄 … 소수의 집단이 권력을 장악하고 정치권력의 사회적 기반이 약화되자 왕실의 외척, 산림 또는 관료가문인 이들은 서로 연합하거나 대립하여 권력과 이권을 독점하였다.

② 권력구조의 변화
　㉠ 정2품 이상만 정치권력을 발휘하고 중하급 관리는 행정실무만 담당하게 되었다.
　㉡ 의정부와 6조의 기능은 약화되고 유력한 가문 출신의 인물들이 차지한 비변사의 권한은 강화되었다.

(3) 세도정치의 폐단

① 폐단

　⊙ 과거제의 문란으로 시험장에서의 온갖 비리와 부정이 성행하였다.

　ⓒ 매관매직의 성행으로 관료들은 지위를 지키기 위해 고위관직을 독점하고 관직을 매매하는 세도가의 비위를 맞추기에 급급하였다.

　ⓒ 수령직의 매관매직으로 탐관오리의 수탈이 극심해지고 삼정(전정, 군정, 환곡)이 문란해졌다. 그 결과 농촌경제는 피폐해지고, 상품화폐 경제는 둔화되었다.

② 한계

　⊙ 사회변화에 소극적으로 대응하여 상업발달과 서울의 도시적 번영에 만족하였다.

　ⓒ 남인, 소론, 지방 사족, 상인, 부농 등의 다양한 정치세력의 참여를 배제하였다.

　ⓒ 고증학(경전의 사실 확인을 위해 실증을 앞세우는 학문)에 치우쳐 개혁의지를 상실하였고, 지방의 사정을 이해하지 못했다.

　ⓔ 정치기강의 혼란으로 농촌경제가 파탄되자 피지배 계층의 저항은 전국 각지의 민란으로 나타났다.

section 5 대외관계의 변화

(1) 청과의 관계

① 이중적 대청관계 … 병자호란 이후 명분상으로는 소중화론을 토대로 하여 청을 배척하였으나, 실제로는 사대관계를 인정하여 사신을 파견하기도 했다.

② 북벌정책

　⊙ 17세기 중엽, 효종 때 추진하였다.

　ⓒ 청의 국력 신장으로 실현가능성이 부족하여 정권유지의 수단이 되기도 하였다.

　ⓒ 양난 이후의 민심수습과 국방력 강화에 기여하였다.

③ 북학론의 대두

　⊙ 청의 국력 신장과 문물 융성에 자극을 받았다.

　ⓒ 전통적인 화이론을 반성하고 청 중국 문화의 계승자라는 인식이 확산되며 북학론이 제기되었다.

　ⓒ 사신들은 천리경, 자명종, 화포, 만국세계지도, 천주실의 등의 신문물과 서적을 소개하였다.

　ⓔ 18세기 말 북학파 실학자들은 청의 문물 도입을 주장하였다.

기출문제

문 (개), (내)의 현실 인식을 가진 세력에 대한 설명으로 옳지 않은 것은?

▶ 2021. 3. 6. 제1차 경찰공무원(순경)

(개) 오늘날에 시세를 헤아리지 않고 경솔히 오랑캐와 관계를 끊다가 원수는 갚지 못하고 패배에 먼저 이르게 된다면, 또한 선왕께서 수치를 참고 몸을 굽혀 종사를 연장한 본의가 아닙니다. 삼가 원하건대 전하께서는 마음을 굳게 정하시기를 '오랑캐는 임금과 아버지의 큰 원수이니, 맹세코 차마한 하늘 밑에 살 수 없다.'고 하시어 원한을 축적하십시오.

(내) 우리를 저들과 비교해 본다면 진실로 한 치의 나은 점도 없다. 그럼에도 단지 머리를 깎지 않고 상투를 튼 것만 가지고스스로 천하에 제일이라고 하면서 지금은 옛날의 중국이아니라고 말한다. 그 산천은 비린내 노린내 천지라고 나무라고, 그 인민은 개나 양이라고 욕을 하고, 그 언어는 오랑캐말이라고 모함하면서, 중국 고유의 훌륭한 법과 아름다운제도마저 배척해 버리고 만다.

① (개) – 명 황제의 제사를 지내기도 하였다.

② (개) – 북벌에 필요한 군사력을 강화하고자 하였다.

③ (내) – 화이론에 따라 국제 문제를 해결하고자 하였다.

④ (내) – 청의 중국 지배 현실을 인정해야 한다고 주장하였다.

Tip (개) 사료는 송시열이 1649년(효종 즉위년)에 제출한 「기축봉사(己丑封事)」의 일부로, 그의 북벌론을 알 수 있는 대목이다.
(내) 박지원이 박제가의 「북학의」의 서문으로 북학론에 대한 내용이다.
③ 전통적인 화이론을 반성하고 청은 중국 문화의 계승자라는 인식이 확산되며 북학론이 제기되었다.

┃정답 ③

④ 백두산 정계비 건립

ㄱ 청나라는 자신들의 고향인 간도지방을 중요하게 생각하였다. 그러나 조선인도 그곳에 정착하여 사는 사람이 많았기 때문에 청과 국경분쟁이 일어났다.

ㄴ 숙종 때(1712) 백두산 정계비를 세워 국경이 압록강에서 토문강으로 확정되었다.

ㄷ 간도분쟁 : 19세기에 토문강의 위치에 대한 해석 차이로 간도 귀속 문제가 발생하였다. 결국 조선의 외교권이 상실된 을사조약 후 청과 일본 사이의 간도협약(1909)으로 청의 영토로 귀속되었다.

Point 팁 백두산 정계비
ㄱ 비문 : '서로 압록강, 동으로 토문강을 경계로 한다.'
ㄴ 1880년 토문강에 대한 해석상의 차이로 간도귀속문제가 발생하였다(조선은 '쑹화강의 지류', 청은 '두만강'으로 해석).
ㄷ 1909년 일본은 을사조약으로 조선의 외교권을 박탈한 뒤에 그들의 세력을 만주대륙으로 확장하고 푸순탄광채굴권의 이권을 보장받는 대신 간도를 청의 영토로 인정하는 간도협약을 체결하였다.

(2) 일본과의 관계

① 대일 외교관계

ㄱ 기유약조(1609) : 임진왜란으로 조선과 일본의 외교 단절 이후 에도 막부의 요청으로 부산포에 왜관을 설치하고, 대일무역이 행해졌다.

ㄴ 조선통신사 파견

〈조선통신사의 행로〉

• 17세기 초 이후부터 200여 년간 12회에 걸쳐 파견하였다.

• 일본의 막부 정권이 파견을 요청하였다.

• 외교 사절의 역할뿐만 아니라 조선의 선진학문과 기술을 일본에 전파하였다.

② 울릉도와 독도 … 안용복이 일본으로 건너가(숙종) 일본 막부에게 울릉도와 독도가 조선 영토임을 확인받고 돌아왔다. 그 후 조선 정부는 울릉도의 주민 이주를 장려하였고, 울릉도에 군을 설치하고 관리를 파견하여 독도까지 관할하였다.

Point 팁 독도가 대한민국의 영토임을 기록한 일본 측 문서
ㄱ 은주시청합기(1667)
ㄴ 삼국접양지도(1785)
ㄷ 태정관 지령문(1877)

1 다음과 같은 사건이 일어난 왕대의 사회적 모습으로 옳은 것은?

> 서인이 남인인 허적의 서자 허견 등의 역모사건을 고발하여 남인이 축출되고 서인이 중용되었다. 남인에 대한 처분을 놓고 서인은 노론과 소론으로 분열되었다.

① 여진족과 왜구에 대비하기 위해 비변사를 설치하였다.
② 균역의 부담을 줄이기 위해 균역법을 시행하였다.
③ 청과의 국경분쟁으로 국경을 확정하기 위해 정계비를 세웠다.
④ 급진적인 개혁을 추진하던 조광조 등 신진파는 훈구파에 의해 숙청되었다.

Point

제시된 사건은 경신환국으로 숙종(1680) 때 벌어진 일이다.
③ 숙종 때(1712) 백두산 정계비를 세워 국경을 압록강에서 토문강으로 확정지었다.
① 비변사는 중종 초(1510)에 설치한 임시기구이다.
② 백성의 균역 부담을 낮추기 위해 군포 2필을 1필로 줄인 균역법은 영조(1751)에 시행되었다.
④ 기묘사화에 대한 내용으로, 이는 중종 14년(1519)에 일어난 사건이다.

Answer 1.③

2 (개) 시기에 볼 수 있는 장면으로 적절한 것은?

	(개)	
이인좌의 난		규장각 설치

① 당백전으로 물건을 사는 농민   ② 금난전권 폐지를 반기는 상인

③ 전(錢)으로 결작을 납부하는 지주   ④ 경기도에 대동법 실시를 명하는 국왕

 Point

이인좌의 난은 1728년에 일어났고 규장각은 1776년에 설치되었다.

③ 균역법은 영조 26년(1750)에 실시한 부세제도로 종래까지 군포 2필씩 징수하던 것을 1필로 감하고 그 세수의 감액분을 결미(結米)·결전(結錢), 어(漁)·염(鹽)·선세(船稅), 병무군관포, 은·여결세, 이획 등으로 충당하였다.

① 당백전은 1866년(고종 3) 11월에 주조되어 약 6개월여 동안 유통되었던 화폐이다.

② 금난전권은 1791년 폐지(금지)되었다.

④ 대동법은 1608년(광해군 즉위년) 경기도에 처음 실시되었다.

3 다음 5군영을 설치된 순서로 배열하면?

㉠ 훈련도감	㉡ 총융청
㉢ 어영청	㉣ 수어청
㉤ 금위영	

① ㉠ - ㉡ - ㉢ - ㉣ - ㉤   ② ㉠ - ㉡ - ㉣ - ㉢ - ㉤

③ ㉠ - ㉢ - ㉡ - ㉣ - ㉤   ④ ㉠ - ㉢ - ㉡ - ㉤ - ㉣

 Point

5군영은 선조에서 숙종 때까지 설치되었다. 임기응변으로 그때그때 설치되어 용병, 번상병, 속오군 등 각기 병종이 달랐다. 훈련도감은 삼수병으로 편제되었으며, 총융청은 경기 일대 방위를 위해 설치되었다.

㉠ 선조 27년(1594)

㉡ 인조 2년(1624)

㉢ 인조 6년(1623)

㉣ 인조 4년(1626)

㉤ 숙종 8년(1682)

4 다음 사료에 제시된 정치형태에 대한 설명으로 옳은 것은?

> 가을에 한 늙은 아전이 대궐에서 돌아와서 처와 자식에게 "요즘 이름 있는 관리들이 모여서 하루 종일 이야기를 하여도 나랏일에 대한 계획이나 백성을 위한 걱정은 전혀 하지 않는다. 오로지 각 고을에서 보내오는 뇌물이 많고 적음과 좋고 나쁨에만 관심을 가지고, 어느 고을 수령이 보낸 물건은 극히 정묘하고 또 어느 수령이 보낸 물건은 매우 넉넉하다고 말한다. 이름 있는 관리들이 말하는 것이 이러하다면 지방에서 거둬들이는 것이 반드시 늘어날 것이다. 나라가 어찌 망하지 않겠는가?"하고 한탄하면서 눈물을 흘려 마지않았다.
>
> 「목민심서」

① 중하급 관리까지 정치권력을 발휘하도록 권력구조의 변화가 나타났다.
② 의정부와 6조의 기능이 약화되고 비변사의 권한이 강화되었다.
③ 사회변화에 적극적으로 대응하여 상업발달과 국가의 경제 발전을 이끌었다.
④ 실학을 바탕으로 제도 및 문물의 개혁을 추진하였다.

Point

제시된 사료는 세도정치의 폐단에 대한 내용이다.
① 정2품 이상만 정치권력을 발휘하고 중하급 관리는 행정실무만 담당하게 되었다.
③ 사회변화에 소극적으로 대응하여 상업발달과 서울의 도시적 번영에만 만족하는 수준에 머물렀다.
④ 고증학에 치중하여 개혁의지를 상실하였고 지방의 사정을 이해하지 못했다.

5 다음은 당파들이 설치한 군영이다. 이를 통한 군영의 성격은?

> • 훈련도감 – 현종대 남인
> • 금위영 – 숙종대 노론
> • 어영청, 총융청, 수어청 – 인조대 서인

① 당파의 군사적 기반 확대와 관련
② 북벌운동 추진과 관련
③ 성리학적인 국방론과 관련
④ 왕권과 양반관료의 정권 장악과 관련

Point

각 당파들은 정권을 유지하기 위한 군사적 기반으로 새로운 군영을 설치하고 이를 장악하였다.

Answer 2.③ 3.③ 4.② 5.①

6 다음 중 임진왜란 직후 그 영향으로 나타난 현상이 아닌 것은?

① 일본문화의 발전
② 당백전의 발행
③ 신분제도의 동요
④ 북방 여진족의 급속한 성장

Point

② 당백전은 대원군이 실추된 왕실의 존엄성을 회복하기 위해 임진왜란 때 불타버린 경복궁을 중건하면서 부족한 재원을 메꾸기 위해 발행되었다.
※ 임진왜란의 영향
ⓐ 국내적 영향
• 재정 궁핍 : 인구의 격감, 토지황폐, 토지대장의 소실로 재정수입이 감소되었다. 이에 대한 타개책으로 납속이나 공명첩이 발급되었다.
• 신분의 동요 : 호적대장과 노비문서의 소실, 공명첩과 속오군의 등장으로 신분의 구분이 모호해졌다.
• 민란의 발생 : 사회가 혼란해지면서 이몽학의 난과 같은 민란이 도처에서 일어났다.
• 문화재의 소실 : 경복궁과 불국사가 병화를 당했으며, 사고가 소실되었다
ⓑ 국제적 영향
• 중국 : 조선과 명이 전쟁에 지친 틈을 계기로 북방의 여진족이 급속히 성장하여 청을 건국하였다.
• 일본 : 활자, 서적, 그림 등 문화재를 약탈하고 학자와 도공 등 기술자를 납치해 갔다. 그리하여 왜란 후에 성리학이 전해지고, 도자기술·회화·인쇄술이 발달하였다.

7 다음 중 조선 후기의 군사제도에 대한 설명으로 옳은 것은?

① 수어청은 숙종때 수도방위를 위해 설치되었다.
② 병력의 부족으로 속오군과 잡색군을 조직하였다.
③ 속오군은 양·천 혼성군으로 편제되었다.
④ 지방군제는 진관체제, 속오군체제, 제승방략체제의 순서로 변천하였다.

Point

조선 후기의 군사제도
③ 속오군은 양천혼성군으로서, 농한기에 훈련하며 유사시 동원되었다.
① 수어청은 정묘호란 후 인조 때 설치되어 남한산성을 개축하고 이를 중심으로 남방을 방어하기 위해 설치되었다.
② 잡색군은 조선전기에 있었던 향토방위군으로 전직 관료, 서리, 향리, 교생, 노비 등 각 계층의 장정들이 참여, 본업에 종사하면서 유사시 향토방위를 하였다.
④ 지방군제는 진관체제→ 제승방략체제→ 속오군체제로 변천되었다.

8 다음 중 조선 후기 북벌 추진과 관련이 깊은 것은?

① 수도방위를 위하여 설치된 금위영   ② 이괄의 난을 계기로 설치된 어영청

③ 임진왜란 중 설치된 훈련도감   ④ 남한산성에 설치된 수어청

② 어영청은 인조반정 후 이괄의 난 때 왕권 호위를 위하여 설치되었다. 그 후 효종(1652) 때 북벌 추진으로 더욱 기능이 강화되었다.

9 다음 중 비변사에 관한 설명으로 옳지 않은 것은?

① 3정승, 5판서, 군영대장, 유수, 대제학 등 당상관 이상의 문무관리가 참여하였다.

② 처음에는 국방문제만 다루었으나, 후기에는 국가정무에까지 관여하였다.

③ 문무고위관리들의 합의기구로 확대된 것은 임진왜란이 계기가 되었다.

④ 설치 초기부터 비변사 재상을 중심으로 군무사무를 협의하는 상설기구로 시작하였다.

④ 16세기 초에 비변사는 왜구와 여진을 대비하는 군무협의 임시기구였으나, 임진왜란을 맞이하여 상설기구화되었다.

10 다음 중 세도정치하의 사회현상으로 옳지 않은 것은?

① 삼정의 문란으로 농촌 사회의 동요

② 지방 행정의 문란으로 지방 수령의 자리를 상품화하는 매관매직의 성행

③ 상품 화폐 경제의 성장으로 다양한 상공업자들의 성장

④ 소수의 집단이 정권을 장악

③ 세도정치의 폐단으로 정치기강과 지방행정의 문란으로 농민뿐 아니라 상공업자들의 잉여생산물도 수탈되었다. 이로 인해 농촌 경제는 피폐해지고 상품화폐 경제는 둔화되었다.

Answer   6.② 7.③ 8.② 9.④ 10.③

11 다음과 같은 특징을 지닌 정치형태가 발달할 수 있었던 토대나 여건으로 볼 수 없는 것은?

> • 정치세력 간의 상호비판과 견제의 기능을 가졌다
> • 16세기 후반 사림들이 중앙의 정치에서 주도권을 장악하게 되면서 나타났다.
> • 정치의 활성화와 정치참여의 폭을 넓히는 데 기여하였다.

① 훈구세력의 등장 ② 족당의 형성
③ 농장의 발달 ④ 서원의 설립

 Point

16세기 후반에 이르러서는 사림들이 중앙정치의 주도권을 장악하게 되면서 붕당이 출현하였다. 붕당정치는 다수의 붕당이
공존함으로써 상호견제와 비판을 통하여 정치가 운영되었다. 공론을 중시하였고 정치참여의 확대와 정치의 활성화에 기여하
였으나, 현실문제를 경시하고 의리와 명분에 치우쳤고 지배층의 의견만을 정치에 반영하였으며 당파의 이익을 앞세워 국가
발전에 지장을 주기도 하였다.

12 다음 시에서 저자가 주장을 하게 된 배경에 대한 설명으로 옳은 것은?

> 힘써하는 싸움, 나라 위한 싸움인가 / 옷밥에 묻혀 있어 할 일 없이 싸우놋다.
> 아마도 그치지 아니하니 다시 어이 하리오. / 말리소서, 말리소서, 이 싸움을 말리소서. /
> 지공 무사히 말리소서, 말리소서 / 진실로 말리옷 말리시면 탕탕평평하리다.

① 남인은 서인의 북벌 추진을 비판하면서 예송논쟁을 전개하였다.
② 외척가문에 의해서 국정의 중요한 일들이 대부분 처리되었다.
③ 왕위 계승 싸움 및 붕당의 일당전제화가 전개되었다.
④ 유교적 명분론을 바탕으로 인조반정이 발생하였다.

 Point

붕당정치의 변질로 극단적인 정쟁과 일당전제화가 이루어져 왕권이 약화되었다.

13 다음 중 조선 후기 정치에 대한 설명으로 옳지 않은 것은?

① 붕당정치의 문제점을 해결하고자 하였다.

② 전제적 통치체제를 유지·강화하기 위한 것이었다.

③ 탕평론의 본질은 정치적 균형관계를 재정립함에 있었다.

④ 숙종, 영조, 정조에 걸쳐 탕평론이 추진되어 근본적인 모순은 해결되었다.

⸰⸰Point⟩

④ 탕평론 자체가 전제적 통치체제를 유지·강화하는 데 목적을 두었기 때문에 붕당 사이의 융화나 붕당 자체의 문제를 근본적으로 해결하지는 못하였다.

14 다음의 사실들이 공통적으로 초래한 문제를 해결하기 위한 조선 왕조의 정책으로 적절한 것은?

- 비변사 기능의 확대와 강화
- 어영청, 총융청, 수어청 등의 설치
- 서인정권의 남인세력 탄압

① 서원의 설립을 장려하여 지방교육을 활성화시켰다.

② 사림세력을 정계에 진출시켜 훈구세력을 견제하였다.

③ 붕당 간의 세력균형을 재정립하여 왕권의 안정을 도모하였다.

④ 농병일치제에 입각한 5위제를 용병제에 토대를 둔 5군영 체제로 개편하였다.

⸰⸰Point⟩

제시된 내용은 붕당정치가 변질되어 일당전제화가 나타난 현상으로 붕당간의 세력균형으로 안정될 수 있었던 왕권이 불안하게 되었다. 이를 해결하기 위해 탕평책을 실시하였다.

15 다음 중 조선 후기에 발생한 세도정치의 발생원인에 대한 설명으로 옳지 않은 것은?

① 오랜 당쟁으로 인한 왕권의 약화

② 외척에 대한 국왕의 지나친 신임

③ 당쟁의 종식과 사회혼란을 수습하기 위한 잠정적 조치

④ 유약한 군주의 즉위

 Point

③ 오랜 당쟁으로 인하여 왕권이 심하게 위축되자 외척 중에서 국왕의 신임을 받은 자가 등장하여 정권을 장악하는 세도정치가 시작되었다.

16 붕당정치에 대한 설명으로 옳지 않은 것은?

① 출현 배경은 척신 정치의 잔재 청산에 대한 기성 사림과 신진 사림 간의 갈등이다.

② 이이, 성혼 계열의 동인과 이황, 조식, 서경덕의 학풍을 계승한 서인으로 구분되었다.

③ 붕당정치는 상호 견제와 비판의 역할을 하였다.

④ 학문과 이념의 차이에서 출발하였지만 정치참여의 확대에 기여하였다.

 Point

붕당정치

구분	출신배경	학연 주류
동인	김효원을 중심으로 하는 신진 사림	• 영남의 이황, 조식 • 개성의 서경석
서인	신의겸을 중심으로 하는 기성 사림	기호의 이이, 성혼

17 다음 ( ) 안에 해당하는 시기의 정치상황에 대한 설명으로 옳은 것은?

> 붕당정치 → ( ) → 탕평정치 → 세도정치

① 국왕의 정치적 영향력이 매우 커졌다.
② 붕당 사이의 견제와 균형이 이루어졌다.
③ 몇몇 유력가문이 서로 얽혀 권력을 독점하였다.
④ 대립이 격화되고 일당전제화의 추세가 나타났다.

Point

환국정치는 정국을 주도하는 붕당과 이를 견제하는 붕당이 자주 교체됨으로써 정국이 급격하게 전환되는 상황을 가리킨다. 이 과정에서 붕당간의 대립이 격화되고, 특정한 붕당이 정권을 독차지함으로써 견제와 균형의 원리가 무너졌다.

18 조선 후기에 이루어진 군사제도의 변화를 설명한 것이다. 옳은 것은?

> (가) 삼수병으로 편성되었는데, 이들은 장기간 근무를 하고 일정한 급료를 받는 상비군으로서 직업군인의 성격을 가졌다.
>
> (나) 양반과 노비를 포함하여 향촌 사회의 구성원들이 두루 참여하며, 평상시 생업에 종사하면서 전시에 향촌 방위를 담당하였다.

① (가)는 임진왜란 때 설치된 군영이다.
② (나)는 병자호란을 거치면서 조직된 부대이다.
③ (나)는 조선 후기 5군영 체제의 시초가 되었다.
④ (가), (나)의 성립과 유지는 붕당정치와 관련이 깊다.

Point

(가)는 훈련도감, (나)는 속오군에 대한 설명이다. 훈련도감은 임진왜란 때 설치된 부대로 왜군의 조총에 대항하기 위하여 포수, 사수, 살수의 삼수병으로 편제된 부대이다. 속오군도 역시 임진왜란을 거치면서 만들어졌다.

Answer 15.③ 16.② 17.④ 18.①

19 다음 중 17~18세기 청나라와의 대외관계에 관한 설명으로 옳지 않은 것은?

① 청에 대한 사대를 주장하는 북학론이 대두되었다.

② 청에서 경계를 명백히 하자고 교섭해 와 백두산 정계비를 세웠다.

③ 청의 국력이 신장하고 문물이 크게 일어났다.

④ 호란 이후부터 표면상으로 사신이 왕래하며 정치적 관계가 지속되었다.

Point

① 북학론은 17~18세기 청의 국력이 신장되고 문물이 크게 일자 일부 학자들이 청을 배척하지만 말고 청에서 이로운 것을 받아들이자는 실리적 주장으로 사대주의로 볼 수는 없다.

20 다음의 글과 관련이 있는 사실은?

> 붕당의 폐해가 요즘보다 심각한 적이 없었다. 처음에는 예절문제로 붕당이 일어나더니, 이제는 한쪽이 다른 한쪽을 역적으로 몰아 붙이고 있다. …… 관리의 임용을 담당하는 관리들은 탕평의 정신을 잘 받들어 직무를 수행하도록 하라. 지금 나의 말은 위로는 종사를 위하고 아래로는 조정을 진정하려는 것이나……
>
> 「영조실록」

① 창덕궁 안에 규장각을 설치하여 자신의 권력과 정책을 뒷받침하였다.

② 왕권을 뒷받침하는 군사적 기반으로 장용영을 설치하였다.

③ 초계문신제도를 시행하여 신진인물이나 능력있는 인재들을 재교육 하였다.

④ 강력한 왕권으로 붕당의 다툼을 일시적으로 억제하는데 그쳤다는 한계가 있다.

Point

①, ②, ③ 정조가 실시한 정책이다.

영조와 정조의 탕평책

영조	정조
• 탕평파 육성 : 탕평파를 중심으로 정국운영	• 붕당을 벗어난 인재등용
• 이조전랑 약화 : 이조전랑의 후임자 천거와 3사 선발폐지	• 규장각 설치 : 자신의 권력과 정책을 뒷받침
• 균역법 시행 : 군역의 부담 완화	• 장용영 설치 : 친위부대로서 왕권을 뒷받침하는 군사적인
• 사림의 존재 부정, 서원 정리	기반
• 군영 정비 : 훈련도감, 금위영, 어영청	• 초계문신제 시행
• 속대전 편찬 : 제도와 권력구조의 개편을 반영	• 화성 건설 : 자신의 정치적 이상을 실현하는 상징적 도시

21 조선시대 지방군제의 변천에 대한 설명으로 옳지 않은 것은?

① 조선 초기에는 진관체제를 실시했지만 외적의 침입에는 효과가 없었다.

② 15세기 이후 유사시 필요한 방어처에 동원되는 제승방략체제를 실시하였다.

③ 제승방략체제가 효과를 거두지 못하자 왜란 중 진관체제를 복구하고 속오군 체제를 유지하였다.

④ 속오군은 양천혼성군으로 구성되어있었지만 사실상 상민과 노비로만 편성되었다.

> **Point**
> ② 제승방략체제는 을묘왜변을 계기로 16세기 실시되었다.

22 다음 기록이 보이는 왕대의 정치변화를 바르게 설명한 것은?

> (왕이) 양역을 절반으로 줄이라고 명하셨다. 왕이 말하였다. "호포나 결포는 모두 문제점이 있다. 이제는 1필로 줄이는 것으로 온전히 돌아갈 것이니 경들은 대책을 강구하라."

① 특정 붕당이 정권을 독점하는 환국이 발생하게 되었다.

② 소수 가문 집단이 정치를 주도하여 그 기반이 축소되었다.

③ 붕당을 없애자는 논리에 동의하는 관료들을 중심으로 탕평정국을 운영하였다.

④ 왕위 계승에 대한 정통성과 관련하여 두 차례의 예송이 발생하였다.

> **Point**
> 제시된 기록은 영조의 균역법에 대한 내용이다.
> ① 숙종 때의 일이다.
> ② 19세기 세도정치에 관한 설명이다.
> ④ 현종 때의 일이다.

23 비변사에 대한 설명으로 옳은 것은?

① 중종 때 여진족과 몽고에 대비하기 위해 설치한 임시기구였다.

② 임진왜란 직전에 문무고관의 합의기구로 확대되었다.

③ 전란이 끝난 뒤에도 붕당의 이해관계 조정기구로 그 성격이 바뀌었다.

④ 비변사의 기능이 강화되어 왕권을 강화하는데 기여했다.

 Point

① 중종 때 여진족과 왜구에 대비하기 위해 설치한 임시기구였다.

② 임진왜란을 계기로 기능이 강화 되었다.

④ 비변사의 기능이 강화되어 왕권이 약화되고 의정부와 6조의 기능도 약화되었다.

24 다음 글과 관련된 왕과 관련된 사실이 아닌 것은?

> "영상이 바야흐로 지문을 짓고 있거니와, 선대왕의 사업과 실적은 곧 균역·탕평·준천이다. 탕평은 50년 동안 대정인데, 말을 만들어갈 적에 단지 탕평 두 글자만 쓴다면 혼돈하게 될 염려가 없지 않다. …… 탕평은 의리에 방해받지 않고 의리는 탕평에 방해받지 않은 다음에야 바야흐로 탕탕평평(蕩蕩平平)의 큰 의리라 할 수 있다. 지금 내가 한 말은 곧 의리의 탕평이지, 혼돈의 탕평이 아니다."라고 하였다.

① 화성에 행궁, 학교, 사직단과 장용영의 외영을 설치해 서울을 방어하는 남방요새 구실을 하게 하였다.

② 대유둔전이라는 국영농장을 설치하였다.

③ 「속대전」의 서문을 직접 지어 간행하였다.

④ 「고금도서집성」을 수입하였다.

Point

글은 정조실록에 실린 내용이다.

③은 영조에 관한 사실이다.

25 다음의 비문에 관한 설명으로 옳지 않은 것은?

> 오라총관 목극등은 국경을 조사하라는 교지를 받들어 이 곳에 이르러 살펴보고 서쪽은 압록강으로 하고 동쪽은 토문강으로 경계를 정해 강이 갈라지는 고개 위에 비석을 세워 기록 하노라.

① 조선과 청의 대표는 현지답사를 생략한 채 비를 세웠다.
② 토문강의 위치는 간도 귀속문제와도 관련이 되었다.
③ 국경지역 조선인의 산삼 채취나 사냥이 비석 건립의 한 배경이었다.
④ 조선 숙종대 세워진 비석의 비문 내용이다.

　제시된 비문은 1721년 세워진 백두산정계비로 조선과 청의 대표는 현지를 답사하고 비를 세웠다.

04

경제구조와 경제활동

01 고대의 경제

section 1 삼국의 경제생활

(1) 삼국의 경제정책

① 정복활동과 경제정책

　㉠ 정복지역의 지배자를 내세워 공물을 징수하였다.

　㉡ 전쟁포로들은 귀족이나 병사에게 노비로 지급하였다.

　㉢ 군공을 세운 사람에게 일정 지역의 토지와 농민을 지급하였다(식읍).

② **정복지역에 대한 정책 변화** … 피정복민에 대한 차별이 감소되어 갔으나 신분적 차별은 여전하였고 더 많은 경제적 부담을 졌다.

③ 수취체제의 정비

　㉠ 초기 : 농민으로부터 전쟁 물자를 징수하고, 군사를 동원하였다. 그 결과 농민의 경제발전이 억제되고 농민의 토지 이탈이 발생하여 사회체제가 동요되었다.

　㉡ 수취체제의 정비 : 노동력의 크기로 호를 나누어 곡물·포·특산물 등을 징수하고 15세 이상 남자의 노동력을 징발하였다.

④ 농민경제의 안정책

　㉠ 철제 농기구를 보급하고, 우경이나·황무지의 개간을 권장하였으며, 저수지를 축조하였다.

　㉡ 농민 구휼 정책으로 진대법(고구려 고국천왕)을 실시하였다.

⑤ **수공업** … 노비들이 무기나 장신구를 생산하였으며, 수공업 생산을 담당하는 관청을 설치하였다.

⑥ **상업** … 삼국은 정부와 지배층의 필요와 농업 생산력이 미약하였기 때문에 도시에만 시장이 형성되었다. 신라는 5세기 말 경주에 시장이 설치되고 6세기 초 지증왕은 시장 감독기관인 동시전을 설치하였다.

⑦ **국제 무역** … 왕실과 귀족의 수요품을 중심으로 공무역의 형태로 이루어졌다(4세기 이후 발달).

　㉠ 고구려 : 남북조와 북방민족을 대상으로 하였다.

　㉡ 백제 : 남중국, 왜와 무역하였다.

　㉢ 신라 : 한강 확보 이전에는 고구려, 백제와 교류하였으나 한강 확보 이후에는 당항성을 통하여 중국과 직접 교역하였다.

(2) 경제생활

① 귀족의 경제생활

　㉠ **경제기반** : 자신이 소유한 토지와 노비, 국가에서 지급받은 녹읍과 식읍을 바탕으로 하였다.

> **Point 팁**　녹읍 … 관료에게 일정한 지역의 토지를 지급한 것으로, 토지의 소유권을 지급한 것이 아니라 조세를 거둘 수 있는 권리인 수조권을 지급한 것이다. 귀족관료들은 그 토지에 딸린 노동력과 공물도 모두 수취할 수 있었다. 녹읍제는 신문왕 때에 폐지되었다가 귀족들의 반발로 경덕왕 때에 부활하였다.

　㉡ **농민지배** : 귀족은 그들의 지배하에 있는 농민을 동원하여 농장을 경영하고, 고리대금업으로 농민의 땅을 빼앗거나 노비로 만들어 재산을 늘렸다.

　㉢ **주거생활** : 기와집, 창고, 마구간, 우물, 주방을 설치하여 생활하였다.

② 농민의 경제생활

　㉠ **토지경작** : 자영농은 자기 소유지를 경작하였지만 토지가 척박한 경우가 대부분이었다. 소작농은 부유한 자의 토지를 빌려 경작하였으며 수확량의 절반을 지대로 납부하였다.

　㉡ **농기구의 변화** : 초기의 농기구는 돌이나 나무로 만든 것과 일부분을 철로 보완한 농기구를 사용하였고 4~5세기경에 철제 농기구가 보급되었고 6세기에는 철제 농기구가 보편화되고 우경이 확대되었다.

　㉢ **생활개선** : 농사기술을 개발하고 경작지를 개선하였다.

　㉣ **농민의 생활** : 생활이 어려울 정도로 곡물·삼베·과실의 수취가 행해졌고, 본격적인 삼국 항쟁기에 군사 동원과 전쟁 물자의 조달 부담이 증가하면서 농민들이 몰락하는 경우가 많았다.

기출문제

📝 다음과 같은 문서가 작성되었던 시대에 대한 설명으로 옳지 않은 것은?
▶ 2016. 6. 18. 제1회 지방직

토지는 논, 밭, 촌주위답, 내시령답 등 토지의 종류와 면적을 기록하고, 사람들은 인구, 가호, 노비의 수와 3년 동안의 사망, 이동 등 변동 내용을 기록하였다. 그 밖에 소와 말의 수, 뽕나무, 잣나무, 호두나무의 수까지 기록하였다.

① 관료에게는 관료전을, 백성에게는 정전을 지급하였다.
② 인구는 남녀 모두 연령에 따라 6등급으로 나누어 파악하였다.
③ 전국을 9주로 나누고, 주 아래에는 군이나 현을 두어 지방관을 파견하였다.
④ 국가에 봉사하는 대가로 관료에게 토지를 나누어 주는 전시과 제도를 운영하였다.

> **Tip** 제시된 문서는 통일 신라 시대의 민정문서이다.
> ④ 고려 시대의 일이다.

| 정답 ④

section ② 남북국시대의 경제적 변화

(1) 통일신라의 경제정책

① **목적** … 피정복민과의 갈등 해소와 사회 안정을 위한 것이었다.

② **수취체제의 변화**
  ㉠ 조세 : 생산량의 10분의 1 정도를 수취하였다.
  ㉡ 공물 : 촌락 단위로 그 지역의 특산물을 징수하였다.
  ㉢ 역 : 군역과 요역으로 이루어져 있었으며, 16에서 60세의 남자를 대상으로 하였다.

③ **민정문서** … 촌주가 3년마다 작성하였다.
  ㉠ 내용 : 토지크기, 인구 수, 소와 말의 수, 토산물 등을 기록하였다.
  ㉡ 목적 : 조세·공물·부역을 징수하기 위한 것이다.

Point 팁 신라의 민정문서(신라장적)
  ㉠ 내용 : 토지는 논, 밭, 촌주위답(촌주가 그 직위로 받은 논) 등 토지의 종류와 면적을 기록하였고, 사람들은 인구, 가호, 노비의 수와 3년 동안의 사망, 이동 등 변동 내용을 기록하였다. 그 밖에 소나 말의 수, 뽕나무, 잣나무, 호두나무의 수까지 기록하였다.
  ㉡ 목적 : 호의 등급을 사람의 다소에 따라 9등급으로 나누고, 인구의 조사는 남녀별, 연령별로 6등급으로 조사하였다. 이는 부역의 기준을 세우기 위한 것이라 할 수 있다. 또한 토지의 종류와 면적을 정확히 기재하고, 가축이나 유실수의 수까지 파악하고 있는 것으로 보아 정확한 조세징수를 위한 것이라고 할 수 있다.

④ **토지제도** … 귀족에 대한 국왕의 권한을 강화하기 위한 것이었으며, 농민경제의 안정을 추구하였다.
  ㉠ 식읍을 제한하고, 녹읍을 폐지하였으며 관료전을 지급하였다.
  ㉡ 왕토사상에 의거하여 백성에게 정전(丁田)을 지급하고, 구휼정책을 강화하였다.
  ㉢ 경덕왕 때 녹읍제가 부활되고 관료전이 폐지되었다.

(2) 통일신라의 경제활동

① 경제력의 성장

ㄱ 중앙 : 통일 이후 인구와 상품생산이 증가되어, 동시(지증왕) 외에 서시와 남시(효소왕)가 설치되었다.

ㄴ 지방 : 지방의 중심지나 교통의 요지에서 물물교환이 이루어졌다.

② 무역의 발달

ㄱ 대당 무역 : 나·당전쟁 이후 8세기 초(성덕왕)에 양국관계가 재개되면서 공무역과 사무역이 발달하였고, 산둥반도와 양쯔강 하류에 신라방(거주지), 신라소(자치기관), 신라관(여관), 신라원(절)이 설치되었다.

ㄴ 대일 무역 : 초기에는 무역을 제한하였으나, 8세기 이후에는 무역이 활발하였다.

ㄷ 국제무역 : 이슬람 상인이 울산을 내왕하였다.

ㄹ 청해진 설치 : 장보고가 해적을 소탕하였고 남해와 황해의 해상무역권을 장악하여 당, 일본과의 무역을 독점하였다.

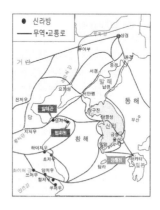

〈남북국 시대의 무역로〉

(3) 귀족의 경제생활

① 왕실의 경제

ㄱ 왕실은 새로 획득한 땅을 소유하여, 국가수입 중 일부를 획득하였다.

ㄴ 국가는 왕실과 귀족이 사용할 물품을 생산하기 위한 관청을 정비하여 왕실과 귀족에게 공급하였다.

② 귀족의 경제

ㄱ 통일 전에는 녹읍과 식읍을 통해 농민을 지배하여 조세와 공물을 징수하고, 노동력을 동원하였다.

ㄴ 통일 후에는 녹읍이 폐지되고 관료전이 지급되기도 하였지만, 국가에서 지급받은 토지와 곡물 외에도 세습 토지, 노비, 목장, 섬을 소유하고 있었다.

③ 귀족들의 향락생활

ㄱ 당이나 아라비아에서 수입한 사치품(비단, 양탄자, 유리그릇, 귀금속) 등을 사용하였다.

ㄴ 경주 근처의 호화주택과 별장을 소유(안압지, 포석정 등)하였다.

ㄷ 노비를 통해 필요품을 만들고 그 나머지는 시장에서 팔거나 당·일본 등지로 수출하였다.

문 다음 밑줄 친 '이 나라'에 대한 설명으로 옳지 않은 것은?

▶ 2013. 9. 7. 서울특별시

이 나라에서 만들어진 두 분의 부처가 나란히 앉아 있는 이불병좌상은 고구려 양식을 계승한 것으로 현재 일본에 있으며, 수도인 상경에는 당의 장안의 도로망을 본뜬 주작대로가 있다.

① 말(馬)이 주요한 수출품이었다.
② 거란의 침략을 받아 멸망하였다.
③ 당과 교류하면서 빈공과의 합격자를 배출하였다.
④ 동해를 통해 일본과 무역을 활발하게 전개하였다.
⑤ 9세기에 들어서 비로소 신라와 상설교통로를 개설하였다.

> **Tip** 주어진 자료에서 밑줄 친 이 나라는 발해이다.
> ⑤ 발해에서 신라로 가던 대외교통로인 신라도는 8세기 전반에 개설되어 9세기 전반까지 자주 이용된 것으로 추정된다.

정답 ⑤

(4) 농민의 경제생활

① **농민경제의 한계** … 척박한 토양과 적은 생산량으로 남의 땅을 빌려서 농사짓고, 생산량의 반 이상을 토지 소유자에게 지불하였다.

② **수취의 부담** … 전세는 생산량의 10분의 1 정도를 징수하였으나, 삼베·명주실·과실류를 바쳤고, 부역이 많아 농사에 지장을 초래하였다.

③ **농토의 상실**
　㉠ 8세기 후반 귀족이나 호족이 토지 소유를 늘리며 토지를 **빼앗겼다.**
　㉡ 남의 토지를 빌려 경작하거나 노비로 자신을 팔거나, 유랑민이나 도적이 되기도 하였다.

④ **향·부곡민** … 농민보다 많은 부담을 가졌다.

⑤ **노비** … 왕실, 관청, 귀족, 절 등에 소속되어 물품을 제작하거나, 일용 잡무 및 경작에 동원되었다.

(5) 발해의 경제발달

① **수취제도**
　㉠ **조세** : 조·콩·보리 등의 곡물을 징수하였다.
　㉡ **공물** : 베·명주·가죽 등 특산물을 징수하였다.
　㉢ **부역** : 궁궐·관청 등의 건축에 농민이 동원되었다.

② **귀족경제의 발달** … 대토지를 소유하였으며, 당으로부터 비단과 서적을 수입하였다.

③ **농업**
　㉠ **밭농사** : 기후조건의 한계로 콩, 조, 보리, 기장 등의 밭농사가 중심이 되었다.
　㉡ **논농사** : 철제 농기구를 사용하고, 수리시설을 확충하여 일부 지역에서 이용하였다.

④ **목축과 수렵** … 돼지, 말, 소, 양을 사육하고, 모피, 녹용, 사향을 생산 및 수출하였다.

⑤ **어업** … 고기잡이 도구를 개량하고, 숭어, 문어, 대게, 고래 등을 잡았다.

⑥ **수공업** … 금속 가공업(철, 구리, 금, 은), 직물업(삼베, 명주, 비단), 도자기업 등 다양하게 발달하였다. 철의 생산이 풍부했으며, 구리 제련술이 발달하였다.

⑦ **상업** … 도시와 교통요충지에 상업이 발달하고, 현물, 화폐를 주로 사용하였으나 외국화폐가 유통되기도 하였다.

⑧ 무역…당, 신라, 거란, 일본 등과 무역하였다.

　㉠ **대당 무역**: 산둥반도의 덩저우에 발해관을 설치하였다. 수출품은 주로 토산품과 수공업품(모피, 인삼, 불상, 자기)이었고, 수입품은 귀족들의 수요품인 비단, 책 등이었다.

　㉡ **대일 무역**: 일본과의 외교관계를 중시하여 활발한 무역활동을 전개하였다.

　㉢ **신라와의 관계**: 필요에 따라 사신이 교환되고 소극적인 경제, 문화교류를 하였다.

기출문제

1 다음은 신라 토지제도의 전개에 대한 설명이다. ㉠~㉣에 들어갈 내용을 바르게 나열한 것은?

> • 신문왕 7년 ㉠을 차등 있게 지급하였다.
> • 신문왕 9년 ㉡을 혁파하였다.
> • 성덕왕 21년, 처음으로 백성에게 ㉢을 지급하였다.
> • 경덕왕 16년, 다시 ㉣을 지급하였다.

	㉠	㉡	㉢	㉣
①	녹읍	식읍	민전	식읍
②	식읍	녹읍	정전	녹읍
③	문무관료전	녹읍	정전	녹읍
④	문무관료전	식읍	민전	식읍

 Point

신문왕은 왕권강화와 귀족 세력의 억제를 위해 문무관료전을 지급하고 녹읍을 폐지하였으며 식읍을 제한하였다. 성덕왕 또한 정전을 지급하여 국가의 토지 지배력을 강화하기에 힘썼다. 그러나 경덕왕때 다시 녹읍이 부활하면서 왕권이 약화되기 시작하였다.

2 다음 중 통일신라시대의 사회와 경제 관련 내용으로 가장 옳지 않은 것은?

① 신문왕은 관료전을 지급하고 녹읍을 폐지하였다.
② 성덕왕대에는 일반 백성들에게 정전을 지급하였다.
③ 헌강왕대에 녹읍이 부활되고, 경덕왕대에 관료전이 폐지되었다.
④ 일본 정창원에서 발견된 '신라촌락문서'는 서원경 부근의 4개 촌락을 대상으로 한 것이다.

 Point

귀족들의 반발로 경덕왕 대에 관료전을 폐지하고 녹읍을 부활시켰다.

3 다음 중 통일 이후 신라 농민에 대한 설명으로 옳은 것은?

> ㉠ 촌에 거주하면서 중앙에서 파견된 촌주의 행정적 지배를 받았다.
> ㉡ 귀족들이 고리로 빌려 준 곡물을 갚지 못하면 노비로 전락하였다.
> ㉢ 국가로부터 정전을 지급받아 경작하면서 국가에 조를 바쳤다.
> ㉣ 향, 부곡 등에 거주하는 농민들은 노동력 징발에서 제외되었다.

① ㉠, ㉡ ② ㉠, ㉣
③ ㉡, ㉢ ④ ㉢, ㉣

Point

신라 농민은 촌에 거주하면서 토착세력인 촌주가 군이나 현의 지방관의 통제를 받으면서 다스렸다. 또한 성덕왕 때 16~60세의 정남은 정전을 지급받아 경작하여 국가에 조를 바쳤다.

4 다음의 '이것'에 해당하는 것에 대한 설명으로 옳은 것은?

> 통일 후 신라의 귀족들은 '이것'을 소유하고, 그 곳에 사는 백성들에게서 조세와 공물을 징수하며 노동력까지 징발하였다.

> ㉠ 서원경 부근에 관한 민정문서는 '이것'의 실상을 알려주는 좋은 자료이다.
> ㉡ 신라 하대에는 진골귀족들의 경제적·군사적 기반이 되었다.
> ㉢ 신문왕은 한 때 귀족세력을 억누르기 위하여 '이것'을 폐지하기도 하였다.
> ㉣ 왕이 귀족에게 하사한 것이나, 왕토사상에 의해 왕이 마음대로 처분할 수 있었다.

① ㉠, ㉡ ② ㉠, ㉢
③ ㉡, ㉢ ④ ㉢, ㉣

Point

녹읍에 대한 설명으로 신라의 귀족들은 본래 소유하였던 토지 외에도 녹읍을 통해 사적으로 지배하는 토지를 증가시켰다. 또한 그 토지에 딸린 노동력과 공물을 수취할 수 있었고, 이것들은 귀족들의 경제적 혹은 군사적 기반이 되었다.
㉠ 민정문서는 당시 촌락의 경제상황과 국가의 세무행정을 보여주는 자료지만, 녹읍의 실상을 알려주는 자료는 아니다.
㉣ 모든 영토는 왕의 소유라는 왕토사상이 있었으나, 실제로는 개인의 사유지가 존재하였고, 개인의 사유지를 왕이라고 하여 마음대로 처분할 수는 없었다.

Answer 1.③ 2.③ 3.③ 4.③

5 다음 중 통일신라의 토지제도 변천과정에 대한 설명으로 옳지 않은 것은?

① 신문왕은 왕권강화를 위해 관료전을 지급하고 녹읍제를 폐지하였다.

② 성덕왕은 백성들에게 정전을 지급하고 국가에 조를 바치게 하였다.

③ 경덕왕 시기에는 귀족들의 반발로 관료전의 녹봉을 차등적으로 지급하게 되었다.

④ 녹읍이 부활과 사원 면세전의 계속적인 증가로 귀족중심의 체제가 심화되자 국가재정이 위태롭게 되었다.

 Point

③ 경덕왕 때에는 귀족의 반발로 관료전이 폐지되고 다시 녹읍제가 부활되었다.

6 다음에서 발해의 경제생활에 대한 설명으로 옳은 것은?

> ㉠ 밭농사보다 벼농사를 주로 하였다.
> ㉡ 제철업이 발달하여 금속가공업이 성행하였다.
> ㉢ 어업이 발달하여 먼 바다에 나가 고래를 잡기도 하였다.
> ㉣ 가축의 사육과 함께 모피, 녹용, 사향 등이 생산되었다.

① ㉠, ㉡

② ㉠, ㉡, ㉢

③ ㉠, ㉡, ㉣

④ ㉡, ㉢, ㉣

 Point

발해는 일부 논농사도 하였으나 기후조건의 한계로 주로 밭농사를 하였고 목축과 수렵, 어업, 금속가공업, 직물업, 도자기업 등 다양한 분야가 발달하였다.

7 다음 중 삼국의 국제무역에 대한 설명으로 옳지 않은 것은?

① 삼국의 국제무역은 낙랑군이 소멸된 4세기 이후 발달하였다.

② 백제는 남중국, 일본과 교류하였다.

③ 고구려는 남·북중국, 북방민족과 교류하였다.

④ 신라는 삼국을 통일한 이후부터 중국과 자유로운 무역을 할 수 있었다.

 Point

④ 신라는 한강 하류 진출 이전에는 고구려, 백제와 교류하였으나 한강 하류 진출 이후부터 중국과 직접교역을 하여 자유로운 무역이 가능해졌다.

8 다음 중 발해의 대외무역활동으로 옳지 않은 것은?

① 대당 무역은 조공무역이 위주였으나 민간무역도 존재하였다.

② 당과의 무역이 주를 이루었다.

③ 수입품은 불상, 유리잔, 자기, 직물, 책 등 공예품이었다.

④ 수출품은 주로 모피, 삼, 금, 말, 은 등의 토산품이었다.

 Point

③ 발해의 대당 무역에서 수출품은 불상, 자기, 유리잔과 같은 수공업품과 모피, 삼, 말, 금, 은과 같은 토산품이었으며 수입품은 비단, 책 등이었다.

9 다음 중 통일신라의 대외무역에 대한 설명으로 옳지 않은 것은?

① 대당 무역이 성행하였다.

② 대당 수출품으로는 인삼, 금·은 세공품이, 수입품에는 비단이나 책 등의 귀족 사치품이 주를 이루었다.

③ 신라인의 당 진출을 알 수 있는 신라방, 신라소, 신라관 등이 산둥반도와 양쯔강 하류에 세워졌다.

④ 삼국통일 이후 정치적 안정을 바탕으로 일본과도 활발한 교역을 이루었다.

Point

④ 삼국통일 후 일본은 신라를 경계하여 초기에는 무역이 제한되었으나 8세기 이후에는 다시 교역이 활발해졌다.

10 다음 중 삼국의 경제제도에 대한 설명으로 옳지 않은 것은?

① 신라는 당제를 모방하여 조·용·조의 세제를 채택하였다.

② 백제의 조세제도는 고구려와 비슷하면서 토지측량은 결부법에 의하여 시행되었다.

③ 고구려에서는 매호마다 곡식으로 걷는 조와 개인에게서 베나 곡식을 걷는 인두세가 있었다.

④ 진대법은 빈농의 재생산 조건을 보장하기 위하여 마련된 것이다.

Point

② 백제의 토지측량 단위는 파종량을 기준으로 한 두락제(마지기)를 썼으며 신라는 수확량을 기준으로 결부법을, 고구려는 밭이랑을 기준으로 경무법을 사용하였다.

Answer 5.③ 6.④ 7.④ 8.③ 9.④ 10.②

11 다음 중 고대사회의 농업생산력의 향상을 위한 정책으로 옳지 못한 것은?

① 소를 이용한 우경을 장려하였다.

② 철제 농기구를 일반 농민에게 보급하였다.

③ 정복한 지역에 녹읍과 식읍을 설치하였다.

④ 저수지를 만들고 수리시설을 확충하였다.

③ 녹읍과 식읍의 설치는 농민들을 귀족들에게 예속시켜 오히려 농민경제를 어렵게 만드는 요소이다.

12 삼국의 경제정책에 대한 설명으로 옳지 않은 것은?

① 중앙정부는 재산의 정도에 따라 호를 나누어 곡물과 포를 징수하였다.

② 상업이 발달하여 도시를 비롯한 지방 곳곳에 시장이 형성되었다.

③ 수공업은 노비를 이용한 생산으로서 관청에 수공업자를 배정하여 노비에게 국가가 필요로 하는 무기, 장신구 등을 만들게 하였다.

④ 국제무역은 왕실과 귀족의 필요에 의해서 공무역을 중심으로 발달하였다.

② 수도 같은 도시에서만 시장이 형성되었으며 후에 시장을 감독하는 관청도 설치되었다.

13 다음 중 통일신라시대에 관한 내용으로 옳은 것은?

① 농민뿐 아니라 천민의 노동력도 철저히 징수되었다.

② 여성의 인력은 조사대상에서 제외되었다.

③ 관료에게 지급되는 관료전 성격의 토지는 없었다.

④ 촌주가 촌단위로 10년마다 민정문서를 작성하여 촌의 호수, 인구수 등의 변동상황을 기록하였다.

통일신라시대의 경제

② 연령과 성별에 따라 6등급으로 인정(人丁)을 구분하여 민정문서에 기록하였다.

③ 신문왕 때 귀족세력을 누르기 위하여 녹읍제를 폐지하는 대신 관료전을 지급하였다.

④ 민정문서는 촌주가 3년마다 작성하였다.

14 다음과 같은 생활을 한 사람들의 경제적 기반이 되는 것으로 옳지 않은 것은?

> 재상가에는 녹(祿)이 끊이지 않았다. 노예가 3천명이고 비슷한 수의 호위군사(갑병)와 소, 말, 돼지가 있었다. 바다 가운데 섬에서 가축을 길러 필요할 때 활로 쏘아서 잡아먹었다. 곡식을 꾸어서 갚지 못하면 노비로 삼았다.
>
> 「신당서」

① 녹봉   ② 녹읍
③ 식읍   ④ 정전

Point

제시된 내용은 귀족의 경제생활에 대한 설명으로 귀족은 식읍과 녹읍을 통하여 그 지역의 농민들을 지배하여 조세와 공물을 거두었고 노동력을 동원하였다. 정전은 성덕왕 때 왕토사상에 의거하여 국가에서 토지가 없는 백성에게 지급한 토지이다.

15 다음 삼국의 경제정책에 대한 근거로 옳지 않은 것은?

> 삼국은 전쟁에 필요한 물자를 농민에게 거두고 그들을 군사로 동원하였다. 농민에 대 한 과도한 수취는 농민경제의 발전을 억누르고 농민을 토지로부터 이탈시켜 사회체제가 동요하는 계기가 되었다. 이런 이유로 삼국은 가능한 합리적인 방식으로 세금을 부과하 였으며, 농민경제를 안정시키기 위해 농업생산력을 높일 수 있는 시책과 구휼정책을 시행하였다.

① 피정복민을 노비로 삼았다.
② 소를 이용한 우경을 장려하였다.
③ 철제 농기구를 일반 농민에게 보급하였다.
④ 노동력의 크기로 호를 나누어 곡물과 포를 징수하였다.

Point

① 삼국이 고대국가로 성장하는 과정에서 정복전쟁이 자주 일어났고, 이 과정에서 피정복민을 노비로 삼는 경우가 많았다. 그런데 피정복민들이 다른 나라로 이주하는 경우가 늘어나면서 이들에 대한 대우가 점차 개선되었고 차별도 줄어갔지만 여전히 신분적 차별을 받았고 많은 경제적 부담을 졌다.

Answer   11.③ 12.② 13.① 14.④ 15.①

16 다음 정책들을 실시한 공통적인 목적으로 옳은 것은?

> • 녹읍을 폐지하고 관료전을 지급하였다.
> • 일반 백성에게 정전을 지급하고, 국가에 조를 바치게 하였다.
> • 촌주로 하여금 민정문서를 작성하게 하여 남녀별·연령별의 인구와 가축, 유실수 등의 수를 3년마다 한 번씩 통계를 내게 하였다.

① 농민생활의 안정　　　　　　　　② 지방세력가의 성장 억제
③ 대토지 소유의 발달 억제　　　　　④ 노동력과 생산자원에 대한 국가의 지배력 강화

> 녹읍은 토지뿐만 아니라 그 토지에 속한 농민까지 지배할 수 있었다. 녹읍을 폐지하고 관료전을 지급한 것은 귀족들의 농민에 대한 지배권을 제한시켰고 국가의 토지지배권이 강화된 것이다. 정전을 지급하고 민정문서를 작성한 것은 농민을 국가재정의 기반으로 인식하여 이를 확보하기 위한 것이라고 할 수 있다.

17 다음과 같은 사회현상에 대처하기 위해 고대사회에서 실시한 정책으로 옳은 것은?

> 　신라 한기부 여권의 딸 지은은 홀어머니 밑에서 나이 32세가 되도록 시집을 가지 못 하고 어머니를 봉양하였다. 집안이 어려워 남의 집 일을 하고 삯을 받아 겨우 먹고 살았다. 나중에는 부잣집 종으로 몸을 팔아 어머니를 봉양하였다. 뒷날 어머니가 내막을 알고는 밥도 먹지 않고 모녀가 대성통곡하였다.
>
> 　　　　　　　　　　　　　　　　　　　　　　　　　　　　　　　　「삼국사기」

① 동시전 설치　　　　　　　　② 진대법 실시
③ 민정문서 작성　　　　　　　④ 향, 부곡 설치

> 진대법은 고구려 고국천왕 때 실시한 것으로 궁핍한 농민들에게 곡식을 빌려 주어 노비로 전락하는 것을 막고자 하였다.

18 다음과 같은 상황이 전개될 무렵의 정치·사회적 변동으로 옳은 것은?

> 귀족이나 지방 유력자(호족)들이 토지 소유를 늘려 나가면서 토지를 빼앗긴 농민들이 점차 많아졌다. 토지를 상실한 농민은 남의 토지를 빌려 경작하거나 노비나 유랑민으로 전락하거나 초적이 되어 반란을 일으키기도 하였다.

① 지방세력이 몰락하여 중앙집권이 강화되었다.
② 진골과 6두품간의 왕위쟁탈전이 전개되었다.
③ 진골을 대신하여 성골이 왕위를 계승하였다.
④ 6두품은 점차 반신라적인 태도를 취하였다.

Point
8세기 후반 신라의 경제상황으로 당시의 6두품 지식인들은 신라의 골품제 사회를 비판하면서 유교정치이념을 제시하여 새로운 정치질서의 수립을 시도했지만, 진골귀족들에 의해 탄압당하거나 배척당하였다. 그리하여 6두품 세력은 지방 호족과 연결하여 반신라적인 태도를 취하게 되었다.

19 다음의 역사적 사실을 통해 추론한 내용으로 가장 적절한 것은?

> • 신문왕 7년 5월에 문무 관료전을 지급하되 차등을 두었다.
> • 신문왕 9년 1월에 내외관의 녹읍을 혁파하고 매년 조를 내리되 차등이 있게 하여 이로써 영원한 법식을 삼았다.
> • 경덕왕 16년 3월에 여러 내외관의 월봉을 없애고 다시 녹읍을 나누어 주었다.

① 왕권의 전제화가 계속 진행되었다.
② 귀족의 경제력이 점차 약화되었다.
③ 국왕과 귀족 사이의 권력 갈등이 있었다.
④ 국가의 농민에 대한 지배권이 강화되었다.

Point
녹읍을 폐지하고 관료전을 지급한 것은 귀족에 대한 국왕의 왕권을 강화하기 위한 것이었으나, 경덕왕 때 녹읍제가 부활되고 관료전이 폐지되었다.

Answer 16.④ 17.② 18.④ 19.③

20 다음 글을 읽고 나눈 대화에서 삼국시대 농민의 생활을 바르게 말한 사람을 모두 고른다면?

> 고위 관료인 구도·일구·분구 등 3인을 내쫓아 서인(庶人)으로 삼았다. 이 3인은 비류부의 장이었는데, 그 바탕이 탐욕스럽고 깨끗하지 못하여 남의 처나 첩, 소나 말, 재물을 빼앗아 멋대로 하고 혹 주지 않는 사람이 있으면 즉시 매질하여 때리기 때문에 당한 사람들은 모두 분하게 여겨 죽이고자 하였다. 왕은 이를 듣고 그들을 죽이려고 하다 가 동명왕의 옛 신하이므로 차마 죽이지 못하고 내쫓는 데 그쳤다.
>
> 「삼국사기」

> A : 고위관료가 서인이 되었다니 삼국시대에는 지배층의 생활도 그리 넉넉하지는 않았나봐.
> B : 바탕이 탐욕스럽고 깨끗하지 못한 사람이 고위관료가 되었다니 삼국시대에는 개인의 능력보다 신분이 더욱 중요했던 시기였던 것 같아.
> C : 남의 처, 소, 말 등을 빼앗고 매질한다니 지배층은 농민을 상대로 가혹하게 수취하고 자신들은 풍족하고 화려한 생활을 했겠군.
> D : 목숨을 죽이고 살리는 것을 결정하는 것이 결국 왕인걸 보니 삼국시대의 왕은 그 어느 때보다 강력한 왕권을 갖고 있었나봐.

① A, B   ② A, C

③ B, C   ④ B, D

Point

지문의 내용을 통해 귀족들의 생활과 횡포를 알 수 있다. 또한 이로 인해 농민들이 겪었을 가혹한 수취와 부담을 알 수 있다.

Answer 20.③

02 중세의 경제

section 1 경제정책

(1) 농업 중심의 산업발전

① **중농정책** … 개간한 땅은 일정 기간 면세하여 줌으로써 개간을 장려하고, 농번기에 잡역의 동원을 금지하여 농사에 지장을 주지 않게 하였다.
- ㉠ **광종** : 황무지 개간 규정을 만들어 토지개간을 장려하였다.
- ㉡ **성종** : 무기를 거둬들여 이를 농기구로 만들어 보급하였다.

② **농민 안정책** … 재해 시에 세금을 감면해주고, 고리대의 이자를 제한하였으며, 의창제를 실시하였다.

③ **상업**
- ㉠ 개경에 시전을 설치하였고 국영점포를 운영하였다.
- ㉡ 쇠·구리·은 등을 금속화폐로 주조하여 유통하기도 하였다.

④ **수공업**
- ㉠ 관청 수공업 : 관청에 기술자를 소속시켜 왕실과 국가 수요품을 생산하였으며, 무기와 비단을 제작하였다.
- ㉡ 소(所) : 먹, 종이, 금, 은 등 수공업 제품을 생산하여 공물로 바쳤다.
- ㉢ 자급자족적인 농업경제로 상업과 수공업의 발달은 부진하였다.

(2) 국가재정의 운영

① **국가재정의 정비**
- ㉠ 문란한 수취체제를 정비하고 재정 담당 관청을 설치하였다.
- ㉡ 양안과 호적을 작성하여 국가 재정을 안정적으로 운영하였다.
- ㉢ 왕실, 중앙 및 지방관리, 향리, 군인 등에게 수조권을 지급하였다.

② **국가재정의 관리**
- ㉠ 호부 : 호적과 양안의 작성 및 관리(인구와 토지관리)를 담당하였다.
- ㉡ 삼사 : 재정의 수입과 관련된 사무를 담당하였다.

③ 재정은 대부분 관리의 녹봉, 일반 비용, 왕실의 공적 경비, 각종 제사 및 연등회나 팔관회의 비용, 건물의 건축이나 수리비, 왕의 하사품, 군선이나 무기의 제조비에 지출하였다.

(3) 수취제도

① 조세 ··· 토지에서 거두는 세금을 말한다.

    ㉠ 대상 : 논과 밭으로 나누고 비옥도에 따라 3등급으로 구분하였다.

    ㉡ 조세율

- 민전 : 생산량의 10분의 1
- 공전 : 수확량의 4분의 1
- 사전 : 수확량의 2분의 1

    ㉢ 거둔 조세는 조창에서 조운을 통해 개경으로 운반하였다.

② 공물 ··· 토산물의 징수를 말하며, 조세보다 큰 부담을 주었다.

    ㉠ 중앙 관청에서 필요한 공물의 종류와 액수를 나누어 주현에 부과하면 주현은 속현과 향·부곡·소의 가호에 부과하였다.

    ㉡ 매년 징수하는 상공(常貢)과 필요에 따라 수시로 징수하는 별공(別貢)이 있었다.

③ 역

    ㉠ 대상 : 국가에서 백성의 노동력을 무상으로 동원하는 것으로 정남(16 ~60세 남자)에게 의무가 있었다.

    ㉡ 종류 : 요역과 군역이 있는데 요역은 성곽, 관아, 도로보수 등과 광물채취, 그 밖에 노동력을 동원하는 것이다.

④ 기타 ··· 어염세(어민)와 상세(상인) 등이 있다.

(4) 전시과 제도와 토지의 소유

① 토지 제도의 원칙

    ㉠ 고려는 국가에 봉사하는 대가로 관료에게 전지와 시지를 차등 있게 나누어 주는 전시과와 개인 소유의 토지인 민전을 근간으로 운영되었다.

    ㉡ 토지 소유권은 국유를 원칙으로 하나 사유지가 인정되었다. 수조권에 따라 공·사전을 구분하여 수조권이 국가에 있으면 공전, 개인·사원에 속해 있으면 사전이라 하였으며 경작권은 농민과 외거노비에게 있었다.

② 전시과 제도의 특징

    ㉠ 원칙 : 개간된 토지의 넓이를 헤아려 기름지고 메마른 것을 나누고, 문무 관리·군인·한인에게 관등의 높고 낮음에 따라 18등급에 나누어 모두 땅을 주었다. 또 등급에 따라 시지를 주었다.

    ㉡ 수조권 지급 : 전시과는 관직복무와 직역에 대한 반대급부로 지급된 것이며, 토지 그 자체를 준 것이 아니라 토지의 수조권만 지급한 것에 불과했다.

ⓒ 세습 불가 : 관직 복무와 직역에 대한 대가로 지급되었기 때문에 이 토지를 받은 자가 죽거나 관직에서 물러날 때에는 토지를 국가에 반납하도록 하였다.

③ 토지 제도의 정비과정

　ⓐ **역분전(태조)** : 후삼국 통일과정에서 공을 세운 사람들에게 충성도와 인품에 따라 경기지방에 한정하여 지급하였다.

　ⓑ **시정 전시과(경종)** : 공복제도와 역분전제도를 토대로 전시과제도를 만들었다. 관직이 높고 낮음과 함께 인품을 반영하여 역분전의 성격을 벗어나지 못하였고 전국적 규모로 정비되었다.

　ⓒ **개정 전시과(목종)** : 관직만을 고려하여 지급하는 기준안을 마련하고, 지급량도 재조정하였으며, 문관이 우대되었고 군인전도 전시과에 규정하였다.

　ⓓ **경정 전시과(문종)** : 현직 관리에게만 지급하고, 무신에 대한 차별대우가 시정되었다.

　ⓔ **녹과전(원종)** : 무신정변으로 전시과체제가 완전히 붕괴되면서 관리에게 생계 보장을 위해 지급하였다.

　ⓕ **과전법(공양왕)** : 권문세족의 토지를 몰수하여 공전에 편입하고 경기도에 한해 과전을 지급하였다. 이로써 신진사대부의 경제적 토대가 마련되었다.

Point 팁　전시과와 과전법

구분	전시과	과전법
공통점	• 토지의 국유제 원칙 • 수조권의 지급 • 관직에 따른 차등 지급 • 예외는 있으나 원칙적으로 세습 불가	
차이점	• 전국 • 관리의 수조권 행사 가능 • 농민의 경작권 보장안됨	• 경기도에 한정 • 관리의 수조권 행사 불가 • 농민의 경작권 보장됨

④ 수조권에 의한 토지의 종류

　ⓐ 사전

　　• 과전 : 관직 복무 대가로 지급한 수조권으로 사망·퇴직시 반납하였다.

　　• 공음전 : 5품 이상의 고위관리에게 지급하였고 세습이 가능하였다.

　　• 한인전 : 관직에 오르지 못한 6품 이하 하급 관료의 자제에게 지급하였다.

　　• 구분전 : 하급 관료, 군인의 유가족에게 지급하였다.

　　• 군인전 : 군역의 대가로 지급하는 것으로 군역이 세습 가능하였다.

　　• 사원전 : 사원의 운영을 위해 지급하였다.

　　• 별사전 : 승려 개인에게 지급한 토지였다.

기출문제

문 〈보기〉의 고려 토지제도 ⑺~⑻ 각각에 대한 설명으로 가장 옳지 않은 것은?

▶ 2020. 6. 13. 제2회 서울특별시

〈보기〉

⑺ 조신(朝臣)이나 군사들의 관계(官階)를 따지지 않고 그 사람의 성품, 행동의 선악(善惡), 공로의 크고 작음을 보고 차등 있게 역분전을 지급하였다.

⑻ 경종 원년 11월에 비로소 직관(職官), 산관(散官)의 각 품(品)의 전시과를 제정하였다.

⑼ 목종 원년 12월에 양반 및 군인들의 전시과를 개정하였다.

⑽ 문종 30년에 양반전시과를 다시 개정하였다.

① ⑺ – 후삼국 통일 전쟁에 공이 있는 사람들에게 지급하였다.

② ⑻ – 인품을 반영하여 토지를 지급하였다.

③ ⑼ – 실직이 없는 산관은 토지 지급대상에서 제외되었다.

④ ⑽ – 현직 관리에게만 토지가 지급되고, 문·무관의 차별이 거의 사라졌다.

Tip ⑺ 역분전(태조) : 고려 개국에 공을 세운 신하들에게 지급한 논공행상의 성격을 지닌 토지제도이다.

⑻ 시정전시과(경종) : 직관과 산관 모두에게 관품과 인품에 따라 전지와 시지를 차등 지급하였다.

⑼ 개정전시과(목종) : 직관과 산관 모두에게 관품을 기준으로 토지를 지급하였다. 인품은 사라졌다.

⑽ 경정전시과(문종) : 현직 관료 위주로 토지를 지급하였으며 무신에 대한 차별을 완화하였다.

③ 개정전시과 체제에서 산관은 여전히 토지를 지급받았으며, 경정전시과에서 산관에 대한 토지 지급은 소멸되었다.

|정답 ③

- 외역전 : 향리에게 분급되는 토지로, 향리직이 계승되면 세습되었다.
- 공신전 : 전시과 규정에 따라 문무관리에게 차등 있게 분급되는 토지로 세습되었다.

ⓒ 공전

- 공해전 : 중앙과 지방의 관청 운영을 위해 지급하였다.
- 내장전 : 왕실의 경비 충당을 위해 지급하였다.
- 학전 : 관학의 유지로 배당되는 토지였다.
- 둔전 : 변경지대나 군사상 요지에 둔 토지였다.

Point 팁   영업전 … 공음전, 공신전, 외역전, 내장전 등 세습이 가능한 토지를 말한다.

ⓒ 민전 : 조상으로부터 세습된 땅으로 매매, 상속, 기증, 임대가 가능한 농민의 사유지이다.
- 소유권 보장 : 함부로 빼앗을 수 없는 토지였으며, 민전의 소유자는 국가에 일정한 세금을 내야 했다.
- 소유자 : 대부분의 경작지는 개인 소유자인 민전이었지만, 왕실이나 관청의 소유지도 있었다.

section 2 경제활동

(1) 귀족의 경제생활

① **경제기반** … 대대로 상속받은 토지와 노비, 관료가 되어 받은 과전과 녹봉 등이 기반이 되었다.

ⓐ **조세의 징수(전시과)**
- 과전 : 조세로 수확량의 10분의 1을 징수하였다.
- 소유지 : 공음전이나 공신전은 수확량의 2분의 1을 징수하였다.

ⓑ **녹봉** : 현직에 근무하는 관리들은 쌀이나 보리 등의 곡식이나 베, 비단 등을 지급받았다.

② **수입** … 노비에게 경작시키거나 소작을 주어 생산량의 2분의 1을 징수하고, 외거노비에게 신공으로 매년 베나 곡식을 징수하였다.

Point 팁   신공(身貢) … 노비는 주인에게 노동력 또는 물품을 제공해야 하는데 이를 신공이라 한다.

③ 농장 경영 … 권력이나 고리대를 이용하여 농민의 토지를 빼앗거나 헐값에 사들여 지대를 징수하였다.

④ 생활 방식 … 과전과 소유지에서 나온 수입으로 화려하고 사치스러운 생활을 하였다.

(2) 농민의 경제생활

① 생계 유지 … 민전을 경작하거나, 국유지나 공유지 또는 다른 사람의 토지를 경작하고, 품팔이를 하거나 가내 수공업에 종사하였다.

② 개간 활동 … 황무지를 개간하면 일정 기간 소작료나 조세를 감면해 주었으며, 주인이 있을 경우 소작료를 감면해 주었고 주인이 없을 경우에는 토지소유를 인정하였다.

③ 새로운 농업기술의 도입

   ⊙ 농기구 : 호미, 보습 등의 농기구가 개량되었다.

   ⓒ 변화된 농법

    • 소를 이용한 깊이갈이(심경법)가 일반화되었다.

    • 가축의 배설물을 거름으로 사용하는 시비법이 발달하였다.

    • 2년 3작의 윤작이 보급되었다.

    • 직파법 대신 모내기(이앙법)가 남부지방에서 보급되었다.

④ 농민의 몰락 … 농업생산력이 증가하였으나 권문세족의 토지약탈과 과도한 수취체제로 농민이 몰락하였다.

(3) 수공업자의 활동

① 관청 수공업 … 공장안에 등록된 수공업자와 농민 부역으로 운영되었다. 주로 무기, 가구, 세공품, 견직물, 마구류 등을 제조하였다.

② 소(所) 수공업 … 금, 은, 철, 구리, 실, 각종 옷감, 종이, 먹, 차, 생강 등을 생산하여 공물로 납부하였다.

③ 사원 수공업 … 베, 모시, 기와, 술, 소금 등을 생산하였다.

④ 민간 수공업 … 농촌의 가내수공업이 중심이 되었으며(삼베, 모시, 명주 생산), 고려 후기에는 관청수공업에서 제조하던 물품(놋그릇, 도자기 등)을 생산하였다.

(4) 상업활동

① **도시의 상업활동**

ⓐ 관영 상점의 설치 : 개경, 서경(평양), 동경(경주) 등 대도시에 서적점, 약점, 주점, 다점 등의 관영상점을 설치하였다.

ⓑ 비정기 시장 : 도시민의 일용품이 매매되었다.

ⓒ 경시서 설치 : 매점매석과 같은 상행위를 감독하고 물가를 조절하는 기능을 하였다.

② **지방의 상업활동**

ⓐ 지방 시장 : 관아 근처에서 쌀이나 베를 교환할 수 있는 시장을 열었다.

ⓑ 행상 활동 : 행상들은 지방시장에서 활동하였다.

③ **사원의 상업활동** … 소유하고 있는 토지에서 생산한 곡물과 승려나 노비들이 만든 수공업품을 민간에 판매하였다.

④ **고려 후기의 상업활동** … 도시와 지방의 상업이 전기보다 활발해졌다.

ⓐ 도시 : 민간의 상품수요가 증가하였고, 시전의 규모가 확대되었다. 업종별로 전문화되었으며, 벽란도가 교통로와 산업의 중심지로 발달하였다.

ⓑ 지방 : 조운로를 따라 교역활동이 활발하였으며, 여관인 원이 발달하여 상업활동의 중심지가 되었다.

ⓒ 국가의 상업 개입 : 국가가 재정수입을 늘리기 위하여 소금 전매제가 실시되었고, 관청, 관리 등은 농민에게 물품을 강매하거나, 조세를 대납하게 하였다. 이 과정에서 상인과 수공업자가 성장하여 부를 축적하거나, 일부는 관리로 성장하였다.

(5) 화폐 주조와 고리대의 유행

① **화폐 주조**

ⓐ 배경 : 귀족의 경제발달과 대외무역의 활발 등으로 상업 활동이 활발해지면서 화폐 발행의 필요성이 제기되었다.

ⓑ 사용 : 자급자족인 경제 활동을 하는 농민들과 국가가 화폐 발행을 독점하는 것에 불만을 느낀 귀족들로 인해 화폐는 널리 유통되지 못하였다. 동전은 도시에서도 주로 다점이나 주점 등에서만 사용되었다.

ⓒ 화폐의 발행

• 성종 때 최초의 화폐인 건원중보(철전)를 만들었으나 유통엔 실패하였다.

• 숙종은 의천의 건의에 따라 주전도감을 설치하고 삼한통보 · 해동통보 · 해동중보(동전), 활구(은병)를 만들었다.

• 공양왕 때는 저화(최초의 지폐)가 만들어졌다.

Point 팁 고려의 화폐

종류	주조연대	재료	특징
건원중보	성종(996)	철	최초의 화폐
활구(은병)	숙종(1101)	은	1개당 포 100필
해동통보	숙종(1102)	철·동	쌀 15~50석
해동중보			별로 사용되지 않았음
삼한통보			
삼한중보			
동국통보			
동국중보			
쇄은(碎銀)	충렬왕(1278)	은	
저화(楮貨)	공양왕(1390)	종이	최초의 지폐

ⓔ **한계** : 자급자족적 경제구조로 유통이 부진하였고 곡식이나 삼베가 유통의 매개가 되었다.

② **고리대의 성행**

ⓖ 왕실, 귀족, 사원의 재산 증식의 수단이 되었다.

ⓛ 농민은 토지를 상실하거나 노비가 되기도 했다.

ⓒ 장생고라는 서민금융기관을 통해 사원과 귀족들은 폭리를 취하여 부를 확대하였다.

③ **보(寶)** … 일정한 기금을 조성하여 그 이자를 공적인 사업의 경비로 충당하는 것을 말한다. 학보, 경보, 팔관보, 제위보 등이 있었으나 이자취득에만 급급하여 농민생활에 폐해를 가져왔다.

ⓖ **학보**(태조) : 학교 재단

ⓛ **광학보**(정종) : 승려를 위한 장학재단

ⓒ **경보**(정종) : 불경 간행

ⓔ **팔관보**(문종) : 팔관회 경비

ⓜ **제위보**(광종) : 빈민구제

ⓗ **금종보** : 현화사 범종주조 기금

문 다음 상황이 나타난 시기에 볼 수 있는 모습으로 옳은 것은?

▶ 2017. 6. 17. 제1회 지방직

대외 무역이 발전하면서 예성강 어귀의 벽란도가 국제 무역항으로 번성했으며, 대식국(大食國)으로 불리던 아라비아 상인들도 들어와 수은·향료·산호 등을 팔았다.

① 해동통보와 은병(銀瓶) 같은 화폐를 만들어 사용하였다.

② 인구·토지면적 등을 기록한 장적(帳籍, 촌락문서)이 작성되었다.

③ 개성의 송상은 전국에 송방(松房)이라는 지점을 개설해서 활동하였다.

④ 지방 장시의 객주와 여각은 상품의 매매뿐 아니라 숙박·창고·운송 업무까지 운영하였다.

Tip 제시된 내용은 고려 전기의 무역 상황이다. 고려 숙종 대에는 화폐에 대하여 적극적인 정책을 채택하여 숙종 7년에는 해동통보 1만 5천 개를 발행하기도 하였다.
② 통일신라
③, ④ 조선 후기

정답 ①

(6) 무역활동

① **무역발달** … 공무역을 중심으로 발전하였으며, 벽란도가 국제무역항으로 번성하게 되었다.

〈고려전기의 대외 무역〉

② **송**
　　㉠ 광종 때 수교를 한 후 문물의 교류가 활발하였다(962).
　　㉡ 고려는 문화적·경제적 목적으로 송은 정치적·군사적 목적으로 친선관계를 유지하였다.
　　㉢ 왕실과 귀족의 수요품인 서적, 비단, 자기, 약재, 문방구, 악기 등이 수입되었고, 종이나 인삼 등의 수공업품과 토산물은 수출하였다.

③ **거란과 여진** … 은과 농기구, 식량을 교역하였다.

④ **일본** … 11세기 후반부터 김해에서 내왕하면서 수은·유황 등을 가지고 와서 식량·인삼·서적 등과 바꾸어 갔다.

⑤ **아라비아(대식국)** … 송을 거쳐 고려에 들어와 수은·향료·산호 등을 판매하였다. 이 시기에 고려의 이름이 서방에 알려졌다.

Point 팁 시대별 무역항
　　㉠ 삼국시대: 당항성, 김해
　　㉡ 통일신라시대: 울산항, 당항성, 영암
　　㉢ 고려: 벽란도, 합포
　　㉣ 조선: 3포(부산포, 염포, 제포)

⑥ **원 간섭기의 무역** … 공무역이 행해지는 한편 사무역이 다시 활발해졌다. 상인들이 독자적으로 원과 교역하면서 금, 은, 소, 말 등이 지나치게 유출되어 사회적으로 물의가 일어날 정도였다.

단원평가 **중세의 경제**

1 다음 토지제도에 대한 설명으로 옳은 것은?

> 경기는 사방이 근본이니 마땅히 과전을 설치하여 사대부를 우대한다. 무릇 경성에 거주하여 왕실을 시위(侍衛)하는 자는 직위의 고하에 따라 과전을 받는다. 토지를 받은 자가 죽은 후, 그의 아내가 자식이 있고 수신하는 자는 남편의 과전을 모두 물려받고, 자식이 없이 수신하는 자의 경우는 반을 물려받는다.
>
> 「고려사」

① 과전을 지급함으로써 조선개국세력의 경제적 기반이 되었다.
② 관리가 되었으면서도 관직을 받지 못한 사람들에게 한인전을 지급하였다.
③ 관직이나 직역을 담당하는 사람들에게 농지와 땔감을 채취하는 시지를 주었다.
④ 공로가 많은 사람들에게 인품을 기준으로 역분전을 차등 지급하였다.

Point
제시된 지문은 고려 말에 시행된 과전법과 관련된 내용이다.
② 한인전은 고려 전시과 토지제도에서 지급되었다.
③ 전지와 시지를 함께 지급한 것은 전시과로, 과전법에서는 전지만 지급하였다.
④ 역분전은 고려 태조가 개국공신에게 차등적으로 지급한 것이다.

2 고려시대 무역의 발달에 대한 설명으로 옳지 않은 것은?

① 송나라와 가장 활발하게 교역하였으며 주로 왕실과 귀족의 수요품을 수입하고, 종이나 인삼 등의 수공업품과 토산물을 수출하였다.
② 거란이나 여진은 은과 농기구, 식량 등을 교환하였다.
③ 일본은 14세기 후반부터 본격적으로 교역하였으며 교역량은 송, 거란보다 많았다.
④ 아라비아 상인은 고려에 수은·향료·산호 등을 팔고 이들을 통해 고려의 이름이 서방에 알려지게 되었다.

Point
③ 일본과는 11세기 후반부터 김해에서 교역하였으며 수은·유황을 식량·인삼·서적과 교환하였다.

Answer 1.① 2.③

3 다음은 고려시대 토지제도에 대한 설명이다. ㉠, ㉡에 들어갈 말을 바르게 나열한 것은?

> 태조 23년에 처음으로 ㉠제도를 설정하였는데, 삼한을 통합할 때 조정의 관료들과 군사들에게 그 관계(官階)가 높고 낮은 지를 논하지 않고 그 사람의 성품과 행동이 착하고 악한지, 공로가 크고 작은지를 참작하여 ㉠을 차등 있게 주었다. 경정 원년 11월에 비로소 직관(職官), 산관(散官) 각 품의 ㉡을(를) 제정하였는데, 관품의 높고 낮은 것은 논하지 않고 다만 인품만 가지고 ㉡의 등급을 결정하였다.
>
> 「고려사」

	㉠	㉡
①	훈전	공음전
②	역분전	전시과
③	군인전	외역전
④	내장전	둔전

4 고려시대 상업과 금융에 대한 설명으로 옳지 않은 것은?

① 수도에는 시전 상업이 행해졌다.
② 경시서에서 상행위를 감독하였다.
③ 화폐가 교환의 주된 수단이 되었다.
④ 고리대의 성행에 대응하여 각종 보(寶)가 설립되었다.

5 다음 중 고려시대 수공업자의 활동에 대한 설명으로 옳지 않은 것은?

① 고려 전기에는 관청 수공업과 소 수공업이 중심이 되어 발달하였다.

② 고려 후기에는 유통경제의 성장으로 수공업품의 수요가 증가되고, 소 수공업이 쇠퇴하여 민간 수공업을 중심으로 수공업이 크게 발달하였다.

③ 관청 수공업은 공장안에 등록된 수공업자와 농민부역으로 운영되며 칼·창·활 등 무기류와 금·은 세공품을 생산함을 말한다.

④ 사원 수공업은 사원경제의 발달로 기술이 좋은 승려와 노비가 삼베, 모시, 기와, 술 등을 생산함을 말한다.

> **Point**
> ② 고려 후기에는 사원 수공업과 민간 수공업이 발달하였으나 여전히 수공업의 중심은 관청 수공업이었으며 고려전기에 비하여 수공업이 발달하지는 못하였다.

6 다음은 고려사의 일부분이다. 글을 읽고 나눈 대화로서 견해가 타당하지 않은 사람은?

> 김돈중 등이 절의 북쪽 산은 민둥하여 초목이 없으므로 그 인근의 백성들을 모아 소나무, 잣나무, 삼나무, 전나무와 기이한 꽃과 이채로운 풀을 심고 단을 쌓아 임금의 방을 꾸몄는데 아름다운 색채로 장식하고 대의 섬돌은 괴석을 사용하였다. 하루는 왕이 이곳에 행차하니 김돈중 등이 절의 서쪽 대에서 잔치를 베풀었다. 휘장, 장막과 그릇이 사치스럽고 음식이 진기하여 왕이 재상, 근신들과 더불어 매우 흡족하게 즐겼다.
> 「고려사」

① 상길 – 글을 읽어보니 고려 지배층의 생활에 대한 내용을 알 수 있겠어.

② 금우 – 사치스럽고 음식이 진기하다니 고려의 귀족층은 화려한 생활을 했었구나.

③ 상건 – 고려시대의 귀족이라면 경제기반은 대대로 물려받은 토지나 노비였겠네.

④ 일미 – 맞아! 국가에서도 귀족들의 생활을 보장해 주기 위해 사원전이나 공해전을 지급했었지.

> **Point**
> ④ 사원전은 사원의 운영을 위해 지급한 토지였으며 공해전은 중앙과 지방의 관청운영을 위해 지급한 토지이다.

Answer 3.② 4.③ 5.② 6.④

7 다음 중 고려시대의 화폐에 대한 설명으로 옳지 않은 것은?

① 은을 무게로 달아서 쇄은이라 하여 사용하기도 하였다.

② 전기에는 곡물과 베가 주로 사용되었으나, 중기 이후에는 화폐가 전국적으로 크게 유통되었다.

③ 성종 때에는 철전, 숙종 때에는 동전과 은병 등을 주조하였다.

④ 지식인 중에서 화폐 유통의 필요성을 인식하여 주전론을 주장하기도 하였다.

Point

② 성종 때 건원중보(최초의 화폐), 숙종 때 해동통보, 해동중보, 삼한통보, 활구(은병)를 만들었으나 대부분의 농민들은 자급자족을 하였고 곡식이나 베가 유통의 매개가 되어 유통이 부진하였다.

8 다음과 같은 교역품은 어느 나라와의 무역에서 나타났는가?

> • 고려의 수입품 – 비단, 약재, 서적 　　　 • 고려의 수출품 – 나전칠기, 화문석

① 여진

② 거란(요)

③ 송

④ 일본

Point

고려는 송과 가장 큰 교역을 했으며, 제시된 내용은 송과의 교역품이다.

9 다음 중 고려시대의 토지제도에 대한 설명으로 옳지 않은 것은?

① 경종 때 마련된 전시과의 지급기준은 관직의 고하와 인품의 우열에 따라 지급되었다.

② 전시과제도는 토지 그 자체를 준 것이 아니라 수조권을 지급한 것이다.

③ 한인전은 하급 관리의 자제로서 관직에 오르지 못한 사람에게 지급한 토지였다.

④ 농민들에게 민전을 지급하고 마음대로 매매할 수 없게 하여 농민들의 경제를 안정적으로 유지하도록 하였다.

Point

④ 일부 농민들이 가지고 있는 민전은 조상으로부터 세습받은 사유지로 매매, 상속, 기증, 임대 등이 가능하였다.

10 다음의 제도가 있었던 시대의 고려의 사회상으로 옳은 것은?

• 학보	• 경보
• 제위보	• 팔관보

① 고리대업의 성행　　　　　　　　　　② 빈민 구제 제도의 발달

③ 화폐 유통의 활발　　　　　　　　　　④ 대외무역의 발달

 Point

고려시대에는 기금을 조성하여 그 이자로 공적인 사업의 경비로 충당하는 보가 발달하였으나 원래의 취지와 달리 이들은 이자 취득에만 급급해 고리대업을 성행시켜 농민생활에 큰 폐해를 가져왔다.

11 다음 중 고려시대의 권농정책과 농민생활의 안정책으로 옳은 것은?

㉠ 공전을 개간하면 3년간 조세를 면제하였다.
㉡ 상평창을 설치하여 곡가를 조절·안정시켰다.
㉢ 고리대를 통한 이식사업을 장려하였다.
㉣ 농번기에는 부역동원을 못하게 하였다.
㉤ 벽란도를 국제무역항으로 발전시켰다.

① ㉠, ㉡, ㉣　　　　　　　　　　　　　② ㉠, ㉢, ㉤

③ ㉡, ㉣, ㉤　　　　　　　　　　　　　④ ㉢, ㉣, ㉤

 Point

㉢ 이식사업의 장려는 농민생활의 어려움을 초래하였다.
㉤ 벽란도가 국제무역항으로 발전한 것은 귀족들의 사치생활과 관계가 있다.

Answer 7.② 8.③ 9.④ 10.① 11.①

12 다음은 어떤 목적을 가지고 추진된 정책인가?

• 진대법	• 상평창
• 제위보	• 균역법

① 정치기강의 확립　　　　　　　　② 지방풍속의 교정

③ 농민생활의 안정　　　　　　　　④ 재정규모의 증대

농민 부담 경감을 위한 정책

㉠ 진대법(고구려) : 가난한 농민을 구제하기 위한 시책으로 흉년시에 곡식을 빌려주었다가 가을에 갚도록 하는 제도

㉡ 제위보(고려) : 기금을 조성하여 빈민을 구제하는 재단

㉢ 상평창(고려) : 물가안정기구

㉣ 균역법(조선) : 1년에 군포 1필 부담

13 다음 고려시대의 토지제도 가운데 영업전으로만 묶은 것은?

㉠ 공음전	㉡ 과전
㉢ 군인전	㉣ 구분전
㉤ 외역전	

① ㉠, ㉡, ㉢　　　　　　　　　　② ㉠, ㉡, ㉣

③ ㉠, ㉢, ㉤　　　　　　　　　　④ ㉠, ㉣, ㉤

영업전은 세습이 허용되는 토지를 말한다. 공음전은 5품 이상의 고위 관리에게 주는 토지로 세습가능하고, 과전은 현직 관리에게 토지의 수조권을 지급한 것이다. 군인전은 군역의 대가로 지급한 것으로 외역전은 향리에게 지급한 토지로 향직이 세습되었기 때문에 사실상 토지도 세습되었다. 영업전은 공음전, 군인전, 외역전 외에도 공신전, 내장전 등이 있다.

14 다음 중 고려시대의 사원경제에 대한 설명으로 옳지 않은 것은?

① 사원은 세속적인 세계에도 큰 세력을 가지고 있었다.

② 토지 겸병과 개간에 의하여 사원전을 확대시켜 농장화하였다.

③ 사원과 승려는 세금을 면제받았고, 군역·부역 등의 면제도 있었다.

④ 국가재정의 기반이 되었다.

 Point

④ 사원은 국가에서 지급하는 사원전 외에도 장생고와 같은 영리행위로 막대한 토지를 소유하였고, 또한 귀족들이 기증해 오는 토지를 겸병하여 거대한 농장세력으로 확대되어 갔다.

15 다음 중 고려의 전시과제도를 설명한 것으로 옳지 않은 것은?

① 관직이나 직역을 담당한 자에게 지급하였다.

② 관리는 수조권을 받았으며, 이는 세습할 수 없었다.

③ 공음전은 고관에게 지급되었으며, 세습이 허용되었다.

④ 농민은 민전을 지급받고, 국가에 2분의 1의 조(租)를 바쳤다.

Point

④ 민전은 조상으로부터 세습받은 농민 사유지를 말하는 것으로 생산량의 10분의 1을 조세로 국가에 바쳤다.

16 고려시대의 토지제도에 나타나는 과전, 공음전, 한인전, 구분전이 공통적으로 반영하는 것은?

① 농민의 생활안정을 위한 경작권 보호

② 모든 토지의 소유와 세습을 부정하는 왕토사상

③ 국가재정확보를 위한 수조권 행사

④ 관직사회의 안정적 유지를 위한 토지분급

Point

고려시대의 토지제도는 전시과 체제를 기본으로 하여 관직사회의 안정적 유지를 위해 지배층을 중심으로 토지를 분급하였다.

Answer 12.③ 13.③ 14.④ 15.④ 16.④

17 다음의 자료를 옳게 분석한 것은?

> 주와 군의 토산물을 모두 국가에 바치게 되니 상인들은 멀리 가지 않는다. 다만, 한낮이 되면 고을(도시)로 가서 각각 자기가 가진 것으로 가지고 있지 않은 것과 바꾸게 되는 데 만족하는 것 같다.
>
> 「고려도경」

> ㉠ 화폐는 크게 유통되지 않았다.
> ㉡ 상업은 도시를 중심으로 발달하였다.
> ㉢ 지방의 토산물을 공물로 수취하였다.
> ㉣ 시장에서의 거래는 감독 관청의 허가를 받아야 했다.

① ㉠, ㉡, ㉢
② ㉠, ㉡, ㉣
③ ㉠, ㉢, ㉣
④ ㉡, ㉢, ㉣

 Point

고려의 상업은 도시를 중심으로 발달하였다. 시전을 설치하고 국영상점을 두기도 하였으며 비정기적인 시장에서는 도시거주민이 일용품을 매매하기도 하였다. 지방에서는 관아 근처에 시장을 열어 쌀, 베 등을 서로 바꾸었다. 매점매석과 같은 상행위는 경시서에서 감독했지만, 일반적인 거래는 감독하지 않았다.

18 다음 중 고려의 수취제도에 대한 설명으로 옳은 것은?

① 어민과 상인은 수취에서 제외되었다.
② 조세는 비옥도에 관계없이 면적에 따라 징수하였다.
③ 지방에서 거둔 조세는 조운을 통해 개경으로 옮겨졌다.
④ 국가가 백성의 노동력을 동원할 때에는 반드시 대가를 지불하였다.

Point

고려의 수취제도

③ 고려는 수취를 통해 거둔 조세를 각 군현의 농민을 동원하여 조창까지 옮긴 다음, 조운을 통해서 개경의 좌우창으로 운반하여 보관하였다.

① 어민에게 어염세를 걷거나 상인에게 상세를 거두어 재정에 사용하였다.

② 조세는 논과 밭으로 나누고 비옥한 정도에 따라 3등급으로 나누어 부과하였다.

④ 역은 국가에서 백성의 노동력을 무상으로 동원하였다.

19 다음 중 고려시대 전시과 수조지의 종류와 설명이 옳은 것은?

① 공음전 – 5품 이상의 고위 관리에게 지급하였으며 세습이 가능하였다.

② 한인전 – 관인 신분의 세습이 목적이며 6품 이하의 하급관료에게 지급하였다.

③ 군인전 – 군역의 대가로 중앙의 군인들에게 지급하였으며 세습은 불가능하였다.

④ 구분전 – 하급관리와 군인에게 가족의 생계를 위해 지급하는 토지였다.

Point

고려시대 전시과 수조지

② 관인 신분의 세습 목적, 6품 이하 하급관료의 자제에게 지급한 토지를 말한다.

③ 군역의 대가로 중앙의 군인들에게 지급, 세습이 가능했다.

④ 하급관리와 군인의 유가족의 생활 대책을 위해 지급하는 토지를 말한다.

전시과에서 관리에게 토지를 지급한다는 것은 소유권을 주는 것이 아니라 수조권을 지급하는 것이다. 수조권자는 지급받은 토지에서 조세만 거둘 뿐 요역을 징발할 수는 없었고 사망, 퇴직시에 국가에 반납해야 했다.

20 고려 지배세력의 변천을 나타낸 것이다. (　　) 안에 들어갈 세력의 경제활동에 대한 옳은 설명은?

> 호족 세력 → 문벌귀족 → 무신세력 → (　　) → 신진사대부

① 민전의 경작을 주요한 경제활동으로 삼았다.

② 대개 지방에서 중소규모의 토지를 소유하였다.

③ 국가에 대한 봉사의 대가로 역분전을 지급받았다.

④ 거대한 규모의 농장을 만들고 국가재정을 어렵게 만들었다.

Point

권문세족들은 권력을 이용하여 대규모의 토지와 몰락한 농민을 노비화하여 농장을 형성하였다. 권문세족들이 그들의 농장을 세습하면서 전시과제도가 제대로 운영되지 못하였다. 이로 인해 다시 분배해야 할 토지가 줄면서 조세를 거둘 수 있는 토지 역시 줄어들어 국가재정은 파탄 지경에 이르렀다.

Answer 17.① 18.③ 19.① 20.④

21 다음 중 전시과의 운영원칙에 대한 설명으로 옳은 것은?

① 직역 담당자에게 수조권을 분급하였다.　　② 수조권은 매매, 양도, 상속이 가능하였다.

③ 수조권자는 조세, 요역을 징발할 수 있었다.　④ 농민에게 토지를 균등하게 분배하였다.

 Point
전시과에서 관리에게 토지를 지급한다는 것은 소유권을 주는 것이 아니라 수조권을 지급하는 것이다. 수조권자는 지급받은 토지에서 조세만 거둘 뿐 요역을 징발할 수는 없었고 사망, 퇴직시에 국가에 반납해야 했다.

22 다음 설명과 관련이 깊은 지역은 무엇인가?

> • 조세나 공물의 징수와 노역징발 등 실제적인 행정사무는 향리들이 담당하였다.
> • 주민들은 먹, 종이, 금, 은 등 수공업 제품을 생산하여 국가에 공물로 바쳤다.

① 상주목　　　　　　　　　　　　② 공주 명학소

③ 충순현　　　　　　　　　　　　④ 장흥부 고이부곡

 Point
고려의 특별행정구역은 향·부곡·소가 있다. 향과 부곡에서는 주로 농사를 지었으며, 소에서는 국가가 필요로 하는 금, 은, 철, 구리 등의 원료와 종이, 먹, 도자기 등의 공납품을 생산하였다. 향·부곡·소에 사는 사람들은 천대받았으며 향리가 다스렸다.

23 다음 중 고려시대의 농업에 대한 설명으로 옳은 것은?

> ㉠ 2년 3작의 윤작법 보급　　　　　㉡ 벼와 보리의 이모작 성행
> ㉢ 우경에 의한 깊이갈이의 일반화　㉣ 시비법의 발달과 휴경방식의 소멸

① ㉠, ㉡　　　　　　　　　　　　② ㉠, ㉢

③ ㉢, ㉣　　　　　　　　　　　　④ ㉠, ㉣

Point
고려시대에는 소를 이용한 깊이갈이(심경법)가 일반화되었고 시비법이 발달하였으며 2년 3작의 윤작이 보급되었다. 벼와 보리의 이모작이나 휴경방식의 소멸은 조선전기에 이루어졌다.

24 다음 중 고려의 경제정책에 대한 설명으로 옳은 것은?

> ㉠ 이자율을 제한하고 의창제를 실시하였다.
> ㉡ 상업을 통제하여 민간 상인의 활동을 금지하였다.
> ㉢ 개간을 장려하고 농번기에는 잡역동원을 금지하였다.
> ㉣ 관청 이외의 곳에서 행해지는 수공업활동을 억제하였다.

① ㉠, ㉡   ② ㉠, ㉢
③ ㉡, ㉢   ④ ㉢, ㉣

 Point

고려는 건국 초기부터 농업을 중시하여 개간한 땅은 소작료를 일정 기간 면제하여 개간을 장려하였고 농번기에 잡역의 동원을 금지하였다. 재해시에는 세금을 감면하고 의창제를 실시하여 농민의 생활안정을 추구하였다. 또한 광종 때는 황무지 개간 규정을 만들어 토지개간을 장려하였고 성종 때는 무기를 농기구로 만들어 보급하였다.

25 다음은 고려의 수취제도를 설명한 것이다. 이에 대한 설명으로 옳지 않은 것은?

> ㉠ 조세는 토지를 논과 밭으로 나누고 비옥한 정도에 따라 3등급으로 나누어 부과하였다.
> ㉡ 16세에서 60세까지의 정남에게 군역과 요역의 의무를 지게 하였다.
> ㉢ 중앙관청에서 필요한 공물의 종류와 액수를 나누어 주현에 부과하면, 주현은 속현과 향·부곡·소에 이를 할당하고, 각 고을에서는 향리들이 집집마다 부과하여 공물을 징수하였다.

① ㉠ 거둔 조세는 조운을 통하여 개경의 좌·우창으로 운반되었다.
② ㉡ 백성들은 무상으로 각종 부역에 동원되었다.
③ ㉠, ㉡ 국가는 조세징수와 부역동원을 위해 양안과 호적을 작성하였다.
④ ㉡, ㉢ 역과 공물은 가구당 토지소유규모를 기준으로 부과하였다.

Point

④ 역은 국가에서 백성의 노동력을 무상으로 동원하는 것으로 정남(16~60세의 남자)의 수를 기준으로 부과되고, 공물은 토산물의 징수를 말하며 가구를 기준으로 부과하였다.

Answer 21.① 22.② 23.② 24.② 25.④

기출문제

section 1 경제 정책

(1) 농본주의 경제 정책

① **경제 정책의 방향** … 조선은 고려 말의 파탄된 국가재정을 확충시키고, 왕도 정치 사상에 입각한 민생안정을 도모하기 위해 농본주의 경제정책을 세웠다.

② **중농정책** … 신진사대부는 농경지의 확대 및 농업생산력 증대로 농민 생활을 안정시키려 하였다.

　㉠ 토지개간을 장려하고 양전사업을 실시하였으며, 새로운 농업기술과 농기구를 개발하여 보급하였다.

　㉡ 농민 생활의 안정을 위해 농민의 조세부담을 경감시켰다.

> **Point 팁** 중농정책 … 조선 왕조의 경제적 기반은 토지경제에 의존하고 있었다. 지배층의 유교적 농본사상은 농업을 본업(本業)으로 삼고, 상공업을 말업(末業)으로 취급하였기 때문에 농업을 장려하고, 상공업을 억제하였다.

③ **상공업정책** … 상공업자는 허가를 받고 영업해야 했다.

　㉠ **국가통제** : 물화의 종류와 수량을 국가가 규제하였다.

　㉡ **유교적 경제관** : 검약한 생활을 강조하고, 소비생활을 억제하였다.

　㉢ 사·농·공·상간의 차별로 상공업자들은 대우받지 못하였고, 자급자족적 경제로 상공업활동은 부진하였다.

④ **국가의 통제력 약화** … 16세기 이후 상공업의 발전으로, 국내 상공업과 자유로운 무역활동이 전개되었다.

(2) 과전법의 시행과 변화

① **과전법의 시행**

　㉠ **배경** : 국가의 재정기반과 신진사대부의 경제기반을 확보하기 위해 시행되었다.

　㉡ **과전** : 경기지방의 토지에 한정되었고 과전을 받은 사람이 죽거나 반역을 한 경우에는 국가에 반환하였다. 그러나 토지의 일부는 수신전, 휼양전, 공신전 형태로 세습이 가능하였다.

Point 팁 수신전과 휼양전
　　　　㉠ 수신전 : 관리가 죽은 후 재혼하지 않은 미망인에게 지급
　　　　㉡ 휼양전 : 사망한 관리의 어린 자식에게 지급

② **과전법의 변화** … 토지가 세습되자 신진관리에게 나누어 줄 토지가 부족하게 되었다.

　㉠ **직전법**(세조) : 현직 관리에게만 수조권을 지급하였고 수신전과 휼양전을 폐지하였다.

　㉡ **관수관급제**(성종) : 현직 관리에게만 수조권을 준 결과 실제 조세보다 더 많이 걷는 폐단이 생겼다. 이런 폐단을 시정하기 위하여 관청에서 수조권을 행사하고, 관리에게 지급하여 국가의 지배권이 강화되었다.

Point 팁 과전법의 3대 원칙
　　　　㉠ 전직과 재야세력에 대한 회유책
　　　　　• 품계 있고 직역이 없는 관리인 전직과 산관에게 지급하였다.
　　　　　• 한량에게는 군전을 지급하였다.
　　　　　• 세종 이후 군인은 조선시대의 급전대상에서 제외된다.
　　　　㉡ 농민에게 유리한 조항
　　　　　• 민심 획득을 위한 방법이다.
　　　　　• 혁명 때 농민병사로 참여한 결과이다.
　　　　　• 조 : 공 · 사전 모두 10분의 1이었고 국가가 경작권을 보장하였다.
　　　　　• 세 : 사전만 15분의 1이었다.
　　　　㉢ 사대부에 유리한 조항
　　　　　• 관리가 농민에게 직접 조를 받는 직접 수조권을 행사하였다.
　　　　　• 관리가 죽으면 과전을 반납하는 것이 원칙이었으나, 수신전 · 휼양전의 명목으로 세습되었다.
　　　　　• 불법적 농장 매매 · 겸병 등으로 후에 농장을 설립했다.

　㉢ **직전법의 폐지**(16세기 중엽) : 수조권 지급제도가 없어지고 녹봉제가 실시되었다.

③ **지주제의 확산**

　㉠ **배경** : 직전법이 소멸되면서 고위층 양반들이나 지방 토호들은 토지 소유를 늘리기 시작하였다.

　㉡ **지주전호제** : 토지가 늘어나면서 대토지를 갖는 지주와 그 땅을 경작하는 전호가 생겨나게 되었다.

　㉢ **병작반수제** : 지주전호제가 일반화되면서 농민은 생산량의 2분의 1을 지주에게 바쳤다.

기출문제

🔘 다음과 같은 조세 제도가 실시된 시기에 있었던 일로 옳지 않은 것을 고르시오.

▶ 2013. 9. 7. 서울특별시

토지 비옥도와 풍흉의 정도에 따라 전분 6등법, 연분 9등법으로 바꾸고 조세 액수를 1결당 최고 20두에서 최하 4두를 내도록 하였다.

① 안평대군의 꿈을 바탕으로 안견이 몽유도원도를 그렸다.
② 충신, 효자, 열녀 등의 행적을 그리고 설명한 삼강행실도가 편찬되었다.
③ 이암이 중국의 농서인 농상집요를 소개하였다.
④ 소리의 장단과 높낮이를 표현할 수 있는 정간보를 창안하였다.
⑤ 전국지도로서 팔도도가 처음으로 제작되었다.

> **Tip** 제시된 자료는 조선의 세종이 도입한 공법에 대한 내용이다.
> ③ 「농상집요」는 원나라의 농서로 고려 후기 때 이암이 소개하였다.
> ⑤ 팔도도는 태종 때 제작된 것으로 추정되는 전국지도이다.

(3) 수취체제의 확립

① 조세 … 토지 소유자가 부담하게 되어 있는데 지주들은 소작농에게 대신 납부하도록 강요하는 경우가 많았다.
  ㉠ 과전법 : 수확량의 10분의 1을 징수하고, 매년 풍흉에 따라 납부액을 조정하였다.
  ㉡ 전분6등법 · 연분9등법(세종) : 1결당 최고 20두에서 최하 4두를 징수하였다.
  • 전분6등법
  - 토지의 비옥한 정도에 따라 6등급(상상, 상하, 중상, 중하, 하상, 하하)으로 나누고 그에 따라 1결의 면적을 달리하였다.
  - 모든 토지는 20년마다 측량하여 대장을 만들어 호조, 각도, 각 고을에 보관하였다.
  • 연분9등법
  - 한 해의 풍흉에 따라 9등급(상상, 상중, 상하, 중상, 중중, 중하, 하상, 하중, 하하)으로 구분하였다.
  - 작황의 풍흉에 따라 1결당 최고 20두에서 최하 4두까지 차등을 두었다.
  ㉢ 조운제도
  • 운송 방법 : 군현에서 거둔 조세는 조창(수운창 · 해운창)을 거쳐 경창(용산 · 서강)으로 운송하였다. 전라도 · 충청도 · 황해도는 바닷길로, 강원도는 한강, 경상도는 낙동강과 남한강을 통해 경창으로 운송하였다.
  • 잉류지 : 제주도는 지리적 특성 때문에 조세를 자체 사용하였고, 국경과 접한 평안도와 함경도는 군사비와 사신 접대비로 자체 사용할 수 있도록 하였다.

② 공납
  ㉠ 징수 : 중앙 관청에서 각 지역의 토산물을 조사하여 군현에 물품과 액수를 할당하여 징수한다.
  ㉡ 종류 : 지방 토산물, 수공업 제품, 광물, 수산물, 모피, 약재 등으로 다양하다.
  ㉢ 문제점 : 납부기준에 맞는 품질과 수량을 맞추기 어려우면 다른 곳에서 구입하여 납부해야 하므로 부담이 컸다.

③ 역 … 16세 이상의 정남에게 의무가 있다.
  ㉠ 군역 : 정군은 일정 기간 군사복무를 위하여 교대로 근무했으며, 보인은 정군이 복무하는 데에 드는 비용을 보조하였다. 양반, 서리, 향리는 군역이 면제되었다.

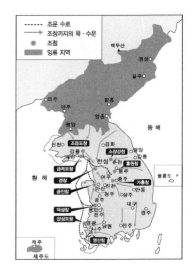

〈조선 시대의 조운로〉

정답 ③

ⓒ 요역 : 가호를 기준으로 정남의 수를 고려하여 뽑았으며, 각종 공사에 동원되었다. 토지 8결당 1인이 동원되었고, 1년에 6일 이내로 동원할 수 있는 날을 제한하였으나 임의로 징발하는 경우도 많았다.

④ **국가재정**

ⓐ 세입 : 조세, 공물, 역 이외에 염전, 광산, 산림, 어장, 상인, 수공업자의 세금으로 마련하였다.

ⓑ 세출 : 군량미나 구휼미로 비축하고 왕실경비, 공공행사비, 관리의 녹봉, 군량미, 빈민구제비, 의료비 등으로 지출하였다.

Point 팁 양안과 호적

조세, 공납, 역을 백성에게 부과하기 위한 근거자료로서 토지대장인 양안과 인구대장인 호적을 작성하였다.

ⓐ 양안 : 양전(토지조사)을 통해 전답의 등급, 면적, 지주와 소작인의 이름을 기록하여 조세제도의 근거로 삼았다.

ⓑ 호적 : 백성에게 군납과 역을 부과하기 위한 인구 대장으로 식년(3년)에 한번 관청에 호구신고서를 제출해 작성하였다. 호적에는 작성일, 호주의 이름, 연령, 소재지, 관직과 신분, 처와 자녀, 노비의 이름 등을 기록하였다. 군역의 대상인 평민은 보병, 기병 등 군역을 기록하였고, 독립호인 노비의 경우 노비의 이름과 함께 주인의 이름이 기록되었다.

section 2 양반과 평민의 경제활동

(1) 양반 지주의 생활

① **경제기반** … 과전, 녹봉, 자기 소유의 토지와 노비 등이다.

② **경작** … 농장은 노비의 경작과 주변 농민들의 병작반수의 소작으로 행해졌다.

③ **경영** … 양반이 직접하기도 하였지만 대개 친족이 거주하며 관리하였고 때로는 노비만 파견하여 농장을 관리하기도 하였다.

④ **노비** … 재산의 한 형태로 구매, 소유 노비의 출산 및 혼인으로 확보되었으며, 외거노비는 주인의 땅을 경작 및 관리하고 신공을 바쳤다.

(2) 농민 생활의 변화

① **농업 생활**

ⓐ 농업 보호책 : 조선 정부는 세력가의 농민에 대한 토지약탈을 규제하고, 농업을 권장하였다.

ⓑ 농업의 향상 : 정부는 개간을 장려하고, 수리시설을 확충하였다. 「농사직설」·「금양잡록」 등의 농서를 간행·보급하였다.

기출문제

문 **(가) 시기에 있었던 일로 옳은 것은?**

▶ 2020. 6. 13. 지방직/서울특별시

| 이종무의 대마도 정벌 | (가) | 전분6등법과 연분9등법 시행 |

① 과전법 공포
② 이시애의 반란
③ 「농사직설」 편찬
④ 정도전의 요동정벌 추진

Tip 조선 세종 대의 일이다. 이종무로 하여금 왜구의 근거지인 대마도를 토벌한 것은 1419년이고, 공법(전분 6등, 연분 9등)을 실시한 것은 1444년이다. 「농사직설」은 세종 대(1429)에 편찬된 농서로써 우리 토양에 적합한 농법을 소개했고 이앙법도 소개되었다.
① 고려 공양왕 대에 신진사대부의 경제 기반 마련을 목적으로 시행되었다.
② 조선 세조 대에 세조의 집권에 반대하여 발생하였다.
④ 조선 태조 대의 일이다.

정답 ③

② 농업의 발달

㉠ 농업기술의 발달

- 밭농사 : 조·보리·콩의 2년 3작이 널리 행해졌다.
- 논농사 : 남부지방에 모내기 보급과 벼와 보리의 이모작으로 생산량이 증가하였다.
- 시비법 : 밑거름과 덧거름을 주어 휴경제도가 거의 사라졌다.
- 농기구 : 쟁기, 낫, 호미 등의 농기구도 개량되었다.
- 수리시설이 확충되었다.

㉡ 상품재배 : 목화재배가 확대되어 의생활이 개선되었고, 약초와 과수재배가 확대되었다.

③ 농민의 생활안정대책

㉠ 농민의 생활 : 지주제의 확대와 자연재해, 고리대, 세금부담 등으로 소작농이 증가하였으며, 수확의 반 이상을 지주에게 납부해야 했다.

㉡ 정부의 대책

- 잡곡, 도토리, 나무껍질 등을 가공하여 먹을 수 있는 구황 방법을 제시하였다.
- 호패법과 오가작통법으로 농민통제를 강화하였다.
- 지방 양반들도 향약을 시행하여 농촌사회를 안정시키려 하였다.

(3) 수공업 생산활동

① 관영 수공업

㉠ 체제 : 전문직 기술자를 공장안에 등록하고 관청에서 필요로 하는 물품을 만들어 공급하게 하였다.

㉡ 운영 : 관청에 속한 장인인 관장은 부역으로 동원되어 의류, 활자, 화약, 무기, 문방구, 그릇 등을 제작하여 공급하였다. 관장은 국역기간이 끝나면 자유로이 필수품을 제작하여 판매할 수 있었다. 초과 생산품은 세금을 내고 판매하였다.

㉢ 쇠퇴 : 16세기 이후 부역제가 해이해지고 상업이 발전하면서 관영 수공업은 쇠퇴하고 민영 수공업이 발전하게 되었다.

② 민영 수공업 … 농기구 등 물품을 제작하거나, 양반의 사치품을 생산하는 일을 맡았다.

③ 가내수공업 … 자급자족 형태로 생활필수품을 생산하였다.

조선전기의 관영 수공업

① 운영 ··· 원칙적으로 수공업자는 모두 공장안에 등록된 관장이었는데, 이들은 전문적인 수공업자들로서 관청에 소속되어 각종 제품을 제작, 공급하였다.

② 공장(工匠)의 구분 ··· 중앙의 각급 관청에 소속된 경공장과 지방관아에 소속된 외공장으로 나뉘어 있었는데, 경공장은 2,800여 명, 외공장은 3,500여 명이었다.

③ 관장(官匠) ··· 관장은 대개 양인이나 공노비였다. 이들은 자신의 책임량을 초과한 생산품에 대해서는 공장세를 납부하고서 판매할 수 있었고, 관청에 동원되는 기간 이외에는 자신의 물품을 제조할 수 있었다.

(4) 상업활동

① **시전 상인** ··· 정부에서 종로거리에 상점가를 설치하였고, 시전으로부터 점포세와 상세를 징수하였다.

　㉠ 왕실이나 관청에 공급하는 특정 상품의 독점판매권(금난전권)을 획득하였으며, 육의전(명주, 종이, 어물, 모시, 삼베, 무명을 파는 시전)이 번성하였다.

　㉡ 경시서를 설치하여 불법적인 상행위를 통제하였고 도량형을 검사하고 물가를 조절하였다.

　㉢ 난전 : 시전 상인의 경계로 발달하지 못하였다.

② **장시** ··· 서울 근교와 지방에서 농업생산력 발달에 힘입어 정기 시장으로 정착되었다. 보부상이 판매와 유통을 주도하였다.

Point 팁 보부상 ··· 5일마다 열리는 장시를 통하여 농산물, 수공업제품, 수산물, 약재 등을 비롯한 생활 필수품을 유통시킨 행상이다.

③ **화폐** ··· 저화(태종, 조선 최초의 지폐)와 조선통보(세종)를 발행하였으나 유통이 부진하였다. 농민에겐 쌀과 무명이 화폐역할을 하였다.

④ **대외무역** ··· 주변 국가와의 무역을 통제하였다.

　㉠ 대명 무역 : 공무역과 사무역을 허용하였다.

　㉡ 대여진 무역 : 국경지역에서 무역소를 통해 교역하였다.

　㉢ 대일본 무역 : 동래에 설치한 왜관을 통해 무역하였다.

임꺽정은 양주 백정으로, 성품이 교활하고 날래고 용맹스러웠다. 그 무리 수십 명이 함께 다 날래고 빨랐는데, 도적이 되어 민가를 불사르고 소와 말을 빼앗고, 만약 항거하면 몹시 잔혹하게 사람을 죽였다. 경기도와 황해도의 아전과 백성들이 임꺽정 무리와 은밀히 결탁하여, 관에서 잡으려 하면 번번이 먼저 알려주었다.

① 동인과 서인의 붕당이 형성되었다.
② 문정왕후가 수렴청정하며 불교를 옹호하였다.
③ 삼포에서 4~5천 명의 일본인이 난을 일으켰다.
④ 조광조가 내수사 장리의 폐지, 소격서 폐지 등을 주장하였다.

Tip 임꺽정의 난은 조선 명종 대의 일이다. 명종은 12세의 어린 나이로 왕위에 즉위했기 때문에 어머니인 문정왕후 윤씨가 수렴청정을 하였다. 그 결과 문정왕후 동생인 윤원형을 중심으로 외척에 의한 정치가 이루어졌고 이 과정에서 을사사화가 발생하기도 하였다. 인종의 어머니였던 장경왕후 동생인 윤임을 중심으로 권력 다툼을 벌이기도 하였고, 일컬어 윤임 일파를 대윤(大尹), 윤원형 일파를 소윤(小尹)이라고 하였다.
① 조선 선조 대의 일이다.
③④ 삼포왜란과 조광조의 개혁정치는 조선 중종 대의 일이다.

정답 ②

---

(5) 수취제도의 문란

① **공납의 폐단 발생**
  ㉠ **방납** : 중앙관청의 서리들이 공물을 대신 납부하고 수수료를 징수하는 방납이라는 폐단이 생겨났다. 방납이 증가할수록 농민의 부담은 증가되었고 농민이 도망가면 이웃이나 친척에게 부과하였다. 이에 유망농민이 급증하였다.
  ㉡ **개선안** : 현물 대신 쌀로 걷는 수령이 등장하기도 하였다. 이이·유성룡은 공물을 쌀로 걷는 수미법을 주장하였다.

② **군역의 변질**
  ㉠ **군역의 요역화** : 농민생활이 어려워지고 요역 동원으로 농사에 지장을 초래하게 되자 농민들이 요역 동원을 기피하게 되었다. 이에 농민 대신에 군인을 각종 토목공사에 동원시키고 군역을 기피하게 하였다.
  ㉡ **대립제** : 15세기 말 이후 보법의 실시로 군인의 이중부담이 문제가 되어, 보인들에게서 받은 조역가로 사람을 사서 군역을 대신시키는 현상이다.

Point 팁 보법
  ㉠ 조선시대 양인이 부담하던 군역의 일종이다.
  ㉡ 세조는 보법의 실시로 군역의 평준화와 국방강화를 이루었다.
  ㉢ 결과적으로 군역은 확대되었지만 요역부담자가 감소되면서 군역부담자가 요역까지 겸하게 되었다.
  ㉣ 대립제를 초래하였고 군적수포제로 대립제를 제도화하였다.

  ㉢ **군적수포제**
    • 대립제의 악화로 대립제를 양성화시켜 장정에게 군포를 받아 그 수입으로 군대를 양성하는 직업군인제이다.
    • 군대의 질이 떨어졌고 모병제화되었으며 농민의 부담이 가중되는 결과를 낳았다.
  ㉣ **폐단** : 군포 부담의 과중과 군역기피 현상으로 도망하는 자가 늘어나면서 군적도 부실해지고 각 군현에서는 정해진 액수를 맞추기 위해서 남아 있는 사람에게 그 부족한 군포를 부담시키자 남아있는 농민의 생활이 더욱 어려워졌다.

③ **환곡** … 농민생활의 안정을 위해 농민에게 곡물을 빌려 주고 10분의 1 정도의 이자를 거두는 제도로서 지방 수령과 향리들이 정한 이자보다 많이 징수하는 폐단을 낳았다.

④ **농촌의 파탄** … 유민과 도적이 증가하였으며 특히 명종 대에 임꺽정과 같은 의적이 등장하기도 하였다.

1 다음에서 설명하고 있는 조선 시대 호적에 대한 내용으로 적절한 것을 〈보기〉에서 모두 고른 것은?

> 국가는 재정의 토대가 되는 수취 체제를 운영하기 위해 토지 대장인 양안과 인구 대장인 호적을 작성하였다. 이를 근거로 전세, 공납, 역을 백성에게 부과하였다.

〈보기〉
㉠ 호적은 3년에 한 번씩 관청에서 호주의 신고를 받아 작성하였다.
㉡ 호적에 관료였던 양반은 관직과 품계를 기록하고 관직에 몸담지 않은 양반은 유학이라고 기록하였다.
㉢ 호적에는 호의 소재지, 호주의 직역과 성명, 호주와 처의 연령, 본관과 4조(부, 조부, 증조부, 외조부)등을 적었다.
㉣ 호적에 평민은 보병이나 기병 등 군역을 기록하였으며, 노비는 이름을 기록하였다.

① ㉠
② ㉠, ㉡
③ ㉠, ㉡, ㉢
④ ㉠, ㉡, ㉢, ㉣

 Point

호적은 조세 수취의 근거 자료이다. 일반적으로 호적은 3년에 한 번씩 관청에서 호주의 신고를 받아 작성하였다. 호적에 관료였던 양반은 관직과 품계를 기록하고 관직에 몸담지 않은 양반은 유학이라고 기록하였다. 호적에는 호의 소재지, 호주의 직역과 성명, 호주와 처의 연령, 본관과 4조(부, 조부, 증조부, 외조부)등을 적었다. 호적에 평민은 보병이나 기병 등 군역을 기록하였으며, 노비는 이름을 기록하였다.
보기의 내용은 모두 옳은 내용이다.

Answer 1.④

2 ㈀~㈄과 관련된 사실로 옳지 않은 것은?

> 조선 전기에 농업에서는 유교적 민본주의를 바탕으로 ㈀농서의 편찬과 보급, ㈁수리시설의 확충 등 안정된 농업 조건을 만들기 위한 권농 정책이 추진되었다. 상공업에서는 ㈂시전의 설치, ㈃관영 수공업의 정비 등을 통하여 국가에서 필요로 하는 물품을 안정적으로 조달할 수 있는 체계를 만들었다.

① ㈀ –「농가집성」의 간행
② ㈁ – 저수지 다수 축조
③ ㈂ – 관청 필수품 공급
④ ㈃ – 수공업자의 공장안 등록

 Point
조선 전기 대표적인 농법서는 「농사직설」이다.

3 다음 조선 초기의 상업에 대한 내용을 토대로 당시 조선의 상업정책을 바르게 파악한 것은?

> • 경시서에서 도량형 검사와 물가조절 담당
> • 시전 상인들이 특정 상품에 대해 독점판매권 행사
> • 관허 상인인 보부상에 의해 장시의 물품 유통

① 농업생산력의 증대와 맞추어 상공업을 장려하였다.
② 저화, 조선통보 등의 화폐가 교역의 주된 매개체였다.
③ 지방의 장시에서는 자유로운 상업행위가 권장되었다.
④ 상업은 전반적으로 국가의 통제하에 운영되었다.

Point
조선시대 경제의 중심은 토지에 있었다. 지배층의 유교적 농본사상은 농업을 본업으로, 상공업을 말업으로 취급하여 농업을 장려하고 상공업을 억제하였고 상공업을 국가가 통제하지 않으면 사치와 낭비가 조장되며 농업이 피폐하여 빈부의 격차가 커진다고 생각하였다. 상업은 국가 통제하에 있는 시전을 중심으로 이루어졌는데, 경시서는 이러한 시전을 감독하기 위해 설치된 기구이다. 장시에서는 정부의 허가를 받은 보부상이 활동하였다.

4 다음 중 조선 전기의 상업에 대한 설명으로 옳지 않은 것은?

① 조선시대에는 고려시대 보다 상업 활동에 대한 통제가 더욱 강해졌다.

② 조선 전기에는 화폐의 유통이 활발해져 전국적으로 화폐의 사용이 보편화되었다.

③ 시전상인은 관수품의 공급 및 독점 판매권의 특권을 가진 어용상인이었다.

④ 장시는 15세기 후반 등장하였으며 16세기 전국적으로 확대되었다.

> **Point**
> ② 조선 전기에는 화폐 유통의 부진으로 쌀·무명 등이 교환수단으로 사용되었다.

5 다음은 「중종 실록」의 일부분이다. 이러한 현상이 성종 대에 급증하게 되는데 그 배경이 되는 것은?

> 무릇 백성의 생활은 토지에 의존하는 것인데, 부호들이 토지를 겸병하므로 궁한 자는 비록 조상이 물려 준 토지라도 모두 팔게 됩니다. 그러므로 부유한 자의 토지가 산기슭에 접하여 있고, 가난한 자는 송곳을 세 울 땅도 없어 부자는 더욱 부자가 되고 가난한 자는 더욱 가난해지는 것이 지금보다 더 심한 적이 없습니다. …… 토지를 제한하여 고르게 분배하는 법은 삼대 이후 좋은 법이니 대신과 의논하여 시행케 하소서.

① 공납·환곡·군역 등의 수취체제가 문란해졌다.

② 양반 관료와 지방 토호들이 매매, 겸병, 개간을 통해 토지를 확대하였다.

③ 토지의 사유관념이 확산되었다.

④ 직전법이 폐지되고 관리들은 녹봉만을 받게 되었다.

> **Point**
> 성종 이후 직전법의 폐지와 농업기술의 발달로 인한 토지의 생산성 향상, 사유관념의 확산에 따라 양반 지주들의 대토지 집 적화현상이 나타났다. 이런 현상은 지주전호제를 강화시켰으며, 토지의 사유화는 양반 관료와 지방 토호들의 매매, 겸병, 개 간을 통해 전개되었다.

6 **조선시대 수취제도의 문란에 대한 설명으로 옳지 않은 것은?**

① 환곡은 농민의 생활이 어려울 때 현금을 빌려주고 10분의 1정도의 이자를 거두는 고리대금의 성격으로 지방 수령과 향리들이 정한 이자보다 많이 징수하는 폐단이 나타났다.

② 공납의 폐단으로 중앙관청의 서리들이 공물을 대신 납부하고 수수료를 징수하는 방납이라는 폐단이 발생하였다.

③ 농민의 요역동원으로 농사에 지장을 초래하자 농민들이 요역동원을 기피하게 되었고, 이에 농민을 대신해 군 인을 각종 토목공사에 동원시켜 군역을 기피하는 현상이 나타났다.

④ 군적수포제는 과중한 군포의 부담과 군역기피현상으로 도망자가 늘어나면서 군적 부실이라는 폐단을 낳았다.

 Point

① 환곡은 농민생활의 안정을 위해 농민에게 곡물을 빌려주고 10분의 1정도의 이자를 거두는 제도이다.

7 **다음 중 조선 중기 농촌의 모습을 바르게 서술한 것은?**

① 족징, 인징 등의 폐단을 해결하기 위하여 방군수포(放軍收布)가 행해졌다.

② 방납의 폐단으로 농민의 부담이 가중되자 공납을 쌀로 내게 하자는 수미법이 주장되었다.

③ 지주전호제가 일반화되면서 농민의 경제적 부담은 점차 가벼워졌다.

④ 구휼제도인 환곡제가 사창에서 실시되면서 고리대로 변질되어 농민을 괴롭히는 결과를 초래하였다.

 Point

조선 중기 농촌의 모습

① 족징, 인징은 도망한 농민을 대신해서 그 친족이나 이웃에게 공납을 부과하는 것이며 방군수포는 군포를 받고 군역을 면제 해 주는 것이다.

③ 지주전호제는 농민의 부담을 더욱 가중시키는 것이다.

④ 환곡은 상평창에서 실시되었으며, 사창은 향촌을 단위로 양반들에 의해 자율적으로 시행되는 구휼제도였다.

8 15세기 중엽 전분 6등법과 연분 9등법의 시행으로도 농민의 부담이 가벼워진 것은 아니었다. 많은 농민들이 전세개혁의 혜택을 받지 못한 이유로 옳은 것은?

① 현물로 납부하였기 때문에

② 땅을 소유하지 못하였기 때문에

③ 관리들의 부정 때문에

④ 해마다 풍년이 들었기 때문에

> 조선시대 토지소유자는 국가에 조세를 납부할 의무가 있었다. 그러나 토지소유자인 지주들은 소작농민에게 그 세금을 대신 납부하도록 강요하는 경우가 많았다.

9 다음 중 고려시대와 조선시대 토지제도의 공통점으로 옳은 것은?

① 공 · 사전을 막론하고 수확량의 2분의 1을 전세로 바쳤다.

② 국유를 원칙으로 하고 공전과 사전으로 구분하였다.

③ 5품 이상의 고관에게는 별도의 토지를 지급하였다.

④ 조선시대에만 향리에게 외역전을 지급했다.

> 고려시대와 조선시대 토지제도는 토지국유제의 원칙, 현직 관리에게 수조권 지급, 관등에 따른 차등지급, 세습불가 등의 유사점이 많다.
> ① 고려시대의 공전은 수확량의 4분의 1, 사전은 수확량의 2분의 1, 조선시대에는 공 · 사전을 막론하고 매 결당 10분의 1조를 국가에 납부하였다.
> ③ 고려시대와 조선시대 모두 고위관리에게 지급하는 공음전이라는 토지가 있었으나, 고려는 5품 이상의 관리에게 조선은 2품 이상의 관리에게 지급하였다.
> ④ 고려시대와 조선 초기에 외역전이라는 토지를 지급하였다.

10 다음은 조선시대에 시행된 제도들이다. 이 제도들이 시행된 배경과 목적이 가장 바르게 짝지어진 것은?

> • 흉년에는 조세를 감면해 주었다.
> • 의창과 상평창에서 환곡제를 운영하였다.
> • 농번기에는 잡역에 동원하지 못하게 하였다.
> • 5가(家)를 1통(統)으로 묶어 관리하였다.
> • 호적을 작성하고 호패제를 실시하였다.

① 양반층의 토지 겸병 – 자영농민의 육성
② 농민의 토지 이탈 – 농민에 대한 통제 강화
③ 이민족의 빈번한 침입 – 국방력의 강화
④ 토지제도의 문란 – 국가수조권의 강화

 Point

조선 사회에서 농민생활의 안정은 곧 국가 사회의 안정과 직결되어 있었다. 때문에 농민생활을 안정시키기 위해 정부는 흉년시 조세를 감면하고, 농번기에 잡역 동원을 금하였으며, 의창과 상평창을 설치하였다. 그러나 이러한 사회시설은 당시의 농민문제에 대한 근본적인 대책일 수는 없었으며, 다만 농민에게 최소한의 생활을 보장해 줌으로써 농토에서의 농민의 유망을 방지하기 위한 미봉책에 불과하였다. 오히려 정부는 농민들을 효과적으로 통제하기 위하여 오가작통법과 호패법을 적극적으로 실시하였고, 이를 통하여 농토로부터 농민의 이탈을 억제하고자 하였다.

11 다음 중 16세기 경제에 대한 설명으로 옳지 않은 것은?

① 환곡의 고리대화로 인해 농촌경제가 더욱 궁핍해졌다.
② 대립제의 양성화로 신역이 조세화되었다.
③ 수미법의 실시로 차츰 공납의 폐해가 완화되었다.
④ 공납의 부족을 채우기 위한 족징·인징 등의 방법으로 농민 부담이 가중되었다.

Point

③ 공납의 폐해를 개선하는 방법으로 이이와 유성룡 등은 공물을 쌀로 걷는 수미법을 주장하였으나 정부 관료들에 의해 거부되었다.
※ 족징과 인징
ㄱ 족징 : 농민이 도망을 하면 친척이 대신 공물을 내는 것
ㄴ 인징 : 농민이 도망을 하면 이웃이 대신 공물을 내는 것

12 다음 중 조선시대에 사적소유권과 병작반수제에 입각한 지주제의 확산과 직접적으로 관련 있는 것은?

① 서원의 증가
② 방납의 폐단 발생
③ 면세전의 증가
④ 직전법의 폐지

양반의 경제기반은 과전, 녹봉 그리고 자신의 토지와 노비 등이 있었고 주수입원은 토지와 노비였다. 16세기 중엽에 직전법
이 폐지되자 토지의 사유관념이 확산되면서 토지소유는 양반지주층을 중심으로 더욱 편중되어 갔다.

13 조선시대의 정책 중 국가의 재정수입의 확대와 관련이 깊은 것은?

㉠ 호적대장을 작성하였다.　　　　　㉡ 양전사업을 실시하였다. ㉢ 장인의 등록제를 폐지하였다.　　　㉣ 금난전권을 철폐하였다.

① ㉠, ㉡
② ㉠, ㉣
③ ㉡, ㉢
④ ㉢, ㉣

조선시대의 사회정책은 민생안정을 도모하기 위하여 중농정책을 실시하였다. 토지의 개간과 양전사업을 실시하고 새로운 농
업기술과 농기구를 개발하였다. 또한 농민의 효과적 통제를 위해 오가작통법과 호패법을 실시하여 농토로부터의 이탈을 막
았다. 농민은 조세와 요역을 통하여 국가재정을 부담하였기 때문에 이들의 안정은 곧 사회의 안정과 직결되어 있었다.

14 조선시대 군역제도의 변천과정에서 (　　) 안의 제도로 군정의 수는 크게 늘어났으나, 결과적으로 방군수
포제를 초래하였다. (　　) 안에 알맞은 말과 그로 인해 나타난 군역체제의 변화로 옳은 것은?

봉족제→(　　)→방군수포제

① 균역법 – 군역의 전세화
② 보법 – 군역의 요역화
③ 진관체제 – 농병일치의 동요
④ 군적수포제 – 용병제의 도입

Point

호(戶) 단위이던 봉족제가 인정(人丁) 단위의 보법으로 변화되면서 군정의 수는 증가했으나 농민의 요역기피로 군사가 요역
에 동원되는 군역의 요역화가 나타났고, 군역을 기피하게 하였다. 이에 따라 대립제, 방군수포제와 같은 폐단이 생겼다.

Answer　10.② 11.③ 12.④ 13.① 14.②

15 조선전기에 양반 관료들의 토지 소유와 관련되어 실시된 다음과 같은 제도를 통하여 알 수 있는 역사적 현상은?

> • 공신에게 주는 공신전과 별사전은 자손에게 세습되었다.
> • 과전은 받은 사람이 죽으면 국가에 반환하는 것이 원칙이었으나, 그 중 일부가 수신전, 휼양전이라는 이름으로 세습되었다.
> • 15세기 후반에는 현직 관리에게만 토지를 지급하는 직전법이 실시되었다.
> • 16세기 중엽에는 직전법이 폐지되고 관리들은 오직 녹봉만을 받게 되었다.

① 양반 관료들의 농장이 확대되어 소작농이 증가하였다.
② 양반 관료들의 소유권이 약화되고, 농민의 경작권이 강화되었다.
③ 양반 관료들의 지주권이 약화되고, 농민의 소작권이 강화되었다.
④ 양반 관료들에 의한 임의적인 농민 지배가 불가능하게 되었다.

 Point

조선의 토지제도는 세습이 허용된 공신전, 별사전 외에 과전도 수신전이나 휼양전의 명목으로 사실상 세습이 허용되었다. 그 결과 신진관료에게 줄 토지가 점차 부족해져, 마침내 세조는 세습 허용을 금한 직전법을 실시하였고, 16세기 중엽에 이르러서는 직전의 분배도 어렵게 되었다. 한편 이 무렵 토지의 생산성이 향상되고, 토지의 사유관념이 확산됨에 따라 토지 소유는 양반 지주 중심으로 보다 편중되어 갔다. 사적 소유권과 병작반수제에 입각한 지주제는 직전제의 소멸과 함께 더욱 확산되어 갔는데, 이러한 토지의 사유화는 양반 관료와 지방 토호들의 매매, 겸병, 개간을 통해 전개되었다. 이러한 토지를 농장이라 하고, 이들 농장은 소작농인 전호에 의해 경작되었다.

16 다음과 같은 토지 제도의 변천이 갖는 근본적인 방향성은 무엇인가?

> 과전법 → 직전법 → 관수관급제 → 녹봉제

① 농민과 지배층 간의 빈부의 격차 방지
② 농민의 이탈 방지 및 수취제도의 투명성
③ 국가의 토지 지배권 강화 및 토지의 세습화 차단
④ 국가 재정의 안정적 확보 및 토지의 사유화

 Point

③ 조선 전기 토지제도 변천의 가장 큰 특징은 수조권의 소멸로서 이러한 토지제도의 변천이 갖는 의미로는 토지의 세습화와 사유화를 막고 국가의 토지지배권을 강화하는데 그 방향성을 갖고 있었다.

17 다음 중 조선의 과전법체제에 대한 설명으로 옳지 않은 것은?

① 16세기 중엽 이후로는 점차 지주전호제가 강화되었다.

② 관수관급제의 실시로 직전법의 폐단이 시정되었다.

③ 공신전 외에 수신전, 휼양전도 세습이 가능하였다.

④ 수조권의 보유 권한에 따라 공·사전으로 구분하였다.

> **Point**
>
> ② 수조권을 관청이 대신 수행하여 관리에게 지급하는 관수관급제는 세조 때부터 시행된 직전법(현직자에 한해 토지 지급) 체제하에서 국가의 토지지배력을 더욱 강화하기 위한 제도였다. 사전의 폐해를 막기 위한 제도였던 직전법이 폐지됨으로써, 사전에 의한 지주전호제가 확산되게 되었다.

18 다음 조선시대의 상공업정책에 관한 결론으로 옳은 것은?

> 전국의 전문적인 수공업자인 공장들을 중앙과 지방의 각 관청에 소속시켜 일정한 기간 동안 국가가 필요로 하는 물품을 제조하게 하였다. 관청에 소속된 관장은 국역으로 의류, 활자, 화약, 무기, 문방구, 그릇 등을 제조하여 납품하였다. 서울에는 일찍부터 종로를 중심으로 한 도로변에 관청에서 상인들에게 점포를 빌려주어 시전이 형성되었는데, 시전 중에서는 육의전이 가장 번성하였다. 이들은 특정 상품에 대한 독점판매권을 가지는 대신, 관청에서 필요한 물품을 바쳐야 할 의무를 지고 있었다.

① 조선시대의 상업은 국가의 지원에 의해 비약적으로 발전하였다.

② 수공업은 관영 수공업 체제로, 상업은 시전으로 제한되었다.

③ 수공업과 상업은 농민들이 일정 기간 동안 종사할 수 있었다.

④ 조선시대에는 수공업은 통제되었으나 상업활동은 자유로웠다.

> **Point**
>
> 조선 초기의 수공업은 관영 수공업 체제였고 상업도 수공업과 마찬가지로, 국가의 통제 아래에 있는 시전을 중심으로 이루어졌다. 대표적 시전으로는 육의전이 번성하였고, 특정 상품에 대한 독점판매권을 가졌다.

Answer 15.① 16.③ 17.② 18.②

19 다음 토지제도의 변천 결과에 대한 설명으로 옳은 것은?

> • 14세기 말에 전 · 현직 관리에게 경기지방에 한하여 토지에 대한 수조권을 지급하였다.
> • 15세기 후반에는 현직 관리에게만 토지를 지급하였다.
> • 15세기 말에는 관리의 수조권을 국가가 대행하였다.
> • 16세기 중엽에는 녹봉제를 실시하였다.

① 토지에 대한 사유관념이 크게 약화되었다.
② 병작반수에 입각한 지주제가 확산되었다.
③ 16세기 중엽 이후에도 수조권제는 종식되지 않았다.
④ 국가에 의한 토지개간이 본격화되었다.

Point

관리들은 직전법 폐지와 녹봉제 실시로 수조지를 지급받지 못하여 토지사유에 대한 욕구로 개간 · 겸병 · 매입 등으로 사유지를 확대하였고, 이 토지를 노비나 농민에게 소작케 하여 수확량 절반을 지대로 받는 병작반수제로 운영하였다. 직전법 폐지와 녹봉제 실시는 수조권 지급제도의 폐지를 의미하는 것이었다.

20 다음 중 고려말 전제개혁에 대한 설명으로 옳지 않은 것은?

① 과전은 처음 경기도에 한정하여 지급하였다.
② 과전법의 실시를 관장하던 기관은 급전도감이다.
③ 구귀족의 농장을 몰수해 경제적 기반을 박탈하였다.
④ 전시과 체제의 타파가 근본목적이었다.

Point

④ 고려말의 전제개혁은 고려전기의 전시과체제를 부활시켜 공전제를 확립하는 데 근본목적이 있었다. 공양왕 때 공포된 과전법에 의하면 과전은 경기도에 한하여 지급되었으며, 전국의 나머지 토지는 모두 공전화시켰다.

21 다음과 같은 상황이 발생한 원인으로 옳은 것은?

> 농촌사회의 구성은 소수의 양반 지주와 전호로 전락한 다수의 농민으로 분화되었다.

① 정부의 정책이 지주전호제를 폐지하는 방향으로 추진되었다.
② 양반들의 권위가 성리학적 가치규범에 의해 강화되어 갔다.
③ 정부의 부세제도정책이 공정과세 방향으로 추진되었다.
④ 직전법의 폐지로 양반들의 토지사유관념이 확산되었다.

 Point

16세기 중엽에 양반 관료의 경제기반이었던 직전법이 폐지되면서 토지사유관념이 확산되어 토지소유가 양반 지주 중심으로 편중되어 갔다. 같은 시기에 농업기술의 발달로 농업생산력이 높아졌으나 지주제가 점차 확대되면서 농민들이 자연재해, 고리대, 세금부담 등으로 자기소유의 토지를 팔고 소작농이 되는 경우가 증가하였다.

22 다음은 과전법에 대한 규정이다. 이의 실시 결과로 옳은 것은?

> • 경기는 사방의 근본이니 마땅히 과전을 설치한다.
> • 무릇 서울에 거주하여 왕실을 시위하는 자는 전직, 현직을 막론하고 과전을 받는다.
> • 수조권을 받은 자가 사망한 후, 그의 아내가 자식이 있고 수절을 하는 경우에는 남편의 과전 모두를 물려받는다.
> • 수조권자는 경작농민을 함부로 바꿀 수 없으며, 경작농민도 경작지를 멋대로 타인에게 팔거나 빌려줄 수 없다.

① 관리가 받은 과전에는 병작반수제가 적용되었다.
② 경작농민은 거주지를 자유롭게 옮길 수 없었다.
③ 경기도 지방에 지주전호제가 발달하였다.
④ 현직 관리는 소유권을, 퇴직 관리는 수조권을 받았다.

Point

농업생산성이 낮았던 조선시대에는 농업인구의 확보가 무엇보다도 중요하였으므로 국가는 오가작통법, 호패법 등을 실시하여 농민의 자유로운 거주 이전을 통제함으로써 농민의 농토이탈을 방지하였다.

Answer 19.② 20.④ 21.④ 22.②

23 다음 중 조선시대 중농정책의 시행과 관련이 깊은 것은?

> ㉠ 개간사업 장려　　　　　　　　㉡ 양전사업 실시
> ㉢ 병작반수제 실시　　　　　　　㉣ 지주전호제 확대

① ㉠, ㉡

② ㉠, ㉣

③ ㉡, ㉢

④ ㉢, ㉣

조선은 중농정책을 펼치면서 토지개간을 장려하고 양전을 실시하였고, 수리시설을 확장하였다. 그리고 「농사직설」, 「금양잡록」 등의 농서편찬을 통한 농업기술의 보급에 힘썼다.

24 조선시대 과전법이 시행된 이후의 변화를 나타낸 것이다. 이러한 변화의 결과에 대해 옳은 것은?

> 과전법 → 직전법 → 관수관급제 → 현물 녹봉제

① 농민들의 경작권이 점차 보장되었다.

② 관리들의 수조권 행사가 점차 강화되었다.

③ 관리들의 토지소유욕구가 점차 줄어들었다.

④ 병작반수의 지주제 경영방식이 점차 확대되었다.

과전법은 전직 관리에게도 토지를 지급하였지만, 직전법은 현직 관리에게만 토지를 지급하였다. 그 결과 농민들에게 과중한 조세를 걷는 폐단이 생겼고 이런 폐단을 없애기 위해 성종대에 관수관급제를 시행하였다. 이에 관리가 토지와 농민을 지배하는 방식은 사라지고 국가의 토지지배권은 강화되었다. 그 결과 관료들은 직접 토지를 소유하려 했기 때문에 토지의 사유화가 진전되고 지주전호제가 확산되었다.

25 조선시대 조세제도와 재정의 운영에 대한 설명으로 옳은 것은?

① 공납은 농가별로 토지소유면적에 따라 부과되었다.

② 양인 정남은 농가별로 매년 한 명씩 요역에 징발되었다.

③ 보법의 실시로 군역과 요역은 서로 분리되어 적용되었다.

④ 국가는 농민 보유지인 민전의 경작권을 보장해주고 조세를 징수하였다.

 Point

조선시대 조세제도

① 공납은 각 가호(家戶)별로 부과되었다.

② 요역은 경작하는 토지 8결을 기준으로 1명씩 차출되었다.

③ 보법제도에서 보인은 현역복무를 하는 정군의 비용을 부담하였다.

26 조선 전기의 경제활동에 대한 내용으로 옳은 것은?

① 저화와 조선통보 등의 화폐가 일반 사회에서 널리 유통되었다.

② 무역은 공무역의 형태로 이루어져서 사무역은 이루어지지 않았다.

③ 시전 상인과 보부상은 특정 상품에 대한 독점 판매권을 부여받았다.

④ 면포 생산은 농가에서 만드는 가내수공업에서 큰 비중을 차지하였다.

 Point

조선 전기의 경제활동

① 교역의 매개는 화폐보다 쌀과 면포가 주로 이용되었다.

② 사무역은 국경 부근에서 엄격한 감시 하에 이루어졌다.

③ 보부상에게는 독점판매권이 부여되지 않았다.

27 과전법에 대한 설명으로 옳지 않은 것은?

① 과전법은 국가의 재정기반과 신진사대부의 경제기반을 확보하기 위해 시행되었다.

② 세조 때 수신전과 휼양전을 폐지하였다.

③ 16세기에는 수조권 지급제도가 없어지고 녹봉제가 실시됐다.

④ 관리가 죽으면 과전을 반납하는 것이 원칙으로 세습되는 일이 없었다.

    ④ 관리가 죽으면 과전을 반납하는 것인 원칙이었으나 수신전, 휼양전 명목으로 세습되었다.

28 다음은 조선 후기의 수취체제의 개편 내용이다. 이의 결과로 타당한 것은?

> • 정부는 연분 9등법을 따르지 않고 풍년과 흉년에 관계없이 전세를 토지 1결당 4두로 고정시켰다.
> • 농민 집집마다에 부과하여 토산물을 징수하였던 공물납부방식을 토지의 결 수에 따라 2필씩 내던 군포를 농민들은 1년에 1필만 내면 되었다.

① 지주와 농민 간의 격차가 점차 감소하였다.

② 소작농의 세금이 감면되지 못하였다.

③ 장기적으로 농민의 지위가 향상되었다.

④ 조세의 전세화로 인한 자급자족적 농업경제가 고착화되었다.

    제시된 내용은 영정법, 대동법, 균역법에 대한 설명으로 이러한 수취체제의 개편은 농민에게 크게 도움이 되지 못하고, 각종 폐단이 나타났으며 오히려 조세의 부담이 더욱 가중되었다.

29 조선시대 수공업에 대한 설명으로 옳지 않은 것은?

① 전문 기술자들을 공장안에 등록하고 관청에서 필요한 물품을 만들어 공급하도록 했다.

② 이들이 만든 초과 생산품은 판매가 불가 하였다.

③ 민영 수공업자들은 농기구나 양반의 사치품을 생산하는 일을 맡았다.

④ 16세기 이후 부역제가 해이해지고 상업이 발전하면서 민영 수공업이 발전하게 되었다.

Point

ⓝ 관영 수공업자들이 만든 초가 생산품은 세금을 내고 판매하였다.

30 조선 조운제도에 대한 설명으로 옳은 것은?

> 운송 방법 : 군현에서 거둔 조세는 ㈎을/를 거쳐 ㈏으로/로 운송하였다. 전라도 · 충청도 · 황해도는 ㈐, 강원
> 도는 ㈑, 경상도는 낙동강과 남한강을 통해 경창으로 운송하였다.

① ㈎ – 조창 ㈏ – 경창 ㈐ – 한강 ㈑ – 소양강

② ㈎ – 조창 ㈏ – 경창 ㈐ – 바닷길 ㈑ – 한강

③ ㈎ – 경창 ㈏ – 조창 ㈐ – 소양강 ㈑ – 한강

④ ㈎ – 경창 ㈏ – 조창 ㈐ – 바닷길 ㈑ – 소양강

Point

군현에서 거둔 조세는 조창을 거쳐 경창으로 운송하였다. 전라도 · 충청도 · 황해도는 바닷길, 강원도는 한강, 경상도는 낙동
강과 남한강을 통해 경창으로 운송하였다.

Answer 27.④ 28.② 29.② 30.②

04 경제상황의 변동

기출문제

section 1 수취체제의 개편

(1) 농촌 사회의 동요

① 농촌 생활의 어려움

　㉠ 전쟁의 피해 : 임진왜란과 병자호란으로 농촌사회가 파괴되고, 경작지가 황폐
　　화되었다.

　㉡ 기근과 질병이 만연하였고, 농민들의 조세부담이 심각하였다.

② 지배층의 태도 … 정치적 다툼에 몰두하여 민생문제를 등한시하였다.

③ 정부의 대응 … 수취체제의 개편으로 농촌사회의 안정과 재정기반의 확대를 추
　구하였다.

(2) 전세의 정액화

① 조세정책의 변화

　㉠ 배경 : 양 난 이후 농경지가 황폐화되고, 토지 제도가 문란해졌다.

　㉡ 대책 : 농지 개간을 권장하고 개간자에게 개간지의 소유권과 3년간의 면세의
　　혜택을 주었다.

② 영정법의 실시(1635)

　㉠ 배경

　　• 농민의 전호화 현상 : 지주전호제가 강화되면서 다수의 농민들이 토지를 잃고 전호
　　로 전락하였다.

　　• 농민의 불만 : 과중한 부세 등의 고통을 줄여주는 정책을 원하였다.

　　• 조세의 비효율성 : 세종 때 시행된 전분 6등법과 연분 9등법은 매우 번잡하여 제
　　대로 운영되지 않았고, 등법을 속이는 경우가 비일비재하였다.

　㉡ 내용 : 풍흉에 관계없이 전세로 토지 1결당 미곡 4두를 징수하였다.

　㉢ 결과 : 전세율은 이전보다 감소하였으나 전세를 납부할 때 수수료, 운송비,
　　자연소모에 따른 보조비용 등이 함께 부과되기 때문에 농민의 부담은 증가
　　하였고 또한 지주전호제하의 전호들에겐 적용되지 않았다.

Point 팁 조선시대 토지 결 수의 증감

㉠ 공양왕~세종 : 적극적인 개간 장려책으로 전국의 많은 황무지가 경작지로 바뀌어 토지 결 수가 크게 증가하였다.

㉡ 세종~선조 24 : 원장부 결 수의 증감은 없는데, 실제 수세 결 수가 감소한 것은 서원전 등 면세지가 늘었기 때문이다.

㉢ 선조 24~선조 34 : 임진왜란으로 경작지가 황폐해졌다.

㉣ 광해군 12~고종 30 : 광해군의 전쟁복구사업으로 황폐해진 토지가 다시 경작지로 개간되어 원장부 결 수가 증가하였다. 그러나 실제 수세 결 수는 면세지의 증가로 변함이 없었고, 원장부 결 수도 은결의 증가로 더 이상 늘어나지 않았다.

(3) 공납의 전세화

① 배경 … 방납의 폐단을 시정하고 농민의 토지 이탈을 방지하기 위해서 실시되었다.

② 대동법의 실시

㉠ 목적 : 농민의 부담을 경감시키고, 국가재정을 보완하기 위함이다.

㉡ 과정 : 경기지방에서 실시된 후 전국으로 확대되었다.

Point 팁 대동법의 실시과정

㉠ 광해군(1608) : 이원익, 한백겸의 주장으로 선혜청을 설치하고 경기도에서 처음으로 실시되었다.

㉡ 인조(1624) : 조익의 주장으로 강원도에서 실시되었다.

㉢ 효종(1651) : 김육의 주장에 따라 충청도, 전라도에서 실시되었다.

㉣ 숙종(1708) : 허적의 주장에 따라 함경도, 평안도를 제외한 전국에서 실시되었다.

㉤ 시행이 지연된 이유 : 대동법이 전국적으로 실시되는 데에 100년이란 기간이 소요된 것은 양반 지주들의 반대가 심하여 이들의 이해를 배려하면서 확대·시행하였기 때문이다.

㉢ 내용 : 토지의 결수에 따라 쌀·삼베·무명·동전 등으로 납부하는 제도로 대체로 1결당 미곡 12두만을 납부하면 되었다.

㉣ 결과 : 과세 기준이 종전의 가호에서 토지 결 수로 바뀌어 농민의 부담이 감소하였다.

문 (가)에 대한 설명으로 옳지 않은 것은?

▶ 2023. 4. 8. 인사혁신처

임진왜란 이후에 우의정 유성룡도 역시 미곡을 거두는 것이 편리하다고 주장하였으나, 일이 성취되지 못하였다. 1608년에 이르러 좌의정 이원익의 건의로 ____(가)____ 을/를 비로소 시행하여, 민결(民結)에서 미곡을 거두어 서울로 옮기게 하였다.

– 『만기요람』 –

① 장시의 확대에 기여하였다.

② 지주에게 결작을 부과하였다.

③ 공납의 폐단을 막기 위해 실시하였다.

④ 공인에게 비용을 지급하고 필요 물품을 조달하였다.

Tip 제시문의 (가)는 대동법이다.

임진왜란 이후 국토가 황폐화되고, 백성들의 수가 감소하면서 수취체제의 혼란과 백성들의 부담이 가중되었고, 특히 토산물 납부(공납)에 대한 부담은 더하였다. 공납의 폐단이 더해지자 이를 막고 백성들에 대한 부담을 줄이고자 대동법이 시행되었다. 대동법은 기존의 토산물 대신 곡식과 포, 화폐 등으로 대납할 수 있게 하고, 어용상인인 공인이 출현하여 토산물을 납품하게 하였다. 특히 화폐 납이 가능해지며 상품화폐 경제가 발달하여 장시의 확대에도 기여하였다.

② 지주에게 결작(토지 1결당 2두)를 부과한 제도는 균역법이다.

정답 ②

기출문제

문 〈보기 1〉의 밑줄 친 '이 법'에 대한 옳은 설명을 〈보기 2〉에서 모두 고른 것은?

▶ 2020. 6. 13. 제2회 서울특별시

〈보기 1〉

영의정 이원익이 아뢰기를, "각 고을에서 바치는 공물이 각급 관청의 방납인들에 의해 중간에서 막혀 물건 하나의 가격이 몇 배 또는 몇 십 배, 몇 백 배가 되어 그 폐단이 이미 고질화되었습니다. 그러니 지금 마땅히 별도로 하나의 청을 설치하여 <u>이 법</u>을 시행하도록 하소서."라고 하니 왕이 따랐다.

〈보기 2〉

㉠ 이 법이 실시된 뒤 현물 징수가 완전히 없어졌다.
㉡ 처음에는 경기도에서 시험적으로 시행되었다.
㉢ 과세 기준을 가호 단위에서 토지 결수로 바꾸었다.
㉣ 풍흉의 정도에 따라 조세 액수를 조정하였다.

① ㉠, ㉡   ② ㉠, ㉢
③ ㉡, ㉢   ④ ㉢, ㉣

Tip 조선 광해군 대 이원익의 건의에 의해 시행된 대동법이다. 임진왜란 이후 국토의 황폐화, 인구 감소 등으로 재정 부족 현상이 심화되었고 특히 공납에 대한 백성들의 부담과 방납의 폐단마저 심화되면서 이를 개혁하기 위해 시행되었다. 대동법은 가호마저 부과하던 공물 대신에 토지를 기준으로 1결당 미곡 12두나 포, 전 등으로 세금을 납부할 수 있게 한 제도이다. 이 법의 시행으로 공납에 대한 백성들의 부담이 경감되고, 조세의 금납화가 이루어지는 등의 변화가 나타났지만 지주들의 반대로 처음에 경기도에서만 시행되었다. 이후 전국적으로 실시되기까지 100여 년의 시간이 소요되었다.

▌정답 ③

대동법의 실시

선혜청을 설치하였다. 처음에 영의정 이원익이 아뢰기를 "각 고을의 진상과 공물이 각 관청의 방납인에게 막혀, 한 물건의 값이 3 ~ 4배 또는 수십 수백 배로 징수되어 그 폐해가 이미 고질이 되었는데 특히 경기도가 심합니다. 지금 별도의 담당 관청을 설치하여 매년 봄·가을에 백성들에게 쌀을 거두는데, 토지 1결마다 두 번에 걸쳐 각각 8두씩 거두어들이게 하고 담당관청은 수시로 물가 시세를 보아 쌀을 방납인에게 지급하여 물건을 조달하도록 해야겠습니다. 또한 때를 보아 전체 16두 가운데 2두를 지방에 내려주어 수령의 공사비용으로 쓰게 하면 될 것입니다." 라고 아뢰었다. …(중략)… 왕은 이를 받아들였다. 그런데 왕의 교지 가운데 선혜라는 말이 있어 담당관청의 이름으로 삼았다.

「광해군일기」

④ **영향**

㉠ **공인의 등장** : 관청에서 공가를 미리 받아 물품을 사서 납부하는 어용상인인 공인이 등장하였다.

㉡ **농민 부담의 경감** : 농민들은 대체로 토지 1결당 미곡 12두만을 납부하면 되었기 때문에 토지가 없거나 적은 농민에게 과중하게 부과되었던 공물부담은 없어지거나 어느 정도 경감되었다.

㉢ **장시와 상공업의 발달** : 공인의 활동이 활발해지면서 각 지방에 장시가 발달하였고, 생산 활동이 활발해지면서 경제 질서가 자급자족의 경제에서 유통 경제로 바뀌었고 도고상업이 발달하였다.

㉣ **상업도시의 성장** : 쌀의 집산지인 삼랑진, 강경, 원산 등이 성장하였다.

㉤ **상품 화폐경제의 성장** : 공인들이 시장에서 많은 물품을 구매하였으므로 상품 수요가 증가하였고, 농민들도 대동세를 내기 위하여 토산물을 시장에 내다 팔아 쌀, 베, 돈을 마련하였다.

㉥ **봉건적 양반사회의 붕괴** : 대동법의 실시로 인한 상품화폐 경제의 성장은 궁극적으로 농민층의 분해를 촉진시켰고 나아가 종래의 신분 질서와 경제를 와해시키는 등 양반사회를 무너뜨리는 작용을 하였다.

㉦ **현물 징수의 존속** : 농민들은 진상이나 별공을 여전히 부담하였고, 지방 관아에서는 필요에 따라 수시로 토산물을 징수하였다.

⑤ **의의**

㉠ **조세의 금납화** : 종래의 현물징수가 미곡, 포목, 전화 등으로 대체됨으로써 조세의 금납화가 이루어졌다.

㉡ **공납의 전세화** : 토지 소유의 정도에 따라 차등을 두어 과세하였으므로 보다 합리적인 세제라 할 수 있다.

(4) 균역법의 시행

① 군역의 폐단

    ⊙ **수포군의 증가** : 모병제의 제도화로 1년에 2필의 군포를 내는 것으로 군역을 대신하는 수포군이 증가하여 군영의 경비가 충당되었다.

    ⓒ **농민부담의 가중** : 군영, 지방 감영, 병영에서 독자적으로 군포를 징수하였다.

    ⓒ **군역의 재원 감소** : 납속이나 공명첩으로 양반 수가 증가되고, 농민의 도망으로 군포의 부과량이 증가하였다.

② 균역법의 실시

    ⊙ **내용** : 농민 1인당 1년에 군포 1필을 부담하게 하였다.

    ⓒ **재정의 보충** : 지주에게 결작이라고 하여 1결당 미곡 2두를 징수하고, 일부 선무군관이란 칭호로 상류층에게 군포 1필을 징수하였으며 어장세, 선박세 등 잡세 수입으로 보충하였다.

③ **결과** … 농민의 부담은 일시적으로 경감하였지만 농민에게 결작의 부담이 강요되었고 군적의 문란으로 농민의 부담이 다시 가중되었다.

section 2 서민경제의 발전

(1) 양반 지주의 경영 변화

① 양반의 토지 경영

    ⊙ **농토의 확대** : 토지 개간에 주력하고, 농민의 토지를 매입하였다.

    ⓒ **지주 전호제 경영** : 소작 농민에게 토지를 빌려 주고 소작료를 받는 형식이다.

② **지주 전호제의 변화** … 상품화폐 경제가 발달되면서 변화해 갔다.

    ⊙ 소작인의 소작권을 인정하고, 소작료 인하 및 소작료를 일정액으로 정하는 추세가 등장하게 되었다.

    ⓒ 지주와 전호 간의 관계가 신분적 관계에서 경제적 관계로 변화하였다.

③ 양반의 경제활동

    ⊙ 소작료와 미곡 판매로 이득을 남겨 토지 매입에 주력하였다.

    ⓒ 물주로서 상인에게 자금을 대거나 고리대로 부를 축적하기도 하였다.

    ⓒ 경제변동에 적응하지 못하고 몰락하는 양반이 등장하게 되었다.

기출문제

문 다음 지시에 따라 실시된 제도로 옳은 것은?

▶ 2017. 6. 17. 제1회 지방직

왕이 양역을 절반으로 줄이라고 명령했다. "…… 호포(戶布)나 결포(結布) 모두 문제가 있다. 이제 1필을 줄이는 것으로 온전히 돌아갈 것이니 경들은 1필을 줄였을 때 생기는 세입 감소분을 보충할 방법을 강구하라."

① 지조법을 시행하고 호조로 재정을 일원화하였다.

② 토산물로 징수하던 공물을 쌀이나 무명, 동전 등으로 통일하였다.

③ 황폐해진 농지를 개간하도록 권장하고 전국적인 양전 사업을 시행하였다.

④ 일부 양반층에게 선무군관이라는 칭호를 주고 군포 1필을 납부하게 하였다.

Tip 영조 26년(1750) 종래 인정(人丁) 단위로 2필씩 징수하던 군포가 여러 폐단을 일으키고, 농민 경제를 크게 위협하자 2필의 군포를 1필로 감하기로 하는 한편, 균역청을 설치, 감포에 따른 부족재원을 보충하는 대책으로 어전세·염세·선세 등을 균역청에서 관장하여 보충한다는 등의 균역법이 제정되어 1751년 9월에 공포되었다.
④ 선무군관포는 양역의 부과 대상에서 빠져 있는 피역자를 선무군관으로 편성하여 다시 수포한 것이다.

┃정답 ④

문 밑줄 친 '이 농법'에 대한 설명으로 옳은 것만을 모두 고르면?

▶ 2021. 4. 17. 인사혁신처

대개 <u>이 농법</u>을 귀중하게 여기는 이유는 다음과 같다. 두 땅의 힘으로 하나의 모를 서로 기르는 것이고, … (중략) … 옛 흙을 떠나 새 흙으로 가서 고갱이를 씻어 내어 더러운 것을 제거하는 것이다. 무릇 벼를 심는 논에는 물을 끌어들일 수 있는 하천이나 물을 댈 수 있는 저수지가 꼭 필요하다. 이러한 것이 없다면 볏논이 아니다.
- 『임원경제지』 -

㉠ 세종 때 편찬된 『농사직설』에도 등장한다.
㉡ 고랑에 작물을 심도록 하였다.
㉢ 『경국대전』의 수령칠사 항목에서도 강조되었다.
㉣ 직파법보다 풀 뽑는 노동력을 절약할 수 있었다.

① ㉠, ㉡   ② ㉠, ㉣
③ ㉡, ㉢   ④ ㉢, ㉣

Tip 밑줄 친 '이 농법'은 이앙법이다.
㉡ 이앙법은 못자리에서 모를 어느 정도 키운 다음에 그 모를 본논으로 옮겨 심는 재배방법이다. 고랑에 작물을 심도록 한 것은 조선시대의 실학자 박세당·서유구에 의하여 소개된 농법인 견종법이다.
㉢ 수령 7사의 내용은 농상성(農桑盛: 농상을 성하게 함)·호구증(戶口增: 호구를 늘림)·학교흥(學校興: 학교를 일으킴)·군정수(軍政修: 군정을 닦음)·부역균(賦役均: 역의 부과를 균등하게 함)·사송간(詞訟簡: 소송을 간명하게 함)·간활식(奸猾息: 교활하고 간사한 버릇을 그치게 함)의 일곱 가지로, 이앙법에 대한 강조는 포함되어 있지 않다.

정답 ②

(2) 농민경제의 변화

① **농촌의 실정** … 수취체제의 조정으로 18세기(영·정조시대)에는 농촌사회의 동요가 진정되는 듯하였으나, 궁극적으로는 양반 중심의 지배 체제를 유지하는 데 목적이 있었기 때문에 농촌사회 안정에 한계가 있었다.

② **농민들의 대응책** … 황폐한 농토를 개간하고, 수리시설을 복구하였다. 농기구와 시비법을 개량하고, 새로운 영농방법을 시도하였다.

③ **모내기법(이앙법)의 확대**

㉠ **벼와 보리의 이모작 가능**: 보리는 수취의 대상에서 제외되어 소작농에게 선호되었다.

㉡ **경영의 변화**: 잡초를 제거하는 일손의 감소로 경작지의 규모가 확대되었다.

㉢ **결과**: 광작(廣作) 농업으로 농가의 소득이 증대되자, 농민의 일부는 부농으로 성장하여 농민의 계층을 분화시켰다.

④ **상품작물의 재배** … 장시가 증가하여 상품의 유통이 활발해졌다.

㉠ **내용**: 쌀, 면화, 채소, 담배, 약초 등을 재배하였다.

㉡ **결과**: 쌀의 상품화로 밭을 논으로 바꾸는 현상이 일어났다.

⑤ **소작권의 변화**

㉠ **소작쟁의**: 유리한 경작조건을 확보하고 소작권을 인정받았다.

㉡ **지대의 변화**: 타조법에서 도조법으로 변화하였고 곡물이나 화폐로 지불하는 금납화현상이 나타나면서 소작농의 권리가 향상되었다.

㉢ **결과**

• 농민들은 소득이 향상되어 토지 개간이나 매입을 통해 지주로 성장하였다.

• 농민의 일부만 부농층이 되었고 대부분은 토지를 잃고 몰락하여 임노동자가 되었다.

Point 팁   타조법과 도조법

㉠ 타조법: 일정 비율로 소작료를 내는 방식으로 대개 수확량의 2분의 1을 납부한다. 전세와 종자, 농기구가 소작인의 부담으로 불리한 조건이다.

㉡ 도조법: 일정 액수를 내는 방식으로 대개 수확량의 3분의 1정도를 납부한다. 소작인에게 타조법보다 유리하였다.

기출문제

⑥ 몰락 농민의 증가

　ⓐ 원인 : 부세의 부담, 고리채의 이용, 관혼상제의 비용부담 등으로 토지를 판매하기도 하였다.

　ⓑ 지주의 소작지 회수 : 품팔이를 통해 광작으로 인하여 소작지를 확보하는 것이 어려워졌다. 소작지를 잃은 농민은 농촌을 떠나거나 농촌에 머물러 생계를 유지하였다.

　ⓒ 농민의 농촌 이탈 : 도시에서 상공업에 종사하거나, 광산이나 포구의 임노동자로 전환되었다.

(3) 민영 수공업의 발달

① 발달배경

　ⓐ 상품화폐 경제의 발달 : 시장판매를 위한 수공업제품의 생산이 활발하였다.

　ⓑ 도시인구의 증가 : 제품의 수요가 증가되었으며, 대동법의 실시로 관수품의 수요가 증가하였다.

② 민영 수공업 … 관영 수공업이 쇠퇴하고 민영 수공업이 증가하였다.

　ⓐ 장인세의 납부로 자유로운 생산활동이 이루어졌다.

　ⓑ 민영 수공업자의 작업장은 점(店)이라고 불렸으며 철점과 사기점이 도시를 중심으로 발달하였다.

③ 농촌 수공업 … 전문적으로 수공업제품을 생산하는 농가가 등장하여, 옷감과 그릇을 생산하였다.

④ 수공업 형태의 변화

　ⓐ 선대제 수공업 : 상인이나 공인으로부터 자금이나 원료를 미리 받고 제품을 생산하는 것이다(종이, 화폐, 철물 등).

　ⓑ 독립 수공업 : 독자적으로 제품을 생산하고 판매하였다(18세기 후반).

(4) 민영 광산의 증가

① 광산 개발의 변화

　ⓐ 조선 전기 : 정부가 독점하여 광물을 채굴하였다.

　ⓑ 17세기 : 허가받은 민간인에게 정부의 감독 아래 광물채굴을 허용하고 설점수세를 징수하였다.

　ⓒ 18세기 후반 : 국가의 감독을 받지 않고 민간인이 광물을 자유롭게 채굴하였다.

② 광산 개발의 증가
　㉠ 배경 : 민영 수공업의 발달로 광물의 수요가 급증하고, 금·은·동 등의 채굴이 활발히 이루어지게 되었다.
　㉡ 광산 개발
　　• 금광 개발 : 18세기 말 상업자본의 유입으로 활발하게 진행되었다.
　　• 은광 개발 : 청과의 무역으로 수요가 증가하여 개발이 활발하게 진행되었다.
　　• 잠채 성행 : 막대한 이익 창출이 가능해지자 불법 채굴이 유행하였다.

Point 팁 　잠채… 민간인이 합법적으로 광산경영을 하는 사채와 달리 잠채는 비합법적인 채굴행위를 말한다. 18세기 중엽 이후 지방 수령의 광산착취가 심해지자, 관청의 감시가 덜한 깊은 산속에서 잠채가 성행하였다. 지방의 토호나 부유한 상인들도 수령과 결탁하여 잠채를 하는 경우도 있었다.

③ 조선 후기의 광업
　㉠ 경영 방식 : 덕대가 상인 물주로부터 자본을 조달받아 채굴업자, 채굴노동자, 제련노동자 등을 고용하여 분업 형태로 작업을 하였다.
　㉡ 덕대 : 광산의 주인과 계약을 맺고 광물을 채굴하여 전문적으로 광산을 경영하였는데 이는 우리나라 특유의 광산경영방식이기도 하였다.
　㉢ 특징 : 굴진·운반·분쇄·제련의 분업화를 기본으로 한 협업으로 진행하였으며, 자본주의의 맹아적 요소를 보여주는 것이다.

section 3 상품화폐 경제의 발달

(1) 사상의 대두

① 상품화폐 경제의 발달
　㉠ 배경
　　• 농업 생산력이 증대되었다.
　　• 수공업 생산이 활발해졌다.
　　• 부세 및 소작료의 금납화 현상으로 상품유통이 활성화되었다.
　㉡ 상업인구의 증가 : 농민의 계층분화로 도시유입 인구가 증가되었고 상업활동은 더욱 활발해졌다.
　㉢ 주도 : 상업활동은 공인과 사상이 주도하였다.

ⓔ 공인의 활동
- 공인의 등장 : 대동법의 실시로 등장한 어용상인이다.
- 공인의 역할 : 관청의 공가를 받아 수공업자에게 위탁생산한 물품을 납품하여 수공업 성장을 뒷받침하였다.
- 도고의 성장 : 서울의 시전과 지방 장시를 중심으로 활동하였고, 특정 상품을 집중적·대량으로 취급하여 독점적 도매상인인 도고로 성장하였다.
- 조선 후기의 상업활동 주도 : 사상들이 성장하기 이전에는 공인들의 활동이 활발하였다.

② 사상의 성장
- ㉠ 초기의 사상(17세기 초) : 농촌에서 도시로 유입된 인구의 일부가 상업으로 생계를 유지하여 시전에서 물건을 떼어다 파는 중도아(中都兒)가 되었다.
- ㉡ 사상의 성장(17세기 후반) : 시전상인과 공인이 상업 활동에서 활기를 띠자 난전이라 불리는 사상들도 성장하였고 시전과 대립하였다.
- ㉢ 시전의 특권 철폐(18세기 말) : 시전상인들은 금난전권을 얻어내어 사상들을 억압하려 하였으나 사상의 성장을 막을 수 없었던 정부는 육의전을 제외한 나머지 시전의 금난전권을 폐지하였다.

Point 팁
금난전권 … 시전상인들이 가졌던 전매특권으로 일반 상인이나 다른 시전이 같은 물품을 팔지 못하게 금지할 수 있는 권리이다. 처음에는 육의전에만 허용하였으나 조선 후기에 난전이 본격적으로 전개되어 금난전권이 무의미해졌고, 마침내 정조 15년(1791)의 신해통공으로 육의전을 제외한 시전상인의 금난전권을 철폐하였다.

③ 사상의 활동(18세기 이후)
- ㉠ 사상 : 칠패, 송파 등 도성 주변과 개성, 평양, 의주, 동래 등 지방도시에서 활동하였다. 각 지방의 장시와 연결되어 각지에 지점을 설치하여 상권을 확대하였고 청·일본과의 대외무역에도 참여하였다.
- ㉡ 대표적 사상
  - 개성의 송상 : 송방이라는 지점을 전국에 설치하고 주로 인삼을 재배·판매하고 청과의 무역과 일본과의 무역을 중계하면서 부를 축적하였다.
  - 경강상인 : 한강을 거점으로 미곡, 소금, 어물 등의 운송과 판매를 장악하고 운송업에 종사하면서 부를 축적하였다.
  - 의주의 만상 : 대청 무역을 통해 부를 축적하였다.
  - 동래의 내상 : 대일 무역을 통해 구리, 후추, 황 등을 수입하여 부를 축적하였다.

기출문제

문 〈보기〉의 정책이 시행된 왕대에 대한 설명으로 가장 옳은 것은?
▶ 2020. 6. 13. 제2회 서울특별시

〈보기〉
백성들이 육전[육의전(六矣廛)] 이외에는 허가받은 시전 상인들과 같이 장사를 할 수 있도록 하셨다. 채제공이 아뢰기를 "(전략) 마땅히 평시서(平市署)로 하여금 20, 30년 사이에 새로 벌인 영세한 가게 이름을 조사해 내어 모조리 없애도록 하고, 형조와 한성부에 분부하여 육전이 아니라면 난전이라 하여 잡혀 오는 자들을 처벌하지 말도록 할 뿐만 아니라 잡아 온 자를 처벌하시면, 장사하는 사람들은 서로 매매하는 이익이 있을 것이고 백성들도 가난에 대한 걱정이 없어질 것입니다. 그 원망은 신이 스스로 감당하겠습니다."라고 하니 왕께서 따랐다.

① 법령을 정비하여 속대전을 편찬하였다.
② 청과 국경선을 정하고 백두산정계비를 세웠다.
③ 조세제도를 개편하여 영정법을 시행하였다.
④ 인재를 양성하기 위해 초계문신제를 시행하였다.

Tip 조선 후기 정조 대에 채제공의 건의에 따라 육의전을 제외한 시전상인들의 금난전권을 폐지한 신해통공(1791)이다. 정조는 즉위 후 붕당정치의 폐단을 개혁하기 위하여 탕평책을 실시하고 왕권을 강화하고자 하였다. 이를 위해 친 부대인 장용영과 규장각을 설치하여 정치기구로 삼았다. 또한 신진 관료나 하급 관료들을 대상으로 재교육을 하는 초계문신제를 시행하였으며, 수원 화성을 세워 상공업 중심지로 육성하고자 하였다.
① 조선 후기 영조
② 조선 후기 숙종
③ 조선 후기 인조

정답 ④

문 다음의 자료에 보이는 시기의 경제 동향에 대한 설명으로 옳지 않은 것은?

▶ 2015. 4. 18. 인사혁신처

배에 물건을 싣고 오가면서 장사하는 장사꾼은 반드시 강과 바다가 이어지는 곳에서 이득을 얻는다. 전라도 나주의 영산포, 영광의 법성포, 흥덕의 사진포, 전주의 사탄은 비록 작은 강이나 모두 바닷물이 통하므로 장삿배가 모인다. …(중략)… 그리하여 큰 배와 작은 배가 밤낮으로 포구에 줄을 서고 있다.

「비변사등록」

① 강경, 원산 등이 상업 중심지로 성장하였다.
② 선상은 선박을 이용해서 각 지방의 물품을 거래하였다.
③ 객주나 여각은 상품의 매매를 중개하고, 숙박, 금융 등의 영업도 하였다.
④ 상업 활동이 활발해지면서 삼한통보 등의 동전을 만들어 유통하였다.

> **Tip** 제시된 자료는 조선 후기의 경제 상황에 대한 내용이다.
> ④ 삼한통보는 고려 숙종 대에 주조된 화폐이다.

(2) 장시의 발달

① 장시의 증가 … 15세기 말 개설되기 시작한 장시는 18세기 중엽 전국에 1000여 개소가 개설되었다.

② 발달 배경 … 농민들은 행상에게 물건을 파는 것보다 장시를 이용하면 좀 더 싸게 물건을 구입하고 비싸게 팔 수 있어 이를 이용하는 경향이 점차 증가하였다.

③ 장시의 기능
  ㉠ 지방민들의 교역 장소 : 인근의 농민·수공업자·상인들이 일정한 날짜에 일정한 장소에 모여 물건을 교환하였는데, 보통 5일마다 열렸다.
  ㉡ 지역적 시장권 형성 : 일부 장시는 상설 시장이 되기도 하였지만, 인근 장시와 연계하여 하나의 지역적 시장권을 형성하는 것이 보통이었다.
  ㉢ 전국적 유통망 형성 : 18세기 말 광주의 송파장, 은진의 강경장, 덕원의 원산장, 창원의 마산포장 등은 전국적 유통망을 연결하는 상업의 중심지로 발돋움하였다.

④ 보부상의 활동
  ㉠ 농촌의 장시를 하나의 유통망으로 연결시켰고 생산자와 소비자를 이어주는 데 큰 역할을 하였다.
  ㉡ 자신들의 이익을 지키고 단결을 굳게 하기 위하여 보부상단 조합을 결성하였다.

(3) 포구에서의 상업 활동

① 포구의 성장
  ㉠ 수로 운송 : 도로와 수레가 발달하지 못하여 육로보다 수로를 이용하였다.
  ㉡ 포구의 역할 변화 : 세곡과 소작료 운송기지에서 상업의 중심지로 성장하였다.
  ㉢ 포구 상권의 형성 : 연해안이나 큰 강 유역에 형성되어 있는 포구들 중 인근 포구 및 장시와 연결되었다.
  ㉣ 선상, 객주, 여각 : 포구를 거점으로 상행위를 하는 상인이 등장했다.

② 유통권의 형성 … 활발한 선상 활동으로 하나의 유통권을 형성하여 갔고 칠성포, 강경포, 원산포에서는 장시가 열리기도 했다.

┃정답 ④

③ 상업활동

    ㉠ 선상 : 선박을 이용하여 포구에서 물품을 유통하였다.

    ㉡ 경강상인 : 대표적인 선상으로 운송업에 종사하였으며, 한강을 근거지로 소금, 어물과 같은 물품의 운송과 판매를 장악하여 부를 축적하였고 선박의 건조 등 생산분야에까지 진출하였다.

    ㉢ 객주, 여각 : 선상의 상품매매를 중개하거나, 운송·보관·숙박·금융 등의 영업을 하였다.

(4) 중계무역의 발달

① 대청 무역 … 17세기 중엽부터 활기를 띠었다.

    ㉠ 형태 : 개시(공무역), 후시(사무역)가 이루어졌다.

- 공무역 : 중강개시, 회령개시, 경원개시
- 사무역 : 중강후시, 책문후시, 회동관후시, 단련사후시

    ㉡ 교역품

- 수입품 : 비단, 약재, 문방구 등
- 수출품 : 은, 종이, 무명, 인삼 등

② 대일 무역 … 17세기 이후 국교가 정상화되었다.

    ㉠ 형태 : 왜관 개시를 통한 공무역이 활발하게 이루어졌고 조공무역이 이루어졌다.

    ㉡ 교역품 : 조선은 인삼, 쌀, 무명 등을 팔고 청에서 수입한 물품들을 넘겨주는 중계무역을 하고 일본으로부터 은, 구리, 황, 후추 등을 수입하였다.

③ 상인들의 무역활동 … 활발한 활동을 보인 상인은 의주의 만상, 동래의 내상, 개성의 송상은 청과 일본을 중계하여 큰 이득을 남겼다.

④ 영향 … 수입품 중에는 사치품이 많았고 수출품 중에는 은과 인삼의 비중이 커서 국가재정과 민생에 여러 가지 문제를 남겼다.

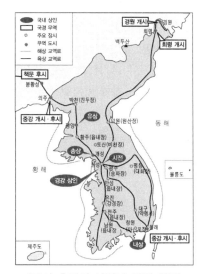

〈조선 후기의 상업과 무역 활동〉

문 **조선시대의 대외관계에 대한 설명으로 가장 옳은 것은?**

▶ 2018. 6. 23. 제2회 서울특별시

① 태조는 북방의 여진족을 몰아내고 4군 6진을 개척하였다.

② 왜란이 끝난 후 조선은 일본에 통신사를 파견하여 국교 재개를 요청하였다.

③ 조선후기 북학운동의 한계를 느낀 지식인들은 북벌운동을 전개하였다.

④ 조선후기 중국과의 외교와 무역에 은이 대거 소비되면서 은광이 활발하게 개발되었다.

> **Tip** ① 북방의 여진족을 몰아내고 4군 6진을 개척한 것은 세종 때이다.
> ② 왜란이 끝난 후 선조 40년에 일본의 요청으로 통신사를 파견하여 국교를 재개하였다.
> ③ 북학운동은 북벌운동 실패 이후 한계를 느낀 지식인들에 의해 주장되었다.

문 **시기별 대외 교류에 관한 설명으로 옳지 않은 것은?**

▶ 2021. 4. 17. 인사혁신처

① 백제 : 노리사치계가 일본에 불경과 불상을 전하였다.

② 통일신라 : 장보고가 청해진을 설치하여 해상권을 장악하였다.

③ 고려 : 예성강 하구의 벽란도가 국제항으로 번성하였다.

④ 조선 : 명과의 교류에서 중강개시와 책문후시가 전개되었다.

> **Tip** ④ 중강개시 : 중강에서 열리던 조선과 청나라와의 무역
> 책문후시 : 책문에서 열리던 조선과 청나라와의 밀무역

ㅣ정답 ④, ④

(5) 화폐유통

① 화폐의 보급

   ㉠ 배경 : 상공업의 발달에 따라 동전이 전국적으로 유통되었다.

   ㉡ 과정 : 인조 때 동전이 주조되어, 개성을 중심으로 유통되다가 효종 때 널리 유통되었다. 18세기 후반에는 세금과 소작료도 동전 대납이 가능해졌다.

② 동전 발행의 증가

   ㉠ 동광의 개발로 구리의 공급이 증가되고, 동전의 발행이 권장되었다.

   ㉡ 불법으로 사적인 주조도 이루어졌다.

③ 동전 부족(전황) … 지주, 대상인이 화폐를 고리대나 재산 축적에 이용하였다.

   ㉠ 원인 : 상인이나 지주 중에는 화폐를 재산으로 여겨, 늘어난 재산을 화폐로 바꾸어 간직하고 유통시키지 않았다. 이와 같이 화폐가 많이 주조되어도 유통되는 화폐는 계속 부족해지는 현상을 전황이라고 한다.

   ㉡ 실학자 이익은 전황의 폐단을 지적하며 폐전론을 주장하기도 하였다.

④ 신용화폐의 등장 … 상품화폐 경제의 진전과 상업 자본의 성장으로 대규모 상거래에 환·어음 등의 신용화폐를 이용하였다.

1 다음의 폐단을 시정하기 위해 실시한 제도에 대한 설명으로 옳지 않은 것은?

> 나라의 100여 년에 걸친 고질 병폐로서 가장 심한 것은 양역이다. 호포니 구전이니 유포니 결포니 하는 주장들이 분분하게 나왔으나 적당히 따를 만한 것이 없다. 백성은 날로 곤란해지고 폐해는 갈수록 더욱 심해지니, …(중략)… 이웃의 이웃이 견책을 당하고 친척의 친척이 징수를 당하고, 황구는 젖 밑에서 군정으로 편성되고 백골은 지하에서 징수를 당하며 …(후략)…

① 양반들도 군역을 지는 것으로 개선하였다.
② 군역 부담자의 군포 부담을 1필로 정하였다.
③ 균역청에서 관리하다가 선혜청이 통합하여 관리하였다.
④ 평안도와 함경도를 제외한 6도의 토지 1결당 쌀 2두씩을 부과하였다.

> **✦Point**
> 지문은 조선 후기 군포의 폐단에 대한 것으로 이 문제를 해결하기 위해 영조가 균역법을 실시하였다.
> ① 양반들도 군포를 부담하게 된 것은 흥선대원군 때 호포법이 실시된 이후부터이다.

2 조선 후기에는 상품·화폐경제가 발달하면서 사회적으로 큰 변동이 일어났는데, 그 변동을 설명한 것으로 옳지 않은 것은?

① 양반호가 증가하고 상민호가 줄어들어 삼정이 문란해졌다.
② 광범위한 신분상승 운동으로 양반의 수가 증가하였고, 구향과 신향 사이에 향전이 일어나기도 하였다.
③ 당쟁과 평민·천민층의 성장으로 양반층의 분화가 일어났으며, 재지 사족들은 신분적 특권을 지키기 위해 동족부락을 형성하였다.
④ 상업적 농업으로 부를 축적하는 부농경영이 발전하면서 농업에서 쫓겨난 몰락 농민이 증가함으로 인해 노비호가 증가하였다.

> **✦Point**
> ④ 이앙법의 발달과 광작의 보급은 경영형 부농의 증가와 동시에 농민층의 계층분화를 확대시켰다. 농촌에서 떠난 농민들은 도시로 나가 상공업에 종사하거나 임노동자가 되었고 노비가 되는 경우도 있었지만 이로 인해 노비호가 증가한 것은 아니고 노비는 지속적으로 감소되었다.

Answer 1.① 2.④

3 다음에서 설명하는 밑줄 친 '청(廳)'에 해당하는 것은?

> 영의정 이원익이 의논하기를, "각 고을에서 진상하는 공물이 각 사의 방납인들에 의해 중간에서 막혀 물건 하나의 가격이 몇 배 또는 몇 십배, 몇 백배가 되어 그 폐단이 이미 고질화 되었는데, 기전(畿甸)의 경우는 더욱 심합니다. 그러니 지금 마땅히 별도로 하나의 청(廳)을 설치하여 매년 봄·가을에 백성들에게서 쌀을 거두되, 1결당 매번 8말씩 거두어 본청에 보내면 본청에서는 당시의 물가를 보아 가격을 넉넉하게 헤아려 정해 거두어들인 쌀로 방납인에게 주어 필요한 때에 사들이도록 함으로써 간사한 꾀를 써 물가가 오르게 하는 길을 끊으셔야 합니다. …(후략)…"

① 어영청
② 상평청
③ 선혜청
④ 균역청

 Point

임진왜란 후 농민의 공납 부담이 높아지면서 공납의 폐해는 다시 일어났다. 이런 상황에서 광해군이 즉위하자 한백겸은 대공수미법 시행을 제안하고 영의정 이원익이 이를 재청하여 경기도에 한하여 실시할 것을 명하고 선혜법이라는 이름으로 실시되었다. 중앙에 선혜청과 지방에 대동청을 두고 이를 관장하였다.

4 다음 글과 관련한 내용으로 옳지 않은 것은?

> "……민폐 중에서 도고가 가장 큰 문제로서, 도고를 혁파하는 것이 백성을 살게 하는 가장 급선무입니다. 금난전권을 가진 육의전이 이 권리를 남용하여, 가격을 배로 취하여도 평민은 살 수 밖에 없습니다. 시전이 아니고서는 물건을 구할 수 없기 때문입니다.……"
>
> 「비변사등록」

① 시전상인들의 과도한 금난전권의 사용으로 물가가 상승하는 등의 부작용이 발생하자 국가는 재정수입을 늘리고 상공업을 통해 경제력을 키우기 위한 방법을 강구하게 되었다.
② 이러한 문제를 해결하기 위해 신해통공을 실시하게 되었다.
③ 신해통공의 실시로 결과적으로 상인층의 계층 분화는 심화되었으며 도고 상업은 쇠퇴하게 되었다.
④ 신해통공을 실시한 근본적인 원인은 변화되어가는 상업 유통 구조와 체제의 변화에 대처하기 위해서이다.

Point

제시문을 통해 금난전권의 폐해를 알 수 있다. 실학자들의 생각이 채제공과 같은 정권담당자를 통해 정책에 반영된 결과 신해통공이 실시되게 되었다.
③ 신해통공의 실시로 인해 이미 진행되고 있던 상인층의 계층분화와 도고상업의 대두는 더욱 촉진되었다.

5 다음 글에서 말하고 있는 제도에 대한 설명으로 옳지 않은 것은?

> 선혜청을 설치하였다. 처음에 영의정 이원익이 제의하기를 "각 고을의 진상과 공물이 각급 관청의 방납인에 의해 저지되어, 한 물건의 값이 3, 4배 혹은 수십, 수백 배까지 되어 그 폐해가 극심하고, 특히 경기 지방은 더욱 그러합니다. 지금 마땅히 별도로 1청을 설치하여, 매년 봄, 가을로 백성들에게 쌀을 거두되, 토지 1결마다 2번에 걸쳐 8두씩 거두어 본청에 수납하게 하고, 본청은 그 때 물가의 시세를 보아 쌀로서 방납인에게 지급하여, 수시로 무역해서 납부하게 하소서."라고 하니, 임금이 이에 따랐다.
>
> 「광해군일기」

① 제도로 인해 현물 징수의 폐단이 해소되었으며 이로 인해 농민의 부담이 줄어들었다.

② 제도의 시행으로 삼랑진, 강경, 원산 등이 상업도시로 성장하였다.

③ 제도로 인해 조세의 금납화가 이루어졌으며 이것은 상품화폐 경제의 발달로 이어졌다.

④ 제도의 실시로 인해 공인이라는 어용 상인을 중심으로 한 상업자본이 발달하게 되었다.

> **Point**
>
> 제시문이 설명하는 제도는 대동법이다. 대동법은 1608년 광해군 때 이원익, 한백겸의 주장으로 경기도에서부터 시행되었고, 1708년 숙종때 평안도와 함경도를 제외한 전국에 실시되었다.
>
> ① 대동법의 실시로 인해 농민들은 대체로 토지 1결당 미곡 12두만을 납부하면 되었기 때문에 부담이 경감하였지만 농민들은 여전히 진상이나 별공을 부담하여 현물징수의 폐단이 여전히 존속되었다.

6 다음 중 조선시대의 세제에 대한 설명으로 옳지 않은 것은?

① 대동법 및 균역법이 실시됨으로써 전지에 부과되는 세액은 모두 20.2두가 되었다.

② 효종 때에 이르러 공법을 폐지하고 영정법으로 개정함으로써 1결당 세액은 4두가 되었다.

③ 16세기에 이르러 병작제 및 지주전호제의 일반화에 따라 조와 세의 구별은 없어지게 되었다.

④ 세종 때에 제정된 공법에서는 비척에 따라 전지를 6등으로 구분하고 1결당 세액을 최고 20두에서 최하 4두로 정하였다.

> **Point**
>
> ② 세종 때 만들어진 공법(전분 6등법, 연분 9등법)이 제대로 운용되지 못하자 인조 때에 조세를 1결당 4두로 감하는 영정법을 실시하였다.

Answer 3.③ 4.③ 5.① 6.②

7 다음의 사실들을 통하여 알 수 있는 사항으로 옳은 것은?

> • 장인들은 납포장으로 자유롭게 제품생산에 전념하게 되었다.
> • 정부는 18세기 말에 장인들의 등록명부인 공장안을 폐지하였다.
> • 부역제의 변동과 상품화폐 경제의 진전으로 관영 수공업이 쇠퇴하기 시작하였다.
> • 전문적 수공업자인 장인들은 가급적 관청에 등록하기를 기피하였다.

① 독립적인 민영 수공업이 발달하게 되었다.
② 수공업자는 관장으로 변신하게 되었다.
③ 수공업자는 정부를 지배하게 되었다.
④ 관영 수공업장은 완전히 폐쇄되었다.

Point

조선 후기 상품화폐 경제의 발달로 시장판매를 위한 수공업 제품의 생산이 활발하였고, 민간 수공업자들은 장인세만 납부하면 자유로운 생산 활동을 할 수 있었으며 그들의 제품은 품질과 가격 면에서 경쟁력도 있었다.

8 다음의 조선 후기 사실들에 대한 설명으로 옳은 것은?

> • 농업 – 광작이 발생하였다.
> • 광업 – 사채, 잠채가 성행하였다.
> • 상업 – 도고상인이 성장하였다.
> • 수공업 – 선대제도가 유행하였다.

① 서민경제수준이 향상되었다.
② 자본축적활동이 활발하였다.
③ 통제경제정책이 강화되었다.
④ 계층 분화 현상이 약화되었다.

Point

계층 분화 현상이 촉진되고, 통제 경제 정책은 완화되었다. 또한 다수의 서민 경제 수준은 악화되었다.

9 다음 중 조선 후기의 경제생활에 대한 설명으로 옳지 않은 것은?

① 도고상인을 위해 통공정책이 실시되었다.

② 17세기 후반에 상평통보가 발행되었다.

③ 군역의 합리적인 시행을 위해 호포법을 실시하였다.

④ 이앙법이 널리 보급되었다.

> **Point**
> ③ 조선 후기 군역제도의 개편방법으로 영조와 일부 관료들이 호포론을 제기하였다. 군포를 양반층을 포함하여 전국의 모든 가호에게 부과하자는 주장으로 대다수의 양반들은 양반이 군역을 지면 반상의 신분적 구분이 없어진다고 반대하여 시행되지 못하였다.

10 다음 중 조선 후기의 대외무역을 시장별로 설명한 것으로 옳지 않은 것은?

① 회령 개시 – 춘추 2회 열리며, 공무역과 사무역이 자유무역으로 변했다.

② 회동관 후시 – 조공사가 북경에서 하는 밀무역으로 병기, 사서, 비단 등이 거래되었다.

③ 책문 후시 – 밀무역이기에 과중한 세금을 부과하고 단련사가 단속했다.

④ 중강 후시 – 중강개시인 공무역이 밀무역으로 변질된 것이다.

> **Point**
> ② 회동관 후시는 조선에서 중국으로 사신을 보낼 때 북경에 있는 회동관(조공사신의 숙소)에서 이루어지는 사무역이다.

11 조선 후기 사상과 그에 대한 설명이 바르지 않은 것은?

① 개성의 송상 – 인삼의 재배 및 판매를 독점하였다.

② 동래의 내상 – 일본과의 무역을 주도하였다.

③ 의주의 만상 – 중국과의 무역을 주도하였다.

④ 경강상인 – 청 · 일 간의 중계무역에 종사하였다.

> **Point**
> ④ 청 · 일 간의 중계무역에 종사한 것은 개성의 송상이다.
> ※ 경강상인 … 대표적인 선상으로서 경강과 서남 연안의 포구를 중심으로 운송업에 종사하였다. 한강을 중심으로 활동하였으며 운수와 조선뿐만이 아니라 소금 · 어물 등의 물품을 판매하여 막대한 이득을 취하기도 하였다.

Answer 7.① 8.② 9.③ 10.② 11.④

12 다음과 같은 상황과 직접적으로 연계되어 활동한 상인은?

> 조선시대에는 도로와 수레가 발달하지 못하여 물화의 대부분이 육로보다 수로를 통하여 운송되었다.

㉠ 선상	㉡ 보부상
㉢ 여각	㉣ 시전상인
㉤ 객주	

① ㉠, ㉡, ㉢
② ㉠, ㉢, ㉤
③ ㉡, ㉢, ㉤
④ ㉢, ㉣, ㉤

Point

조선시대에는 대부분의 물화가 수로를 통해 운송되었다. 18세기에 이르러 상거래가 활발해지자 포구가 상업의 중심지로 성장하였다. 인근의 포구 및 장시와 연결하여 상거래가 이루어졌는데 선상의 활동이 활발해지면서 포구가 하나의 유통권을 형성하였고, 장시가 열리기도 하였다. 이 포구를 중심으로 상행위를 한 상인은 선상, 객주, 여각 등이었다.

13 조선 후기 사회에 나타난 다음과 같은 현상을 종합하여 내린 결론으로 옳지 않은 것은?

> • 농가 당 경작면적의 확대로 가족 노동력만으로 농사를 짓기가 어렵게 되었다.
> • 이앙법과 견종법의 보급으로 노동력이 절감되어 광작 경영이 성행하게 되었다.
> • 수공업과 대외무역의 발달로 광물의 수요가 늘어나자, 광산의 사채가 활발하였다.
> • 관청에서 주관하는 축성이나 도로공사에 농민의 부역동원이 어려워져서 인부를 고용하였다.

① 임노동자의 수요가 늘어나게 되었다.
② 농민의 계층 분화 현상이 일어나고 있었다.
③ 농민의 토지 이탈이 심하게 일어나고 있었다.
④ 농민들은 임노동수입의 증가로 생활의 향상이 이루어졌다.

Point

④ 농업기술의 발달 등으로 광작이 가능하게 되자 농민계층의 분화가 촉진되었다. 몰락한 농민은 도시로 옮겨가 상공업에 종사하거나 임노동자가 되었으며, 광산·포구 등에서도 종사하게 되었다. 하지만 생활은 대체로 어려운 편이었다.

14 다음 중 조선 후기 자본주의적 생산관계의 발생에 대한 설명으로 옳지 않은 것은?

① 시전 상인들의 금난전권은 영조 때에 가서 신해통공으로 붕괴되었다.

② 국가의 제반 수취가 전세화되는 경향을 보였다.

③ 상업이 발달하여 상업자본을 축적한 사상들이 나타났다.

④ 수공업 분야에서 민영 수공업이 발달하였으며, 부분에 따라서는 공장제 수공업의 형태로까지 발전하였다.

Point

① 조선 후기에 들어와 사상층의 도전을 받은 시전상인들은 금난전권을 행사하여 사상들의 자유로운 상업 활동을 막지 못하고, 정조 1791년 신해통공 조치로 육의전을 제외한 나머지 시전상인의 금난전권을 인정하지 않게 되었다.

15 다음의 공통점으로 옳은 것은?

• 용병제의 도입	• 사채의 허용	• 관영 수공업의 쇠퇴

① 부역제의 해이   ② 대외무역의 발달

③ 상민의 증가   ④ 장시의 발달

Point

조선 후기에 들어서면서 부역제의 해이로 군역이 용병제로 바뀌고 관청 중심의 수공업도 붕괴되었으며 농민들이 부역동원을 거부하자 사채를 허용하고 세금을 거두는 정책으로 바뀌었다.

16 다음 중 조선 후기 상업에 대한 설명으로 옳은 것은?

① 사상의 성장으로 공인의 활동이 위축되었다.

② 전국적인 유통망을 형성한 상인이 나타났다.

③ 육의전을 비롯한 시전의 금난전권이 철폐되었다.

④ 장인의 대부분은 독자적으로 물품을 제조, 판매하였다.

Point

송상은 개성을 중심으로 전국에 송방을 설치하여 전국적인 유통망을 형성하였다. 주로 인삼을 재배·판매하였고 대외무역도 하였다.

Answer   12.④   13.④   14.①   15.①   16.③

17 다음 중 조선 후기 상공업과 무역에 대한 설명으로 옳은 것은?

① 수공업자의 상인자본 지배 강화
② 공인의 주문 활동으로 관장제 발달
③ 도고상인의 전국적인 상권의 형성
④ 후시 무역의 쇠퇴와 해상 무역 번영

 Point

조선 후기 상공업과 무역
① 대부분의 수공업자들은 공인이나 상인들로부터 원료와 자금을 미리 공급받아 제품을 생산하였다. 즉, 수공업자들은 상업 자본에 의해 지배되거나 이에 의존하였다.
② 상인자본이 수공업자를 지배하는 선대제가 보편적이었으며, 관장제는 쇠퇴하였다.
④ 후시무역이 개시무역보다 성행하였다.

18 다음의 내용과 관계 깊은 사실은?

> 농민의 부담을 경감하여 유망을 방지하고 부족한 국가재정을 보완함으로써 봉건적 지배체제를 재확립하기 위하여 실시하였으나, 상품화폐 경제를 활성화시킴으로써 오히려 봉건적 지배체제를 무너뜨리는 작용을 하였다.

① 균역법
② 영정법
③ 대동법
④ 호포법

 Point

공납의 폐단을 시정하기 위하여 등장한 대동법은 공인이라는 어용상인이 등장하여 조선 후기 상업발달에 크게 기여하였다.

19 대동법의 실시과정에 대하여 다음과 같은 평가가 성립될 근거로 옳은 것은?

> 대동법이 전국적으로 시행되는데 100년이란 기간이 소요된 것은 양반 지주들의 반대가 심하였기 때문이다.

① 수전농업에서 직파법 대신 이앙법이 보급되었기 때문에
② 경자유전의 원칙이 법제화되었기 때문에
③ 방납의 폐단이 시정되었기 때문에
④ 과세의 기준이 민호에서 토지의 결 수로 바뀌었기 때문에

Point

대동법의 실시는 농민의 부담을 줄이고, 국가 수입을 늘리기 위한 제도로 토지의 결 수에 따라 부과하였기 때문에 많은 토지를 소유하고 있는 양반 지주들의 부담은 증가하였다.

20 16세기에 이르러 농민의 부담을 가중시킨 것으로 다음과 가장 관계가 깊은 것은?

> • 인징, 족징 등이 행해졌다.
> • 이이와 유성룡은 수미법을 주장하였다.

① 환곡의 고리대화   ② 방군수포의 실시
③ 방납의 폐단   ④ 전분 6등법의 실시

Point

방납은 중앙관청의 서리들이 공물을 대납한 후 농민에게 높은 값을 징수하여 농민의 부담을 가중시키고 농민이 도망가면 이웃(인징)이나 친척(족징)에게 부과하였다. 이로 인해 국가의 재정상태가 악화되어 개혁론이 제기되었으며 그 결과 대동법이 시행되었다.

21 다음 글을 읽고 나눈 대화로서 견해가 타당하지 않은 사람은?

> 근년에 이르러 동전이 매우 귀해지고 물건이 천해지니 농민과 상인이 함께 곤란해져 능히 견디지 못한다.
>
> 「동포문답」

① 미선 – 이게 바로 18세기 초에 나타난 전황(錢荒)현상 이구나!
② 동길 – 동전이 귀해졌다는 건 그만큼 가치가 높아졌다는 거니 물가는 높지 않았겠는데?
③ 선희 – 동전이 귀해진 근본 원인은 조세의 금납화로 인해 농민들이 사용할 화폐가 넉넉하지 못했다는 것에 있었어.
④ 석재 – 이러한 문제는 화폐를 추가 발행하면 해결할 수 있지 않았을까?

Point

제시된 지문은 정상기의 동포문답으로 조선 후기에 나타난 전황에 대한 설명이다.
③ 전황이 나타나게 된 원인은 동전을 갖고 있는 부자들이 화폐를 재산축적의 수단으로 여겨 유통시키지 않고 쌓아 두었기 때문이다.

Answer   17.③ ① 19.④ 20.③ 21.③

22 다음 사실의 공통적인 목적으로 옳은 것은?

> - 지방 양반들은 향약을 실시하였다.
> - 호패법과 오가작통법을 강화하였다.
> - 잡곡, 도토리, 나무껍질 등을 가공하여 먹을 수 있는 구황방법을 제시하였다.

① 농촌 사회의 안정   ② 농업 기술의 개량

③ 수취제도의 개선   ④ 수공업 원료의 증가

구황방법을 제시하여 농민의 굶주림을 해결하였고 호패법과 오가작통법은 농민의 유망을 막고 통제를 더욱 강화하려는 것이었다. 향약의 시행도 농민생활의 규제와 상부상조하는 것을 목표로 하였다. 모두 조선시대의 농촌사회를 안정시키기 위한 것이다.

23 다음 중 조선 후기 농민생활에 대한 설명으로 옳은 것은?

① 농법의 개량으로 생산력을 증대시켰다.

② 향상된 경제력을 바탕으로 향촌 자치에 참여하였다.

③ 개간 사업의 장려로 경작규모가 대체로 확대되었다.

④ 향안, 향약, 서원을 토대로 향촌 질서를 재확립하는 데 힘썼다.

Point

① 농민들은 토지 개간에 적극적으로 나섰으며, 수리시설을 복구하고, 농기구와 시비법을 개량하는 한편, 모내기법을 확대하여 벼와 보리의 이모작으로 생산량을 늘려 나갔다.

24 다음 내용의 구체적인 근거가 될 수 없는 것은?

> 양 난 이후 조선 정부의 수취제도 개편으로 농촌사회의 동요는 다소 진정되는 듯 하 였다. 그러나 농촌사회의 안정을 달성하는 데에는 한계가 있었다. 이에 농민들은 자신들이 직면한 어려움을 스스로 해결해야 하였다.

① 소작료의 형태를 도조법으로 변화시켰다.
② 이모작을 통해 보리 재배를 확대하였다.
③ 지주와 전호 사이의 신분적 관계를 강화하였다.
④ 상품작물을 재배하여 소득을 높여 갔다.

 ③ 소작농민들은 보다 유리한 소작조건을 얻기 위해 지주층에 저항했으며, 그 결과 지주와 전호 사이의 관계가 점차 신분적 관계보다 경제적인 관계로 바뀌어 갔다.

25 다음에서 설명하고 있는 상인으로 옳은 것은?

> • 대일 무역을 담당하였다.　　　　　　　• 구리, 후추, 황 등을 수입하였다.

① 송상　　　　　　　　　　　　　② 경강상인
③ 내상　　　　　　　　　　　　　④ 만상

 동래의 내상은 대일 무역을 통해 구리, 후추, 황 등을 수입하여 부를 축적하였다.

Answer 22.① 23.① 24.③ 25.②

05

사회구조와 사회생활

01 고대의 사회

section 1 신분제 사회의 성립

(1) 사회 계층과 신분 제도

① 신분 제도의 출현 … 정복전쟁으로 여러 부족들이 통합되는 과정에서 지배층 사이에 위계서열이 마련되면서 등장하였다.

② 읍락 사회의 신분

    ⊙ 호민 : 경제적으로 부유한 계층

    ⊙ 하호 : 농업에 종사하는 평민

    ⊙ 노비 : 주인에게 예속되어 생활하고 있는 천민

> **Point 팁** … 호민과 하호 … 호민과 하호는 모두 평민이다. 이들은 가, 대가로 불리는 권력자의 지배를 받았으며, 특히 고구려의 하호는 양식과 고기, 소금 등을 대가에게 공물로 납부하였다.

③ 귀족의 등장

    ⊙ 부여와 초기 고구려에는 가 · 대가로 불린 권력자들이 있었다.

    ⊙ 호민을 통해 읍락을 지배하는 한편, 자신의 관리와 군사력을 가지고 정치에 참가였다.

    ⊙ 중앙집권 국가가 성립하는 과정에서 귀족으로 편제되었다.

④ 신분제 운영 … 출신 가문의 등급에 따라 관등 승진에 특권을 누리거나 제한을 받았고, 경제적 혜택에 차등이 생기게 되었다.

(2) 귀족 · 평민 · 천민

① 삼국시대의 계층구조

    ⊙ 구성 : 왕족을 비롯한 귀족, 평민, 천민으로 크게 구분되지만, 기능상으로는 더욱 세분화된 계층으로 나누어진다.

    ⊙ 특징

      • 강한 법적 구속력을 가진다.

      • 지배층은 특권을 유지하기 위하여 율령을 제정하였다.

      • 신분은 능력보다는 그가 속한 친족의 사회적 위치에 따라 결정되었다.

② 귀족 · 평민 · 천민의 구분

   ㉠ 귀족

     • 왕족을 비롯한 옛 부족장 세력이 중앙의 귀족으로 재편성되어 정치권력과 사회 · 경제적 특권을 향유하였다.

     • 골품제와 같은 지배층만을 대상으로 한 별도의 신분제를 운영하기도 하였다.

   ㉡ 평민

     • 대부분 농민으로서 신분적으로 자유민이었으나 귀족층에 비하여 정치 · 사회적으로 많은 제약을 받았다.

     • 조세를 납부하고 노동력을 징발당하였기 때문에 생활이 어려웠다.

   ㉢ 천민

     • 노비들은 왕실과 귀족 및 관청에 예속되어 신분이 자유롭지 못하였다.

     • 전쟁포로나 형벌 · 채무로 노비가 되는 경우가 많았다.

기출문제

section 2 삼국사회의 모습

(1) 고구려의 사회기풍

① 특징 … 산간지역에 위치한 고구려는 식량생산이 충분하지 않았기 때문에 대외 정복활동이 활발하였고 사회기풍도 씩씩하였다.

② 형법 … 반역을 꾀하거나 반란을 일으킨 자는 화형에 처한 뒤에 다시 목을 베었고, 그 가족들은 노비로 삼았다. 적에게 항복한 자나 전쟁 패배자는 사형에 처했으며 도둑질한 자는 12배를 배상하도록 하였다.

③ 사회계층

   ㉠ 귀족 : 왕족인 고씨와 5부 출신의 귀족들은 지위를 세습하면서 높은 관직을 맡아 국정 운영에 참여하였다.

   ㉡ 백성 : 대부분 자영농으로 조세 납부 · 병역 · 토목공사에 동원되는 의무를 가졌다. 흉년이 들거나 빚을 갚지 못하면 노비로 전락하기도 하였다.

   ㉢ 천민 · 노비

     • 피정복민이나 몰락한 평민이 대부분이었다.

     • 남의 소나 말을 죽인 자는 노비로 삼았고, 빚을 갚지 못한 자는 그 자식들을 노비로 만들어 변상하게 하였다.

④ 풍습 … 형사취수제제, 서옥제가 있었고 자유로운 교제를 통해 결혼하였다.

Point 팁   서옥제 … 혼인하는 풍속을 보면, 구두로 약속이 정해지면 신부집에서 본채 뒤에 작은 별채를 짓는데, 이를 서옥(婿屋)이라 한다.

문 다음 자료에 나타난 통일신라시대의 신분층과 연관된 설명으로 옳은 것은?

▶ 2016. 4. 9. 인사혁신처

(그들의) 집에는 녹(祿)이 끊이지 않았다. 노동(奴僮)이 3천 명이며, 비슷한 수의 갑병(甲兵)이 있다. 소, 말, 돼지는 바다 가운데 섬에서 기르다가 필요할 때 활로 쏘아 잡아먹는다. 곡식을 남에게 빌려 주어 늘리는데, 기간 안에 갚지 못하면 노비로 삼아 부린다.
「신당서」

① 관등 승진의 상한은 아찬까지였다.
② 도당 유학생의 대부분을 차지하였다.
③ 돌무지덧널무덤을 묘제로 사용하였다.
④ 식읍·전장 등을 경제적 기반으로 하였다.

Tip 제시된 자료를 통해 유추할 수 있는 신분층은 진골귀족이다. 진골귀족은 식읍·전장 등을 경제적 기반으로 하였다.
①, ② 6두품에 대한 설명이다.
③ 돌무지덧널무덤은 6세기 전후의 신라 무덤양식이다. 통일신라시대의 무덤양식은 굴식돌방무덤이다.

정답 ④

264

---

(2) 백제인의 생활상

① 백제의 생활모습
　㉠ 백제의 언어, 풍습, 의복은 고구려와 유사하며, 중국과 교류하여 선진문화를 수용하기도 하였다.
　㉡ 백제인들은 상무적인 기풍을 간직하고 말타기와 활쏘기를 좋아하였다.

② 형법 … 반역이나 전쟁의 패배자는 사형에 처하고, 도둑질한 자는 귀양을 보내고 2배를 배상하게 하였으며, 뇌물을 받거나 횡령을 한 관리는 3배를 배상하고 종신토록 금고형에 처하였다.

③ 귀족사회
　㉠ 왕족인 부여씨와 8성의 귀족으로 구성되었다.
　㉡ 중국 고전과 역사서를 탐독하고 한문을 능숙하게 구사하였으며 관청의 실무에도 밝았고 투호나 바둑 및 장기를 즐겼다.

(3) 신라의 골품제도와 화랑도

① 신라 사회의 특징 … 중앙집권화의 시기가 늦어 여러 부족의 대표들이 정치를 운영하는 초기의 전통을 오랫동안 유지하였다.

② 화백회의
　㉠ 기원 : 여러 부족의 대표들이 함께 모여 정치를 운영하였다.
　㉡ 기능
　　• 국왕 추대 및 폐위에 영향력을 발휘하면서 왕권을 견제하기도 하였다.
　　• 귀족들의 단결을 굳게 하고 국왕과 귀족간의 권력을 조절하는 기능을 담당하였다.

③ 골품제도
　㉠ 성립 : 고대국가로 발전하는 과정에서 각 지방 족장의 세력정도에 따라 통합, 편제하면서 마련한 신분제도이다.
　㉡ 특징 : 관등 승진의 상한선이 골품제에 따라 정해져 있어 개인의 사회활동과 정치활동의 범위를 제한하는 역할을 하였고, 가옥의 규모, 장식물, 수레 등의 일상생활에까지 제한을 하였다.
　㉢ 중위제 : 골품제의 불만을 무마하기 위해 아찬·대나마·나마에 중위제를 두었다. 그러나 신분의 허구적 이동방법에 불과하였기 때문에 골품제의 모순은 심화되어 갔다.

④ 화랑도
　㉠ 기원 : 원시 사회의 청소년 집단에서 유래하였다.

ⓒ **구성**

- 귀족의 자제 중에서 선발된 화랑을 지도자로 삼고, 귀족은 물론 평민까지 망라한 많은 낭도들이 그를 따랐다.
- 여러 계층이 같은 조직에서 일체감을 갖고 활동함으로써 계층 간의 대립과 갈등을 조절하고 완화시켰다.

ⓒ **활동**: 전통적 사회규범을 배웠으며, 사냥과 전쟁에 관한 교육을 통해 협동과 단결정신을 기르고 심신을 연마하였다.

ⓔ **국가 조직으로 발전**: 진흥왕 때 국가적 차원에서 그 활동을 장려하여 조직이 확대되었고, 원광은 세속 5계를 가르쳤으며, 화랑도 활동을 통해 국가가 필요로 하는 인재가 양성되었다.

section 3 남북국시대의 변화

(1) 통일신라와 발해의 사회

① **통일 후 신라 사회의 변화**

ⓐ **삼국 통일의 사회적 기반**: 혈연적 동질성과 언어, 풍습 등 문화적 공통성을 바탕으로 통일사회를 이룩하였다.

ⓑ **신라의 민족통합책**: 백제와 고구려 옛 지배층에게 신라 관등을 부여하였고, 백제와 고구려 유민들을 9서당에 편성시켰다.

ⓒ **통일신라의 사회모습**

- 전제 왕권의 강화: 영토와 인구가 증가되고 경제력이 향상되었다. 특히 삼국 통일 이후 왕권이 강화되었다.
- 진골귀족 사회: 중앙관청의 장관직을 독점하고, 합의를 통해 국가 중대사를 결정하였다.
- 6두품의 진출: 학문적 식견과 실무 능력을 바탕으로 국왕을 보좌하였으나 신분의 제약으로 높은 관직 진출에 한계가 있었다.
- 골품제의 변화: 3두품에서 1두품 사이의 구분은 실질적인 의미를 잃고, 평민과 동등하게 간주되었다.

② **발해의 사회구조**

ⓐ **지배층**: 왕족 대씨와 귀족 고씨 등 고구려계가 대부분을 구성하였다.

ⓑ **피지배층**: 대부분 말갈인으로 구성되어 이들 중 일부는 지배층이 되거나 자신이 거주하는 촌락의 우두머리가 되어 국가행정을 보조하였다.

문 (가) 인물에 대한 설명으로 옳은 것은?

▶ 2021. 6. 5. 제1회 지방직

[(가)]가/이 귀산 등에게 말하기를 "세속에도 5계가 있으니, 첫째는 충성으로써 임금을 섬기는 것, 둘째는 효도로써 어버이를 섬기는 것, 셋째는 신의로써 벗을 사귀는 것, 넷째는 싸움에 임하여 물러서지 않는 것, 다섯째는 생명 있는 것을 죽이되 가려서 한다는 것이다. 그대들은 이를 실행함에 소홀하지 말라."라고 하였다.

－『삼국사기』－

① 모든 것이 한마음에서 나온다는 일심 사상을 제시하였다.

② 화엄 사상을 연구하여 「화엄일승법계도」를 작성하였다.

③ 왕에게 수나라에 군사를 청하는 글을 지어 바쳤다.

④ 인도를 여행하여 『왕오천축국전』을 썼다.

Tip 제시문의 인물은 신라의 원광이다. 6세기 진흥왕의 대외 영토 확장 과정을 주도한 것은 화랑도이다. 화랑도는 귀족 중심의 화랑과 서민들이 포함된 낭도로 구성된 신라의 군사 세력으로 원광은 화랑이 지켜야 할 계율로 세속오계(世俗五戒)를 제시하였다. 또한 진평왕 30년(608)에는 걸사표(乞師表)를 지어 수나라의 고구려 출병을 이끌기도 하였다.
① 원효 ② 의상 ④ 혜초

정답 ③

③ 통일신라의 생활

　㉠ 도시의 발달

　　• 통일신라의 서울인 금성(경주)은 정치와 문화의 중심지로서 귀족들이 모여 사는 대도시로 번성하였다.

　　• 5소경 : 과거 백제, 고구려, 가야의 지배층과 신라 귀족이 거주하는 문화의 중심지 역할을 하였다.

　㉡ 귀족생활 : 저택에서 노비와 사병을 거느렸고 지방의 전장(대토지)과 목장에서 수입이 있었으며, 고리대업을 하기도 하였다. 불교를 후원하였고 수입된 사치품을 선호하였다.

　㉢ 평민생활 : 자영농이었지만, 귀족의 토지를 빌려 경작하며 생계를 잇거나 귀족에게 빌린 빚을 갚지 못하여 결국 노비가 되는 경우도 적지 않았다.

(2) 통일신라 말의 사회모순

① 통일신라 말의 사회상황

　㉠ 백성의 생활 곤궁 : 귀족들의 정권 다툼과 대토지 소유 확대로 백성의 생활이 어려워졌다.

　㉡ 지방 세력의 성장 : 지방의 토착세력과 사원들은 대토지를 소유하면서 유력한 신흥세력으로 성장하였다.

　㉢ 자영농의 몰락 : 귀족들의 농장이 확대됨에 따라 자영농이 몰락하였다.

　㉣ 농민의 부담 가중 : 중앙정부의 통치력 약화로 대토지 소유자들은 세금을 부담하지 않는 대신 농민들이 더 많은 조세를 감당하게 되었다.

② 사회모순의 표출

　㉠ 호족의 등장 : 지방의 유력자들을 중심으로 무장조직이 결성되었고, 이들을 아우른 큰 세력가들이 호족으로 등장하였다.

　㉡ 정부의 대책 : 수리시설을 정비하고 자연재해가 심한 지역에 조세를 면제해 주었다. 또 굶주리는 농민을 구휼하였으나 큰 효과는 거두지 못하였다.

　㉢ 빈농의 몰락 : 토지를 상실한 농민들은 소작농이나 유랑민, 화전민이 되었으며, 그들 중의 일부는 노비가 되기도 하였다.

　㉣ 농민봉기 : 중앙정부의 기강이 극도로 문란해졌으며, 지방의 조세거부로 국가 재정이 고갈되자 국가는 강압적으로 조세징수를 할 수밖에 없었고, 마침내 전국 각지에서 농민봉기가 일어나게 되었다.

 **단원평가** **고대의 사회**

1 다음은 고대 사회 귀족들의 합의제도에 대한 내용이다. 각 사회의 모습으로 옳지 않은 것은?

> ㉠ 감옥이 없고 범죄자가 있으면 제가들이 모여서 의논하여 사형에 처하고, 처자는 몰수하여 노비로 삼는다.
> ㉡ 호암사에 정사암이라는 바위가 있다. 국가에서 재상을 뽑을 때 후보자 3~4명의 이름을 써서 상자에 넣어 바위 위에 두었다. 얼마 뒤에 열어 보아 이름 위에 도장이 찍혀 있는 자를 재상으로 삼았다.
> ㉢ 큰일이 있을 때에는 반드시 중의를 따른다. 이를 화백이라 부른다.

① ㉠은 고구려, ㉡은 백제, ㉢은 신라에 대한 설명이다.

② ㉠ 국가는 적에게 항복한 자나 전쟁 패배자를 사형에 처했으며 도둑질한 자에게는 12배를 배상하도록 하였다.

③ ㉡ 국가의 귀족들은 중국 고전과 역사서를 탐독하고 한문을 능숙하게 구사하였으며 관청의 실무에도 밝았다. 또한 투호나 바둑, 장기 등을 즐겼다.

④ ㉢의 기원은 여러 부족의 대표들이 함께 모여 정치를 운영하던 것으로 과반수가 찬성하면 의견이 통과되었다.

⁂Point

④ 화백 회의는 만장일치에 의해 의결하는 것이 원칙이었다.

※ 고대 사회 귀족들의 합의제도

㉠ 제가회의 : 고구려 때 국가의 정책을 심의하고 의결하던 귀족회의로 부족국가 시대이던 고구려 초기부터 행해졌다.

㉡ 정사암 : 백제 때 정치를 논하고 재상을 뽑던 곳으로 국가에서 재상을 선정할 때 당선 자격자 3~4인의 이름을 봉함하여 바위 위에 두었다가 얼마 후에 펴보아 이름 위에 인적(印蹟)이 있는 자를 재상으로 선출하였다 한다.

㉢ 화백 : 진골(眞骨) 귀족 출신의 대등(大等)으로 구성된 신라의 합의체 회의기구로 국가의 중대한 일들을 결정하고 귀족 세력과 왕권 사이에서 권력을 조절하는 기능을 했다.

Answer 1.④

2 통일신라 말의 사회상황에 대한 설명으로 옳지 않은 것은?

① 귀족들의 농장이 확대됨에 따라 자영농이 몰락하였다.

② 지방의 유력자들을 중심으로 무장조직이 결성되었고, 이들을 아우른 큰 세력가들이 호족으로 등장하였다.

③ 정부는 자연재해가 심한 지역에 조세를 면해주고 굶주리는 농민을 구휼하여 큰 효과를 거두었다.

④ 토지를 상실한 농민들은 소작농이나 유랑민, 화전민이 되었으며, 일부는 노비가 되기도 하였다.

Point

③ 정부는 수리시설을 정비하고 자연재해가 심한 지역에 조세를 면해주었으며, 굶주리는 농민을 구휼하였으나 큰 효과를 거두지는 못하였다.

3 다음 중 삼국시대 사회의 성격으로 옳지 않은 것은?

① 계층상의 차이가 분명했다.

② 율령이 만들어졌다.

③ 엄격한 신분제도가 있었다.

④ 신분은 개인의 능력에 따라 결정되었다.

Point

④ 삼국시대의 사회는 친족의 유대관계가 강했으므로, 개인의 신분은 그의 능력에 의해서 결정되는 것이 아니라 그가 속한 친족의 사회적 지위에 따라 결정되었다.

4 다음 도표는 신라의 골품과 관등에 관한 것이다. 제시된 도표와 관련된 설명으로 옳지 않은 것은?

등급	관등명	진골	6두품	5두품	4두품	복색
1	이벌찬	▮				자색
2	이찬	▮				자색
3	잡찬	▮				자색
4	파진찬	▮				자색
5	대아찬	▮				자색
6	아찬	▮	▮			비색
7	일길찬	▮	▮			비색
8	사찬	▮	▮			비색
9	급벌찬	▮	▮			비색
10	대나마	▮	▮	▮		청색
11	나마	▮	▮	▮		청색
12	대사	▮	▮	▮	▮	황색
13	사지	▮	▮	▮	▮	황색
14	길사	▮	▮	▮	▮	황색
15	대오	▮	▮	▮	▮	황색
16	소오	▮	▮	▮	▮	황색
17	조위	▮	▮	▮	▮	황색
관등		골품				

① 공복의 색깔은 관등에 의해 결정되었다.
② 진골이 처음 받는 관등은 대아찬이었다.
③ 5두품은 황색과 청색 공복을 입을 수 있었다.
④ 골품에 따라 진출할 수 있는 관등에 한계가 있었다.

 Point
② 진골이 처음 받는 관등이 정해진 것은 아니다.

5 다음 중 삼국통일 후 신라 농민에 대한 설명으로 옳은 것은?

> ㉠ 촌에 거주하면서 중앙에서 파견된 촌주의 행정적 지배를 받았다.
> ㉡ 귀족들이 고리로 빌려 준 곡물을 갚지 못하면 노비로 전락하였다.
> ㉢ 국가로부터 정전을 지급받아 경작하면서 국가에 조를 바쳤다.
> ㉣ 향, 부곡 등에 거주하는 농민들은 노동력 징발에서 제외되었다.

① ㉠, ㉡　　　　　　　　　　　　　　　② ㉠, ㉣
③ ㉡, ㉢　　　　　　　　　　　　　　　④ ㉢, ㉣

Point

㉡ 신라 농민은 자영농이었지만 귀족의 토지를 빌려 경작하여 생계를 잇거나 귀족에게 빌린 빚을 갚지 못해 노비가 되는 경우도 많았다.
㉢ 신라 농민은 토착세력인 촌주의 지배를 받았으며 정전을 지급받아 경작하여 국가에 조를 바쳤다.

6 다음은 삼국시대 사회상에 대한 설명이다. 다음 중 옳은 추론은?

> • 모든 국토는 왕토라는 사상이 발전하게 되었다.
> • 농민의 몰락을 막기 위하여 진대법이 실시되었다.
> • 귀족들은 국가로부터 식읍이나 녹읍을 지급받았다.
> • 자영농민들이 노비로 몰락하게 되는 사례가 많았다.
> • 농민들은 조 · 세 · 역의 무거운 부담을 졌다.

① 국가의 경제생활은 지배계급을 중심으로 이루어졌다.
② 귀족들에게 지급된 식읍과 녹읍은 세습할 수 없었다.
③ 토지국유제의 원칙이 적용되어 사유지는 존재하지 않았다.
④ 농민들은 모두 자영농민으로 구성되어 있었다.

Point

삼국의 사회상
② 식읍과 녹읍은 세습이 가능하였다.
③ 사유지가 존재하였다.
④ 소작농민이 존재하였다.

7 다음 글을 읽고 나눈 대화로서 견해가 타당하지 않은 사람은?

• 고구려 – 감옥이 없고, 범죄자가 있으면 제가들이 모여서 논의하여 사형에 처하고 처자는 몰수하여 노비로 삼는다.

「삼국지」

• 백제 – 호암사에 정사암이라는 바위가 있다. 국가에서 재상을 뽑을 때 후보자 3~4명의 이름을 써서 상자에 넣어 바위 위에 두었다. 얼마 뒤에 열어 보아 이름 위에 도장이 찍혀 있는 자를 재상으로 삼았다.

「삼국유사」

• 신라 – 큰일이 있을 때에는 반드시 중의를 따른다. 이를 화백이라 부른다. 한 사람이라도 반대하면 통과하지 못하였다.

「신당서」

---

① 고수 – 고대의 국가는 주요한 문제를 귀족회의를 통하여 처리하였음을 알 수 있어.
② 기태 – 모두 만장일치로 국가의 중대사를 결정하다니, 각 귀족대표들의 권한이 강했음을 알 수 있어.
③ 현호 – 고대의 국가에서는 귀족 합의 기구를 통해 국가의 중대사나 주요 정책에 대한 논의는 물론 귀족 세력의 이익을 보호하고 왕권을 견제했어.
④ 현주 – 실상 귀족들의 회의를 통해 국가의 중대사를 결정한다는 것은 그 만큼 자신들을 중심으로 국가를 운영해나가겠다는 거라고 생각해.

Point
제시문은 고대 국가들의 합의제도를 나타내고 있다.
② 화백회의만 만장일치하였다.

8 다음 그림의 주인공과 관련된 국가의 사회적 특징을 서술한 것 중 옳은 것은?

① 지배층은 왕족인 부여씨와 8성의 귀족으로 이루어져 중국의 고전과 역사책을 즐겨 읽었다.

② 5부족 연맹체를 중심으로 국가를 성립하였으며 점차 왕족과 왕비족의 결합으로 왕권을 강화해 나갔다.

③ 사유재산과 노비소유, 가부장제의 특징을 지닌 4조목의 법률을 통해 사회질서를 유지하였다.

④ 지배층은 중요 관직을 차지하고 노비와 예속민을 거느렸으며 대부분 말갈인들이 촌락을 담당하였다.

그림은 양직공도(梁職貢圖)에 등장하는 백제 사신을 묘사한 부분이다. 양직공도는 6세기 중국 양나라 원제에게 조공을 바치러 온 외국의 사신들을 그리고 그 나라의 풍속 등을 간략히 적은 것이다.

9 다음에서 신라 말기의 사회모습을 바르게 설명한 것으로 골라 묶으면?

> ㉠ 지방행정력이 약해지자 많은 농민들이 조세를 부담하지 않았다.
> ㉡ 귀족들의 정권 다툼과 대토지 소유 확대로 백성들의 생활이 곤궁해졌다.
> ㉢ 지방의 토착세력과 사원들은 대토지를 소유하면서 유력한 세력으로 성장해 갔다.
> ㉣ 지방의 자영농들은 중앙정부의 통제력이 약해진 틈을 타서 토지 소유를 확대하였다.

① ㉠, ㉡   ② ㉡, ㉢

③ ㉡, ㉣   ④ ㉢, ㉣

신라 말기의 사회상

㉠ 중앙정부의 통치력 약화로 대토지 소유자들은 세금을 부담하지 않는 대신 농민들이 더 많은 조세를 감당하게 되었다.

㉣ 지방의 자영농들은 귀족들의 농장이 확대되면서 몰락해갔다.

10 다음 중 삼국시대의 신분에 대한 내용으로 옳지 않은 것은?

① 고구려인 A는 빚을 갚지 못해 노비로 전락하게 되었다.

② 고구려인 B는 3월에 빌린 곡식을 추수기인 10월에 갚을 생각이다.

③ 백제인 C는 도둑질을 하여 귀양을 가게 되었다.

④ 신라인 D은 6두품 아찬으로 자색 공복을 입는다.

Point

신라는 골품에 따라 가옥의 규모, 장식물, 복색, 수레 등에 제한을 두었다.

④ 관등명 아찬은 6두품으로 비색 복색을 입었다.

11 다음에서 발해 사회의 모습을 바르게 설명한 것으로만 골라 묶으면?

> ㉠ 말갈인은 지배층에 편입되지 않았다.
> ㉡ 지배층은 주로 고구려계 사람들로 구성되어 있었다.
> ㉢ 주민 구성의 대다수를 차지한 것은 말갈인이었다.
> ㉣ 하층사회에서는 고구려 사회의 전통적인 생활모습이 보존되지 못했다.

① ㉠, ㉡

② ㉠, ㉢

③ ㉡, ㉢

④ ㉢, ㉣

Point

발해의 사회상

㉠ 말갈인은 고구려 전성기 때부터 고구려에 편입된 종족으로 발해 건국 후 일부는 지배층이 되거나 자신이 거주하는 촌락의 우두머리가 되어 국가 행정을 보조하였다.

㉣ 하층사회에서는 고구려나 말갈 사회의 전통적인 생활모습을 오랫동안 유지하고 있었다.

12 (개)가 중심이 된 단체에 대한 설명으로 옳은 것은?

> 진흥왕 37년, 외모가 고운 남자를 뽑아 단정하게 하고 이름을 (개)(이)라 하여 받들게 하니, 따르는 무리들이 구름처럼 몰려들었다. 혹은 도의(道義)로서 서로 연마하고 혹은 노래와 음악으로 서로 즐겼는데, 산과 물을 찾아 노닐고 즐기니 멀리 이르지 않은 곳이 없었다.
>
> 「삼국사기」

① 정사암에 모여 국가의 중대사를 결정하였다.
② 삼강오륜 중심의 유교 윤리를 바탕으로 풍속을 교정 하였다.
③ 무예를 닦아 신라의 삼국 통일에 기여하였다.
④ 매향 활동을 하면서 각종 불교 행사를 주관하였다.

지문은 진흥왕대 화랑도에 대한 내용이다. 원시사회의 청소년 집단에서 유래한 화랑도는 귀족의 자제 중 선발된 화랑을 지도자로 삼고, 이를 따르는 낭도들로 구성되었다. 진흥왕 때 국가적 차원에서 화랑도를 장려하고 확대하여 국가가 필요로 하는 인재를 양성했다.

13 다음의 내용과 관련된 것으로만 묶인 것은?

> • 씨족 사회의 전통을 계승 · 발전시켰다.
> • 세력 간, 계급 간의 대립을 조절시키는 기능을 하였다.

① 집사부, 선종   ② 화백, 화랑도
③ 화랑도, 선종   ④ 화백, 집사부

화백제도와 화랑도를 통해 계급간의 대립과 갈등을 조절하고 집단의 단결을 강화시켰다.

14 다음은 발해의 사회구조에 대한 내용이다. 설명으로 옳지 않은 것은?

> 발해국은 고구려의 옛 땅이다. …(중략)… 그 넓이가 2천 리이고, 주·현의 숙소나 역은 없으나 곳곳에 마을이 있는데, 모두 말갈의 마을이다. 그 백성은 말갈인이 많고 원주민이 적다. 모두 원주민을 마을의 우두머리로 삼는데, 큰 촌은 도독이라 하고, 다음은 자사라 하고, 그 아래 백성들이 모두 수령이라 부른다.
>
> 「삼국지」

① 지배층은 왕족 대씨와 귀족 고씨 등 고구려계가 대부분을 차지한다.
② 피지배층의 대부분은 말갈인으로 구성되었다.
③ 말갈인이 일부는 자신이 거주하는 촌락의 우두머리가 되었다.
④ 말갈인은 국가행정에는 참여하지 못한다.

 Point

④ 말갈인 중 일부는 지배층이 되어 국가행정을 보조하기도 하였다.

15 다음 중 신라 말기의 사회상을 가장 잘 설명한 것은?

① 서남해안을 중심으로 성장한 해상세력은 사적으로 당·일본과 무역하였다.
② 중앙의 진골귀족 세력들은 골품제도의 관념에서 벗어나 호족들과의 연결을 모색하였다.
③ 지방 호족은 촌주 출신으로 진골귀족은 아니기 때문에 쉽게 지방세력을 규합하였다.
④ 진골 귀족들은 당에 유학한 지식인들의 건의를 환영했지만 왕실은 이를 배격하였다.

 Point

신라 말기의 사회상

② 중앙의 진골귀족들은 자신들의 특권적 지위 유지에만 연연하면서 골품제도에 집착하고 있었을 뿐만 아니라 국가정신도 망각하였다.
③ 지방 호족들은 각 지방의 촌주·토호 및 몰락 귀족으로 형성되었으며, 이들은 각지의 선종 세력과 결합하여 신라의 중앙 정계에 항거하고, 지방의 막대한 농장과 사병을 소유하여 스스로 성군·장군이라 칭하며 지방의 행정을 장악하였다.
④ 최치원 등 6두품 지식인들은 신라 사회의 폐단을 시정하고 새로운 정치질서의 수립을 시도하였지만, 중앙 진골귀족들에 의해 탄압당하거나 배척당하자 반신라적 세력을 형성하였다.

Answer 12.③ 13.② 14.④ 15.①

16 다음 중 화랑도에 대한 설명으로 옳지 않은 것은?

① 씨족사회의 전통을 계승·발전시킨 제도이다.

② 사회의 중견인물을 양성하는 교육적인 기능을 가졌다.

③ 계급 간의 갈등을 조절·완화하는 기능을 하였다.

④ 각 집단의 부정을 막고 그 집단의 단결을 강화하는 구실을 하였다.

 Point

원시사회의 청소년집단에서 기원한 신라의 화랑도는 원광의 세속 5계를 계명으로 삼고 명산대천을 찾아다니면서 제천의식을 행하고 사냥과 전쟁에 관하여 교육을 받음으로써 협동·단결정신을 기르고 심신을 연마하였다. 또한 이 조직은 귀족자제 중에서 선발된 화랑과 귀족에서 평민까지 망라한 많은 낭도들로 구성되어 여러 계층이 같은 조직 속에서 일체감을 갖고 활동함으로써 계층간의 대립과 갈등을 조절·완화하는 구실도 하였다.

17 고구려의 사회기풍이 아닌 것은?

① 산간지역에 입지하여 식량생산이 충분하지 않았기 때문에 대외정복활동이 활발하였고 사회기풍도 씩씩하였다.

② 반역을 꾀한 자는 능지처참에 처하고 그 가족들은 노비로 삼았다.

③ 적에게 항복하거나 패배한 자는 사형에 처했다.

④ 귀족들은 지위를 세습하며 높은 관직을 맡아 국정 운영에 참여하였다.

 Point

② 반역을 꾀한 자는 화형에 처한 뒤에 다시 목을 베었고, 그 가족들은 노비로 삼았다.

18 남북국시대의 사회모습으로 옳은 것은?

① 통일신라의 골품제는 3두품에서 1두품 사이의 구분은 실질적인 의미를 잃고 평민과 동등하게 간주되었다.

② 삼국통일 후 통일신라의 왕권은 더욱 강화되었다.

③ 발해의 지배층은 전부 왕족 대씨와 귀족 고씨 등 고구려계로 구성하였다.

④ 통일신라의 수도인 금성은 정치문화의 중심지로 귀족들이 모여 사는 대도시가 되었다.

 Point

③ 발해의 지배층은 대부분 왕족 대씨와 귀족 고씨 등 고구려계로 구성되었지만 일부 말갈인 역시 지배층이 되기도 하였다.

19 다음 중 삼국시대의 신분에 관한 설명 중 옳은 것은 전부 몇 개인가?

> • 고구려의 천민과 노비는 대부분 피정복민과 몰락한 평민이었다.
> • 백제의 언어, 풍습, 의복은 가야와 비슷하며 중국과 교류하여 선진문화를 수용하기도 하였다.
> • 신라는 관등 승진의 상한선이 골품제에 따라 정해져 있었다.
> • 신라에서 귀족 자제 중에 선발된 화랑을 지도자로 삼고, 같은 귀족인 낭도들이 그를 따랐다.

① 0   ② 1

③ 2   ④ 3

Point
> • 백제의 언어, 풍습, 의복은 고구려와 비슷하며 중국과 교류하여 선진문화를 수용하기도 하였다.
> • 신라에서 귀족 자제 중에 선발된 화랑을 지도자로 삼고, 귀족은 물론 평민까지 망라한 낭도들이 그를 따랐다.

20 남북국시대에 대한 설명으로 옳지 않은 것은?

① 신라는 백제와 고구려 예 지배층에게 관등을 주어 포용하였다.

② 신라 6두품 출신들은 학문과 실무 능력을 바탕으로 높은 관직까지 활발히 진출하였다.

③ 발해는 당의 제도를 받아들였으나 고구려와 말갈의 전통을 유지하였다.

④ 발해의 지식인들은 당나라로 유학을 가서 공부하며 빈공과에 응시했다.

Point
> ② 6두품은 신분의 제약으로 높은 관직 진출에 한계가 있었다.

Answer 16.④ 17.② 18.③ 19.③ 20.②

02 중세의 사회

기출문제

📖 다음의 괄호에 들어갈 낱말을 바르게 나열한 것은?

▶ 2017. 3. 18. 제1회 서울특별시

고려의 지배층과 피지배층 사이에는 중류층이 자리잡고 있었다. 중앙 관청의 말단 서리인 (㉠), 궁중 실무 관리인 (㉡), 직업 군인으로 하급 장교인 (㉢) 등이 있었다.

	㉠	㉡	㉢
①	잡류	역리	군반
②	남반	군반	역리
③	잡류	남반	군반
④	남반	군반	잡류

Tip 고려의 지배층과 피지배층 사이에는 중류층이 자리 잡고 있었다. 중앙 관청의 말단 서리인 <u>잡류</u>, 궁중 실무 관리인 <u>남반</u>, 직업 군인으로 하급 장교인 <u>군반</u> 등이 있었다. 더하여 지방 행정 실무를 담당하는 향리도 중류층에 해당한다.

📖 고려 사회의 모습으로 옳지 않은 것은?

▶ 2015. 4. 18. 인사혁신처

① 천민 출신인 이의민이 무신 정권의 최고 권력자가 되었다.
② 외거 노비가 재산을 늘려, 그 처지가 양인과 유사해질 수 있었다.
③ 지방 향리의 자제가 과거(科擧)를 통해 귀족의 대열에 진입할 수 있었다.
④ 향·부곡·소의 백성도 일반 군현민과 동일한 수준의 조세·공납·역을 부담하였다.

Tip ④ 향·부곡·소 등 특수행정 구역의 백성들은 일반 군현민에 비해 과중한 수준의 조세·공납·역을 부담하였다.

┃정답 ③, ④

section 1 고려의 신분제도

(1) 귀족

① 귀족의 특징

㉠ **범위** : 왕족을 비롯하여 5품 이상의 고위 관료들이 주류를 형성하였다.

㉡ **사회적 지위** : 음서나 공음전의 혜택을 받으며 고위 관직을 차지하여 문벌귀족을 형성하였다.

㉢ **문벌귀족** : 가문을 통해 특권을 유지하고, 왕실 등과 혼인 관계를 맺었다.

㉣ **신진관료** : 지방향리 자제 중 과거를 통해 벼슬에 나아가 신진관료가 됨으로써 어렵게 귀족의 대열에 들 수가 있었다.

② 귀족층의 변화

㉠ 무신정변을 계기로 종래의 문벌귀족들이 도태되면서 무신들이 권력을 장악하게 되었다.

㉡ **권문세족** : 고려 후기에 무신정권이 붕괴되면서 등장한 최고 권력층으로서 정계 요직을 장악하고 대농장을 소유했으며 음서로 신분을 세습시켰다.

③ 신진사대부

㉠ 경제력을 토대로 과거를 통해 관계에 진출한 향리출신자들이다.

㉡ 사전의 폐단을 지적하고, 권문세족과 대립하였으며 구시대 질서의 여러 가지 모순을 비판하고 전반적인 사회 개혁과 문화 혁신을 추구하였다.

(2) 중류

① 중류층의 특징

㉠ **성립** : 고려의 지배체제가 정비되는 과정에서 하부구조를 맡아 중간 역할을 담당하였다.

㉡ **유형** : 중앙관청의 서리, 궁중 실무관리인 남반, 지방 행정의 실무를 담당하는 향리, 하급 장교 등이 해당된다.

② 향리 … 호족 출신의 향리는 호장, 부호장을 배출한 실질적 지방의 지배층으로 중앙의 하위 품관과 통혼하거나 과거응시자격에서 하위의 향리와 구별되었다. 하층 향리는 상층향리와 같이 세습제였지만, 개인의 능력이나 노력에 따라서 신분내 상위품계로의 이동이 가능하였다.

③ **말단 행정직** … 남반(궁중의 잡무), 군반(직업군인), 잡류(말단 서리), 하층 향리, 역리 등으로 직역을 세습하고 그에 상응하는 토지를 국가에서 분급 받았다.

(3) 양민

① **양민** … 일반 농민인 백정, 상인, 수공업자를 말한다.

② **백정**

  ㉠ 국가에서 토지를 지급받지 못하고 자기 소유의 민전을 경작하거나 다른 사람의 토지를 빌려 경작하였다.

  ㉡ 과거 응시에 제약이 없고 전지를 받는 군인으로의 선발이 가능했으며, 조세·공납·역의 의무를 가졌다.

③ **특수집단민** … 양민에 비해 더 많은 세금 부담을 지고 있었고, 다른 지역으로의 거주이전이 금지되었다.

  ㉠ **향·부곡** : 농업에 종사하였다.

  ㉡ **소** : 수공업과 광업에 종사하였다.

  ㉢ **역과 진의 주민** : 육로교통과 수로교통에 종사하였다.

(4) 천민

① **공노비** … 공공기관에 속하는 노비이다.

  ㉠ **입역노비** : 궁중·중앙관청·지방관아의 잡역에 종사하며 급료를 받는다.

  ㉡ **외거노비** : 지방에 거주하면서 농업에 종사하였으며, 수입 중 규정된 액수를 관청에 납부하였다.

② **사노비** … 개인이나 사원에 예속된 노비이다.

  ㉠ **솔거노비** : 귀족이나 사원에서 직접 부리는 노비로, 잡일을 담당하였다.

  ㉡ **외거노비** : 주인과 따로 살면서 농업에 종사하였고, 일정량을 신공으로 납부하였다. 소작 및 토지소유가 가능하였으며, 양민 백정과 비슷한 경제생활을 하였다.

③ **노비의 처지** … 매매·증여·상속의 대상이 되었으며, 부모 중 한 쪽이 노비이면 자식도 노비가 될 수밖에 없었다. (일천측천)

Point 팁 화척과 재인 … 고려의 천민 중에는 도살업에 종사하는 화척과 광대나 기생과 같은 재인도 포함되었다.

기출문제

❓ 다음 ㉠의 주민에 대한 설명으로 옳은 것은?
▶ 2016. 6. 18. 제1회 지방직

고려 시기에 (㉠)은(는) 금, 은, 구리, 쇠 등 광산물을 채취하거나 도자기, 종이, 차 등 특정한 물품을 생산하여 국가에 공물로 바쳤다.

① 군현민과 같은 양인이지만 사회적 차별을 받았다.

② 죄를 지으면 형벌로 귀향을 시키는 처벌을 받았다.

③ 지방 호족 출신으로 지방 행정의 실무를 담당하였다.

④ 재산으로 간주되어 매매·상속·증여의 대상이 되었다.

Tip ㉠은 고려 시대의 특수행정구역인 '소'이다. 향·소·부곡의 주민은 양인의 신분이었지만 사회적 차별을 받았다.
② 귀족 ③ 향리 ④ 노비

❓ 고려시대 노비에 대한 설명으로 옳지 않은 것은?
▶ 2010. 5. 22. 상반기 지방직

① 노비는 자신의 재산을 소유할 수도 있었다.

② 노비는 매매, 증여, 상속의 대상이 되었고, 승려가 될 수 없었다.

③ 소유주가 각기 다른 노와 비가 혼인하더라도 가정을 이루는 것이 가능하였다.

④ 모든 노비는 독립된 경제생활을 영위하였다.

Tip 독립된 경제생활을 영위할 수 있었던 것은 주인과 따로 살면서 주인의 땅을 경작하는 외거노비만 가능하였다.

정답 ①, ④

문 (개)에 들어갈 기관으로 옳은 것은?

▶ 2020. 7. 11. 인사혁신처

5월에 조서를 내리기를 "개경 내의 사람들이 역질에 걸렸으니 마땅히 ___(개)___을/를 설치하여 이들을 치료하고, 또한 시신과 유골은 거두어 묻어서 비바람에 드러나지 않게 할 것이며, 신하를 보내어 동북도와 서남도의 굶주린 백성을 진휼하라."라고 하였다.

「고려사」

① 의창   ② 제위보
③ 혜민국   ④ 구제도감

Tip (개)는 고려 예종 때 설치한 구제도감이다. 이는 당시 개경 백성들 사이에 역병이 유행하자 이들을 치료하고 병으로 사망한 가난한 백성들의 시체를 묻어주기 위해 설치하였다.
① 의창은 고려 성종 대에 설치된 빈민 구휼기구로 고려 태조의 흑창을 계승하였다.
② 제위보는 고려 광종 대에 설치된 빈민 구휼기구로 기금을 마련하여 운영하였다.
③ 혜민국은 고려 예종 대에 설치한 의료 기구이다.

section 2 백성들의 생활모습

(1) 농민의 공동조직

① 공동조직 … 일상 의례와 공동노동 등을 통해 공동체의식을 함양하였다.

② 향도

　㉠ 향도의 기원 : 불교의 신앙조직으로, 매향 활동을 하는 무리에서 시작되었다.

　㉡ 매향 : 불교 신앙 중 하나로, 향나무를 땅에 묻는 활동을 하였는데 이는 미륵을 만나 구원받고자 하는 염원에서 시작되었다.

　㉢ 향도의 기능 : 불교행사에 참여하여 대규모 인력이 동원되는 불상, 석탑, 사원 건립 때 주도적인 역할을 하였고, 후기에는 노역 · 혼례 · 상장례 · 민속신앙 · 마을제사 등 공동체생활을 주도하는 농민조직으로 발전하였다.

(2) 사회시책과 사회제도

① 사회시책 … 농민생활의 안정을 통해 체제 유지를 도모하기 위함이다.

　㉠ 농민보호

　　• 농번기에 잡역을 면제하여 농업에 전념할 수 있도록 배려하였고, 재해 시에 조세와 부역을 감면해 주었다.

　　• 법정 이자율을 정하여 고리대 때문에 농민이 몰락하는 것을 방지하였다.

　㉡ 권농정책 : 황무지나 진전을 개간할 경우 일정 기간 면세해 주었다.

② 사회제도

　㉠ 의창 : 평시에 곡물을 비치하였다가 흉년에 빈민을 구제하는 고구려 진대법을 계승한 춘대추납제도였으나 고리대를 하기도 하였다.

　㉡ 상평창 : 물가조절기관으로 개경과 서경 및 각 12목에 설치하였다.

　㉢ 의료기관 : 동 · 서 대비원(진료 및 빈민구휼), 혜민국(의약)을 설치하였다.

　㉣ 구제도감, 구급도감 : 재해 발생시 백성을 구제하였다.

　㉤ 제위보 : 기금을 조성하여 이자로 빈민을 구제하였다.

Point 팁 상평창 … 본래 물가를 조절하는 기구로서, 흉년이 들어 곡가가 오르면 시가보다 싼 값으로 내다 팔아 가격을 조절함으로써 백성들의 생활을 안정시켰다. 후에 의창과 같이 춘대추납의 빈민구휼을 하기도 하였다.

| 정답 ④

기출문제

(3) 법률과 풍속 및 가정생활

① 법률과 풍속

ⓐ **법률** : 중국의 당률을 참작한 71개조의 법률이 시행되었으나 대부분은 관습법을 따랐다. 중요 사건 이외에는 지방관이 사법권을 행사할 수 있었다.

- **형벌** : 반역죄와 불효죄는 중죄로 처벌되었다.
- **면제 규정** : 귀양형의 경우에는 부모상을 당하면 유형지에 도착하기 전에 7일간의 휴가를 주기도 하고, 노부모를 봉양할 가족이 없는 경우 형벌집행을 보류하기도 하였다.

ⓑ **장례와 제사** : 정부는 유교적 의례를 권장하였으나, 민간에서는 토착신앙과 융합된 불교의 전통의식과 도교의 풍습을 따랐다.

ⓒ **명절** : 정월 초하루, 삼짇날, 단오, 유두, 추석 등이 있었다.

② 혼인과 여성의 지위

ⓐ **혼인풍습** : 일부일처제가 일반적인 원칙이었으며, 왕실에서는 친족 간의 혼인이 성행(고려 초)하였고 원 간섭기 이후 조혼이 유행하게 되었다.

ⓑ **상속** : 부모의 유산은 자녀에게 골고루 분배되었다.

ⓒ **가족제도**

- 호적에 태어난 차례대로 기재하여 남녀차별을 하지 않았다.
- 아들이 없을 경우 딸이 제사를 받들었다(윤회봉사).
- 사위가 처가에 호적에 입적하여 처가에서 생활을 하는 경우도 있었으며, 음서의 혜택이 사위와 외손자에게까지 적용되었다.
- 상복 제도는 친가와 외가가 차이가 크지 않았으며 공을 세운 사람의 부모는 물론 장인과 장모도 함께 상을 받았다.
- 여성의 재가는 허용하였을 뿐 아니라 그 소생 자식의 사회적 진출에 차별이 없었다.

section ③ 고려 후기의 사회변화

(1) 무신집권기 하층민의 봉기

① 무신정변의 영향

　㉠ **지배층의 변화** : 신분제도의 동요로 하층민에서 권력층이 형성된 자가 많았다.

　㉡ **사회의 동요** : 무신들 간의 대립과 지배체제의 붕괴로 백성들에 대한 통제력이 약화되고 무신들의 농장이 확대되어 수탈이 강화되었다.

② 백성의 저항

　㉠ **형태** : 수탈에 대한 소극적 저항에서 대규모 봉기로 발전하였다.

　㉡ **성격** : 왕조 질서를 부정하고 지방관 탐학을 국가에 호소하는 내용이었다.

　㉢ **천민의 신분 해방 운동** : 최씨 정권기에 만적의 난 등이 일어났다.

　㉣ **대표적인 농민 항쟁** : 공주 명학소의 망이·망소이의 봉기, 운문·초전의 김사미와 효심의 봉기 등이 대표적이다.

(2) 몽고의 침입과 백성의 생활

① 몽고의 침입에 대항

　㉠ **최씨무신정권** : 강도(강화도)로 서울을 옮기고 장기항전 태세를 갖추었다.

　㉡ **지방의 주현민** : 산성이나 섬으로 들어가 전쟁에 대비하였다.

② 몽고군의 격퇴 … 충주 다인철소, 처인 부곡의 승리가 대표적이다.

③ 백성의 피해 … 몽고군들의 살육으로 백성들은 막대한 희생을 당하였고, 식량부족으로 굶어 죽었으며, 원과 강화 후 일본 원정에 동원되었다.

● 봉기지

조위총 (1174)

최광수 (1217)

만적 (1198)

망이·망소이 (1176)

전주 관노 (1182)

이연년 형제 (1237)

이비·패좌 (1202)

효심 (1193)

김사미 (1193)

광명·계발 (1200)

〈농민과 천민의 저항운동〉

(3) 원 간섭기의 사회변화

① **신흥 귀족층의 등장** … 원 간섭기 이후 중류층 이하(역관, 향리, 평민, 부곡민, 노비, 환관)에서 전공을 세우거나 몽고 귀족과의 혼인을 통해서 출세한 친원세력이 권문세족으로 성장하였다.

② **몽고풍의 유행** … 원과의 교류 이후 지배층과 궁중을 중심으로 변발, 몽고식 복장, 몽고어 등이 널리 퍼지게 되었다.

③ **고려인의 몽고 이주민 증가** … 전쟁 포로 내지는 몽고의 강요에 의해 어쩔 수 없이 끌려간 사람이 대부분이었으며, 이들에 의해 고려의 의복, 그릇, 음식 등의 풍습이 몽고에 전래되었다.

④ **원의 공녀 요구** … 결혼도감을 통해 공녀로 공출되었고 이는 고려와 원 사이의 심각한 사회 문제로 대두되었다.

⑤ **왜구의 출몰**(14세기 중반)
  ㉠ 원의 간섭 하에서 국방력을 제대로 갖추기 어려웠던 고려는 초기에 효과적으로 왜구의 침입을 격퇴하지 못하였다.
  ㉡ 쓰시마섬을 근거로 한 왜구가 자주 경상도 해안에서 전라도 지역, 심지어 개경 부근까지 침입하여 식량과 사람을 약탈해갔다.
  ㉢ 왜구의 침입에 따른 사회불안은 국가적 문제로 인식되었고 이들을 소탕하는 과정에서 신흥 무인세력이 성장하였다.

단원평가 **중세의 사회**

1 다음 중 고려 후기에 신분상승을 할 수 있는 경우에 해당하는 것을 모두 고른 것은?

> ㉠ 공명첩을 발급 받는다.
> ㉡ 전쟁에 나아가 공을 세운다.
> ㉢ 몽골 귀족과 혼인한다.
> ㉣ 지방관을 매수하거나 족보를 변조 또는 양반가의 족보를 매입한다.

① ㉠, ㉡
② ㉠, ㉢
③ ㉡, ㉢
④ ㉡, ㉣

Point
㉠, ㉣ 조선 후기의 신분상승에 대한 설명이다.
※ 신분 계층 간의 이동
㉠ 원 왕실과 혼인한 자는 원으로부터 만호의 직책
㉡ 서리 · 향리는 문과시험을 통과하여 문반귀족으로 상승
㉢ 양민 · 천민 · 노비는 군공을 세워 무반귀족으로 상승
㉣ 향 · 부곡 · 소민은 군현으로 승격되면서 양인으로 상승

2 고려시대에는 귀족 · 양반과 일반 양민 사이에 '중간계층' 또는 '중류층'이라 불리는 신분층이 존재하였다. 이 신분층에 대한 설명으로 옳지 않은 것은?

① 남반은 궁중의 잡일을 맡는 내료직(內僚職)이다.
② 하급 장교들도 이 신분층에 포함되는 것으로 분류되고 있다.
③ 서리는 중앙의 각 사(司)에서 기록이나 문부(文簿)의 관장 등 실무에 종사하였다.
④ 향리에게는 양반으로 신분을 상승시킬 수 있는 길을 열어 놓지 않았다.

Point
④ 고려시대 향리들은 지방토착세력들로 중앙의 관리를 공급해주는 역할을 하였고 이들도 과거(科擧)를 통해 관직으로 진출, 신분 상승의 기회가 가능하였다.

3 다음 중 고려시대의 신분에 대한 내용으로 옳은 것은?

① A는 정 3품의 아버지에게서 공음전을 세습받았다.

② B는 백정으로 소를 잡는 직업에 종사하였다.

③ C는 솔거노비로 지방에 거주하며 농업에 종사하였다.

④ D는 부곡민으로 양민에 비해 세금 혜택을 받는 대신 다른 지역으로 자유로운 이주가 가능했다.

> **Point**
>
> 고려시대의 신분
> ② 고려시대의 백정은 일반 주·부·군현에 거주하며 농업에 종사하는 일반 농민을 가리켰다.
> ③ 솔거노비는 사노비로서 주인집에 거주하며 독립적인 재산을 소유하는 것이 불가능했다.
> ④ 향·부곡·소민은 일반 양민에 비해 더 많은 세금을 부담하였으며 다른 지역으로의 이주가 금지되어있었다.

4 다음 글의 (   ) 안에 들어갈 내용이 바르게 짝지어진 것은?

> (   )은(는) 과거와 (   )를(을) 통하여 관직을 독점하고, 정치권력을 장악하였다. 또한 관직에 따라 과전을 받고, (   ) 및 사전의 혜택을 받은데다가, 권력을 이용하여 불법적으로 개인이나 국가의 토지를 겸병하였다.

① 문벌귀족 – 음서 – 공음전

② 무신 – 음서 – 과거

③ 권문세족 – 공음전 – 음서

④ 신진사대부 – 공음 – 음서

> **Point**
>
> ① 문벌 귀족은 과거와 음서를 통하여 관직을 독점하고 정치권력을 장악하였다.

5 다음 연표의 A시기에 집권하였던 세력에 대하여 설명한 것으로 적절하지 못한 것은?

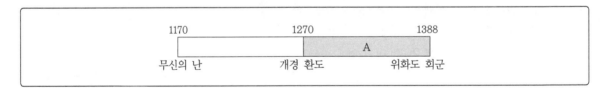

① 음서를 통하여 관인 신분을 획득하였다.
② 성리학을 수용하고 불교를 배척하였다.
③ 도평의사사를 독점하여 정권을 장악하였다.
④ 방대한 농장과 많은 노비를 소유하였다.

② 고려 후기의 지배세력은 권문세족이었다. 무신정변(1170)에 의하여 문벌귀족이 몰락하고 무신이 집권세력이 되었으나, 무신정권이 붕괴(1270)된 후에는 새로운 권문세족이 새로운 지배세력으로 대두하였다. 권문세족은 자신의 지위를 세습하기 위하여 과거보다는 음서제를 활용하였기 때문에 일반적으로 문학적 또는 유학적 소양과는 거리가 멀었다. 뿐만 아니라 권문세족들 가운데는 친원적 성향을 띠면서 원의 앞잡이가 되어 고려에 폐해를 끼친 자들이 많았다. 그리고 이들은 수단·방법을 가리지 않고 불법적으로 토지를 겸병하여 대토지를 소유함으로써 국가재정을 약화시켰다.

6 다음 내용에 해당하는 고려시대의 사회기구로 옳은 것은?

> 풍년에 곡가가 하락하면 관에서 시가보다 높게 미곡을 매입하여 저축하였다가 흉년에 곡가가 등귀하면 시가보다 저렴하게 미곡을 방출하여 풍·흉간에 곡가를 조절함으로써 백성들의 생활을 돌본다.

① 의창
② 제위보
③ 경시서
④ 상평창

상평창은 가을에 양곡을 매수하여 봄에 저렴한 가격으로 판매하는 물가조절기관이다. 즉, 곡식의 수급을 조절해 빈민을 구제한 기구이다.

7 다음은 고려의 문벌귀족을 3가지 유형으로 분류한 것이다. 이를 분석하여 고려 지배층의 성격을 제시한 것으로 가장 적절한 것은?

> • 호족 세력이 중앙집권화 정책에 의해 중앙관리로 진출한 경우
> • 개국공신 계열이 정치를 주도하면서 주요 세력을 이룬 경우
> • 신라 6두품 계열의 지식인들이 과거를 통해 정치세력에 편입된 경우

① 신라에 비해 개방적인 성격을 지녔다.
② 학자적 관료집단을 형성하였다.
③ 계층간의 신분 이동은 불가능하였다.
④ 혈통보다는 개인의 능력을 중시하였다.

Point

고려 사회에서는 지방호족이나 유교적 지식인들이 새로운 지배층으로 등장하여 종래의 진골중심 체제를 벗어나 보다 개방적인 사회로 발전하게 되었다.
② 학자적 관료집단은 고려 후기에 등장한 신진사대부에 해당하는 설명이다.
③ 고려의 신분제도는 엄격하여 대대로 세습되었지만, 동시에 부단한 사회 변동이 일어나고 있었다는 점에 유의해야 한다. 그 예로 향리로부터 문반직에 오르는 경우와 군인이 군공을 쌓아 무반으로 출세하는 경우를 들 수 있다. 고려 후기에는 향·부곡·소의 주민들이 양인과 같은 지위로 승격되어 갔고, 외거노비 중에서 재산을 모아 양인의 신분을 얻는 자도 있었다.
④ 지배층이 신라에 비하여 개방적 성격을 가진 것은 분명하지만 개인의 능력보다 가문을 중시하는 풍조는 여전하였다.

8 다음 중 고려말 농장에 대한 설명으로 옳지 않은 것은?

① 농장의 경작인은 모두 노비였다.
② 농장은 면세, 탈세, 면역과 관련이 깊었다.
③ 농장은 무인 정권과 몽고 지배하에서 더욱 확대되었다.
④ 농장은 부역 동원과 국가 재정에 많은 지장을 초래하였다.

Point

① 농장의 경작은 노비뿐만 아니라 토지를 잃은 농민이나 군역을 피하려는 사람들이 농장에 들어감으로써 농장의 소작인이 되었다. 그들은 귀족의 비호 아래 군역, 요역 등이 면제되었으므로 국가재정을 파탄시켰다.

Answer 5.② 6.④ 7.① 8.①

9 다음 중 고려시대의 법속으로 옳지 않은 것은?

① 상장제례는 유교적 규범에 따라 시행했다.

② 반역죄와 불효죄는 중죄며 유교원리를 중시했다.

③ 지방관은 중요한 사건 외에는 관습법으로 다스렸다.

④ 근친혼과 동성혼이 유행하여, 후기에 금지령을 내렸다.

Point

① 상장제례는 유교적 규범을 시행하려는 정부의 의도와는 달리 대개 토착신앙과 융합된 불교의식과 도교신앙의 풍속을 따랐다.

10 다음 자료에 나타난 시기의 가족 제도의 특징으로 옳은 것을 〈보기〉에서 모두 고른 것은?

> 지금은 남자가 장가들면 여자 집에 거주하여, 남자가 필요로 하는 것은 모두 처가에서 해결하고 있습니다. 그리하여 장인과 장모의 은혜가 부모의 은혜와 똑같습니다. 아아, 장인께서 저를 두루 보살펴 주셨는데 돌아가셨으니, 저는 장차 누구를 의지해야 합니까.
>
> 「동국이상국집」

> ㉠ 제사는 불교식으로 자녀들이 돌아가면서 지냈다.
>
> ㉡ 부계 위주의 족보를 편찬하면서 동성 마을을 이루어 나갔다.
>
> ㉢ 태어난 차례대로 호적에 기재하여 남녀 차별을 하지 않았다.
>
> ㉣ 아들이 없을 때에는 양자를 들이지 않고 딸이 제사를 지냈다.

① ㉠, ㉡　　　　　　　　　　　② ㉡, ㉢

③ ㉢, ㉣　　　　　　　　　　　④ ㉠, ㉢, ㉣

Point

「동국이상국집」은 고려 후기 문인이었던 이규보가 지은 시문집이다.

㉠, ㉢, ㉣ 모두 고려시대 사회상의 모습이다.

㉡ 성리학의 영향을 받은 조선 후기 사회상의 모습이다.

11 다음 비석과 관련된 설명으로 옳은 것은?

신묘한 결과를 얻고자 하면 행(行)과 원(願)이 서로 도와야한다. 원이 없는 행은 외롭고, 행이 없는 원은 공허하다. 행이 외로우면 과(果)가 없고, 원이 공허하면 복이 없어지니, 행과 원을 함께 닦아야 한다. 천명의 사람이 함께 대원을 발하여 향나무를 묻고 미륵불이 하생하기를 기다린다.

사천매향비

① 조선 후기 향촌에서 성장하고 있던 부농층이 처음으로 세웠다.
② 농민의 교화를 목적으로 향촌 양반들에 의해 세워졌다.
③ 이 비석을 통해 내세의 행운과 현세의 국태민안을 기원하였다.
④ 농민 생활의 안정을 위해 지방관들의 주도로 세워졌다.

Point

그림은 고려 불교의 신앙조직으로 대표되는 향도를 나타내는 비석이다. 향나무를 묻어(매향) 미륵의 구원을 구하는 향도는 농민들 스스로 만든 공동체 조직으로 노역, 혼례, 상장례 등을 함께 진행하고, 마을 제사를 공동으로 주관하였다.

12 다음 중 고려시대 여성에 대한 설명으로 옳지 않은 것은?

① 고려시대에는 비교적 여성의 지위가 높았다.
② 여자도 호주가 될 수 있었으며 호적 등재시에도 남녀 간 차별 없이 연령순으로 기록하였다.
③ 여성의 재가도 비교적 자유로운 편이었지만 그 소생의 사회적 진출에는 어려움이 있었다.
④ 여성의 사회진출은 제약이 있었지만 가사를 비롯한 경제운영에 있어서는 남성과 거의 대등한 위치에 있었다.

Point

③ 고려시대에는 여성의 지위가 비교적 높은 편이었으며, 여성의 재가가 비교적 자유로운 편이었으며 그 소생의 자식 또한 사회적 진출에 차별이 없었다.

Answer 9.② 10.④ 11.③ 12.③

13 고려의 귀족이 신라의 귀족과 구별될 수 있는 가장 큰 특징으로 옳은 것은?

① 고려시대의 귀족들은 폐쇄적인 혈연관계를 유지하였다.
② 고려시대의 귀족들은 전시대에 비하여 보다 능력 본위의 개방적 존재였다.
③ 과거시험이 중시되어 혼인관계를 통한 귀족세력의 형성은 이루어지지 못하였다.
④ 고려귀족은 오로지 학문능력 여하에 따라 결정되었으므로, 종래 귀족들이 누린 특권을 모두 상실하였다.

Point
② 신라귀족이 혈연적이고 폐쇄적인 존재라면, 고려귀족은 과거 등을 통해 획득할 수 있는 개방적 존재이다.

14 다음의 사실을 통해 고려 사회 성립의 의미를 옳게 나타낸 것은?

> • 유교적 정치질서가 중시되어 유교정치이념이 정립되고 현실 생활에서 유교적 규범이 강조되었다.
> • 종래의 혈족적 관념과 종교의 테두리에서 벗어나 문화의 질이 크게 향상된 중세문화를 발전시켰다.
> • 지방의 호족 세력이 사회의 지배세력으로 등장하여, 폐쇄적인 사회를 개혁해 나가면서 새로운 신분체계를 마련하였다.

① 중국과의 정치적 · 문화적 유대를 강화하고 선진문화를 적극적으로 받아들였다.
② 사회계층의 이동이 활발해지고 양인의 수가 증가하고 사회적 지위가 향상되었다.
③ 골품제도의 한계를 극복하고 유교적 명분론에 따른 신분제도를 새로이 마련하였다.
④ 지방세력의 성장이 두드러지고 향토적 특색을 띤 지방문화가 크게 발달하였다.

Point
고려시대에는 지방에 터전을 둔 호족 세력이 지배계급으로 대두되면서, 이들에 의해서 새로운 신분제도가 만들어지고, 이들이 문화의 주인공이 되었다.

15 다음 중 고려시대의 향·부곡·소에 대한 설명으로 옳은 것은?

① 부곡 등은 고려시대에 처음 나타났다.
② 무신집권기에는 부곡민의 수가 이전보다 늘어났다.
③ 소와 부곡에는 주로 농민, 향에는 수공업 장인이 살았다.
④ 부곡은 현보다 큰 지역단위를 이루었다.

Point

고려시대의 향·부곡·소
① 향과 부곡은 삼국시대 이전에 발생하였고, 소는 고려시대에 발생하였다.
② 무신집권기에는 민의 항쟁의 성과로 탐관오리의 제거와 생활안정을 위한 정부의 노력을 어느 정도 이끌어 낼 수 있었고 부곡제 지역이 소멸되기 시작하였다.
③ 향과 부곡에는 농민, 소에는 수공업 장인이 살았다.

16 다음의 내용을 토대로 고려시대의 신분제도에 대한 설명으로 옳은 것은?

- 향리들이 과거를 거쳐 중앙의 관료로 진출하였다.
- 중앙군이 군공을 세우면 무반 관료로 승진하였다.
- 향·부곡·소가 점차 일반 군현으로 승격되었다.
- 부유한 외거노비 중에서 일부는 양인이 되었다.

① 지배층의 수를 늘리기 위한 조치가 있었다.
② 사회 신분 간의 계층이동이 일어났다.
③ 문벌귀족을 중심으로 정치가 이루어졌다.
④ 중간계층의 상향 신분이동은 불가능하였다.

Point

고려의 신분제도는 신라와 비교해 볼 때 능력을 중시하는 개방형이어서, 때로는 신분 간의 이동이 이루어지기도 하였다.

Answer 13.② 14.③ 15.④ 16.②

17 다음의 내용과 같은 시기의 상황으로 적절하지 않은 것은?

> (왕이) 변발을 하고 호복을 입고 전상(殿上)에 앉아 있었다. 이연종이 간하려고 문밖에서 기다리고 있었더니, 왕이 사람을 시켜 물었다. (이연종이) 말하기를 "임금 앞에 나아가 직접 대면해서 말씀드리기를 바라나이다." 라고 하였다. 이미 들어와서는 좌우를 물리치고 말하기를 "변발과 호복은 선왕의 제도가 아니오니, 원컨대 전하께서는 본받지 마소서." 라고 하니 왕이 기뻐하면서 즉시 변발을 풀어버리고 그에게 옷과 요를 하사하였다.
>
> 「고려사」

① 지배층과 궁중을 중심으로 몽고식 풍습이 유행하였다.
② 삼남지방에 사는 많은 농민들이 국경지역으로 이동했다.
③ 권문세족이 성장하는 계기가 된다.
④ 결혼도감을 통해 공녀가 공출되었다.

 Point

해당 사료는 원 간섭기의 공민왕과 이연종의 기록이다. 몽고의 침입으로 부마국이 된 고려에서는 이 시기 많은 사회변화가 있었다. 지배층과 궁중을 중심으로 몽고풍이 유행하였으며, 친원세력이 이후 권문세족으로 성장하게 된다. 또한 원의 공녀 요구로 많은 고려인이 원으로 공출된다.
② 조선 초기 세종은 4군 6진 개척 이후 압록강과 두만강 까지 넓힌 북쪽지역에 삼남지방의 백성들을 이주시켜 토지를 주고 생활하게 하였다. (사민정책)

18 고려의 가족제도와 사회상에 대한 설명으로 적절한 것은?

① 남녀를 구분하지 않고 태어난 순서대로 족보에 기재했다.
② 딸과 외손자는 제사를 지낼 수 없어 아들이 없으면 양자를 들였다.
③ 음서의 혜택은 친가까지만 적용되었다.
④ 여성의 재가는 허용되었으나 그 소생 자식의 사회진출은 제약이 있었다.

Point

② 아들이 없을 경우 딸이 제사를 받들었다.
③ 음서의 혜택은 사위와 외손자까지 적용되었다.
④ 여성의 재가는 허용되었고 그 소생 자식의 사회적 진출에 차별이 없었다.

19 다음 중 권문세족과 신진사대부에 대한 설명으로 옳은 것은?

① 권문세족은 친명적 성격이 강하였다.

② 신진사대부들은 주로 음서로 관계에 진출하였다.

③ 신진사대부들은 민본주의에 입각한 왕도정치를 구현하려 하였다.

④ 권문세족은 성리학을 적극적으로 수용하여 사회를 개혁하려 하였다.

 Point

권문세족과 신진사대부

구분	권문세족	신진사대부
출신배경	중앙귀족	향리, 하급관리
정계진출	음서(가문 중시), 도평의사사	과거(능력 본위)
정치	신분제에 기초한 유교적 정치질서 중시	행정실무 담당(왕도정치, 민본주의)
경제	재경부재지주	재향중소지주
학문	훈고학	성리학
외교	친원세력	친명세력
불교	옹호	배척
성향	보수적	진취적

20 고려의 법률 제도에 대한 설명으로 옳지 않은 것은?

① 중국의 당률을 참작한 71개조의 법률이 시행되었다.

② 귀양형의 경우 부모상을 당하면 유형지에 도착하기 전에 7일간 휴가를 주기도 했다.

③ 노부모를 봉양할 가족이 없는 경우 형벌 집행을 미룬다.

④ 반역죄와 강상죄는 중죄로 처벌 되었다.

 Point

④ 반역죄와 불효죄는 중죄로 처벌되었다. 반역죄와 강상죄는 조선 초기에 중죄로 처벌되었다.

Answer 17.② 18.① 19.③ 20.④

03 근세의 사회

기출문제

section 1 양반관료 중심의 사회

(1) 양천제도와 반상제도

① 양천제도 … 양인과 천인으로 구분되는 법제적 신분제도이다.
   ⊙ 양인 : 과거에 응시하고 벼슬길에 오를 수 있는 자유민으로서 조세와 국역의 의무를 지녔다.
   ⓒ 천인 : 비자유민으로 개인이나 국가에 소속되어 천역을 담당하였다.

② 반상제도의 정착 … 양반과 중인이 지배층으로 정착되고, 양반과 상민간의 차별을 두었다.

③ 신분 간의 이동
   ⊙ 양인이면 누구나 과거를 통해 관직에 진출할 수 있었고, 양반도 죄를 지으면 노비 · 중인 · 상민으로 전락할 수 있었다.
   ⓒ 조선은 고려에 비해 개방된 사회였지만 여전히 신분사회의 틀을 벗어나지는 못했다.

(2) 신분구조

① 양반
   ⊙ 의미 : 문반과 무반을 아우르는 명칭으로, 문 · 무반의 관료와 그 가족 및 가문을 말한다.
   ⓒ 양반 사대부의 신분화
     • 문무 양반만 사족으로 인정하였다.
     • 중인층 배제 : 현직 향리층, 중앙관청의 서리, 기술관, 군교, 역리 등은 하급 지배신분인 중인으로 격하시켰다.
     • 서얼 배제 : 양반의 첩에서 난 소생은 관직 진출에 제한을 받았다.
   ⓒ 양반의 지위
     • 정치적으로 관료층으로서 국가정책을 결정하며 과거, 음서, 천거 등을 통해 고위 관직을 독점하였다.
     • 경제적으로 지주층으로서 토지와 노비를 많이 소유하였다.
     • 현직 또는 예비 관료로 활동하였으며, 유학자로서의 소양과 자질을 함양시키는 데 힘썼다.
     • 각종 국역이 면제되었으며, 법률과 제도로써 신분적 특권이 보장되었다.

② 중인

  ㉠ **의미** : 좁은 의미로는 기술관, 넓은 의미로는 양반과 상민의 중간계층을 의미한다.

  ㉡ **구성**

  • 중인 : 중앙과 지방관청의 서리와 향리 및 기술관은 직역을 세습하고, 같은 신분 안에서 혼인하였으며 관청 주변에 거주하였다.

  • 서얼(중서) : 중인과 같은 신분적 처우를 받았고, 이들은 문과에 응시하는 것이 금지되었으며 무반직에 등용되었다.

  ㉢ **역할** : 전문기술이나 행정실무를 담당하였다.

  • 역관은 사신을 수행하며 무역에 관여하였다.

  • 향리는 토착세력으로서 수령을 보좌하는 일을 하였다.

③ 상민

  ㉠ **의미** : 평민, 양인으로도 불리는 상민은 백성의 대부분을 차지하는 농민, 수공업자, 상인을 말한다.

  ㉡ **성격** : 과거응시자격은 있으나 과거 준비에는 많은 시간과 비용이 들었으므로 상민이 과거에 응시하는 것은 사실상 어려웠다.

  ㉢ **구분**

  • 농민 : 과중한 조세·공납·부역의 의무를 가졌다.

  • 수공업자(공장) : 관영이나 민영 수공업에 종사하였으며, 공장세를 납부하였다.

  • 상인 : 시전 상인과 보부상들로 국가의 통제 아래에서 상거래에 종사하였고, 상인세를 납부하였다.

  • 신량역천 : 양인 중에서 천역을 담당하는 계층을 말한다.

Point 팁 **신량역천**

칠반천역이라고도 한다. 수군, 조례(관청의 잡역 담당), 나장(형사 업무 담당), 일수(지방 고을 잡역), 봉수군(봉수 업무), 역졸(역에 근무), 조졸(조운 업무) 등 힘든 일에 종사한 일곱 가지 부류를 말한다.

④ 천민

  ㉠ **노비의 처지**

  • 천민의 대부분을 차지하였고, 비자유민으로 교육을 받거나 벼슬에 나아가는 것이 금지되었다.

  • 노비는 재산으로 취급되어 매매·상속·증여의 대상이 되었다.

  • 부모 중 한 쪽이 노비면 그 자녀도 노비가 되었다.

  ㉡ **노비의 구분**

  • 공노비 : 국가에 신공을 바치거나 관청에 노동력을 제공하였다. 또한 특정 업무를 맡은 노비는 유외잡직이라는 벼슬이 주어지기도 하였다.

기출문제

문 조선시대 사회정책에 대한 설명
으로 옳지 않은 것은?
▶ 2010. 6. 12. 서울특별시
① 농민의 생활이 어려워졌을 때
지방 자치적으로 의창과 상평창
을 설치했고, 환곡제를 실시해
농민을 구제했다.
② 범죄 중 가장 무겁게 취급된 것
은 반역죄와 강상죄였다.
③ 의료시설로 혜민국, 동·서대비
원, 제생원, 동·서활인서 등이
있었다.
④ 재판에 불만이 있을 때 사건의
내용에 따라 다른 관청이나 상
부 관청에 소송을 제기할 수 있
었다.
⑤ 농본 정책을 실시해 양반 지주
들의 토지 겸병을 억제하고, 농
민의 토지이탈을 방지하고자 하
였다.

Tip ① 지방자치적으로 실시된 것은
사창제이다. 의창, 상평창은 중
앙 정부에서 실시하여 수도권
에서만 실시되었다.

┃정답 ①

• **사노비** : 주인과 함께 사는 솔거노비와 독립된 가옥에서 거주하며 주인에게 신공을 바
치는 외거노비가 있다.
ⓒ **기타** : 백정, 무당, 창기, 광대 등도 천민으로 천대받았다.

section 2 사회정책과 사회시설

(1) 사회정책

① **목적** … 성리학적 명분론에 입각한 사회 신분 질서의 유지와 농민의 생활을 안
정시켜 농본정책을 실시하는 데 그 목적이 있다.

② **배경** … 가혹한 수취체제와 관리 및 양반의 수탈로 농민이 몰락하면서 국가의
안정과 재정의 근간에 위험이 닥치게 되었다.

(2) 사회제도

① **사회시책 시행배경** … 조세와 역의 대상인 농민의 몰락은 국가의 안정과 재정 근
간을 위협하는 요소였으므로 농민의 생활을 안정시키기 위해 노력하였다.

② **사회시책**
　ⓐ 지주의 토지겸병을 억제하고, 농번기에 잡역의 동원을 금지시켰으며, 재해시
　　에는 조세를 감경해 주기도 했다.
　ⓑ 환곡제를 실시하여 춘농기에 양식과 종자를 빌려 준 뒤에 추수기에 회수하
　　였다.
　ⓒ 의창, 상평창 등을 실시하였다.

③ **사창제** … 양반 지주들이 향촌의 농민생활을 안정시켜 향촌질서를 유지한 것으
로 향촌사회에서 지방자치적으로 실시되던 빈민구제책이다.

④ **의료시설** … 혜민국(약재 판매), 동·서 대비원(수도권 안에 거주하는 서민환자
구제), 제생원(지방민의 구호 및 진료), 동·서활인서(유랑자의 수용·구휼) 등
이 있었다.

(3) 법률제도

① **형법** … 대명률에 의거하여 당률의 5형 형벌에 글자로 문신을 새기는 자자와 능
지처사와 같은 극형을 추가하였다.
　ⓐ **중죄** : 반역죄와 강상죄를 말하며, 연좌제가 적용되었다. 심한 경우에는 범죄
　　가 발생한 고을은 호칭이 강등되고 수령은 파면되기도 하였다.
　ⓑ **형벌** : 태·장·도·유·사의 5종이 기본으로 시행되었다.

② **민법** … 지방관이 관습법에 따라 처리하였다.

③ **상속** … 종법에 따라 처리하였으며, 제사와 노비의 상속을 중요시하였다. 물건 및 토지소유권의 관념이 고려시대에 비하여 발달하였다.

Point 팁

종법(宗法) … 조선시대 가족제도의 토대였으며, 가족윤리를 중시하는 조선 사회를 지탱한 중요 원리의 하나이다.

④ **사법기관**

　㉠ **중앙**

　　• 사헌부 · 의금부 · 형조 : 관리의 잘못이나 중대사건을 재판하였다.

　　• 한성부 : 수도의 치안을 담당하였다.

　　• 장례원 : 노비에 관련된 문제를 처리하였다.

　㉡ **지방** : 관찰사와 수령이 사법권을 행사하였다.

Point 팁

조선의 수령7사
1. 농사철에 알맞게 씨를 뿌릴 것(농상성 : 農桑盛)
2. 유생을 모아 유교 경전을 가르치고, 글짓기를 시험해 유학 및 문학에 정진하도록 할 것(학교흥 : 學校興)
3. 법을 잘 지켜 민에게 올바름을 보여줄 것(사송간 : 詞訟簡)
4. 용모를 잘 관찰해 간사스럽고 교활한 사람을 찾아내어 없앨 것(간활식 : 奸猾息)
5. 때맞춰 군사 훈련을 실시하고 군기를 엄히 밝힐 것(군정수 : 軍政修)
6. 백성들을 편안하게 하고 사람들이 스스로 모여들게 할 것(호구증 : 戶口增)
7. 부역을 공평하고 균등하게 부과할 것(부역균 : 賦役均)

⑤ **재심 청구** … 상부 관청에 소송을 제기하거나, 신문고 · 징으로 임금에게 직접 호소할 수도 있었으나 일반적으로 시행되지는 않았다.

신문고 제도

고할 데가 없는 백성으로서 원통하고 억울한 일을 품은 자는 나와서 등문고(登聞鼓)를 치라고 명하였다. 의정부에서 상소하기를 "서울과 외방의 고할 데 없는 백성이 억울한 일을 소재지의 관청에 고발하여도 소재지의 관청에서 이를 다스려 주지 않는 자는 나와서 등문고를 치도록 허락하소서."하여 그대로 따르고, 등문고를 고쳐 신문고(申聞鼓)라 하였다.

「태종실록」

기출문제

문 ㈎에 들어갈 말로 옳지 않은 것은?

▶ 2021. 4. 3 소방공무원

변정원에게 임금이 "그대는 이미 흡곡현령(歙谷縣令)을 지냈으니 백성을 다스리는 데 무엇을 먼저 하겠는가?"라고 물었다. 그는 "마땅히 칠사(七事)를 먼저 할 것입니다."라고 하였다. 임금이 말하기를 "이른바 칠사라는 것은 무엇인가?"라고 하니 변정원이 "칠사란 ㈎ 이 바로 그것입니다."라고 답하였다.

－『성종실록』

① 호구를 늘게 하는 것
② 학교 교육을 장려하는 것
③ 수령의 비리를 감찰하는 것
④ 공정하게 세금을 징수하는 것

Tip ㈎에는 조선 시대 수령이 지방을 통치할 때 힘써야 하는 7가지 임무인 수령 칠사(守令七事)의 내용이 들어가야 한다. 수령 칠사는 『경국대전』이전(吏典) 고과조(考課條)에 실린 내용으로, 구체적인 사항은 다음과 같다.

• 농상성(農桑盛) : 농상을 성하게 하는 것
• 호구증(戶口增) : 호구를 늘게 하는 것
• 학교흥(學校興) : 학교 교육을 장려하는 것
• 군정수(軍政修) : 군정을 닦는 것
• 부역균(賦役均) : 역의 부과를 균등하게 하는 것
• 사송간(詞訟簡) : 소송을 간명하게 하는 것
• 간활식(奸猾息) : 교활하고 간사한 버릇을 그치게 하는 것

정답 ③

問 다음 조직에 대한 설명으로 옳지 않은 것은?

▶ 2013. 7. 27. 안전행정부

가입하기를 원하는 자에게는 반드시 먼저 규약문을 보여주고, 몇 달 동안 실행할 수 있는가를 스스로 헤아려 본 뒤에 가입하기를 청하게 한다. 가입을 청하는 자는 반드시 단자에 참가하기를 원하는 뜻을 자세히 적어 모임이 있을 때에 진술하고, 사람을 시켜 약정(約正)에게 바치면 약정은 여러 사람에게 물어서 좋다고 한 다음에야 글로 답하고, 다음 모임에 참여하게 한다.

「율곡전서」

① 향촌 사회의 질서를 유지하고 치안을 담당하는 향촌의 자치 기능을 맡았다.
② 전통적 미풍양속을 계승하면서 삼강오륜을 중심으로 한 유교 윤리를 가미하였다.
③ 어려운 일이 생겼을 때에 서로 돕는 역할을 하였고, 상두꾼도 이 조직에서 유래하였다.
④ 지방 유력자가 주민을 위협, 수탈하는 배경을 제공하는 부작용도 있었다.

Tip 지문에서 설명하는 조직은 향약이며, ③의 상두꾼은 향도에서 비롯한 것이다.

정답 ③

section 3 향촌사회의 조직과 운영

(1) 향촌사회의 모습

① 향촌의 의미 … 중앙과 대칭되는 개념
  ㉠ 향 : 행정구역상 군현의 단위로서, 중앙에서 지방관을 파견하였다.
  ㉡ 촌 : 촌락이나 마을을 의미하며 면·리가 설치되었으나, 지방관은 파견되지 않았다.

② 유향소와 경재소
  ㉠ 유향소 : 지방자치를 위한 것으로 수령을 보좌하고 향리를 감찰하며, 향촌사회의 풍속을 교정하기 위한 기구이다. 지방에서 양반 세력의 거점의 역할을 하며 지방행정에 많은 영향을 끼쳤다.

Point 팁 향촌사회의 지배층인 지방사족의 명당인 향안을 만들었다. 향안에 오르는 사족들은 향회를 통해 자신들의 결속과 지방민을 통제하였으며, 운영규칙인 향규도 존재하였다.

  ㉡ 경재소 : 중앙정부가 현직 관료로 하여금 연고지의 유향소를 통제하게 하는 제도로서, 중앙과 지방의 연락업무를 맡았다.
  ㉢ 유향소의 변화 : 경재소가 혁파되면서(1603) 유향소는 향소 또는 향청으로 명칭이 변경되고, 향소의 구성원은 향안을 작성하고 향규를 제정하였다.

③ 향약
  ㉠ 목적 : 중종 때 조광조에 의해 실시된 이후 전국적으로 확산되었고 지방사족 중심의 향촌사회 운영질서 확립을 위해 설치되었다.
  ㉡ 성격 : 권선징악과 상부상조를 목적으로 한 향촌 교화의 규약이다.

Point 팁 향약의 4대 덕목
  ㉠ 덕업상권 : 좋은 일을 서로 권한다.
  ㉡ 과실상규 : 잘못한 일은 서로 규제한다.
  ㉢ 예속상교 : 올바른 예속으로 서로 교류한다.
  ㉣ 환난상휼 : 재난과 어려움을 서로 돕는다.

기출문제

(2) 촌락의 구성과 운영

① 촌락 … 농민생활 및 향촌구성의 기본 단위로서 동과 리(里)로 편제되었다.

  ㉠ 면리제 : 자연촌 단위의 몇 개 리(里)를 면으로 묶었다.

  ㉡ 오가작통제 : 다섯 집을 하나의 통으로 묶고 통수 또는 통주가 관장하였다.

Point 팁   오가작통제 … 일종의 자치조직으로 다섯 집을 한 통으로 하여 통에는 통수 또는 통주를 두고, 지방에는 다섯 통마다 이정을, 면에는 권농관을 두며, 서울에는 방마다 관령을 두도록 법으로 규정하였다. 이 법은 유민 방지와 각종 역과 조세 부담자의 동태를 파악하여 연대책임을 지우는 데 이용되었다.

② 촌락의 신분 분화

  ㉠ 반촌 : 주로 양반들이 거주하였으며, 친족 · 처족 · 외족의 동족으로 구성되어 다양한 성씨가 거주하다가 18세기 이후에 동성 촌락으로 발전하였다.

  ㉡ 민촌 : 평민과 천민으로 구성되었고 지주의 소작농으로 생활하였다. 18세기 이후 구성원의 다수가 신분상승을 이루었다.

③ 촌락공동체

  ㉠ 사족 : 동계 · 동약을 조직하여 촌락민을 신분적, 사회 · 경제적으로 지배하였다.

  ㉡ 일반 백성 : 두레 · 향도 등 농민조직을 형성하였다.

  • 두레 : 공동노동의 작업공동체였다.

  • 향도 : 불교와 민간신앙 등의 신앙적 기반과 동계조직과 같은 공동체조직의 성격을 모두 띠는 것이었다. 주로 상을 당하였을 때나 어려운 일이 생겼을 때 서로 돕는 활동을 하였다.

④ 촌락의 풍습

  ㉠ 석전(돌팔매놀이) : 상무정신을 함양하는 것으로, 사상자가 속출하여 국법으로는 금지하였으나 민간에서 계속 전승되었다.

  ㉡ 향도계 · 동린계 : 양반들이 음사라 하여 금지하였다. 이 행사는 남녀노소를 불문하고 며칠 동안 술과 노래를 즐기는 일종의 마을 축제였는데, 점차 장례를 도와주는 기능으로 전환되었다.

section 4 성리학적 사회 질서의 강화

(1) 예학과 족보의 보급

① 예학 … 성리학적 도덕 윤리를 강조하고, 신분 질서의 안정을 추구하였다.

  ㉠ 배경 : 성리학의 발달과 함께 왕실 위주의 국가질서론과 주자가례에 대한 학문적 연구로 인하여 예학이 발달하였다.

  ㉡ 내용 : 도덕 윤리를 기준으로 하는 형식 논리와 명분 중심의 가치를 강조하였다.

  ㉢ 기능 : 삼강오륜을 기본 덕목으로 강조하고, 가부장적 종법질서로 구현하여 성리학 중심의 사회질서 유지에 기여하였다.

  ㉣ 역할 : 사림은 예학을 통해 향촌사회에 대한 지배력을 강화하고, 정쟁의 구실로 이용하였다. 또한 양반 사대부의 신분적 우월성을 강조하였으며, 가족과 친족공동체의 유대를 통해서 문벌을 형성하였다.

  ㉤ 영향 : 상장제례의 의식과 유교주의적 가족제도 확립에 기여하였으나 지나친 형식주의와 사림간의 정쟁의 구실을 제공하는 등의 폐단을 낳았다.

② 보학 … 가족의 내력을 기록하고 암기하는 것을 말한다.

  ㉠ 기능 : 종족의 종적인 내력과 횡적인 종족관계를 확인시켜 준다.

  ㉡ 역할 : 족보를 통해 종족 내부의 결속을 다짐하고 다른 종족이나 하급신분에 대한 우월의식을 고취시킬 수 있었다. 족보는 결혼 상대를 구하거나 붕당을 구별하는 데 있어 중요한 자료가 되며 양반 문벌 제도의 강화에 기여하였다.

Point 팁 가장오래된 족보
현존하는 가장 오래된 족보는 1476년 「안동권씨 성화보」이다. 자녀를 기재하는데 남녀 상관없이 출생순으로 기록하여 조선 초기 여성의 지위에 대해 유추할 수 있다.

(2) 서원과 향약

① 서원

  ㉠ 기원
  • 단순한 교육뿐만 아닌 사묘를 겸한 서원은 중종 때 주세붕이 세운 백운동 서원이 기원이다.
  • 이황의 건의로 소수서원으로 사액이 되어 국가의 지원을 받았다.

  ㉡ 목적 : 성리학을 연구하고 선현의 제사를 지내며, 교육을 하는 것이다.

  ㉢ 기능
  • 유교를 보급하고 향촌 사림을 결집시켰다.
  • 지방 유학자들의 위상을 높이고 선현을 봉사하는 사묘의 기능이 있었다.

ⓔ 영향
- 서원의 확산은 성리학의 발전과 교육과 학문의 지방 확대를 가져왔다.
- 향교가 침체되었다.
- 붕당의 근거지로 변질되어 학벌·지연·당파간의 분열이 일어났다.

ⓜ 서원 철폐 : 영조 때 300여개, 흥선대원군 때 47개를 제외한 600여개를 철폐하였다.

② 향약

ㄱ 배경 : 훈구파에 대항하여 향촌의 새로운 운동으로 중종 때 향약운동이 전개되었다.

ㄴ 보급
- 중종 때 조광조가 송의 여씨향약을 도입하려 하였으나 기묘사화로 좌절되었다.
- 사림이 중앙정권을 잡은 16세기 후반부터 전국적으로 보급되었다.

ㄷ 내용 : 전통적 공동조직과 미풍약속을 계승하고, 삼강오륜을 중심으로 한 유교윤리를 가미하여 향촌교화 및 질서유지에 더욱 알맞게 구성하였다.

ㄹ 특징
- 각자 한 지방을 중심으로 그 실정에 맞는 규약이 있었다.
- 조선적 향약은 상하간의 신분적 지배의 강화와 지주제의 유지를 목적으로 하였다.
- 선조 때 이황(예안 향약), 이이(해주 향약)의 노력으로 전국적으로 보급되었다.
- 신분에 관계없이 향민 전원을 대상으로 강제적으로 편성하였다.

ㅁ 역할
- 조선 사회의 풍속을 교화시키고, 향촌사회의 질서유지와 치안 등을 담당하여 향촌의 자치적 기능을 가능하게 하였다.
- 상부상조의 정신과 향촌의 예의를 함양하고 농민에 대한 유교적 교화 및 주자가례의 대중화를 이끌어 냈다.
- 지방 사림들의 농민지배가 강화되고 사림의 지위도 강해졌다.

ㅂ 문제점 : 향약은 토호와 향반 등 지방 유력자들의 주민 수탈로 위협의 수단이 되었고, 향약 간부들의 갈등을 가져와 풍속과 질서를 해치기도 하였다.

기출문제

📖 다음은 향촌 사회의 어떤 조직과 그 운영에 대한 것이다. 이에 관한 설명으로 옳은 것은?

▶ 2013. 9. 7. 서울특별시

가입하기를 원하는 자에게는 반드시 먼저 규약문을 보여 몇 달 동안 실행할 수 있는가를 스스로 헤아려 본 뒤에 가입하기를 청하게 한다. …… 사람을 시켜 약정(約正)에게 바치면 약정은 여러 사람에게 물어서 좋다고 한 다음에야 글로 답하고, 다음 모임에 참여하게 한다.

① 군현마다 하나씩 설립되었으며, 중앙에서 교수를 파견하였다.

② 초등교육을 담당하였으며, 선비와 평민 자제를 교육하였다.

③ 불교 신앙 조직이자 동계 조직으로 어려울 때 서로 돕는 역할을 하였다.

④ 풍속 교화, 향촌 사회의 질서유지를 담당하여 사림의 지위강화에 기여하였다.

⑤ 선현에 대해 제사 지내고 인재교육, 향음주례 등의 역할을 담당하였다.

> **Tip** 주어진 자료는 향약과 관련된 내용이다.
> ① 향교에 대한 설명이다.
> ② 서당에 대한 설명이다.
> ③ 고려시대 향도에 대한 설명이다.
> ⑤ 서원에 대한 설명이다.

┃정답 ④

단원평가 근세의 사회

1 조선시대의 신분제에 대한 설명으로 올바르지 못한 것은?

① 양반은 원래 신분 용어가 아니며, 과거에 급제하여 문반이나 무반에 속하는 사람을 일컫는 용어이다.

② 중인은 넓게는 중간계층, 좁게는 기술관만을 의미하는 것으로 서얼, 향리 등도 이에 속해 있었다.

③ 서얼은 양첩의 자손 '서(庶)'와 천첩의 자손 '얼(孽)'을 뜻하며 한품서용법에 의해 관직에 한계가 있었다.

④ 상민은 주로 조세와 부역의 대상이 되는 계층으로 칠반천역인(七般賤役人), 칠종천역인(七從賤役人)들도 이에 속하였다.

칠반천역인은 신분은 양인이나 하는 일이 천한 조건부 양인이며, 칠종천역인은 각종 천한 직종에 종사하는 백정, 기생 등의 천인이다.

2 다음을 통해 알 수 있는 당시 사회의 특징으로 옳지 않은 것은?

> • 서얼의 자손은 무과, 생원 진사과에 응시할 수 없었다.
> • 향리는 아들이 3명일 경우 그 중 1명만 신역을 면제하여 과거에 응시할 수 있게 하였으며, 만약 향리의 자제가 해당 관청의 허가를 받지 않고 과거에 응시하였을 경우에는 처벌을 받았다.

① 조선시대 신분층은 구분이 엄격하여 신분 상호간의 교류가 억제되었다.

② 향리들의 직역은 세습되었으므로 지방에서 실질적인 지배권을 행사하였다.

③ 중인층이 양반 지배층으로 성장하는 것을 막기 위한 제한이 엄격하였다.

④ 서얼 차별은 적서의 구분을 엄격히 한 가부장적 가족윤리에 따른 것이었다.

Point

② 향리의 직역을 세습화한 것은 신분의 상승을 억제하기 위한 수단으로 이용하기 위해서였다. 따라서 그들의 세력은 약화되고, 수령을 보좌하는 하급행정실무자의 역할만을 하게 되었다.

3 다음 중 조선시대의 신분에 대한 내용으로 옳지 않은 것은?

① 솔거노비 A는 주인으로부터 독립적인 생활을 영위하지만 일정한 신공을 바쳐야 했다.
② B는 아버지가 양반이지만 서얼이었기 때문에 관직진출에 많은 제한을 받았다.
③ 농민 C와 수공업자 D는 같은 상민이지만 C가 더 낮은 대우를 받았었다.
④ 부모가 모두 상민인 E는 과거응시 경험이 있다.

 Point

③ 조선은 성리학의 이념이 사회전반에 널리 퍼져 있었다. 성리학에서는 사·농·공·상이라고 하여 공(工)과 상(商)을 농(農)보다 천시하였다. 때문에 조선시대에는 같은 상민이어도 수공업자와 상인은 농민보다 낮은 대우를 받았다.

4 다음 중 조선시대의 사회에 대한 설명으로 옳지 않은 것은?

① 유교의 가부장적 원리가 점차 보편화되었다.
② 양반 중심의 지배질서와 가족제도에 종법사상이 응용되었다.
③ 유교의 강조로 불교, 도교, 토속신앙 등이 점차 자취를 감추었다.
④ 유교의 덕치주의와 민본사상을 바탕으로 왕도정치를 구현하려 하였다.

Point

조선시대에는 성리학의 영향으로 예학과 보학이 발달하였고 그에 따라 가부장적 원리 등이 확립되었다. 조선시대에는 숭유억불정책으로 유교의 정치이념을 강조하였다.
③ 조선시대는 유교를 강조하였으나 불교, 도교, 토속신앙 등이 자취를 감춘 것은 아니었다.

5 다음 중 조선시대의 호패법에 관한 설명으로 옳지 않은 것은?

① 양반과 노비도 착용하게 하였다. ② 인력의 징발을 목적으로 하였다.
③ 신분에 따라 호패의 재료를 달리하였다. ④ 16세 이상의 남자와 여자에게 발급되었다.

Point

호패법 … 고려말 1391년에 처음 실시되었다. 조선시대에 들어와서는 1413년에 시작되어 제도상으로는 고종 때까지도 계속되었다. 효과적인 조세수취와 유민의 방지를 통한 중앙집권을 강화하기 위하여 위로는 왕족부터 아래로는 노비에 이르기까지 16세 이상의 모든 남자에게 호패를 지급하였다.

Answer 1.④ 2.② 3.③ 4.③ 5.④

6 다음 글을 읽고 나눈 대화로서 견해가 타당하지 않은 사람은?

> • 재인과 화척은 이리저리 떠돌아다니면서 농업에 종사하지 않는다. 배고픔과 추위를 면하지 못하여 수시로 모여서 도적질을 하고 소와 말을 도살한다. 이들이 있는 주, 군에서는 이들을 호적에 올려 농토에 정착시켜 농사를 짓도록 하고 이를 어기는 사람들은 죄를 줄 것이다.
>
> 「태조실록」
>
> • 무릇 노비 매매는 관청에 신고해야 한다. 사사로이 몰래 매매하였을 경우에는 관청에서는 그 노비 및 대가로 받은 물건을 모두 몰수한다. 나이 16세 이상 50세 이하는 가격이 저화 4천장이고, 15세 이상 50세 이하는 3천장이다.
>
> 「경국대전」

① 지현 – 노비 매매라니 조신시대에는 노비가 일종의 재산으로 취급되었다는 걸 알 수 있겠어.
② 민영 – 맞아. 조선시대 노비들은 향·부곡·소에 집단으로 거주하며 천역에 종사하거나 노비생활을 하였지.
③ 유식 – 조선시대나 고려시대나 노비의 삶의 질은 별다를 바가 없었겠군.
④ 지인 – 그래도 조선 초기에는 천역종사자를 양인으로 흡수하려는 국가의 노력이 있었어.

⁂Point
② 조선시대에는 천민 거주 집단인 향·부곡·소는 소멸되었지만 여전히 천민으로서 노비와 천역에 종사하는 사람들이 존재하였다. 또한 노비는 재산으로 취급되어 매매, 상속, 증여의 대상이었으며 천역에 종사하는 사람에는 백정, 무당, 창기, 광대 등이 있었다.

7 다음 중 조선 초기의 농민에 관한 설명으로 옳은 것은?

① 과전법에 의거하여 민전을 지급받고 국가에 조를 납부하였다.
② 향교의 입학과 과거응시가 허용되었으나, 실제로는 관직 진출이 어려웠다.
③ 생활이 어려운 농민은 본가나 처가로 자유롭게 이주하여 생계를 꾸려 나갔다.
④ 유향소에 참여하여 향촌의 일을 자치적으로 처리할 수 있는 기회가 주어졌다.

⁂Point
농민은 교육과 과거를 통해 정치적으로 출세할 수 있는 자격이 있었으나, 교육과 과거 준비에는 많은 시간과 비용이 들었으므로 실제 그렇게 되기는 어려웠다.

8 다음 밑줄 친 '이 기구'에 대한 설명으로 옳지 않은 것은?

> 무릇 이 기구에 가입하기를 원하는 자에게는 반드시 먼저 규약문을 보여 몇 달 동안 실행할 수 있는가를 스스로 헤아려 본 뒤에 가입하기를 청하게 한다. 가입을 청하는 자는 반드시 단자에 참가하기를 원하는 뜻을 자세히 적어서 모임이 있을 때에 진술하고, 사람을 시켜 약정(約正)에게 바치면 약정은 여러 사람에게 물어서 좋다고 한 다음에야 글로 답하고 다음 모임에 참여하게 한다.
>
> 「율곡전서」

① 주요 간부진은 대개 농민들이 차지하였다.
② 풍속 교화와 향촌질서 유지에 맞게 구성되었다.
③ 지방 사림의 지위를 강화시켜 주는 역할을 하였다.
④ 전통적인 마을 공동조직에 유교 윤리가 가미되었다.

 Point

① 제시된 내용은 해주향약 입약 범례문이다. 향약은 향촌의 유력한 사림이 약정(향약의 간부)에 임명되는 등 사림이 향약을 주도하였다.

9 다음 중 조선시대의 중인에 관한 설명으로 옳은 것은?

> ㉠ 과거, 음서, 천거를 통해 관직에 진출하였다.
> ㉡ 주로 전문기술이나 행정실무를 담당하였다.
> ㉢ 지방에 파견되어 향촌사회를 지배하기도 하였다.
> ㉣ 양반과 상민의 중간신분계층이라는 의미를 갖고 있다.

① ㉠, ㉡
② ㉡, ㉢
③ ㉡, ㉣
④ ㉢, ㉣

 Point

㉠, ㉢ 양반에 대한 설명이다.

Answer 6.② 7.② 8.① 9.③

10 다음 중 조선시대 가족제도의 설명으로 옳은 것은?

> ⊙ 장자상속제   ⓛ 여성의 재가 허용
> ⓒ 남존여비   ⓔ 적서차별
> ⓜ 엄격한 족외혼   ⓗ 가부장적 가족사회

① ⊙, ⓛ, ⓒ   ② ⊙, ⓒ, ⓔ, ⓜ

③ ⊙, ⓒ, ⓔ, ⓜ, ⓗ   ④ ⊙, ⓛ, ⓒ, ⓔ, ⓜ, ⓗ

> **Point**
> 조선시대의 가족제도의 특징
> ⊙ 가부장적 가족사회
> ⓛ 장자상속제
> ⓒ 부계 친족 중심의 문중 형성
> ⓔ 여성의 재가 금지
> ⓜ 남존여비
> ⓗ 적서차별
> ⓢ 엄격한 족외혼

11 조선시대에 농민 생활의 안정을 위해서 실시한 다양한 사회제도의 근본배경으로 옳은 것은?

① 농민은 천민보다 사회적인 지위가 높았다.
② 농민은 양반으로 상승할 자격이 있었다.
③ 상공업자들은 농업에 종사할 수 없었다.
④ 농민이 조세, 공납, 역을 부담하였다.

> **Point**
> ④ 농민이 국가재정의 대부분을 부담하였기 때문에 이들의 생활안정이 무엇보다 중요시되었다.

12 다음 중 조선시대 사법 제도에 대한 설명으로 옳지 않은 것은?

① 지방수령이 재판을 담당하였으며, 재판 결과에 불복할 때는 항소할 수 있었다.

② 재산소유권의 분쟁은 문건에 의한 증거주의를 존중하였다.

③ 사법기관과 행정기관이 원칙적으로 구분되어 있었다.

④ 경국대전이 기본법전이었다.

 Point

>③ 조선시대에는 사법기관과 행정기관이 분리되지 않았으며, 동일 관청에서 행정권과 사법권을 동시에 관장하였다.

13 다음의 글과 관련이 있는 사실이 아닌 것은?

> 3년에 한 번씩 호적을 개편하여 호조와 한성부, 본도와 본고을에 둔다. 서울과 지방은 5호로써 1통을 삼고 통주가 있다. 지방에는 5통마다 이정(里正)이 있고 1면마다 권농관이 있다. 서울에는 1방마다 관령이 있다. 사대부와 서민은 모두 집이 있는 곳에 따라 통을 만든다. 남자 장정으로서 16세 이상이면 호패를 찬다. 서울에서는 한성부, 지방에서는 각 고을의 해당 관리가 도장을 찍어 발급한다.
>
> 「경국대전」

① 농민들을 효과적으로 통제하기 위해 실시한 제도이다.

② 호패는 신분에 따라 만드는 재료가 달랐으며 일종의 신분증명제도였다.

③ 이러한 제도를 시행함으로 농민생활은 안정을 찾게 되었다.

④ 반면 이러한 제도는 인징(隣徵)의 근거가 되기도 했다.

Point

>제시문은 오가작통법과 호패법에 대한 글이다. 이러한 제도를 통해 조선은 촌락 주민에 대한 지배를 원활히 하고자 하였으며, 호패법도 농민 이동을 억제하여 효과적인 조세수취와 유민의 방지를 기한다는 공통적인 목적이 있다.
>
>③ 오가작통법과 호패법은 농민생활의 안정이 아닌 통제책이었다.

Answer 10.③ 11.④ 12.③ 13.③

14 조선 초기의 가족제도에 대한 설명으로 옳은 것은?

① 주부는 자녀의 교육과 혼인, 제사의 주재와 같은 가사문제를 전담하여 처리하였다.

② 학업과 생산활동 종사로 인하여 혼인은 대개 만혼(晩婚)이 일반적이었다.

③ 가정 내의 민사와 관계되는 분쟁은 대개 성문법에 의거하여 처리되었다.

④ 처첩의 구분이 엄격하였으며 그 소생은 사회생활에서 차별을 받았다.

Point

조선 초기의 가족제도
① 가사에 대한 권한은 가장에게 있었다.
② 많은 출산을 위해 조혼이 유행하였다.
③ 민사분쟁은 관습법에 따랐다.

15 조선시대의 사회시설과 정책에 대한 설명이 옳지 않은 것은?

① 정부는 농민생활의 안정을 위해 의창, 상평창 등의 환곡제를 실시하였다.

② 동·서 대비원은 유랑자의 수용과 구출을 담당하였다.

③ 혜민국은 수도권의 서민환자의 구제를 담당하였다.

④ 형법은 민법이 기본법이며 대명률을 적용한다.

Point

② 동서대비원은 수도권 서민 환자의 구제를 담당하였다.
※ 조선시대 사회시설
　ⓐ 혜민국 : 약재 판매
　ⓑ 동·서 대비원 : 서민환자 구제
　ⓒ 제생원 : 지방민의 구호 및 진료
　ⓓ 동·서 활인서 : 유랑자 수용·구휼

16 조선시대의 향촌 사회에 대한 설명으로 옳은 것은?

① 향촌 구성의 기본단위로서 동과 리(里)로 편제되었다.

② 사림 양반은 촌락의 전통적인 민간산업과 풍습을 장려하였다.

③ 반촌과 민촌은 엄격히 구별되어 생활하였다.

④ 주민의 신분과 직역에 관계없이 한 촌락으로 구성되어 있었다.

조선의 향촌 사회
② 촌락공동체 조직은 사림세력의 성장에 따라 향약으로 대치되었다.
③ 반촌, 민촌 구분은 있었으나 함께 섞여 살았다.
④ 주민의 신분과 직역에 따라 특수한 마을이 형성되었다.

17 다음 중 서원에 대한 설명으로 옳지 않은 것은?

① 국가로부터 토지와 노비를 받는 관학기관이었다.
② 지방문화의 발전과 확대에 기여하였다.
③ 학파 및 당파의 결속을 강화하는 구실을 하였다.
④ 선현을 제사하고 유생들이 학문을 논하는 기관이었다.

① 서원은 중종 38년 풍기군수 주세붕이 고려 유신 안향을 모시기 위해 세운 백운동 서원이 효시이다. 사액서원의 경우 서적, 토지, 노비 등을 주는 것이 관례이지만, 이것은 양반들 스스로 조직한 것이지 관학기관은 아니었다.

18 다음 중에서 조선 양반들의 동향으로 옳은 것은?

> ㉠ 향안을 만들어 사족세력의 결속을 강화하였다.
> ㉡ 향회를 통하여 향촌사회의 여론을 주도하였다.
> ㉢ 두레와 각종 계를 조직하여 농민을 지배하였다.
> ㉣ 상품 화폐 경제의 발달에 부응하여 도고로 성장하였다.

① ㉠, ㉡　　　　　　　② ㉠, ㉣
③ ㉡, ㉢　　　　　　　④ ㉢, ㉣

Point
조선 양반의 동향
㉢ 두레와 계를 조직한 것은 일반 농민들이었고, 양반들은 지주로서 농업 경영에 치중하였다.
㉣ 도고로 성장한 것은 공인들이었다.

Answer　14.④　15.②　16.①　17.①　18.①

19 다음 문서에 대해 바르게 설명한 것을 모두 고르면?

ⓐ 고려시대에 처음 만들어졌으며 남녀 구분 없이 나이순대로 적는 원칙이 일제에 의한 강제 호적정리 이후 깨지고 말았다.

ⓑ 국가에서 부역의 징발 등을 위해 촌주들을 시켜 작성하도록 한 것이 우리나라에서 처음 만들어지게 된 계기였다.

ⓒ 양반 가문의 상징으로 작용하였고, 종(縱)적인 혈통관계와 횡(橫)적인 동족관계를 밝혀주었다.

ⓓ 성리학적인 가부장제가 강화되는 조선 후기부터 부계 중심으로 활발하게 제작 되었다.

① ㉠, ㉡
② ㉠, ㉢
③ ㉡, ㉢
④ ㉢, ㉣

Point

그림은 현존하는 가장 오래된 족보인「안동권씨성화보」이다. 족보는 종적으로 혈통관계를, 횡적으로는 동족관계를 밝히고 양반이 자신의 가문을 내세우기 위해 직접 작성하였다. 족보는 처음에는 남녀 구분 없이 출생순서로 기록하였으나, 조선 후기에 성리학적 질서가 강화되어 부계중심으로 제작되었다.

20 다음에서 설명하는 조선시대 사법기관은 무엇인가?

• 중앙 사법기관 중 하나이다.
• 노비와 관련된 문제를 처리하였다.

① 사헌부
② 한성부
③ 장례원
④ 의금부

Point

장례원은 조선시대 노비의 부적과 소송에 관한 일을 관장하던 정3품 관청이다.

04 사회의 변동

section 1 사회구조의 변동

(1) 신분제의 동요

① 조선의 신분제 ··· 법제적으로 양천제를 채택하였지만, 실제로는 양반, 중인, 상민, 노비의 네 계층으로 분화되어 있었다. 성리학은 이러한 신분제를 정당화하는 이론을 제공하였다.

② 양반층의 분화
  ○ 붕당정치가 변질되면서 양반 상호간의 정치적 갈등은 양반층의 분화를 가져왔다.
  ○ 일당 전제화가 전개되면서 권력을 장악한 일부의 양반을 제외한 다수의 양반이 몰락하는 계기가 되었다.
  ○ 몰락 양반은 향촌 사회에서나 겨우 위세를 유지하는 향반이 되거나 잔반이 되기도 하였다.

③ 신분별 구성비의 변화 ··· 양반의 수는 증가하였고, 상민과 노비의 수는 감소되었다. 이는 부를 축적한 농민들이 양반 신분을 사거나, 족보를 위조하여 양반으로 행세하는 경우가 많았기 때문이다.

(2) 중간계층의 신분상승운동

① 서얼
  ○ 성리학적 명분론에 의해 사회활동이 제한되어 불만이 고조되었다.
  ○ 임진왜란 이후 차별이 완화되어 납속책이나 공명첩을 통해 관직에 진출하였다.
  ○ 신분상승 운동이 활발하여 집단상소를 통해 동반이나 홍문관 같은 청요직에의 진출을 허용해 줄 것을 요구하였고, 정조 때 규장각 검서관(박제가, 이덕무, 유득공, 서이수 등)으로 진출하기도 하였다.

② 중인
  ○ 기술직 등 행정실무를 담당했으며 고급 관료로의 진출은 제한되었다.
  ○ 축적한 재산과 실무경력을 바탕으로 신분상승을 추구하는 소청운동을 전개하였다. 비록 실패했지만 전문직으로서의 중요한 역할을 부각시켰다.
  ○ 중인 중에서도 역관들은 청과의 외교업무에 종사하면서 서학 등 외래 문물의 수용을 주도하고 성리학적 가치 체계에 도전하는 새로운 사회의 수립을 추구하였다.

(3) 노비의 해방

① 노비 신분의 변화

ㄱ 군공과 납속 등을 통해 자신의 신분을 상승시키려는 움직임이 활발하였다.

ㄴ 국가에서는 공노비 유지에 비용이 많이 들어 효율성이 떨어지자 공노비를 입역노비에서 신공을 바치는 납공노비로 전환시켰다.

ㄷ 아버지가 노비, 어머니가 양민이면 자식은 양민으로 삼았다(종모법).

② 도망 노비의 증가

ㄱ 신분의 속박으로부터 탈피하여 임노동자, 머슴, 행상 등으로 생계를 유지하였다.

ㄴ 도망 노비의 신공은 남아 있는 노비에게 부과되어 노비의 부담은 오히려 증가하였다.

ㄷ 노비의 도망이 빈번해지자 정부는 신공의 부담을 경감하기도 하고, 도망 노비를 색출하려 하였지만 성과를 거두지 못하였다.

③ 공노비 해방 … 노비의 도망과 합법적인 신분상승으로 공노비의 노비안이 유명무실한 것이 되자, 순조 때 중앙관서의 노비를 해방시켰다.

④ 노비제의 혁파 … 사노비에 대한 가혹한 수탈과 사회적 냉대로 도망이 일상적으로 일어났으며, 결국 갑오개혁(1894) 때 노비제는 폐지되었다.

(4) 가족제도의 변화와 혼인

① 가족제도의 변화

ㄱ 조선 중기

• 혼인 후에 남자가 여자 집에서 생활하는 경우가 있었다.

• 아들과 딸이 부모의 재산을 똑같이 상속받는 경우가 많았다.

• 제사는 형제가 돌아가면서 지내거나 책임을 분담하였다.

ㄴ 17세기 이후

• 성리학적 의식과 예절이 발달하여 부계 중심의 가족제도가 확립되면서 혼인 후 곧바로 남자 집에서 생활하는 제도가 정착되었다.

• 제사는 반드시 장자가 지내야 한다는 의식이 확산되었고, 재산 상속에서도 큰 아들이 우대를 받았다.

ㄷ 조선 후기

• 부계 중심의 가족제도가 더욱 강화되었다. 양자입양이 일반화되었다.

• 부계 위주로 족보가 편찬되었고, 동성 마을이 형성되기도 하였다. 따라서 이 때에는 종중의식이 확산되었다.

② 가족윤리 … 효와 정절을 강조하였고, 과부의 재가는 금지되었으며, 효자와 열녀를 표창하였다.

③ 혼인풍습 … 일부일처를 기본으로 하였으나 남자의 축첩은 허용되었다. 서얼의 차별이 있었으며 혼사는 가장이 결정하였는데, 법적 혼인연령은 남자 15세, 여자 14세였다.

(5) 인구의 변동

① 목적 … 국가 운영에 필요한 인적 자원을 파악하기 위하여 제도를 정비하고 수시로 호구조사를 실시하였다.

② 호적대장 … 각 군현의 남성 인구 수를 근거로 해당 지역의 공물과 군역을 부과하기 위해 호적대장을 작성하였다.

section 2 향촌질서의 변화

(1) 양반의 향촌지배 약화

① 농촌사회가 분화되고 신분제가 붕괴되면서 양반계층의 구성이 복잡하게 바뀌었고, 사족 중심의 향촌질서도 변화되었다.

② 평민과 천민 중에는 일부가 부농층으로 성장하거나, 양반 중에는 토지를 잃고 전호나 임노동자로 전락하면서 양반의 권위는 흔들리게 되었다.

③ 부농층은 관권과 결탁하여 성장의 기반을 굳건히 하면서 향안에 참여하고 향회를 장악하고자 하였다.

④ 부농층과 권관의 결탁은 중앙의 관권이 강화되면서, 향리 세력의 역할도 증대되었다. 이에 양반의 이익을 대변하던 향회는 수령의 조세징수 자문기구로 전락하였다.

(2) 향촌세력의 변화

① 양반층의 동향

ㄱ 양반의 권위와 지위를 지키기 위한 노력

- 군현 단위의 농민지배 대신 거주지 중심으로 촌락 단위의 동약을 실시하거나 족적 결합을 강화하였다.
- 전국에 많은 동족마을 만들고 서원·사우가 문중을 중심으로 세워졌다.
- 족보를 제작하고 양반의 명단인 청금록과 향안을 작성하여 향약 및 향촌자치 기구의 주도권을 장악하였다.

📖 다음 사실이 있었던 시기의 향촌사회에 대한 설명으로 옳지 않은 것은?

▶ 2020. 7. 11. 인사혁신처

황해도 봉산 사람 이극천이 향전(鄕戰) 때문에 투서하여 그와 알력이 있는 사람들을 무고하였는데, 내용이 감히 말할 수 없는 문제에 저촉되었다.

① 향전의 전개 속에서 수령의 권한이 강화되었다.
② 신향층은 수령과 그를 보좌하는 향리층과 결탁하였다.
③ 수령은 경재소와 유향소를 연결하여 지방통치를 강화하였다.
④ 재지사족은 동계와 동약을 통해 향촌사회에 대한 영향력을 유지하려 하였다.

Tip 향전(鄕戰)은 조선 후기 기존의 향촌 세력과 새로운 향촌 세력 간에 향권(鄕權)을 둘러싸고 나타난 다툼이다. 조선 후기에는 농업 및 상공업이 발달하면서 신흥 지주층이 새로운 향촌 지배 세력(新鄕)이 되고, 기존의 향촌 재지 세력(舊鄕)은 몰락하는 경우가 발생하면서 이들 사이에 향촌의 지배권을 놓고 대립 현상이 빈번하게 나타났다. 이 과정에서 기존의 향회의 권한이 추락하고 향회가 수령의 부세자문 기구로 전락하면서 수령의 권한은 강화되고, 신향층은 수령 및 향리층과 결탁하며 자신의 세를 확장하고자 하였다. 반면 구향은 동계와 동약을 통해 향촌 사회에 대한 영향력을 유지하고자 하였다.
③ 경재소는 유향소를 통제하기 위해 설립되었고, 수령이 경재소와 유향소를 연결하여 지방통치를 강화하려 한 것은 조선 전기이다.

┃정답 ③

② 부농층의 대두
  ㉠ 경제적 능력으로 납속이나 향직의 매매를 통해 신분상승을 이루고 향약을 담당하여 양반의 역할을 대체하였다.
  ㉡ 정부의 부세운영제도에 참여하였으며 수령 및 향촌 세력과의 결탁을 통해 지위를 확보해 나갔다.

③ 향전 … 기존의 양반층(구향)과 신향이 향촌사회의 지배권을 두고 벌인 다툼이다. 신향은 소외되었던 양반, 서얼, 부농층 등이 포함되었으며, 이들은 세력을 형성하여 수령과 타협적인 관계를 유지하였다.

section 3 농민층의 변화

(1) 농민층의 분화

① 분화 배경 … 양 난 이후 기존 사회체제의 동요가 일어나면서 새로운 사회질서를 모색하기 위한 움직임이 일어났다.

② 조선 후기의 농민구성
  ㉠ 상층(중소지주층)은 자기가 소유한 토지를 다른 사람에게 빌려 주어 소작제를 경영하여 몰락한 양반이나 중인층보다 윤택한 생활을 하는 계층이다.
  ㉡ 대다수의 농민은 작은 규모의 자영농이거나 다른 사람의 땅을 빌려 경작하고 소작료를 내던 소작농이었다.

③ 농민의 사회적 현실
  ㉠ 여러 가지 의무를 부과하였고, 호패법으로 이동을 억제시켰다. 토지에 묶인 농민들은 대대로 한 곳에 정착하여 자급자족적인 생활을 하였다.
  ㉡ 양 난 이후 국가의 재정파탄과 기강 해이로 인한 수취의 증가는 농민의 생활을 어렵게 하였고, 사회혼란을 타개하기 위한 대동법과 균역법이 효과를 거두지 못하자 농민의 불만은 커져 갔다.

④ 농민층의 분화 … 농업경영을 통하여 부농으로 성장하거나, 상공업으로 생활을 영위하기도 하고, 도시나 광산의 임노동자가 되기도 했다.

Point 팁 경영형 부농 … 농업의 합리적인 경영으로 재산을 모은 조선 후기의 농민층을 말한다. 17~18세기 이래로 전개된 농업생산력의 증대, 유통경제의 발달, 봉건적 신분제도의 동요 속에서 새롭게 등장한 이들은 농업경영에 있어서 여러 가지 기술적인 문제를 개선하였다. 또한 경작지를 넓히고 상품작물을 재배하였으며, 임노동자를 고용하여 경제적 부를 더욱 축적시켜 나갔다.

(2) 지주와 임노동자

① 지주(대부분이 양반으로 구성)

   ⊙ **대지주의 등장** : 상품화폐 경제가 발달하고, 이윤추구의 경제적 욕구가 상승하자 광작을 하는 대지주가 등장하게 되었다.

   ⓒ **서민지주의 등장**

     • 일부 서민들은 영농방법의 개선과 농지 확대 등을 통해 부를 축적하였다.

     • 신분상승을 위해 재력을 바탕으로 합법적으로 공명첩을 사거나 잔반의 족보를 매입·위조하였다.

     • 군역을 면제받고 자손들까지도 그 혜택을 누리기 위해 신분상승을 시도하였다. 이외에도 양반 지주층의 수탈을 피하고 각종 경제 활동에서 편의를 제공받기 위해 신분 상승을 꾀하였다.

     • 결과적으로 양반의 사회적 권위가 하락하고 양반 중심의 신분체제가 흔들리게 되었다.

② **임노동자**(토지에서 밀려난 다수의 농민)

   ⊙ **부역제의 해이** : 16세기 중엽 이래로 부역제가 해이해져서 17~18세기에는 국가에서 필요로 하는 노동력마저 동원이 어려워지면서 임노동자를 고용했다.

   ⓒ **품팔이 노동력** : 부농층이 1년 단위로 임노동자를 고용하였다.

③ 부농층의 대두와 임노동자의 출현은 조선 후기 농민의 분화를 뜻하는 것이었다.

기출문제

기출문제

문 〈보기〉의 조선의 천주교 전파 상황을 순서대로 바르게 나열한 것은?

▶ 2022. 2. 26. 제1회 서울특별시

〈보기〉
㉠ 이승훈이 북경에서 서양 신부에게 영세를 받고 돌아왔다.
㉡ 윤지충이 모친상 때 신주를 불사르고 천주교 의식을 행하였다.
㉢ 이수관이 「지봉유설」에서 마테오 리치의 「천주실의」를 소개하였다.
㉣ 황사영이 북경에 있는 프랑스인 주교에게 군대를 동원하여 조선에서 신앙과 포교의 자유를 보장받을 수 있도록 청하는 서신을 보내려다 발각되었다.

① ㉠ - ㉡ - ㉣ - ㉢
② ㉠ - ㉢ - ㉣ - ㉡
③ ㉢ - ㉠ - ㉡ - ㉣
④ ㉢ - ㉡ - ㉠ - ㉣

Tip ㉢ 이수광이 〈지봉유설〉을 저술한 시기는 조선 광해군 때이다.(1614)
㉠ 우리나라 최초의 영세자인 이승훈이 예수회 신부에게 영세를 받고 귀국한 것은 조선 정조 때이다.(1784)
㉡ 전라도 진산에서 윤지충과 그의 외사촌인 권상연이 윤지충 모친상 때 신주를 불사르고 천주교 의식을 행하여 천주교가 탄압받은 사건(신해사옥, 진산사건)은 조선 정조 때이다.(1791)
㉣ 황사영이 신유박해에 대한 부당함을 알리기 위해 북경의 구베아 주교에게 밀서를 보내려다 발각된 사건(백서사건)은 조선 순조 때이다.(1801)

정답 ③

section 4 사회변혁의 움직임

(1) 사회불안의 심화

① 사회의 동요
  ㉠ 신분제가 동요되어 양반 중심의 지배체제에 위기가 닥쳤다.
  ㉡ 지배층과 농민층의 갈등이 심화되고 지배층의 수탈이 심해지면서 농민경제의 파탄을 가져왔다.
  ㉢ 농민의식이 향상되어 곳곳에서 적극적인 항거운동이 발생하였다.

② 농민생활의 궁핍
  ㉠ 탐관오리의 탐학과 횡포가 심화되어 정치기강이 문란해졌다.
  ㉡ 수해와 콜레라 등 재난과 질병이 거듭되어 떠도는 백성이 속출하였다.

③ 민심의 불안
  ㉠ 비기와 도참설이 유행하고, 서양의 이양선이 출몰하자 민심은 극도로 흉흉해져 갔다.
  ㉡ 화적들은 지방의 토호나 부상들을 공격하고, 수적들은 배를 타고 강이나 바다를 무대로 조운선과 상선을 약탈하는 등 도적이 창궐하였다.

(2) 예언사상의 대두

① 비기·도참을 이용하여 말세의 도래, 왕조의 교체 및 변란을 예고 등 근거없이 낭설이 횡행하였다.

② 무격신앙과 미륵신앙의 확장 … 현세의 어려움을 미륵신앙에서 해결하려는 움직임이 있었으며, 미륵불을 자처하며 서민을 현혹하는 무리가 등장하였다.

(3) 천주교의 전파

① 배경 … 17세기에 중국을 방문한 우리나라 사신들에 의해 서학으로 소개되었다.

② 초기 활동 … 18세기 후반 남인계열의 실학자들이 천주교 서적을 읽고 신앙생활을 하게 되었으며, 이승훈이 베이징에서 영세를 받고 돌아온 이후 신앙 활동이 더욱 활발해졌다.

③ 천주교 신앙의 전개와 박해
  ㉠ 초기 : 기존의 신분질서를 부정하는 평등사상과 조상에 대한 제사 거부가 유교적 인륜을 부정하고 국왕에 대한 권위도전이라는 이유로 사교로 규정하였다.

ⓛ **신해박해**(1791) : 정조 때 윤지충, 권상연 등이 위패를 소각한 사건으로 죽음을 당하여 우리나라 교회사의 최초의 순교가 나타났지만, 집권세력인 시파는 천주교에 관대하여 큰 탄압은 없었다.

ⓒ **신유박해**(1801) : 순조 때 노론 벽파는 천주교 신자가 많은 남인을 제거하기 위해 천주교 탄압을 강행하였다.

ⓡ **기해박해**(1839) : 헌종 때 풍양 조씨가 신도와 프랑스 신부를 찾아 처형을 하였고, 천주교 탄압이 극에 달하였다.

ⓜ **병인박해**(1866) : 프랑스로 하여금 러시아의 남하저지를 꾀한 것이 실패하자 대원군은 프랑스 신부를 학살하였다. 이는 후에 병인양요의 원인이 된다.

④ **교세 확장의 배경** ⋯ 세도정치로 인한 사회불안과 어려운 현실에 대한 불만, 신 앞에 모든 인간은 평등하다는 논리, 내세신앙 등의 교리에 일부 백성들이 공감을 가졌던 것이다.

(4) 동학의 발생

① **배경** ⋯ 삼정의 문란에 의한 경제파탄과 정치적 부패에 농민들은 새로운 사상을 갈망하였다.

② **창시** ⋯ 1860년 경주의 몰락양반 최제우가 창시하였다.

③ **성격**

ⓐ 유·불·선을 바탕으로 주문과 부적 등 민간신앙의 요소들이 결합된 종합적인 성격을 가졌다.

ⓑ 농민들이 직면한 과제를 해결하려 했으며, 기존의 성리학과 부패한 불교를 부정하고 천주교도 배격하였다.

④ **사상**

ⓐ 시천주(侍天主)와 인내천 사상을 통해 노비제도와 신분차별을 없애고, 여성과 어린이의 인격존중을 주장하였다.

ⓑ 보국안민을 통해 일본이나 서양세력을 경계하였다.

ⓒ 「동경대전」, 「용담유사」를 편찬해 포교하였다.

⑤ **정부의 탄압** ⋯ 혹세무민(세상을 어지럽히고 백성을 현혹한다)을 이유로 최제우를 처형하였다. 후에 2대 교주인 최시형은 교단을 재정비하고 동경대전과 용담유사를 편찬하였다.

기출문제

문 다음 자료에 나타난 사상에 대한 설명으로 옳은 것은?
▶ 2020. 7. 11. 인사혁신처

사람이 곧 하늘이라. 그러므로 사람은 평등하며 차별이 없나니, 사람이 마음대로 귀천을 나눔은 하늘을 거스르는 것이다. 우리 도인은 차별을 없애고 선사의 뜻을 받들어 생활하기를 바라노라.

① 이 사상에 대해 순조 즉위 이후 대탄압이 가해졌다.

② 이 사상을 바탕으로 「동경대전」과 「용담유사」가 편찬되었다.

③ 이 사상을 근거로 몰락한 양반의 지휘 아래 평안도에서 난이 일어났다.

④ 이 사상을 근거로 단성에서 시작된 농민봉기는 진주로 이어졌다.

Tip 인내천(人乃天) 사상을 주장한 사람은 동학의 최제우이다. 동학은 경주의 몰락 양반 출신인 최제우가 창시하였는데 당시 서학(천주교)가 백성들 사이에 유행하며 정부에서는 이를 사교로 지정하고 탄압하였고, 평등 사상을 주장한 동학에 대해서도 동일한 조치를 취하여 최제우는 처형당했다. 이후 동학 교도들에 의해 최제우의 인내천 사상과 교리를 담은 「동경대전」과 「용담유사」가 편찬되었다.

① 순조 즉위 이후 대탄압을 받은 것은 천주교이다.

③ 홍경래의 난(1811)은 서북민에 대한 차별에 대한 저항으로 발생하였다.

④ 진주민란(임술농민봉기, 1862)은 과도한 수탈(삼정의 문란)에 대한 저항으로 발생하였다.

| **정답** ②

(5) 농민의 항거

① **배경** … 사회불안이 고조되자 유교적 왕도정치가 점점 퇴색되었고 탐관오리의 부정, 삼정의 문란, 극도에 달한 수령의 부정은 중앙권력과 연결되어 갈수록 심해져갔다.

② 농민들은 유랑민, 화전민, 도적으로 전락하였고, 지배층의 압제에 대하여 적극적으로 대응하였다.

③ 소청, 벽서, 괘서 등의 형태에서 점차 농민봉기로 변하였다.

④ **홍경래의 난**(1811)

  ㉠ **내용** : 몰락한 양반 홍경래의 지휘 아래 영세농민과 중소상인, 광산노동자들이 합세하여 일으킨 봉기였으나 5개월 만에 평정되었다.

  ㉡ **결과** : 홍경래의 난 이후에도 사회불안으로 농민봉기가 계속되었고, 관리들의 부정과 탐학은 시정되지 않았다.

〈19세기 농민봉기〉

⑤ **임술농민봉기**(진주민란, 1862)

  ㉠ **경과** : 진주에서 시작되어 탐관오리와 토호의 탐학에 저항하였으며 한 때 진주성을 점령하기도 하였다. 안핵사로 박규수를 파견하고 삼정이정청을 설치하여 문란을 시정하겠다고 했지만 실현되지 못했다.

  ㉡ **결과** : 진주농민봉기를 계기로 함흥에서 제주까지 전국적으로 농민 항거가 발생하였다.

  ㉢ **의의** : 농민의 사회의식이 성장하고, 양반 중심의 통치 체제가 붕괴되었다.

❓ 밑줄 친 '반란'에 대한 정부의 대책으로 옳은 것은?

▶ 2021. 6. 5. 소방공무원

이번에 진주의 난민들이 큰 소동을 일으킨 것은 오로지 백낙신이 탐욕을 부려 백성들을 수탈하였기 때문입니다. 병영에서 이미 써 버린 환곡과 전세 6만 냥 모두를 집집마다 배정하여 억지로 받아내려 하였습니다. 이로 인해 진주 지역의 인심이 들끓게 되었고 많은 사람들의 분노가 폭발하여 결국 큰 <u>반란</u>이 발생하게 되었던 것입니다.

－『철종실록』－

---

① 호패법을 도입하였다.
② 집강소를 설치하였다.
③ 연분9등법을 마련하였다.
④ 삼정이정청을 설치하였다.

Tip 밑줄 친 '반란'은 조선 철종 13년인 1862년에 진주에서 시작되어 전국으로 확산한 진주민란을 말한다.
  ④ 정부는 진주민란의 진상을 조사하기 위해 안핵사로 박규수를 파견하였으며, 삼정의 문란을 바로잡기 위해 삼정이정청을 설치하였다.

| 정답 ④

1 조선시대 신분제에 대한 설명으로 가장 옳지 않은 것은?

① 중앙관직에 진출할 수 있던 고려시대의 향리와 달리 조선의 향리는 수령을 보좌하는 아전으로 격하되었다.

② 유교의 적서구분에 의해 서얼에 대한 차별이 심했기 때문에 서얼은 관직에 진출하지 못하였다.

③ 뱃사공, 백정 등은 법적으로는 양인으로 취급되기도 했으나 노비처럼 천대받으며 특수직업에 종사하였다.

④ 순조는 공노비 중 일부를 양인으로 해방시켜 주었다.

Point

유교의 적서구분에 의해 서얼에 대한 차별이 있었으나 신분 상승 운동으로 정조때부터 서얼들을 규장각 검서관 등 관리로 등용하기 시작했다.

2 조선 후기의 다음과 같은 현상으로 인한 사회상으로 옳은 것은?

> • 붕당정치가 변질되면서 일당전제화의 추세가 나타났다.
> • 이앙법과 견종법의 실시로 노동력이 절감되어 광작이 성행하였다.
> • 납포장이 등장하고, 특정 물품을 대량으로 취급하는 도고가 성장하였다.

① 경제적인 부에 따라 신분이 결정되었다.

② 신분 이동의 가능성이 점차 줄어들었다.

③ 계층 분화 현상으로 신분 내부의 동질성이 약화되었다.

④ 개인적 이동의 가능성이 줄고 구조적 이동의 가능성이 높아졌다.

Point

일당전제화로 소수의 가문만이 권력을 독점하게 되어 양반층의 분화가 일어났고, 광작과 도고로 일부 농민·상인이 부를 축적하여 납속 등을 통해 신분상승을 하였다. 이러한 계층의 분화는 계층별 위화감을 일으키게 하였다.

Answer 1.② 2.③

3 조선의 가족제도 변화와 혼인에 대한 설명으로 옳지 않은 것은?

① 조선 중기에는 혼인 후 남자가 여자 집에서 생활하는 경우가 있었다.

② 17세기 이후 제사는 반드시 장자가 지내야 한다는 의식이 확대되었다.

③ 효자와 열녀를 표창하는 등 효와 정절을 강조하였지만, 과부의 재가는 허용하였다.

④ 일부일처를 기본으로 하였으나 남자의 축첩은 허용되었다.

③ 1477년 7월 성종은 입법회의에서, 여자는 한 번 시집가면 종신 불개(不改)해야 하며, 개가녀의 자식은 벼슬을 시키지 않는다는 결정을 내리고 「경국대전」에 성문화하여 과부의 재가를 금지하였다.

4 다음 중 조선 후기 농업기술의 발달과 관련이 깊은 신분제도의 변화로 옳은 것은?

① 소작농인 甲은 군공 양반이 되었다.

② 중인인 乙은 납속으로 양반이 되었다.

③ 병작농인 丙은 남의 집 머슴으로 전락하였다.

④ 지주였던 丁은 농사를 망쳐 토지를 처분하였다.

③ 농민은 경제적으로 지주의 토지를 병작하고, 경제 외적으로 지주의 지배를 받는 노비와 크게 다를 바 없는 존재였다.

5 19세기 전반기의 신분제도에 대한 설명으로 옳은 것은?

① 공노비와 사노비가 국가에 의해 해방되었다.

② 특권 양반신분이 새롭게 형성되었다.

③ 생산 활동이 중시되어 상민층이 크게 늘어났다.

④ 경제적인 부가 신분의 이동에 큰 역할을 하였다.

Point

조선 초기의 양천제는 사림이 성장하던 16세기 경부터 양반, 중인, 상민, 노비로 분화되어 유지되다가 19세기를 전후해서 양반의 인구가 점차 늘고, 상민과 노비의 인구가 줄어드는 경향을 보였는데, 이러한 현상에 결정적인 역할을 한 것은 경제적인 부였다. 즉, 부유한 농민이 납속에 의한 합법적인 방법으로 양반신분을 사거나 족보를 위조하는 경우가 대표적이다.

6 다음 중 조선 후기 노비에 대한 설명으로 옳은 것은?

① 군공을 세우거나 납속을 통해 상민이 되는 경우가 많아졌다.

② 농민층의 몰락으로 노비의 수가 급증하여 국가 재정에 타격을 주었다.

③ 사노비는 상전에게 강하게 예속되었으며 상민과의 구별이 더욱 엄격해졌다.

④ 정부는 국가재정상, 국방상의 이유로 노비수를 늘리기 위한 노력을 기울였다.

Point

부를 축적한 농민은 지위를 높이고 역 부담을 모면하기 위해 신분을 사거나 족보를 위조하여 양반이 되었고 노비 또한 도망, 상민과의 결혼, 군공이나 납속을 통해 상민이 되었다. 이러한 상민의 감소와 양반 수의 증가는 국가재정상·국방상 많은 지장을 초래하였다. 국가에서는 국가재정의 기반이 되는 상민의 수를 늘리기 위해 공노비를 단계적으로 해방시켰다.

7 다음의 내용을 통해서 조선 후기 시대상황을 옳게 추론한 것은?

- 설점수세정책이 실시되었다.
- 공장안 등록제도가 폐지되었다.
- 양인장정들이 납포군으로 바뀌었다.

① 인력의 동원력이 약화되었다.　　　② 민간 주도의 경제체제가 확립되었다.

③ 봉건적인 신분질서가 붕괴되었다.　　④ 국가재정의 부족사태가 발생하였다.

Point

조선 후기에는 상인과 농민층의 불만과 반발로 인하여 인력의 강제동원력이 약화되었다.

8 다음 중 조선 후기 농민들의 생활로 옳지 않은 것은?

① 광산, 포구, 도시 등으로 이주하여 임노동자가 되었다.

② 소청이나 벽서 운동을 통해서 적극적으로 지배층의 착취에 맞서기도 하였다.

③ 서양세력의 침투에 맞서서 유교적 향약을 보급하여 사회적 결속을 강화하였다.

④ 계와 두레를 조직하여 공동으로 경제적 어려움을 해결해 나갔다.

Point

③ 향약은 향촌의 양반들이 농민을 지배하기 위한 수단으로 활용되었고, 농민들은 향약에 대해 부정적인 태도를 보였다.

Answer 3.③ 4.③ 5.④ 6.① 7.① 8.③

9 다음 중 19세기 농민항거의 배경으로 옳은 것은?

> ㉠ 유교적 왕도정치가 점차 퇴색되어 갔다.
> ㉡ 대동법과 균역법의 실시로 농민부담이 가중되었다.
> ㉢ 동학이 창시되어 세상이 어지러워지고 백성들이 현혹되었다.
> ㉣ 삼정의 문란으로 극에 달한 수령의 부정이 중앙권력과 연계되었다.

① ㉠, ㉡　　　　　　　　　　　　　② ㉠, ㉢

③ ㉠, ㉣　　　　　　　　　　　　　④ ㉡, ㉣

　　19세기에 사회불안이 점차 고조되자 명목상이나마 유지되던 유교적 왕도정치는 점차 퇴색하였다. 또한 세도정치로 국가기강이 해이해진 틈을 타서 지방의 탐관오리가 중앙권력과 결탁하여 부정과 탐학을 저질렀고 이에 농민생활은 더욱 피폐해졌다.

10 다음 조선 후기 사회의 동요 속에서 나타난 결과의 공통적인 성격으로 옳은 것은?

> • 소청운동　　　　　　　　• 벽서사건
> • 항조운동　　　　　　　　• 민란

① 잔반들이 정권을 장악하고자 한 것이다.
② 서얼들이 지위를 향상시키고자 한 것이다.
③ 농민들이 현실 문제를 타개하고자 한 것이다.
④ 노비들이 신분을 해방시키고자 한 것이다.

　　세도정치로 인해 삼정의 문란, 정치의 혼란이 일어나면서 농촌사회는 극도로 피폐해졌다. 이에 농민들은 모순을 타파하고자 그 대응책으로 소청운동, 벽서운동, 항조운동, 민란을 일으키게 되었다.

11 다음 중에서 19세기 전반에 일어난 홍경래의 난의 원인으로 옳은 것은?

> ㉠ 지역 차별 ㉡ 외세의 침탈
> ㉢ 지주제의 모순 ㉣ 붕당간의 차별
> ㉤ 세도정권의 부패

① ㉠, ㉡, ㉢ ② ㉠, ㉢, ㉤
③ ㉡, ㉢, ㉣ ④ ㉢, ㉣, ㉤

 Point>

> 홍경래의 난(1811)은 봉건체제의 모순의 격화, 서북인에 대한 정치적 차별, 수령권에 대한 봉기, 세도정치로 인한 민심의 이반 등을 원인으로 일어났다.

12 다음과 같은 상황이 가져온 결과로 옳은 것은?

> 경제력을 확보한 부농층은 사족들의 향촌 지배에 도전하면서 기존의 향촌질서를 무너뜨리고자 하였다. 이들은 관권과 결탁하여 성장의 기반을 굳건히 하였다.

① 향리세력의 권한이 강화되었다.
② 서원과 향약의 비중이 점점 커져 갔다.
③ 사족들의 향촌 사회에서의 영향력이 확대되었다.
④ 부농층이 주도하는 두레와 계 등이 성장하게 되었다.

Point>

> 신흥부농층이 관권과 결탁함으로써 관권의 성장을 초래하였고, 이는 실질적으로 관권을 장악하고 있던 향리세력의 권한을 상대적으로 강화시켜 주었다.

Answer 9.③ 10.③ 11.② 12.①

13 다음 글을 읽고 나눈 대화로서 견해가 타당하지 않은 사람은?

> 옷차림은 신분의 귀천을 나타내는 것이다. 그런데 어찌된 까닭인지 근래 이것이 문란해져 상민, 천민들이 갓을 쓰고 도포를 입는 것이 마치 조정의 관리나 선비와 같이 한다. 진실로 한심스럽기 짝이 없다. 심지어 시전 상인들이나 군역을 지는 상민들까지도 서로 양반이라 부른다.
>
> 「일성록」

① 정우 – 상민들도 서로를 양반으로 부른다니 조선 후기에 양반 수가 증가하긴 증가했나봐.

② 민정 – 맞아, 조선 후기에는 부농층이 군역의 면제를 위해 양반 신분을 사거나 족보를 위조해 양반으로 행세하는 경우가 많았다고 하잖아.

③ 아주 – 난 이렇게 신분제가 동요하게 된 가장 큰 원인은 농민생활이 궁핍해지고 민심이 흉흉해진 때문이라고 생각해.

④ 현정 – 이러한 현상으로 결국 양반의 수는 증가하였지만 상민과 노비의 수는 감소하게 되었지.

 Point

19세기를 전후해서 양반의 인구가 점차 늘고, 상민과 노비의 인구가 줄어드는 등 그 동안 사회의 기반을 이루었던 양반 중심의 신분제가 동요하였다. 이러한 변화에 결정적인 역할을 한 것은 조선 후기 농업기술의 발달과 상공업의 발달이었다. 경제적인 부를 축적한 부유한 농민이 납속에 의한 합법적인 방법으로 양반신분의 족보를 위조하는 경우가 대표적인 경우이다.

14 다음은 조선 후기 신분제도에서 나타난 변화를 설명한 것이다. 이러한 변화가 사회에 미친 영향으로 옳지 않은 것은?

> • 왜란 이후 노비도 훈련도감이나 속오군에 들어갈 수 있어서, 군공을 세우면 양인이 될 수 있었다.
> • 왜란 이후 납속이나 공명첩을 실시하여 곡식이나 돈을 내는 사람은 관직이나 관품을 얻을 수 있었다.

① 양반의 신분적 특권이 상실되었다.

② 사족 중심의 향촌질서가 와해되어 갔다.

③ 서민들의 경제적 능력이 점차 향상되어 갔다.

④ 평민 농민들의 향촌사회에서의 발언권이 강화되었다.

 Point

① 조선 후기 양반들의 신분적 특권은 더욱 일반화되어 평민들의 양반으로의 신분상승이 증가하였다. 지방에서 양반신분을 취득한 향반들은 향안에 등재되었고, 향권을 장악하고자 하였다. 이 과정에서 향반들은 관권에 의존하였는데, 이에 따라 향리들의 권한은 강화될 수밖에 없었다. 서민들은 광작, 상품작물의 재배, 상업에의 참여 등으로 점차 부를 축적하여 서민지주가 될 수 있었다.

15 다음 중 조선 후기 가족제도에 관한 설명으로 옳은 것은?

① 남귀여가혼이 일반적으로 행해졌다.

② 아들과 딸이 부모 재산을 똑같이 상속받았다.

③ 제사는 형제가 돌아가면서 지내거나 책임을 분담하였다.

④ 아들이 없는 집안에서는 양자를 들이는 것이 일반화되었다.

Point

조선 후기의 가족제도

ㄱ 조선 초기~중기 : 혼인 후 여자집에서 생활(남귀여가혼), 자녀균분상속, 제사의 자녀분담

ㄴ 17세기 이후 : 부계 중심의 가족제도의 확립, 친영제도의 정착, 장자 우대

ㄷ 조선 후기 : 부계 중심의 가족제도 강화, 서얼차별, 과부재가 금지

16 다음과 같은 사회 현상의 배경으로 옳지 않은 것은?

• 천주교의 확산	• 정감록의 유행	• 무격신앙과 미륵신앙의 확장

① 성리학적 명분론의 유행

② 삼정의 문란

③ 탐관오리의 탐학과 횡포

④ 이양선의 출몰

Point

① 19세기 이후에 세도정치가 전개되면서 정치질서가 부패하고 농민들의 생활이 어렵게 되자 새로운 사회질서를 열망하는 분위기가 나타났다. 이러한 사회변화에 성리학이 대처하지 못하면서 성리학의 명분론은 설득력을 잃어 갔다.

Answer 13.③ 14.① 15.④ 16.①

17 다음 중 조선 후기 서얼과 중인의 변화에 대한 설명으로 옳지 않은 것은?

① 중인은 소청운동을 통하여 자신들의 지위를 개선하려 하였다.

② 서얼과 중인은 성리학적 명분론을 지켜 나가는 데 있어서 양반층과 입장을 같이 하였다.

③ 서얼 중에서 규장각 검서관으로 기용되는 사람도 있었다.

④ 중인 중 일부는 재력을 축적하고 전문적 실무능력을 토대로 두각을 나타내기도 하였다.

 Point

② 중인이나 서얼들은 서학을 비롯한 외래문화 수용에 있어서 선구적 역할을 수행하여 성리학적 가치체계에 도전하는 새로운 사회의 수립을 추구하였다.

18 다음 문서에 대해 바르게 설명한 것을 고르면?

① 양난 이후 국가의 재정을 충당하기 위해 부유층에게 돈이나 곡식을 받고 관직을 팔기 위해 제작된 문서이다.

② 임진왜란 중 지방의 수령들에게 임시로 각 지방의 군대를 통솔할 수 있는 권한을 부여한 직첩이다.

③ 과거에 급제한 자들에게 주어 지방관들을 감찰하고 징치할 수 있는 권한을 준 문서이다.

④ 낙향 선비들 중 인품이 훌륭하고 학문이 뛰어난 인물에게 주어 국가 정책에 의견을 개진할 수 있는 권한을 준 문서이다.

 Point

위 문서는 공명첩이다. 조선후기 사회혼란으로 국가 재정이 크게 악화되자 문제를 해결하기 위해 납속책을 실시하고 공명첩을 발급하였다. 납속책은 관에 재산을 바치고 신분을 해방할 수 있는 정책이었으며, 공명첩 역시 재산을 바치고 관직을 사서 양반이 될 수 있도록 한 첩지였다. 공명첩, 납속책 모두 조선 후기 부농층이 합법적으로 신분을 상승시킬 수 있었던 제도였다.

19 다음 중 동학사상에 대한 설명으로 옳지 않은 것은?

① 철학적으로는 주기론, 종교적으로는 샤머니즘과 도교에 가까운 편이었다.

② 서학을 배격하고 서양과 일본의 침투를 경계하여 정부로부터 환영을 받았다.

③ 전통적인 민족 신앙을 토대로 유·불·도교 사상 등을 종합하였다.

④ 인내천 사상과 운수 사상을 바탕으로 봉건적 사회체제에 반대하였다.

> **Point**
> ② 동학은 인간평등사상을 제창하고, 운수사상을 내세워 조선 왕조를 부정하였기 때문에 정부는 교주인 최제우를 혹세무민의 죄목으로 처형하였다.

20 다음은 대구지방의 신분별 인구 변동을 나타낸 것으로 이러한 인구 변동은 조선 후기에 다른 지역에서도 유사하게 나타났다. 이러한 인구 변동과 관련된 내용으로 옳지 않은 것은?

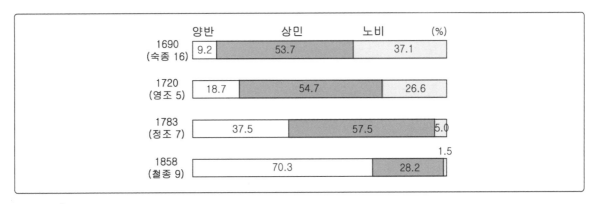

① 이 변화의 결과 양반이 누리던 특권이 크게 축소되었다.

② 이 변화를 계기로 소작인과 임노동자의 수가 크게 감소하였다.

③ 1000여 개에 이르는 장시의 발달이 이 변화를 촉진하였다.

④ 이앙법, 견종법의 보급과 상업적 농업의 전개가 이 변화의 중요한 배경이 되었다.

> **Point**
> ② 조선 후기 영농 방법의 개선과 상품화폐 경제의 발달은 부농층을 탄생시켰으나 다른 한편으로는 부농들의 광작으로 말미암아 대부분의 영세농들은 소작지조차 얻지 못하여 임노동자로 전락하였다.

Answer 17.② 18.① 19.② 20.②

06

민족문화의 발달

01 고대의 문화

기출문제

section 1 학문과 사상·종교

(1) 한자의 보급과 교육

① 한자의 전래

   ㉠ 한자는 철기 시대부터 지배층을 중심으로 사용되었다.

   ㉡ 한자의 뜻과 소리를 빌려 우리말을 기록하는 이두·향찰이 사용되었고, 이로써 한문이 토착화되고 한문학이 널리 보급되어 갔다.

② 교육기관의 설립과 한자의 보급

   ㉠ 고구려

   • 태학(수도) : 유교 경전과 역사서를 가르쳤다.

   • 경당(지방) : 청소년에게 한학과 무술을 가르쳤다.

   ㉡ 백제

   • 5경 박사·의박사·역박사 : 유교경전과 기술학 등을 가르쳤다.

   • 한문 문장 : 북위에 보낸 국서는 매우 세련된 한문 문장으로 쓰여졌으며, 사택지적 비문에는 불당을 세운 내력을 기록하고 있다.

   ㉢ 신라 : 임신서기석을 통해 청소년들이 유교경전을 공부하였던 사실을 알 수 있다.

Point 팁 임신서기석

壬申年六月十六日
임신년 6월 16일
二人并誓記天前誓
나라에 충성할 것을 맹세한다.
若此事失 天大罪得誓
이를 어기면 하늘로부터 벌을 받을 것이다.
若國不安大亂世 可容行誓之
나라가 불안할 때에는 나가 운다.
詩尙書禮傳倫得誓三年
3년 안에 시경, 상서, 예기, 좌전을 차례로 습득한다.

③ 유학의 교육

   ㉠ 삼국시대 : 학문적으로 깊이 있게 연구된 것이 아니라 충·효·신 등의 도덕 규범을 장려하는 정도였다.

ⓒ **통일신라**

- 유학 교육기관 : 신문왕 때 국학이라는 유학 교육기관을 설립하였고, 경덕왕 때
  는 국학을 태학이라고 고치고 박사와 조교를 두어 논어와 효경 등 유교경전을
  가르쳤는데, 이것은 충효일치의 윤리를 강조한 것이었다.
- 독서삼품과 : 원성왕 때 학문과 유학의 보급을 위해 마련하였다.

Point 팁 독서삼품과 … 관리채용을 위한 일종의 국가시험 제도로 독서의 성적에 따라 3등급으
로 나누었는데, 상품은 좌전이나 예기·문선을 읽어서 그 뜻에 능통하고 논어·효경
에 밝은 자, 중품은 곡례·논어·효경을 읽은 자, 하품은 곡례·효경을 읽은 자로 하
였다. 독서삼품과는 골품보다 능력을 위주로 한 제도였으나 진골귀족들의 반발로 실
패하고 말았다.

ⓒ **발해** : 주자감을 설립하여 귀족 자제들에게 유교경전을 교육하였다.

(2) 역사 편찬과 유학의 보급

① **삼국시대**

ⓐ **역사 편찬의 목적** : 학문이 점차 발달되고 중앙집권적 체제가 정비됨에 따라
자기 나라의 전통을 이해하고 왕실의 권위를 높이며 나라에 대한 백성들의
충성심을 모으기 위해 편찬하였다.

ⓑ **역사 편찬의 내용**

- 고구려 : 「유기」, 이문진의 「신집 5권」
- 백제 : 고흥의 「서기」
- 신라 : 거칠부의 「국사」

② **통일신라**

ⓐ **김대문** : 「화랑세기」, 「고승전」, 「한산기」를 저술하여 주체적인 문화의식을
드높였다.

ⓑ **6두품 유학자** : 강수(외교문서를 잘 지은 문장가)나 설총(「화왕계」 저술)이 활
약하여 도덕적 합리주의를 제시하였다.

ⓒ **도당 유학생** : 김운경, 최치원이 다양한 개혁안을 제시하였다. 특히 최치원은
당에서 빈공과에 급제하고 「계원필경」 등 뛰어난 문장과 저술을 남겼으며,
유학자이면서도 불교와 도교에 조예가 깊었다.

③ **발해** … 당에 유학생을 파견하였고 당의 빈공과에 급제한 사람도 여러 명 나왔다.

Point 팁 당을 사이에 둔 신라와 발해의 경쟁
- 쟁장사건(897, 신라 진성여왕) : 당나라에 사신으로 파견된 발해 왕자 대봉예가 발해
  의 국세가 신라보다 강성함을 들어 발해가 신라보다 우선해야 한다고 당 소종에게
  요구하였다가 거절당한 사건

기출문제

문 〈보기〉의 정책이 실시된 왕대에
대한 설명으로 가장 옳은 것은?

▶ 2022. 2. 26. 제1회 서울특별시

〈보기〉

재위 9년 봄 정월에 교를 내려
내외 관료의 녹읍을 폐지하고, 1년
단위로 조(租)를 차등 있게 하사하
는 것을 항식(恒式)으로 삼았다.

① 독서삼품과를 실시하였다.
② 유교 교육을 강화하기 위해 국
학을 설치하였다.
③ 국학을 태학감으로 고치고 박사
와 조교 등을 두었다.
④ 국학에 공자와 10철 등의 화상
을 안치하여 유교 교육을 강화
하였다.

Tip 제시문은 신라 신문왕
대의 일이다. 신라의 삼국 통
일 이후 신문왕은 김흠돌의
난을 계기로 귀족 세력을 억
압하고 중앙 집권 체제를 강
화하였다. 이를 위해 상대등의
권한을 약화시키고, 집사부 시
중의 권한을 강화하였으며, 국
학을 설립하여 6두품을 적극
기용하였다. 또한 관료전을 지
급하고 녹읍을 폐지하였으며,
9서당 10정의 군사체제 정비,
9주 5소경의 지방 체제를 확
립하였다.
① 신라 원성왕
③ 신라 경덕왕
④ 신라 성덕왕

정답 ②

• 등재서열사건(906년, 신라 효공왕)에 신라의 최언위가 발해 관리인 오소도의 아들 오광찬을 제치고 빈공과에 합격하자, 오소도는 당나라에 자기 아들의 순위를 최언위보다 올려줄 것을 요구했다가 거절당한 사건

(3) 불교의 수용

① **불교의 전래와 공인**…중앙집권적 국가체제를 정비할 무렵인 4세기에 전래되었다.

    ㉠ **고구려**: 소수림왕 때 중국의 전진에서 전래되었다(372).

    ㉡ **백제**: 침류왕 때 동진에서 전래되었다(384).

    ㉢ **신라**: 고구려에서 전래되었고(457), 법흥왕 때 공인하였다(527).

② **불교의 영향**

    ㉠ 새로운 국가정신의 확립과 왕권 강화의 결과를 가져왔다. 신라의 경우는 불교식 왕명이나 세속 5계를 통해 발전하게 되었다.

    ㉡ 삼국은 사상·음악·미술·건축·공예·의학 등의 선진문화를 수용할 수 있었고 새로운 문화를 창조하게 되었다.

③ **신라의 불교**… 업설(왕즉불사상), 미륵불신앙(불국토사상 – 화랑제도의 정신적 기반)이 불교의 중심교리였다.

④ **도교의 전래**… 산천 숭배나 신선 사상과 결합하여 귀족사회에 전래되었다. 고구려의 사신도, 백제의 산수무늬벽돌, 금동대향로를 통해 알 수 있다.

(4) 불교사상의 발달

① **통일신라**… 다양하고 폭넓은 불교사상에 대한 본격적인 이해기반을 확립하기 시작하였다.

    ㉠ **원효**: 불교의 사상적 이해기준을 확립시켰고(「금강삼매경론」, 「대승기신론소」), 종파간의 사상적인 대립을 극복하고 조화시키려 애썼으며, 불교의 대중화에 이바지하였다(아미타신앙).

____(가)____ 은/는 중앙아시아와 인도지역의 다섯 천축국을 순례하고 각국의 지리, 풍속, 산물 등에 관한 기행문을 남겼다. 이 기행문은 중국의 둔황 막고굴에서 발견되었으며 현재 프랑스 국립도서관에 있다.

① 원광   ② 원효
③ 의상   ④ 혜초

Tip 제시문은 신라의 승려였던 혜초가 서역을 기행하고 저술한 〈왕오천축국전〉이다.
① 원광: 신라의 승려로 〈세속오계〉를 만들어 신라 삼국 통일의 사상적 기반을 마련하였다.
② 원효: 〈금강삼매경론〉, 〈대승기신론소〉, 〈십문화쟁론〉 등을 저술하였다.
③ 의상: 신라의 승려로 화엄종을 창시하였다.

│정답 ④

Point 팁 아미타신앙… 신라시대에 위로는 귀족층으로부터 아래로 서민 내지 노비층에 이르기까지 널리 성행했던 불교신앙의 하나로서, 불경의 깊은 교리를 이해하지 못하더라도 '나무아미타불'을 암송하는 염불만으로 아미타불이 산다는 서방정토, 즉 극락으로 왕생할 수 있다는 신앙이다.

    ㉡ **의상**: 우주의 모든 만물은 서로 연결되어 하나를 이룬다는 화엄사상을 「화엄일승법계도」를 통해 정립했고, 현세의 고난을 구제하는 관음신앙을 외치기도 하였다.

    ㉢ **혜초**: 인도에 가서 불교를 공부하였으며, 「왕오천축국전」을 저술하기도 하였다.

    ㉣ **원측**: 당나라에서 섭론종을 익혔으며 현장에게서 신유식을 배워 유식학을 독자적으로 발전시켰다.

② 발해 … 왕실과 귀족을 중심으로 성행하였고, 문왕은 스스로를 불교적 성왕으로 일컬었다.

(5) 선종과 풍수지리설

① 선종 … 통일 전후에 전래되어 신라 말기에 유행하였다.
 ㉠ 성격 : 경전의 이해를 통하여 깨달음을 추구하는 교종과는 달리 선종은 문자를 뛰어 넘어(不立文字) 구체적인 실천 수행을 통하여 각자의 마음속에 내재된 깨달음을 얻는다(見性成佛)는 실천적 경향이 강하였다.
 ㉡ 선종 9산 : 지방의 호족 세력과 결합하여 각 지방에 근거지를 두었다.
 ㉢ 지방 문화의 역량을 증대시키고 고려 사회 건설의 사상적 바탕이 되기도 하였다.
② 풍수지리설 … 신라 말기의 도선과 같은 선종 승려들이 중국에서 풍수지리설을 들여왔다.
 ㉠ 성격 : 도읍, 주택, 묘지 등을 선정하는 인문 지리적 학설을 말하며, 도참사상과 결합하기도 하였다.
 ㉡ 경주 중심에서 벗어나 다른 지방의 중요성을 자각하는 계기가 되었고, 국토를 지방 중심으로 재편성하는 주장을 펴기도 하였다. 이는 신라 정부의 권위를 약화시키는 역할을 하기도 하였다.

section 2 과학기술의 발달

(1) 천문학과 수학

① 천문학의 발달 … 천체 관측을 중심으로 발달하였다.
 ㉠ 배경 : 농경과 밀접한 관련을 가졌으며, 왕의 권위를 하늘과 연결시켰다.
 ㉡ 발달
  • 고구려 : 별자리를 그린 천문도가 만들어졌다.
  • 신라 : 세계에서 가장 오래된 천문대인 첨성대를 세워 천체를 관측하였다.
 ㉢ 일월식, 혜성의 출현, 기상 이변들이 삼국사기에 기록되어 있는데 매우 정확한 기록으로 밝혀지고 있다.
② 수학의 발달 … 수학적 지식을 활용한 조형물을 통해 수학이 높은 수준으로 발달했음을 알 수 있다.
 ㉠ 고구려 : 고분의 석실과 천장의 구조
 ㉡ 백제 : 정림사지 5층 석탑
 ㉢ 신라 : 황룡사지 9층 목탑, 석굴암의 석굴 구조, 불국사 3층 석탑, 다보탑

기출문제

문 밑줄 친 '이 사상'에 대한 설명으로 옳지 않은 것은?
▶ 2016. 4. 9. 인사혁신처

신라 말기에 도선과 같은 선종 승려들이 중국에서 유행한 이 사상을 전하였다. 이는 산세와 수세를 살펴 도읍·주택·묘지 등을 선정하는, 경험에 의한 인문 지리적 사상이다. 아울러 지리적 요인을 인간의 길흉화복과 관련하여 생각하는 자연관 및 세계관을 내포하고 있다.

① 신라 말기에 안정된 사회를 염원하는 일반 백성의 인식이 반영되었다.
② 신라 말기에 호족이 자기 지역의 중요성을 자부하는 근거로 이용하였다.
③ 고려시대에 묘청이 서경 천도의 필요성을 주장하는 논리로 활용하였다.
④ 고려시대에 국가와 왕실의 안녕과 번영을 기원하는 초제로 행하여졌다.

Tip 밑줄 친 이 사상은 풍수지리 사상이다.
④ 초제는 도교적 행사이다.

정답 ④

(2) 목판 인쇄술과 제지술의 발달

① 배경 … 불교 문화의 발달에 따라 불경을 대량으로 인쇄하기 위한 목판 인쇄술과 질 좋은 종이를 만들 수 있는 제지술이 발달하였다.

② 무구정광대다라니경 … 세계에서 가장 오래된 목판인쇄물이며, 닥나무 종이를 사용하였다.

(3) 금속기술의 발달

① 고구려 … 철의 생산이 중요한 국가적 산업이었으며, 우수한 철제 무기와 도구가 출토되었다. 고분벽화에는 철을 단련하고 수레바퀴를 제작하는 기술자의 모습이 묘사되어 있다.

② 신라 … 금세공 기술과 금속주조 기술도 발달하였다(금관, 성덕대왕신종).

〈금관〉　　　　　〈성덕대왕신종〉

③ 백제 … 금속공예 기술이 발달하였다(칠지도, 백제 금동대향로).

〈칠지도〉　　　　　〈백제 금동대향로〉

(4) 농업기술의 혁신

① 철제 농기구의 보급을 통해 농업생산력이 증가하였으며, 이는 중앙집권적 국가로 발전하는 경제적 기반이 되었다.

② 삼국의 농업기술 … 쟁기, 호미, 괭이 등의 농기구가 보급되어 농업생산이 증가되었다.

    ㉠ 고구려 : 쟁기갈이, 보습의 사용으로 농업이 발달하였다(4세기).

    ㉡ 백제 : 수리시설의 축조, 철제 농기구의 개량을 통해 논농사가 발전하였다(4~5세기).

    ㉢ 신라 : 우경의 보급 및 확대로 생산량이 증가하였다(5~6세기).

section 3 고대인의 자취와 멋

(1) 고분과 고분벽화

① 고구려

    ㉠ 돌무지무덤(초기) : 돌을 정밀하게 쌓아 올린 무덤으로 벽화가 없는 것이 특징이며 7층까지 쌓아 올린 장군총이 대표적인 무덤이다.

    ㉡ 굴식돌방무덤(후기) : 돌로 널방을 짜고 그 위에 흙으로 덮어 봉분을 만든 것으로 내부의 벽과 천장에 벽화를 그리기도 하였다. 주로 만주 집안, 황해도 안악 등에 분포하고 있으며 무용총(사냥그림), 강서대묘(사신도), 쌍영총, 각저총(씨름도)등이 대표적이다.

    ㉢ 고분벽화 특징 : 당시 고구려의 생활, 문화, 종교 등을 파악할 수 있다. 초기에는 무덤의 주인의 생활을 표현한 그림이 많았고 후기로 갈수록 도교의 영향을 받아 점차 추상화되어 상징적 그림으로 변하였다.

② 백제

    ㉠ 계단식 돌무지무덤(한성시대) : 고구려 초기의 고분과 비슷하며, 서울 석촌동 고분이 대표적이다.

    ㉡ 굴식돌방무덤, 벽돌무덤(웅진시대) : 굴식돌방무덤과 중국 남조의 영향을 받은 벽돌무덤 양식의 무령왕릉이 있다.

    ㉢ 굴식돌방무덤(사비시대) : 규모는 작지만 세련된 굴식돌방무덤을 만들었다.

③ 신라 … 거대한 돌무지 덧널무덤(천마총의 천마도)을 만들었으며, 삼국통일 직전에는 굴식 돌방무덤도 만들었다.

기출문제

고대국가의 문화에 대한 설명으로 가장 적절하지 않은 것은?

▶ 2020. 5. 30. 제1차 경찰공무원(순경)

① 고구려에는 초기에 돌무지무덤(積石塚)이 유행했는데, 이른 시기의 것들은 단순한 돌무지였지만 점차 기단을 만들고 피라미드 형태로 정교하게 돌을 쌓아 올렸다.

② 고구려의 고분벽화는 초기에는 생활상을 표현한 그림이 많았지만 후기로 갈수록 추상화되었다.

③ 무령왕릉과 송산리 6호분은 중국 남조의 영향을 받은 벽돌무덤(塼築墳)이다.

④ 신라의 돌무지덧널무덤(積石木槨墳)은 고구려와 백제의 영향을 받았다. 황남대총, 호우총 그 사례로 들 수 있다.

> **Tip** 신라 초기 무덤 양식은 돌무지덧널무덤으로 천마총과 황남대총 등이 이에 해당한다. 신라 후기에는 굴식돌방무덤이 발달하는데 특히 무덤 둘레에 12지신상을 조각하기도 하였다. 고구려와 백제의 초기 무덤양식은 돌무지무덤으로 장군총이 이에 해당한다. 이후 후기에는 굴식돌방무덤이 발달하면서 무덤 내부에 벽화를 그려 넣었으며, 특히 백제 무령왕릉은 중국 남조의 영향을 받은 대표적인 벽돌무덤 양식이다.
> ④ 신라의 돌무지덧널무덤은 신라 고유의 무덤 양식이다.

정답 ④

문 밑줄 친 '가람'에 대한 설명으로 옳은 것은?

▶ 2024. 3. 23. 인사혁신처

우리 왕후께서는 좌평 사택적덕의 따님으로 지극히 오랜 세월에 선인(善因)을 심어 이번 생에 뛰어난 과보를 받아 만민을 어루만져 기르시고 삼보(三寶)의 동량(棟梁)이 되셨기에 능히 <u>가람</u>을 세우시고, 기해년 정월 29일에 사리를 받들어 맞이하셨다. 원하옵나니, 영원토록 공양하고 다함이 없이 이 선(善)의 근원을 배양하여, 대왕 폐하의 수명은 산악과 같이 견고하고 치세는 천지와 함께 영구하며, 위로는 정법을 넓히고 아래로는 창생을 교화하게 하소서.

① 목탑의 양식을 간직한 석탑이 있다.
② 대리석으로 만든 10층 석탑이 있다.
③ 성주산문을 개창한 낭혜 화상의 탑비가 있다.
④ 돌을 벽돌 모양으로 만들어 쌓은 모전석탑이 있다.

Tip 제시문은 익산 미륵사지 서탑에서 발견된 〈금제사리봉안기〉에 관한 내용으로 사택적덕은 백제의 좌평으로 그의 딸은 백제 무왕의 비인 사택왕후이다. 사택적덕은 익산 미륵사 창건을 후원하기도 하였고, 제시문의 가람은 미륵사를 지칭한다.
① 미륵사에는 목탑 구조를 석탑으로 재현한 석탑이 있다.
② 10층 석탑으로는 고려 시대의 경천사지 10층 탑, 조선 시대 원각사지 10층 석탑이 있다.
③ 성주산 낭혜화상 탑비는 신라시대 석비이다.
④ 분황사 모전석탑은 신라시대 석탑이다.

┃정답 ①

④ **통일신라** … 불교의 영향으로 화장이 유행하였으며, 거대한 돌무지 덧널무덤에서 점차 규모가 작은 굴식 돌방무덤으로 바뀌었다. 그리고 무덤의 봉토 주위를 둘레돌로 두르고, 그 둘레돌에는 12지신상을 조각하였다.

⑤ **발해**

　㉠ **정혜공주묘** : 굴식 돌방무덤으로 모줄임 천장구조가 고구려 고분과 닮았고, 이곳에서 나온 돌사자상은 매우 힘차고 생동감이 있다.

　㉡ **정효공주묘** : 벽돌무덤으로 완전한 모습의 묘비와 당시 발해인의 모습을 알 수 있는 벽화가 발견되었다.

〈정혜공주묘 돌사자상〉

Point 팁　무덤양식의 변화
발해 문왕의 둘째딸 정혜공주의 묘는 고구려식 돌방무덤이고, 넷째딸 정효공주의 묘가 중국식 벽돌무덤인 것을 보아 이 시기가 발해 무덤양식 변화의 과도기임을 알 수 있다.

(2) 건축과 탑

① **삼국시대**

　㉠ **궁궐** : 평양의 안학궁은 고구려 남진정책의 기상을 보여준다.

　㉡ **사원** : 신라의 황룡사는 진흥왕의 팽창의지를 보여주고, 백제의 미륵사는 무왕이 추진한 백제의 중흥을 반영하는 것이다.

　㉢ **가옥** : 고구려의 고분벽화에는 가옥구조가 잘 나타나 있다.

　㉣ **성곽** : 산성이 대부분이었으며 방어를 위해 축조하였다.

　㉤ **탑** : 불교의 전파와 함께 부처의 사리를 봉안하여 예배의 주대상으로 삼았다.

　・고구려 : 주로 목탑을 건립했는데 남아 있는 것이 없다.
　・백제 : 목탑형식의 석탑인 익산 미륵사지 석탑과 부여 정림사지 5층 석탑이 대표적인 석탑이다.
　・신라 : 몽고의 침입 때 소실된 황룡사 9층 목탑과 벽돌모양의 석탑인 분황사탑이 유명하다.

② **통일신라**

　㉠ **건축** : 궁궐과 가옥은 남아있는 것이 거의 없다.

　㉡ **사원** : 불국토의 이상을 조화와 균형 감각으로 표현한 불국사, 아름다운 비례와 균형의 조형미가 뛰어난 석굴암이 대표적이다. 인공 연못인 안압지를 통해 뛰어난 신라 조경술과 화려한 귀족생활의 모습을 짐작할 수 있다.

© 탑

- 신라 중대에는 목탑 양식과 전탑 양식을 계승, 발전시켜 2중 기단 위에 3층으로 석탑이 있는 형식이 유행하였고 석가탑, 다보탑 등이 대표적이다.
- 신라 하대에는 선종이 유행하면서 승려들의 사리를 봉안하는 승탑과 승비가 유행하였다. 승탑과 승비는 세련되고 균형감이 뛰어나 이 시기 조형미술을 대표하여, 신라 말기 지방 호족들의 정치적 역량이 성장하였음을 보여준다.

③ 발해 … 수도 상경에 외성을 쌓고, 당의 장안성을 모방한 주작대로를 내고, 그 안에 궁궐과 사원을 세웠다. 사찰은 높은 단 위에 금당을 짓고 그 좌우에 건물을 배치하였다.

(3) 불상 조각과 공예

① 삼국시대 … 불상으로는 미륵보살반가상을 많이 제작하였다. 그 중에서도 금동미륵보살반가상은 날씬한 몸매와 자애로운 미소로 유명하다.

〈금동미륵보살반가상〉

   ⊙ 고구려 : 연가 7년명 금동여래입상(중국 북조의 영향을 받았으나 강인한 인상과 은은한 미소에는 고구려의 독창성이 보임)
   ⓒ 백제 : 서산 마애삼존불상(부드러운 자태와 온화한 미소)
   © 신라 : 경주 배동석불입상(푸근한 자태와 부드럽고 은은한 미소)

② 통일신라

   ⊙ 석굴암의 본존불과 보살상 : 사실적 조각으로 불교의 이상세계를 구현하는 것이다.
   ⓒ 조각 : 태종 무열왕릉비의 받침돌, 불국사 석등, 법주사 쌍사자 석등이 유명하다.
   © 공예 : 상원사 종, 성덕대왕 신종, 특히 성덕대왕 신종은 맑고 장중한 소리, 경쾌하고 아름다운 비천상으로 유명하다.

③ 발해

   ⊙ 불상 : 흙을 구워 만든 불상과 부처 둘이 앉아 있는 불상(이불병좌상)이 유명한데, 고구려 양식을 계승하고 있다.
   ⓒ 조각 : 벽돌과 기와무늬(고구려 영향), 석등(팔각기단)이 유명하다.
   © 공예 : 자기공예가 독특하게 발전하였고 당에 수출하기도 했다.

기출문제

(4) 글씨 · 그림과 음악

① 서예

　㉠ 광개토대왕릉 비문 : 웅건한 서체로 써졌다.

　㉡ 김생 : 질박하면서도 굳센 신라의 독자적인 서체를 열었다.

② 그림

　㉠ 천마도 : 신라의 힘찬 화풍을 보여준다.

　㉡ 솔거 : 황룡사 벽에 그린 소나무 벽화가 실물에 가까워 새들이 날아왔다는 일화로 유명하다.

　㉢ 화엄경 변상도 : 섬세하고 유려한 모습은 신라 그림의 높은 수준을 보여 준다.

③ 음악과 무용(종교 및 노동과 밀접한 관련)

　㉠ 고구려 : 왕산악은 거문고를 만들고 악곡을 지었다.

　㉡ 신라 : 백결 선생은 방아타령을 지어 가난한 사람들을 달랬다.

　㉢ 가야 : 우륵은 가야금을 만들고 12악곡을 지었다.

(5) 한문학과 향가

① 삼국시대

　㉠ 한시 : 황조가(고구려, 유리왕의 이별의 슬픔을 노래함), 오언시(을지문덕이 수의 장수에게 보냄)가 전해지고 있다.

　㉡ 노래 : 구지가(무속신앙과 관련), 회소곡(노동과 관련), 정읍사(백제), 혜성가(신라의 향가) 등이 유행하였다.

② 통일신라

　㉠ 향가 : 화랑에 대한 사모의 심정, 형제 간의 우애, 공덕이나 불교에 대한 신앙심을 담고 있으며 삼대목을 편찬하였다.

　㉡ 설화문학 : 에밀레종 설화, 설씨녀 이야기, 효녀 지은 이야기 등을 통해 종교와 백성들의 어려운 삶을 찾아볼 수 있다.

③ 발해 … 4 · 6변려체로 써진 정혜 · 정효공주의 묘지석을 통해 높은 수준을 알 수 있고, 시인으로 양태사(다듬이 소리)가 유명하다.

기출문제

section 4 일본으로 건너간 우리 문화

(1) 삼국문화의 일본 전파

① 일본 고대문화 성립과 발전에 큰 영향을 끼쳤다.

② 백제

〈삼국문화의 일본 전파〉

  - ㉠ 아직기와 왕인 : 4세기에 아직기는 일본의 태자에게 한자를 가르쳤고, 뒤이어 왕인은 천자문과 논어를 가르쳤다.

  - ㉡ 노리사치계 : 6세기에 불경과 불상을 전하였다. 그 결과 일본은 고류사 미륵반가사유상과 호류사 백제관음상을 만들 수 있었다.

  - ㉢ 5경박사, 의박사, 역박사, 화가, 공예 기술자가 파견되어 이들에 의해 목탑이 건립되었고, 백제 가람양식이 생겨났다.

③ 고구려

  - ㉠ 담징 : 종이와 먹의 제조방법을 전하였고, 호류사의 벽화를 그렸다.

  - ㉡ 혜자 : 쇼토쿠 태자의 스승이 되었다.

  - ㉢ 혜관 : 불교 전파에 큰 공을 세웠다.

  - ㉣ 다카마쓰 고분벽화가 수산리 고분벽화와 흡사한 점에서 고구려의 영향력을 살펴 볼 수 있다.

④ 신라 … 축제술(한인의 연못)과 조선술을 전해주었다.

⑤ 삼국의 문화는 야마토 정권과 아스카 문화의 형성에 큰 영향을 주었다.

(2) 일본으로 건너간 통일신라 문화

① 통일신라 문화의 전파는 일본에서 파견해 온 사신을 통해 이루어졌다.

② 원효, 강수, 설총이 발전시킨 유교와 불교문화는 일본 하쿠호 문화의 성립에 기여하였다. 불상, 탑, 가람배치, 율령과 정치제도 등의 분야에서 통일신라의 불교와 유교의 영향이 컸다.

③ 심상에 의하여 전해진 화엄사상은 일본 화엄종의 토대가 되었다.

1 다음 중 삼국의 문화에 대한 설명으로 옳지 않은 것은?

① 불교와 한자를 바탕으로 하였다.
② 민족문화의 첫 출발이란 점에서 역사적 의의를 갖는다.
③ 강력한 왕권과 귀족층을 중심으로 한 귀족적 문화이다.
④ 삼국은 지리적·역사적 환경을 달리하나 그 문화의 표현은 모두 동일한 성격을 지닌다.

 Point

④ 민족문화의 첫 출발인 삼국의 예술은 그 지리적·역사적 환경에 따라 약간의 상이한 성격을 가졌다. 고구려의 웅장미와 문화 중개성, 백제의 온화미와 일본 문화 전파성, 신라의 후진성 등이 그것이라 할 수 있다.

2 다음 중 고구려 문화의 영향을 받은 나라를 모두 고르면?

㉠ 백제	㉡ 신라
㉢ 발해	㉣ 일본

① ㉠   ② ㉠, ㉡

③ ㉠, ㉡, ㉢   ④ ㉠, ㉡, ㉢, ㉣

 Point

고구려 문화의 영향을 받은 나라
㉠ 백제의 고분벽화는 고구려의 영향을 받았다.
㉡ 신라의 미술은 초기에 고구려의 영향을 많이 받았다.
㉢ 발해의 미술은 고구려 미술이 계승되어 어느 정도 부드러워지면서도 웅장하고 건실한 기풍을 나타낸다.
㉣ 일본 쇼토쿠 태자의 스승은 고구려의 승려 혜자였다. 혜관은 삼론종을 전파했으며, 도현은 「일본세기」를 저술하였다. 또 담징은 유교의 5경과 그림을 가르쳤고 종이와 먹의 제조방법까지 전해주었으며, 호류사의 금당벽화를 그렸다.

3 삼국시대의 불교에 대한 설명 중 중앙집권화와 관련이 깊은 내용은?

> 삼국에 수용된 불교에 따라 형성된 하나의 불법에 귀의하는 같은 신도라는 신념은, 국왕을 받드는 같은 신민이라는 생각을 가지게 해 중앙집권화에 큰 역할을 하였다.

> ㉠ 부족과 부족을 통합할 수 있는 이념을 제시하였다.
> ㉡ 세속 5계를 정하여 이를 청년들에게 가르쳤다.
> ㉢ 도교에 대항하기 위하여 열반종을 개창하였다.
> ㉣ 교종의 전통과 권위를 부정하는 선종이 유행하였다.

① ㉠, ㉡
② ㉠, ㉢
③ ㉠, ㉣
④ ㉡, ㉢

Point

중앙 집권 체제의 확립과 지방세력의 통제에 힘쓰던 4세기에 불교는 새로운 국가정신의 확립에 기여하고 강화된 왕권을 뒷받침해 주는 역할을 하였다. 왕권이 강화되면서 부족장 세력이 통합되었고, 세속 5계는 원광법사가 화랑에게 가르친 계율로서 불교와 유교의 내용이 가미된 당시 신라의 시대정신이었다고 볼 수 있다.

4 다음은 의상대사가 지은 「화엄일승법계도」의 일부이다. 이를 통해 의상의 화엄사상이 신라 사회에 미친 영향은 무엇인가?

> 하나 안에 일체가 있고, 다양한 현상 안에 하나가 있으며, 하나는 곧 일체요, 다양한 현상이 곧 하나이다. 한 작은 티끌 속에 우주만물을 머금고, 일체의 티끌 속에 또한 이와 같다.

① 불교의 대중화
② 전제 왕권의 강화
③ 호족 세력의 성장
④ 선종의 유행

Point

하나 속에 우주의 만물을 아우르려는 화엄사상은 전제 왕권을 옹호하는 체계를 지닌다.

Answer   1.④ 2.④ 3.① 4.②

5　고대 삼국의 교육기관에 대한 설명으로 옳지 않은 것은?

① 고구려는 수도에는 태학을 지방에는 경당을 설립하였다.

② 백제에는 5경박사, 역박사, 의박사 등이 존재했던 걸로 보아 교육기관도 존재했음을 추측할 수 있다.

③ 신라에서는 청년들이 유교경전을 공부하였다.

④ 통일신라는 주자감이라는 교육기관을 통해 유학을 보급하였다.

 Point

④ 주자감은 왕족과 귀족을 대상으로 하는 발해의 교육기관이다.

6　다음 중 통일신라의 문화에 대한 내용으로 옳은 것은?

① 원효는 불교 이해의 기준을 확립하였다.

② 최치원은 「화랑세기」 등을 통해 독자적 작품경향을 나타내었다.

③ 풍수지리사상의 유행으로 신라 정부의 권위는 강화되었다.

④ 도교와 노장사상의 유행으로 귀족들은 더욱 향락적인 생활을 하였다.

 Point

통일신라의 문화

① 원효는 「금강삼매경론」, 「대승기신론소」, 「십문화쟁론」 등의 저서를 통해 불교의 사상적 이해 기준을 확립하였다.

② 「화랑세기」의 저자는 김대문이고, 최치원의 작품으로는 「계원필경」, 「사산비명」이 대표적이다.

③ 풍수지리사상의 유행으로 신라 정부의 권위는 약화되었다.

④ 도교와 노장사상은 신라말기에 불교의 퇴폐적인 풍조에 반항하는 은둔적 사상이었다.

7　삼국시대의 불교에 대한 설명으로 가장 관계가 먼 것은?

① 고구려 불교는 주로 율종이 크게 발전하였다.

② 재래의 전통문화보다 넓은 문화의 세계가 있음을 알게 하였다.

③ 서역과 중국의 문화를 우리나라에 전달하는 구실도 하였다.

④ 백제는 일본에 불교를 전해 주었으며 일본 불교의 기초를 닦아 주었다.

Point

① 고구려는 주로 삼론종이 발전하였고, 백제에서 율종 중심으로 발전하였다.

8 다음의 내용에 해당하는 사상으로 알맞은 것은?

> • 조선 왕조의 한양천도를 합리화시켜 주었다.
> • 묘청의 서경천도운동의 사상적 배경이 되었다.
> • 신라말에 수입되어 신라 정부의 권위를 약화시켰다.

① 도교   ② 풍수지리설

③ 선종   ④ 노장사상

 Point

② 풍수지리설은 신라말 승려 도선이 중국으로부터 들여온 것으로서 예언적인 도참신앙과 결부되어 신라 정부의 권위를 약화시키는 구실을 하였다.

9 다음의 문화재들을 학습탐구대상으로 할 때 공통적인 주제가 될 수 있는 것은?

> • 고구려 강서고분의 벽화
> • 백제 무령왕릉의 지석
> • 발해 정효공주의 묘지

① 유교의 전래과정

② 불교가 고대 문화에 끼친 영향

③ 샤머니즘이 고분 문화에 끼친 영향

④ 도교가 고대 지배 계층에 끼친 영향

 Point

강서고분의 사신도, 무령왕릉 지석의 매지권에 관한 기록, 정효공주의 묘지 기록들에는 도교사상 또는 노장사상이 반영되어 있다.

Answer   5.④ 6.① 7.① 8.② 9.④

10 다음 중 신라하대의 사상과 종교에 대한 설명으로 옳지 않은 것은?

① 선종의 영향으로 부도가 제작되었다.

② 은둔적인 경향이 생겨 도교와 노장사상이 널리 퍼졌다.

③ 신라말기에 유행한 풍수지리설은 신라 정부의 권위를 약화시켰다.

④ 화쟁사상을 바탕으로 교종과 선종의 통합운동이 활발히 일어났다.

> **Point**
>
> ④ 신라하대에 유행한 선종은 교종의 기성 사상체계에 의존하지 않고, 스스로 사색을 통한 진리를 터득하는 것을 중요시하였으며, 교리보다는 좌선을 치중하는 등 교종의 권위와 형식을 반대했다. 교종과 선종의 통합운동이 이루어지는 것은 고려에서의 일이다.

11 다음과 같은 구조를 가지고 있는 무덤양식에 대해 바르게 설명한 것은?

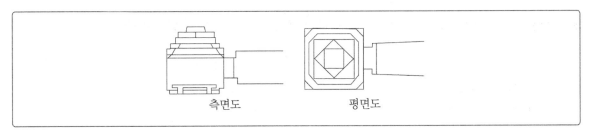

측면도   평면도

① 고구려 초창기에 조성된 대표적인 무덤양식이다.

② 횡혈식(橫穴式) 석실고분이라는 명칭으로도 불리었다.

③ 백제 건국세력이 고구려 계통임을 뒷받침하는 근거가 되었다.

④ 중국 남조의 영향을 받았으며 공주 송산리 6호분이 대표적이다.

> **Point**
>
> 제시된 무덤양식은 굴식 돌방무덤으로 횡혈식 석실고분이라고도 한다. 이 양식은 고대의 대표적인 무덤양식으로 다른 무덤양식과 달리 벽화가 많이 그려져 있다.
> ① 고구려 초창기는 돌무지무덤을 조성하였다.
> ③ 백제의 무덤양식은 초창기에 돌무지무덤으로 백제가 고구려 계통임을 보여주는 근거가 된다.
> ④ 공주 송산리 6호분은 무령왕릉이다. 무령왕릉은 중국 남조의 영향을 받은 벽돌무덤이다.

12 다음의 제도들이 지닌 공통점을 옳게 말한 것은?

> • 독서삼품과 • 과거제도

① 신분차별을 완화하는 제도   ② 문치주의를 강화하려는 제도
③ 관료정치를 확립하려는 제도   ④ 유능한 인재를 등용하려는 제도

 Point
독서삼품과, 과거제도는 유능한 관리등용을 위해 마련한 제도이다.

13 다음 중 삼국시대의 예술을 잘못 설명한 것은?

① 벽돌무덤이 삼국의 공통된 분묘양식이다.
② 불상조각이나 사원건축예술이 발달하였다.
③ 삼국이 각기 다른 특색을 지니면서 발달하였다.
④ 민간에서는 설화나 노래 등에 그들의 전통적인 성격이 그대로 남아 있었다.

 Point
① 벽돌무덤은 중국 남조의 영향을 받은 것으로 백제 웅진시대에 발달하였다.

14 신라 말기의 사상적 경향에 관한 설명으로 옳은 것은?

① 도교 – 도관이 설치되고 초제가 널리 행해졌다.
② 지리도참설 – 중앙귀족과 연결되어 성행하였다.
③ 한문학 – 자주적이고 주체적인 문화의식이 확산되었다.
④ 불교 – 개인적인 정신세계를 중시하는 종파가 유행하였다.

 Point
신라 말기의 사상
① 도교는 고려시대에 유행한 사상이다.
② 지리도참설은 지방의 호족과 연결된 것이다.
③ 한문학은 고려전기에 유행하였다.

Answer   10.④   11.②   12.④   13.①   14.④

15 다음은 불교문화의 발전을 위해 노력한 인물들이다. 옳지 않은 것은?

① 원광 – 새로운 사회윤리와 국가정신을 확립하였다.
② 원효 – 화쟁사상을 주장하여 여러 종파를 융합하려 하였다.
③ 혜초 – 「왕오천축국전」을 지어 신라 불교의 교단을 조직·정비하였다.
④ 의상 – 신라 화엄종을 창설하여 중국과 다른 불교사상을 발전시켰다.

> **Point**
> ③ 신라 불교의 교단을 정비한 것은 진흥왕 때의 일로 진흥왕은 승려 혜량을 맞아 국통으로 삼고, 그 아래 주통·군통을 두어 교단을 조직·정비하였다.

16 신라 하대 불교계의 새로운 경향을 알려주는 다음의 사상에 대한 설명으로 옳은 것은?

> 불립문자(不立文字)라 하여 문자를 세워 말하지 않는다고 주장하고, 복잡한 교리를 떠나서 심성(心性)을 도야하는 데 치중하였다. 그러므로 이 사상에서 주장하는 바는 인간의 타고난 본성이 곧 불성(佛性)임을 알면 그것이 불교의 도리를 깨닫는 것이라는 견성오도(見性悟道)에 있었다.

① 전제 왕권을 강화해주는 이념적 도구로 크게 작용하였다.
② 지방에서 새로이 대두한 호족들의 사상으로 받아들여졌다.
③ 왕실은 이 사상을 포섭하려는 노력에 관심을 기울이지 않았다.
④ 인도에까지 가서 공부해 온 승려들에 의해 전파되었다.

> **Point**
> 위에 설명된 사상은 신라 하대에 유행한 선종(禪宗)에 관한 것으로 선종은 문자에 의존하지 않고 오직 좌선만을 통해 부처의 깨달음에 이르려는 종파이다. 6세기 초에 인도에서 중국으로 건너 온 보리달마를 초조(初祖)로 한다. 선종사상은 절대적인 존재인 부처에 귀의하려는 것이 아니라 각자가 가지고 있는 불성(佛性)의 개발을 중요시하는 성향을 지녔기에 신라 하대 당시 중앙정부의 간섭을 배제하면서 지방에서 독자적인 세력을 구축하려 한 호족들의 의식구조와 부합하였다. 이로 인해 신라 말 지방호족의 도움으로 선종은 크게 세력을 떨치며 새로운 사회의 사상적 토대를 마련하였다.

17 다음은 한 비석에 적힌 내용의 일부이다. 이와 관련된 설명으로 옳은 것은?

> 임신년 6월 16일 두 사람이 함께 맹세하여 기록한다. 하느님 앞에 맹세한다. …… 만일 나라가 편안하지 않고, 세상이 크게 어지러워지면 모름지기 충성을 행할 것을 맹세한다. 「시경」, 「상서」, 「예기」, 「좌전」을 차례로 습득하기를 맹세하되 3년으로 하였다.
>
> 〈임신서기석〉

① 초기에 신라는 유학 교육기관으로 국학을 설립하여 유교경전을 가르쳤다.
② 이 비석은 신라의 화랑도들이 유교 경전을 공부했음을 알려준다.
③ 비슷한 예로 사택지적비문과 광개토대왕비가 있다.
④ 이 시기에 신라는 박사와 조교를 두고 유학의 보급과 윤리를 국가적으로 강조하였다.

임신서기석
① 유학교육기관이 설립된 것은 통일신라 신문왕 시기이다.
③ 광개토대왕비는 영토의 확장을 보여주는 유물이다.
④ 통일신라 신문왕은 국학을 설치하였다.

18 다음 작품들이 갖고 있는 공통적인 특징은?

> • 화랑세기   • 계림잡전
> • 고승전   • 한산기

① 중국 문학의 소개
② 전통 문화의 정리
③ 발해 문화의 영향
④ 설화 문학의 집대성

김대문이 저술한 이 작품들은 신라의 역사·지리·풍토를 서술한 것으로 전통적·독자적 경향을 지니고 있다.

Answer 15.③ 16.② 17.② 18.②

19 다음은 신라시대 두 승려가 주장한 사상이다. 승려 ㈎, ㈏에 대한 설명으로 옳은 것은?

> ㈎ 법성은 원용하니 두 모습이 없으니 모든 불법은 부동하여 본래 고요하다. …… 하나 안에 일체이며, 모두 안에 하나이다. 하나가 곧 일체이며 모두가 곧 하나이다. 하나의 작은 먼지 안에 모든 방향을 포함하고 일세의 먼지 안에 역시 이와 같다.
>
> ㈏ …… 열면 헬 수 없고 가없는 뜻이 대종(大宗)이 되고, 합하면 이문(二門) 일심(一心)의 법이 그 요차가 되어 있다. 그 이문 속에 만 가지 뜻이 다 포용되어 조금도 혼란됨이 없으며 가없는 뜻이 일심과 하나가 되어 혼용된다.

① ㈎ – 정토교를 보급하여 불교의 대중화에 기여하였다.
② ㈎ – 현세에서 고난을 구제받고자 하는 관음사상을 이끌었다.
③ ㈏ – '화엄일승법계도'를 저술해 화엄사상을 정립하였다.
④ ㈎는 교종, ㈏는 선종승려이다.

Point

    ㈎ 화엄사상을 이야기 하는 것으로 의상과 관련된 내용이다.
    ㈏ 화쟁논리에 의한 일심(一心) 사상을 강조한 원효와 관련된 내용이다.
    ① 정토교를 보급하여 대중화에 기여한 이는 원효이다.
    ③ 의상에 대한 내용이다.
    ④ 의상과 원효 모두 교종승려이다.

20 다음 중 삼국시대의 분묘에 관한 설명으로 옳지 않은 것은?

① 발해의 분묘는 신라의 영향을 받아 대부분이 돌무지 덧널무덤이다.
② 신라의 분묘 중 규모가 큰 것은 돌무지 덧널무덤인데, 그 대표적 분묘로서 천마총을 들 수 있다.
③ 백제의 고분은 고구려의 영향을 받은 굴식돌방무덤과 중국 남조의 영향을 받은 벽돌무덤이 있다.
④ 통일신라의 분묘는 고구려의 영향을 받은 굴식돌방무덤이며, 봉토 주위에 둘레돌을 둘러 12지 신상을 조각하기도 하였다.

Point

    ① 발해의 분묘는 굴식돌방무덤이다.

21 **신라의 독서삼품과에 대한 설명으로 옳은 것은?**

① 이 제도는 적절하게 실시되어 유학의 발달에 큰 공헌을 하였다.

② 6두품을 관리로 선발하려는 목적에서 시행되었다.

③ 골품보다 유학실력에 따라 관리를 채용하려는 제도이다.

④ 이 제도의 실시로 골품이 낮은 사람이나 평민이 관리로 많이 채용되었다.

③ 신라 하대(원성왕 때)에 들어와서 실시된 독서삼품과는 학문 성적에 따라 관리를 임명하는 새로운 제도였다.

22 **다음 유물이나 유적에 대한 설명으로 옳은 것은?**

① 천마총의 내부 벽면에 천마도 벽화가 있다.

② 무령왕릉은 중국 남조계통의 벽돌무덤이다.

③ 정혜공주묘는 퉁구의 장군총과 같은 양식이다.

④ 익산 미륵사지탑은 우리나라 최초의 목조탑이다.

고대의 유물과 유적

① 천마도는 말 장식에 그려진 그림이다.

③ 장군총은 돌무지 무덤이며, 정혜공주묘는 굴식돌방무덤이다.

④ 익산 미륵사지탑은 목탑형식의 석탑이다.

23 **통일신라시대의 예술에 관한 설명으로 옳지 않은 것은?**

① 불교의 영향으로 화장방법이 유행하였다.

② 석탑은 독특한 입체미를 나타내는 양식이 유행하였다.

③ 고분양식은 돌무지 덧널무덤에서 굴식벽돌무덤으로 변하였다.

④ 무덤은 봉토 주위에 둘레돌은 두르고 12지 신상을 조각한 양식이 생겼다.

Point

③ 통일신라시대의 고분양식은 돌무지 덧널무덤에서 굴식돌방무덤으로 변하였고, 무덤의 봉토 주위를 둘레돌로 두르고 그 둘레돌에 12지 신상을 조각하였는데, 이것은 뒤에 고려와 조선의 왕릉에 계승되었다.

Answer 19.② 20.① 21.③ 22.② 23.③

24 다음은 우리나라의 어떤 비문(碑文)에 관한 설명이다. 언급된 난랑의 비문에 나오는 3교(三敎)와 관련이 있는 것을 모두 고르면?

> 「계원필경」의 저자 고운(孤雲)이 쓴 이 비문은 화랑이었던 난랑의 비(碑)에 새겨져 있는 것으로서, 우리 고유의 사상적 연원을 밝혀 준다는 데에 커다란 의미를 지니고 있다.

> ㉠ 도덕과 정치를 결합한 덕치로써 춘추시대의 혼란을 바로잡으려 하였다.
> ㉡ 자연 속에서 인간의 본성에 따라 살 때, 참된 행복이 있다는 무위자연의 사상을 강조하였다.
> ㉢ 삼국이 중앙집권국가로서의 체제가 정비될 무렵에 전래되었다.
> ㉣ 조상에 대한 제사거부와 신분질서 혼란의 이유로 탄압을 받았다.

① ㉠, ㉡
② ㉠, ㉡, ㉢
③ ㉠, ㉡, ㉣
④ ㉠, ㉡, ㉢, ㉣

 Point

신라말기의 학자 최치원은 난랑비에서 유·불·도가 우리나라에 전래되기 이전부터 조상들이 생활지침으로 삼아 왔던 풍류도에 대하여 언급하면서, 그 안에 이미 유·불·도의 내용이 포함되어 있었다고 주장하였다.

㉠ 유교 ㉡ 도교 ㉢ 불교 ㉣ 천주교

25 신라의 석탑 중에서 통일신라시대에 유행하였던 석탑 양식을 대표할 수 있는 가장 전형적이고 아름다운 것은?

① 황룡사 9층 탑
② 해인사 3층 석탑
③ 불국사 석가탑
④ 화엄사 4사자 3층 석탑

 Point

③ 통일기에 와서는 높은 기단 위에 3층 석탑을 세우고, 대담하게 각 층의 폭과 높이를 줄이면서 쌓아 올려 독특한 입체미를 나타내는 양식이 유행하였는데, 불국사 3층 석탑은 세련미의 극치를 보여주고 있다.

26 다음과 같은 사실이 나타나게 된 배경으로 적절한 것을 고르면?

> • 고구려에서는 별자리를 그린 천문도를 만들었다.
> • 신라에서는 첨성대를 세워 천체를 관측하였다.
> • 「삼국사기」에는 일월식, 혜성의 출현, 기상이변 등에 관한 관측기록이 많이 수록되어 있다.

> ㉠ 천문현상이 농경과 관련이 많았다.
> ㉡ 목판 인쇄술이 크게 발달하였다.
> ㉢ 불교의 세계관이 널리 확산되었다.
> ㉣ 왕의 권위를 하늘과 연결시키려 하였다.

① ㉠, ㉡   ② ㉠, ㉣
③ ㉡, ㉣   ④ ㉢, ㉣

> 제시된 내용은 고대사회에서 천체현상과 천체관측에 많은 관심을 보였음을 알 수 있다. 고대사회에서 천체와 천문현상에 대한 관측을 중시했던 것은 천문현상이 농경과 밀접한 관련이 있음을 인식했기 때문이며, 아울러 왕의 권위를 하늘과 연결시키려고 했기 때문이다.

27 다음 내용과 관련된 문화재 연결이 옳지 않은 것은?

> ㉠ 석재를 벽돌 모양으로 만들어 쌓았다.
> ㉡ 불국토의 이상을 조화와 균형감각으로 표현하였다.
> ㉢ 통일 신라의 뛰어난 조경술을 나타내고 있다.
> ㉣ 고구려 남진정책의 기상이 엿보인다.

① ㉠ 분황사탑   ② ㉡ 불국사
③ ㉢ 안압지   ④ ㉣ 황룡사

> ④ 황룡사는 6세기에 신라 진흥왕이 세운 것으로 당시 신라의 팽창의지를 반영하고 있다. 고구려의 남진정책과 관련된 것은 장수왕이 평양에 세운 안학궁이다.

Answer 24.② 25.③ 26.② 27.④

28 다음의 설명과 관계 깊은 승려가 남긴 업적을 모두 고르면?

> • 화쟁사상 주장
> • 정토종의 보급
> • 「금강삼매경론」, 「대승기신론소」 저술

> ㉠ 불교를 이해하는 기준의 확립
> ㉡ 화엄 종단에서 관음사상 주도
> ㉢ 귀족 중심의 불교 사상체계 수립
> ㉣ 일심사상을 통해 종파 간의 분파의식 극복 노력

① ㉠, ㉣   ② ㉡, ㉣
③ ㉡, ㉢   ④ ㉢, ㉣

Point

설명에서 말하는 승려는 원효이다. 원효는 「금강삼매경론」, 「대승기신론소」와 같은 명저를 남겨 불교를 이해하는 기준을 확립
하였으며, 일심사상을 바탕으로 다른 종파들과의 사상적 대립을 조화시키고 분파의식을 극복하려는 「십문화쟁론」을 지었다.

29 다음의 정토신앙과 관련이 있는 유물·유적으로 옳은 것은?

> 통일신라시대에 불교는 철학체계를 갖추면서 논리적으로 발달해감과 동시에 대중불교로 나아가고 있었는
> 데, 불교를 대중화시키는 데에는 정토신앙이 크게 작용하였다. 당시의 정토신앙으로는 죽고 난 후 극락세계
> 에 왕생하기를 비는 것이 있었는가 하면, 이와는 달리 산몸으로 극락세계에 왕생하기를 바라는 것도 있어
> 서민들에게 크게 환영을 받았다.

① 석가탑   ② 불국사
③ 성덕대왕신종   ④ 부석사 소조 아미타여래 좌상

Point

원효에 의해 보급된 정토종은 일반 민중들이 불경의 교리를 이해하지 못해도 '나무아미타불'만 염불하면 서방정토 즉, 극락
으로 왕생한다고 주장하였다. 아미타불은 극락을 주재하는 부처란 뜻으로 정토신앙을 근거로 삼았다.

30 다음 중 통일신라의 문화에 대한 설명으로 옳은 것은?

① 김생이 저술한 「집자비문」이 현재까지 전해지고 있다.

② 현재 전해지고 있는 최대의 향가집은 「삼대목」이다.

③ 황룡사 9층 목탑은 현존하는 가장 오래된 목탑이다.

④ 원측은 당의 서명사에서 규기와 대항하여 자기 학설을 강의하였다.

Point

통일신라의 문화

① 「집자비문」은 김생이 저술한 것이 아니라, 고려시대에 그의 글씨를 모아서 새긴 것으로 오늘날까지 전해 오고 있다.

② 현재 전해오는 향가는 「삼국유사」에 수록된 14수와 고려초의 균여가 지은 11수를 합하여 25수 뿐이다.

③ 황룡사 9층 목탑은 고려 고종 25년(1238년) 몽고의 침입으로 소실되었다.

31 다음 중 고대문화의 일본 전파에 대해 옳게 설명한 것은?

① 백제의 쇼토쿠 태자는 천자문을 전해주었다.

② 고구려의 담징은 성덕태자의 스승이 되었다.

③ 고구려의 혜자는 법륭사 금당벽화를 그렸다.

④ 백제의 노리사치계는 처음으로 일본에 불교를 전했다.

Point

고대문화의 일본 전파

① 왕인이 천자문과 논어를 전하고 가르쳤다.

② 담징은 종이와 먹의 제조방법을 전하였고 호류사의 벽화를 그렸다.

③ 혜자는 쇼도쿠 태자의 스승이 되었다.

Answer 28.① 29.④ 30.④ 31.④

32 삼국시기의 고분에 대한 설명으로 옳은 것은?

① 신라 돌무지덧널무덤 : 백제 초기 무덤에 영향을 미쳤다.

② 고구려 돌무지무덤 : 중국 남조의 영향을 받았다.

③ 백제 벽돌무덤 : 나무 덧널을 설치하고 그 위에 벽돌을 쌓았다.

④ 굴식 돌방무덤 : 삼국은 모두 굴식 돌방무덤을 조영했다.

Point

① 신라 초기 고분인 돌무지덧널무덤은 나무덧널을 설치하고 그 위에 냇돌을 쌓은 뒤, 냇돌 위에 흙을 덮어 만든 무덤이다.

② 백제 초기 무덤에 영향을 미쳤다.

③ 중국 남조의 영향을 받았다.

33 다음 사건이 발생할 당시 만들어진 문화재는?

> 진성여왕 3년, 나라 안에 여러 주·군에서 공부를 바치지 않으니, 국고가 고갈되어 국용이 궁핍해졌다. 이에 왕이 사자를 보내 독촉하니, 도둑이 들고 일어났다. 이 때 원종과 애노 등이 사벌주를 근거지로 하여 반란을 일으켰다.

① 쌍봉사 철감선사승탑　　　　　② 안학궁

③ 황룡사 9층 목탑　　　　　　　④ 분황사탑

Point

제시된 사료는 신라 하대의 원종과 애노의 난에 대한 내용이다.

②는 고구려의 문화재 ③, ④는 신라 상대의 문화재이다.

34 다음에서 설명하는 왕릉의 특징에 관한 설명으로 옳은 것은?

> 이 왕릉은 송산리 고분군의 배수로 공사 중에 우연히 발견되었다. 이 왕릉은 피장자가 누구인지를 알려주는 묘지석이 발견되어 연대를 확실히 알 수 있는 무덤이다.

① 말꾸미개 장식에 천마의 그림이 그려진 유물이 발견되었다.
② 중국 남조의 영향을 받은 무덤 구조이다.
③ 왕릉 주위 둘레돌에 12지신상을 조각하였다.
④ 왕릉 내부에 사신도 벽화가 그려져 있다.

 Point
　　주어진 자료에서 설명하고 있는 왕릉은 백제의 무령왕릉이다. 무령왕릉은 중국 남조의 영향을 받은 벽돌무덤양식이다.

35 다음 보기에서 신라의 문화재를 모두 고른 것은?

> ㉠ 백률사 석당　　　　　　　　　 ㉡ 불국사
> ㉢ 정림사지 5층 석탑　　　　　　 ㉣ 창왕명석조사리감

① ㉠, ㉣　　　　　　　　　　　　　② ㉠, ㉡
③ ㉢, ㉣　　　　　　　　　　　　　④ ㉡, ㉢

 Point
　　㉢, ㉣은 백제의 문화재이다.

Answer　32.④　33.①　34.③　35.②

02 중세의 문화

section 1 유학의 발달과 역사서의 편찬

(1) 유학의 발달

유교는 정치와 관련한 치국의 도로서, 불교는 신앙생활과 관련한 수신의 도로서 서로 보완하는 기능을 수행하면서 함께 발전하였다.

① **고려 초기의 유학** … 유교주의적 정치와 교육의 기틀이 마련되었다.

　㉠ **태조 때**: 신라 6두품 계열의 유학자들이 활약하였다.

　㉡ **광종 때**: 유학에 능숙한 관료를 등용하는 과거제도를 실시하였다.

　㉢ **성종 때**: 최승로의 시무 28조를 통해 유교적 정치사상이 확립되고 유학교육 기관이 정비되었다.

② **고려 중기** … 문벌귀족 사회의 발달과 함께 유교사상이 점차 보수적 성격을 띠게 된다.

　㉠ **최충**: 9재학당(사학)을 세워 유학교육에 힘썼고, 고려의 훈고학적 유학에 철학적 경향을 가미하기도 하였다.

　㉡ **김부식**: 보수적이고 현실적인 성격의 유학을 대표하였다.

　㉢ **특징**: 시문을 중시하는 귀족 취향의 경향이 강하였고, 유교경전에 대한 전문적 이해가 깊어져 유교문화는 한층 성숙되었다.

　㉣ **위축**: 무신정변이 일어나 문벌귀족세력이 몰락함에 따라 고려의 유학은 한동안 크게 위축되었다.

Point 팁 훈고학 … 한대에서 당대까지 성행하였던 유학으로 경전의 자구해석에 치중하였다.

(2) 교육기관

① **초기**(성종)

　㉠ **지방**: 지방관리와 서민의 자제를 교육시키는 향교를 설치하였다.

　㉡ **중앙**: 국립대학인 국자감(국학)이 설치되었다. 국자감은 국자학, 태학, 사문학을 연구하는 유학부와 율학, 서학, 산학을 연구하는 기술학부로 나뉘었다.

② 중기

　㉠ 사학 12도 : 최충의 9재학당 등의 사학 12도가 융성하여 관학이 위축되었다.

　㉡ 관학진흥책

　　• 도서 출판을 담당하는 서적포를 설치하였다.(숙종)

　　• 전문강좌인 7재를 개설하였다.(예종)

　　• 장학재단인 양현고와 도서관 겸 학문연구소의 역할을 담당하는 청연각을 설치하였다.(예종)

　　• 개경에 경사 6학과 향교를 중심으로 지방교육을 강화시켰다.(인종)

③ 후기 … 교육재단인 섬학전을 설치하고, 국자감을 성균관으로 개칭하였으며, 공민왕 때에는 성균관을 순수 유교 교육기관으로 개편하였다.

(3) 역사서의 편찬

① 유학이 발달하고 유교적인 역사서술 체계가 확립되어 많은 역사서가 편찬되었다.

② 초기 … 「고려왕조실록」이 편찬되었으나 거란의 침입으로 불타버렸고, 「7대 실록」이 편찬되었으나 오늘날 전해지지 않는다.

③ 중기 … 김부식의 「삼국사기」는 현존하는 우리나라 최고의 역사서로서, 고려초에 쓰여진 「구삼국사」를 기본으로 유교적 합리주의 사관에 기초하여 기전체로 서술되었다.

④ 후기

　㉠ 무신정변 이후 : 민족적 자주의식을 바탕으로 전통문화를 올바르게 이해하려는 경향이 대두하였다. 이는 무신정변 이후의 사회적 혼란과 몽고침략의 위기를 겪은 후에 나타난 변화이다.

　　• 해동고승전(각훈) : 삼국시대의 승려 30여명의 전기를 수록하였다.

　　• 동명왕편(이규보) : 고구려 건국의 영웅인 동명왕의 업적을 칭송한 영웅서사시로서, 고구려 계승의식을 반영하고 고구려의 전통을 노래하였다.

　　• 삼국유사(일연) : 단군의 건국 이야기를 수록하였고, 우리의 고유문화와 전통을 중시하였으며 불교사를 중심으로 서술되었다.

　　• 제왕운기(이승휴) : 우리나라 역사를 단군으로부터 서술하면서 우리 역사를 중국사와 대등하게 파악하는 자주성을 나타내었다.

　㉡ 성리학적 유교사관의 대두

　　• 배경 : 신진사대부의 성장 및 성리학의 수용과 더불어 정통의식과 대의명분을 강조하는 성리학적 유교사관이 대두되기 시작하였다.

　　• 사략(이제현) : 개혁을 단행하여 왕권을 중심으로 국가질서를 회복하려는 의식이 반영되었다.

⊕ 다음 글을 쓴 인물에 대한 설명으로 옳은 것은?

▶ 2023. 6. 10. 제1회 지방직

　세상에서 동명왕의 신이(神異)한 일을 많이 말한다. … (중략) … 지난 계축년 4월에 『구삼국사』를 얻어 「동명왕 본기」를 보니 그 신기한 사적이 세상에서 얘기하는 것보다 더하였다. 그러나 처음에는 믿지 못하고 귀신이나 환상이라고만 생각하였는데, 두세 번 반복하여 읽어서 점점 그 근원에 들어가니 환상이 아닌 성스러움이며, 귀신이 아닌 신성한 이야기였다.

① 사실의 기록보다 평가를 강조한 강목체 사서를 편찬하였다.

② 단군부터 고려 충렬왕 때까지의 역사를 서사시로 기록하였다.

③ 단군신화와 전설 등 민간에서 전승되는 자료를 광범위하게 수록하였다.

④ 김부식의 『삼국사기』에 동명왕의 신이한 사적이 생략되어 있다고 평하였다.

Tip 고려 후기 이규보가 저술한 〈동명왕편〉이다. 김부식이 저술한 〈삼국사기〉가 신라 중심의 서술 방식이라는 점과 그의 사대주의적 태도를 비판한 이규보는 고구려의 동명왕의 기록을 중심으로 자주적, 민족주의적 역사 인식을 보여주었다.
① 안정복 〈동사강목〉
② 이승휴 〈제왕운기〉
③ 일연 〈삼국유사〉

ǀ정답 ④

ǀ **357**

(4) 성리학의 전래

① 성리학 … 남송의 주희가 집대성한 성리학은 종래 자구의 해석에 힘쓰던 훈고학이나 사장 중심의 유학과는 달리 인간의 심성과 우주의 원리문제를 철학적으로 탐구하는 신유학이었다.

② 성리학의 전래과정 … 충렬왕 때 안향이 소개하고, 그 후 백이정이 원에서 성리학을 배워와 이제현·박충좌에게 전수하였으며, 이색으로 이어졌고, 그는 정몽주·권근·정도전에게 전래하였다.

③ 영향
    ㉠ 현실 사회의 모순을 시정하기 위한 개혁사상으로 신진사대부들은 성리학을 수용하게 된다.
    ㉡ 유교적인 생활관습을 시행하는 소학과 주자가례를 중시하여 일상생활에 관계되는 실천적 기능을 강조하게 되었다.
    ㉢ 권문세족과 불교의 폐단을 비판하였다(정도전의 「불씨잡변」).
    ㉣ 국가의 지도이념이 불교에서 성리학으로 바뀌게 되었다.

section 2 불교사상과 신앙

(1) 불교정책

① 태조
    ㉠ 사원 건립 : 불교를 적극 지원하면서 개경에 여러 사원을 세웠다.
    ㉡ 불교에 대한 국가의 지침 제시 : 훈요 10조에서 불교를 숭상하고, 연등회와 팔관회 등 불교행사를 개최할 것을 당부하였다.

② 광종
    ㉠ 승과 제도의 실시 : 합격한 자에게는 품계를 주고 승려의 지위를 보장하였다.
    ㉡ 국사·왕사제도의 실시 : 왕실의 고문역할을 맡도록 하였다.

③ 사원 … 국가가 토지를 지급했으며, 승려에게 면역의 혜택을 부여하였다.

Point,팁 고려의 신앙관
    ㉠ 귀족 : 불교에 큰 관심을 보였으며 정치이념으로 삼았던 유교와 신앙인 불교를 서로 배치되는 것으로 생각하지 않았다.
    ㉡ 일반인 : 현세적인 기복신앙으로 불교를 널리 신봉하였고 지방의 신앙공동체였던 향도에는 불교와 함께 토속신앙의 면모도 보이며 불교와 풍수지리설이 융합된 모습도 보인다.

(2) 불교통합운동과 천태종

① 초기

    ㉠ **화엄종의 성행** : 화엄사상을 정비하고 보살의 실천행을 폈던 균여의 화엄종이 성행하였고 선종에 대한 관심도 높았다. 또한 귀법사를 창건하여 분열된 종파를 수습하려 하였다.

    ㉡ **의통과 제관** : 의통은 중국 천태종의 13대 교조가 되었고, 제관은 천태종의 기본교리를 정리한 「천태사교의」를 저술하였다.

② 중기

    ㉠ **불교의 번창** : 개경에서는 흥왕사나 현화사와 같은 왕실과 귀족들의 지원을 받는 큰 사원이 세워져 불교가 번창하였다. 그리고 이들의 지원을 받아 화엄종과 법상종이 나란히 융성하였다.

    ㉡ **화엄종과 법상종의 융성** : 보수적이고 귀족적이다.

      • **법상종의 발달** : 불교의식에 치중하는 법상종은 귀족들의 애호를 받아 발전하였다.

      • **화엄종의 융성** : 의천은 귀족들의 호화로운 불교의식의 폐단을 시정하기 위하여 불교 혁신 운동을 전개하였고, 흥왕사의 주지가 되어 이곳을 중심으로 화엄종의 교세를 크게 진작시켰다.

Point 팁　화엄종과 법상종 … 화엄종은 화엄사상을 바탕으로 하는 종파이고, 법상종은 유식사상을 중심으로 하는 종파이다. 교종인 이 두 종파는 선종과 함께 고려 불교의 주축을 이루었다.

③ 의천의 교단통합운동

    ㉠ **배경** : 11세기에 이미 종파적 분열상을 보인 고려 불교계에 문종의 왕자로서 승려가 된 의천은 교단통합운동을 폈다.

    ㉡ **교단통합운동**

      • **토대** : 원효의 화쟁사상을 토대로 하여 불교사상을 통합하려 하였다.

      • **천태종 창시** : 흥왕사를 근거지로 삼아 화엄종을 중심으로 교종을 통합하려 하였으며, 선종을 통합하기 위하여 국청사를 창건하여 천태종을 창시하였다.

    ㉢ **사상적 바탕** : 이론의 연마와 실천을 아울러 강조하는 교관겸수(敎觀兼修)를 제창하였다.

    ㉣ **성과** : 천태종에 많은 승려가 모이는 등 새로운 교단 분위기를 형성하는 일정한 성과를 거두었다.

    ㉤ **한계** : 사회·경제적으로 문제가 되고 있던 불교의 폐단을 적극적으로 시정하는 대책이 뒤따르지 않아 의천이 죽은 뒤 교단은 다시 분열되고 귀족 중심의 불교가 지속되었다.

기출문제

문 밑줄 친 '그'에 대한 설명으로 옳은 것은?

▶ 2023. 6. 10. 제1회 지방직

그는 화엄종을 중심으로 교종을 통합하고 해동 천태종을 창시하여 선종까지 포섭하려 하였다. 그러나 그의 사후에 교단은 다시 분열되었고, 권력층과 밀착되어 타락하는 양상까지 나타났다.

① 이론적인 교리 공부와 실천적인 수행을 아우를 것을 주장하였다.

② 참선과 독경은 물론 노동에도 힘을 쓰자고 하면서 결사를 제창하였다.

③ 삼국시대 이래 고승들의 전기를 정리하여 『해동고승전』을 편찬하였다.

④ 백련사를 결성하여 극락왕생을 기원하는 참회와 염불 수행을 강조하였다.

Tip 해동 천태종을 창시하고 교선 통합을 시도하였던 인물은 의천이다. 의천은 고려의 분열된 불교를 통합하고자 하였고, 불교의 이론 학습과 함께 수행을 함께 할 것을 강조하며 교관겸수를 주장하였다.

② 지눌

③ 각훈

④ 요세

I 정답 ①

(3) 결사 운동과 조계종

① **결사 운동** … 무신집권 이후의 사회 변동기를 지나 불교계에서도 본연의 자세 확립을 주창하는 결사 운동이 전개되었다.

② **지눌**

 ⊙ **수선사 결사 운동의 제창** : 승려 본연의 자세로 돌아가 경과 선 수행, 노동에 고루 힘쓰자는 개혁운동이다.

 ⊙ **조계종의 성립**(조계종 중심의 선 · 교 통합운동)

  • 돈오점수(頓悟漸修) · 정혜쌍수(定慧雙修)를 제창하여 참선(선종)과 지혜(교종)를 함께 수행하였다.

Point 팁 정혜쌍수와 돈오점수 … 지눌은 불교수행의 중심을 이루는 두 요소인 참선과 지혜를 아울러 닦자는 정혜쌍수를 내세웠다. 그리고 승려 본연의 자세로 돌아가 예불 독경과 함께 참선 및 노동에 힘쓰자는 개혁운동을 전개하였다. 이것은 선 · 교 통합을 지향한 것이기도 하였다. 또한 정혜쌍수와 함께 그것의 바탕이 되는 이론으로 돈오점수를 수행방법으로 제시하였다. 돈오는 인간의 마음이 곧 부처의 마음임을 깨닫는 것이며, 점수는 깨달은 뒤에도 꾸준히 수행해야 해탈에 이를 수 있다는 주장이다.

 • 독경, 선수행, 노동을 강조하여 불교개혁운동을 펼쳤다.

 • 선종을 중심으로 교종을 포용하여 선 · 교 일치사상을 완성시켰다.

③ **혜심** … 수선사 2대 교주인 혜심은 유 · 불일치설과 심성의 도야를 강조하여 성리학 수용의 사상적 토대를 마련하였다.

④ **요세의 백련결사 제창**

 ⊙ 천태교학의 법화사상을 이론적 기반으로 하였으며 정토신앙을 수용하고 자신의 행동을 진정으로 참회하는 법화신앙에 중점을 두어 수선사와 양립하며 고려 후기 불교계를 이끌었다.

 ⊙ 백련사는 정토관에 보다 충실하여 종래의 교종과는 달리 지방에 살고 있는 민중에게 호응을 얻었으며 수선사는 지식인층을 주된 대상으로 하였다.

⑤ **불교의 세속화** … 원간섭기에 들어서자 혁신운동이 단절되고, 사원은 막대한 토지와 노비를 소유하며 상업에 관여하기에 이르렀다. 보우가 교단을 정비하려 노력했으나 실패로 돌아가고 새로운 세력인 신진사대부는 불교계의 사회 · 경제적인 폐단을 크게 비판하였다.

(4) 대장경 간행

① 초조대장경 … 현종 때 거란의 퇴치를 염원하며 간행하였으나 몽고의 침입으로 소실되었다.

② 속장경(의천) … 교장도감을 설치하고 불서목록인 신편제종교장총록을 작성하여 속장경을 간행하였지만 몽고의 침입으로 소실되고 말았다.

③ 팔만대장경(재조대장경) … 최우가 대장도감을 설치하여 부처의 힘으로 몽고의 침입을 극복하고자 간행하였다. 합천 해인사에 보관되어 있다.

Point 팁 팔만대장경 … 팔만대장경의 판각 사업은 고종 23년(1236)에 착수하여 16년이 걸려 고종 38년(1251)에 완성되었다. 경판수 81,000여 매에 달하는 이 대장경판은 자체(字體)의 아름다움과 목판제작의 정교함, 내용의 정확성에서 대단히 높은 평가를 받고 있다.

(5) 도교와 풍수지리설

① 도교의 발달

  ㉠ 특징 : 불로장생과 현세구복을 추구하였다. 초제가 성행하고 도교 사원을 건립하여 국가의 안녕과 왕실의 번영을 기원하였다.

  ㉡ 한계 : 불교적 요소와 도참사상이 수용되었지만 일관성이 결여되고 교단이 성립되지 못하여 민간신앙으로 전개되었다. 국가적으로 이름난 명산대천에 제사를 지내는 팔관회는 도교, 민간신앙, 불교가 어우러진 행사였다.

② 풍수지리설

  ㉠ 도참사상이 가미되어 크게 유행하였다. 개경과 서경이 명당이라는 설이 유포되어 서경천도와 북진정책 추진의 이론적 근거가 되었다.

  ㉡ 개경세력과 서경세력의 정치적 투쟁에 이용되어 묘청의 서경천도운동을 뒷받침하기도 하였다.

  ㉢ 북진정책의 퇴조와 함께 한양명당설이 대두하여 이곳을 남경으로 승격하고 궁궐을 지어 왕이 머물기도 하였다.

기출문제

📌 밑줄 친 '이 지역'에 대한 설명으로 옳은 것은?
▶ 2020. 7. 11. 인사혁신처

장수왕은 군사 3만을 거느리고 백제를 침공하여 왕도인 이 지역을 함락시켜, 개로왕을 살해하고 남녀 8천 명을 사로잡아 갔다.

① 망이, 망소이가 반란을 일으켰다.
② 고려 문종 대에 남경이 설치되었다.
③ 보조국사 지눌이 수선사 결사를 주도하였다.
④ 고려 태조가 북진 정책의 전진 기지로 삼았다.

Tip 백제의 초기 왕도는 한강 유역의 한성이다. 5세기 고구려 장수왕의 남하 정책으로 인하여 백제는 개로왕이 전사하고 수도 한성을 함락당했다. 이후 문주왕 원년에 웅진성으로 천도하였다(475). 고려 시대 남경은 3경(서경, 동경, 남경) 중 하나로 한성을 지칭한다.
① 고려 명종 대에 공주 명학소에서 발생하였다(1176)
③ 순천 송광사를 지칭한다.
④ 북진정책의 전진 기지는 서경이다.

정답 ②

section **3** 과학기술의 발달

(1) 천문학과 의학

① **과학** … 국자감에서 잡학(율학, 서학, 산학 등)을 교육하였으며, 과거에서도 잡과를 실시하였다. 이는 천문학, 의학, 인쇄술, 상감 기술, 화약무기 제조술 등의 과학기술의 발전을 가져왔다.

② **천문학** … 천문 관측과 역법 계산을 중심으로 발달하였다. 사천대(서운관)를 설치하여 첨성대에서 관측업무를 수행하였고, 당의 선명력이나 원의 수시력 등 역법을 수용하였다.

③ **의학** … 태의감에서 의학을 교육하였고, 의과를 시행하였으며, 「향약구급방」과 같은 자주적 의서를 편찬하였다.

(2) 인쇄술의 발달

① **목판 인쇄술** … 고려대장경의 판목은 고려의 목판인쇄술이 최고의 수준에 이르렀음을 입증해 주고 있다.

② **금속활자 인쇄술** … 「상정고금예문(1234)」은 서양보다 200여 년이나 앞서 인쇄한 것이나 오늘날 전해지지 않고 있으며, 직지심체요절(1377)은 현존하는 세계 최고(最古)의 금속 활자본이다.

③ **제지술의 발달** … 닥나무의 재배를 장려하고 종이 제조의 전담 관서를 설치하여 우수한 종이를 제조하고 중국에 수출하기도 하였다.

(3) 농업기술의 발달

① **권농 정책** … 농민생활의 안정과 국가재정의 확보를 위해 실시하였다. 광종은 토지 개간을 장려하였고, 성종은 무기를 농기구로 만들어 보급하기도 하였다.

② **농업기술의 발달**

　㉠ **고려 초기** : 농경지 확대를 위해 토지의 개간 및 간척이 장려되고 성종 때 농기구를 보급하였다.

　㉡ **고려 중기** : 묵은 땅, 황무지, 산지 등의 개간이 주로 이루어졌으며 수리시설을 개선하여 저수지 수리 및 개축, 방조제를 축조하고, 시비법의 발달로 농사를 지을 수 있는 땅이 늘어났다.

　㉢ **고려 후기** : 해안지방의 저습지를 간척(강화도)하고, 김제의 벽골제와 밀양의 수산제를 개축하고, 제언(저수지)를 확충시켰으며 해안의 방조제 등이 만들어져 수리시설과 농업기술이 점차 발전하였다.

(가) 문화유산에 대한 설명으로 옳은 것은?

▶ 2024. 6. 22. 제1회 지방직

| (가) |은/는 1377년 청주 흥덕사에서 인쇄한 것이다. 독일 구텐베르크가 인쇄한 책보다 70여 년 앞서 간행된 것으로 밝혀졌다. 현재 유네스코 세계 기록 유산으로 등재되어 있다.

① 최윤의 등이 지은 의례서를 인쇄한 것이다.

② 몽골의 침략을 물리치려는 염원을 담고 있다.

③ 현존하는 금속활자본 중에서 가장 오래된 것이다.

④ 우리나라 풍토에 맞는 처방과 약재 등이 기록되어 있다.

Tip 제시문은 고려 백운화상 경한이 저술한 〈직지심체요절〉로 현존하는 세계 최고의 금속활자본이다.
① 상정고금예문
② 재조대장경(팔만대장경)
④ 향약구급방(고려), 향약집성방(조선)

정답 ③

③ **농업생산력 향상**

  ㉠ 밭농사는 윤작법의 보급으로 2년 3작이, 우경에 의한 깊이갈이 발달로 휴경 기간이 단축되고 생산력이 증대되었다.

  ㉡ 논농사의 경우 직파법이 실시되었으나 말기에 남부 일부 지방에 이앙법이 보급되어 실시되기도 하였다.

  ㉢ 가축이나 사람의 배설물을 거름으로 이용하는 시비법과 콩과 작물을 심은 뒤에 갈아엎어 비료로 사용하는 녹비법의 발달은 생산력 증대를 가져왔다.

  ㉣ 이암은 원의 「농상집요」를 소개하고, 문익점은 원에서 몰래 목화를 들여와 의생활의 혁신을 가져왔다.

(4) 화약무기의 제조와 조선기술

① 최무선은 화통도감을 설치하여 화약과 화포를 제작하였고 진포 싸움에서 왜구를 격퇴하였다.

② 대형 범선이 제조되었고 대형 조운선이 등장하였다.

section ④ 귀족문화의 발달

(1) 문학의 성장

① **전기**

  ㉠ **한문학**: 광종 때부터 실시한 과거제로 한문학이 크게 발달하였고, 성종 이후 문치주의가 성행함에 따라 한문학은 관리들의 필수교양이 되었다. 이 시기의 한문학은 중국의 형식을 모방하는 것에서 벗어나 독자적 성격을 가지기 시작하였다.

  ㉡ **향가**: 균여의 보현십원가가 대표적이며, 향가는 점차 한시에 밀려 사라지게 되었다.

② **중기** … 귀족화되면서 당의 시나 송의 산문을 숭상하는 풍조가 퍼져 당시 귀족문화의 사대성과 보수성을 강화하는 결과를 가져왔다.

③ **무신집권기**

  ㉠ **수필형식의 저술**: 낭만적이고 현실도피적인 경향을 보였다.

  ㉡ **새로운 문학 경향의 대두**: 이규보와 최자 등의 문신들에 의하여 형식보다는 내용에 치중하여 현실을 표현하였다.

송나라 사신 서긍은 그의 저술에서 이 나라 자기의 빛깔과 모양에 대해, "도자기의 빛깔이 푸른 것을 사람들은 비색이라고 부른다. 근래에 와서 만드는 솜씨가 교묘하고 빛깔도 더욱 예뻐졌다. 술그릇의 모양은 오이와 같은데, 위에 작은 뚜껑이 있고 연꽃이나 엎드린 오리 모양을 하고 있다. 또, 주발, 접시, 사발, 꽃병 등도 있었다."라고 하였다.

① 안동 봉정사 극락전
② 구례 화엄사 각황전
③ 예산 수덕사 대웅전
④ 영주 부석사 무량수전

Tip 제시문은 고려시대에 제작된 고려청자에 관한 내용이다.
①③④ 안동 봉정사 극락전, 예산 수덕사 대웅전, 영주 부석사 무량수전은 모두 고려시대의 목조건축물이다.
② 구례 화엄사 각황전은 조선 후기의 건축물이다.

④ 후기 … 신진사대부와 민중이 주축이 되었다.

　㉠ 한시 · 한문학 : 수필 문학, 패관 문학, 한시가 발달하였다.

　㉡ 사대부 문학 : 향가 형식을 계승한 경기체가를 창작하여 유교정신과 자연의 아름다움을 담았다(한림별곡, 관동별곡, 죽계별곡). 또한 민간에 구전되는 이야기를 고쳐 한문으로 기록한 패관 문학이 유행하였다(이규보의 「백운소설」, 이제현의 「역옹패설」).

　㉢ 민중문학 : 자유분방한 서민의 감정을 표현한 장가(속요)가 유행하였다(청산별곡, 가시리, 쌍화점).

(2) 건축과 조각

① 건축 … 궁궐과 사원이 중심이 되었으며, 축대를 높이 쌓고 계단식 배치를 한 웅장하고 장엄한 형식이다.

　㉠ 봉정사 극락전 : 주심포 양식으로 현존하는 최고의 목조건물이다.

　㉡ 부석사 무량수전, 수덕사 대웅전 : 주심포 양식으로 주변 자연과 어우러진 외관과 잘 다듬은 부재의 배치가 만들어 내는 경건한 내부공간으로 유명하다.

　㉢ 성불사 응진전 : 후기 건물로 조선시대 건축에 영향을 끼쳤으며 다포식 건물이다.

② 석탑 … 신라 양식을 일부 계승하였으나 독자적인 조형감각을 가미하여 다양한 형태로 제작되었다. 다각 다층탑이 많았고 안정감은 부족하나 자연스러운 모습을 띠었다(불일사 5층 석탑, 월정사 팔각 9층 석탑, 경천사 10층 석탑).

③ 승탑 … 선종의 유행과 관련이 있다(고달사지 승탑, 법천사 지광국사 현묘탑).

④ 불상 … 균형을 이루지 못하여 조형미가 다소 부족한 것이 많았다(광주 춘궁리 철불, 관촉사 석조 미륵보살 입상, 안동 이천동 석불, 부석사 소조아미타여래 좌상).

Point 팁 주심포 양식과 다포 양식
　㉠ 주심포 양식 : 지붕의 무게를 기둥에 전달하면서 건물을 치장하는 공포가 기둥 위에만 짜여져 있는 방식이다. 하중이 공포를 통해 기둥에만 전달되기 때문에, 자연히 그 기둥은 굵고 배흘림이 많은 경향을 보이는 대신 간소하고 명쾌하다.
　㉡ 다포 양식 : 기둥 위와 기둥 사이에도 공포가 짜여져 있는 방식이다. 하중이 기둥과 평방(平枋)의 공포를 통해 벽체에 분산되므로, 지붕의 크기가 더욱 커져 중후하고 장엄한 모습이다.

┃정답 ②

(3) 청자와 공예

대부분 귀족들의 생활도구와 불교의식에 사용되는 불구 등을 중심으로 발전하였고, 특히 자기 공예가 뛰어났다.

① 자기 공예
   ㉠ 신라와 발해의 전통과 기술을 토대로 송의 자기기술을 받아들여 독특한 미를 완성시켰다.
   ㉡ 청자의 발달: 초기에는 순수 청자였으나 12세기 중엽에는 상감청자가 발달하였다. 원 간섭기 이후에는 퇴조되어 점차 소박한 분청사기가 등장하게 되었다(고려의 청자는 자기를 만들 수 있는 흙이 생산되고 연료가 풍부한 지역에서 구워졌는데, 전라도 강진과 부안이 유명하였다).

② 금속 공예 … 은입사 기술이 발달하였다(청동 은입사 포류수금문 정병, 청동향로).

③ 나전칠기 … 경함, 화장품갑, 문방구 등이 현재까지 전해진다.

(4) 글씨 · 그림과 음악

① 서예
   ㉠ 전기: 구양순체가 유행했는데 탄연의 글씨가 특히 뛰어났다.
   ㉡ 후기: 송설체(조맹부)가 유행했는데, 이암이 뛰어났다.

② 회화 … 도화원에 소속된 전문 화원의 그림과 왕공사대부의 문인화, 승려의 불화로 나뉘었다.
   ㉠ 문인화: 이녕의 예성강도, 공민왕의 천산대렵도
   ㉡ 불화: 혜허의 수월관음보살도
   ㉢ 부석사 조사당 벽화

③ 음악
   ㉠ 아악: 송에서 수입된 대성악이 궁중음악으로 발전된 것으로, 오늘날까지도 격조 높은 전통음악을 이루고 있다.
   ㉡ 향악(속악): 우리의 고유 음악이 당악의 영향을 받아 발달한 것으로 당시 유행한 민중의 속요와 어울려 수많은 곡을 낳았다. 동동 · 대동강 · 한림별곡이 유명하다.

기출문제

📝 〈보기〉에서 고려시대 회화 작품을 모두 고른 것은?
▶ 2021. 6. 5. 제1회 서울특별시

〈보기〉
㉠ 고사관수도
㉡ 부석사 조사당 벽화
㉢ 예성강도
㉣ 송하보월도

① ㉠, ㉢
② ㉠, ㉣
③ ㉡, ㉢
④ ㉡, ㉣

Tip ㉡ 부석사 조사당 벽화: 화엄종의 시조인 의상대사를 모신 조사당 안에 그려진 고려 사찰 벽화
㉢ 예성강도: 고려 전기 화가인 이녕이 그린 실경산수화
㉠ 고사관수도: 조선 전기 강희안의 그림
㉣ 송하보월도: 조선 중기 이상좌의 그림

정답 ③

1 다음 중 고려 초기 유교정치사상을 옳게 설명한 것은?

① 성리학의 새로운 이해를 통해 불교를 공격하기 시작하였다.

② 중국의 한학을 모방하던 최치원의 학풍을 그대로 계승하였다.

③ 유교사상이 보수 세력과 연결되면서 사대적인 성격을 갖게 되었다.

④ 새로운 사회와 문화를 건설하는 과정에서 자주적인 유교 정치사상이 성립되었다.

 Point

④ 초기에 유교는 독자적이고 진취적이며 강한 주체성을 나타내었다.

2 다음을 바탕으로 고려시대의 사상적 특성을 바르게 지적한 것은?

> • 불교행사인 팔관회가 국가의 후원 아래 행하여졌다.
> • 국자감을 설치하여 유교적 교양을 지닌 관리를 양성하였다.
> • 성종은 최승로의 건의를 받아들여 유교정치사상을 채택하였다.
> • 상장제례는 유교적 규범에 따를 것을 권장하였으나, 대개 토착신앙과 융합된 불교식 전통의식을 따랐다.

① 정부의 유교주의적 정책으로 불교가 위축되었으나 여전히 신봉되었다.

② 외래사상인 불교와 유교에 반발하는 전통적인 민간신앙이 유행하였다.

③ 유교주의적 정치사상과 신앙으로서의 불교와의 사상적 대립이 심하였다.

④ 정치사상은 유교가, 신앙과 풍속은 불교가 담당하면서 유교와 불교가 공존하였다.

Point

제시된 내용은 고려시대에 정치사상으로서의 유교와 종교로서의 불교가 공존하였음을 보여준다.

3 고려시대의 교육과 과거제도에 관한 다음의 내용을 종합하여 추론한 결론으로 옳은 것은?

- 잡과는 천시되었고, 무과는 실시되지 않았다.
- 5품 이상 고관의 자제들은 관직 등용에 있어서 특혜를 누렸다.
- 과거시험의 감독관 또는 출제위원 중심의 학벌이 형성되었다.

① 국학 7재의 설치로 관학이 부흥하였다.
② 문벌 중심의 귀족사회가 형성되었다.
③ 문헌공도를 비롯한 사학 12도가 번성하였다.
④ 북방 민족과의 항쟁에서 관학이 부흥하였다.

Point

> 고려시대에는 공음전과 음서제도, 사학의 발달 등으로 문벌귀족사회의 발달이 촉진되었고, 이는 문벌귀족 중심으로 과거제도가 운영된 것과 관계가 깊다.

4 고려시대에 활동한 다음 인물들의 공통점을 바르게 설명한 것은?

최언위, 최승로, 김심언, 최량

① 자주적이고 주체적인 유학을 발전시켰다.
② 집권세력의 안전을 도모하는 보수적 경향이 강하였다.
③ 종래의 훈고학적 유학을 철학적인 유학으로 발전시켰다.
④ 유교적인 역사의식에 입각하여 고대의 역사를 정리하였다.

Point

> 최언위, 최승로, 김심언, 최량 등은 6두품 출신의 유학자로 자주적이고 주체적인 유학을 발전시켰다.

Answer 1.④ 2.④ 3.② 4.①

5 다음에 해당하는 유학이 고려에 수용된 후 나타난 문화 현상으로 옳지 않은 것은?

> • 우주의 근원과 인간의 심성문제를 철학적으로 규명하려는 학문이다.
> • 불교의 선종사상을 유학에 접목한 것으로, 5경보다는 사서를 중시한 학문이다.

① 소학과 주자가례에 대한 인식이 새롭게 강조되었다.
② 훈고학적인 유학이 철학적인 유학으로 바뀌게 되었다.
③ 가묘의 건립과 유교의식을 보급하려는 노력이 행해졌다.
④ 선종을 중심으로 교종을 통합하려는 움직임이 나타나게 되었다.

 Point
　　　④ 제시된 내용은 성리학에 관한 것이며, 성리학의 영향으로 불교는 인륜에 어긋나는 도라 하여 배척당하였다.

6 다음의 시책들을 추진하게 한 배경으로 옳은 것은?

> ㉠ 일종의 장학재단인 양현고를 설치하였다.
> ㉡ 국학에 7재를 두어 유학교육을 강화하였다.
> ㉢ 서적포를 설치하여 도서출판을 활발히 하였다.
> ㉣ 개경에 6학의 제도를 정하고, 향교 교육을 강화하였다.

① 국가의 유학 장려　　　　　　　② 왕권 강화정책
③ 9재 학당 등 사학의 발달　　　　④ 학문연구의 장려

 Point
　　　제시된 내용은 관학진흥책으로서 이러한 시책을 추진하게 된 것은 이 시기 사학의 과도한 발달 때문이었다.

7 고려시대의 교육제도와 관련된 다음과 같은 사실들이 초래한 문제점을 해결하기 위한 방법으로 옳지 않은 것은?

- 과거시험을 관리하던 자들이 여러 사립학교를 설립하였다.
- 문하시중을 지낸 최충은 후학 지도에 탁월한 능력을 발휘하였다.

---

① 장학재단인 양현고를 설치 · 운영하였다.
② 개경에 경사 6학의 제도를 실시하였다.
③ 12목에 경학박사를 보내어 가르치게 하였다.
④ 국학에 7재를 두어 유학교육을 강화하였다.

 Point

> 최충을 비롯한 사학 12도의 설립자들은 과거시험 출제위원인 지공거 출신이 많았던 관계로 그들이 세운 사학들은 과거에서
> 좋은 성적을 거두었다. 이는 문벌귀족세력의 형성을 촉진시킨 반면에 관학을 쇠퇴시키는 요인이 되었다.
> ①, ②, ④ 관학진흥책이다.

8 다음 중 고려시대 과학의 발달에 대해 설명한 것으로 옳지 않은 것은?

① 고려시기에는 제지술이 발달하여 종이 전담 관서를 설치하였다.
② 향약구급방으로 자주적인 의학이 발달했음을 알 수 있다.
③ 인쇄술이 발달하여 주자소를 설치하였고 갑인자를 주조하였다.
④ 문익점이 목화를 들여옴으로 의생활에 큰 변화가 나타났다.

 Point

> ③ 주자소 설치와 갑인자 주조는 조선시대의 일이다.

Answer 5.④ 6.③ 7.③ 8.③

9 (가)와 (나)에 들어갈 역사서에 대한 설명으로 옳은 것은?

> • (가)는(은) 현존하는 우리나라의 가장 오래된 역사서로 고려 인종때 편찬되었다. 본기 28권, 연표 3권, 지 9권, 열전 10권 등 총 50권으로 구성되어 있다.
>
> • (나)는(은) 충렬왕 때 한 승려가 일정한 역사 서술 체계에 구애받지 않고 자유로운 형식으로 저술한 역사서이다. 총 5권으로 구성되었으며, 민간 설화와 불교에 관한 내용들이 많이 수록되어 있다.

① (가) – 고조선의 역사를 중시하였다.
② (가) – 고구려 계승의식을 강조 하였다.
③ (나) – 민족적 자주의식을 고양하였다.
④ (나) – 도덕적 합리주의를 표방하였다.

(가)는 인종 때 김부식에 의해 저술된「삼국사기」이며, (나)는 충렬왕 때 일연에 의해 저술된「삼국유사」이다.
「삼국사기」는 신라 계승의식을 강조하였으며,「삼국유사」는 단군조선을 계승한 자주의식에 입각하여 서술되었다.

10 고려 후기 문화에 대한 설명이다. 바르게 묶은 것은?

> ㉠ 성리학의 수용　　　　　　㉡ 목화의 전래
> ㉢ 기술학의 존중　　　　　　㉣ 이모작의 보급

① ㉠, ㉡
② ㉠, ㉢
③ ㉡, ㉢
④ ㉡, ㉣

고려시대에 기술학은 천시되었고, 이모작이 널리 보급된 것은 조선 후기이다.

11 다음 중 고려 문화의 성격으로 옳지 않은 것은?

① 법전 편찬이 활발하였다.

② 지방 문화의 생명은 소박성에 있었다.

③ 불교·유교문화가 융합되었다.

④ 유학과 한문학이 발달하였다.

① 법전의 편찬이 활발했던 것은 조선시대이다. 고려 문화는 기록에 의한 문학활동이 크게 확대되었으며, 불교미술 및 공예가 발달하였다.

12 고려시대 역사서의 편찬에 대한 내용이 옳지 않은 것은?

① 각훈은 삼국시대 승려 30여명의 전기를 수록한 「해동고승전」을 편찬하였다.

② 이규보는 동명왕의 업적을 칭송한 영웅서사시 「동명왕편」으로 고구려 계승의식을 반영하고 고구려의 전통을 노래하였다.

③ 일연은 「삼국유사」에 단군의 건국 이야기를 수록하여 우리 고유문화와 전통을 중요시하였다.

④ 이승휴는 우리나라의 역사를 고구려부터 서술하면서 우리 역사를 중국사와 대등한 위치로 파악하는 자주성을 나타내었다.

④ 이승휴는 우리나라의 역사를 단군으로부터 서술하였다.

13 고려의 문학에 대한 설명으로 옳지 않은 것은?

① 고려 전기에는 자유분방한 서민의 감정을 표현한 장가가 유행하였다.

② 고려 중기에는 당의 시나 송의 산문을 숭상하는 풍조가 퍼졌다.

③ 무신 집권기에는 낭만적이고 현실 도피적인 수필이 유행하였다.

④ 고려 후기에는 신진사대부와 민중이 주축이 되어 수필문학, 패관문학, 한시가 발달하였다.

① 고려 전기에는 광종때부터 실시한 과거제로 한문학이 크게 발달하였고 성종 이후 문치주의가 성행함에 따라 한문학은 관리들의 필수교양이 되었다.

Answer) 9.③ 10.① 11.① 12.④ 13.①

14 다음은 고려시대 어느 승려의 사상을 요약해 놓은 것이다. 이 승려에 관한 설명으로 옳은 것은?

> • 선(禪)은 부처의 마음이요, 교(敎)는 부처의 말씀이다.
> • 깨닫는 것(悟)과 수련하는 것(修)은 분리될 수 없으며, 정(定)과 혜(慧) 또한 같이 닦아야 한다.

① 교종의 입장에서 선·교의 일치를 도모하였다.
② 선·교의 일치를 강조하는 중국 불교의 전통을 따랐다.
③ 당시 정권에 비협조적인 태도로 일관하여 집권세력과 심각한 갈등을 빚었다.
④ 신앙결사운동을 전개하였고, 그의 문하에서 유·불 사상의 일치설이 나왔다.

Point

> 제시된 내용은 정혜쌍수와 돈오점수에 대한 설명으로 지눌에 의한 주장이다. 지눌은 이를 통해 선종의 사상에 중점을 두면서 교종과 선종의 조화를 이루어 선·교 일치의 완성된 철학체계를 이룩하였다.

15 다음 작품에서 나타내고 있는 사회 신분에 대한 설명으로 옳은 것은?

> 살으리 살으리랏다 청산에 살으리랏다.
> 머루랑 다래랑 먹고 청산에 살으리랏다.
> 울어라 울어라 새여 자고 일어나 울어라 새여
> 너보다 시름이 많은 나도 자고 일어나 울도다.

① 과거·음서·천거 등을 통해 고급관직을 독점하였다.
② 무신정권이 붕괴되면서 등장한 최고권력층이었다.
③ 이들은 백정이라고도 불렸으며 과거응시에도 제약이 없었다.
④ 양반과 상민의 중간 신분층으로 승진에 제한이 있었다.

Point

> 제시된 글은 당시 민중들에게서 유행했던 고려가요 「청산별곡」이다.
> ※ 고려시대 백정 … 고려시대의 백정은 과거응시에 제약이 없었으며 조세·공납·역의 의무를 가졌다. 이들은 국가에서 토지를 지급받지 못하고 자기 소유의 민전을 경작하거나 다른 사람의 토지를 빌려 경작하는 양민이었다.

16 고려시대 사상 발전의 내용을 설명한 것 중 옳지 않은 것은?

① 풍수지리사상은 서경길지설의 사상적 근거이다.

② 성종 때 유교정치이념의 채택은 중앙집권을 이룩하려는 이유에서였다.

③ 토속신앙과 밀착됨으로써 불교행사는 성행했지만 교리상의 발전은 없었다.

④ 노장사상이나 도교사상은 사치스런 귀족문화가 번성하는 가운데 유행하였다.

 Point

　　③ 문종 때 의천의 천태종이 개창되었고, 신종 때 지눌에 의해 조계종이 개창되어 교리상으로도 많은 발전을 보았다.

17 다음에 나타난 사상에 대한 설명으로 옳지 않은 것은?

> 　　신(臣)들이 서경의 임원역 지세를 관찰하니, 이곳이 곧 음양가들이 말하는 매우 좋은 터입니다. 만약 궁궐을 지어서 거처하면 천하를 병합할 수 있고, 금나라가 폐백을 가지고와 스스로 항복할 것이며 36국이 모두 신하가 될 것입니다.

① 서경 천도 운동의 배경이 되었다.

② 문종 때 남경 설치의 배경이 되었다.

③ 하늘에 제사 지내는 초제의 사상적 근거가 되었다.

④ 공민왕과 우왕 때 한양 천도 주장의 근거가 되었다.

 Point

　　제시문은 묘청의 풍수지리 사상에 따라 서경 천도를 주장하는 내용이다.

　　③ 초제의 사상적 근거는 도교이다.

18 다음 변화를 초래한 배경으로 거리가 먼 것은?

서경길지설 → 남경길지설

① 도교의 발달
② 북진 정책의 퇴색
③ 유학 학풍의 보수화
④ 금과의 사대관계의 형성

 Point

① 고려중기에 북진정책의 퇴조와 함께 새로이 한양명당설이 대두하여 이 곳을 남경으로 승격하고 궁궐을 지어 왕이 머무르기도 하였다. 김부식이 중심이 된 개경귀족세력은 유교이념에 충실함으로써 사회질서를 확립하고자 주장하였고 아울러 민생안정을 내세워 금과 사대관계를 맺었다. 이러한 남경길지설이 대두하여 고려말에 정치적 영향을 끼쳤다.

19 다음 밑줄 친 '그'에 대한 설명으로 옳은 것은?

그는 고려 숙종의 동생으로 국청사를 중심을 해동 천태종을 개창하고, 교종을 중심으로 선종을 통합하여 당시 불교계의 문제를 해결하려 하였다.

① 보원십원가를 지어 불교 교리를 전파하였다.
② 수선사 결사를 제창하여 불교계를 개혁하고자 하였다.
③ 이론의 연마와 실천을 아울러 강조하는 교관겸수를 제창하였다.
④ 천태종의 기본교리를 정리한 「천태사교의」를 저술하였다.

Point

의천에 대한 설명이다.
① 균여는 승려로서 불교의 교리를 담은 향가를 지어 대중에 전파하는 데 힘쓰고 불교계의 종파 통합에도 노력하여 종파간의 분쟁을 종식시키는 데 기여하였다.
② 수선사 결사 운동은 지눌이 승려 본연의 자세로 돌아가 경과 선 수행, 노동에 고루 힘쓰자는 개혁운동이다.
④ 천태사교의는 제관이 천태사상을 집약하여 정리한 것으로 이론과 실천이 같이 어울려야 비로소 깨달음을 얻을 수 있다는 내용을 담고 있다.

20 다음과 관련된 사실 중 옳은 것은?

> • 초조대장경 조판
> • 신편제종교장총록 작성
> • 팔만대장경 조판

① 정권의 정통성 강조　　　　　　　② 신앙결사운동의 전개
③ 유교와 불교의 절충　　　　　　　④ 불력에 의한 국가수호

　　　고려의 불교는 불경전집인 대장경을 간행하면서 호국적 불교, 현세 이익적 불교로서의 성격을 나타내었다.

21 다음 중 고려시대 건축물과 그 특징이 바르게 연결되지 않은 것은?

① 부석사 무량수전 – 주변 자연과의 조화로운 외관으로 유명하다.
② 성불사 응진전 – 고려시대 주심포식 건물의 대표적인 예이다.
③ 안동 봉정사 극락전 – 현재 남아있는 가장 오래된 목조건물이다.
④ 수덕사 대웅전 – 백제 계통의 목조건축 양식을 이은 건물이다.

Point

　　　② 성불사 응진전은 다포식 건물의 대표적인 예이다.
　　※ 다포양식과 주심포양식
　　　㉠ 다포양식 : 기둥 위와 기둥 사이에 공포를 짜 올리는 방식이다. 하중이 기둥과 평방의 공포를 통해 벽채에 분산되므로,
　　　　지붕의 크기가 더욱 커져 중후·장엄한 모습이다.
　　　㉡ 주심포양식 : 기둥 위에만 공포를 짜 올리는 방식이다. 하중이 공포를 통해 기둥에만 전달되기 때문에, 자연히 그 기둥
　　　　은 굵고 배흘림이 많은 경향을 보이는 대신 간소하고 명쾌하다.

Answer　18.① 19.③ 20.④ 21.②

22 다음 중 고려 예술에 관한 설명으로 옳은 것은?

① 철불보다는 석불이 주로 만들어졌다.
② 건축은 외관이 높고 웅대하게 만들었다.
③ 석탑, 불상 등 조각 분야가 특히 발달하였다.
④ 석탑은 주로 신라 계통의 양식을 계승하였다.

고려의 예술
② 고려의 건축은 경사진 지대에다 층단식으로 건물을 지어 전체적인 외관이 높고 웅대하게 보이는 양식을 취하고 있다.
① 규모가 큰 철불이 많이 주조되었지만 걸작품은 많지 않았다.
③ 고려시대에는 귀족들의 생활도구를 중심으로 한 미술 공예품이 발달하여 자기, 나전칠기, 불교의식에 사용되는 도구 등의 제작이 크게 발달하였다.
④ 석탑은 전체적으로 보아 신라 계통에서 이탈하여 여러 가지 형식의 것이 시험되는 단계에 있었다고 할 수 있다.

23 다음 중 고려시대 석탑의 특징에 대한 설명으로 옳지 않은 것은?

① 대체적으로 구조가 불안정하였다.
② 중국의 송·원의 영향을 받은 탑이 제작되었다.
③ 신라의 3층 석탑양식을 계승하였다.
④ 다각 다층탑이 많았다.

③ 고려시대의 석탑은 3층 석탑이 유행이던 신라의 양식을 그대로 계승하지 않았다.
※ 고려시대의 석탑
　㉠ 신라 양식의 일부 계승하였으나 그 위에 독자적인 조형감각을 가미하였다.
　㉡ 다각 다층탑이 많고 안정감은 부족하지만 자연스러운 모습이다.
　㉢ 개성 불일사 5층석탑, 오대산 월정사 팔각 9층석탑이 유명하며, 경천사 10층 석탑은 원의 석탑을 본 뜬것이다.

24 다음 중 각각의 공통점으로 옳지 않은 설명은?

① 정토종, 보현십원가 - 불교의 대중화에 공헌하였다.
② 동동, 대동강 - 우리나라 고유 음악인 향악곡으로 유명하다.
③ 초조대장경, 팔만대장경 - 부처의 힘으로 국난을 극복하고자 만든 것이다.
④ 한림별곡, 청산별곡 - 신진사대부의 생활상을 반영한 향가 형식의 경기체가이다.

Point

④ 한림별곡·관동별곡·죽계별곡 등은 경기체가이고, 청산별곡·쌍화점 등은 민요문학인 장가(속요)이다.

25 다음에 나타난 사상이 고려시대에 끼친 영향으로 옳은 것은?

> • 신이 서경의 임원역 땅을 보니, 이는 음양가가 말하는 대화세입니다.
> • 마구 원당을 세워 지맥을 손상하여 재변이 자주 일어나니, 헐게 할 것입니다.
> • 신라 말엽에 절과 탑을 다투어 짓더니, 지덕을 손상시켜 망하기에 이르렀으니, 경계하지 않을 수 있겠는가?

① 개경과 서경이 명당이라는 설이 유포되었다.
② 정중부 등이 무신정변을 일으키는 계기가 되었다.
③ 백성들도 문자생활이 가능하게 되었다.
④ 도덕적 원리에 대한 인식과 실천을 중요시하여 도덕규범이 확립되었다.

> 나말 승려 도선에 의해 보급된 풍수지리설은 고려중기 묘청, 정지상 등의 서경천도운동에 큰 영향을 끼쳤고, 고려 정치의 전개에 중대한 요인이 되었다.
> ② 무신정변의 계기는 고려시대 무신의 차별이 계기이다.
> ③ 조선시대 한글창제의 의의를 말한다.
> ④ 조선시대 성리학의 주리론에 대한 설명이다.

26 다음 중 고려청자에 대한 설명으로 옳은 것은?

① 고려청자는 고구려의 전통을 계승하여 발전하였다.
② 고려청자는 귀족사회 전성기인 13세기 말 무렵 독자적인 경지를 개척하였다.
③ 고려청자는 소박하고 실용적인 고려의 성격을 잘 보여주고 있다.
④ 순수 비색청자에서 그릇 표면에 음각의 무늬를 넣은 상감청자의 단계로 발전하였다.

> **Point**
>
> 고려청자
> ① 고려청자는 신라 · 발해의 전통과 기술을 토대로 발전하였다.
> ② 고려청자는 귀족사회의 전성기인 11세기에 독자적인 경지를 개척하였다.
> ③ 조선백자에 대한 설명이다.

27 다음 중 고려 음악의 특징에 대해 바르게 설명한 것은?

> ㉠ 향악곡은 안민가, 제망매가 등이 있다.
> ㉡ 향악은 국가의 큰 의식에서 아악과 함께 연주되었다.
> ㉢ 아악은 악장가사, 악학궤범 등에 전해지고 있다.
> ㉣ 아악은 중국에서 수입된 대성악 궁중음악으로 발전한 것이다.

① ㉠, ㉡
③ ㉡, ㉣

② ㉠, ㉣
④ ㉢, ㉣

 Point

고려의 음악
㉠ 안민가, 제망매가는 향가이다.
㉢ 악장가사, 악학궤범은 향악이다.

28 다음과 같은 특색을 지닌 종교의 유행과 관련하여 만들어진 고려시대의 문화재로 볼 수 없는 것은?

> • 개인적인 정신세계를 찾는 경향이 강했으며, 사승(師僧)을 중시하였다.
> • 기성 사상체계에 의존하지 않고, 스스로 사색하여 진리를 깨닫는 것을 중시하였다.

① 경천사지 10층 석탑
③ 정토사 홍법국사 실상탑

② 구례의 연곡사지 북부도
④ 법천사 지광국사 현묘탑

 Point

① 제시된 내용은 선종의 유행과 관련된 장엄하고 수려한 부도들이 많이 건립된 것을 설명하고 있으며 경천사지 10층 석탑은 원의 석탑을 본뜬 것으로 조선시대로 이어졌다.

29 고려시대의 과학기술과 그 발달배경을 바르게 연결한 것은?

> ㉠ 화약과 화포 – 왜구의 침략   ㉡ 인쇄술의 발달 – 지식의 대중화
> ㉢ 수시력 채용 – 외래문물의 수용 요구   ㉣ 대형 범선 제조 – 송과의 해상무역 발달

① ㉠, ㉡

② ㉠, ㉣

③ ㉡, ㉢

④ ㉢, ㉣

> **Point**
>
> 고려의 과학기술
> ㉠ 고려말의 최무선은 왜구의 침입을 격퇴하기 위해서 화약제조기술의 습득에 힘을 기울였다.
> ㉡ 우리나라 인쇄술의 발달은 지식의 대중화에 기여하지 못했다. 일반 백성들이 한자로 된 서적을 활용하기에는 어려움이 있었기 때문이다.
> ㉢ 원의 수시력을 채용한 것은 천재지변을 예측하고, 농사를 위한 천체운행과 기후관측에 필요했기 때문이다.
> ㉣ 송과의 해상무역이 발달하면서 길이가 96척이나 되는 대형 범선이 제조되었다.

30 다음은 어느 시대 예술의 경향에 관한 것이다. 이 시기의 예술품에 해당하는 설명이 아닌 것은?

> 예술의 주인공이었던 문벌귀족이 몰락하고, 불교에 있어서도 선종이 성행함으로써 예술은 퇴보의 길을 걷게 되었다. 그러나 이러한 추세에도 불구하고 이 때에는 불교 종풍의 변화와 함께 원 예술의 영향을 받아 조형미술의 형태와 양식에서 특색있는 작품들이 제작되었다.

① 높은 기단 위에 3층 석탑을 세웠는데, 각 층의 폭과 높이를 과감하게 줄여 독특한 입체미를 나타내었다.

② 기둥 위에만 공포를 짜 올리는 주심포 양식과 기둥 사이에도 공포를 짜 올리는 다포 양식의 건축이 모두 나타났다.

③ 호복을 입은 기마 인물이 말을 힘차게 몰아가는 장면과 원대의 북종화적인 잡목이 짙은 채색으로 그려졌다.

④ 물방울 같은 후광을 배경으로 오른손에 버들가지를 들고 서 있는 관음보살의 우아한 몸매에 투명한 옷자락과 호화 장식이 능란하게 묘사되어 있다.

> **Point**
>
> 제시된 내용은 고려 후기의 예술 경향에 대한 설명이다.
> ① 높은 기단의 3층 석탑은 신라시대의 예술품이다.

Answer 27.③ 28.① 29.② 30.①

31 밑줄 친 '나'에 대한 설명으로 옳지 않은 것은?

> 나는 도(道)를 구하는 데 뜻을 두어 덕이 높은 스승을 두루 찾아다녔다. 그러다가 진수대법사 문하에서 교관(教觀)을 대강 배웠다. 법사께서는 강의하다가 쉬는 시간에도 늘 "관(觀)도 배우지 않을 수 없고, 경(經)도 배우지 않을 수 없다."라고 제자들에게 훈시하였다. 내가 교관에 마음을 다 쏟는 까닭은 이 말에 깊이 감복하였기 때문이다.

① 해동 천태종을 창시하였다.
② 이론과 실천의 양면을 강조하였다.
③ 교종의 입장에서 선종을 통합하였다.
④ 정혜쌍수로 대표되는 결사운동을 일으켰다.

Point
교관겸수(教觀兼修)는 고려 대각국사 의천의 주장으로 불교에서 교리체계인 교(教)와 실천수행법인 지관을 함께 닦아야 한다는 사상이다.
④ 정혜쌍수는 고려 보조국사 지눌이 주장하였다.

32 다음 인물과 수행한 활동이 올바르게 짝지어진 것은?

① 원광 – 황룡사 9층 목탑의 건립을 왕에게 건의하였다.
② 의천 – 세속 5계를 만들어 젊은이에게 규범을 제시하였다.
③ 지눌 – 순천 송광사에서 수선사결사운동을 전개하였다
④ 자장 – 국청사를 중심으로 고려천태종을 창시하였다.

Point
① 자장에 대한 설명이다.
② 원광에 대한 설명이다.
③ 의천에 대한 설명이다.

33 다음 역사서와 저자가 같은 서적은 무엇인가?

> 동명왕의 사적은 변화와 신이로 여러 사람의 눈을 현혹시킬 일이 아니요, 실로 나라를 세운 신의 자취인 것이다. 이러하니 이 일을 기술하지 않으면 앞으로 후세에 무엇을 볼 수 있으리오.

① 파한집
② 균여전
③ 역옹패설
④ 백운소설

Point

지문은 이규보의 「동국이상국집」에 실린 '동명왕편'이다.
① 파한집 – 이인로 ② 균여전 – 균여 ③ 역옹패설 – 이제현

34 다음 서적들에 대한 설명 중 옳지 않은 것은?

① 「해동고승전」은 고려 시대 승려 각훈이 지은 우리나라 최고의 승전이다.
② 「제왕운기」는 우리 역사의 서술을 단군부터 시작하여 중국의 역사만큼이나 유구하다고 보았다.
③ 「삼국유사」는 단군의 건국이야기를 수록하였고, 우리 고유문화와 전통을 중시하였으며 불교사를 중심으로 서술되었다.
④ 「동국통감」은 고조선부터 고려 말까지의 역사를 강목체로 서술하였다.

Point

④ 「동국통감」은 편년체로 서술하였다.

35 다음 중 고려의 문화재가 아닌 것은?

① 부석사 소조아미타여래 좌상
② 법주사 쌍사자 석등
③ 안동 이천동 석불
④ 광주 춘궁리 철불

Point

② 법주사 쌍사자 석등은 통일신라시대의 화강암 석등이다.

Answer 31.④ 32.③ 33.④ 34.④ 35.④

03 근세의 문화

기출문제

section 1 민족문화의 융성

(1) 발달배경

① 과학 기술과 실용적 학문을 중시하여 민생안정과 부국강병을 추구하였다.

② 한글을 창제하여 민족문화의 기반을 넓힘과 동시에 발전할 수 있는 터전을 닦았다.

③ 성리학을 지도이념으로 내세웠으나 성리학 이외의 학문과 사상이라도 중앙 집권 체제의 강화나 민생안정과 부국강병에 도움이 되는 것은 어느 정도 받아들였다.

(2) 한글의 창제

① 배경 … 한자음의 혼란을 방지하고 피지배층을 도덕적으로 교화시켜 양반 중심의 사회를 운영하는 데 목적이 있었다.

② 창제와 반포(1446) … 집현전 학자들과 더불어 정음청을 설치하고 한글을 창제한 후 세종대왕은 훈민정음을 반포하였다.

③ 보급
  ㉠ 용비어천가(왕실 조상의 덕을 찬양) · 월인천강지곡(부처님의 덕을 기림) 등을 지어 한글로 간행하였다.
  ㉡ 불경 · 농서 · 윤리서 · 병서 등을 한글로 번역하거나 편찬하였다.
  ㉢ 서리 채용에 훈민정음을 시험으로 치르게 하였다.

④ 의의 … 백성들도 문자생활이 가능하게 되었으며, 문화 민족으로서의 긍지와 자부심을 갖게 되었고 민족 문화의 기반을 확대하는 데 큰 의의가 있었다.

(3) 역사서의 편찬

① 건국 초기 … 정도전의「고려국사」, 권근의「동국사략」 등 왕조의 정통성과 성리학적규범 정착을 위해 국가적 차원에서 역사서의 편찬에 힘썼다.

② 15세기 중엽 … 문종시기 고려시대 연구를 위한 기본 사서인「고려사」(기전체), 「고려사절요」(편년체), 성종시기 단군조선부터 고려 말까지 기록한「동국통감」(편년체)등 민족적 자각을 일깨우고, 왕실과 국가위신을 높였다.

③ 16세기 … 사림의 존화주의적, 왕도주의적 정치·문화의식을 반영하는 「동국사략」, 「기자실기」 등이 편찬되었다.

④ **조선왕조실록의 편찬** … 국왕 사후에 춘추관에 실록청을 설치하여 사초나 시정기를 참고자료로 삼아 편년체로 기록하였다(태조~철종).

Point 팁 역사서술방식
ㄱ 기전체 : 정사체로서 본기, 세가, 연표, 지, 열전으로 구분하여 서술한다.
ㄴ 편년체 : 연대순으로 종합하여 서술한다.
ㄷ 기사본말체 : 사건 단위로 원인과 결말 중심으로 서술한다.
ㄹ 강목체 : 주제별로 강과 목으로 서술한다.

(4) 지리서의 편찬

① **목적** … 중앙집권과 국방강화를 위하여 지리지와 지도의 편찬에 힘썼다.

② **지도** … 세계지도인 혼일강리역대국도지도(태종)가 편찬 되었으며, 전국지도인 팔도도(태종), 동국지도(세조), 조선방역지도(명종)가 편찬되었다.

③ **지리지** … 「신찬팔도지리지(세종)」, 「동국여지승람(성종, 군현의 연혁·지세·인물·풍속·산물·교통 등 수록)」, 「신증동국여지승람(중종)」, 「해동제국기(일본견문기)」 등이 있다.

Point 팁 동국지도
세조시기 양성지 등이 만든 전국지도로 우리나라 최초의 실측지도이다. 산맥과 강이 매우 자세하게 그려져 있으며, 두만강, 압록강 이북의 흑룡강 지역까지 포함되어 있다. 또한 도로, 부, 군, 현, 병영 등 인문현상 까지 자세히 기록되어 있다.

(5) 윤리·의례서와 법전의 편찬

① **윤리·의례서**
ㄱ 목적 : 유교적인 사회질서 확립을 위해 편찬하였다.
ㄴ 윤리서 : 「삼강행실도」, 「이륜행실도」, 「동몽수지」 등이 있다.
ㄷ 의례서 : 국가의 행사의례를 정비한 「국조오례의」가 있다.

② **법전의 편찬**
ㄱ 목적 : 유교적 통치규범을 성문화하기 위해 편찬하였다.
ㄴ 법전의 편찬
• 초기 법전 : 정도전의 「조선경국전」, 「경제문감」, 조준의 「경제육전」이 편찬되었다.
• 경국대전
– 6전 체제로 구성 : 이·호·예·병·형·공전으로 구성된 기본법전이다.
– 유교적 통치질서와 문물제도가 완성되었음을 의미한다.

기출문제

문 조선시대 지도와 천문도에 대한 설명으로 옳지 않은 것은?
▶ 2023. 4. 8. 인사혁신처

① 대동여지도는 거리를 알 수 있도록 10리마다 눈금을 표시하였다.

② 혼일강리역대국도지도는 중국에서 들여온 곤여만국전도를 참고하였다.

③ 천상열차분야지도는 하늘을 여러 구역으로 나누고 별자리를 표시한 그림이다.

④ 동국지도는 정상기가 실제 거리 100리를 1척으로 줄인 백리척을 적용하여 제작하였다.

Tip ② 혼일강리역대국도지도(태종, 1402)는 조선 초기에 제작된 세계지도로 현존하는 가장 오래된 세계지도이다. 곤여만국전도(1602)는 예수회 선교사인 마테오리치가 제작한 지도이다.

정답 ②

경국대전의 내용

㉠ 궁중, 중앙, 지방 관리의 종류와 관리를 임명하는 것에 대한 내용
㉡ 백성들의 수, 백성들이 나라에 바쳐야 할 세금, 관리들이 받는 봉급에 대한 내용
㉢ 외교, 과거 시험과 여러 가지 의례에 대한 내용
㉣ 군사 훈련과 나라를 지키는 것에 대한 내용
㉤ 죄인에 대한 재판, 죄인이 받아야 할 형벌, 재산의 상속, 종(노비)에 대한 내용
㉥ 도로, 다리, 산업 등에 대한 내용

section 2 성리학의 발달

(1) 성리학의 정착

① 15세기의 시대적 과제 … 대내외적인 모순을 극복하고 새로운 문물제도를 정비하며 부국강병을 추진하는 것이었다.

② 관학파(훈구파) … 정도전, 권근 등의 관학파는 성리학에만 국한하지 않고, 한·당 유학, 불교, 도교, 풍수지리사상, 민간신앙 등을 포용하여 시대적 과제를 해결하려고 하였으며, 특히 주례를 국가의 통치이념으로 중요하게 여겼다.

③ 사학파(사림파) … 길재와 그의 제자들은 형벌보다는 교화에 의한 통치를 강조하였으며, 공신과 외척의 비리와 횡포를 성리학적 명분론에 입각하여 비판하고, 당시의 사회모순을 성리학적 이념과 제도의 실천으로 극복해 보려고 하였다.

(2) 성리학의 융성

① 주리론 … 기(氣)보다는 이(理)를 중심으로 이론을 전개하였다.

　㉠ 학자 : 이언적이 선구자이며 이황이 주리철학을 집대성하였다. 후에 조식·유성룡·정구 등에 계승되어 영남학파가 형성된다.

　㉡ 영향 : 도덕적 원리에 대한 인식과 그 실천을 중요시하여 신분질서를 유지하는 도덕규범 확립에 크게 기여하였다. 임진왜란 이후 일본 성리학의 발전과 위정척사사상 등에 영향을 주었다.

② 주기론 … 이(理)보다는 기(氣)를 중심으로 세계를 이해하였다.

　㉠ 학자 : 서경덕이 선구자이며, 이이가 주기철학을 집대성하였다. 후에 조헌·성혼·김장생에게 계승되어 기호학파가 형성된다.

　㉡ 영향 : 현실적이고 개혁적인 성격이 강하였으며, 통치제제의 정비와 수취제도의 개혁을 제시하였다. 후에 중상적 실학사상과 개화사상에 영향을 주게 된다.

🔍 (개) 인물에 대한 설명으로 옳은 것은?

▶ 2021. 4. 3. 소방공무원

　(개) 은/는 『성학십도』와 『주자서절요』 등을 저술하여 주자의 학설을 당시 사회 현실에 맞게 체계화하였다. 특히 『성학십도』는 태극도 등 10개의 그림과 설명이 들어가 있는 책으로, 당시 임금이었던 선조가 성군(聖君)이 되기를 바라는 마음에서 지어 올린 것이라고 한다.

① 여전론을 주장하였다.
② 강화 학파를 형성하였다.
③ 일본의 성리학 발달에 영향을 주었다.
④ '이'와 '기'를 통일적으로 이해하면서 '기'를 중시하였다.

Tip (개)에 들어갈 인물은 퇴계 이황이다.
　③ 퇴계 이황의 사상은 임진왜란 이후 일본으로 전해져 일본의 성리학 발달에 영향을 주었다.
　① 여전론 - 정약용
　② 강화 학파 - 정제두를 비롯한 양명학자들
　④ 주기론 - 율곡 이이

┃정답 ③

(3) 학파의 형성과 대립

① 배경 … 16세기 중반부터 성리학에 대한 이해가 심화되면서 학설과 지역에 따라 서원을 중심으로 학파가 형성되기 시작하였다.

② 정파의 형성 … 서경덕, 이황, 조식, 이이, 성혼 학파가 형성되었고, 사림이 중앙 정계의 주도 세력으로 등장하는 선조 때 정파가 형성되었다.

　㉠ 동인과 서인의 형성
　　• 동인 : 서경덕, 이황, 조식 학파가 동인을 형성하였으며, 정여립 모반사건으로 남인(이황 학파)과 북인(서경덕 학파, 조식 학파)으로 분파되었다.
　　• 서인 : 이이, 성혼 학파가 서인을 형성하였다.

　㉡ 북인 : 광해군 때 집권한 북인은 임진왜란으로 인한 피해를 극복하기 위하여 대동법의 시행과 은광개발 등 사회경제 정책을 추진하였으며, 중립외교를 추진하는 등 성리학적 의리명분론에 크게 구애받지 않았으며, 이는 서인과 남인의 반발을 가져왔다.

　㉢ 서인과 남인
　　• 인조반정으로 서인이 정국을 주도하자 서경덕 · 조식의 사상, 양명학, 노장사상은 배척을 당하고 주자 중심의 성리학만이 조선 사상계에서 확고한 우위를 차지하게 되는 계기를 마련하였다.
　　• 서인과 남인은 명에 대한 의리명분론을 강화하고, 배금정책을 추진하여 호란을 초래하기도 하였다.
　　• 서인 : 송시열 이후 척화론과 의리명분론이 대세를 이루었다.

(4) 예학의 발달

① 고려 말 … 신진사대부들은 성리학과 함께 도입된 주자가례를 유교 의례의 측면에서 보급시키려고 하였다.

② 15세기 … 조선 건국 후 정부에서 주자가례 시행을 권장과 보급에 힘썼다.

③ 16세기 중반 … 주자가례에 대한 학문적 연구의 본격화가 이루어짐에 따라 성리학자들의 예에 대한 관심이 증대되고 주자가례 중심의 생활규범서가 출현하였다.

④ 17세기 … 양 난으로 인하여 흐트러진 유교적 질서의 회복이 강조되면서 예가 더욱 중시되었다.

⑤ 의의 … 종족 내부의 의례를 규제하고 유교주의적 가족제도를 확립하였다. 하지만 예에 관한 지나친 형식주의와 각 학파간의 입장 차이는 예송논쟁으로 표출되기도 하였다.

기출문제

🔎 (개와 (내의 인물에 대한 설명으로 옳은 것은?
▶ 2013. 8. 24. 제1회 지방직

(개) 주자의 이론에 조선의 현실을 반영하여 나름대로의 체계를 세우고자 하였다. 그의 사상은 도덕적 행위의 근거로서 인간 심성을 중시하고, 근본적이며 이상주의적인 성격이 강하였다. 대표적인 저서로 「성학십도」가 있다.

(내) 현실적이며 개혁적인 성격을 가지고 있었다. 그는 「성학집요」 등을 저술하여 16세기 조선 사회의 모순을 극복하는 방안으로 통치 체제의 정비와 수취제도의 개혁 등 다양한 개혁방안을 제시하였다.

① (개의 사상은 일본 성리학 발전에 영향을 끼쳤다.
② (개는 도학의 입문서인 「격몽요결」을 저술하였다.
③ (내는 왕에게 주청하여 소수서원이라는 편액을 하사받았다.
④ (내는 향촌사회의 도덕적 질서를 안정시키기 위해 예안향약을 만들었다.

Tip (개는 이황, (내는 이이이다.
② 이이에 대한 설명이다.
③ 이황에 대한 설명이다.
④ 예안향약은 이황, 해주향약과 서원향약은 이이가 만들었다.

┃정답 ①

기출문제

문 (가)~(라) 시기에 있었던 사실로 옳은 것만을 〈보기〉에서 고른 것은?

▶ 2021. 4. 3. 소방공무원

세종 즉위	문종 즉위	성종 즉위	중종 즉위	명종 즉위
	(가)	(나)	(다)	(라)

〈보기〉
㉠ (가) - 계미자 주조
㉡ (나) - 고려사절요 편찬
㉢ (다) - 도첩제 폐지
㉣ (라) - 소수서원 사액

① ㉠㉡   ② ㉠㉣
③ ㉡㉢   ④ ㉢㉣

Tip ㉡ 문종시기 고려시대 연구를 위한 기본 사서인 「고려사」(기전체), 「고려사절요」(편년체)가 편찬되었다.
㉢ 성종 때 도첩제를 폐지하고 출가를 금지하였다.
㉠ 태종 때 주자소를 설치하고 구리로 계미자를 주조하였다.
㉣ 명종 때 이황의 건의로 백운동 서원이 소수서원으로 사액이 되어 국가의 지원을 받았다.

section 3 불교와 민간신앙

(1) 불교의 정비

① 정비과정
 ㉠ 태조 : 도첩제를 실시하여 승려로의 출가를 제한하였다.
 ㉡ 태종 : 사원을 정리하고 사원의 토지와 노비를 몰수하여 전국에 242개의 사원만을 인정하였다.
 ㉢ 세종 : 교단을 정리하면서 선종과 교종 모두 36개의 절만 인정하였다.
 ㉣ 성종 : 도첩제를 폐지하고 출가를 금지하였다. 사림들의 적극적인 불교 비판으로 불교는 점차 왕실에서 멀어져 산 속으로 들어가게 되었다.
 ㉤ 중종 : 승과를 폐지하였다.

② **명맥유지** … 불교를 보호하기 위하여 왕실의 안녕과 왕족의 명복을 비는 행사를 시행하게 되었다. 세조 때에는 한글로 불경을 간행하고 보급하기 위한 간경도감을 설치하고, 명종 때에는 불교 회복정책으로 승과를 부활시켰다.

③ **한계** … 전반적으로 사원의 경제적 기반 축소와 우수한 인재들의 출가 기피는 불교의 사회적 위상을 크게 약화시키는 결과를 가져왔다.

(2) 도교와 민간신앙

① 도교
 ㉠ 소격서를 설치하고 참성단에서 일월성신에 대해 제사를 지내는 초제가 시행되었다.
 ㉡ 사림의 진출 이후에는 도교 행사가 사라지게 되었다.

② **풍수지리설과 도참사상** … 한양 천도에 반영되었고, 산송 문제를 야기시키기도 하였다.

③ 기타 민간신앙
 ㉠ 무격신앙, 산신신앙, 삼신숭배, 촌락제가 성행하게 되었다.
 ㉡ 세시풍속 : 유교이념과 융합되어 조상승배의식과 촌락의 안정을 기원하였다.

┃정답 ③

section 4 과학기술의 발달

(1) 천문·역법과 의학

① 발달 배경 … 부국강병과 민생안정을 위하여 국가적으로 과학기술을 지원하고, 우리나라의 전통적 문화를 계승하면서 서역 및 중국의 과학기술을 수용하였다.

② 각종 기구의 발명 제작
　㉠ 천체관측 기구 : 혼의, 간의
　㉡ 시간측정 기구 : 해시계(앙부일구), 물시계(자격루)
　㉢ 강우량 측정 기구 : 측우기(세계 최초)
　㉣ 토지측량 기구 : 인지의, 규형(토지 측량과 지도 제작에 활용)

③ 천문도의 제작
　㉠ 천상열차분야지도 : 고구려의 천문도를 바탕으로 돌에 새겼다.
　㉡ 세종 때 새로운 천문도를 제작하였다.

② 역법
　㉠ 칠정산 : 중국의 수시력과 아라비아의 회회력을 참고로 만든 역법서이다.
　㉡ 서울을 기준으로 천체운동을 정확히 계산한 것이다.

③ 의학분야 … 「향약집성방(국산약재와 치료방법을 개발·정리)」과 「의방유취(의학백과사전)」가 편찬되어 민족의학이 발전하게 되었다.

(2) 활자인쇄술과 제지술

① 발달 배경 … 각종 서적을 국가적으로 편찬하는 사업을 추진하게 되었다.

② 활자 인쇄술의 발전
　㉠ 태종 : 주자소를 설치하고 구리로 계미자를 주조하였다.
　㉡ 세종 : 구리로 갑인자를 주조하고 식자판을 조립하는 방법을 창안하여 인쇄능률을 향상시켰다.

③ 제지술의 발달 … 조지서를 설치하여 다양한 종이를 대량으로 생산할 수 있게 되었고, 출판문화의 수준이 향상되었다.

기출문제

☐ 조선 세종 대에 있었던 사실로 옳지 않은 것은?
▶ 2023. 6. 10. 제1회 지방직

① 갑인자를 주조하였다.
② 화통도감을 설치하였다.
③ 역법서인 『칠정산』을 편찬하였다.
④ 간의를 만들어 천체를 관측하였다.

Tip 화통도감은 고려 우왕 대에 최무선 건의로 설치한 화약 및 화기제조 관청이다.
① 갑인자 : 세종 대 주자소에서 제작한 금속활자이다.
③ 칠정산 : 세종 대 편찬한 역법서
④ 간의 : 세종 대 제작된 천체 관측 기구

☐ 〈보기〉에서 설명하는 책의 제목으로 가장 옳은 것은?
▶ 2020. 6. 13. 제2회 서울특별시

〈보기〉
• 1433년(세종 15)에 편찬되었다.
• 각종 병론(病論)과 처방을 적었다.
• 전통적인 경험에 기초했다.
• 조선의 약재를 중시했다.

① 향약집성방　② 동의보감
③ 금양잡록　④ 칠정산

Tip 조선 세종 대에 편찬된 향약집성방이다. 세종은 중국 약재가 아닌 우리 풍토에 맞는 약재와 치료 방법이 필요하다는 점을 인식하여 유효통, 노중례, 박윤덕 등에 의해 향약집성방을 편찬하게 하였다.
② 조선 후기 광해군 대에 허준에 의해 편찬되었다.
③ 조선 전기 성종 대에 강희맹에 의해 편찬되었다.
④ 조선 전기 세종 대에 중국의 수시력과 아라비아 회회력을 참고하여 만든 우리의 역법서이다.

정답 ②, ①

문 **조선전기에는 고려 시대의 농업 기술이 개량되면서 생산력이 향상되었다. 다음 중 옳지 않은 것은?**

▶ 2010. 6. 12. 서울특별시

① 밭농사, 조·보리·콩의 2년 3작이 널리 행해졌다.

② 시비법이 발달해 경작지를 묵히지 않고 계속 농사를 지을 수 있었다.

③ 쟁기·낫·호미 등의 농기구가 개량되었다.

④ 목화의 재배가 확대되어 의생활이 개선되었다.

⑤ 모내기가 전국적으로 보급되어 벼, 보리의 이모작이 가능해졌다.

Tip ⑤ 이앙법의 전국적인 확산은 조선후기 이후의 일이다. 조선전기에는 수리 문제 때문에 정부에서 이앙법을 금지하였으므로, 남부 일부 지역으로 제한되었다.

(3) 농서의 편찬과 농업기술의 발달

① 농서의 편찬

　㉠ 농사직설(세종) : 우리나라에서 편찬된 최초의 농서로서 씨앗의 저장법, 토질의 개량법, 모내기법 등 우리 실정에 맞는 독자적 농법을 정리하였다.

　㉡ 금양잡록(성종) : 금양(시흥) 지방을 중심으로 한 경기지방의 농사법을 정리하였다.

② 농업기술의 발달

　㉠ 밭농사의 경우 조·보리·콩의 2년 3작이 보편화되었고, 논농사로는 남부지방 일부에서 모내기와 이모작이 실시되었다.

　㉡ 봄철에 비가 적은 기후조건 때문에 마른 땅에 종자를 뿌려 일정한 정도 자란 다음에 물을 대주는 건사리(건경법)와 무논에 종자를 직접 뿌리는 물사리(수경법)가 시행되었다.

　㉢ 밑거름과 뒷거름을 주는 시비법이 발달하여 농경지가 상경화되었으며 휴경제도는 소멸되었다.

　㉣ 농작물 수확 후에 빈 농지를 갈아 엎어 다음해 농사를 준비하는 가을갈이 농사법이 보급되었다.

③ 목화 재배가 확대되어 백성들은 주로 무명옷을 입게 되었고, 무명은 화폐처럼 사용되었다.

④ 삼, 모시의 재배도 성행하였으며 누에고치도 전국적으로 확산되고 양잠에 관한 농서도 편찬되었다.

(4) 병서편찬과 무기제조

① 병서의 편찬

　㉠ 총통등록 : 화약무기의 제작과 그 사용법을 정리하였다.

　㉡ 병장도설 : 군사훈련 지침서로 사용되었다.

　㉢ 동국병감 : 고조선에서 고려말까지의 전쟁사를 정리한 것이다.

② 무기제조 … 최해산은 화약무기의 제조를 담당하였고, 바퀴가 달린 화차인 신기전은 화살 100개를 잇따라 발사할 수 있었다.

③ 병선제조 … 태종 때에는 거북선과 비거도선을 제조하여 수군의 전투력을 향상시켰다.

④ 16세기 이후 기술 경시의 풍조로 과학기술은 침체되기 시작하였다.

정답 ⑤

section 5 문학과 예술

(1) 다양한 문학

① 특징

 ㉠ 15세기 : 격식을 존중하고 질서와 조화를 내세우는 경향의 문학이 유행하였다.

 ㉡ 16세기 : 개인적인 감정과 심성을 표현하는 한시와 가사, 시조 등이 발달하였다.

② **악장과 한문학** ⋯ 조선 왕조 건설에 참여했던 관료 문인들은 조선의 탄생과 자신들의 업적을 찬양하고, 용비어천가 · 월인천강지곡 · 동문선 등을 통해 우리 민족의 자주의식을 표출하였다.

③ **시조 문학** ⋯ 15세기에는 김종서 · 남이 · 길재 · 원천석의 작품이, 16세기에는 황진이 · 윤선도의 작품이 손꼽힌다.

④ **설화 문학** ⋯ 관리들의 기이한 행적이나 서민들의 풍속, 감정, 역사의식을 담았다. 대표적인 작품으로는 필원잡기(서거정), 용재총화(성현), 금오신화(김시습), 패관잡기(어숙권)가 있으며, 이러한 설화문학은 불의를 폭로하고 풍자하는 내용이 많아서 당시 서민사회를 이해하려는 관리들의 자세와 노력을 엿볼 수 있다.

⑤ **가사 문학** ⋯ 송순, 정철, 박인로에 의해 발달하였다. 정철은 관동별곡, 사미인곡, 속미인곡 같은 작품에서 관동지방의 아름다운 경치와 왕에 대한 충성심을 읊은 것으로 유명하다.

⑥ **여류 문인의 활동** ⋯ 신사임당, 허난설헌, 황진이가 대표적이다.

(2) 왕실과 양반의 건축

① 15세기 ⋯ 궁궐 · 관아 · 성곽 · 성문 · 학교건축이 중심이 되었고, 건물은 건물주의 신분에 따라 일정한 제한을 두었다.

② 16세기 ⋯ 사림의 진출과 함께 서원의 건축이 활발해졌다. 서원 건축은 가람배치 양식과 주택양식이 실용적으로 결합된 독특한 아름다움을 지녔으며, 옥산서원(경주) · 도산서원(안동)이 대표적이다.

(3) 분청사기, 백자와 공예

① **특징** ⋯ 실용과 소박함을 중요하게 여겨 사치품보다는 생활 필수품이나 문방구 등에서 특색이 나타났다.

② 도자기

 ㉠ 분청사기 : 15세기에 유행하였으며, 청자에 백토의 분을 칠한 것으로 백색의 분과 안료로써 무늬를 만들어 장식하였다.

기출문제

문 조선 전기 문화에 대한 설명으로 옳은 것은?

▶ 2020. 7. 11. 인사혁신처

① 「어우야담」을 비롯한 야담 · 잡기류가 성행하였다.

② 유서(類書)로 불리는 백과사전이 널리 편찬되었다.

③ 「동문선」이 편찬되어 우리 문학의 독자성을 강조하였다.

④ 중인층을 중심으로 시사가 결성되어 문학 활동을 벌였다.

Tip ③ 「동문선」은 조선 전기 서거정을 중심으로 삼국시대~조선 까지 시와 산문 중에서 빼어난 작품을 선정하여 편찬하였다. 이를 편찬하면서 우리 글이 중국의 글과 다른 독자성을 가지고 있음을 강조하였다.

 ① 「어우야담」은 조선 중기 문신인 유몽인이 저술한 것으로 임진왜란 전후의 생활상을 풍자한 야사, 가설, 향담 등을 엮어 만든 설화집이다. 이와 같은 야담, 잡기류는 양난 이후 조선 후기 사회에서 주로 편찬되었다.

 ② 유서(類書)로 불리는 백과사전에는 이수광의 「지봉유설」, 이익의 「성호사설」, 이규경의 「오주연문장전산고」 등이 있으며 조선 후기에 많이 편찬되었다.

 ④ 중인층을 중심으로 시사가 결성되어 문학 활동을 벌였다.

정답 ③

기출문제

문 고려·조선시대 음악에 대한 설명으로 옳은 것은?

▶ 2011. 5. 14. 상반기 지방직

① 고려시대 향악은 주로 제례 때 연주되었다.
② 고려시대에는 동동, 대동강, 오관산 등이 창작 유행되었다.
③ 조선시대에는 정간보를 만들어 음악의 원리와 역사를 체계화하였다.
④ 조선시대 가사, 시조, 가곡 등은 아악을 발전시켜 연주한 것이다.

Tip ① 제례 때 연주된 음악은 아악이다.
③ 정간보는 세종 때 만들어진 악보로, 음악의 원리와 역사를 체계화한 것은 성종 때 제작된 「악학궤범」이다.
④ 가사, 시조, 가곡 등은 당악과 향악 등의 속악을 발전시킨 것이다.

│정답 ②

ⓛ 백자 : 16세기에 유행하였으며, 깨끗하고 담백하며 순백의 고상함을 풍겨서 선비들의 취향과 어울렸기 때문에 널리 사용되었다.
ⓒ 목공예 : 재료의 자연미를 그대로 살려 실용성과 예술성이 조화를 이루었다.
ⓔ 기타 : 쇠뿔을 쪼개어 무늬를 새긴 화각공예, 자개공예(나전칠기), 자수와 매듭공예 등이 유명하였다.

(4) 그림과 글씨

① 그림

ⓖ 15세기
• 특징 : 그림은 도화서에 소속된 화원들의 그림과 문인이었던 선비들의 그림으로 나눌 수 있다. 이들은 중국 화풍을 선택적으로 수용하여 독자적 화풍을 형성하였고, 이는 일본 무로마치 시대의 미술에 큰 영향을 주었다.
• 화가 : 안견(몽유도원도), 강희안(고사관수도), 강희맹 등이 있다.

ⓛ 16세기
• 특징 : 산수화와 사군자가 유행하였다.
• 화가 : 이암, 이정, 황집중, 어몽룡, 신사임당이 유명하였다.

② 글씨 … 안평대군(송설체), 양사언(초서), 한호(석봉체)가 유명하였다.

(5) 음악과 무용

① 음악

ⓖ 15세기
• 세종 때 박연은 악기 개량을 통해 아악을 정리하였다.
• 세종 스스로 여민락을 짓고, 정간보를 창안하여 소리의 장단과 높낮이를 표현할 수 있게 되었다.
• 성종 때 성현은 악학궤범을 편찬하여 전통음악을 유지하고 발전시켰다.

ⓛ 16세기 : 민간에서 당악과 향악을 속악으로 발전시켜 가사, 시조, 가곡 등 우리말로 된 노래들을 연주하는 음악이나 민요에 활용되었다.

② 무용

ⓖ 궁중과 관청 : 행사에 따라 매우 다양하였는데, 처용무는 전통춤을 우아하게 변용시켰다.
ⓛ 민간 : 농악무·무당춤·승무 등 전통춤을 계승하고 발전시켜 나갔으며, 산대놀이와 꼭두각시놀이도 유행하였다.

1 다음 글을 읽고 나눈 대화로서 견해가 타당한 사람은?

> 윤회설(輪回說)이 판명되면 인과설(因果說)은 판명하지 않아도 명백해진다. …… 그런데 과연 불씨(佛氏)의 설명과 같다면 사람의 화복(禍福)과 질병이 음양오행과는 관계없이 모두 인과응보에서 나오는 것이 되는데, 어찌하여 우리 유가(儒家)의 음양오행을 버리고 불씨의 인과응보설을 가지고서 사람의 화복을 정하고 사람의 질병을 진료하는 사람이 한 사람도 없느냐. 불씨의 설이 황당하고 오류에 가득 차 족히 믿을 수 없다.
>
> 「불씨잡변」

① 원정 – 불교를 배척하는 태도로 보아 이 시기는 천주교가 처음 들어온 시기임을 알 수 있어.

② 지수 – 조선은 성리학이 주도 이념이었기 때문에 불교는 위축될 수밖에 없었지.

③ 두리 – 그렇지만 조선 후기에는 다시 불교의 중흥기로 한양천도에 반영되기도 했어.

④ 연주 – 맞아! 성종은 불교의 진흥책으로 간경도감을 설치했으니 말이야.

Point

제시된 글은 정도전의 불씨잡변이다. 정도전은 불씨잡변을 통해 불교를 비판하였으며 성리학을 조선의 통치이념으로 확립시키고자 하였다.

① 천주교는 17세기 후반에 이르러서야 학자들에 의해 학문의 대상으로 수용되기 시작하였고 불씨잡변은 14세기말 저술되었다.

③ 한양천도의 사상적 배경은 풍수지리설과 도참사상이다.

④ 간경도감의 설치는 세조 시기의 일이다.

Answer 1.②

2 다음에서 주리철학과 관계 깊은 사실만을 고른 것은?

> ㉠ 경험적인 현실세계를 중요시하였다.
> ㉡ 신분질서를 유지하는 규범확립에 기여하였다.
> ㉢ 기호학파를 형성하여 성리학의 주류를 이루었다.
> ㉣ 일본의 성리학 발전에 절대적인 영향을 끼쳤다.

① ㉠, ㉡

② ㉠, ㉢

③ ㉡, ㉣

④ ㉢, ㉣

Point

주리철학은 도덕적 원리에 대한 인식과 그 실천을 중시하여, 신분질서를 유지하는 도덕규범의 확립에 크게 기여하였고, 김성일 · 유성룡 등의 제자들에 의하여 영남학파를 형성하였으며 일본의 성리학에도 큰 영향을 끼쳤다.

3 다음 중 16세기 사림의 동향과 관계 깊은 것은?

① 전통적인 민간신앙을 보호하였다.

② 경학을 배격하고, 사장을 숭상하였다.

③ 성리학 이외의 학문을 폭넓게 수용하였다.

④ 도덕적 원리에 대한 인식과 실천을 중시하였다.

Point

사림의 동향
① 민간신앙을 배격하였다.
② 사림은 경학에 치중하고, 인간의 심성을 연구하는 성리학을 주류로 삼았다.
③ 성리학 이외의 학문과 사상을 이단으로 배격하였다.

4 다음의 내용이 지적하고 있는 정치세력에 대한 설명 중 가장 옳은 것은?

> • 성종의 인재 등용 정책에 편승하여 정계에 진출하였다.
> • 고려 왕실에 절의를 지켜 조선 왕조의 개창에 불참하였다.

① 경학보다는 사장을 중시하였다.

② 성리학보다는 훈고학을 중시하였다.

③ 왕도 정치보다는 패도 정치를 중시하였다.

④ 물질 문화보다는 정신 문화를 중시하였다.

    제시된 내용은 사림파와 관련된 사실이다.

    ①, ③ 조선시대 훈구파와 관련된 사실이다.

    ② 고려시대의 문벌귀족, 권문세족과 관련된 사실이다.

5 다음과 관계 깊은 역사의식이 끼친 영향으로 옳은 것은?

> • 「동국통감」을 비판하고 통사를 새로 개찬하여 「동사찬요」, 「표제음주」, 「동국사략」 등을 저술하였다.
> • 단군보다는 기자를 더 높이 숭상하여 기자조선에 대한 연구를 심화하였는데, 「기자실기」는 그 대표적인 저술이다.

① 국사를 민족사로 인식하는 주체적 사관을 성립시켰다.

② 왕실과 국가의 위신을 높였으며, 문화 향상에 기여하였다.

③ 국제정세의 변동에 융통성 있게 대처하는 능력을 키웠다.

④ 중국을 제외한 주변 민족의 침략에 적극적으로 저항하는 애국심을 높여 주었다.

    제시된 내용은 사림파의 존화주의적, 왕도주의적 역사·문화의식이 반영된 저서들로 사림파 집권기에는 우리 민족이 문화민족이라는 자부심을 가지고 문화의식을 반영하는 사서가 편찬되어 중국을 제외한 주변 민족의 침략에 저항하는 애국심을 고취시켰다. 그러나 국제 정세의 변동에 대처하는 면에서는 뒤떨어지기도 하였다.

Answer   2.③ 3.④ 4.④ 5.④

6 조선시대 성리학의 수용과 정착 과정에 대한 설명 중 옳지 않은 것은?

① 조선 초기의 집권층은 부국강병보다 성리학의 융성에 힘썼다.

② 성리학은 조선의 건국의 사상적 기반이 되었다.

③ 15세기 관학파는 성리학 이외의 학문과 사상에 포용적이었다.

④ 사림학파는 당시의 시대모순을 성리학적 이념을 통해 극복하고자 하였다.

Point

① 조선 초기의 집권층은 성리학보다 부국강병에 관심이 많았다.

7 역사 서술의 형식과 대표적인 사서가 바르게 짝지어진 것은?

① 강목체 – 고려사

② 편년체 – 삼국사기

③ 기전체 – 동국통감

④ 기사본말체 – 연려실기술

Point

역사 서술의 형식

① 고려사 – 기전체

② 삼국사기 – 기전체

③ 동국통감 – 편년체

8 조선 초기의 국가시책과 관련하여 편찬한 다음 서적들의 편찬의도는?

- 효행록
- 삼강행실도
- 경국대전
- 국조오례의

① 부국강병의 추구

② 유교적 질서의 확립

③ 농촌사회의 안정

④ 향촌 자치제의 강화

Point

각종 윤리서와 법전은 유교적인 질서를 확립하기 위해 편찬되었다.

9 세종 7년 2월 2일, 왕이 예조를 통해 각 도에 공문을 보내 다음의 내용을 조사하여 춘추관으로 보내도록 지시하였다. 이러한 지시사항들을 토대로 편찬되었으리라고 추정되는 것은?

> • 여러 섬의 수륙교통의 원근과 인물 및 농토의 유무
> • 영(營), 진(鎭)을 설치한 곳과 군정(軍丁), 전함(戰艦)의 수
> • 온천, 얼음굴, 동굴, 염전(소금밭), 철광, 목장, 양마의 유무
> • 각 도·읍의 역대 명칭과 연혁, 주·부·군·현·향·부곡·소의 설치와 이합에 관한 사실

① 택리지   ② 동국여지승람

③ 조선방역지도   ④ 동국지리지

Point

② 「동국여지승람」은 세종 때 편찬된 최초의 인문지리서인 「팔도지리지」에 인문에 관한 내용을 자세히 추가한 현존하는 최초의 인문지리서이다.

10 우리나라 농서에 대한 설명으로 옳은 것은?

① 「농가집성」은 고려 말 이암이 원에서 들여온 것이다.

② 「농사직설」은 정초 등이 왕명을 받아 편찬한 것이다.

③ 「산림경제」는 박세당이 과수, 축산 등을 소개한 것이다.

④ 「과농소초」는 홍만선이 화초재배법에 대해 저술한 것이다.

Point

① 이암이 원에서 들여온 농서는 「농상집요」이다. 「농가집성」은 효종 대의 문신인 신속이 편술한 농서이다.

③ 「산림경제」는 조선 후기 실학자 홍만선이 저술한 농서이다. 박세당이 과수, 축산 등을 소개한 농서는 「색경」이다.

④ 「과농소초」는 박지원이 저술한 농서로 농법과 농구의 개량, 농시의 중요성 등을 강조하고 있다.

Answer   6.①   7.④   8.②   9.②   10.②

11 조선시대 의궤에 대한 설명으로 옳지 않은 것은?

① 왕실의 행사에 사용된 도구, 복식 등을 그림으로 남겨 놓았다.

② 이두와 차자(借字) 및 우리의 고유한 한자어(漢字語) 연구에도 귀중한 자료이다.

③ 왕실 혼례와 장례, 궁중의 잔치, 국왕의 행차 등 국가의 중요한 행사를 기록하였다.

④ 프랑스 국립도서관에는 신미양요 때 프랑스군이 약탈해 간 어람용 의궤가 소장되어 있다.

> ④ 신미양요는 1871년(고종 8)에 미국 극동함대가 강화도에 쳐들어 온 사건이며 프랑군이 침입한 사건은 병인양요(1866, 고종 3)이다. 또한 병인양요 때 프랑스 군이 약탈해간 조선 왕실 의궤는 2011년 프랑스 국립도서관에 있던 것을 우리나라가 5년 단위 임대 형식으로 반환받았다.

12 다음의 내용을 종합하여 보았을 때 조선시대의 특징이라고 할 수 있는 것은?

> • 상장제례에 관한 예학이 발달하였다.
> • 지나친 도덕주의로 현실적인 부국강병책에 소홀하였다.
> • 불교, 도교, 민간신앙 등을 이단·음사로 몰아 배척하였다.

① 성리학적 명분과 의리를 중시하였다.

② 향촌자치의 왕도정치를 추구하였다.

③ 민본정치의 이념을 구현하고자 하였다.

④ 민족적 자각과 전통문화에 대한 관심이 고조되었다.

> 조선 사회는 성리학적 명분론에 입각하여 엄격한 신분질서를 강조하였고, 신분질서의 안정에 필요한 의례를 중시함으로써 상장제례에 관한 예학이 발달하게 되었다. 그러나 명분론에서 파생된 정통론은 성리학 이외의 사상을 이단으로 배척하였으며, 명분에 따른 지나친 도덕주의는 현실의 부국강병에 소홀하게 되는 형식주의로 빠지게 되는 결과를 초래하였다.

13 조선 초기에는 부국강병과 민생안정을 위해 과학기술학을 장려하였고, 철학사조도 격물치지의 경험적 학풍이 지배적이었다. 이에 해당되는 것은?

① 규형의 제작
② 「기자실기」의 편찬
③ 「농가집성」의 편찬
④ 「동의수세보원」의 편찬

 Point

조선 초기 과학기술
② 「기자실기」는 16세기에 편찬되었다.
③ 「농가집성」은 고려말 원의 농서이다.
④ 「동의수세보원」은 조선 후기의 의서이다.

14 다음 제시된 글과 관련된 설명으로 옳지 않은 것은?

> 예전에 평양성에 천문도 석각본이 있었다. 그것이 전란으로 강물 속에 가라앉아 버리고, 세월이 흘러 그 인본마저 매우 희귀해져서 찾아볼 수 없었다. 그런데 태조가 즉위한지 얼마 안 되어 그 천문도의 인본을 바친 사람이 있었다. 태조는 그것을 매우 귀중히 여겨 돌에 다시 새겨 두도록 서운관에 명하였다. 서운관에서는 그 연대가 오래되어 이미 성도에 오차가 생겼으므로 새로운 관측에 따라 그 오차를 고쳐서 새 천문도를 작성하도록 청했다.
>
> 「양촌집」

① 조선 건국 직후 새 왕조에 대한 권위 표상으로 만들어졌다.
② 고구려의 천문도를 바탕으로 제작되었다.
③ 한양을 기준으로 천체운동을 정확히 계산하였다.
④ 천상열차분야지도각석은 현재 국립 고궁 박물관에 소장되어 있다.

 Point

③ 설명은 「칠정산」에 관한 것으로 「칠정산」은 중국의 수시력과 아라비아의 회회력을 참고하여 만든 역법서이다.

15 다음의 작품과 관련된 시기의 문학적 경향으로 옳은 것은?

> 동짓달 기나긴 밤을 한 허리를 베어내어 춘풍 이불 아래 서리서리 넣었다가 어룬님 오신 날 밤이어든 굽이굽이 펴리라.

① 개인적인 감정과 심성을 표현하는 한시와 가사, 시조 등이 발달하였다.
② 현실에 대한 비판과 역사의식을 담고 있는 한시들이 발달하였다.
③ 흥취와 정신보다 표현형식에 관심이 깊었다.
④ 유교적 충절을 읊은 시조가 유행하였다.

 Point

제시된 글은 16세기 황진이의 시조이다. 16세기에는 기존에 격식을 존중하고 질서와 조화를 중시하던 문학의 경향에서 벗어나 개인적인 감정과 심성을 표현하는 한시와 시조 등이 발달하였다.

16 조선시대의 예술에 대한 설명으로 옳은 것은?

① 공예는 생활용품이나 문방구 등에서 특색 있는 발달을 보였다.
② 분청사기와 백자가 많이 만들어졌는데 후기로 갈수록 분청사기가 주류를 이루었다.
③ 궁궐, 관아, 성문, 학교 건축이 발달했던 고려시대와 대조적으로 사원 건축이 발달하였다.
④ 양반들은 장인들이 하는 일이라 하여 서예를 기피하였으나 그림은 필수적 교양으로 여겼다.

Point

② 분청사기는 15세기에 유행하였고, 16세기에 들어 백자가 유행하였다.
③ 고려시대에 사원 건축이 발달하였고, 조선시대에 궁궐, 관아, 성문, 학교 건축이 발달하였다.
④ 서예는 양반들의 필수 교양이었다.

17 조선전기에 편찬된 역사서에 대한 설명 중 옳은 것은?

① 고려사절요 – 고려의 시대사를 본기, 연표, 지, 열전 등으로 나누어 서술하였다.

② 동국통감 – 고조선에서 고려 말까지의 역사를 시대순으로 정리한 통사이다.

③ 고려사 – 고려의 시대사를 성리학적 명분론에 입각하여 재정리하였다.

④ 고려국사 – 고려시대의 역사를 있었던 그대로 서술하였다.

> **Point**
> ② 「동국통감」은 고조선부터 고려 말까지의 역사를 정리한 편년체 통사이다.

18 다음의 내용들을 종합하여 내린 결론으로 가장 타당한 것은?

- 칠정산의 편찬
- 측우기의 제작
- 인지의의 제작
- 상명산법의 편찬

① 토지 · 조세제도가 활발하였다.

② 관념적 철학의 연구가 활발하였다.

③ 농업의 진흥에 대한 관심이 깊었다.

④ 중국의 과학기술을 적극 수용하였다.

> **Point**
> 15세기에는 천문, 측량, 수학분야의 과학기술이 발달하였는데, 이는 국가의 농업진흥에 대한 관심에서 출발되었다.

Answer 15.① 16.① 17.② 18.③

19 조선시대 문화의 각 분야별 특징에 관해 종합해 놓은 결론으로 적절한 것은?

> • 조선시대 도자기는 견고하고 형태나 색깔이 소박하면서도 기품이 있었다.
> • 조선시대 공예는 보석류보다 나무, 대, 흙, 왕골 등의 값싼 재료를 많이 이용하였다.
> • 조선시대 건축은 규모가 작고 검소하면서도 위엄을 갖추었고, 주위의 환경과 조화를 이루고 있었다.

① 실용성보다 예술성을 중시하였다.　　　　② 중국 문화를 숭상하는 기풍이었다.
③ 자연미를 중시하고 실용성을 강조하였다.　　④ 인공적인 기교의 미가 크게 발달하였다.

 Point

　　조선 초기의 예술은 인공을 가하지 않은 자연 그대로의 미를 살린 것이 그 특징이다.

20 다음의 미술품들이 제작되었던 시대의 역사관을 골라 바르게 짝지은 것은?

> (가) 안견의 몽유도원도　　　　　　(나) 신사임당의 수박도
> (다) 김홍도의 씨름도　　　　　　　(라) 공민왕의 천산대렵도

> ㉠ 고증사학의 토대 확립
> ㉡ 존화주의적 · 왕도주의적 역사 서술
> ㉢ 정통과 명분을 중시하는 성리학적 사관의 대두
> ㉣ 근대 계몽사학의 성립
> ㉤ 단군을 시조로 하는 통사의 편찬

① (가) − ㉤, (나) − ㉣　　　　　　② (가) − ㉠, (다) − ㉡
③ (가) − ㉤, (라) − ㉢　　　　　　④ (다) − ㉢, (라) − ㉡

 Point

　　(가) 15세기 − ㉤　(나) 16세기 − ㉡　(다) 18세기 − ㉠　(라) 14세기 − ㉢

21 다음의 음악에 대한 설명과 관련시켜 보았을 때 옳은 것은?

> • 국악만이 아니라 동양음악을 이론적으로 정리하였다.
> • 악곡과 악보를 새로 정리하여 궁중음악의 기초를 확립하였다.

① 양반 중심의 사회가 강화되면서 나온 경향이다.
② 음악의 주체가 궁중에서 서민사회로 옮겨갔다.
③ 유교적 질서를 향촌사회에 확립하려는 목적이다.
④ 국가의 각종의례를 정비하는 과정에서 만들어졌다.

 Point

　음악은 통치체제의 정비와 관련되어 있어 각종 의례를 정비하는 조선 초기에 궁중음악과 아악의 정리가 이루어졌다.

22 다음 글과 관련된 시기의 문화에 대한 설명으로 옳지 않은 것은?

> 　농서를 참조하여 시기에 앞서서 미리 조치하되, 너무 이르게도 너무 늦게도 하지 말고, 다른 부역을 일으켜서 그들의 농사시기를 빼앗을 수도 없는 것이니 각각 자신의 마음을 다하여 백성들이 근본에 힘쓰도록 인도하라.
>
> 「세종실록」

① 그림을 그려 설명을 붙인 윤리서 삼강행실도를 간행하였다.
② 측우기, 자격루, 앙부일구 등 농업과 관련된 기구들이 발명, 제작되었다.
③ 팔도도, 조선방역지도 등의 지도가 편찬되었다.
④ 한글이 창제되었으며 훈민정음을 반포하였다.

　Point

　③ 조선방역지도는 16세기에 만들어졌다.
　※ 지리서의 편찬
　　㉠ 지도 : 혼일강리역대국도(태종), 팔도도(세종), 동국지도(세조)
　　㉡ 지리지 : 신찬팔도지리지(세종), 동국여지승람(성종), 신증동국여지승람(중종)

Answer 19.③ 20.③ 21.④ 22.③

23 조선 초기에 과학 기술이 발달하게 된 배경으로 옳지 않은 것은?

① 부국강병이 추구되었다.
② 집권층은 민생 안정에 관심이 컸다.
③ 우주와 자연의 원리를 탐구하는 성리학이 발달하였다.
④ 서역과 중국의 과학기술이 전통 과학기술과 결합되었다.

 Point

③ 성리학이 우주와 인간의 원리를 연구대상으로 하지만, 그것은 경험적 사실에 기초한 것이 아니라 관념적인 논리체계에 기초하고 있기 때문에 자연과학의 발달과는 관련이 없다.

24 조선시대에 다음과 같은 불교정책을 시행한 주된 목적은?

- 사원의 막대한 토지와 노비를 몰수하였다.
- 도첩제를 실시하여 승려의 출가를 제한하였다.
- 선종과 교종 두 종파에 모두 36개의 절만 인정하였다.

㉠ 분열된 불교 종파의 통합　　　　㉡ 유교주의 사회질서의 확립
㉢ 집권세력의 경제기반 강화　　　　㉣ 불교와 연계된 지방세력 억제

① ㉠, ㉡　　　　　　　　　　② ㉠, ㉣
③ ㉡, ㉢　　　　　　　　　　④ ㉢, ㉣

 Point

조선시대에는 불교에 대한 정비책으로 도첩제를 실시하였고, 선종과 교종을 통합하였으며 사원의 건립을 억제하였다. 또한 불교윤리사상을 유교윤리사상으로 대체하고, 사원의 토지와 노비를 국가에서 환수하였다.

25 조선 전기에 나타난 문화현상으로 옳은 것은?

① 귀족문화의 영향을 받아 고급스러움을 지닌 청자가 유행하였다.

② 농업 발달의 촉진을 위해 천문, 역법 등이 발달하였다.

③ 조선 초기에는 소격서를 폐지하고 제천행사를 실시하지 않았다.

④ 통일과 균형의 미를 강조한 불교미술이 발달한 시기이다.

> **Point**
>
> 조선 전기 문화현상
> ① 조선시대에는 순백의 고상함을 지닌 백자가 유행하였다.
> ③ 조선 초기에는 고려시대에 잦았던 도교행사를 줄이고 재정의 낭비를 막으면서 소격서를 두어 제천행사를 주관하게 하였다.
> ④ 통일신라시대에 대한 설명이다.

26 조선 시대 과학기술의 발전에 대한 다음의 설명 중 옳지 않은 것은?

① 조선 초기 농업기술의 발전성과를 반영한 영농의 기본 지침서는 세종대 편찬된 「농가집성」이었다.

② 세종대 해와 달 그리고 별을 관측하기 위해 간의대(簡儀臺)라는 천문대를 운영하였다.

③ 세종대 동양 의학에 관한 서적과 이론을 집대성한 의학 백과사전인 「의방유취」가 편찬되었다.

④ 문종대 개발된 화차(火車)는 신기전이라는 화살 100개를 설치하고 심지에 불을 붙이는 일종의 로켓포였다.

> **Point**
>
> ① 세종 대 농업기술의 발전성과를 반영한 영농의 기본 지침서는 「농사직설(農事直說)」이고 「농가집성(農歌集成)」은 1655년 (효종 6)에 신속이 편술한 농서(農書)이다.

27 16세기 학문의 경향으로 옳은 설명은?

① 역사학 – 성리학적 대의명분보다는 민족적 자각을 일깨우고 왕실과 국가의 위신을 높였다.

② 문학 – 사장이 중시되고 시조가 발달하였다.

③ 유학 – 학문 대립이 정치 대립으로 연장되었다.

④ 보학 – 양반 문벌 제도의 해체에 기여하였다.

 Point

16세기 학문

① 사림의 존화주의적, 왕도주의적 정치 · 문화의식을 반영하였다.

② 16세기 사림은 경학을 중시하였다.

④ 보학은 양반 문벌 체제를 강화시켰다.

28 다음 중 15세기 문화에 대한 설명으로 옳은 것은?

① 사림의 진출과 함께 서원의 건축이 활발해졌다.

② 청자에 백토의 분을 칠한 것으로 백색의 분과 안료로써 무늬를 만들어 장식한 분청사기가 유행 하였다.

③ 박연이 악기 개량을 통해 아악을 정리하였다.

④ 산수화와 군자화가 유행하였다.

 Point

③은 15세기 세종 때의 음악에 대한 설명이며 ①②④는 16세기 문화에 대한 설명이다.

29 다음 중 조선 초기에 불교에 대한 정책으로 옳은 것은?

① 태조 때 도첩제를 실시하여 승려를 양산했다.

② 중종 때 승과를 실시하였다.

③ 세종 때 교단을 정리하고 선종과 교종 모두 36개의 절만 인정하였다.

④ 성종 때 도첩제를 유지하고 출가는 금지 시켰다.

Point

　① 태조 때 도첩제를 실시하여 승려로의 출가를 제한하였다.

　② 중종 때 승과를 폐지하였다.

　④ 성종 때 도첩제를 폐지하고 출가를 금지하였다.

30 다음 중 조선시대 문학 작품이 아닌 것은?

① 패관잡기　　　　　　　　　　② 역옹패설

③ 용재총화　　　　　　　　　　④ 금오신화

Point

　역옹패설은 고려시대 이제현의 작품이다.

04 문화의 새 기운

기출문제

section 1 성리학의 변화

(1) 성리학의 교조화 경향

① 성리학의 절대화

    ㉠ 서인 : 인조반정 이후 정국의 주도권을 잡은 서인은 의리명분론을 강화하여 주자 중심의 성리학을 절대화함으로써 자신들의 학문적 기반을 공고히 하려 하였다.

    ㉡ 송시열 : 주자의 본 뜻에 충실함으로써 당시 조선 사회의 모순을 해결하려 하였다.

② 성리학의 상대화

    ㉠ 경향 : 주자 중심의 성리학을 상대화하고 6경과 제자백가 등에서 모순 해결의 사상적 기반을 찾으려는 경향이 본격화되었다(17세기 후반).

    ㉡ 학자

     • 윤휴는 유교경전에 대해 독자적인 해석을 펼쳤다.

     • 박세당은 양명학과 노장사상의 영향을 받아 「사변록」을 통해 주자의 학설을 비판하였다.

    ㉢ 결과 : 주자의 학문체계와는 다른 모습을 보였기 때문에 당시 권력을 장악하고 있던 서인(노론)의 공격을 받아 사문난적(斯文亂賊)으로 몰려 죽었다.

    ㉣ 기타 : 정약용은 주자의 해석에 구애되지 않고 고주(古註)를 참작하여 공자 · 맹자의 본뜻을 찾으려고 노력하여 성리학과 다른 독자적인 철학체계를 수립하였다.

③ 성리학의 발달

    ㉠ 이기론 중심 : 이황 학파의 영남 남인과 이이 학파인 노론 사이에 성리학의 이기론을 둘러싼 논쟁이 치열하게 전개되었다.

    ㉡ 심성론 중심 : 인간과 사물의 본성이 같은가 다른가 등의 문제를 둘러싸고 충청도 지역의 호론과 서울 지역의 낙론이 대립하였다.

    ㉢ 주자 중심의 성리학을 절대시한 노론과는 달리, 소론은 성혼의 사상을 계승하고 양명학과 노장사상을 수용하는 등 성리학의 이해에 탄력성을 가지게 되었다.

문 조선 후기 호락(湖洛)논쟁에 대한 설명으로 옳지 않은 것은?
▶ 2013. 7. 27. 행정안전부

① 18세기 중엽 노론 내부에 주기설과 주리설의 분파가 생겨 일어났다.

② 호론은 인성과 물성이 다르다고 보는 인물성이론을 내세웠다.

③ 낙론은 인성과 물성이 같다는 인물성동론을 주장하였다.

④ 호론은 북학파의 과학 기술 존중과 이용후생 사상으로 이어졌다.

Tip ④ 인물성동론을 주장하는 학자들을 낙론이라 하고, 인물성이론을 주장하는 학자들은 호론이라고 칭하였다. 이들의 논쟁을 호락논쟁이라 하며, 낙론이 북학파로 이어졌다.

▌정답 ④

Point 팁 성리 철학의 계보

(2) 양명학의 수용

① **성향** … 성리학의 교조화와 형식화를 비판하였고, 치양지설과 지행합일을 주장하였다.

② **수용 과정**

㉠ 16세기에 주로 서경덕 학파와 종친들 사이에 확산이 되었으나, 이황이 전습록변에서 양명학을 사문난적으로 비판한 것을 계기로 몇몇 학자들만 관심을 기울였다.

㉡ 왜란을 전후하여 최명길, 이요, 이수광 등에 의해 다시 주목을 받기도 하였다.

㉢ 17세기 후반 소론 계열의 학자(최명길, 장유)등이 성리학의 교조화와 형식화에 반대하면서 본격적으로 수용하였다.

③ **강화학파의 형성**

㉠ 형성 : 18세기 초 강화도에 정제두가 옮겨 살면서 양명학 연구와 제자 양성을 통해 강화학파를 이루었다.

㉡ 성향 : 양반 신분제의 폐지를 주장하고 일반민을 도덕 실체의 주체로 상정하였다.

㉢ 한계 : 제자들이 정권에서 소외된 소론이었기 때문에 그의 학문은 집안 후손들과 인척을 중심으로 가학의 형태로 계승되고 계승되었으며, 성리학의 테두리에서 크게 벗어나지 못하였다.

㉣ 영향 : 역사학·국어학·서학·문학 등에서 새로운 경지를 개척하게 되어 실학자들과 서로 영향을 주고 받았다. 또한 박은식, 정인보 등 한말 일제시기의 민족운동에 영향을 주었다.

Point 팁 정제두의 활동 … 정제두가 「존언」, 「만물일체설」 등을 써서 학문적 체계를 갖추면서 양명학은 사상계의 한 부분을 차지하였다. 그는 일반민을 실천의 주체로 상정하였으며 이를 바탕으로 양반신분제의 폐지를 주장하였다.

section 2 실학의 발달

(1) 실학의 등장

① **실학의 개념** … 17~18세기의 사회·경제적 변동에 따른 사회 모순에 직면하여 그 해결책을 구상하는 과정에서 대두한 학문과 사회개혁론이다.

② **등장배경**

　㉠ **통치 질서의 와해**: 조선 사회는 양 난을 겪으면서 크게 모순을 드러냈으나, 위정자들은 근본적 대책을 모색하지 못하였다. 이에 진보적 지식인들은 국가체제를 개편하고 민생을 안정시킬 수 있는 개혁방안을 제시하게 되었던 것이다.

　㉡ **성리학의 사회적 기능 상실**: 조선 후기에는 양반사회의 모순이 심각해졌음에도 불구하고 당시의 지배 이념이었던 성리학은 현실문제를 해결할 수 있는 기능을 수행하지 못하였다.

　㉢ **현실 문제를 탐구하려는 움직임**: 성리학의 한계성을 자각하고 이를 비판하면서 현실 생활과 직결되는 문제를 탐구하려는 움직임이 나타나게 되었다.

　㉣ **경제적 변화와 발전**: 전쟁피해의 복구과정에서 피지배층은 끊임없는 노력으로 경제적 발전을 추구하였는데, 이를 촉진하고 대변하는 사상으로 나타났다.

　㉤ **신분 변동**: 조선 후기 사회는 신분질서가 급속히 붕괴되어 정권에서 소외된 양반층의 생계 대책과 서민층의 생존문제에 주목하게 되었다.

　㉥ **서학의 영향**: 17세기 이래 중국에서 간행된 각종 서학서적들이 조선에 전래되어 당시 지식인들에게 과학적이고 합리적인 사상을 전하였다.

　㉦ **청의 고증학의 영향**: 고증학에는 실사구시(實事求是)를 내세워 학문 연구에서 실증적 방법을 강조하였다.

③ **실학의 태동** … 17세기에 성리학의 사회적 기능이 상실되자 현실문제와 직결된 문제를 탐구하면서 등장하게 되었다. 이수광의 「지봉유설」, 한백겸의 「동국지리지」 등에 의하여 제기되었다.

④ **실학의 연구** … 실학은 농업 중심의 개혁론, 상공업 중심의 개혁론, 국학 연구 등을 중심으로 확산되었으며, 청에서 전해진 고증학과 서양과학의 영향을 받기도 하였다.

(2) 농업 중심의 개혁론(경세치용 학파)

① 특징 … 농촌사회의 안정을 위하여 농민의 입장에서 토지제도의 개혁을 강조하여 자영농 육성을 주장하였다.

② 주요 학자와 사상

　㉠ 유형원(농업 중심 개혁론의 선구자)

　• 균전론 주장 : 「반계수록」에서 관리, 선비, 농민 등에 따라 차등있게 토지를 재분배하고 조세와 병역도 조정하자고 주장하였다.

　• 군사·교육제도 개편 : 자영농을 바탕으로 농병일치의 군사조직과 사농일치의 교육제도를 확립해야 한다고 하였다.

　• 신분제 비판 : 양반문벌 제도, 과거 제도, 노비 제도의 모순을 비판하였다.

　• 유학적 한계성 : 사·농·공·상의 직업적 우열과 농민의 차별을 전제로 하면서 개인의 능력을 존중하는 사회를 지향하여 유교적 생각에서 크게 벗어나지 못했다.

　㉡ 이익(실학의 학파 형성)

　• 이익 학파의 형성 : 「성호사설」, 「곽우록」 등을 저술하고 유형원의 실학사상을 계승·발전시켰으며, 안정복, 이중환, 이가환, 정약용 등의 제자를 길러 학파를 형성하였다.

　• 한전론 주장 : 한 가정의 생활을 유지하는 데 필요한 일정한 토지를 영업전으로 정하고, 영업전은 법으로 매매를 금지하고 나머지 토지만 매매를 허용해야 한다고 주장하였다.

　• 6종의 폐단 지적 : 양반문벌 제도, 노비 제도, 과거 제도, 사치와 미신, 승려, 게으름을 지적하였다.

　• 폐전론과 사창제도 주장 : 당시 농민을 괴롭히고 있던 고리대와 화폐의 폐단에 대하여 비판적인 입장을 취하고 환곡제도 대신 사창제도의 실시를 주장하였다.

　㉢ 정약용(실학의 집대성)

　• 여전론 주장 : 한 마을을 단위로 하여 토지를 공동 소유·경작하고 그 수확량을 노동량을 기준으로 분배하는 일종의 공동농장 제도를 주장하였다.

　• 정전론 주장 : 토지의 사유를 인정한 상태에서 전국의 토지를 정(井)자 모양으로 나누고, 8개 구역을 8인이 경작하며 공전 1개 구역을 공동 경작하여 국가에 세로 납부할 것을 주장하였다.

　• 민본적 왕도정치 주장 : 백성의 이익과 의사를 반영해야 한다는 주장이다.

　• 군사제도 : 농민의 생활 안정을 토대로 향촌단위방어체제를 강화하고자 하였다.

　• 저술 : 18세기 말 정조 때 벼슬하였으나 신유박해 때에 연루되어 전라도 강진에 유배되어 18년 동안 귀양살이를 하였는데, 「여유당전서」에 500여권의 저술을 남겼다.

　–목민심서 : 목민관의 치민(治民)에 관한 도리를 논한 책이다.

　–경세유표 : 중앙정치제도의 폐해를 지적하고, 그 개혁의 의견을 기술한 책이다.

기출문제

문 〈보기〉의 내용을 주장한 인물에 대한 설명으로 가장 옳은 것은?

▶ 2018. 3. 24. 제1회 서울특별시

〈보기〉

　국가는 마땅히 한 집의 생활에 맞추어 재산을 계산해서 토지 몇 부(負)를 한 호의 영업전으로 한다. 그러나 땅이 많은 자는 빼앗아 줄이지 않고 미치지 못하는 자도 더 주지 않으며, 돈이 있어 사고자 하는 자는 비록 천백 결이라도 허락해 주고, 땅이 많아서 팔고자 하는 자는 다만 영업전 몇 부 이외에는 허락한다.

① 「목민심서」를 저술하는 등 실학을 집대성하였다.

② 발해사를 우리나라 역사로 체계화할 목적으로 「발해고」를 저술하였다.

③ 전국의 자연환경과 인물, 풍속 등을 정리한 「택리지」를 저술하였다.

④ 천지·인사·만물·경사·시문 등 5개 부문으로 나누어 우리나라와 중국의 문화를 백과사전식으로 소개·비판한 「성호사설」을 저술하였다.

Tip 〈보기〉의 내용을 주장한 인물은 '이익'이다.

① 정약용
② 유득공
③ 이중환

정답 ④

문 다음 주장을 한 실학자가 쓴 책은?

▶ 2022. 4. 2. 인사혁신처

토지를 겸병하는 자라고 해서 어찌 진정으로 빈민을 못살게 굴고 나라의 정치를 해치려고 했겠습니까? 근본을 다스리고자 하는 자라면 역시 부호를 심하게 책망할 것이 아니라 관련 법제가 세워지지 않은 것을 걱정해야 할 것입니다. … (중략) … 진실로 토지의 소유를 제한하는 법령을 세워, "어느 해 어느 달 이후로는 제한된 면적을 초과해 소유한 자는 더는 토지를 점하지 못한다. 이 법령이 시행되기 이전부터 소유한 것에 대해서는 아무리 광대한 면적이라해도 불문에 부친다. 자손에게 분급해 주는 것은 허락한다. 만약에 사실대로 고하지 않고 숨기거나 법령을 공포한 이후에 제한을 넘어 더 점한 자는 백성이 적발하면 백성에게 주고, 관(官)에서 적발하면 몰수한다."라고 하면, 수십 년이 못 가서 전국의 토지 소유는 균등하게 될 것입니다.

① 반계수록   ② 성호사설
③ 열하일기   ④ 목민심서

Tip 제시문은 양반 지주 세력의 토지 겸병의 문제를 지적하고 토지 소유 상한선을 정해야 한다고 주장한 박지원의 '한전론'이다. 박지원은 조선 후기의 대표적인 실학자로 〈열하일기〉, 〈과농소초〉, 〈연암집〉, 〈호질〉, 〈허생전〉 등 많은 저서를 남겼으며, 그 중 〈열하일기〉는 청의 문물을 견학한 후에 작성한 기록이다. 한편 조선 후기 '한전론'을 주장한 실학자는 박지원 뿐만 아니라 이익도 있었는데, 이익은 영업전을 설정하여 '한전론'을 주장했다.
① 유형원 ② 이익 ④ 정약용

| 정답 ③

– 흠흠신서 : 형옥(刑獄)에 관한 법률 지침서로, 특히 형옥의 임무를 맡은 관리들이 유의할 사항을 예를 들어 설명하였다.

– 탕론 : 은의 탕왕이 하의 걸왕을 무찌른 고사를 들어 민(民)이 정치의 근본임을 밝힌 논설로서 역성혁명(易姓革命)을 내포하고 있으며, 존 로크(J. Locke)의 사회계약론에서 보여 주는 시민혁명사상이 깃들어 있다.

– 원목 : 통치자는 백성을 위해 존재한다는 이론으로서 통치자의 이상적인 상(像)을 제시하였다.

– 전론 : 독특한 부락 단위의 여전제를 주장, 농업협동 방법과 집단방위 체제를 제시하였다.

– 기예론 : 인간이 금수와 다른 것은 기술을 창안하고, 이를 실생활에 이용할 줄 아는 데 있다고 보고 기술의 혁신, 기술교육 등을 촉구하였다.

(3) 상공업 중심의 개혁론(이용후생학파, 북학파)

① **특징** … 청나라 문물을 적극적으로 수용하여 부국강병과 이용후생에 힘쓰자고 주장하였다.

② **주요 학자와 사상**

ㄱ **유수원**(상공업 중심 개혁론의 선구자)

• 부국책 : 「우서」에서 중국과 우리나라의 문물을 비교하면서 여러 개혁안을 제시하였다.

• 상공업 진흥과 기술혁신을 강조하고, 사농공상의 직업적 평등과 전문화를 주장하였다.

• 농업론 : 토지제도의 개혁보다 농업의 상업적 경영과 기술혁신을 통해 생산성을 높이고자 하였다.

• 상공업 진흥책 : 상인 간의 합자를 통한 경영 규모의 확대와 상인이 생산자를 고용하여 생산과 판매를 주관할 것을 제안하였다.

ㄴ **홍대용**(성리학적 세계관 부정)

• 「임하경륜」, 「의산문답」 등을 저술하였다.

• 균전제를 주장하였다.

• 기술의 혁신과 신분제도의 철폐를 주장하였다.

• 성리학 극복을 주장하고, 중국 중심의 세계관을 비판하였다(지전설 제기).

ㄷ **박지원**(북학사상의 발전)

• 농업 생산력 증대 : 「과농소초」, 「한민명전의」 등을 통해 영농방법의 혁신, 상업적 농업의 장려, 수리시설의 확충 등을 통하여 농업생산력을 높이는 데 관심을 기울였다.

• 상공업의 진흥 : 청에 다녀와 「열하일기」를 저술하고 상공업의 진흥을 강조하면서 수레와 선박의 이용, 화폐유통의 필요성을 강조하였다.

• 양반문벌 제도의 비생산성을 비판하였다.

ⓔ 박제가(박지원의 사상을 보다 확충)
- 「북학의」를 저술하여 청나라 문물의 적극적 수용을 주장하였다.
- 청과의 통상 강화, 수레와 선박의 이용, 상공업의 발달을 주장하였다.
- 절약보다 소비를 권장하여 생산의 자극을 유도하였다.

박제가의 청과 통상강화 주장

"상(商)은 사민(四民)의 일(一)이요, 상업으로서 사·농·공 삼자(三者)의 모든 유무를 상통해야 한다." 이제 만약 차(車)를 사용한다면 10년 이내에 백성들이 이를 즐거이 이용하는 것이 돈을 사용하는 것보다도 더할 것이다. 이제 배로써 통상하려면 왜놈들은 간사하여 늘 이웃나라를 엿보고 있어 좋지 않고, 안남·유구·대만 등은 또 길이 멀고 험하여 가히 통상할 수 없으니, 다만 중국이 그 대상이 될 수 있을 것이다. 생산할 줄 모르고 소비할 줄 모르니 백성은 날로 궁핍해진다. 무릇 재물은 샘에 비유된다. 사용하면 가득하고 폐하면 고갈된다. 그러므로 비단옷을 입지 않으면 비단 짜는 사람은 없어지고 따라서 여공(女工)이 쇠할 것이다.

「북학의」

③ 실학의 특징 … 18세기를 전후하여 실증적·민족적·근대지향적 특성을 지닌 학문이었다. 이는 19세기 후반 개화사상으로 이어지게 되었다.

[실학사상]

구분	중농학파	중상학파
학파	경세치용 학파(남인 계열)	이용후생 학파, 북학파(노론 계열)
목표	유교적인 이상국가론	보다 적극적인 부국강병책 제시
차이점	• 토지분배에 관심(자영농 육성) • 지주제 반대 • 화폐 사용에 부정적	• 생산력 증대에 관심 • 지주제 긍정 • 상공업 진흥 • 화폐 사용 강조
영향	애국계몽사상가, 국학자	개화사상가
공통점	• 부국강병, 민생안정 • 문벌제도·자유상공업 비판 • 농업 진흥(방법론이 다름)	

문 다음과 같이 주장한 인물에 대한 설명으로 옳은 것은?

▶ 2024. 6. 22. 제1회 지방직

이용할 줄 모르니 생산할 줄 모르고, 생산할 줄 모르니 백성은 나날이 궁핍해지는 것이다. 비유하건대, 대체로 재물은 우물과 같다. 퍼내면 가득 차고, 버려두면 말라 버린다. 그러므로 비단을 입지 않아서 나라에 비단 짜는 사람이 없게 되면, 여공이 쇠퇴한다. 쭈그러진 그릇을 싫어하지 않고 기교를 숭상하지 않아서 공장이 숙련되지 못하면 기예가 망하게 된다.

① 청과의 통상과 수레의 이용을 주장하였다.
② 양명학을 연구하여 강화학파를 형성하였다.
③ 토지의 매매를 제한하는 한전론을 주장하였다.
④ 지전설을 주장하여 중국 중심의 세계관을 비판하였다.

Tip 제시문은 조선 후기 상공업 중심의 개혁론을 주장한 이용후생학파(중상학파) 실학자 박제가의 주장이다. 박제가는 〈북학의〉를 저술하여 청의 문물을 적극적으로 수용하고 청과의 통상 강화, 수레와 선박의 이용 등을 강조하였다. 또한 소비 진작을 통해 생산을 늘려나갈 것을 주장하였다.
② 정제두
③ 이익
④ 홍대용

정답 ①

기출문제

⬛ 다음과 같은 특징을 가진 조선 후기 역사서는?

▶ 2018. 5. 19. 제1회 지방직

• 단군으로부터 고려에 이르기까지의 우리 역사를 치밀한 고증에 입각하여 엮은 통사이다.
• 마한을 중시하고 삼국을 무통(無統)으로 보는 입장에서 우리 역사를 체계화하였다.

① 허목의 동사
② 유계의 여사제강
③ 한치윤의 해동역사
④ 안정복의 동사강목

Tip ① 허목의 동사는 단군에서 삼국까지의 역사이다.
② 조선 후기의 학자 홍여하가 지은 고려의 사서이다.
③ 고조선에서 고려까지의 역사를 서술한 기전체이다.

실학의 역사적 의미

① **학문 영역** … 18세기를 전후하여 크게 융성하였던 실학의 연구는 성리학적 질서를 극복하려는 움직임이었기 때문에 실학자들의 학문영역은 매우 넓어져서 정치, 경제, 철학, 지리, 역사 등 미치지 않는 분야가 없었다.

② **역사적 의의** … 실학은 성리학의 폐단과 조선 후기 사회의 각종 부조리를 개혁하려는 현실개혁의 사상이었다.

　㉠ **민족주의 성격** : 성리학은 중국 중심의 세계관으로서 우리 문화가 중국 문화의 일부로 밖에 인식되지 않았으나, 실학자들은 우리 문화에 대한 독자적 인식을 강조하였다.

　㉡ **근대지향적 성격** : 실학자들은 사회체제의 개혁, 생산력의 증대를 통해 근대 사회를 지향하고 있었다.

　㉢ **실증적 성격** : 문헌학적 고증의 정확성을 존중하고 과학적이고 객관적인 학문 태도를 중시하였다.

　㉣ **피지배층 처지 옹호(민중적)** : 성리학이 봉건적 지배층의 지도원리였다면 실학은 피지배층의 편에서 제기된 개혁론이었다. 실학자들은 농민을 비롯한 피지배층의 생활에 관심이 많았고 그들의 권익 신장을 위해 노력하였다.

③ **한계** … 실학은 대체로 정치적 실권과 거리가 먼 몰락 지식층의 개혁론이었고, 이를 지지해 줄 광범한 사회적 토대가 미약하였다.

　㉠ 실학자들의 학문과 사상은 당시의 정책에 반영되지 못하여 역사의 흐름을 바꾸어 놓지 못했다.

　㉡ 유교적 한계를 벗어나지 못하였고 성리학의 가치관을 극복하지 못하여 근대적 학문으로 발전되지 못하였다.

(4) 국학 연구의 확대

① **연구 배경** … 실학의 발달과 함께 민족의 전통과 현실에 대한 관심이 깊어지면서 우리의 역사, 지리, 국어 등을 연구하는 국학이 발달하게 되었다.

② **역사학 연구**

　㉠ **이익** : 실증적이며 비판적인 역사서술을 제시하고 중국 중심의 역사관에서 벗어나 우리 역사를 체계화하여 민족사의 주체적인 자각을 높이는 데 이바지했다.

　㉡ **안정복** : 「동사강목」을 저술하였고 이익의 역사의식을 계승하여 우리 역사의 독자적 정통론을 세워 체계화하였으며, 고증사학의 토대를 닦았다.

Point 팁 안정복의 삼국 인식 … 삼국사에서 신라를 으뜸으로 한 것은 신라가 가장 먼저 건국되었고, 뒤에 고구려와 백제를 통합하였으며, 고려는 신라를 계승하였으므로 편찬한 것이 모두 신라의 남은 문적(文籍)을 근거로 하였기 때문이다. 그러므로 편찬한 내용이 신라에 대하여는 약간 자세히 갖추어져 있고, 백제에 대하여는 겨우 세대만을 기록했을 뿐 없는 것이 많다. …(중략)… 고구려의 강대하고 현저함은 백제에 비할 바가 아니며, 신라가 자처한 땅의 일부는 남쪽에 불과할 뿐이다. 그러므로 김씨(김부식)는 신라사에 쓰여진 고구려 땅을 근거로 했을 뿐이다. 　　　「동사강목」

정답 ④

ⓒ 한치윤 : 외국 자료를 인용하여 「해동역사」를 편찬하였는데, 이는 민족사 인식의 폭을 넓히는 데 이바지하였다.

ⓔ 이긍익 : 조선시대의 정치와 문화를 정리하여 「연려실기술」을 저술하였다.

ⓜ 이종휘와 유득공 : 이종휘의 「동사」와 유득공의 「발해고」는 각각 고구려사와 발해사 연구를 중심으로 고대사의 연구 시야를 만주지방까지 확대하여 한반도 중심의 협소한 사관을 극복하고자 했다.

ⓗ 김정희 : 「금석과안록」을 지어 북한산비가 진흥왕 순수비임을 고증하였다.

ⓢ 기타 : 이진택은 「규사」, 이진흥은 「연조귀감」, 최성환은 「고문비략」 등을 편찬하였다.

③ 국토에 대한 연구

㉠ 전기 지리지 · 지도

구분		특징
지리지	팔도지리지	최초의 인문지리지
	동국여지승람	인문지리지의 완성본
지도	혼일강리도	현존 동양 최고의 세계지도
	동국지도	최초의 실측지도

〈대동여지도〉

㉡ 후기 지리지 · 지도

구분		특징
지리지	택리지	인문지리지
	아방강역고	우리나라의 역대 영역 고증
지도	대동여지도	실측지도
	동국지도	실측지도, 최초 축적 사용

④ 언어에 대한 연구 ⋯ 신경준의 「훈민정음운해」, 유희의 「언문지」, 우리의 방언과 해외 언어를 정리한 이의봉의 「고금석림」이 편찬되었다.

기출문제

🖋 (가), (나)에 들어갈 이름을 바르게 연결한 것은?

▶ 2021. 6. 5. 제1회 지방직

  (가) 는/은 『북학의』를 저술하여 청의 선진 기술을 적극적으로 수용할 것과 상공업 육성 등을 역설하였다. 한편,   (나) 는/은 중국 및 일본의 방대한 자료를 참고하여 『해동역사』를 편찬함으로써, 한중일 간의 문화 교류를 잘 보여주었다.

	(가)	(나)
①	박지원	한치윤
②	박지원	안정복
③	박제가	한치윤
④	박제가	안정복

Tip (가)는 조선 후기 실학자인 박제가이다. 그는 〈북학의〉에서 수레와 선박을 이용한 상공업 진흥, 청 문물의 수용 및 통상 강화 등을 주장하였다. (나)는 조선 후기 실학자인 한치윤이다. 〈해동역사〉는 단군조선에서부터 고려까지의 역사를 서술한 기전체 사서이다.
①② 박지원 : 〈열하일기〉, 〈과농소초〉 〈연암집〉, 〈허생전〉, 〈호질〉 등 저술
②④ 안정복 : 〈동사강목〉, 〈순암집〉, 〈희현록〉 등 저술

Ⅰ정답 ③

문 조선 후기에 전개된 국학 연구에 대한 설명으로 옳지 않은 것은?

▶ 2017. 6. 24. 제2회 서울특별시

① 유희는 「언문지」를 지어 우리말의 음운을 연구하였다.

② 이의봉은 「고금석림」을 편찬하여 우리의 어휘를 정리하였다.

③ 한치윤은 「기언」을 지어 토지제도의 개혁을 주장하였다.

④ 이종휘는 「동사」를 지어 고구려사에 대한 관심을 고조시켰다.

> **Tip** ③ 「기언」은 허목의 시문집이다. 한치윤의 저서로는 「해동역사」가 있다.

문 〈보기〉의 백과사전(유서)을 편찬한 순서대로 바르게 나열한 것은?

▶ 2018. 3. 24. 제1회 서울특별시

〈보기〉

㉠ 대동운부군옥
㉡ 지봉유설
㉢ 성호사설
㉣ 오주연문장전산고

① ㉠→㉡→㉢→㉣
② ㉡→㉢→㉣→㉠
③ ㉠→㉢→㉡→㉣
④ ㉠→㉣→㉢→㉡

> **Tip** ㉠ 대동운부군옥 : 1589년에 권문해가 편찬한 일종의 백과전서
> ㉡ 지봉유설 : 1614년에 이수광이 편찬한 일종의 백과사전
> ㉢ 성호사설 : 조선 후기 실학자 이익이 평소에 기록해 둔 글과 제자들의 질문에 답한 내용을 1740년경에 집안 조카들이 정리한 것
> ㉣ 오주연문장전산고 : 19세기의 학자 이규경이 쓴 백과사전 형식의 책

┃정답 ③, ①

⑤ 백과사전의 편찬

저서	저자	시기	내용
지봉유설	이수광	광해군	천문·지리·군사·관제 등 문화의 각 영역을 25부문으로 나누어 기술
성호사설	이익	영조	천지·만물·경사·인사·시문의 5개 부분으로 정리
청장관전서	이덕무	정조	이덕무의 시문 전집으로 중국의 역사, 풍속, 제도 등을 소개
오주연문장전산고	이규경	헌종	우리나라와 중국 등 외국의 고금, 사물에 대해 고증한 책
임원경제지	서유구	헌종	농업의 경제·경영에 대해 정리
동국문헌비고	홍봉한	영조	왕명으로 우리나라의 지리·정치·경제·문화를 체계적으로 정리한 한국학 백과사전

section **3** 과학기술의 발달

(1) 서양문물의 수용

① 수용 과정

㉠ 중국을 왕래하던 사신들을 통한 전래 : 17세기 경부터 중국을 왕래한 사신들이 전래하기 시작했다. 이광정은 세계지도, 정두원은 화포·천리경·자명종을 전하였다.

㉡ 실학자들의 관심 : 천주교까지 수용한 사람들도 있었으나, 대부분의 학자들은 서양의 과학기술을 받아들이면서도 천주교는 배척하였다.

㉢ 서양인의 표류

• 벨테브레 : 훈련도감에 소속되어 서양식 대포의 제조법·조종법을 가르쳐 주었다.

• 하멜은 「하멜표류기」를 지어 조선의 사정을 서양에 전하였다.

② 한계 … 18세기까지는 어느 정도 이루어졌으나 19세기에 이르러서는 더 이상 진전되지 못한 채 정체되고 말았다.

기출문제

(2) 천문학과 지도제작기술의 발달

① 천문학

　ⓐ 지전설

　　• 이익 · 정약용 : 서양 천문학에 큰 관심을 가지고 연구하였다.

　　• 김석문 : 지전설을 우리나라에서 처음으로 주장하여 우주관을 크게 전환시켰다.

　　• 홍대용 : 과학연구에 힘썼으며, 지구가 우주의 중심이 아니라는 무한우주론과 지
　　　전설을 주장하였다.

> **홍대용의 지전설**
>
> 천체가 운행하는 것이나 지구가 자전하는 것은 그 세가 동일하니, 분리해서 설명
> 할 필요가 없다. 다만, 9만 리의 둘레를 한 바퀴 도는 데 이처럼 빠르며, 저 별들
> 과 지구와의 거리는 겨우 반경(半徑)밖에 되지 않는데도 몇 천 만억의 별들이 있
> 는지 알 수 없다. 하물며 천체들이 서로 의존하고 상호 작용하면서 이루고 있는
> 우주 공간의 세계 밖에도 또 다른 별들이 있다. …(중략)… 칠정(七政 : 태양, 달,
> 화성, 수성, 목성, 금성, 토성)이 수레바퀴처럼 자전함과 동시에, 맷돌을 돌리는
> 나귀처럼 둘러싸고 있다. 지구에서 가까이 보이는 것을 사람들은 해와 달이라 하
> 고, 지구에서 멀어 작게 보이는 것을 사람들은 오성(五星 : 수성, 금성, 화성, 목
> 성, 토성)이라 하지만, 사실은 모두가 동일하다.
>
> 「담헌집」

　ⓑ 의의 : 서양 과학의 영향을 받아 크게 발전하였고 전통적 우주관에서 벗어나
　　근대적 우주관으로 접근해 갔으며, 이들의 지전설은 성리학적 세계관을 비
　　판하는 근거가 되기도 하였다.

② 역법

　ⓐ **시헌력 제작** : 서양 선교사인 아담 샬이 중심이 되어 만든 것으로서, 청나라에서
　　사용되고 있었는데, 종전의 역법보다 한 걸음 더 발전할 것이었다.

　ⓑ **시헌력의 채용** : 김육 등의 노력으로 조선에서는 약 60여 년간의 노력 끝에
　　시헌력을 채용하였다.

③ 수학

　ⓐ 「기하원본」 도입 : 마테오리치가 유클리드 기하학을 한문으로 번역한 것이다.

　ⓑ 최석정 · 황윤석 : 전통 수학을 집대성하였다.

　ⓒ 홍대용 : 「주해수용」을 저술하여 우리나라, 중국, 서양 수학의 연구 성과를
　　정리하였다.

④ **지도** … 서양 선교사들이 만든 곤여만국전도와 같은 세계 지도가 중국을 통하여
　전해짐으로써 지리학에서도 보다 과학적으로 정밀한 지식을 가지게 되었고, 지
　도 제작에서도 더 정확한 지도가 만들어졌다. 이를 통하여 조선 사람들의 세계
　관이 확대될 수 있었다.

(3) 의학의 발달과 기술의 개발

① 의학의 발달 … 종래 한의학의 관념적인 단점을 극복하고, 실증적인 태도에서 의학 이론과 임상의 일치에 주력하였다.

　㉠ 17세기 : 허준은 「동의보감」을 저술하여 의학 발전에 큰 공헌을 하였다. 이 책은 우리의 전통 한의학을 체계적으로 정리한 것으로서 우리나라뿐만 아니라 중국과 일본에서도 간행되어 뛰어난 의학서로 인정되었다. 같은 시기의 허임은 「침구경험방」을 저술하여 침구술을 집대성하였다.

　㉡ 18세기 : 정약용은 마진(홍역)에 대한 연구를 진전시키고 이 분야의 의서를 종합하여 「마과회통」을 편찬하였으며, 박제가와 함께 종두법을 연구하여 실험하기도 하였다.

　㉢ 19세기 : 이제마는 「동의수세보원」을 저술하여 사상의학을 확립하였다. 이는 사람의 체질을 구분하여 치료하는 체질의학 이론으로 오늘날까지 한의학계에서 통용되고 있다.

② 정약용의 기술 개발

　㉠ 기술관 : 과학과 기술의 중요성을 확신하고 기술의 개발에 앞장섰던 사람은 정약용이었다. 그는 인간이 다른 동물보다 뛰어난 것은 기술 때문이라고 보고, 기술의 발달이 인간 생활을 풍요롭게 한다고 믿었다.

　㉡ 기계의 제작·설계

　　• 거중기 제작 : 서양 선교사가 중국에서 펴낸 기기도설을 참고하여 거중기를 만들었는데, 이 거중기는 수원 화성을 만들 때 사용되어 공사기간을 단축하고 공사비를 줄이는 데 크게 공헌하였다.

　　• 배다리(舟橋) 설계 ; 정약용은 정조가 수원에서 행차할 때 한강을 안전하게 건너도록 배다리를 설계하였다.

(4) 농서의 편찬과 농업기술의 발달

① 농서의 편찬

　㉠ 신속의 「농가집성」 : 벼농사 중심의 농법이 소개되고, 이앙법 보급에 기여하였다.

　㉡ 박세당의 「색경」 : 곡물 재배법, 채소, 과수, 원예, 축산, 양잠 등의 농업기술을 소개하였다.

　㉢ 홍만선은 「산림경제」, 서유구는 「해동농서」와 농촌생활 백과사전인 「임원경제지」를 편찬하였다.

② 농업기술의 발달

　㉠ 이앙법, 견종법의 보급으로 노동력이 절감되고 생산량이 증대되었다.

　㉡ 쟁기를 개선하여 소를 이용한 쟁기를 사용하기 시작하였다.

　㉢ 시비법이 발전되어 여러 종류의 거름이 사용됨으로써 토지의 생산력이 증대되었다.

　㉣ 수리시설의 개선으로 저수지를 축조하였다(당진의 합덕지, 연안의 남대지 등).

　㉤ 황무지 개간(내륙 산간지방)과 간척 사업(해안지방)으로 경지면적을 확대시켰다.

어업의 발달

① **어법과 김 양식** … 어업에서는 어살을 설치하는 어법이 실시되고, 어망의 재료도 면사로 바뀌는 등 어구가 개량되었으며, 17세기에는 전라도 지방에서 김 양식의 기술이 개발되었고, 18세기 후반에는 냉장선이 등장하여 어물의 유통이 더욱 활발해졌다.

② **자산어보** … 정약전이 신유박해에 연루되어 흑산도 유배 중에 흑산도 근해의 해산물 등을 직접 채집·조사하여 155종의 해물에 대한 명칭, 분포, 습성 등을 기록한 것으로서 어류학의 신기원을 이룩한 것이다.

---

section ④ 문학과 예술의 새 경향

(1) 서민문화의 발달

① **서민문화의 대두와 배경** … 상공업의 발달과 농업생산력의 증대를 배경으로 서당 교육이 보급되고, 서민의 경제적·신분적 지위가 향상됨에 따라 서민문화가 대두하였다.

② **참여층의 변화** … 중인층(역관·서리), 상공업 계층, 부농층의 문예활동이 활발해졌고, 상민이나 광대들의 활동도 활기를 띠었다.

[조선시대의 문예활동]

구분	조선전기	조선 후기
창작의 주체	양반 중심	중인, 상민의 활동 활발
내용 및 성격	• 성리학의 윤리관 강조 • 양반들의 교양·여가	• 인간 감정의 적나라한 묘사 • 부정과 비리에 대한 고발
문학의 주인공	영웅적인 존재	서민적인 인물
문학의 배경	비현실적인 세계	현실적인 인간세계

기출문제

💬 우리 문화와 관련된 서적과 그 분야를 바르게 연결한 것은?
▶ 2018. 3. 24. 제1회 서울특별시

① 「자산어보」 – 의학
② 「연조귀감」 – 역사학
③ 「색경」 – 지리학
④ 「벽온신방」 – 양명학

Tip ① 정약전의 「자산어보」 : 어류에 대한 책으로 흑산도 근해 155종의 어류를 직접 채집하여 연구한 서적이다.
③ 박세당의 「색경」 : 농업에 대한 농서(農書)로 박세당이 숙종 2년(1676)에 지은 책이다. 이 책은 상·하권으로 나뉘어져 있으며 상권에서는 토질에 따른 재배 품종 및 토질의 특징과 수확을 늘리는 방안 등 총론적 내용이 실려 있고 하권에서는 뽕나무의 종류와 재배법, 누에 기르는 법 및 실을 뽑는 방법에 이르기까지 양잠과 관련된 사항, 그 외 12개월 동안 월별 농사일, 천문과 기상, 가축 사육법, 양봉술 제조법 등 농가에서 필수적인 상식을 담아놓았다.
④ 안경창의 「벽온신방」 : 이 책은 효종4년(1653)에 안경창이 편찬한 온역(瘟疫) 치료에 관한 의서(醫書)이다.

정답 ②

③ 서민문화의 발달
  ㉠ 한글소설의 보급 : 영웅이 아닌 평범한 인물이 주인공인 경우가 많았고 대부
    분 현실적인 세계를 배경으로 하였다.
  ㉡ 판소리와 탈춤 : 양반과 승려를 비판하기도 하였다.
  ㉢ 풍속화와 민화 : 풍속화는 서민의 생활을 표현하고, 민화는 서민의 기원을 담
    기도 하였다.
  ㉣ 음악과 무용 : 감정을 대담하게 표현하는 경향이 짙었다.

(2) 판소리와 탈놀이

① 판소리
  ㉠ 특징
    • 구체적인 이야기를 창과 사설로 엮어 가기 때문에 감정 표현이 직접적이고 솔직
      하였다.
    • 분위기에 따라 광대가 즉흥적으로 이야기를 빼거나 더할 수 있었고, 관중들이
      추임새로써 함께 어울릴 수 있었다.
  ㉡ 판소리 작품 : 열두 마당이 있었으나, 지금은 춘향가, 심청가, 흥부가, 적벽
    가, 수궁가 등 다섯 마당만 전하고 있다.
  ㉢ 판소리 정리 : 신재효는 19세기 후반에 판소리 사설을 창작하고 정리하였다.
  ㉣ 의의 : 서민을 포함한 넓은 계층으로부터 호응을 받을 수 있었다. 이런 이유
    로 판소리는 서민문화의 중심이 되었다.

② 가면극
  ㉠ 탈놀이 : 향촌에서 마을 굿의 일부로서 공연되어 인기를 얻었다.
  ㉡ 산대놀이 : 산대(山臺)라는 무대에서 공연되던 가면극이 민중오락으로 정착되
    어 도시의 상인이나 중간층의 지원으로 성행하게 되었다.
  ㉢ 내용 : 지배층과 그들에게 의지하여 살아가는 승려들의 부패와 위선을 풍자
    하기도 하고 양반의 허구를 폭로하고 욕보이기까지 하였었다.

③ 의의 … 상품유통 경제의 활성화와 함께 성장하여 당시 사회적 모순을 예리하게
  드러내면서 서민 자신들의 존재를 자각하는 데 기여하였다.

(3) 한글소설과 사설시조

① 한글소설 … 홍길동전, 춘향전, 별주부전, 심청전, 장화홍련전 등이 유명하였다.
  ㉠ 홍길동전 : 서얼에 대한 차별의 철폐와 탐관오리의 응징을 통한 이상사회의
    건설을 묘사하는 등 당시의 현실을 날카롭게 비판하였다.
  ㉡ 춘향전 : 신분차별의 비합리성을 통해 인간평등의식을 강조하였다.

② **사설시조** ··· 서민들의 감정이나 남녀간의 애정표현을 솔직하게 나타내었고, 현실에 대한 비판을 거리낌없이 표현하였다.

Point 팁 김천택과 김수장은 역대 시조와 가사를 모아 「청구영언」과 「해동가요」를 편찬하였다.

③ **한문학** ··· 실학의 유행과 함께 사회의 부조리한 현실을 예리하게 비판하였다.

   ㉠ **정약용** : 삼정의 문란을 폭로하는 시를 남겼다.

   ㉡ **박지원** : 「양반전」, 「허생전」, 「호질」, 「민옹전」 등의 한문소설을 써서 양반의 위선적 생활을 풍자하여 실용적 태도를 강조하고, 현실을 올바르게 표현할 수 있는 문체로 혁신할 것을 주장하였다.

④ **시사(詩社)의 조직** ··· 중인, 서민층의 문학 창작활동이 활발해지면서 동인들이 모여 조직하였다.

(4) 진경산수화와 풍속화

① **진경산수화**

   ㉠ **특징** : 중국 남종과 북종화법을 고루 수용하여 우리의 고유한 자연과 풍속에 맞춘 새로운 화법으로 창안한 것이다. 우리의 자연을 사실적으로 그려 회화의 토착화를 이룩하였다.

   ㉡ **유행 배경** : 17세기부터 우리 문화에 대한 자부심이 높아졌고 이런 의식은 우리의 고유정서와 자연을 표현하려는 예술운동으로 나타났다.

〈인왕제색도(정선)〉

   ㉢ **정선** : 인왕제색도와 금강전도에서 바위산은 선으로 묘사하고 흙산은 묵으로 묘사하는 기법을 사용하여 산수화의 새로운 경지를 이룩하였다.

② **풍속화** ··· 사람들의 생활정경과 일상적인 모습을 생동감 있게 표현하였다.

〈단오 풍정(신윤복)〉

   ㉠ **김홍도** : 밭갈이, 추수, 씨름, 서당 등 서민의 생활모습을 소탈하고 익살스러운 필치로 묘사하였으며, 18세기 후반의 생활상과 활기찬 사회의 모습을 반영하였다.

   ㉡ **신윤복** : 양반 및 부녀자들의 생활과 유흥, 남녀의 애정을 감각적이고 해학적으로 표현하였다.

③ **민화의 유행** ··· 민중의 기복적 염원과 미의식을 표현하고 생활공간을 장식하기 위하여 민화가 유행하였다. 민화에는 한국적 정서가 짙게 반영되어 있다.

④ **서예** ··· 이광사(동국진체), 김정희(추사체)가 대표적이었다.

⑤ **기타** … 강세황(서양화 기법), 장승업(강렬한 필법과 채색법 발휘)은 뛰어난 기량을 발휘하였다.

(5) 건축의 변화

① 양반, 부농, 상공업 계층의 지원을 받아 많은 사원이 건립되었고, 정치적 필요에 의해 대규모 건축물들이 건립되기도 하였다.

② **사원 건축**

㉠ **17세기**
- **특징** : 규모가 큰 다층 건물로 내부는 하나로 통하는 구조를 가지고 있는데, 불교의 사회적 지위 향상과 양반지주층의 경제적 성장을 반영하였다.
- **건축물** : 금산사 미륵전, 화엄사 각황전, 법주사 팔상전 등을 대표로 꼽을 수 있다.

㉡ **18세기**
- **특징** : 부농과 상인의 지원을 받아 그들의 근거지에 장식성이 강한 사원이 세워졌다.
- **건축물** : 논산의 쌍계사, 부안의 개암사, 안성의 석남사 등이 있다.

〈법주사 팔상전〉

③ **수원 화성**

㉠ **서양식 축성법 가미** : 거중기를 사용하여 정조 때 새롭게 만든 화성은 이전의 성곽과는 달리 방어뿐만 아니라 공격을 겸한 성곽으로서 우리나라의 전통적인 성곽 양식의 장점을 살린 바탕 위에 서양식 건축기술을 도입하여 축조된 특색 있는 건축물이다.

㉡ **종합적인 계획도시** : 주위의 경치와 조화를 이루며 평상시의 생활과 경제적 터전까지 조화시켜 건설되었다.

Point 팁 조선시대의 세계문화유산
수원화성은 중국, 일본 등지에서는 볼 수 없는 평산성의 형태로 과학적이고 실용적인 계획도시로서 1997년 유네스코 세계문화유산에 등재되었다. 이 외에도 남한산성, 종묘, 조선왕릉, 소수서원 등의 9개 서원이 유네스코 세계문화유산에 등재되었다.

④ **19세기의 건축** … 국왕의 권위를 과시할 목적으로 재건한 경복궁 근정전, 경회루가 화려하고 장중한 건물로 유명하다.

Point 팁 경복궁 재건 … 경복궁은 조선시대의 본궁(本宮)으로 임진왜란으로 소실된 것을 고종(高宗)의 즉위와 함께 당시의 섭정(攝政)이던 흥선대원군이 재건에 착수하였다. 재목은 강원도·함경도 등의 먼 지방에서 운반해 왔고 석재(石材)도 각처에서 모아들였으며, 심지어 서낭당의 큰 나무나 석재, 양반 집안의 선영(先塋)의 목재까지도 강제로 거두어들였다.

기출문제

(6) 백자·생활공예와 음악

① **자기공예** … 백자가 민간에까지 널리 사용되었고, 다양한
문양의 도자기가 제작되었다(청화, 철화, 진사 백자 등).
제기와 문방구 등 생활용품이 많았고, 서민들은 옹기를
많이 사용하였다.

② **목공예** … 장롱, 책상, 문갑, 소반, 의자, 필통 등 나무
의 재질을 살리면서 기능을 갖춘 작품들이 만들어졌다.

③ **화각공예** … 쇠뿔을 쪼개어 무늬를 새기는 것으로 독특한 우
리의 멋을 풍기는 작품들이 많았다.

〈청화 백자 죽문 각병〉

④ **음악** … 전반적으로 감정을 솔직하게 표현하였다.
  ㉠ 음악의 향유층이 확대되어 다양한 음악이 출현하였다.
  ㉡ 양반층은 가곡·시조를 애창하였고 서민들은 민요를 즐겨 불렀다.
  ㉢ 광대나 기생들은 판소리·산조·잡가를 창작하여 발전시켰다.

1 다음 중 조선 후기 실학자와 그들이 주장하는 바에 대한 설명이다. 옳지 않은 것을 모두 고른 것은?

> ⊙ 정약용 : 농업 중심 개혁론의 선구자로 균전론을 제시하였다.
> ⓛ 홍대용 : 무역선을 파견하여 청에서 행해지는 국제무역에도 참여해야 한다고 주장하였다.
> ⓒ 유수원 : 우서를 저술하여 상공업의 진흥을 위한 사농공상의 직업적 평등과 전문화를 주장하였다.
> ⓔ 유형원 : 자영농 육성을 위한 토지제의 개혁뿐만 아니라 양반문벌제도, 과거제, 노비제의 모순도 지적하였다.

① ⊙, ⓛ 　　　　　　　　　　② ⊙, ⓒ
③ ⓛ, ⓒ 　　　　　　　　　　④ ⓛ, ⓔ

　　조선 후기 실학자
　　⊙ 정약용은 여전론(閭田論)과 정전론(井田論)을 주장하였고 균전론을 주장한 사람은 유형원이다.
　　ⓛ 박제가가 「북학의(北學議)」에서 주장한 내용이다.

2 다음 중 양명학에 대한 설명으로 옳지 않은 것은?

① 북학파에 영향을 미쳤다.
② 정제두에 이르러 학파가 형성되었다.
③ 성리학의 현실적 한계성 때문에 수용되었다.
④ 18세기 초 성리학을 비판하는 입장에서 양명학을 연구했다.

　　③ 양명학은 중국의 고증학은 실사구시(實事求是)를 내세워 학문연구에서 실증적 방법을 강조하였고, 이것은 조선의 실학파에
　　영향을 주었다.

3 다음 중 학자에 대한 설명과 대표저서의 연결이 옳은 것은?

① 유수원의 「우서」 – 절약보다 소비를 권장하였다.

② 홍대용의 「의산문답」 – 기술의 혁신과 문벌제도의 철폐 및 지전설을 주장하였다.

③ 박지원의 「열하일기」 – 상공업의 진흥과 기술혁신, 사농공상의 직업평등화를 주장하였다.

④ 박제가의 「북학의」 – 양반 문벌 제도의 비생산성을 비판하였다.

Point

학자와 저서
① 유수원은 상공업의 진흥과 기술혁신, 사농공상의 직업평등화를 주장하였다.
③ 박지원은 상공업의 진흥과 수레 · 선박 · 화폐 이용의 주장 및 양반 문벌제도의 비생산성을 비판하였다.
④ 박제가는 청과의 통상을 주장하며 절약보다 적절한 소비를 권장하였다.

4 다음과 같은 학문을 신봉하였던 학자들이 조선시대에 수행한 역할은?

> • 지행합일(知行合一)의 실천성을 중시하여 알았다고 하여도 행하지 아니하였다고 하면 그 앎은 진정한 앎이 아니니, 앎이 있다면 곧 행함이 있어야 한다고 주장하였다.
>
> • 경기도 중심의 재야 소론계열 학자와 불우한 종친 출신의 학자들이 주로 연구하였다. 16세기 말부터 관심을 가진 사람이 있었는데, 17세기에는 보다 많은 사람들이 관심을 가졌다.

① 서원과 향약을 통해 향촌사회를 이끌었다.

② 청의 발달된 문물을 도입하는 데 힘썼다.

③ 성리학의 폐단을 비판, 극복하려 하였다.

④ 상공업의 진흥과 기술문화의 혁신에 앞장섰다.

Point

제시된 내용은 성리학에 반대하여 발생한 양명학에 대한 설명이다.

Answer) 1.① 2.③ 3.② 4.③

5 다음 중 실학의 성립배경이 되는 것은?

① 보국안민을 내세워 서양과 일본 세력을 배척하기 위하여

② 성리학을 배척하고 양명학을 수용할 필요가 없었기 때문에

③ 유교적 입장을 견지하면서 물질 문화의 긍정적인 면은 수용할 필요가 있었기 때문에

④ 천주교를 배척하고 성리학을 옹호할 필요가 있었기 때문에

 Point

왜란과 호란 이후 일부 유학자들은 사림문화의 한계성을 인식하고 사회현실에 대한 반성과 극복의 길을 모색하였다. 또한 서양문물의 전래와 고증학의 영향으로 종래의 학문에 대해 비판이 일어났다.

6 다음의 사상과 관련된 것으로 옳지 않은 것은?

> 인간의 마음이 곧 이(理)라는 심즉리(心卽理)를 바탕으로, 인간이 상하 존비의 차별 없이 타고난 천리로서의 양지를 실현하여 사물을 바로잡을 수 있다는 치양지설(致良知說), 앎은 행함을 통해서 성립한다는 지행합일설(知行合一說)등을 근간으로 하고 있다.

① 정제두는 연구와 제자 양성에 힘써 강화 학파라는 하나의 학파를 이루었다.

② 성리학의 교조화와 형식화를 비판하였으며 실천을 강조하였다.

③ 일반민을 도덕 실천의 주체로 보고 양반 신분제 폐지를 주장하기도 하였다.

④ 기술의 혁신과 문벌 제도 철폐 및 성리학의 극복을 주장하였다.

Point

제시된 글은 양명학에 대한 설명이다. 양명학은 중종 때에 전래되어 명과의 교류가 활발해지면서 주로 서경덕 학파와 종친들 사이에서 확산되었다.
④ 북학파 홍대용의 주장이다.

7 조선 후기 실학자 중 상공업 중심의 개혁사상가들에 대한 설명으로 옳은 것은?

① 상공업의 발달을 위하여 자유 방임 정책을 주장하였다.

② 신분 질서를 그대로 유지하려는 보수적 측면이 있었다.

③ 문호를 개방하여 외국과 통상할 것을 주장한 사람도 있었다.

④ 그들의 궁극 목표는 유교적 이상국가를 건설하는 데 있었다.

 Point

③ 상공업 중심의 개혁사상가에는 유수원·홍대용·박지원·박제가 등이 있으며, 문호개방과 통상을 주장한 사람은 박제가로서 소비를 권장하였다.

8 다음은 어느 실학자의 글의 일부이다. 이와 같은 입장을 가진 실학자들의 개혁사상으로 옳지 않은 것은?

> 지금 우리나라의 큰 폐단은 가난입니다. 어떻게 해야 가난을 면할 수 있는가 하면, 중국과 통상하는 길 밖에 없습니다. 지금 당장 중국으로 사신을 보내어 통상하기를 요청하면, 중국 사람들은 반드시 아침에 청한 것을 저녁에 허락할 것입니다.

① 화폐유통의 필요성을 강조하였다.

② 사·농·공·상의 직업적 평등화와 전문화를 주장하였다.

③ 소비를 권장하여 생산을 자극시킬 필요성을 주장하였다.

④ 농병일치의 군사조직과 사농일치의 교육제도를 확립해야 한다고 믿었다.

 Point

중국과의 교역을 주장하고 있는 위 글은 중상주의 입장으로 박제가의 글이다.
④ 중농주의 입장인 유형원의 주장이다.

Answer 5.③ 6.④ 7.③ 8.④

9 다음의 사서들이 갖는 공통점으로 옳은 것은?

> • 동사강목　　　　　　　　　• 해동역사　　　　　　　　　• 연려실기술

① 실증적인 연구를 바탕으로 서술하였다.
② 고조선부터 조선시대까지 저술하였다.
③ 존화주의적 역사인식을 토대로 서술하였다.
④ 조선 왕조 개창에 대한 정당성을 부여하는 입장에서 편찬되었다.

> **⁘Point⟩**
> 　조선 후기의 사서들로 이 시기의 역사학의 특징은 실증적·객관적 서술, 국사에 대한 독자성·전통성 강조, 고대사·문화사
> 에 관심을 기울인 점 등을 들 수 있다.

10 다음 글을 쓴 사람에 대한 설명으로 옳은 것은?

> 　오늘날 백성을 다스리는 자는 백성에게서 걷어 들이는 데만 급급하고 백성을 부양하는 방법은 알지 못한
> 다. …… '심서(心書)'라고 이름 붙인 까닭은 무엇인가? 백성을 다스릴 마음은 있지만 몸소 실행할 수 없기
> 때문에 그렇게 이름 붙인 것이다.

① 우리나라에서 처음으로 지전설을 주장하였다.
② 「농가집성」을 펴내 이앙법 보급에 공헌하였다.
③ 홍역 관련 의서를 종합해 「마과회통」을 저술하였다.
④ 조선시대의 역사를 서술한 「열조통기」를 편찬하였다.

> **⁘Point⟩**
> 　제시된 사료는 정약용의 「목민심서」의 일부이다.

11 실학자들의 주장 중에서 중농학파와 중상학파의 공통점으로 옳은 것은?

① 지주제를 수긍하고 신분제의 철폐를 주장하였다.

② 기술·문화의 개발과 능력 위주의 관료정치를 추구하였다.

③ 병농일치의 군사제도, 사농일치의 교육제도를 추구하였다.

④ 민족주의 의식을 가지고 민생안정과 부국강병을 추구하였다.

Point

④ 실학자들은 성리학을 기저로 하는 문화의 한계성을 깨닫고 정신문화와 물질문화를 균형있게 발전시켜 부국강병과 민생안정을 이룩함으로써 안으로는 분열된 사회를 통합하고, 밖으로는 급변하는 국제정세에 대처할 수 있도록 국가역량을 강화하려는 운동을 전개하였다.

12 다음은 조선 시대 미술에 학생들의 보고서이다. 학생과 첨부할 그림이 바르게 연결된 것은?

- 용팔 – 조선 후기 사회의 서민들의 일상생활을 소박하고 익살스럽게 묘사하였다. 사실적이며 때로는 풍자적인 양식의 그림은 양반뿐만 아니라 중인, 서얼, 서리 등 출신에 관계없이 애호가의 많은 사랑을 받았다.
- 인규 – 주로 도회지 양반의 풍류 생활과 부녀자의 풍습, 남녀간의 애정을 묘사하였다. 또한 섬세하고 세련된 기법을 구사하였다.
- 치호 – 우리의 자연을 사실적으로 그려냈다. 또한 자신이 그리고자 하는 산수를 몇 차례 걸쳐 답사하면서 우리나라 자연을 그려내는데 알맞은 구도와 화법을 창안해냈다.

① 용팔 – 밭갈이   ② 용팔 – 단오

③ 인규 – 몽유도원도   ④ 치호 – 월야밀회

Point

조선의 미술

㉠ 용팔: 김홍도에 대한 설명으로 대표적인 작품은 밭갈이, 씨름, 서당 등이 있다.

㉡ 인규: 신윤복에 대한 설명으로 대표적인 작품은 월야밀회, 단오풍정, 상춘야흥 등이 있다.

㉢ 치호: 정선에 대한 설명으로 대표적인 작품은 인왕제색도, 금강전도 등이 있다.

Answer   9.①   10.③   11.④   12.①

13 조선 후기에 만들어진 다음 저서의 공통된 성격은?

> • 이중환의 「택리지」 　　　　　　　　• 유희의 「언문지」
> • 정상기의 「동국지도」 　　　　　　　• 안정복의 「동사강목」

① 화이관적 세계관의 반영 　　　　　② 실증적인 과학적 탐구방법
③ 부국강병을 위한 실용적 성격 　　④ 민족의 전통과 현실에 대한 관심

 Point

　조선 후기에는 우리 민족의 전통과 현실에 대한 관심이 커져서 우리의 역사, 강토, 언어에 대한 연구가 활발해졌다.

14 17~18세기의 문학에 대한 설명 중 옳지 않은 것은?

① 17세기 이후에는 많은 한글소설이 쏟아져 나왔다.
② 소설은 내용으로 보아 전쟁 소설, 사회 소설, 윤리 소설 등이 나왔다.
③ 후기에 와서는 시조의 형식을 중시하는 사설시조가 발달하여 서민 속에 파고들었다.
④ 새로운 경향의 한문학 작품은 주로 중간 계층의 하층 양반, 서얼 계급, 선비 사회에서 창작되고 읽혀졌다.

 Point

　③ 사설시조는 형식이 일부 파괴된 시조로 주제도 평민들의 자유분방하고 소박한 생활감정을 사실적으로 묘사한 작품이 많았다.

15 19세기는 서민 문화의 전성기라고 할 수 있다. 이에 관한 설명 중 옳지 않은 것은?

① 종합예술적 성격을 띤 가면극이 유행했다.
② 판소리는 사대부층을 중심으로 크게 환영받았다.
③ 판소리 사설의 창작과 정리에 공이 큰 사람은 신재효였다.
④ 한 편의 이야기를 창과 이야기로 엮어 나가면서 불렀던 판소리가 중심이었다.

Point

　② 판소리는 사대부층보다는 일반 서민층으로부터 크게 환영받았다.

16 다음과 같은 작품이 유행하던 시기의 문학에 대한 설명으로 옳지 않은 것은?

> 두터비 파리를 물고 두엄 위에 치다란 앉아
> 건넌산 바라보니 백송골이 떠 있거늘 가슴이 끔찍하여 풀쩍 뛰어 내리 닫다가 두험아래 자빠졌구나
> 모쳐라, 날낸 나이기에 망정이지 에헐질 번 하괘라.

① 한글로 된 소설작품이 많이 창작되었다.
② 시조는 서민생활, 남녀의 사랑 등을 읊었고 사설시조의 형태가 많아졌다.
③ 홍길동전은 당시 시대 상황에 순응하는 인물을 그린 소설이다.
④ 한문체에서는 옛 틀에서 벗어난 자유로운 문체를 개발하면서 문체의 혁신을 시도하기도 하였다.

Point

> 제시된 지문은 조선 후기 작자 미상의 사설 시조로서 격식에 얽매이지 않음을 알 수 있다.
> ③ 최초의 한글소설인 허균의 「홍길동전」은 서얼차별의 철폐와 탐관오리에 대한 응징을 주장하는 등 시대상황을 날카롭게 비판하였다.

17 조선 후기 대표적인 화가인 정선의 인왕제색도에서 보여지는 화풍과 같은 인식에서 나온 활동으로 묶인 것은?

> ⊙ 이종휘와 유득공은 고구려와 발해의 역사를 정리하여, 우리 역사의 무대를 만주지역으로 확대하였다.
> ⓒ 김정호는 우리나라의 산맥, 하천, 항만, 도로망을 상세하게 조사하여 지도에 표시하였다.
> ⓒ 김석문과 홍대용은 지전설을 내세워 성리학적 세계관을 비판하는 근거를 마련하였다.
> ⓔ 정약용은 수원화성을 쌓을 때 서양의 축성법을 연구하여 거중기를 사용하도록 하였다.
> ⓜ 허준은 「동의보감」을 저술하고 전통 한의학을 체계적으로 정리하여 의료지식의 보급에 기여하였다.

① ⊙, ⓒ, ⓒ   ② ⊙, ⓒ, ⓜ
③ ⓒ, ⓒ, ⓔ   ④ ⓒ, ⓔ, ⓜ

Point

> 인왕제색도는 우리의 자연을 직접 보고 그리는 화풍인 진경산수화로서 이는 우리의 것을 찾으려는 시대분위기 속에서 나온 것이다.

Answer) 13.④ 14.③ 15.② 16.③ 17.②

18 다음과 같이 주장한 조선 후기의 실학자에 대한 설명으로 옳은 것은?

> 천체가 운행하는 것이나 지구가 자전하는 것은 그 세가 동일하니, 분리해서 설명할 필요가 없다. 생각건대 9만리의 둘레를 한 바퀴 도는데 이처럼 빠르며, 저 별들과 지구와의 거리는 겨우 반경(半徑)밖에 되지 않는데도 오히려 몇 천만 억의 별들이 있는지 알 수가 없다. 하물며 은하계 밖에도 또 다른 별들이 있지 않겠는가!

① 「북학의」에서 소비를 권장하여 생산을 촉진하자고 주장하였다.
② 「임하경륜」에서 성인남자에게 2결의 토지를 나누어 주자고 주장하였다.
③ 「반계수록」에서 신분에 따라 토지를 차등 있게 재분배하자고 주장하였다.
④ 「우서」에서 상업적 경영을 통해 농업 생산성을 높여야 한다고 주장하였다.

Point

제시문은 지전설과 함께 홍대용이 주장한 무한우주론에 대한 설명이다. 홍대용은 「임하경륜」에서 성인 남자에게 2결의 토지를 나누어 주자는 균전제를 주장하였다.
① 박제가
③ 유형원
④ 유수원

19 조선 후기의 음악에 대하여 비판한 글이다. 당시 이런 경향이 사회 전반에 나타난 배경은 무엇인가?

> 지금 세속의 음악은 모두 음란하고 곡조가 슬프고 낮아 바르지 못한 음악이지만, 이것을 연주할 때는 관장이 아전을 용서해주고 가장이 종들을 용서해준다.

① 북벌론의 대두　　　　　　　　　② 서학의 전래
③ 서민 문화의 대두　　　　　　　　④ 소중화 의식의 심화

Point

조선 후기에는 유교의 윤리규범에서 벗어나 감정을 자유롭게 표현하는 음악의 형태가 유행하였는데 이는 민중에게서 유행하던 판소리, 민요 등이 확산됨에 따라 나타난 현상이다.

20 조선 후기의 과학기술에 대한 내용이다. 이를 토대로 조선 후기의 과학기술의 영향으로 옳은 것은?

> • 농학 – 「농가집성」, 「색경」 등의 농서가 저술되었다.
> • 천문학 – 김석문, 홍대용 등은 지전설을 주장하였다.
> • 의학 – 「동의보감」, 「침구경험방」, 「마과회통」 등이 편찬되었다.
> • 지리학 – 김정호가 청구도, 대동여지도를 제작하였고, 중국에서 만국지도가 전래되었다.

> ㉠ 과학 기술은 통치의 한 방편으로 연구되었다.
> ㉡ 서양의 과학 기술은 전통적 과학 기술을 압도하였다.
> ㉢ 국민들의 생활개선을 중요시하는 경향이 생겨났다.
> ㉣ 중국 중심의 세계관을 벗어나는 데 기여하였다.

① ㉠, ㉡　　　　　　　　　　　　② ㉠, ㉢
③ ㉡, ㉢　　　　　　　　　　　　④ ㉢, ㉣

Point
　　조선 후기의 과학분야는 국민생활 개선에 중점을 두었고, 우리에게 맞는 새로운 구성의 노력이 두드러졌다.

21 조선 후기의 각 문화 영역별 특징을 잘못 연결한 것은?

① 문학 – 영웅적 인물의 활약상을 비현실적인 배경에 재미있게 묘사한 작품이 많았다.
② 서예 – 고대 금석문에서 서도의 원류를 찾으려는 서체가 새로 나왔다.
③ 도자기 – 흰 바탕에 푸른 색깔로 그림을 그려 넣은 백자가 발달하였다.
④ 건축 – 서양 축성법을 본떠 거중기를 이용하여 견고한 석성을 축조하였다.

Point
　　① 조선 후기 문학작품에서는 주인공들이 종래의 영웅적 인물에서 서민적 인물로 바뀌었고, 문학의 배경은 비현실적 세계보다는 현실적 인간세계로 옮겨 갔다.

22 다음에 설명한 사상과 관계가 없는 것은?

> 알았다 하여도 행하지 않으면 그 앎은 진정한 앎이 아니며, 앎이 있다면 곧 행함이 있어야 한다.

① 성리학을 극복하려는 노력에서 수용되었다.
② 주로 집권 노론에 의해 호응을 받아 발전하였다.
③ 강화도를 중심으로 강화학파가 형성되었다.
④ 실천적 측면을 강조한 유교철학이었다.

 Point
　　② 양명학은 17세기 후반 소론 학자들에 의하여 본격적으로 수용되었다.

23 조선시대의 사상에 대한 설명으로 옳은 것은?

① 정도전은 성리학에만 국한하지 않고 다양한 사상을 포용하였으며, 특히 「춘추」를 국가의 통치 이념으로 중요하게 여겼다.
② 이황은 16세기 조선사회의 모순을 극복하는 방안으로 통치 체제의 정비와 수취제도의 개혁 등을 주장하였다.
③ 18세기에는 인간과 사물의 본성이 다르다고 주장하는 호론과, 이를 같다고 주장하는 낙론 사이에서 논쟁이 벌어졌다.
④ 유형원과 이익의 사상을 계승한 김정희는 토지제도 개혁론을 비롯하여 많은 저술을 남겼다.

 Point
　　조선의 사상
　　① 정도전은 여러 책을 집필하면서 고려 귀족사회의 정신적 지주였던 불교의 사회적 폐단과 철학적 비합리성을 비판, 공격
　　　하고 성리학만이 정학(正學)임을 이론적으로 정립해 조선시대 사상적 기반을 다졌다. 또한 조선의 통치 규범을 나타낸 「
　　　조선경국전(朝鮮經國典)」은 「주례(周禮)」에서 재상중심의 권력체계와 과거제도, 병농일치적 군사제도의 정신을 빌려왔다.
　　② 이이에 대한 설명이다.
　　④ 정약용에 대한 설명이다.

24 조선 후기 농업의 기술과 그 영향에 대한 설명이 옳지 않은 것은?

① 견종법의 보급 – 이랑과 이랑 사이의 간격이 넓어졌다.

② 이앙법의 보급 – 노동력의 절감과 생산량의 증대에 기여하였다.

③ 쟁기 기능의 개선 – 초벌 갈이로서의 가을갈이가 보편화되었다.

④ 수리 관개 시설의 발달 – 밭을 논으로 바꾸는 현상이 활발해졌다.

① 조선 후기에 이랑과 이랑사이의 간격이 좁아지고, 깊이갈이로 이랑과 고랑의 높이 차이를 크게 한 것은 소를 이용한 쟁기기능의 개선 때문이다.

25 다음 중 실학의 등장배경으로 옳은 것은?

> ㉠ 조선 후기 신분질서의 붕괴
> ㉡ 지배이념으로 성리학의 기능 상실
> ㉢ 왕조의 정통성에 대학 명분확립
> ㉣ 농민들의 경제력 향상

① ㉠, ㉡   ② ㉠, ㉣

③ ㉡, ㉢   ④ ㉢, ㉣

실학의 태동 … 성리학의 사회적 기능 상실로 인해 현실문제에 대한 고민으로 등장하였다.
㉢ 조선은 건국초기에 정부에서 주도한 편찬사업의 배경이다.
㉣ 조선 후기에는 왜란과 호란의 영향으로 농민들의 생활은 더욱 궁핍해졌다.

07

근현대사의 흐름

01 근현대의 정치변동

기출문제

문 (가) 인물이 추진한 정책으로 옳지 않은 것은?

▶ 2023. 4. 8. 인사혁신처

선비들 수만 명이 대궐 앞에 모여 만동묘와 서원을 다시 설립할 것을 청하니, ☐☐(가)☐☐ 이/가 크게 노하여 한성부의 조례(皂隷)와 병졸로 하여금 한강 밖으로 몰아내게 하고 드디어 천여 곳의 서원을 철폐하고 그 토지를 몰수하여 관에 속하게 하였다.

– 『대한계년사』 –

① 사창제를 실시하였다.
② 『대전회통』을 편찬하였다.
③ 비변사의 기능을 강화하였다.
④ 통상 수교 거부 정책을 추진하였다.

Tip 제시문의 인물은 흥선대원군의 서원 철폐와 관한 내용이다. 흥선대원군은 고종이 집권하자 대전회통 편찬, 비변사 철폐, 서원 정리, 호포제 및 사창제 실시 등 세도정치의 폐단을 개혁하고 대내적으로 왕권을 강화하고자 하였고, 지배층이 이를 반발하며 서원을 다시 설립할 것을 주장하였다. 대외적으로는 통상수교 거부 정책을 추진하며 전국에 척화비를 건립하였다. ③ 비변사의 기능이 강화된 것은 세도정치기였고, 흥선대원군은 비변사를 혁파하고자 하였다.

정답 ③

section 1 개화와 자주운동

(1) 조선 말기의 국내 정세

① 19세기 중엽의 정세

㉠ 대내적 상황 : 세도정치의 폐단이 극에 달하여 무능한 양반지배체제에 저항하는 민중세력이 성장하고 있었다.

㉡ 대외적 상황 : 일본과 서양 열강의 침략적 접근이 일어나고 있었다.

② 흥선대원군의 집권 … 실추된 왕권을 회복하고 국가적 위기를 극복하기 위하여 노력하였다.

㉠ 내정개혁

• 세도정치의 타파 : 세도가문의 인물들을 몰아내고 인재를 고르게 등용하였다.

• 비변사의 폐지 : 비변사를 폐지하여 의정부와 삼군부의 기능을 회복시켰다.

• 서원의 정리 : 붕당의 온상인 서원을 대부분 철폐·정리하여 국가재정을 확충하고 양반과 유생들의 횡포를 막았다.

• 경복궁의 중건 : 왕권강화를 위해 경복궁을 중건하였다.

• 삼정의 개혁 : 양전사업을 실시하여 전정을 바로잡고, 군역제도를 개혁하여 호포법을 실시하였으며, 환곡제를 사창제로 개혁하였다.

• 법전정비 : 「대전회통」과 「육전조례」 등의 법전을 정비·간행하였다.

• 국방력의 강화 : 훈련도감에 포수를 선발하여 군사력을 증강하고 수군통제사의 지위를 격상시키고 수군을 강화하였다.

• 한계 : 국가기강을 바로잡고 민생을 안정시키는 데 어느 정도 기여하였으나 전통체제 내에서의 개혁이다.

㉡ 대외정책

• 통상수교 거부정책 : 국방력을 강화하고, 통상수교 요구를 거부하는 한편, 천주교를 탄압하였다. 병인양요와 신미양요를 겪었지만 강화도에서 격퇴하였으며, 전국 각지에 국권수호의 의지를 다지기 위해 척화비를 건립하였다.

• 한계 : 외세의 침략을 일시적으로 저지하는 데는 성공하였으나, 조선의 문호개방 지연되었다.

> **흥선 대원군의 양이 보국책 유시(1866)**
> ㉠ 괴로움을 참지 못하고 화친을 허락한다면 이는 나라를 파는 것이다.
> ㉡ 그 해독을 이겨내지 못하고 교역을 허락한다면 이는 나라를 망하게 하는 것이다.
> ㉢ 적이 경성에 다다를 때 도성을 버리고 간다면 이는 나라를 위태롭게 하는 것이다.

ⓒ 적이 경성에 다다를 때 도성을 버리고 간다면 이는 나라를 위태롭게 하는 것이다.

ⓓ 만약 잡술(雜術)이나 육정육갑(六丁六甲) 따위로, 또는 귀신을 불러 신기하게 침략자를 물리치고자 하면 이후에 생겨나는 폐단은 사학(邪學)보다도 더욱 심할 것이다.

「용호한록」

(2) 개항과 개화정책

① 개항

ㄱ 배경 : 흥선대원군이 물러나고 통상개화론자들이 대두하면서 문호개방의 여건이 마련되어 갔다.

ㄴ 강화도 조약과 개항(1876) : 운요호 사건을 계기로 조약을 맺어 처음으로 문호를 개방하였다. 우리나라 최초의 근대적 조약으로 부산, 원산, 인천 등 세 항구의 개항이 이루어졌으나, 치외법권, 해안측량권을 내용으로 한 일본 침략의 발판을 마련한 불평등 조약이었다.

강화도조약의 내용 및 의도

① **청의 종주권 부인** ··· 조선은 자주국으로 일본과 평등한 권리를 가진다고 규정했지만, 그것은 조선에 대한 청의 종주권을 부인함으로써 일본의 조선 침략을 용이하게 하려는 것이었다.

② **침략의도 표출** ··· 부산 외에 두 항구의 개항, 일본인의 국내 통상활동 허가와 조선 연해의 자유로운 측량 등을 규정하였다. 그것은 단순한 통상교역의 경제적 목적을 넘어 정치적·군사적 거점을 마련하려는 일본의 침략의도를 드러낸다.

③ **주권 침해** ··· 개항장에서의 일본인 범죄를 일본 영사가 재판하는 영사재판권, 즉 치외법권조항을 설정함으로써 조선 내 거주 일본인의 불법행위에 대한 조선의 사법권을 배제시켰다. 특히 치외법권, 해안측량권 등은 조선의 주권에 대한 침해였다.

ㄷ 각국과의 조약 체결 : 미국과 조·미수호통상조약을 맺은 것을 시작으로 영국·독일·러시아·프랑스와 외교관계를 수립하였지만, 대부분 치외법권을 인정하고 최혜국 대우를 약속한 불평등 조약이었다.

조·미 수호 통상조약

ㄱ 황쭌셴이 가져온 「조선책략」의 영향으로 서양국가 중 최초로 미국과 체결한 조약

ㄴ 내용

• 거중조정 : 두 나라 가운데 한 나라가 다른 나라의 침략을 받으면 서로 돕는다.(사실상 적극적인 중재가 이루어진 적은 없었음)

• 치외법권 : 다른 나라의 영토에 있으면서도 그 나라의 법에 따르지 않아도 될 권리(불평등)

문 (가), (나) 조약 사이의 시기에 있었던 사실로 옳은 것은?

▶ 2023. 4. 8. 인사혁신처

(가) 제10관 일본국 인민이 조선국 지정의 각 항구에 머무는 동안에 죄를 범한 것이 조선국 인민에 관계되는 사건일 때에는 일본국 관원이 재판한다.

(나) 제4관 중국 상인이 조선의 양화진 및 한성에 영업소를 개설할 경우를 제외하고, 각종 화물을 내륙으로 운반하여 상점을 차리고 파는 것을 허가하지 않는다. 단, 내륙행상이 필요한 경우 지방관의 허가서를 받아야 한다.

① 개항장에서는 일본 화폐가 통용되었다.

② 러시아가 압록강 유역의 산림 채벌권을 획득하였다.

③ 황국 중앙 총상회가 조직되어 상권 수호 운동을 전개하였다.

④ 함경도의 방곡령에 불복하여 일본 상인이 손해 배상을 요구하였다.

> **Tip** 1876년에 체결된 강화도조약이다. 강화도조약은 해안 측량권 허용 및 치외법권(영사재판권)을 인정한 불평등 조약이다. 부속 조약으로 조·일 수호 조규 부록이 체결되어 개항장에서의 일본 화폐 사용, 일본인 거류지가 설정(간행이정 10리)되었고, 양곡의 무제한 유출 허용 및 일본 상품에 대한 무관세 적용이 이루어졌다.
> ② 1896년
> ③ 1898년
> ④ 1889년

정답 ①

기출문제

📖 다음 자료에 대한 설명으로 옳은 것은?

▶ 2024. 3. 23. 인사혁신처

조선이라는 땅덩어리는 실로 아시아의 요충을 차지하고 있어 그 형세가 반드시 다툼을 불러올 것이다. 조선이 위태로우면 중동(中東)의 형세도 위급해진다. 따라서 러시아가 강토를 공략하려 한다면 반드시 조선이 첫 번째 대상이 될 것이다. … (중략) … 러시아를 막을 수 있는 조선의 책략은 무엇인가? 오직 중국과 친하며, 일본과 맺고, 미국과 연합함으로써 자강을 도모하는 길뿐이다.

① 강화도 조약 체결 이전 조선에 널리 퍼졌다.
② 흥선대원군이 척화비를 세우는 계기가 되었다.
③ 이만손 등 영남 유생들의 반발을 불러일으켰다.
④ 청에 영선사로 파견된 김윤식에 의해 소개되었다.

Tip 제시문은 일본 주재 청나라 외교관인 황쭌셴이 저술한 〈조선책략〉으로 러시아의 남하를 막기 위하여 조선은 미국, 일본, 청과 연합을 해야 한다는 내용을 담고 있다. 〈조선책략〉은 2차 수신사로 일본에 파견된 김홍집이 국내에 들어와 고종에게 올리자 개화를 반대하는 위정척사 세력들이 반발하며 이만손을 중심으로 영남만인소 사건이 발생하였다.(1881)
① 강화도조약 체결 : 1876년
② 척화비 건립 계기 : 남연군묘 도굴사건(1868) → 신미양요(1871)

정답 ③

• 최초 최혜국 대우 : 앞으로 조선이 다른 나라와 수교를 할 때 미국보다 유리한 조건을 허락하면 미국에게도 그 권리를 인정해 준다.
• 관세 자주권 인정
• 조계지 설정, 조계지 내에서의 토지 구입, 임차(賃借)의 자유를 보장하였고, 다만 내지 통상은 부정되었다.
• 영사재판권 제도 허용(불평등)

② 개화정책의 추진

㉠ 수신사의 파견 : 1차로 김기수, 2차로 김홍집이 일본을 다녀왔다. 일본의 발전상과 세계정세의 변화를 알고, 개화의 필요성을 더욱 느끼게 되었다. 이에 정부는 대외관계와 근대문물의 수입 등 여러 가지의 과제를 해결하기 위하여 개화파 인물들을 정계에 기용하였고, 이들을 중심으로 개화정책을 추진해 나갔다. 특히 김홍집은 '조선책략'을 가져왔다.

㉡ 제도의 개편

• 관제의 개편 : 개화정책을 전담하기 위한 기구로 통리기무아문을 설치하고 그 아래에 12사를 두어 외교, 군사, 산업 등의 업무를 분담하게 하였다(청의 관제 모방).
• 군제의 개혁 : 종래의 5군영을 무위영, 장어영의 2영으로 통합·개편했으며, 신식군대의 양성을 위하여 별기군을 창설하였고, 일본인 교관을 채용하여 근대적 군사훈련을 시키고, 사관생도를 양성하였다.

㉢ 근대문물 수용사절의 파견

• 신사유람단(조사시찰단) 파견(1881) : 일본의 정부기관, 각종 산업시설을 시찰하였다.
• 영선사 파견(1881) : 김윤식과 유학생들을 청국의 톈진에 유학시켜 무기제조법, 근대적 군사훈련법을 배우게 하였다.

③ 위정척사운동

㉠ 성격 : 성리학의 화이론에 기반을 둔 강력한 반침략, 반외세 운동이다.

㉡ 1860년대(통상 반대 운동) : 서양의 통상요구와 병인양요가 일어나면서 외세 배척의 분위기가 팽배했으나 통상개화론자들은 통상을 주장하였다. 이에 이항로, 기정진 등은 척화주전론(斥和主戰論)을 내세우고 흥선대원군의 통상수교 거부정책을 뒷받침하였다.

㉢ 1870년대(개항 반대 운동) : 미국의 제너럴셔먼호 사건으로 일어난 신미양요, 일본의 운요호 사건으로 강화도 조약을 맺게 되자 최익현, 유인석 등은 개항불가론을 주장하고 왜양일체론(倭洋一體論)을 내세워 개항반대운동을 전개하였다.

㉣ 1880년대(개화 반대 운동) : 강화도 조약 이후 급격한 개화정책이 추진되고, 김홍집이 가져온 「조선책략」의 유포에 반발하여 이만손, 홍재학 등은 영남만인소를 올렸다.

ⓜ 1890년대(의병투쟁) : 을미사변과 단발령이 내려지자 유인석, 이소응 등은 무장봉기를 하였고 이는 개항 이후 최초의 의병으로 항일의병운동으로 계승되게 된다.

ⓗ 의의
- 긍정적 의미 : 일본의 침략에 저항하는 항일의병운동으로 계승되었다.
- 부정적 의미 : 조선 왕조의 전제주의적 정치체제, 지주 중심의 봉건적 경제체제, 양반 중심의 차별적 사회체제, 성리학적 유일사상체제를 유지시키려는 데 목적을 두고 있었다.

④ 임오군란의 발발(1882)

㉠ 원인 : 개화파와 보수파의 대립, 구식 군대의 차별 대우에 대한 불만으로 일어났다.

㉡ 영향
- 흥선대원군이 재집권하면서 통리기무아문을 폐지하고 5군영을 부활시켰다.
- 일본은 조선 정부의 사죄와 배상금 지불, 일본 공사관의 경비병 주둔 허용의 내용을 담고 있는 제물포 조약을 체결하였다.
- 청나라는 조선에 청군을 주둔시키고 재정(마젠창)·외교고문(묄렌도르프)을 파견하여 조선의 내정을 간섭하고 청나라 상인의 통상특권을 허용하는 조청상민수륙무역장정을 체결하였다.
- 민씨 일파가 재집권하게 되고 정권 유지를 위해 친청정책이 강화되어 개화정책은 후퇴하였다.

㉢ 개화운동의 두 흐름

구분	온건개화파	급진개화파
주요인물	김홍집, 김윤식	박영효, 홍영식, 김옥균 등
개혁방안	청의 양무운동을 바탕으로 한 동도서기론을 통해 점진적 개혁 추구	일본의 메이지유신을 바탕으로 한 문명개화론을 통해 급진적 개혁 추구
할동	친청세력을 민씨 정권과 결탁하여 청과의 관계 중요시	정부의 청에 대한 사대 정책을 비판하고 후에 갑신정변 주도 세력

⑤ 갑신정변(1884)

㉠ 배경 : 친청 세력의 개화당 탄압, 조선 주둔 청군의 철수, 일본 공사의 지원 약속, 청의 내정 간섭과 개화 정책의 후퇴 등에 대한 반발로 급진개화파들은 갑신정변을 일으켰다.

㉡ 개혁요강의 내용 : 청에 대한 사대관계 폐지, 인민평등권의 확립, 지조법의 개혁, 모든 재정의 호조 관할(재정의 일원화), 경찰 제도의 실시, 내각중심 정치의 실시 등이다.

🔲 (가)에 들어갈 말로 옳은 것은?
▶ 2024. 3. 23. 인사혁신처

정부의 개화 정책이 추진되면서 구식 군인과 도시 하층민이 반발하였다. 제대로 봉급을 받지 못한 구식 군인들이 난을 일으키고 도시 하층민이 여기에 합세하였으나 청군에 의해 진압되었다. 이후 청은 조선에 군대를 주둔시키고 조선의 내정에 개입하였다. 또 [(가)]을 체결하여 조선이 청의 속방임을 명문화하고 청 상인의 내륙 진출을 인정받았다.

① 한성 조약
② 톈진 조약
③ 제물포 조약
④ 조청상민수륙무역장정

Tip 강화도조약 체결(1876) 이후 개화정책이 추진되는 과정에서 신식 군대인 별기군이 설치되자 구식 군인에 대한 차별이 심화되었다. 이에 대한 반발로 구식 군인들이 난을 일으켰지만(임오군란. 1882) 청의 개입으로 실패하였다. 이후 청의 내정간섭이 심화되었고 조선과 청 사이에는 조청상민수륙무역장정(1882)이 체결되어 청 상인의 내륙 진출을 허용하였다.
① 한성조약(1884) : 갑신정변 직후 일본과 체결
② 톈진조약(1885) : 갑신정변 이후 청과 일본 사이에 체결
③ 제물포조약(1882) : 임오군란 이후 일본과 체결

정답 ④

ⓒ 경과 : 삼일천하로 끝난 이 정변은 개혁주체의 세력기반이 미약하였고, 외세에 의존해서 권력을 잡으려 했으나 실패하였으며, 개화세력이 도태되고 말았다.

ⓔ 한계 : 한성조약(보상금 지불과 공사금 신축비 부담)과 텐진조약(청·일 양국 군의 철수와 조선 파병시 상대국에 미리 알릴 것)이 체결되었다.

ⓜ 역사적 의의
- 정치면 : 중국에 대한 전통적인 외교관계를 청산하려 하였고, 전제군주제를 입헌 군주제로 바꾸려는 정치개혁을 최초로 시도하였다.
- 사회면 : 문벌을 폐지하고 인민평등권을 확립하여 봉건적 신분제도를 타파하려 하였다.
- 근대화 운동의 선구 : 근대국가 수립을 목표로 하는 최초의 정치개혁운동이었고, 역사발전에 합치되는 민족운동의 방향을 제시하였다.

신정부 강령 14개조

제1조. 대원군을 가까운 시일 안에 돌아오게 하고 청에 조공하는 허례의 행사를 폐지할 것.

제2조. 문벌을 폐지하여 인민 평등의 권리를 제정하고 능력에 따라 관리를 등용할 것.

제3조. 지조법을 개혁하여 간사한 관리를 뿌리 뽑고 백성의 곤란을 구제하며, 국가 재정을 넉넉하게 할 것.

제7조. 규장각을 폐지할 것.

제8조. 급히 순사를 두어 도둑을 막을 것.

제9조. 혜상공국(보부상 조직)을 폐지할 것.

제10조. 그 전에 유배, 금고된 사람들을 사정을 참작하여 석방할 것.

제11조. 4영을 합쳐 1영으로 하고 영 중에서 장정을 뽑아 근위대를 설치할 것, 육군 대장은 세자를 추대할 것.

제12조. 재정은 모두 호조에서 관할케 하고 그 밖의 재무 관청은 폐지할 것.

제13조. 대신과 참찬은 합문 안의 의정부에서 회의 결정하고 정령을 공포해서 시행할 것.

제14조. 정부는 6조 외의 불필요한 관청은 모두 없애고 대신과 참찬이 협의해서 처리케 할 것.

Point 팁 유길준의 중립화론

갑신정변 이후 영국의 거문도 불법점거 사건 등 해외열강들로 인해 국제 정세가 팽팽 해지자, 독일 부영사 부들러, 유길준은 조선을 중립국화 하여 어느 열강에도 의존하지 않고 힘의 균형을 맞추려 하였다. 그러나 갑신정변 이후 강화된 청의 조선 속방화 정책에 의해 무산되었다.

(3) 동학농민운동의 전개

① **배경**

　㉠ **정부의 대책 미비**: 정부의 개화정책 추진이나 개화운동, 유생층의 위정척사 운동은 열강의 침략 경쟁에 효과적으로 대응하지 못하였다.

　㉡ **농촌 경제의 파탄**: 근대문물의 수용과 배상금 지불 등으로 국가재정이 궁핍해져 농민에 대한 수탈이 심해졌고, 일본의 경제적 침투로 농촌경제가 파탄에 이르게 되었다.

　㉢ **농민층의 불안과 불만의 팽배**: 정치 · 사회의식이 급성장한 농촌지식인과 농민들 사이에 사회 변혁의 욕구가 높아졌다.

　㉣ **동학의 교세 확산**: 동학의 인간평등사상과 사회개혁사상은 새로운 사회로의 변화를 갈망하는 농민의 요구에 부합하였고, 농민들은 동학의 조직을 통하여 대규모의 세력을 모을 수 있었다.

② **경과**

　㉠ 고부 군수 조병갑의 횡포에 전봉준이 사발통문을 돌려 고부 관아를 습격하고 관리들을 징벌하는 고부봉기(1894)를 일으켰다.

　㉡ 안핵사가 봉기 관련자를 역적으로 탄압하자 전봉준 등은 재봉기를 하여 전주성을 점령(1894)하였고, 정부의 요청으로 청군이 들어오자 톈진조약을 근거로 일본군도 들어왔다.

　㉢ 동학농민군은 외국 군대 철수와 폐정개혁안을 조건으로 정부와 전주화약을 체결하였다.

　㉣ 동학농민군은 전라도 각 고을에 자치기구인 집강소를 설치하였다.

　㉤ 일본이 경복궁을 점령하고 내정간섭을 강요하자 다시 봉기를 하나 공주 우금치에서 패퇴하고 전봉준 등 동학지도자는 체포된다.

③ **의의** … 개혁정치를 요구하고 외세의 침략을 물리치려 한 아래로부터의 반봉건적 · 반침략적 민족운동이라는 성격을 가진다. 동학농민의 요구는 갑오개혁에 일부 반영되었으며, 농민군의 잔여세력은 항일 의병항쟁에 가담하였다.

Point 팁

폐정개혁 12개조

1. 동학도는 정부와의 원한을 씻고 서정에 협력한다.
2. 탐관오리는 그 죄상을 조사하여 엄징한다.
3. 횡포한 부호를 엄징한다.
4. 불량한 유림과 양반의 무리를 징벌한다.
5. 노비문서를 소각한다.
6. 7종의 천인 차별을 개선하고, 백정이 쓰는 평량갓은 없앤다.
7. 청상과부의 개가를 허용한다.

기출문제

문 〈보기〉는 동학농민전쟁에 관련된 주요 사건을 표로 나타낸 것이다. 청일전쟁이 발발된 시기는?

▶ 2021. 6. 5. 제1회 서울특별시

〈보기〉

| (가) | (나) | (다) | (라) |

| 고부현 봉기 | 황토현 전투 | 전주 화약 | 삼례 2차 봉기 | 우금치 전투 |

① (가) 　　② (나)

③ (다) 　　④ (라)

Tip 동학농민운동(1894)은 교조신원운동 이후 동학교세가 확장되면서 발생하였다. 고부군수 조병갑의 횡포에 저항하여 전봉준을 중심으로 고부민란(1894. 2)이 발생했지만 사태 수습을 위해 부임한 안핵사 이용태의 폭정으로 동학농민군은 백산에서 재봉기(1차 봉기)하였다. 이후 황토현, 황룡촌(1894. 5) 전투에서 동학농민군이 승리하며 전주성까지 진격하여 전주성을 점령하였다. 이에 위협을 느낀 정부는 청에 원군을 요청했고 갑신정변 이후 체결된 톈진조약에 의거하여 일본도 동시에 군대를 파견했다. 하지만 정부와 동학농민군 사이에 전주화약이 체결(1894. 6)하고 집강소가 설치되었다. 그 해 7월 일본군이 청일전쟁을 일으키며 경복궁을 무단점령하였고, 이에 손병희를 중심으로 한 북접과 전봉준의 남접이 충남 논산에서 집결하여 일본군을 몰아내기 위해 서울로 진격하였다. 하지만 충남 공주 우금치 전투에서 일본군에 패배하며 동학농민운동은 실패하였다.

정답 ③

문 밑줄 친 '14개 조목'에 해당하는 것만을 모두 고르면?

▶ 2023. 4. 8. 인사혁신처

이제부터는 다른 나라를 의지하지 않으며 융성하도록 나라의 발걸음을 넓히고 백성의 복리를 증진하여 자주독립의 터전을 공고하게 할 것입니다. … (중략) … 이에 저 소자는 <u>14개 조목</u>의 홍범(洪範)을 하늘에 계신 우리 조종의 신령 앞에 맹세하노니, 우러러 조종이 남긴 업적을 잘 이어서 감히 어기지 않을 것입니다.

㉠ 탁지아문에서 조세 부과
㉡ 왕실과 국정 사무의 분리
㉢ 지계 발급을 위한 지계아문 설치
㉣ 대한 천일 은행 등 금융기관 설립

① ㉠, ㉡   ② ㉠, ㉣
③ ㉡, ㉢   ④ ㉢, ㉣

Tip 홍범 14조(1895)로 2차 갑오개혁(1894) 당시 추진한 정부의 개혁 강령이다. 고종은 홍범 14조 반포를 통해 청과의 사대관계에서 벗어나 독립국임을 선포하였고, 의정부를 내각으로, 80아문을 7부로 개편하였으며, 전국 8도를 23부로 개편하는 행정 개혁을 단행하였다. 이 과정에서 조세 부과와 징수는 탁지아문이 관할하고, 왕실과 국정 사무를 분리하였다. 또한 재판소 설치 및 교육입국조서 반포를 통해 근대적 교육 개혁을 시도하였다.
㉢ 지계아문(1901)은 대한제국 정부에서 수립된 기관이다.
㉣ 대한천일은행(1899)은 대한제국 정부에서 설립되었다.

정답 ①

8. 무명의 잡세는 일체 폐지한다.
9. 관리채용에는 지벌을 타파하고 인재를 등용한다.
10. 왜와 통하는 자는 엄징한다.
11. 공사채를 물론하고 기왕의 것을 무효로 한다.
12. 토지는 평균하여 분작한다.

(4) 근대적 개혁의 추진

① 내정개혁의 필요성이 대두되어 정부는 교정청을 설치하여 자주적인 개혁에 착수하였다.

② 갑오개혁(1894)
　㉠ 배경 : 일본은 내정개혁을 강요하였고, 군대를 동원하여 경복궁을 점령하였으며, 교정청을 폐지하고 친일 내각과 군국기무처를 설치하였고 갑오개혁을 추진하였다.
　㉡ 내용
　　• 정치면 : 내각의 권한이 강화되고 왕권을 제한하였다.
　　• 사회면 : 신분제를 철폐하고 전통적인 폐습을 타파하였다.
　㉢ 한계 : 군사면의 개혁과 농민들이 요구한 토지제도의 개혁은 거의 이루어지지 않았다.

> **홍범 14조(1894)**
> 제1조. 청국에 의존하려는 마음을 버리고 확실히 자주 독립하는 기초를 확고히 세울 것.
> 제4조. 왕실 사무와 국정 사무를 모름지기 나누어 서로 혼합하지 아니할 것.
> 제6조. 인민에 대한 조세 징수는 법령으로 정해서 명목을 덧붙여 함부로 거두지 말 것.
> 제7조. 조세의 부과와 징수, 경비 지출은 모두 탁지아문이 관할할 것.
> 제9조. 왕실 비용 및 각 관부 비용은 일년 예산을 세워 재정의 기초를 세울 것.
> 제10조. 지방 관제를 속히 개정하여 지방 관리의 직권을 제한할 것.
> 제11조. 나라 안의 총명한 자제를 널리 파견하여 외국의 학술과 기예를 보고 익히게 할 것.
> 제13조. 민법과 형법을 엄격하고 명확하게 제정하고, 함부로 사람을 가두거나 징벌하지 말게 하여 인민의 생명과 재산을 보전할 것.
> 제14조. 문벌과 지연에 구애받지 않고 사람을 쓰고, 세상에 퍼져 있는 선비를 두루 구해 인재의 등용을 넓힐 것.
> － 관보, 1894년 12월 12일 －

③ 을미개혁(1895) … 을미사변 이후에 을미개혁과 단발령을 시행하였다. 이에 유생층과 농민들은 의병을 일으켰으며, 아관파천으로 중단되었다(1896).

④ 의의 … 갑오개혁과 을미개혁은 일본에 의한 강요도 있었으나, 개화파 인사들과

동학농민층의 개혁의지가 반영된 근대적 개혁이었다.

Point 팁 개혁의 추진

갑신정변 (14개조 정강)	동학농민운동 (폐정개혁안)	갑오개혁 (홍범14조)	을미개혁
문벌 폐지	노비문서 소각	문벌 폐지 (신분제 폐지)	단발령 공포
지조법의 개혁	무명잡세 폐지	납세법정주의	종두법 실시
능력에 따른 관리 임명	지벌 타파, 인재 등용	과거제도 폐지	태양력 사용
청에 대한 사대 청산	과부개가 허용	과부개가 허용	연호사용(건양)
재정의 일원화 (호조)	왜와 통한 자 엄징	재정의 일원화 (탁지부)	우편제 실시
혜상공국 폐지	토지 평균분작	군사개혁 소홀	소학교 설치
경찰제 실시	공사채 면제	경찰제 일원화	친위대 · 진위대
부정한 관리의 치죄	탐관오리 엄징	도량형 개정 · 통일	

(5) 항일의병투쟁의 시작

① 을미의병 … 을미사변과 단발령으로 유생층의 불만이 최고조에 이르렀고 농민과 동학농민군까지 가세하여 전국적으로 확대되었다.

② 아관파천 이후 단발령이 철회되고, 고종의 해산 권고로 을미의병은 자진 해산을 하였다.

section 2 주권수호운동의 전개

(1) 독립협회와 대한제국

① 독립협회

 ㉠ 배경 : 아관파천 이후 열강의 이권 침탈이 가속화되었다.

 ㉡ 창립

  • 갑신정변의 주동자인 서재필이 자주독립국가를 수립하고자 독립협회를 창립하였다.

  • 서재필, 윤치호, 이상재 등의 진보적 지식인들과 도시 서민층이 주요 구성원이었으며 광범위한 사회계층의 지지를 받았다.

🔖 〈보기〉는 동학농민군이 제시한 「폐정개혁안」 12개조 중 일부이다. 이 중 갑오개혁에 반영된 것을 모두 고른 것은?

▶ 2020. 6. 13. 제2회 서울특별시

〈보기〉
㉠ 무명의 잡다한 세금은 일체 거두지 않는다.
㉡ 토지는 균등히 나누어 경작한다.
㉢ 왜와 통하는 자는 엄중히 징벌한다.
㉣ 젊어서 과부가 된 여성의 재혼을 허용한다.

① ㉠, ㉡
② ㉠, ㉣
③ ㉡, ㉢
④ ㉢, ㉣

Tip 폐정개혁안 12개조는 동학농민군이 전주성 점령 이후 정부에 요구한 개혁안이다. 당시 동학농민군의 요구는 수용되지 못했지만 대신 전주화약을 체결하여 집강소가 설치되었다. 동학농민군의 개혁 요구안 일부는 갑오개혁에서 실현되었다. 특히 갑오개혁의 사회적 측면에서 신분제가 철폐되고 조혼 금지, 과부 재가 허용, 고문과 연좌제 금지 등의 봉건적 악습이 철폐가 된 것에서 살펴볼 수 있다.
㉡ 토지제도의 개혁은 이루어지지 않았다.
㉢ 갑오개혁은 일본이 경복궁을 무단 점령한 이후 일본의 강요에 의해 이루어진 조약이다.

▌정답 ②

ⓒ **활동**

• 독립협회는 자주국권 사상, 자유민권 사상, 자강개혁 사상을 바탕으로 활동하였다.
• 독립신문을 발간하고 민족의 자주의식을 나타내기 위해 독립문을 건립하였다.
• 외세의 내정 간섭과 이권 요구에 대항하여 구국운동상소문을 작성하였다.
• 민중에 기반을 둔 사회단체로 발전하여 강연회와 토론회를 개최하였다.
• 최초의 근대적 민중대회인 만민공동회를 개최(1898.3)하고 후에 관민공동회를 개최(1898.10)하여 헌의 6조를 결의함으로써 중추원을 개편한 의회를 만들려고 하였다.

ⓔ **해산** : 서구식 입헌군주제의 실현을 추구하여 보수 세력의 반발을 샀으며 보수 세력은 황국협회를 이용하여 독립협회를 탄압하였고, 독립협회는 3년 만에 해산되었다.

ⓜ **의의 및 한계**

• 근대적 민족주의 사상과 자유민권의 민주주의 이념을 알렸으며 후에 애국 계몽 운동에 영향을 주게 된다.
• 외세 배척이 러시아에만 치중되어 있었고 미·영·일에 대해서는 비교적은 우호적이었으며, 의병 활동이나 동학 농민 운동에 대해서는 부정적인 태도를 가지고 있었다.

② **대한제국**(1897)

㉠ **배경** : 아관파천으로 국가의 권위가 떨어지고, 환궁운동이 전개되면서 고종은 환궁하게 되었다.

㉡ **광무개혁**

• 국호를 대한제국, 연호를 광무라 부르며 왕의 명칭을 황제로 바꾸면서 대한제국의 성립을 선포하였다.
• 개혁의 원칙은 구제도를 바탕으로 새로운 제도를 참작하는 구본신참이었다.
• 전제 군주 체제를 강화하고 교정소라는 특별입법기구를 설치하였다.
• 양전사업 실시를 위해 양지아문을 설치하고, 근대적 토지소유권 제도라 할 수 있는 지계를 발급하였다.
• 상공업 진흥책으로 섬유·철도·광업 등의 분야에 공장과 회사를 설립하고 근대 산업기술 습득을 위해 외국에 유학생을 파견하였다.
• 간도와 연해주에 있는 교민 보호를 위해 북간도에 간도관리사(이범윤)를 파견하였다.

㉢ **의의 및 한계**

• 자주적 입장에서 근대적 개혁을 추진하였다.
• 집권층의 보수성과 열강의 간섭으로 실패로 돌아갔다.
• 전제군주권 강화에 치중하였다.

(2) 항일의병전쟁의 전개

① **을사조약**(1905) 반대 운동

　㉠ 장지연의 '시일야방성대곡'이 황성신문에 게재되고 고종은 '을사조약 부인친서'를 대한매일신보에 발표하였다.

　㉡ 조병세는 조약의 폐기를 요구하는 상소운동을, 민영환은 자결로써 항거하였다.

　㉢ 5적 암살단(나철, 오기호)이 조직되어 5적의 집을 불사르고 일진회 사무실을 습격하였다.

　㉣ 고종은 헐버트를 통해 미국에 친서를 보내고, 헤이그 만국 평화 회의에 이상설, 이준, 이위종 등 3인을 특사로 보내 조약의 무효와 일본의 만행을 외국 언론에 알리려고 하였다.

② **을사의병**(1905)

　㉠ 배경 : 을사조약이 체결되자 의병운동이 일어났다.

　㉡ 전개 : 민종식, 최익현, 홍범도, 신돌석 같은 평민 의병장의 활약이 두드러졌으며, 이들은 조약의 폐기와 친일내각의 타도를 주장하였다.

③ **정미의병**(1907)

　㉠ 배경 : 고종의 강제 퇴위와 군대해산으로 의병운동이 일어났다.

　㉡ 전개 : 서울의 시위대 소속 한국군과 각 진위대가 의병대열에 합류하여 전투조직력이 강해졌고 활동영역은 간도·연해주 등 국외로까지 확산되었다.

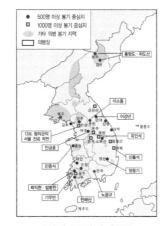

〈의병 부대의 활동〉

④ **서울 진공 작전**(1908) … 전국의 의병부대가 연합한 13도 창의군은 경기도 양주로 집결하여 서울진공작전을 펼쳤으나 일본의 우세한 화력과 평민 의병장의 제외로 실패하였다.

⑤ **일본의 남한대토벌 작전**(1909) … 의병부대 진압을 위해 대대적인 의병토벌에 펼쳤으며, 의병들은 간도·연해주로 이동하여 항일독립군을 형성하였다.

⑥ **의의** … 의병전쟁은 국권회복을 위한 무장투쟁으로서 항일독립투쟁의 정신적 기반이 마련되는 계기가 되었다.

⑦ **한계** … 양반 유생층이 전통적 지배질서의 유지를 고집하여 대다수 농민의병들과 갈등을 빚기도 해 소기의 성과를 거두지는 못하였다.

기출문제

문 다음의 논설을 작성한 인물에 대한 설명으로 옳은 것은?
▶ 2024. 3. 23. 인사혁신처

이 날을 목 놓아 우노라[是日也放聲大哭]. … (중략) … 천하만사가 예측하기 어려운 것도 많지만, 천만 뜻밖에 5개조가 어떻게 제출되었는가. 이 조건은 비단 우리 한국뿐 아니라 동양 삼국이 분열할 조짐을 점차 만들어 낼 것이니 이토[伊藤] 후작의 본의는 어디에 있는가?

① 『한성순보』를 창간하였다.
② 『한국통사』를 저술하였다.
③ 「독사신론」을 발표하였다.
④ 『황성신문』의 주필을 역임하였다.

Tip 제시문은 을사늑약(1905) 체결 이후 황성신문 주필인 장지연이 황성신문에 게재한 〈시일야방성대곡〉이다.
① 한성순보(1883) : 박문국에서 발간
② 한국통사(1915) : 박은식
③ 독사신론(1908) : 신채호

정답 ④

(3) 애국계몽운동의 전개

① 초기 … 개화 · 자강계열 단체들이 설립되어 구국 민족운동을 전개하였다.

    ㉠ 보안회 : 일제의 황무지 개간권 요구를 좌절시켰다.

    ㉡ 헌정연구회 : 입헌정체의 수립을 목적으로 설립되었다.

② 1905년 이후 … 국권회복을 위한 애국계몽운동을 전개하였다.

    ㉠ 대한자강회 : 교육과 산업을 진흥시켜 독립의 기초를 만들 것을 목적으로 국권회복을 위한 실력양성운동을 전개하였으나 고종의 강제퇴위 반대운동으로 해산되었다.

    ㉡ 대한협회 : 교육의 보급, 산업개발 및 민권신장 등을 강령으로 내걸고 실력양성운동을 전개하였다.

    ㉢ 신민회 : 비밀결사조직으로 국권회복과 공화정체의 국민국가 건설을 목표로 하였다. 국내적으로 문화적 · 경제적 실력양성운동을 펼쳤으며, 국외로 독립군기지 건설에 의한 군사적인 실력양성운동에 힘쓰다가 105인 사건으로 해체되었다.

③ 의의 … 민족독립운동의 이념과 전략을 제시하였으며, 장기적인 민족독립운동의 기반이 마련되었다.

④ 한계 … 일제에 의하여 정치적으로 예속된 상태에서 전개되어 항일투쟁의 성과 면에서 한계가 있었다.

section 3 민족의 수난과 항일독립운동

(1) 국권의 피탈과 민족의 수난

① 일제의 국권 피탈

    ㉠ 한 · 일 의정서(1904) : 러 · 일 전쟁의 위기가 닥쳐오자, 대한제국은 중립을 선언하였다. 그러나 일본이 이를 무시하고 조약을 체결하여 군사 전략상 필요한 곳을 마음대로 사용하게 되었다.

> **한 · 일 의정서**
> 제4조 제3국의 침해 또는 내란으로 인하여 대한제국 황실의 안녕과 영토의 보전에 위험이 있을 경우에 대일본 제국 정부는 곧 필요한 조치를 취할 것이며, 대한제국 정부는 대일본 제국 정부의 행동이 용이하도록 충분히 편의를 제공할 것. 대일본 제국 정부는 이러한 목적을 달성하기 위해 전략상 필요한 지점을 수시로 사용할 수 있다.

ⓛ 제1차 한·일 협약(한·일 협정서, 1904) : 러·일 전쟁에서 일본이 승기를 잡으면서, 일본은 고문 정치를 실시하여 대한제국에 재정 고문으로 일본인 메가타, 외교 고문으로 친일 미국인 스티븐스를 앉혔다.

제1차 한·일 협약

1. 대한 정부는 일본 정부가 추천한 일본인 1명을 재정 고문으로 삼아 대한 정부에 용빙하여 재무에 관한 사항은 일체 그의 의견을 물어서 시행해야 한다.
2. 대한 정부는 일본 정부가 추천한 외국인 1명을 외교 고문으로 삼아 외부에 용빙하여 외교에 관한 중요한 사무는 일체 그의 의견을 물어서 시행해야 한다.

ⓒ 제2차 한·일 협약(을사조약, 1905) : 러·일 전쟁에서 승리한 일본은 외국으로부터 조선에 대한 독점적 권리를 인정받았다(가쓰라·태프트 밀약, 제2차 영·일 동맹, 포츠머스 회담). 이후 일본은 조약 체결에 반대하는 고종을 감금하고 외부대신 박제순의 이름으로 불법적 조약을 체결하였다. 이 조약에 따라 대한제국에는 통감부가 설치되어 초대 통감으로 이토 히로부미가 부임하였고, 외교권을 박탈당하였다. 고종은 조약의 무효를 선언하고 미국에 조약 무효 친서를 전달했으나 외면당했다.

제2차 한·일 협약

제2조 일본국 정부는 한국과 타국 간에 현존하는 조약의 실행을 완수하는 임무를 담당하고 한국 정부는 지금부터 일본국 정부의 중개를 거치지 않고서는 국제적 성질을 가진 어떤 조약이나 약속을 맺지 않을 것을 서로 약속한다.
제3조 일본국 정부는 그 대표자로 한국 황제 폐하 밑에 1명의 통감을 두되, 통감은 오로지 외교에 관한 사항을 관리하기 위하여 경성에 주재하고, 친히 한국 황제 폐하를 만날 수 있는 권리를 가진다.

ⓔ 한·일 신협약(제3차 한·일 협약, 정미 7조약, 1907) : 고종은 헤이그 만국 평화 회의에 특사를 파견하여 을사조약의 부당함을 호소하려 했으나 오히려 이를 계기로 강제 퇴위당하였다. 이후 일제는 통감의 내정 간섭을 강화했으며 차관 정치를 실시하였다. 또한 정미 7조약의 비밀 각서에 의해 대한제국의 군대가 해산되어 일제가 군사권을 장악하였다.

한·일 신협약

제1조 한국 정부는 시정 개선에 관하여 통감의 지도를 받는다.
제2조 한국 정부의 법령 제정 및 중요한 행정상의 처분은 미리 통감의 승인을 거친다.
제4조 한국 고등 관리의 임면은 통감의 동의로써 이를 행한다.
제5조 한국 정부는 통감이 추천하는 일본인을 한국 관리에 임명한다.

기출문제

❓ 다음과 같은 내용이 담긴 조약에 대한 설명으로 옳은 것은?
▶ 2021. 6. 5. 제1회 지방직

일본 정부는 그 대표자로 한국 황제 밑에 1명의 통감을 두되, 통감은 전적으로 외교에 관한 사항을 관리하기 위하여 경성에 주재하고 친히 한국 황제를 만날 수 있는 권리를 가진다. 또한, 일본 정부는 한국의 개항장 및 일본 정부가 필요하다고 인정하는 지역에 이사관을 설치할 권리를 가지며, 이사관은 통감의 지휘하에 종래 재(在)한국 일본 영사에게 속하였던 모든 권리를 집행한다.

① 조선총독부를 설치한다는 조항이 포함되어 있다.
② 헤이그 특사 사건 직후 일제의 강요로 체결되었다.
③ 방곡령 시행 전에 미리 통보해야 한다는 합의가 실려 있다.
④ 일본의 중재 없이 국제적 성격을 가진 조약을 체결할 수 없다는 내용이 담겨 있다.

Tip 1905년 체결된 을사늑약(제2차 한일협약)이다. 이는 1904년 체결된 고문정치를 규정한 제1차 한일협약 이후 체결된 것으로 통감부를 설치해 우리의 외교권을 박탈하는 것을 규정하였다. 초대 통감으로 이토 히로부미가 부임하였고 이는 우리 실질적인 국권 피탈 과정이었으며 이후 1907년 한일신협약(차관정치) 체결로 이어졌다. 이후 고종은 을사늑약의 부당함을 알리기 위해 헤이그 특사를 파견(1907)하기도 하였으며, 장지연은 황성신문에 〈시일야방성대곡〉을 기재하였다.

❘정답 ④

ⓜ 기유각서(1909) : 대한제국의 사법권이 박탈당하고 재판소가 폐지되었다. 또한 감옥 사무도 일본으로 이관되었다.

ⓗ 헌병 경찰 파견(1910) : 일제는 헌병 경찰을 파견하여 대한제국의 경찰권을 박탈하였다.

ⓢ 한·일 병합 조약(1910) : 일제는 총독부를 설치하고, 국권을 피탈하였다.

한·일 병합 조약

제1조 한국 황제 폐하는 한국 전체에 관한 일체 통치권을 완전하고도 영구히 일본 황제 폐하에게 양여한다.

제2조 일본국 황제 폐하는 앞 조에 기재된 양여한다는 것을 수락하고, 또 완전히 한국을 일본 제국에 병합하는 것을 승낙한다.

② 무단 통치(1910~1919)

㉠ 조선 총독부

- 조선 총독은 입법·사법·행정·군 통수권을 가진 절대 권력자였으며 육·해군 대장 출신 중에서 임명되었다.
- 총독부 산하에 행정을 총괄하는 정무총감, 치안을 총괄하는 경무총감이 있었다.

㉡ 중추원 : 한국인을 정책 결정에 참여시키는 총독부의 자문기구지만, 소속 의원이 모두 친일파로 유명무실하였다.

㉢ 식민지 교육

- 관리나 교사가 제복을 입고 칼을 착용하였다.
- 제1차 조선 교육령을 통해 조선인의 고등 교육을 제한하고, 일본어를 중시하였으며 실업 교육 위주의 우민화 교육을 강조하였다.
- 사립학교령을 제정하여 민족 교육 기관을 탄압하였다.

제1차 조선 교육령

제1조 조선에 있는 조선인의 교육은 본령에 따른다.

제2조 교육은 교육에 관한 칙어에 입각하여 충량한 국민을 육성하는 것을 근본으로 한다.

제5조 보통 교육은 보통의 지식 기능을 부여하고 특히 국민 된 성격을 함양하며, 국어(일본어)를 보급함을 목적으로 한다.

제6조 실업 교육은 농업, 상업, 공업 등에 관한 지식과 기능을 가르치는 것을 목적으로 한다.

---

    ② 헌병 경찰 제도

- 헌병 사령관이 경무총감이 되었다.
- 헌병 경찰에게는 정식 절차 없이 처벌을 가할 수 있는 즉결 처분권이 있었다.
- 조선인에 한해서 적용되는 조선 태형령을 통해 조선인을 탄압하였다.

조선 태형령

제11조 태형은 감옥 또는 즉결 관서에서 비밀리에 행한다.
제13조 본령은 조선인에 한하여 적용한다.
시행 규칙 제1조 태형은 수형자를 형판 위에 엎드리게 하고 그 자의 양팔을 좌우
            로 벌리게 하여 형판에 묶고 양 다리도 같이 묶은 후 볼기 부
            분을 노출시켜 태로 친다.
         제2조 집행 중 수형자가 비명을 지를 우려가 있을 때는 물로 적신 천
            으로 입을 막는다.

---

    ⑩ 한국인의 지위 : 언론 · 출판 · 집회 · 결사의 자유를 박탈하였다. 이에 대부분
      의 한글 신문이 폐간되었으며, 105인 사건을 조작하여 신민회를 해체하였다.

③ **문화 통치**(민족 분열 통치, 1919~1931)

    ㉠ 배경 및 목표 : 3 · 1 운동으로 조선인의 저항에 부딪힌 일제는 무단 통치의
      한계성을 체감하였다. 또 국제 여론의 악화로 새로운 통치 방식을 모색하였
      다. 이에 '문화 통치'를 내세워 민족 운동을 분열시키고, 친일파를 양성하려
      하였다.

    ㉡ 내용과 실상

- 문관 출신의 총독이 임명될 수 있게 규정이 개정되었으나, 광복까지 단 한 명의
  문관도 총독에 임명되지 않았다.
- 지방 자치제를 실시하여 도 평의회와 부 · 면 협의회를 설치하여 조선인의 정치
  참여 폭을 넓혀준다고 하였으나, 의결권이 없는 형식적인 기구였다.
- 헌병 경찰 제도를 폐지하고 보통 경찰제를 실시하였으나, 오히려 경찰의 수와
  경찰서의 수는 이전의 3배 이상 늘어났다.
- 언론 · 출판 · 집회 · 결사의 자유를 보장하여 동아일보와 조선일보 등이 창간되었
  으나, 검열 · 정간 · 삭제 등으로 언론이 제 역할을 할 수 없었다.
- 제2차 조선 교육령을 통해 일제는 조선인의 교육 기회를 보장하겠다고 하였으
  나, 유상 교육이었으며 초급 · 기술 교육만 실시되었다. 한국어를 필수 과목으로
  지정하였으나 유명무실하였다.
- 공산주의자를 처벌하기 위한 치안 유지법을 제정하여 독립 운동가들도 탄압하였
  다.

기출문제

문 (가) 시기에 볼 수 있었던 모습으로 옳지 않은 것은?
▶ 2023. 4. 8. 인사혁신처

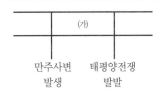

① 소학교에 등교하는 조선인 학생
② 황국 신민 서사를 암송하는 청년
③ 『제국신문』 기사를 작성하는 기자
④ 쌍성보에서 항전하는 한국독립당 군인

Tip 만주사변은 1931년에, 태평양전쟁은 1941년에 발발하였다.
① 소학교는 초등교육 기관으로 일제가 3차 조선교육령을 통해 보통학교를 소학교로 변경하였다.(1938)
② 일제가 황국신민서사 암송을 강요한 것은 1930년대 후반이다.
③ 쌍성보 전투는 지청천이 이끈 한국독립군과 중국 호로군의 한중연합작전으로 일제를 격퇴한 전투이다.(1932)
③ 제국신문은 1898년에 창간된 신문으로 부녀자와 서민층을 대상으로 순한글로 발행되었다.

정답 ③

제2차 조선 교육령

제2조 국어를 사용하는 자의 보통 교육은 소학교령, 중학교령 및 고등여학교령에 의한다.

제3조 국어를 사용하지 않는 자에게 보통 교육을 하는 학교는 보통학교, 고등보통학교 및 여자고등보통학교로 한다.

제4조 …… 국어(일본어)를 습득하게 함을 목적으로 한다.

제5조 보통학교의 수업연한은 6년으로 한다. 다만, 현지의 정황에 의하여 5년 또는 4년으로 할 수 있다.

제13조 사범교육을 하는 학교는 사범학교로 한다.

제25조 특별한 사정이 있는 경우에는 조선총독이 정하는 바에 의하여 국어(일본어)를 상용하는 사람은 보통학교, 고등보통학교 또는 여자고등보통학교에, 국어를 상용하지 아니하는 사람은 소학교, 중학교 또는 고등여학교에 입학할 수 있다.

ⓒ **결과**: 다양한 친일 단체가 등장하였으며, 일부는 일제와 타협하여 자치 운동을 전개하였다.

④ **민족 말살 통치(1931~1945)**

㉠ **배경**: 일제는 대공황을 계기로 본토와 조선을 하나의 경제 블록으로 만들었다. 이후 만주사변(1931)을 시작으로 중·일 전쟁(1937), 태평양 전쟁(1941)을 일으키며 조선을 병참기지화하며 인적·물적 자원을 수탈하였다.

㉡ **황국신민화 정책**
• 황국 신민 서사를 전 국민이 암송하도록 강요하고 신사 참배와 궁성 요배도 의무화하였다.
• 내선일체와 일선동조론을 주장하였고, 우리말과 우리글의 사용을 금지시켰다.
• 창씨개명을 통해 이름을 일본식으로 강제로 바꾸었다.

㉢ **제3, 4차 조선 교육령**
• 제3차 조선 교육령(1938)을 통해 조선어를 선택 과목으로 변경하고 일본어를 사용하게 하였다. 또 기존의 '소학교'를 '국민학교'로 변경하였다.
• 제4차 조선 교육령에서는 조선어와 조선사를 완전히 폐지하였다.

㉣ **병참기지화 정책**
• 조선을 대륙 침략의 병참기지로 삼아 중화학 군수 공업에 주력하였으며 이에 대부분의 공장이 한반도 북쪽에 건설되었다.
• 남면북양 정책과 농촌 진흥 운동을 전개하였다.

㉤ **국가 총동원법(1938)**
• 중·일 전쟁 이후 한반도의 모든 물자를 수탈하려 하였다.
• 강제 징병을 위해 지원병제, 학도 지원병제, 징병제를 실시하였다.
• 국민 징용령을 내려 조선인을 강제로 노무에 동원시켰고, 여자 정신대 근무령을 통해 여성의 노동력도 착취했으며 이 중 일부는 군 위안부에 동원하였다.

- 미곡 공출제와 쇠붙이 공출제를 통해 물적 자원도 수탈하였으며, 2차 산미 증식 계획과 가축 증식 계획을 실시하였다.
- 애국 저금 및 전쟁 세금을 강제로 징수하기도 하였다.

국가 총동원법
제1조 국가 총동원이란 전시에 국방 목적을 달성하기 위해 국가의 전력을 가장 유효하게 발휘하도록 인적 및 물적 자원을 운용하는 것을 말한다.
제4조 정부는 전시에 국가 총동원상 필요할 때는 칙령이 정하는 바에 따라 제국 신민을 징용하여 총동원 업무에 종사하게 할 수 있다.
제7조 노동 쟁의의 예방 혹은 해결에 관하여 필요한 명령을 내리거나 작업소의 폐쇄, 작업 혹은 노무의 중지, 기타의 노동 쟁의에 관한 행위의 제한 혹은 금지를 행할 수 있다.
제8조 물자의 생산·수리·배급·양도 기타의 처분, 사용·소비·소지 및 이동에 관하여 필요한 명령을 내릴 수 있다.

(2) 3·1 운동

① 1910년대 국내 민족 운동

㉠ **독립 의군부**
- 고종의 밀지를 받아 임병찬이 유생들과 조직하였다.
- 복벽주의를 표방하였으며, 국권 반환 요구서를 제출하였다.
- 임병찬이 체포되어 자결함으로써 해체되었다.

㉡ **대한 광복회**
- 박상진, 김좌진 등의 주도로 대구에서 풍기 광복단과 조선 국권 회복단을 통합하여 조직되었다.
- 민주 공화제 국가를 목표로 하였으며, 군대식 조직을 보유하였다.
- 친일파 처단 과정에서 조직이 발각되어 해체되었다.

㉢ **조선 국민회**: 장일환 등이 평양에서 숭실학교 학생을 중심으로 만들었다.

㉣ **송죽회**: 숭의여학교 교원과 학생을 중심으로 만들어진 여성 중심의 비밀 결사 단체. 해외에 독립 운동 자금을 전달하였다.

② 1910년대 국외 민족 운동

㉠ **만주**
- 북만주: 이상설, 홍범도 등이 최초의 독립 운동 기지로 한흥동을 건설하였다.
- 남만주(서간도): 신민회에서 독립 운동 기지로 삼원보를 개척하였다. 이후 신한민촌을 건설하고 경학사를 조직하였으며(이후 부민단·한족회로 개칭) 신흥 강습소를 창설했다(신흥 무관 학교로 개칭).
- 북간도: 용정촌과 명동촌 등의 독립 운동 기지가 있었으며, 간민회와 대한 국민회가 활동하였다. 서일은 명동학교, 이상설은 서전서숙을 설립하였다. 대종교도인 서일을 단장으로 중광단이 조직되었는데 이후 북로군정서로 계승 및 발전하였다.

기출문제

문 1910년대에 있었던 사실로 옳은 것은?
▶ 2023. 6. 10. 제1회 지방직
① 중국 화북 지방에서 조선 독립 동맹이 결성되었다.
② 만주에서 참의부, 정의부, 신민부 등 3부가 조직되었다.
③ 임병찬이 주도한 독립 의군부는 항일 운동을 전개하였다.
④ 조선 혁명군이 양세봉의 지휘 아래 영릉가에서 일본군을 격파하였다.

Tip ③ 독립 의군부(1912): 고종의 명을 받아 임병찬이 조직한 비밀결사체이다.
① 조선 독립 동맹(1942): 김두봉을 중심으로 결성된 단체로 중국공산당과 연계하여 활동하였다.
② 삼부: 만주에서 참의부(1923), 정의부(1924), 신민부(1925)가 조직되었고 민정과 군정 기능을 수행하였다.
④ 영릉가 전투(1932): 양세봉이 이끄는 조선혁명군과 중국의용군이 연합하여 일본군을 격퇴한 전투이다.

정답 ③

451

📖 다음 자서전의 내용이 전개되던 시기에 일제가 시행한 정책으로 가장 적절한 것은?

▶ 2013. 8. 24. 제1회 지방직

7월 20일, 학생들과 체조를 하고 있었는데 면사무소 직원이 징병영장을 가져왔다. 흰 종이에는 '징병영장' 그리고 '8월 1일까지 함경북도에 주둔한 일본군 나남 222부대에 입대하라'고 적혀 있었다. 7월 30일, 앞면에는 '무운장구(武運長久)' 뒷면에는 '축 입영'이라고 적힌 붉은 천의 어깨 띠를 두르고 신사를 참배한 후 순사와 함께 나룻배를 타고 고향을 떠났다. 용산역에서 기차를 탈 때까지 순사는 매섭게 나를 감시하였다.

① 일진회를 앞세워 한일 합방을 청원하게 하였다.
② 공출제도를 강화하여 놋그릇, 농기구까지 수탈하였다.
③ 우가키 총독이 농촌개발을 명분으로 농촌진흥운동을 주장하였다.
④ 헌병경찰이 칼을 차고 민간의 치안 및 행정업무를 처리하도록 하였다.

> **Tip** 제시된 자료는 일제 강점기 말기에 시행되었던 징병제(1943년)와 관련 있는 내용이다.
> ② 1937년 중일전쟁 이후 무기생산을 위해 공출제도를 강화하였고, 1940년대에 들면서 더 심해졌다.
> ① 친일 단체인 일진회가 한일 합방을 청원한 것은 1909년이다.
> ③ 농촌진흥운동은 1932년부터 1940년까지 전개되었다.
> ④ 1910년대의 헌병경찰제에 대한 설명이다.

┃정답 ②

Point 팁 이회영 6형제

조선 말 10대 부자집안 중 하나였던 이회영 6형제는 경술국치 이후 집안의 재산을 모두 팔고, 만주로 건너가 독립운동기지 건설에 힘쓴다. 1911년 교민자치기관인 경학사를 조직하고, 1912년에는 독립군 지도자 양성을 위해 신흥무관학교의 전신인 신흥강습소를 설립하였다.

ⓛ **연해주**: 신한촌을 중심으로 성명회·권업회·전로 한족회 중앙 총회·한인 사회당 등이 활동하였다. 전로 한족회 중앙 총회는 블라디보스토크에서 정부 형태로 발전하여 대한 국민 의회로 발전하였다.

ⓒ **중국**: 상하이에서 박은식, 신채호 등의 유학생 중심으로 조직된 비밀 결사인 동제사(이후 신한 청년당으로 발전), 대동 단결 선언을 발표하여 황제권의 포기와 국민 주권주의, 공화주의를 주장한 신한 혁명당 등이 활동하였다.

> **대동 단결 선언**
> 융희 황제가 삼보(영토·인민·주권)를 포기한 경술년(1910) 8월 29일은 즉 우리 동지가 이를 계승한 8월 29일이니, 그동안에 한순간도 숨을 멈춘 적이 없음이라. 우리 동지는 완전한 상속자니 저 황제권 소멸의 때가 즉 민권 발생의 때요, 구한국의 마지막 날은 즉 신한국 최초의 날이니, 무슨 까닭인가. 우리 대한은 무시(無始) 이래로 한인(韓人)의 한(韓)이오 비(非)한인의 한이 아니니라. 한인 사이의 주권을 주고받는 것은 역사상 불문법의 국헌(國憲)이오. 비한인에게 주권 양여는 근본적 무효요, 한국의 국민성이 절대 불허하는 바이라. 고로 경술년 융희 황제의 주권 포기는 즉 우리 국민 동지에 대한 묵시적 선위니, 우리 동지는 당연히 삼보를 계승하여 통치할 특권이 있고 또 대통을 상속할 의무가 있도다.

ⓡ **미국**: 신한민보를 발행한 대한인 국민회, 안창호의 주도로 만들어진 흥사단, 박용만이 독립 전쟁에 대비하여 만든 대조선 국민군단 등이 활동하였다.

ⓜ **멕시코**: 숭무 학교를 설립하여 군인 양성 운동이 전개되었다.

③ 3·1 운동(1919)

ⓛ 배경

• 러시아에서 혁명이 일어나 소련이 수립되면서 레닌이 식민지 약소 민족에 대한 지원을 표방하였다.

• 1차 세계 대전 이후 전후 처리를 위해 열린 파리 강화 회의에서 미국 대통령 윌슨이 민족 자결주의를 제시하여 식민지 민족들이 고무되었다.

• 중국에서 신한 청년당 김규식이 파리 강화 회의에 대표로 파견되어 독립 청원서를 제출하였고 만주 길림에서 대한 독립 선언서(무오 독립 선언서)를, 일본 도쿄에서 유학생들이 조선 청년 독립단을 조직하여 2·8 독립 선언을 발표하였다.

2·8 독립 선언

우리 민족은 정당한 방법으로 우리 민족의 자유를 추구할지나 만일 이로써 성공하지 못하면 우리 민족은 생존의 권리를 위하여 온갖 자유행동을 취하여 최후의 일인까지 자유를 위한 뜨거운 피를 흘릴지니 …… 일본이 만일 우리 민족의 정당한 요구에 불응할진대 우리 민족은 일본에 대하야 영원히 혈전(血戰)을 선언하노라.

1. 우리는 한·일 합병이 우리 민족의 자유의사에서 비롯되지 않았으며 그것이 우리 민족의 생존발전을 위협하고 동양의 평화를 저해하는 원인이 된다고 생각하므로 독립을 주장하는 것이다.
2. 우리는 일본 의회 및 정부에 대해 조선 민족 대회를 소집하고 대회의 결의에 따라 우리 민족의 운명을 결정할 기회를 부여할 것을 요구한다.
3. 우리는 만국 평화 회의에 대해 민족 자결주의를 우리 민족에게 적용할 것을 청구한다.
4. 앞의 세 가지 요구가 실현되지 않을 경우, 우리 민족은 일본에 대하여 영원히 혈전(血戰)을 벌일 것을 선언한다.

ⓛ **전개**

- **1단계** : 태화관에서 민족 대표들은 기미 독립 선언문을 발표하고, 자진 체포되었다. 탑골 공원에서는 학생과 시민이 중심이 되어 기미 독립 선언문을 낭독하고 만세 운동을 주도하였다.
- **2단계** : 청년과 학생들이 주도가 되어 주요 대도시로 만세 운동이 확산되었다. 상인, 노동자 등은 철시, 파업 등으로 만세 운동에 호응하였다.
- **3단계** : 농촌으로 만세 운동이 확산되며 농민들이 참여하였다. 이 시기부터 만세 운동이 조직화되었고, 토지 조사 사업으로 농지를 잃은 농민들이 참여하면서 폭력적인 저항으로 바뀌어 갔다.
- **4단계** : 만주, 연해주, 중국, 미국, 일본 등 국외로 만세 운동이 확산되었다.

기미 독립 선언서

오등(吾等)은 이에 아(我) 조선의 자주 독립국임과 조선인의 자주민임을 선언하노라. 이로써 자손 만대에 고하여 민족자존의 정권을 영유하게 하노라. 반만년 역사의 권위를 장하여 이를 선언함이며, 2천만 민중의 충성을 합하여 이를 포명함이며, 민중의 항구여일한 자유 발전을 위하여 이를 주장함이며, 인류의 양심의 발로에 기인한 세계 개조의 대 기운에 순응 병진하기 위하여 ……

공약삼장(公約三章)

1. 금일 오인의 이 거사는 정의, 인도, 생존, 존영을 위하는 민족적 요구이니 오직 자유적 정신을 발휘할 것이요, 결코 배타적 감정으로 일주하지 마라.
1. 최후의 한 사람까지, 최후의 한순간까지 민족의 정당한 의사를 쾌히 발표하라.
1. 일체의 행동은 가장 질서를 존중하여 오인의 주장과 태도로 하여금 어디까지든지 광명정대하게 하라.

기출문제

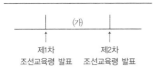

❓ (가) 시기에 있었던 사실로 옳은 것은?

▶ 2024. 3. 23. 인사혁신처

① 경성제국대학이 설립되었다.
② 근대 교육기관인 육영공원이 설립되었다.
③ 일본에서 2·8 독립선언서가 발표되었다.
④ 보안회의 주도로 일본의 황무지 개간권 반대 운동이 일어났다.

Tip 제1차 조선교육령(1911)은 1910년대 일제 무단통치기에 제정되었고, 제2차 조선교육령(1922)은 1920년대 일제 문화통치기에 제정되었다.
③ 2·8 독립선언서(1919)는 일본 동경 유학생들을 중심으로 발표되었고, 이를 계기로 같은 해 3·1운동에도 영향을 주었다.
① 경성제국대학(1924)
② 육영공원(1886)
④ 황무지 개간권 반대 운동(1904)

┃정답 ③

기출문제

문 (가)에 대한 설명으로 옳은 것은?

▶ 2023. 4. 8. 인사혁신처

제1조 대한민국은 민주공화제로 함
… (중략) …
민국 원년 3월 1일 우리 대한민족
이 독립을 선언한 뒤 … (중략) …
이제 본 정부가 전 국민의 위임을
받아 조직되었으니 전 국민과 더
불어 전심(專心)으로 힘을 모아 국
토 광복의 대사명을 이룰 것을 선
서한다.

① 독립 공채를 발행하였다.
② 기관지로 『독립신문』을 발간하
   였다.
③ 비밀 행정 조직인 연통부를 설
   치하였다.
④ 재정 확보를 위하여 전환국을
   설립하였다.

Tip 제시문은 대한민국 임시정부
(1919) 헌장이다. 상하이에서
조직된 대한민국 임시정부는
민주공화정을 선포하고 기관
지로 『독립신문』을 발간하였
다. 장기적인 독립 운동을 위
한 자금 마련을 위하여 독립
공채를 발행하였으며 연통제
와 교통국 운영을 통하여 국
내외를 연결하는 조직망을 운
영하였다.
④ 전환국(1883)은 화폐주조를
위하여 고종 때 설립된 기
구로 이후 일본 재정고문
인 메가타의 화폐정리사업
을 전후로 폐지되었다.

│정답 ④

ⓒ 일제의 탄압 : 크게 당황한 일제는 만세 운동을 강경 탄압하였다. 대표적인
   예로 화성 제암리 학살 사건, 합천 학살 사건, 유관순의 순국 등이 있다.

ⓔ 의의 및 한계
   • 3 · 1 운동은 일제강점기 우리 민족 최대의 운동이었으며, 대중 운동 및 국외 무
     장 독립 투쟁이 활성화되는 계기를 가져왔다.
   • 일제는 무단 통치의 한계를 체감하여 통치 방식을 문화 통치로 완화하였다.
   • 대한민국 임시 정부가 수립되는 계기를 가져왔다.
   • 해외의 민족 운동에도 영향을 끼쳐 중국의 5 · 4 운동, 인도의 비폭력 · 불복종
     운동에 영향을 끼쳤다.
   • 민족 대표들의 소극적 자세와 민족 자결주의에 대한 맹신으로 결과적으로 독립
     에 실패하였다.

(3) 대한민국 임시 정부(1919)

① 임시 정부의 통합

   ㉠ 국내외 임시 정부 : 3 · 1 운동 이후 연해주에 대한 국민 의회, 상해에 대한민
      국 임시 정부, 서울에 한성 정부, 의주에 신한민국 정부가 수립되어 활동하
      였다.

   ㉡ 임시 정부의 통합
      • 한성 정부의 법통을 계승하여 위치는 상해로 확정하고 명칭은 대한민국 임시 정
        부로 하였다.
      • 최초 민주 공화제 정부로 삼권 분립 체제(임시 의정원, 국무원, 법원)를 채택했다.
      • 대통령 · 국무총리 체제로 대통령에 이승만이, 국무총리에 이동휘가 임명되었다.

대한민국 임시 정부 임시 헌장
제1조 대한민국은 민주 공화제로 한다.
제2조 대한민국은 임시 정부가 임시 의정원의 결의에 의하여 이를 통치한다.
제3조 대한민국의 인민은 남녀 귀천 및 빈부의 계급이 없고 일체 평등하다.
제4조 대한민국의 인민은 종교, 언론, 저작, 출판, 결사, 집회, 통신, 주소 이전,
       신체 및 소유의 자유를 향유한다.
제5조 대한민국의 인민으로 공민 자격이 있는 자는 선거권 및 피선거권을 가진다.
제6조 대한민국의 인민은 교육, 납세 및 병역의 의무가 있다.
제7조 대한민국은 신의 의사에 의하여 건국한 정신을 세계에 발휘하고 나아가 인
       류 문화 및 평화에 공헌하기 위하여 국제 연맹에 가입한다.
제8조 대한민국은 구(舊) 황실을 우대한다.
제9조 생명형, 신체형 및 공창제를 완전히 폐지한다.

② 대한민국 임시 정부의 활동

　㉠ **연락 조직** : 국내외를 연결하여 명령을 전달하는 비밀 행정 조직으로 연통제, 정보 수집을 위한 통신 기관으로 교통국을 조직하였다.

　㉡ **군자금 모금** : 독립 공채를 발행하고 의연금을 모았다. 그리고 이것을 전달하기 위한 목적으로 만주에 있는 이륭양행을 임시 교통국 안동지부로 이용하였고, 부산의 무역회사 백산상회를 이용하였다.

　㉢ **외교 활동**
　　• 파리 강화 회의에 파견된 신한 청년당 소속 김규식을 대한민국 임시 정부의 외무총장 겸 대한민국 주 파리위원으로 임명하였다.
　　• 미국에 구미위원부를 설치하여 워싱턴 회의에 독립 요구서를 제출하였다.

　㉣ **군사 활동** : 북로군정서와 서로군정서가 임시정부를 지지하여 군무부 산하에 편재하였고, 이후 군무부 직할 군단으로 광복군 사령부, 광복군 총영, 참의부를 두었다.

　㉤ **기타** : 임시 사료 편찬위원회를 설치하여 한·일 관계 사료집을 발간하였으며, 독립신문을 간행하였다.

③ **국민 대표 회의(1923)**

　㉠ **배경**
　　• 연통제와 교통국이 일제에 발각되어 붕괴되었고, 독립 운동의 노선 간에 갈등이 생겼다.
　　• 이승만의 독선 및 국제 연맹에 위임 통치 청원서를 제출한 것이 비판을 받았다.
　　• 독립 운동 단체의 대표들이 모여 임시 정부의 개조 또는 창조를 둘러싸고 논쟁하였다.

　㉡ **전개** : 임시정부를 개편하자는 개조파와 임시정부를 해체하고 새로운 정부를 세우자는 창조파의 대립으로 국민 대표 회의는 성과를 내지 못하고 결렬되었다.

　㉢ **결과** : 일부 세력이 임시 정부를 이탈함으로써 임시 정부의 세력이 약화되었고, 대통령 이승만은 탄핵되어 2대 대통령 박은식이 취임하였다.

④ **국민 대표 회의 이후 임시 정부**

　㉠ **지도 체제 변화** : 박은식 사망 이후 국무령 중심의 내각 책임제로 개헌하였다. 이후 국무위원 중심 집단 지도 체제로 개헌하고, 1940년에 김구를 중심으로 한 주석 중심제로 개헌하였다.

　㉡ **무장 투쟁** : 침체된 임시 정부에 활력을 불어넣기 위해 김구는 한인애국단(1931)을 조직하였다. 중·일 전쟁 이후에는 한국광복군(1940)을 조직하였다.

기출문제

🔑 (가)~(라)는 대한민국 임시정부와 관련한 사실이다. 이를 시기순으로 바르게 나열한 것은?

▶ 2024. 3. 23. 인사혁신처

(가) 한인애국단 창설
(나) 한국광복군 창설
(다) 국민대표회의 개최
(라) 주석·부주석제로 개헌

① (가)→(다)→(나)→(라)
② (가)→(라)→(다)→(나)
③ (다)→(가)→(나)→(라)
④ (다)→(나)→(가)→(라)

Tip (다) 국민대표회의(1923) : 상하이에서 개최된 임시정부 회의로 이승만의 위임통치 청원을 비판하는 등 임시 정부의 역할과 활동에 대한 문제를 논의했지만 창조파와 개조파의 대립과 분열로 성과를 내지 못하였다.
(가) 한인애국단(1931) : 상하이에서 김구가 조직한 단체로 윤봉길, 이봉창 의거를 주도하였다.
(나) 한국광복군(1940) : 충칭 임시정부의 군대로 지청천을 총사령관으로 임명하였다.
(라) 주석·부주석제로 개헌(1944) : 임시정부의 마지막 개헌으로 5차 개헌에 해당한다.

| 정답 ③

📝 다음 사실들을 시기 순으로 바르게 나열한 것은?

▶ 2020. 5. 30. 제1차 경찰공무원(순경)

㉠ 홍범도, 최진동, 안무 등이 연합하여 봉오동에서 일본군을 급습하여 크게 이겼다.
㉡ 윤봉길이 상하이에서 폭탄을 던져 일본군 장성과 다수의 고관을 살상하였다.
㉢ 연해주 지역에 한인 집단촌인 신한촌이 건설되고, 대한광복군 정부가 조직되었다.
㉣ 한국 독립당, 조선 혁명당, 의열단을 비롯한 여러 단체의 인사들이 민족 혁명당을 창건하였다.

① ㉠ - ㉡ - ㉢ - ㉣
② ㉡ - ㉠ - ㉣ - ㉢
③ ㉢ - ㉠ - ㉡ - ㉣
④ ㉣ - ㉢ - ㉠ - ㉡

Tip ㉢ 대한광복군 정부(1914) : 이상설과 이동휘를 각각 정·부통령으로 선출
㉠ 봉오동전투(1920) : 대한독립군(홍범도), 군무 도독부군(최진동), 국민회군(안무) 연합
㉡ 상하이 홍커우 공원 의거(1932) : 한인애국단 소속 윤봉길
㉣ 민족혁명당(1935) : 김원봉 중심

정답 ③

(4) 3 · 1 운동 이후 국내 민족 운동

① 사회주의 사상의 유입

㉠ **특징** : 일제와 지주 및 자본가 계급의 타도를 주장하였으며, 자본주의 체제를 부정하였다.

㉡ **사회주의 단체** : 조선 청년 총동맹, 조선 노농 총동맹, 화요회 등이 있었으며 이후 조선 공산당이 창당되었다.

㉢ **결과** : 소작 · 노동 쟁의가 활성화되었으며, 민족 운동이 분화되었다. 일제는 사회주의 단체를 탄압하기 위해 치안 유지법을 제정하였다.

> **치안 유지법**
> 제1조 국체를 변혁 또는 사유 재산 제도를 부인할 목적으로 결사를 조직하거나, 또한 그 내용을 알고 이에 가입한 자는 10년 이하의 징역 또는 금고에 처한다. 전항의 미수자도 이를 처벌한다.
> 제5조 제1조 제1항, 제3조의 죄를 범하게 할 목적으로 금품 기타 재산상의 이익을 공여하거나 또는 신입(申込) 혹은 약속을 한 자는 5년 이하의 징역 또는 금고에 처한다. 그 사정을 알고 공여를 받거나 또는 그 요구 혹은 약속을 한 자도 또한 동일하게 처벌한다.

② 6 · 10 만세 운동(1926)

㉠ **배경** : 순종의 서거와 식민지 교육 정책에 대한 반발로 일어나게 되었다.

㉡ **전개** : 순종의 인산일을 거사일로 잡고 사회주의 단체인 조선 공산당, 민족주의 단체인 천도교 청년회, 학생 단체가 준비하였다. 그러나 거사 전에 조선 공산당과 천도교 청년회 대부분이 체포되었고 학생 단체가 운동을 주도하였다.

㉢ **결과**
• 사회주의와 민족주의가 연대할 수 있는 가능성을 보여주어 민족 유일당으로 신간회가 결성되는데 영향을 끼쳤다.
• 독서회 등의 비밀 학생 운동이 고양되었다.

> **6 · 10 만세 운동 때의 격문**
> 대한 독립 만세! 대한 독립운동가여 단결하라! / 군대와 헌병을 철수하라! / 동양 척식 주식회사를 철폐하라! / 일체의 납세를 거부하자! / 일본 물화를 배척하자! / 일본인 공장의 직공은 총파업하라! / 일본인 지주에게 소작료를 바치지 말자! / 언론 · 집회 · 출판의 자유를! / 조선은 조선인의 조선이다! / 학교 용어는 조선어로! / 학교장은 조선인이어야 한다! / 시간 노동제를 실시하라! / 동일 노동에는 동일 임금을 지급하라! / 동양 척식 주식회사를 철폐하라! / 소작권을 이동하지 못한다! / 소작제를 4 · 6제로 하고 공과금은 지주가 납부한다.

③ 광주 학생 항일 운동(1929)

　㉠ 배경
- 식민지 교육 정책에 대한 반발이 심해졌고 학생 운동이 발달하였다.
- 광주에서 일본 학생의 조선 여학생 희롱 사건으로 충돌이 일어났는데, 일제는 편파적 조치로 조선 학생들만 체포하였다.

　㉡ 전개 : 신간회는 조사단을 파견하여 광주 학생 항일 운동을 지원하였고, 학생들은 형무소를 포위하는 등 시위를 전개하였다. 일제의 탄압에도 불구하고 광주 학생 운동은 전국으로 확산되었다.

　㉢ 결과 : 일제 강점기 최대 규모의 학생 항일 운동이었으며, 3 · 1 운동 이후 최대 항일 민족 운동이었다.

광주 학생 항일 운동의 격문

학생, 대중이여 궐기하라! 우리의 슬로건 아래로! / 검거된 학생들을 즉시 우리 손으로 탈환하자. / 경찰의 교내 침입을 절대 반대한다. / 언론 · 출판 · 집회 · 결사 · 시위의 자유를 획득하자. / 조선인 본위의 교육 제도를 확립하라. / 식민지적 노예 교육 제도를 철폐하라.

사회 과학 연구의 자유를 획득하자. / 교내 학생 자치권을 옹호하라. / 전국 학생 대표자 회의를 개최하라. / 전국 동맹 파교로 모든 요구를 관철하라. / 일본 제국주의를 타도하라

---

(5) 3 · 1 운동 이후 무장 독립 투쟁

① 독립군 부대의 출현

　㉠ 국내
- 천마산대, 보합단, 구월산대 등이 활동했다.
- 대한인 노인 동맹단 소속의 강우규가 조선 총독의 마차에 폭탄을 투척하였다.

　㉡ 서간도 : 서로 군정서는 신흥 강습소를 신흥 무관 학교로 개편하였고, 대한민국 임시 정부 직할 부대를 편성하였다. 복벽주의를 표방한 대한 독립단, 대한민국 임시 정부 직속 부대인 광복군 총영이 있었다.

　㉢ 북간도 : 김좌진 등이 조직한 대종교 계통의 북로 군정서와 홍범도를 사령관으로 하여 국내 진입 작전을 벌인 대한 독립군이 활동하였다.

② 1920년대 무장 독립 투쟁

　㉠ 봉오동 전투(1920) : 독립군의 국내 진입 작전으로 인해 일제는 이를 진압하기 위해 군대를 파병하였다. 홍범도의 대한 독립군, 안무의 대한 국민회군, 최진동의 군무 도독부군이 연합하여 봉오동에서 일본군을 크게 격파하였다.

밑줄 친 '이 단체에 대한 설명으로 옳은 것은?
▶ 2021. 6. 5. 제1회 지방직

1920년대 국내에서는 일본과 타협해 실익을 찾자는 자치 운동이 대두하였다. 비타협적인 민족주의자들은 이를 경계하면서 사회주의 세력과 연대하고자 하였다. 사회주의 세력도 정우회 선언을 발표해 비타협적 민족주의 세력과 제휴를 주장하였다. 그 결과 비타협적 민족주의 세력과 사회주의 세력은 1927년 2월에 이 단체를 창립하고 이상재를 회장으로 추대하였다.

① 조선물산장려회를 조직해 물산 장려운동을 펼쳤다.
② 고등 교육 기관을 설립하기 위해 민립대학설립운동을 시작하였다.
③ 문맹 퇴치와 미신 타파를 목적으로 브나로드 운동을 전개하였다.
④ 광주학생항일운동의 진상을 조사하고 이를 알리는 대회를 개최하고자 하였다.

Tip 제시문의 단체는 신간회(1927~1931)이다. 1920년대를 전후로 사회주의 사상이 국내로 유입되면서 국내 민족 독립 운동은 비타협적 민족주의 세력과 사회주의 세력의 이원화 체제로 전개되었다. 하지만 친일 세력인 타협적 민족주의의 회유와 일제의 사회주의 탄압 정책(치안 유지법 제정 등)으로 인하여 독립 운동 세력이 위축되자 정우회 선언을 계기로 비타협적 민족주의 세력과 사회주의 세력이 연대하여 민족 유일당 운동을 전개하였다. 그 결과 신간회와 자매 단체인 근우회가 결성되었고 광주 학생 항일 운동(1929)에 진상 조사단을 파견하는 등의 활동을 수행하고 이를 알리는 민중 대회를 개최고자 하였으나 실패하였다.

| 정답 ④

기출문제

문 (가)~(라)의 사건을 발생 순서대로 옳게 나열한 것은?

▶ 2021. 4. 3. 소방공무원

(가) 봉오동 전투
(나) 자유시 참변
(다) 청산리 대첩
(라) 3부 통합 운동

① (가) → (다) → (나) → (라)
② (가) → (다) → (라) → (나)
③ (라) → (가) → (다) → (나)
④ (라) → (나) → (가) → (다)

Tip (가) 봉오동 전투(1920년 6월) : 중국 지린성 왕칭현 봉오동에서 홍범도 등이 이끈 독립군 연합 부대가 일본군을 무찌르고 크게 승리한 전투이다.
(다) 청산리 대첩(1920년 10월) : 김좌진 등이 지휘하는 북로 군정서군과 홍범도 등이 이끄는 대한독립군을 주력으로 한 독립군 부대가 청산리에서 일본군을 대파한 전투이다.
(나) 자유시 참변(1921년 6월) : 봉오동 전투와 청산리 대첩에서 크게 패한 일본군은 독립군의 활동 근거지를 파괴하고 간도의 한인을 무차별 학살하였다(간도 참변). 이를 피해 러시아의 스보보드니(Svobodny) 지역으로 들어갔던 독립군들이 러시아 군대에 의해 학살당하고 무장 해제되는 사건이 발생하였다. 러시아어로 '스바보대(Svoboda)'가 '자유'라는 뜻이라서 자유시 참변이라고 부르게 되었다.
(라) 3부 통합 운동(1928~1929년) : 각각 자치 정부 성향을 보이는 참의부, 정의부, 신민부의 3부를 하나로 통합하고자 하는 운동으로 1928년에 혁신의회가, 1929년에 국민부가 설립되었다.

l정답 ①

ⓛ **훈춘 사건** : 봉오동에서 패한 일제는 간도 지역의 독립군을 토벌하기 위해, 마적을 매수하여 일본 영사관을 공격하게 하였다. 이를 빌미로 군대를 파병하여 수많은 조선인을 학살하였다.

ⓒ **청산리 대첩** : 김좌진의 북로 군정서, 대한 독립군, 대한 국민회군 등의 연합 부대가 간도에 출병한 일본군을 청산리로 유인하여 전투를 벌였다. 백운평·완루구·어랑촌 등에서 크게 승리하였다.

ⓔ **간도 참변** : 일제는 봉오동과 청산리의 패배 원인을 간도 지방의 조선인이라 생각하고, 이에 대한 보복으로 조선인에 대한 학살을 감행하였다.

ⓜ **대한 독립 군단 조직** : 간도 참변 및 일제의 토벌 작전으로 인해 독립군들은 이를 피해 소련으로 이동하게 되었다. 북만주 밀산부에서 서일이 독립군 부대를 통합하여 대한 독립 군단을 조직하였다. 이후 러시아의 자유시로 이동하였다.

ⓗ **자유시 참변**(흑하 사변, 1921) : 만주 지역에서 이동해 온 독립군과, 기존의 소련 영내에 있던 한인 무장 부대 사이에 군 통수권 분쟁이 생겼다. 이후 소련 적색군의 조선인 군대의 무장 해제 과정에서 많은 조선인들이 희생되었다.

ⓢ **3부의 성립** : 남만주에 대한 통의부가 조직되고, 북만주에서는 대한 독립 군단이 재조직 되었다. 이후 대한 통의부가 분열되면서 육군 주만 참의부와 정의부로 분화하였고, 대한 독립 군단은 다른 독립 운동 단체를 흡수하여 신민부가 되었다. 3부는 군사 조직과 행정 조직을 갖추고 있었으며 공화주의와 3권 분립 체제를 택한 만주 자치 조직이었다.

ⓞ **미쓰야 협정**(1925) : 일제가 3부의 탄압을 위해 만주 군벌 장작림과 체결했다.

미쓰야 협정
1. 한국인이 무기를 가지고 다니거나 한국으로 침입하는 것을 엄금하며, 위반자는 검거하여 일본 경찰에 인도한다.
2. 만주에 있는 한인 단체를 해산시키고 무장을 해제하며, 무기와 탄약을 몰수한다.
3. 일본이 지명하는 독립운동 지도자를 체포하여 일본 경찰에 인도한다.
4. 한국인의 단속 실황을 상호 통보한다.

ⓩ **3부 통합 운동** : 미쓰야 협정 이후 3부 통합 회의가 열렸으나 결렬되었고, 3부가 해체되었다. 이후 남만주에서 전 민족 유일당 조직 협의회가 조직되어 국민부로 발전하였고, 북만주에서 전 민족 유일당 조직 촉성회가 조직되어 혁신 의회로 발전하였다. 국민부에서는 조선혁명당이 독립 운동을 수행하였고, 산하에 조선혁명군을 두었다. 혁신 의회에서는 한국 독립당이 조직되었고, 산하에 한국 독립군을 두었다.

③ 1930년대 무장 독립 투쟁

㉠ **만주 사변** : 일제가 만주 사변을 일으켜 괴뢰 정부인 만주국을 수립하였다. 이에 만주 지역 독립군의 활동이 위축되었다.

〈1930년대 독립군의 대일 항전과 독립운동 세력의 통합〉

㉡ **한·중 연합 작전** : 조선 혁명군은 총사령관을 양세봉으로 하여 중국 의용군과 연합하여 영릉가·흥경성 전투 등에서 크게 승리하였다. 한국 독립군은 사령관을 지청천으로 하여 중국 호로군과 연합하였고, 쌍성보·사도하자·동경성·대전자령 전투 등에서 크게 승리하였다. 이후 한·중 연합 작전이 약화되어 조선 혁명군과 한국 독립군은 해체되었다.

> **한국 독립군과 중국 호로군의 합의 내용**
> 1. 한·중 양군은 최악의 상황이 오는 경우에도 장기간 항전할 것을 맹세한다.
> 2. 중동 철도를 경계선으로 서부 전선은 중국이 맡고, 동부 전선은 한국이 맡는다.
> 3. 전시의 후방 전투 훈련은 한국 장교가 맡고, 한국군에 필요한 군수품 등은 중국군이 공급한다.

㉢ **민족 연합 전선** : 임시 정부계를 제외한 중국 관내 독립 단체가 대부분 참여한 조선 민족 혁명당, 임시 정부 세력이 만든 한국 국민당, 한국 국민당 등 민족주의 우파 계열의 한국 광복 운동 단체 연합회, 조선 민족 혁명당이 발전한 조선 민족 전선 연맹 등이 만들어졌다. 조선 민족 전선 연맹은 조선 의용대를 조직하였는데, 내부 노선 분열로 인해 조선 의용대 본대와 조선 의용대 화북지대로 분화하였다. 조선 의용대 화북지대는 중국 홍군과 함께 호가장 전투와 반소탕전에서 크게 승리하였다. 이후 한국 광복 운동 단체 연합회와 조선 민족 전선 연맹은 단일당 결성을 위해 한국 혁명 운동 통일 7단체 회의를 개최하였다.

㉣ **공산주의계 무장 독립 투쟁** : 만주 지역 조선인 항일 유격대와 중국 공산당의 유격대가 결합하여 동북 인민 혁명군이 조직되었다. 이들은 중국 공산당 계열의 정규군이며 이후 동북 항일연군으로 개편되었다. 또한 동북 항일연군의 조선인 간부를 중심으로 조국 광복회가 조직되었는데, 국내 진입 작전을 벌여 보천보에서 크게 승리하였다.

문 1930년대에 있었던 사실로 옳은 것은?

▶ 2024. 3. 23. 인사혁신처

① 비밀결사인 조선건국동맹이 결성되었다.
② 중국 관내에서 조선의용대가 창설되었다.
③ 연해주 지역에 대한광복군 정부가 설립되었다.
④ 서일을 총재로 하는 대한독립군단이 조직되었다.

Tip 조선의용대(1938)는 김원봉을 중심으로 중국 한커우에서 창설된 군대로, 중국 관내에서 조직된 최초의 한인 무장조직이다.
① 조선건국동맹(1944) : 여운형을 중심으로 조직된 건국 준비 단체
③ 대한광복군 정부(1914) : 이상설을 중심으로 연해주 블라디보스토크에 조직된 망명정부
④ 대한독립군단(1920) : 서일을 중심으로 만주에서 조직된 독립군 연합부대

정답 ②

문 〈보기〉의 (가)~(라)에 대한 설명으로 가장 옳은 것은?

▶ 2021. 6. 5. 제1회 서울특별시

〈보기〉
(가) 한국 광복군
(나) 한인 애국단
(다) 한국 독립군
(라) 조선 혁명군

① (가) – 미 전략 사무국(OSS)과 협력하여 국내 진공작전을 계획하였다.
② (나) – 중국 관내 최초의 한인 무장 부대로, 중국 국민당정부의 지원을 받았다.
③ (다) – 양세봉이 이끄는 군대로, 영릉가 전투와 흥경성 전투에서 일본군을 격퇴하였다.
④ (라) – 지청천이 이끄는 군대로, 항일 중국군과 함께 쌍성보 전투, 동경성 전투 등에서 일본군을 격퇴하였다.

Tip (가) 한국광복군은 1940년 충칭 임시정부에서 창설된 군대로 총사령에 지청천을 임명하였다. 이후 김원봉이 이끄는 조선의용대가 합류하면서 세력이 확대되고 연합군의 일원으로 전쟁에 참여하였다. 또한 미국의 OSS와 협력하여 국내 정진군을 편성해 국내 진공작전을 계획하였지만 일본의 항복으로 실행에 옮기지는 못했다.

| 정답 ①

④ 1940년대 건국 준비 활동

㉠ **한국 독립당**(1940) : 김구 등이 만들었으며 대한민국 임시 정부의 여당이었다. 충칭에서 한국광복군을 창설하였고, 조소앙의 삼균주의를 바탕으로 건국 강령을 반포하였다.

대한민국 임시 정부 건국 강령

제3장 건국
4. 보통 선거에는 만 18세 이상 남녀로 선거권을 행사하되 신앙, 교육, 거주 연수, 사회 출신, 재정 상황과 과거 행동을 분별치 아니한다.
6. 대생산 기관의 공구와 시설을 국유로 하고 토지, 광산, 어업, 농림, 수리, 소택과 수상 · 육상 · 공중의 운수 사업과 은행 · 전신 · 교통 등과 대규모 농 · 공 · 상기업과 성시, 공업 구역의 공용적 주요 산업은 국유로 하고 소규모 및 중등 기업은 사영으로 한다.
7. 6세부터 12세까지의 초등 기본 교육과 12세 이상의 고등 기본 교육에 관한 일체 비용은 국가 부담한다

㉡ **한국광복군**(1940)

• 대한민국 임시 정부의 정규군으로, 지청천을 총사령관으로 하였다.
• 중국 국민당의 지원을 받았으며, 이후 조선 의용대 본대가 합류하여 전투력이 강화되었다.
• 태평양 전쟁 발발 후 대일 선전 포고를 하였으며, 연합군의 일원으로 참전하여 인도 · 미얀마에서 영국군과 합동 작전을 수행하였다.
• 국내 정진군을 편성하고 미국 전략 정보국(OSS)과 연합하여 국내 진공 작전을 준비했으나 일제의 항복으로 실현되지 못했다.

한국광복군 선언

대한민국 임시 정부는 대한민국 원년(1919)에 정부가 공포한 군사 조직법에 의거하여 …… 광복군을 조직하고 …… 공동의 적인 일본 제국주의자들을 타도하기 위해 연합군의 일원으로 항전을 계속한다. …… 이때 우리는 큰 희망을 갖고 우리 조국의 독립을 위해 우리의 전투력을 강화할 시기가 왔다고 확신한다. …… 우리는 한 · 중 연합 전선에서 우리 스스로의 부단한 투쟁을 감행하여 동아시아를 비롯한 아시아 민중의 자유와 평등을 쟁취할 것을 약속하는 바이다.

㉢ **조선 독립 동맹**(1942) : 김두봉 등이 만들었으며 사회주의 계열이었다. 조선 의용대 화북지대를 흡수하여 조선 의용군을 창설했으며, 보통 선거 · 의무 교육 등의 건국 강령을 발표하였다. 임시 정부와 통합을 시도하였으나 일제의 항복으로 실현되지 못했다.

조선 독립 동맹 건국 강령

1. 전 국민의 보통 선거에 의한 민주 정권을 수립한다.
6. 조선에 있는 일본 제국주의자의 일체 자산 및 토지를 몰수하고, 일본 제국주의와 밀접한 관계에 있는 대기업을 국영으로 귀속하며, 토지 분배를 실행한다.
7. 8시간 노동제를 실시하여 사회의 노동을 보장한다.
9. 국민 의무 교육 제도를 실시하고, 이에 필요한 경비는 국가가 부담한다.

- ㉣ **조선 의용군**: 조선 의용대 화북지대를 흡수하여 개편하였으며, 중국 팔로군과 연합 작전을 수행하였다. 광복 후 북한 인민군에 편입되었다.
- ㉤ **조선 건국 동맹**(1944)
  - 국내에서 사회주의 우파인 여운형, 민족주의 좌파인 안재홍 등이 만들었다.
  - 좌우합작의 비밀 결사였으며, 전국에 조직망을 갖추고 농민 동맹과 군사 위원회를 조직하였다.
  - 대한민국 임시 정부 및 조선 의용군과 협동을 계획했으며, 민주주의 및 노농 대중 해방 등의 내용을 담은 건국 강령을 반포하였다.

조선 건국 동맹 건국 강령

1. 각인 각파를 대동단결하여 거국 일치로 일본 제국주의의 제 세력을 구축하고 조선 민족의 자유와 독립을 회복할 것
2. 반추축 제국과 협력하여 대일 연합 전선을 형성하고 조선의 완전한 독립을 저해하는 일체 반동 세력을 박멸할 것
3. 건설 부면에 있어서 일체 시위를 민주주의적 원칙에 의거하고, 특히 노농 대중의 해방에 치중할 것

⑤ **의열단**(1919)

- ㉠ **조직**: 김원봉 · 윤세주 등이 만주 길림에서 조직한 비밀결사이다. 개인 폭력 투쟁을 통해 독립을 쟁취하려 하였다.
- ㉡ **활동**: 박재혁, 최수봉, 김익상, 나석주, 김지섭 등이 경찰서나 총독부 등의 관공서에 폭탄을 투척하거나 요인을 암살하려 하였다.
- ㉢ **조선 혁명 선언**: 김원봉의 요청으로 신채호가 작성하였으며, 의열단의 활동 지침이 되었다.

조선 혁명 선언

강도 일본을 쫓아내려면 오직 혁명으로만 가능하며, 혁명이 아니고는 강도 일본을 쫓아낼 방법이 없는 바이다. …… 민중은 우리 혁명의 대본영(大本營)이다. 폭력은 우리 혁명의 유일한 무기이다. 우리는 민중 속으로 가서 민중과 손을 맞잡아 끊임없는 폭력 – 암살, 파괴, 폭동 – 으로써 강도 일본의 통치를 타도하고, …… 사회로써 사회를 박탈하지 못하는 이상적 조선을 건설할지니라.

기출문제

문 〈보기〉의 밑줄 친 '이 조직의 활동으로 가장 옳지 않은 것은?
▶ 2022. 2. 26. 제1회 서울특별시

〈보기〉
김원봉이 이끈 이 조직은 1920년대에 국내와 상하이를 중심으로 활발한 의거 활동을 전개하였다.

① 독립지사들에게 잔인한 고문을 일삼던 종로경찰서에 폭탄을 던져 큰 피해를 주었다.
② 동양척식주식회사에 들어가 그 간부를 사살하고 경찰과 시가전을 벌이기도 하였다.
③ 상하이 홍커우 공원에서 열린 일본군의 상하이 점령축하 기념식장에 폭탄을 던져 일본군을 살상하였다.
④ 일제 식민 지배의 중심기관인 조선총독부에 폭탄을 던졌다.

> **Tip** 제시문의 단체는 김원봉이 중심이 되어 결성된 의열단(1919)이다. 의열단은 만주에서 조직된 항일독립운동단체로 투탄의거 활동을 일으켰는데, 김상옥은 종로경찰서, 나석주는 동양척식주식회사, 김익상은 조선총독부, 최수봉은 밀양경찰서, 박재혁은 부산경찰서 등을 대상으로 하였다. 한편 신채호는 〈조선혁명선언〉을 통해 의열단 선언문을 작성하였다.
> ③ 상하이 홍커우 공원 의거는 한인 애국단 소속 윤봉길 의사의 의거이다.

정답 ①

② 변화
• 개인 폭력 투쟁의 한계를 인식하고 무장 투쟁 노선으로 전환하였다.
• 조선 혁명 간부 학교를 설립하였으며, 중국의 황포 군관 학교에 다수 입학하였다.

⑥ 한인 애국단(1931)
㉠ 조직 : 국민 대표 회의 결렬 이후 침체된 대한민국 임시 정부를 극복하기 위해 김구가 조직하였다.
㉡ 활동 : 이봉창이 도쿄에서 일왕 히로히토에게 투탄하였으나 실패하였다. 중국 신문에서는 이 사건을 안타깝게 기록하였는데, 이를 빌미로 일제는 상해 사변을 일으켜 상해를 점령하였다. 상해 전승 및 일왕 생일 기념식에 윤봉길이 투탄하여 일본 고위 관료들을 처단하였다. 이 외에도 일본군 사령부 투탄, 총독 암살 시도 등이 있다.
㉢ 영향 : 윤봉길의 의거 이후 중국 국민당 정부가 대한민국 임시 정부를 지원하게 되었으며 중국 영토 내에서 무장 독립 투쟁이 승인되었다. 그러나 일제의 탄압으로 대한민국 임시 정부는 상해를 떠나 이동하게 되었다.

section 4 대한민국의 수립

(1) 8 · 15 광복과 국내 정세

① 8 · 15 광복(1945)
㉠ 배경
• 2차 세계 대전의 전세가 연합군 측에 유리한 방향으로 전개되었다.
• 조선인의 항일 운동도 활발했으며, 국제 여론도 조선의 독립에 대해 긍정적인 방향으로 형성되었다.
• 미국, 영국, 중국이 참여한 카이로 회담에서는 한국의 독립을 최초로 언급하였고 적당한 시기에 한국의 독립을 약속하였다.
• 미국, 영국, 소련이 참여한 얄타 회담에서는 38도선을 기준으로 미소 양군이 진주할 것을 제안하였고, 미국이 신탁 통치를 최초로 제안하였다.
• 미국, 영국, 소련, 중국이 참여한 포츠담 회담에서는 카이로 회담의 내용을 재확인하였고, 일본에 항복을 권고하였다.
㉡ 광복 : 일본은 1945년 8월 15일 무조건 항복을 선언하였다.

② 조선 건국 준비 위원회(1945)
㉠ 조직 : 여운형의 조선 건국 동맹이 조선 총독부로부터 행정 · 치안권을 이양받았고, 광복 직후 조선 건국 준비 위원회를 결성하였다.
㉡ 활동 : 조선 인민 공화국을 선포하고 지방에 인민 위원회를 조직하였다.

조선 건국 준비 위원회 강령

1. 우리는 완전한 독립 국가의 건설을 기함.
2. 우리는 전 민족의 정치적, 사회적 기본 요구를 실현할 수 있는 민주주의 정권의 수립을 기함.
3. 우리는 일시적 과도기에 있어서 국내 질서를 자주적으로 유지하며 대중 생활의 확보를 기함.

ⓒ 한계 : 조선 인민 공화국 선포 후 우익 인사들의 대거 탈퇴로 조선 건국 준비 위원회는 해체되었다. 또한 미군정은 조선 건국 준비 위원회를 인정하지 않았다.

③ 미 · 소 군정 실시

ⓐ 38도선 이남
- 미군은 군정청을 설치하여 미군정이 직접 통치하였다.
- 조선 인민 공화국과 대한민국 임시 정부를 부정하였다.
- 치안을 이유로 친일 관리 및 경찰을 그대로 고용했고, 공산주의자의 활동을 통제하였다.
- 일본인의 재산을 관리하기 위해 신한공사를 설립하였다.

ⓑ 38도선 이북
- 소련군은 사령부를 설치하여 인민 위원회를 통한 간접 통치의 방식을 취했다.
- 김일성을 지원하여 민족주의계 인사들을 숙청하였다.

④ 해방 이후 다양한 정치 세력

ⓐ 한국 민주당 : 송진우 · 김성수 등의 민족주의 우파 계열로, 대한민국 임시 정부를 지지하면서 미군정에 참여하여 단독 정부 수립을 지지하였다.

ⓑ 독립 촉성 중앙 협의회 : 이승만의 무조건 단결론에 따라 좌우익은 물론 친일파도 참여하였다. 이에 반대하는 세력의 이탈로 우익 세력만이 남았다.

ⓒ 한국 독립당 : 김구의 대한민국 임시 정부 계열로, 단독 정부 수립에 반대하였다.

ⓓ 국민당 : 조선 건국 준비 위원회에서 탈퇴한 민족주의 우파 계열로, 안재홍이 조직하였다. 대한민국 임시 정부를 지지하였으며 신민족주의를 표방하였다.

ⓔ 조선 인민당 : 여운형의 조선 건국 동맹이 발전한 것으로, 이후 좌우 합작 운동에 참여하였다.

ⓕ 남조선 노동당 : 박헌영의 사회주의 계열로, 대지주의 토지를 무상 몰수할 것을 주장하였다.

ⓖ 김일성 세력 : 소련군의 지지를 받아 인민 위원회를 장악하였다.

문 밑줄 친 '이 회의' 이후에 있었던 사실로 옳지 않은 것은?

▶ 2024. 3. 23. 인사혁신처

미국, 영국, 소련 3국의 외무 장관이 모인 <u>이 회의</u>에서는 한국의 민주주의적 임시 정부 수립과 이를 위한 미·소공동위원회의 설치, 최대 5년간의 신탁통치 방안 등이 결정되었다.

① 5·10 총선거가 실시되었다.
② 좌우 합작 7원칙이 발표되었다.
③ 조선 건국 준비 위원회가 결성되었다.
④ 반민족 행위 특별 조사위원회가 구성되었다.

Tip 제시문은 미국, 영국, 소련 외무장관이 모여 개최된 모스크바 3상 회의(1945.12)이다. 해방 이후 한반도 문제에 대한 방안을 마련하기 위한 회의로 그 결과 한반도 내 임시정부 수립, 미소공동위원회 설치, 미영중소에 의한 5개년 간 신탁통치안 등이 결의되었다.
③ 조선건국준비위원회(1945. 8)는 해방 직후 여운형과 안재홍을 중심으로 조직된 건국준비단체로 새로운 국가로 조선인민공화국을 선포하였다.
① 5·10 총선거(1948. 5)
② 좌우 합작 7원칙(1946.7)
④ 반민족 행위 특별 조사위원회(1948. 10)

❙정답 ③

(2) 모스크바 3국 외상 회의와 좌우 합작 운동

① 모스크바 3국 외상 회의(1945)

ⓐ 전개 : 미국, 영국, 소련이 참여하여 모스크바에서 한반도 문제를 논의하였다.

ⓑ 내용 : 한국에 임시 민주 정부 수립을 위해 미·소 공동 위원회를 설치하고, 최대 5년간 미·영·중·소가 신탁통치할 것을 결의하였다.

모스크바 3국 외상 회의 결정서

1. 조선을 독립 국가로 재건하여 민주주의 원칙하에 발전시키는 동시에 일본의 가혹한 정치의 잔재를 급속히 일소하기 위하여 조선 민주주의 임시 정부를 수립하여 ……
2. 조선 임시 정부의 구성을 원조할 목적으로 미군과 소련군 대표자들로 공동 위원회가 설치될 것이다.
3. 조선의 발전과 독립 국가의 수립을 원조 협력할 방안을 수립할 때는 임시 정부와 민주주의 단체의 참여하에 공동 위원회가 수행한다. 공동 위원회는 최고 5년 기한으로 4개국 신탁 통치의 협약을 작성하기 위해 미·영·소·중 4국 정부가 공동 참고할 수 있도록 임시 정부와 협의한 후 방안을 제출하여야 한다.

ⓒ 결과 : 전국적으로 반탁 운동이 일어났다. 김구·이승만 등의 우익 계열은 신탁통치에 반대했으나, 김일성 등의 좌익 계열은 처음에는 반대하였으나 소련의 사주로 신탁통치 찬성으로 돌아섰다.

② 제1차 미·소 공동 위원회(1946)

ⓐ 내용 : 미국은 신탁통치에 찬성 및 반대하는 모든 정치 단체를 임시 정부 수립 문제 협의에 참여시키자고 주장하였고, 소련은 신탁통치에 찬성하는 정치 단체만 협의에 참여시키자고 주장하였다.

ⓑ 결과 : 미·소 공동 위원회는 결렬되었고, 무기 휴회에 들어갔다.

③ 단독 정부 수립론

ⓐ 내용 : 이승만이 정읍 연설에서 남한만이라도 단독 정부를 수립할 것을 주장하였다.

정읍 발언

이제 우리는 무기 휴회된 미·소 공동 위원회가 다시 열릴 기색도 보이지 않으며, 통일 정부를 고대하나 여의치 않게 되었다. 우리는 남한만이라도 임시 정부 또는 위원회 같은 것을 조직하여 38도선 이북에서 소련이 물러나도록 세계 여론에 호소해야 될 것이니, 여러분도 결심해야 할 것이다.

ⓑ 영향 : 김규식, 여운형 등의 중도 세력들이 좌·우 합작 운동을 전개하게 되었다.

④ 좌우 합작 운동

　　㉠ 전개 : 미 군정청의 지원으로 중도 세력들이 적극 주도하였다.

　　㉡ 활동 : 좌·우 합작 위원회를 결성하여 좌·우 합작 7원칙을 발표하였다.

　　㉢ 좌·우 합작 7원칙 : 토지 문제와 친일파 처리 문제를 중도적 입장에서 조정하였다.

좌·우 합작 7원칙

1. 3상 회의 결정에 따라 남북을 통한 좌우 합작으로 민주주의 임시 정부를 수립할 것
2. 미·소 공동 위원회의 속개를 요청하는 공동 성명을 발할 것
3. 토지 개혁은 몰수, 유조건 몰수, 체감 매상 등으로 토지를 농민에게 무상으로 분여하여 적정 처리하고, 중요 산업을 국유화하여 사회 노동 법령과 정치적 자유를 기본으로 지방 자치제의 확립을 속히 시행하며, 민생 문제 등을 급속히 처리하여 민주주의 건국 과업 완수에 매진할 것
4. 친일파 민족 반역자를 처리할 조례를 본 합작 위원회에서 입법 기구에 제안하여 입법 기구로 하여금 심리 결정하게 하여 실시하게 할 것
5. 남북을 통하여 현 정권하에 검거된 정치 운동자의 석방에 노력하고 아울러 남북좌우의 테러적 행동을 일체 즉시로 제지토록 노력할 것
6. 입법기구에 있어서는 일체 그 권능과 구성 방법·운영 등에 관한 대안을 본 합작위원회에서 작성하여 적극적으로 실행을 기도할 것
7. 전국적으로 언론·집회·결사·출판·교통·투표 등 자유를 절대 보장하도록 노력할 것

　　㉣ 결과 : 남조선 과도 입법 의원(의장 김규식)과 남조선 과도 정부가 조직되었다. 그러나 좌우익의 외면과 여운형의 암살, 미군정의 친우익 노선 정책으로 인해 좌·우 합작 위원회는 해산하였다.

⑤ 제2차 미·소 공동 위원회(1947)

　　㉠ 내용 : 의견 차이를 좁히지 못하고 다시 결렬되었다.

　　㉡ 결과 : 미국이 한국 문제를 UN에 상정하였다.

(3) 대한민국 정부의 수립

① 한국 문제의 UN 상정

　　㉠ UN 총회 결의 : 한국을 신탁 통치 없이 독립시키고, 이를 위해 UN 한국 임시 위원단을 구성하고 파견하여 UN 감시 하에 인구 비례에 따른 총선거를 시행할 것을 결의하였다.

　　㉡ 소련과 북한의 반대 : 소련은 UN 결의안에 반대했으며, UN 한국 임시 위원단의 입북을 거부하였다.

기출문제

🔲 다음 원칙이 발표된 이후에 있었던 사실로 옳지 않은 것은?
▶ 2023. 6. 10. 제1회 지방직

- 조선의 민주 독립을 보장한 삼상 회의 결정에 의하여 남북을 통한 좌우 합작으로 민주주의 임시 정부를 수립할 것
- 토지 개혁에 있어서 몰수, 유조건 몰수, 체감매상 등으로 토지를 농민에게 무상으로 나누어 주며, … (중략) … 민주주의 건국 과업 완수에 매진할 것
- 입법 기구에 있어서는 일체 그 권능과 구성 방법 운영에 관한 대안을 본 합작 위원회에서 작성하여 적극적으로 실행을 기도할 것

① 3·15 부정선거에 대항하여 4·19 혁명이 일어났다.
② 친일파를 청산하기 위한 「반민족행위처벌법」이 공포되었다.
③ 제헌 국회에서 대통령에 이승만, 부통령에 이시영을 선출하였다.
④ 임시 민주 정부 수립을 논의하기 위해 제1차 미·소 공동 위원회가 개최되었다.

> **Tip** 1차 미소공동위원회 결렬 이후 미군정의 지원으로 여운형과 김규식을 중심으로 조직된 좌우합작위원회(1946)에서 발표한 '좌우합작 7원칙'이다. 해당 내용에는 토지 개혁과 친일파 처단 등의 내용을 담고 있다.
> ④ 1차 미·소 공동 위원회는 좌우합작위원회 결성 이전의 사실이다.
> ① 4·19 혁명(1960)
> ② 반민족행위처벌법(1948)
> ③ 대통령에 이승만, 부통령에 이시영 선출(1948)

|정답 ④

📄 **다음과 같은 결의문에 근거하여 시행된 조치로 옳은 것은?**

▶ 2023. 4. 8. 인사혁신처

소총회는 … (중략) … 한국 인민의 대표가 국회를 구성하여 중앙 정부를 수립할 수 있도록 선거를 시행함이 긴요하다고 여기며, 총회의 의결에 따라 국제연합 한국 임시위원단이 접근할 수 있는 지역에서 결의문 제2호에 기술된 계획을 시행함이 동 위원단에 부과된 임무임을 결의한다.

① 미 군정청이 설치되었다.
② 5 · 10 총선거가 실시되었다.
③ 좌우 합작 위원회가 구성되었다.
④ 미 · 소 공동 위원회가 개최되었다.

Tip 1948년 결의된 유엔 소총회의 결의문이다. 해방 이후 2차례에 걸친 미소공동위원회가 결렬되자 한반도 문제는 유엔에 상정되어 유엔 총회에서 인구 비례에 따른 남북한 총선거 실시가 제안되었다. 이후 유엔 한국임시위원단이 파견되었으나 소련과 김일성의 반대로 입북이 거절되자 유엔 소총회의에서는 남한만의 단독 총선거 실시가 결정되었고, 그 결과 남한에서는 5 · 10총선거(1948)가 실시되었다.
① 1945년
③④ 1946년

ⓒ **UN 소총회 결의(1948)** : UN은 선거가 가능한 지역만이라도 총선거를 실시할 것을 결의하였다.

② **제주 4 · 3 사건**

ⓐ **배경** : 3 · 1 운동 기념 집회 중 미군의 발포로 제주도민이 사망하였다.

ⓑ **전개** : 경찰과 서북청년당의 제주도민 탄압으로, 제주 남로당원들이 무장 봉기하였다. '남한 단독 선거 반대'를 구호로 하였고 미군정은 이를 무력 탄압하였다.

ⓒ **결과** : 많은 양민들이 희생되었고, 이로 인해 제주 2개 선거구에서는 5 · 10 총선거를 치르지 못했다.

③ **남북 협상**(전조선 제정당 사회단체 지도자 협의회)

ⓐ **배경** : 김구와 김규식이 제안했고, 김일성과 김두봉이 응했다.

ⓑ **전개** : 김구와 김규식이 평양을 방문하여 단독 정부 수립에 반대하고, 미 · 소 양군의 동시 철수와 통일 정부 수립을 내용으로 하는 공동 성명을 발표하였다.

김구의 통일 정부론

통일하면 살고 분열하면 죽는다는 것은 고금의 철칙이온데, 자기 세력의 연장을 위해서 민족 분단의 연장을 획책하는 것은 온 민족을 죽음의 구렁 속에 빠뜨리는 극악무도한 짓이노라. 독립이 원칙인 이상, 그것이 당장엔 가망 없다고 해서 자치를 주장할 수 없는 것은 왜정 하에서 온 민족이 뼈저리게 인식한 바 있거니와, 지금 독립 정부의 수립이 당장에 가망 없다고 해서 단독 정부를 세울 수는 없는 것이다. …… 나는 통일 정부를 세우려다가 38도선을 베고 쓰러질지언정 일신의 구차한 안위를 위해서 단독 정부를 세우는 일에는 가담하지 않겠노라.

---

④ **대한민국 정부 수립**

ⓐ **5 · 10 총선거**

• 좌우 합작파와 좌익 세력이 불참한 가운데 임기 2년의 제헌 의원을 선출하는 남한 단독 총선거가 치러졌다.

• 21세 이상 국민이 투표하는 최초 민주적 총선거이며, 이승만의 독립촉성계가 가장 많은 의석을 차지하였다.

ⓑ **제헌 헌법 제정**

• 제헌 국회에서 대한민국 임시 정부의 법통을 계승하고, 국호를 대한민국으로 하며 삼권 분립 체제를 채택한 헌법을 제정하였다.

• 대통령과 부통령은 간접 선거로 선출되며, 국회는 단원제 및 다당제를 채택하였다.

| 정답 ②

대한민국 제헌 헌법

유구한 역사와 전통에 빛나는 우리들 대한 국민은 기미 3·1 운동으로 대한민국을 건립하여 세계에 선포한 위대한 독립 정신을 계승하여, 이제 민주 독립 국가를 재건함에 있어서 정의, 인도와 동포애로써 민족의 단결을 공고히 하며, 모든 사회적 폐습을 타파하고 민주주의 제 제도를 수립하여, 정치, 경제, 사회, 문화의 모든 영역에서 각 사람의 기회를 균등히 하고 능력을 최고도로 발휘하게 하며 각 사람의 책임과 의무를 완수하게 하여 안으로는 국민 생활의 균등한 향상을 기하고 밖으로는 항구적인 국제 평화의 유지에 노력하여 우리들과 우리들 자손의 안전과 자유와 행복을 영원히 확보할 것을 결의하고, 우리들의 정당, 또 자유로이 선거된 대표로서 구성된 국회에서 단기 4281년 7월 12일 이 헌법을 제정한다.
제1조 대한민국은 민주 공화국이다.
제53조 대통령과 부통령은 국회에서 무기명 투표로써 각각 선거한다.
제55조 대통령과 부통령의 임기는 4년으로 한다. 단, 재선에 의하여 1차 중임할 수 있다.

ⓒ **정부 수립** : 국회에서 대통령에 이승만, 부통령에 이시영을 선출하여 대한민국이 수립되었다. 이후 UN에서 한반도에서 대한민국이 유일한 합법 정부임을 승인하였다.

⑤ **여수·순천 10·19 사건**

ⓐ **배경** : 제주 4·3 사건의 진압을 위해 여수에 주둔 중인 군대에 출동 명령이 내려졌다. 그러나 부대 내의 좌익 세력이 출동을 거부했고, '제주 출동 반대'·'통일 정부 수립' 등을 주장하며 무장 봉기하였다.

ⓑ **전개** : 여수와 순천을 점령 후, 전남 지방을 차례로 장악하였으나 이승만 정부는 계엄령을 선포 후 미군의 지원을 받아 진압하였다.

ⓒ **결과** : 국가보안법을 제정하는 계기가 되었으며, 군대 내 숙군사업을 실시하였다. 반란군 잔당은 빨치산 활동을 시작하였다.

(4) 대한민국 정부의 활동

① **반민족 행위 처벌법**

ⓐ **반민족 행위 처벌법** : 반민족 행위 처벌법 기초 특별 위원회를 구성하여 형벌 불소급의 원칙을 적용하지 않는 반민족 행위 처벌법을 제정하였다. 친일파, 독립 운동가를 박해한 자 등을 처벌하고 공민권 제한하려 하였다. 친일파들은 이에 반발하여 반공 구국 궐기 대회를 개최하였는데, 이승만 정부는 이를 지지하였다.

반민족 행위 처벌법

제1조 일본 정부와 통모하여 한일 합병에 적극 협력한 자, 한국의 주권을 침해하는 조약 또는 문서에 조인한 자와 이를 모의한 자는 사형 또는 무기 징역에 처하고, 그 재산과 유산의 전부 혹은 1/2 이상을 몰수한다.

제2조 일본 정부로부터 작위를 받은 자 또는 일본 제국 의회의 의원이 되었던 자는 무기 또는 5년 이상의 징역에 처하고, 그 재산과 유산의 전부 혹은 1/2 이상을 몰수한다.

제3조 일제하 독립운동자나 그 가족을 악의로 살상, 박해한 자 또는 이를 지휘한 자는 사형, 무기 또는 5년 이상의 징역에 처하고, 그 재산의 전부 혹은 일부를 몰수한다.

     ⓛ **반민족 행위 특별 조사 위원회** : 국회의원으로 구성된 반민족 행위 특별 조사 위원회를 구성하고, 박흥식·이광수·노덕술·최린 등의 친일파를 조사 및 체포하였다. 그러나 이승만 정부의 비협조와 국회 프락치 사건, 친일파 경찰들의 반민특위 습격 사건 등으로 반민특위가 해체되었다.

② **농지 개혁(1949)**

    ㉠ **내용**

- 경자유전의 원칙에 따라 3정보 이상의 농지를 가진 사람의 농지를 국가가 유상 매입하고, 영세농에게 유상 분배하였다.
- 가구당 3정보만 소유할 수 있었으며, 영세농은 토지 평년 수확량의 30%씩을 5년간 국가에 상환하면 토지 소유권을 받을 수 있었다.

농지 개혁법

- 농민이 아닌 사람의 농지, 농가 1가구당 3정보(약 3만 m^2) 초과 농지는 정부가 사들인다.
- 분배받은 농지 상환액은 평년작 주생산물의 1.5배로 하고, 5년 동안 균등 상환한다.

    ㉡ **결과** : 소작농이 크게 줄어들었고, 일시적으로 농민 생활이 안정되었다. 또 6·25 이전에 남한의 공산화를 막는데 기여하였다.

    ㉢ **한계** : 반민족 행위자의 토지는 제외되었으며, 유상 분배의 부담으로 인해 다시 소작농이 되는 경우가 많았다. 또한 6·25 전쟁으로 인해 개혁이 중단되었다.

③ **귀속 재산 처리**

    ㉠ 일본인이 남기고 간 재산을 민간인 연고자에게 매각하였다.

    ㉡ 정경유착이 발생하면서, 일부 기업이 재벌로 성장할 수 있게 되었다.

(5) 6 · 25 전쟁(1950~1953)

① 발발 배경

ㄱ **중국의 공산화** : 중국의 국 · 공 내전에 참여하였던 조선 의용군이 북한 인민군에 편입되면서, 남한의 공산화에 대해 자신감을 가졌다.

ㄴ **소련의 북한 지원** : 조 · 소 군사 비밀 협정을 통해 군사력을 증강하였다. 또한 김일성이 스탈린에게 남한의 무력 침공에 대해 승인을 받아냈다.

ㄷ **애치슨 선언** : 미국 국무장관 애치슨이 극동 방위선에서 한국을 제외하였다.

ㄹ **주한 미군 철수** : 군사 고문단 500명만 남기고 주한 미군이 철수하였다.

② 전쟁의 전개

ㄱ **북한의 기습 남침** : 6월 25일 새벽 북한의 기습 공격으로 3일 만에 서울이 함락되었다. 이후 국군과 UN군은 낙동강 유역까지 후퇴하여 낙동강 방어선을 구축하였다.

ㄴ **국군과 UN군의 반격** : UN군의 인천 상륙 작전이 성공하면서 전세가 반전되어 서울을 탈환하고 평양을 점령하였고, 압록강 유역까지 진출하였다.

ㄷ **중국군의 개입** : 중국군의 개입으로 후퇴하였고(1 · 4후퇴, 흥남철수) 다시 서울이 함락되었다. 이후 서울을 재탈환하였고, 38도선 부근에서 전쟁은 교착 상태에 들어갔다. 이는 자본주의와 사회주의 처음 맞붙은 전쟁이다.

ㄹ **휴전 협정** : 소련이 UN에서 제안하였다. 휴전선 설정 및 포로 교환 방식 때문에 의견 대립이 있었고, 이때 이승만이 반공 포로를 석방하며 휴전에 반대하였다. 그러나 미국과 북한 사이에 비무장 지대 설치, 군사 정전 위원회 · 중립국 감시 위원단 설치 등을 내용으로 하는 휴전 협정이 체결되었다.

휴전 협정문

1. 한 개의 군사 분계선을 확정하고 쌍방이 이 선에서부터 각기 2km씩 후퇴함으로써 군대 간에 한 개의 비무장 지대를 설정한다. 한 개의 비무장 지대를 설정하여 이를 완충지대로 함으로써 적대 행위의 재발을 가져올 수 있는 사건의 발생을 방지한다.

51. 본 정전 협정이 효력을 발생하는 당시에 양측이 수용하고 있는 전체 전쟁 포로의 석방과 송환은 본 정전 협정 조인 전에 쌍방이 합의한 다음 규정에 따라 집행한다.

  ㄴ. 양측은 직접 송환하지 않은 나머지 전쟁 포로를 군사적 통제와 수용으로부터 석방하여 모두 중립국 송환위원회에 넘겨 본 정전 협정 부록 '중립국 송환 위원회 직원의 범위'의 각조 규정에 의하여 처리케 한다.

55. 판문점을 쌍방의 전쟁 포로 인도 인수 지점으로 정한다.

기출문제

문 6 · 25 전쟁 중 있었던 사실로 옳지 않은 것은?
▶ 2023. 6. 10. 제1회 지방직

① 국군과 유엔군이 인천 상륙 작전을 감행하였다.

② 대통령 직선제를 포함한 발췌 개헌안이 국회에서 통과되었다.

③ 이승만 정부가 북한 송환을 거부하는 반공 포로를 석방하였다.

④ 미국이 한반도를 미국의 태평양 지역 방위선에서 제외한다는 애치슨 선언을 발표하였다.

Tip ④ 애치슨 선언은 1950년 1월 미국 국무장관 애치슨이 발표한 것으로 한국과 대만을 동북아시아 방어선에서 제외한다는 내용이다. 이는 북한이 남침하는 계기가 되어 6.25전쟁(1950. 6 ~ 1953. 7) 발발의 요인으로 작용하였다.

① 인천상륙작전(1950. 9.)은 맥아더 장군이 이끄는 UN군이 6.25 전쟁에 참전한 사건이다.

② 발췌개헌안(1952. 7.)은 이승만 정부에서 직선제 개헌안을 통과시킨 개헌안이다.

③ 이승만 정부 반공 포로 석방(1953. 6.)은 정전협정 이전에 일어난 사건이다.

정답 ④

기출문제

③ 결과

㉠ **남북한 독재 강화** : 이승만 정부가 북진·반공 통일을, 김일성 정권이 적화 통일을 강조하며 독재 체제를 강화하였다.

㉡ **사회 변동**

- 전통 문화가 파괴되고 공동체 의식이 약화되었다.
- 베이비 붐으로 인해 인구가 폭발적으로 증가하였고 교육열이 증가하였다.
- 서구의 대중문화가 무분별하게 수용되었다.

㉢ **한·미 상호 방위 조약 체결** : 외부의 침략시 한국과 미국은 상호 협력하는 내용의 방위 조약이 체결되었다.

한·미 상호 방위 조약

제2조 당사국 중 어느 일방의 정치적 독립 또는 안정이 외부로부터의 무력 침공 에 의하여 위협을 받고 있다고 어느 당사국이든지 인정할 때에는 언제든지 당사국은 서로 협의한다.

제3조 각 당사국은 …… 타 당사국에 대한 태평양 지역에 있어서의 무력 공격을 자국의 평화와 안전을 위태롭게 하는 것이라고 인정하고 공통한 위험에 대 처하기 위하여 각자의 헌법상의 수속에 따라 행동할 것을 선언한다.

제4조 상호 합의에 의하여 결정된 바에 따라 미합중국의 육군, 해군과 공군을 대 한민국의 영토 내와 그 주변에 배치하는 권리를 대한민국은 이를 허락하고 미합중국은 이를 수락한다.

㉣ **분단의 고착화** : 동족상잔의 비극으로 남북 간의 적대감이 심화되었다.

㉤ **민간인 피해** : 거창 양민 학살 사건, 국민 보도 연맹 학살 사건 등으로 많은 민간인이 피해를 입었다.

㉥ **인적·물적 피해** : 남한의 생산 시설 절반 이상이 파괴되었으며, 북한은 더 많 은 피해를 입었다.

㉦ **일본의 발전** : 전쟁 특수 및 미국의 지원으로 일본의 경제가 크게 성장하였다.

section 5 민주주의의 시련과 발전

(1) 이승만 정권(제1공화국, 1948~1960)

① 이승만 정권의 장기 집권 시도

  ⊙ **국회 프락치 사건(1949)** : 반민특위에서 활동하던 국회의원 등을 북한의 프락치라는 혐의로 체포하여 실형을 내렸다.

  ⓛ **부산 정치 파동(1952)** : 2대 국회의원 선거에서 반 이승만 성향의 세력이 대거 당선되었다. 대통령 간선제에서는 재선되지 못할 것을 예상한 이승만이, 자유당을 창당한 후 전쟁 중 임시 수도였던 부산에서 계엄령을 선포하고 폭력 조직을 동원하였다. 이후 개헌에 반대하는 야당 의원들을 체포하였다.

  ⓒ **1차 개헌(발췌 개헌)** : 대통령 직선제(임기 4년, 1차 중임 허용)로, 국회 양원제로 개헌하였다. 이때 기립 투표 등 강압적인 방법을 사용하였다.

> **발췌개헌안**
>
> 제31조 입법권은 국회가 행한다. 국회는 민의원과 참의원으로써 구성한다.
> 제53조 대통령과 부통령은 국민의 보통, 평등, 직접, 비밀 투표에 의하여 각각 선거한다.

  ⓔ **2차 개헌(사사오입 개헌, 1954)** : 헌법의 대통령 중임 제한 조항으로 인해 이승만의 장기 집권이 불가능해지자, 초대 대통령에 한해 중임 제한을 철폐한다는 내용의 개헌을 시도하였다. 그러나 1표가 부족하여 부결되었는데, 이후 사사오입의 논리로 개헌안을 통과시켰다.

> **사사오입 개헌안**
>
> 제55조 대통령과 부통령의 임기는 4년으로 한다. 단, 재선에 의하여 1차 중임할 수 있다. 대통령이 궐위된 때에는 부통령이 대통령이 되고 잔임 기간 중 재임한다.
> 부칙 이 헌법 공포 당시의 대통령에 대하여는 제55조 제1항 단서의 제한을 적용하지 아니한다.

  ⓜ **진보당 사건(1958)** : 3대 대통령 선거에서 진보당 당수 조봉암이 활약했고, 4대 국회의원 선거에서 민주당이 자유당의 개헌선을 저지하였다. 이에 위기를 느껴 조봉암 등을 간첩 혐의로 사형에 처하고, 진보당을 등록 취소했다.

  ⓗ **2·4 정치 파동** : 야당 의원을 감금하고 신국가보안법을 통과시켰다. 이후 반정부적인 경향 신문을 폐간하였다.

② 4 · 19 혁명(1960)

㉠ 배경 : 부통령 선거에서 이기붕의 당선을 위해 자유당은 3 · 15 부정 선거를 자행하였다. 또한 원조 경제의 악화로 노동 및 학생 운동이 활발해졌다.

㉡ 전개 : 3 · 15 부정 선거를 규탄하는 시위가 마산에서 발생했다. 이후 시위가 전국으로 확대되면서 내무부 장관이 부정 선거의 책임을 지고 사임하였다. 그러나 마산에서 최루탄에 맞아 죽은 김주열의 주검이 발견되면서 서울에서도 학생과 시민들이 시위에 참여하였다. 이에 정부는 정치 폭력배를 동원하여 학생들의 시위를 진압하였다. 이기붕이 부통령에서 사퇴하고, 이승만이 자유당 총재를 사임하였지만 대학 교수단의 시국 선언 등이 이어졌다.

> **대학 교수단 시국 선언문**
>
> 1. 마산, 서울, 기타 각지의 학생 데모는 주권을 빼앗긴 국민의 울분을 대신하여 궐기한 학생들의 순진한 정의감의 발로이며 부정과 불의에 항거하는 민족정기의 표현이다.
> 2. 이 데모를 공산당의 조정이나 야당의 사주로 보는 것은 고의의 왜곡이며 학생들의 정의감에 대한 모독이다.
> 4. 누적된 부패와 부정과 횡포로써 민권을 짓밟고 민족적 참극과 국제적 수치를 가져오게 한 현 정부와 집권당은 그 책임을 지고 속히 물러가라.
> 5. 3 · 15 선거는 부정 선거이다. 공명선거에 의해 정 · 부통령 선거를 다시 시행하라.

㉢ 결과 : 이승만 대통령은 하야하고, 허정 과도 정부가 수립되었다.

㉣ 의의
• 독재 정권을 무너뜨린 아시아 최초의 민주 혁명이다.
• 이후 민주화 운동의 밑거름이 되었다.

③ 경제

㉠ 귀속 재산을 불하하여 전후 복구 자금을 마련하는 과정에 정경 유착이 발생하였다.

㉡ 미국의 원조 경제를 통해 삼백 산업(제분, 제당, 면방직)이 발달하였다.

㉢ 생산제 산업의 성장이 저조했고, 수입 의존적 경제 구조를 형성하였다.

㉣ 미국의 원조가 무상에서 유상으로 바뀐 후 기업이 도산하는 등 경제 불황이 닥쳤다.

문 이승만 정부의 경제 정책으로 옳지 않은 것은?

▶ 2021. 4. 17. 인사혁신처

① 한미 원조 협정을 체결하였다.
② 농지개혁에 따른 지가증권을 발행하였다.
③ 제분, 제당, 면방직 등 삼백 산업을 적극 지원하였다.
④ 제1차 경제개발 5개년 계획을 추진하였다.

Tip 이승만 정부(제1공화국)는 1948년 8월 15일부터 1960년 4 · 19 혁명으로 이승만이 하야하기 전까지의 시기를 말한다.
④ 제1차 경제개발 5개년 계획은 1962~1966년까지로 박정희 정부 때 추진되었다.
① 한미 원조 협정 체결 1948년
② 농지개혁 1949년
③ 삼백 산업 지원 1950년대

|정답 ④

(2) 장면 내각(제2공화국, 1960~1961)

① 3차 개헌(1960)

　　㉠ 내용 : 내각 책임제와 국회 양원제의 내용으로 개헌을 추진하고 총선거를 실시하였다.

　　㉡ 결과 : 간선제로 대통령에 윤보선이 선출되었고, 윤보선이 장면을 총리로 지명하였다.

② 4차 개헌

　　㉠ 내용 : 3 · 15 부정 선거 관련자 및 4 · 19 발포 책임자 등의 처벌을 위한 소급 입법 특별법을 제정하였다.

　　㉡ 결과 : 법을 적용하지 못하고 정권이 붕괴되었다.

③ 기타

　　㉠ 경제 개발 5개년 계획을 수립하였으나, 5 · 16 군사 정변으로 실행되지 못했다.

　　㉡ 민주화 운동, 사회 운동 등을 탄압하고 통일 운동에 대해 부정적이었다.

(3) 박정희 정권(1961~1979)

① 국가 재건 최고 회의(1961~1963)

　　㉠ 5 · 16 군사 정변(1961) : 박정희가 군사 쿠데타를 일으켜 정권을 장악하고, 국가 재건 최고 회의와 중앙 정보부를 설치하여 혁명 공약을 발표하고 군정을 실시하였다.

혁명 공약

1. 반공을 국시(國是)의 제일로 삼고, 반공 태세를 재정비 · 강화한다.
2. 유엔 헌장과 국제 협약을 충실히 수행하고, 미국을 비롯한 자유 우방과의 유대를 공고히 한다.
3. 이 나라 사회의 모든 부패와 구악(舊惡)을 일소하고 퇴폐한 국민도의와 민족정기를 바로잡기 위해 청신(淸新)한 기풍을 진작시킨다.
4. 민생고(民生苦)를 시급히 해결하고 국가 자주 경제의 재건에 총력을 경주한다.
5. 민족적 숙원인 국토 통일을 위하여 공산주의와 대결할 수 있는 실력의 배양에 전력 집중한다.
6. 이와 같은 우리들의 과업을 성취하면 참신하고 양심적인 정치인에게 정권을 이양하고 우리는 본연의 임무로 복귀할 준비를 갖춘다.

　　㉡ 사회 정화 사업 : 반공을 국시로 하고, 부정 축재자를 처벌하고 불량배를 소탕하였다.

　　㉢ 정치 활동 정화법 : 언론을 탄압하고, 구 정치인의 정치 활동을 금지시켰다.

기출문제

❓ 밑줄 친 '새 헌법'에 대한 설명으로 옳은 것은?

▶ 2020. 6. 13. 지방직/서울특별시

　정부에서는 6월 15일 국회에서 통과된 개헌안을 이송받자 이날 긴급 국무회의를 소집하고 정식으로 이를 공포하였다. 이로써 개정된 <u>새 헌법</u>은 16일 0시를 기해 효력을 발생케 되었다. <u>새 헌법</u>이 공포됨으로써 16일부터는 실질적인 내각책임제의 정부를 갖게 되었으며 허정 수석국무위원은 자동으로 국무총리가 된다.

〈경향신문〉, 1960. 6. 16.

① 임시수도 부산에서 개정되었다.
② '사사오입'의 논리로 통과되었다.
③ 통일주체국민회의 설치를 규정한 조항이 있다.
④ 민의원과 참의원으로 구성된 국회 조항이 있다.

Tip 1960년에 개정된 3차 개헌이다. 4 · 19 혁명으로 이승만 정부와 자유당 정권이 붕괴되고 허정 과도 정부가 수립되면서 양원제(민의원, 참의원)와 내각책임제를 규정한 헌법 개정안을 통과시켰다. 이후 윤보선을 대통령, 장면을 내각 총리로 하는 새로운 정부가 수립되었다.

① 대통령 직선제 개헌을 담은 발췌개헌안이다(1952)
② 대통령의 중임 제한을 폐지하는 내용을 담은 개헌안이다.(1954)
③ 박정희 정부 때 개정된 7차 개헌안으로 유신 헌법을 지칭한다.(1972)

| 정답 ④

문 밑줄 친 '나'가 집권하여 추진한 사실로 옳은 것은?

▶ 2023. 4. 8. 인사혁신처

나는 우리 국민이 선천적으로 타고난 재질을 최대한으로 활용하여 다각적인 생산 활동을 더욱 활발하게 하고, … (중략) … 공산품 수출을 진흥시키는 데 가일층 노력할 것을 요망합니다. 끝으로 나는 오늘 제1회 「수출의 날」 기념식에 즈음하여 … (중략) … 이 뜻깊은 날이 자립경제를 앞당기는 또 하나의 계기가 될 것을 기원합니다.

① 대통령 직선제 개헌을 추진하였다.
② 3·1 민주 구국 선언을 발표하였다.
③ 반민족 행위 특별 조사 위원회를 구성하였다.
④ 베트남 파병에 필요한 조건을 명시한 브라운 각서를 체결하였다.

Tip 제시문의 인물은 박정희 대통령이고 수출의 날은 1964년에 제정되었다. 박정희 대통령은 5.16 군사정변을 계기로 정권을 장악한 이후 1960~70년에 걸쳐 경제 성장을 주도하였다. 이 과정에서 경제 성장에 필요한 자금 마련을 위하여 한일협정(1965)을 체결하고, 미국과의 브라운 각서(1966)를 체결하여 베트남 파병을 조건을 미국으로부터 자본 및 기술 지원을 약속받았다.
① 발췌개헌안(1952) : 이승만 정부
② 박정희 유신체제 반대 선언(1976) : 박정희 정부
③ 반민족 행위 특별조사 위원회(1948) : 이승만 정부

정답 ④

ⓔ **5차 개헌** : 국민 투표를 통해 대통령 중심제(직선제) 및 국회 단원제로 개헌하였다.
ⓜ **기타**
• 농가의 부채를 탕감해 주었다.
• 중소기업의 지원을 확대해 주었다.

② **제3공화국(1963~1972)**

㉠ **한·일 국교 정상화(1965)** : 경제 개발에 필요한 자본을 확보하기 위해 한·일 국교 정상화를 추진하였다. 이미 군정 시절에 김종필·오히라 비밀 회담을 통해 액수의 대강을 정했다. 이에 반대하여 시민과 대학생들이 6·3 시위를 주도하였고, 정부는 계엄령을 선포하였다. 이후 한·일 협정을 체결하여 무상·유상 차관을 받았으나, 일본의 침략에 대한 배상을 받지 못했다.

> **대한민국과 일본국 간의 기본 관계에 관한 조약**
> 제1조 양 체약 당사국 간에 외교 및 영사 관계를 수립한다. 양 체약 당사국은 대사급 외교 사절을 지체 없이 교환한다. 양 체약 당사국은 또한 양국 정부에 의하여 합의되는 장소에 영사관을 설치한다.
> 제2조 1910년 8월 22일 및 그 이전에 대한 제국과 대 일본 제국 간에 체결된 모든 조약 및 협정이 이미 무효임을 확인한다.
> 제3조 대한민국 정부가 국제 연합 총회의 결정 제195호(III)에 명시된 바와 같이 한반도에 있어서의 유일한 합법 정부임을 확인한다.

㉡ **인민 혁명당 사건(1964)** : 혁신계 인사들이 인민 혁명당을 만들어 북한에 동조하려 했다는 혐의로 탄압하였다.

㉢ **6차 개헌(1969)** : 대통령의 3선을 허용하는 개헌을 통과시켰다.

㉣ **베트남 파병(1964~1973)** : 미국 정부의 요청으로 베트남에 국군을 파병하였다. 베트남 파병의 대가로 미국이 한국군 현대화를 위한 장비를 제공한다는 브라운 각서를 받았다.

㉤ **경제**
• 1·2차 경제 개발 5개년 계획 : 수출 위주의 노동 집약적 경공업을 육성하였다.
• 8·3 경제 조치(1972) : 정부가 기업 사채를 강제 동결하고, 금리를 대폭 인하하였다. 또한 대출 등을 통해 기업에 대해 금융적 특혜를 제공하였다.
• 사회 간접 자본(경부 고속 도로, 소양강 댐)을 확충했으며, 포항 제철을 착공하였다.
• 광부와 간호사를 파독하여 경제 개발에 필요한 차관을 확보하였다.

③ 유신 체제(제4공화국, 1972~1979)

　㉠ 7차 개헌(유신 헌법, 1972)

　　• 국가 비상 사태를 선언한 후, 국회를 해산하고 전국에 계엄령을 선포하여 10월 유신을 단행하였다.

　　• 대통령의 임기는 6년이며 중임 제한이 폐지되었다.

　　• 통일 주체 국민 회의에서 간선제로 대통령이 선출되었다.

　　• 대통령에게 국회의원 1/3의 임명권을 부여하였고, 법관 인사권·국회 해산권·긴급 조치 발동권을 부여하였다.

유신 헌법

제40조 ① 통일 주체 국민 회의는 국회의원 정수의 3분의 1에 해당하는 수의 국회의원을 선거한다.

제40조 ② 제1항의 국회의원의 후보자는 대통령이 일괄 추천하며, 후보자 전체에 대한 찬반을 투표에 부쳐 재적 대의원 과반수의 출석과 출석대의원 과반수의 찬성으로 당선을 결정한다.

제53조 ① 대통령은 천재지변 또는 중대한 재정 경제상의 위기에 처하거나, 국가의 안전 보장 또는 공공의 안녕질서가 중대한 위협을 받거나 받을 우려가 있어 신속한 조치를 할 필요가 있다고 판단할 때에는 내정, 외교, 국방, 경제, 재정, 사법 등 국정 전반에 걸쳐 필요한 긴급 조치를 할 수 있다.

제53조 ② 대통령은 제1항의 경우에 필요하다고 인정할 때에는 이 헌법에 규정되어 있는 국민의 자유와 권리를 잠정적으로 정지하는 긴급 조치를 취할 수 있고, 정부나 법원의 권한에 관하여 긴급 조치를 할 수 있다.

제53조 ④ 제1항과 제2항의 긴급 조치는 사법적 심사의 대상이 되지 아니한다.

제59조 ① 대통령은 국회를 해산할 수 있다.

　㉡ 유신 반대 운동

　　• 김대중 납치 사건(1973) : 유신 반대 운동에 앞장 선 김대중을 일본에서 납치하였다.

　　• 개헌 청원 100만인 서명 운동 : 장준하 등을 중심으로 시작되었는데, 긴급조치를 발표하여 탄압하였다.

　　• 3·1 민주 구국 선언(1976) : 문익환, 김대중 등이 명동 성당에서 민주 구국 선언을 낭독하였다.

　　• 언론 자유 수호 투쟁 : 동아일보와 조선일보를 중심으로 정부의 언론 통제에 대항하였다.

　　• 부마민주항쟁(1979) : 부산 및 마산 지역을 중심으로 벌어진 박정희 정권의 유신 독재에 반대한 시위사건이다.

기출문제

🔲 밑줄 친 '헌법'이 시행 중인 시기에 일어난 사건은?

▶ 2021. 4. 17. 인사혁신처

이 <u>헌법</u>은 한 사람의 집권자가 긴급조치라는 형식적인 법 절차와 권력 남용으로 양보할 수 없는 국민의 기본 인권과 존엄성을 억압하였다. 그리고 이러한 권력 남용에 형식적인 합법성을 부여하고자 … (중략) … 입법, 사법, 행정 3권을 한 사람의 집권자에게 집중시키고 있다.

① 부·마 민주 항쟁이 일어났다.
② 국민교육헌장을 선포하였다.
③ 7·4 남북공동성명이 발표되었다.
④ 한일 협정 체결을 반대하는 6·3 시위가 있었다.

Tip 밑줄 친 '헌법'은 유신 헌법으로 1972년 10월에 선포되고 11월에 국민투표로 확정되었다. 유신 헌법은 1980년 10월 제8차 개헌 전까지 유효하였다.
① 부마 민주 항쟁 1979년
② 국민교육헌장 선포 1968년
③ 7·4 남북공동성명 1972년
④ 6·3 시위 1964년

▎정답 ①

긴급조치(1호)

1. 대한민국 헌법을 부정·반대·왜곡 또는 비방하는 일체의 행위를 금한다.
2. 대한민국 헌법의 개정 또는 폐지를 주장·발의·제안 또는 청원하는 일체의 행위를 금한다.
3. 유언비어를 날조, 유포하는 일체의 행위를 금한다.
5. 이 조치를 위반한 자와 이 조치를 비방한 자는 법관의 영장 없이 체포·구속·압수·수색하며 15년 이하의 징역에 처한다.

ⓒ 10·26 사태 : 석유 파동으로 인한 경제 불황과 YH 무역 사건 등으로 인해 부·마 민주 항쟁 등이 발생하였다. 이러한 사태에 대해 내부 갈등으로 인해 박정희가 암살당하였다.

ⓔ 경제
• 3·4차 경제 개발 5개년 계획 : 수출 주도형 중화학 공업화를 추진하였다. 이에 영남 지역에 대규모 공업 단지를 건설했으며, 원자력 발전소를 건설하였다.
• 두 차례 석유 파동으로 인해 경제적 위기를 맞았다.
• 수출액 100억 달러를 달성하여 '한강의 기적'이라는 평가를 받았다.

(4) 최규하 정부(1979~1980)

① 신군부의 등장

㉠ 통일 주체 국민 회의에서 최규하를 대통령으로 선출하였다.

ⓒ 12·12 사태(1979) : 전두환·노태우 등 신군부 세력이 병력을 동원하여 정권을 장악하였다.

ⓒ 서울의 봄(1980) : 유신 철폐, 신군부 퇴진, 언론의 자유 보장, 계엄 철폐 등을 주장하며 대규모 시위가 전개되었다. 이후 비상 계엄이 전국으로 확대되었다.

② 5·18 민주화 운동(1980)

㉠ 배경 : 계엄령이 전국으로 확대되면서 정치 활동 금지, 휴교, 언론 검열 등이 강화되었다. 또한 민주화 운동을 탄압하였다.

ⓒ 전개 : 광주에서 학생들의 시위를 무력 진압하여 사상자가 발생하였다. 이에 시민들도 시위 대열에 합류하였다. 계엄군이 광주에 투입되어 사상자가 속출하였고, 시민들은 시민군을 조직하였다. 그러나 정부는 공수부대를 투입하여 무력 진압하였다.

ⓒ 의의

- 1980년대 민주화 운동의 밑거름이 되었다.
- 5·18 민주화 운동 기록물이 유네스코 세계 기록유산에 등재되었다.
- 반미 운동의 배경이 되었다.

③ 국가 보위 비상 대책 위원회

ⓐ 신군부는 국가 보위 비상 대책 위원회를 설치하여 입법·사법·행정권을 장악하였다.

ⓑ 통일 주체 국민 회의에서 전두환이 대통령으로 선출되었다.

(5) 전두환 정권(제5공화국, 1980~1988)

① 8차 개헌(1980)

ⓐ 7년 단임 간선제를 내용으로 하는 개헌을 추진하였다.

ⓑ 새 헌법에 따라 통일 주체 국민 회의가 해산되고, 국가 보위 입법 회의가 설치되있다.

ⓒ 국가 보위 입법 회의

- 정치풍토쇄신 특별조치법을 통해 구 정치인의 활동을 금지시켰다.
- 언론기본법, 중앙정보부법 등을 의결하였고, 국가보안법 개정안을 통과시켰다.

② 강압 정책

ⓐ 보도 지침을 통해 언론 통제를 강화했다.

ⓑ 삼청 교육대를 설치하여 학생·사회 운동 및 인권을 탄압하였다.

③ 유화 정책

ⓐ 여의도에서 '국풍 81'이라는 대규모 예술제를 개최하였다.

ⓑ 3S(Screen, Sports, Sex) 정책, 즉 우민 정책을 통해 국민의 관심을 돌리려 하였다.

ⓒ 교복 및 두발 자유화, 야간 통행금지 해제, 해외여행 자유화 등을 실시하였다.

④ 6월 민주 항쟁(1987)

ⓐ 배경 : 박종철 고문 치사 사건이 발생하였다.

ⓑ 전개

- 4·13 호헌 조치 : 정부는 대통령 직선제 개헌과 민주화 요구를 거부하는 조치를 발표하였다.
- 6·10 국민 대회 : 호헌 철폐, 독재 타도를 외치며 전국에서 국민 대회가 개최되었다. 이 과정에 이한열이 최루탄을 맞고 사망하였다.

기출문제

문 〈보기〉는 대한민국 헌법 개정을 시기순으로 나열한 것이다. (가)와 (나)에 들어갈 내용으로 옳은 것은?

▶ 2021. 6. 5. 제1회 서울특별시

〈보기〉

제6차 1969년	제7차 1972년	제8차 1980년	제9차 1987년
대통령 3선 허용	유신헌법 대통령 간선제 (임기 6년)	(가) (7년 단임)	(나) (5년 단임)

① (가) 대통령 간선제
   (나) 대통령 직선제

② (가) 대통령 직선제
   (나) 대통령 직선제

③ (가) 대통령 간선제
   (나) 대통령 간선제

④ (가) 대통령 직선제
   (나) 대통령 간선제

Tip 8차 개헌(1980)은 전두환을 중심으로 한 신군부 세력이 주도한 것으로 대통령 선거 인단을 통한 대통령 간선제와 대통령 임기 7년 단임제를 주요 내용으로 하고 있다. 이후 1987년 국민들은 대통령 직접 선거를 요구하였지만 전두환 대통령이 4.13 호헌조치를 통해 이를 거부하자 시민들은 6월 민주항쟁을 전개하였다. 그 결과 민주정의당 대표인 노태우는 국민들의 요구를 수용하여 대통령 직선제와 5년 단임제를 골자로 하는 6.29 민주화 선언을 발표했고 이를 통해 9차 개헌(1987)이 이루어졌다.

정답 ①

기출문제

문 〈보기〉의 개헌 시기를 순서대로 바르게 나열한 것은?

▶ 2020. 6. 13. 제2회 서울특별시

〈보기〉
㉠ 대통령 3회 연임 허용
㉡ 대통령 직선제 및 5년 단임
㉢ 대통령 직선제, 국회 양원제
㉣ 대통령은 통일 주체 국민 회의에서 간선

① ㉠-㉡-㉣-㉢
② ㉡-㉢-㉠-㉣
③ ㉢-㉠-㉣-㉡
④ ㉣-㉡-㉢-㉠

Tip ㉢ 대통령 직선제, 국회양원제 : 이승만 정부 때 이루어진 발췌개헌안(1952)이다. 발췌개헌안은 6 · 25 전쟁 중 임시수도였던 부산에서 통과된 개헌안으로 이승만의 장기 집권을 위해 정부통령 직선제, 양원제 국회(참의원, 민의원) 설치를 골자로 하였다.
㉠ 대통령 3회 연임 허용 : 이승만의 장기 집권을 위해 이루어진 사사오입 개헌안(1954)이다.
㉣ 대통령 통일주체국민회의에서 간선 : 박정희 정부 때 이루어진 유신헌법(1972)이다. 박정희는 1967년 선거에서 재선을 이루고 난 이후 장기 집권을 위해 1972년 유신헌법을 개정하여 통일주체 국민회의에 의한 임기 6년의 대통령 간선제를 실현하고, 긴급조치 명령을 규정하였다.
㉡ 대통령 직선제 및 5년 단임 : 전두환 정부 때 이루어진 6 · 29 민주화 선언(1987)이다. 간선제로 임기 7년 단임제로 대통령에 집권한 전두환 정부 말기 국민들은 대통령 직선제를 요구했다. 이에 전두환 정부는 4 · 13 호헌조치를 통해 국민의 요구를 거부하였고 이에 1987년 6월 민주화 운동의 결과 6 · 29 민주화 선언이 발표되었다.

정답 ③

6 · 10 국민 대회 선언문

국민 합의를 배신한 4 · 13 호헌 조치는 무효임을 전 국민의 이름으로 선언한다. 오늘 우리는 전 세계의 이목이 우리를 주시하는 가운데 40년 독재 정치를 청산하고 희망찬 민주 국가를 건설하기 위한 거보를 전 국민과 함께 내딛는다. 국가의 미래요, 소망인 꽃다운 젊은이를 야만적인 고문으로 죽여 놓고 그것도 모자라서 뻔뻔스럽게 국민을 속이려 했던 현 정권에 국민의 분노가 무엇인지를 분명히 보여 주고, 국민적 여망인 개헌을 일방적으로 파기한 4 · 13 폭거를 철회시키기 위한 민주 장정을 시작한다.

ⓒ 결과
• 6 · 29 민주화 선언 : 5년 단임 직선제를 내용으로 하는 개헌안을 발표하였다.
• 4 · 19 혁명 이후 최대의 민주화 운동이다.
• 민주주의의 발전에 기여하였다.

6 · 29 민주화 선언

첫째, 여야 합의하에 조속히 대통령 직선제 개헌을 하고 새 헌법에 의해 대통령 선거로 88년 2월 평화적 정부 이양을 실현토록 하겠습니다. …… 국민은 나라의 주인이며, 국민의 뜻은 모든 것에 우선하는 것입니다. 둘째, 최대한의 공명정대한 선거 관리가 이루어져야 합니다. 셋째, 극소수를 제외한 모든 시국 관련 사범들은 석방되어야 합니다.

⑤ 9차 개헌
㉠ 5년 단임 직선제를 내용으로 개헌하였다.
㉡ 이후 대통령 선거에서 야당이 후보 단일화에 실패하면서, 노태우가 당선되었다.

⑥ 경제 … 3저 호황(저금리, 저유가, 저환율)을 통해 경제가 성장하였다.

(6) 노태우 정권(제6공화국, 1988~1992)

① 3당 합당 … 여소야대 국회가 형성되어 3당 합당을 추진하여 민주자유당을 출범하였다.

② 정책
㉠ 5공 청문회를 열어 5 · 18 민주화 운동에 대한 진상 규명을 시도하였다.
㉡ 지방 자치제를 부분적으로 실시하였다.
㉢ 언론 기본법을 폐지하였다.
㉣ 서울 올림픽을 개최하였다.
㉤ 북방 외교를 통해 소련 · 중국과 수교하였고, 남북한이 동시에 UN에 가입하였다.

(7) 김영삼 정부(문민 정부, 1993~1997)

① 정책

　㉠ 역사 바로 세우기 운동 : 전두환과 노태우 등의 세력을 구속하였다.

　㉡ 금융 실명제를 실시하였다.

　㉢ 공직자 윤리법을 개정하였다.

　㉣ 지방 자치제를 전면 시행하였다.

　㉤ 신자유주의 정책 : 공기업을 민영화하고, 경제 협력 개발 기구(OECD)에 가입하였다.

② 외환 위기

　㉠ 배경 : 국내 금융 시장의 불안정으로 단기 해외 투기 자본이 급격히 유출되었다.

　㉡ 전개 : 원화의 가치가 폭락하였고, 국내 대기업이 줄도산하였다.

　㉢ 결과 : 국제 통화 기금(IMF)으로부터 구제 금융을 받았다.

(8) 김대중 정부(국민의 정부, 1998~2002)

① 정책

　㉠ 외환 위기 극복 : 금모으기 운동, 정부 주도의 강도 높은 경제 개혁 등을 통해 IMF의 지원금을 조기 상환하였다.

　㉡ 햇볕 정책 : 대북 햇볕 정책을 추진하여, 최초 남북 정상 회담 통해 6·15 남북 공동 선언을 발표하였다. 이후 노벨 평화상을 수상하였다.

　㉢ 한·일 월드컵을 개최하였다.

　㉣ 여성부를 신설하였다.

(9) 노무현 정부(참여 정부, 2003~2007)

① 과거사 진상 규명법을 통해 친일파와 독재에 대한 청산을 시도하였다.

② 제2차 남북 정상 회담을 통해 10·4 남북 공동 선언을 발표하였다.

(10) 이명박 정부(2007~2013)

① 기업 활동의 규제를 완화하였다.

② 한미 FTA를 체결하였다.

③ G20 정상 회의를 개최하였다.

④ 호주제를 폐지하였다.

(11) 북한 정권의 수립과 변화

① 해방 직후(1950년대)

㉠ 사회

• 김일성이 소련의 지원을 받아 북조선 임시 인민 위원회를 만들었다.

• 북조선 노동당을 창당하고, 조선 인민군을 창설하였다.

• 총선거를 통해 조선 민주주의 인민 공화국을 수립하였다.

• 8월 종파 사건(1956)으로 반대 세력을 숙청하고, 김일성 1인 지배 체제를 확립하였다.

㉡ 경제

• 토지 개혁 : 무상 몰수 · 무상 분배 원칙이었다.

• 노동법 : 8시간 노동제, 출산 휴가 등의 내용을 담고 있다.

• 사회주의 경제 체제 : 사유 재산 제도를 부정하였다.

• 3개년 경제 계획 : 중공업 우선 정책이었다.

• 5개년 경제 계획 : 협동 농장을 설치하고, 상공업을 국영화하였으며 천리마 운동을 전개하였다.

② 김일성 체제(1960~1994)

㉠ 사회

• 북한의 독자적 정치 이론으로 주체 사상을 확립하였다.

• 사회주의 헌법(1972) : 주석으로 김일성이 취임했으며, 김일성 독재 체제의 제도화가 완성되었다.

• 3대 혁명 소조 운동(1973) : 사상, 문화, 기술의 혁명을 이끌어내려 했다.

> **주체 사상**
>
> 조선 혁명이야말로 우리 당 사상 사업의 주체입니다. …… 조선 혁명을 하기 위해서는 조선 역사를 알아야 하며, 조선의 지리를 알아야 하며, 조선 인민의 풍속을 알아야 합니다. …… 어떤 사람들은 소련식이 좋으니, 중국식이 좋으니 하지만 이제는 우리 식을 만들 때가 되지 않았습니까?

㉡ 경제

• 제1차 7개년 계획 : 소련의 지원 중단으로 인해 자본과 기술이 부족하여 실패했다.

• 6개년 계획 : 국민 소득이 2배 증가하였다.

• 제2차 7개년 계획 : 자립 경제를 강조하였다.

③ 김정일 체제(1994~2011)

㉠ 사회

• 김정일이 국방 위원장이 취임하였다.

• 헌법을 개정하여 주석제를 폐지하고, 국방 위원장을 강화하였다.

• 선군 사상 : 군대가 사회를 주도하고, 강성대국을 강조하였다.

ⓛ 경제
- 합작 회사 경영법 : 서양 자본을 유치하여 교류 확대를 시도하였다.
- 외국인 투자법 : 외국인이 북한에 투자가 가능하게 되었다.
- 제3차 7개년 계획 : 자본 부족으로 실패하였다.
- 나진 · 선봉 경제 특구 : 북한 최초의 경제 특구다.
- 7 · 1 경제 관리 개선 조치 : 시장 경제를 일부 수용하였다.
- 기타 : 신의주 경제 특구 및 개성 공단을 설치하고, 금강산 관광이 가능해졌다.

합작 회사 경영법
제2조 우리나라의 기관, 기업소, 단체는 다른 나라의 법인 또는 개인과 공화국 영역 안에 합영 기업을 창설하고 운영할 수 있다. 공화국 영역 밖에 거주하고 있는 조선 교포들과도 합영 기업을 창설하고 운영할 수 있다.
제5조 합영 기업은 당사자들이 출자한 재산에 대한 소유권을 가지며 독자적으로 경영 활동을 한다.
제7조 국가는 장려하는 대상과 공화국 영역 밖에 거주하고 있는 조선 교포들과 하는 합영 기업, 일정한 지역에 창설된 합영 기업에 대해 세금의 감면, 유리한 토지 이용 조건의 제공 같은 우대를 한다.

④ 김정은 체제(2011~) … 김정은에게 권력이 세습되어 3대 세습 체제가 확립되었다.

⑫ 통일을 위한 노력

① 이승만 정부
㉠ 북진 · 멸공 통일을 주장하였다.
㉡ 조봉암이 평화 통일론을 제기하였으나 진보당 사건으로 탄압받았다.

평화 통일론
평화적 통일에의 길은 오직 하나, 남북한에서 평화 통일을 저해하고 있는 요소를 견제하고 민주주의적 진보 세력이 주도권을 장악하는 것뿐이다. …… 민주주의 승리에 의한 조국의 평화적 통일, 이것만이 우리의 유일한 길이다.

② 장면 내각
㉠ 북진 통일론을 계승하였다.
㉡ UN 감시 하에 남북한 총선거를 통한 통일론이 주장되었다.
㉢ 남북 학생 회담 : '가자 북으로, 오라 남으로', '이남 전기, 이북 쌀'을 주장했으나 실현되지 못했다.

기출문제

문 〈보기 1〉의 선언문을 발표한 정부시기에 있었던 사실을 〈보기 2〉에서 모두 고른 것은?

▶ 2022. 2. 26. 제1회 서울특별시

〈보기 1〉

　남과 북은… 쌍방 사이의 관계가 나라와 나라 사이의 관계가 아닌 통일을 지향하는 과정에서 잠정적으로 형성되는 특수 관계라는 것을 인정하고, …
제1조 남과 북은 서로 상대방의 체제를 인정하고 존중한다.
제4조 남과 북은 상대방을 파괴·전복하려는 일체 행위를 하지 아니한다.

〈보기 2〉

㉠ 남북한 동시 유엔(UN) 가입
㉡ 서울올림픽 개최
㉢ 금융실명제 실시
㉣ 6·29선언

① ㉠, ㉡　　　② ㉡, ㉢
③ ㉡, ㉣　　　④ ㉢, ㉣

Tip 제시문은 1991년 남북 사이에 체결된 〈남북기본합의서〉로 노태우 정부 때 합의된 내용이다. 한반도 비핵화 공동선언과 더불어 소련 붕괴 후 공산권 국가들과의 적극적인 북방 외교 정책을 추진하기도 하였다. 뿐만 아니라 노태우 정부 때에는 서울올림픽(1988)을 개최하고, 남북한 동시 UN가입이 성사(1991)되었다.
㉢ 금융실명제(1993)는 김영삼 정부에서 시행되었다.
㉣ 6·29선언(1987)은 6월 민주항쟁의 결과 대통령 직선제 개헌을 주요 골자로 발표된 내용으로 전두환 정권 당시 민정당 대표였던 노태우가 발표하였다.

┃**정답 ①**

③ 박정희 정부

　㉠ '승공 통일', '선 건설 후 통일'을 주장하였다.

　㉡ 1·21 사태 이후 대북관계가 악화되었다.

　㉢ 미국의 닉슨 독트린으로 남북 적십자 회담이 제의되었다.

　㉣ 7·4 남북 공동 성명(1972)

　　• 자주·평화·민족적 대단결의 통일 3원칙이 제시되었다.

　　• 통일 문제를 협의하기 위해 남북 조절 위원회 설치를 합의하였다.

　　• 공동 성명 발표 후 남북한의 독재를 강화하였다.

7·4 남북 공동 성명

1. 통일은 외세에 의존하거나 외세의 간섭을 받지 않고 자주적으로 해결해야 한다.
2. 통일은 상대를 반대하는 무력행사에 의거하지 않고 평화적 방법으로 실현해야 한다.
3. 사상과 이념, 제도의 차이를 초월하여 하나의 민족으로서 민족적 대단결을 도모하여야 한다.

　㉤ 6·23 평화 통일 외교 정책 선언(1973) : 남북한의 UN 동시 가입을 제의하였다.

④ 전두환 정부

　㉠ 북한이 수재 물자를 제공하여 남한이 수용하였다.

　㉡ 남북 적십자 회담(1985) : 최초로 이산가족의 고향 방문이 이루어졌다.

⑤ 노태우 정부

　㉠ 7·7 선언(1988) : 이산가족 서신 왕래 및 상호 방문을 추진하고, 남북한을 민족 공동체로 규정하였다.

　㉡ 한민족 공동체 통일 방안(1989) : 자주·평화·민주의 원칙을 설정하여, 남북 연합을 구성하여 총선거를 실시하자고 제안하였다.

　㉢ 남북 고위급 회담(1990~1992)

　　• 남북 기본 합의서(1991) : 최초의 남북 공식 합의서이며, 상호 체제의 인정과 불가침을 선언하였다.

　　• 남북한이 동시에 UN에 가입하였다(1991).

　　• 한반도 비핵화에 관한 공동 선언이 채택되었다(1992).

남북 기본 합의서

남과 북은 7·4 남북 공동 성명의 원칙을 재확인하고, …… 무력에 의한 침략과 충돌을 막고 긴장 완화와 평화를 보장하며, 다각적인 교류·협력을 실현하여 공동의 이익과 번영을 도모하며, 쌍방의 관계가 나라와 나라 사이의 관계가 아닌 통일을 지향하는 과정에서 잠정적으로 형성되는 특수 관계라는 것을 인정하고, 평화 통일을 성취하기 위한 공동의 노력을 경주할 것을 다짐하면서, 다음과 같이 합의하였다.

1. 남과 북은 서로 상대방의 체제를 인정하고 존중한다.
9. 남과 북은 상대방에 대하여 무력을 사용하지 않으며 상대방을 무력으로 침략하지 아니한다.
15. 남과 북은 민족 경제의 통일적이며 균형적인 발전과 민족 전체의 복리 향상을 도모하기 위하여 자원의 공동 개발, 민족 내부 교류로서의 물자 교류, 합작 투자 등 경제 교류와 협력을 실시한다.
17. 남과 북은 민족 구성원들의 자유로운 왕래와 접촉을 실현한다.

⑥ 김영삼 정부

㉠ 한민족 공동체 건설을 위한 3단계 통일 방안(1994) : 화해와 협력·남북 연합·통일 국가의 3단계 통일 방안을 제시하였다.

㉡ 북한에 쌀을 무상 지원했으며, 경수로 원자력 발전소 건설 사업을 개시하였다.

㉢ 민족 공동체 통일 방안 : 자주·평화·민주의 3원칙과 화해와 협력·남북 연합·통일 국가의 3단계 통일 방안을 제시하였다.

㉣ 북한이 핵 확산 금지 조약을 탈퇴하였다.

⑦ 김대중 정부

㉠ 제1차 남북 정상 회담(2000)

• 최초의 남북 정상 회담이었다.
• 6·15 남북 공동 선언 : 1국가 2체제를 인정하고, 남측의 연합제와 북측의 연방제 사이의 공통성을 인정했다.
• 이산가족과 비전향 장기수 문제에 대해 논의하였다.

6·15 남북 공동 선언

1. 남과 북은 나라의 통일 문제를 서로 힘을 합쳐 자주적으로 해결해 나가기로 하였다.
2. 남과 북은 나라의 통일을 위한 남측의 연합제와 북측의 낮은 단계의 연방제 안이 공통성이 있다고 인정하고 이 방향에서 통일을 지향시켜 나가기로 하였다.
3. 남과 북은 인도적인 문제를 조속히 풀어나가기로 하였다.
4. 남과 북은 민족 경제를 균형적으로 발전시키고 여러 분야에서의 교류와 협력을 활성화하여 서로의 신뢰를 다져 나가기로 하였다.

㉡ 경의선 복원에 착공하였다.

㉢ 개성 공단이 건설되었다.

㉣ 금강산 관광이 시작되었다.

기출문제

🔲 다음 합의문에 대한 설명으로 옳은 것은?

▶ 2018. 5. 19. 제1회 지방직

쌍방은 오랫동안 서로 만나보지 못한 결과로 생긴 남북 사이의 오해와 불신을 풀고 긴장의 고조를 완화시키며 나아가서 조국 통일을 촉진시키기 위하여 다음과 같은 문제들에 완전한 견해의 일치를 보았다.

1. 쌍방은 다음과 같은 조국 통일 원칙들에 합의를 보았다.
  첫째, 통일은 외세에 의존하거나 외세의 간섭을 받음이 없이 자주적으로 해결하여야 한다.
  둘째, 통일은 서로 상대방을 반대하는 무력행사에 의거하지 않고 평화적 방법으로 실현하여야 한다.
  … (중략) …
4. 쌍방은 지금 온 민족의 거대한 기대 속에 진행되고 있는 남북 적십자회담이 하루빨리 성사되도록 적극 협조하는 데 합의하였다.
  … (후략) …

① 남북기본합의서와 동시에 작성된 문서이다.
② 남북조절위원회를 구성하기로 합의한 내용이 담겨 있다.
③ 분단 후 최초로 열린 남북정상회담의 결과로 발표된 성명서이다.
④ 금강산 관광사업을 추진하기로 결정했다는 내용이 수록되어 있다.

Tip 제시된 글은 7·4 남북공동성명(1972년)이다.
① 1991년
③ 2000년
④ 1998년

▍정답 ②

📖 다음과 같은 남북합의가 이루어진 정부에서 일어난 사실은?

▶ 2017. 6. 24. 제2회 서울특별시

제1조 남과 북은 서로 상대방의 체제를 인정하고 존중한다.
제2조 남과 북은 상대방의 내부 문제에 간섭하지 아니한다.
제3조 남과 북은 상대방에 대한 비방, 중상을 하지 아니한다.
제4조 남과 북은 상대방을 파괴, 전복하는 일체 행위를 하지 아니한다.

① 남북조절위원회 회담
② 금융실명제 전면 실시
③ 남북정상회담 개최
④ 북방외교의 적극 추진

Tip 제시된 내용은 노태우 정부(1988~1993) 때 체결된 남북 기본합의서(1991. 12. 13)이다.
① 1972년 7·4 남북 공동 선언
② 1993년 김영삼 정부
③ 1차 2000년 김대중 정부, 2차 2007년 노무현 정부

⑧ 노무현 정부

㉠ 제2차 남북 정상 회담(2007) : 김대중 정부의 햇볕 정책을 계승하였다.

㉡ 10·4 남북 공동 선언 : 종전 선언에 대한 합의를 도출하였다.

10·4 남북 공동 선언

1. 6·15 공동 선언을 고수하고 적극 구현해 나간다.
4. 현 정전 체제를 종식시키고 항구적인 평화 체제를 구축하기 위한 종전 선언을 협력해 추진하기로 하였다.
5. 경제 협력 사업을 적극 활성화하기로 하였다.
• 서해 평화 협력 특별 지대를 설치하여 공동 어로 구역과 평화 수역 설정, 민간 선박의 해주 직항로 통과, 한강 하구 공동 이용 등을 적극 추진해 나가기로 하였다.
• 개성–신의주 철도와 개성–평양 고속도로를 공동으로 이용하기 위해 개보수 문제를 협의·추진하기로 하였다.
6. 역사, 언어, 교육, 과학 기술, 문화 예술, 체육 등 사회 문화 분야의 교류와 협력을 발전시켜 나가기로 하였다.
• 백두산 관광을 실시하며 이를 위해 백두산–서울 직항로를 개설하기로 하였다.
• 2008년 북경 올림픽에 남북 응원단이 경의선 열차를 이용하여 참가하기로 하였다.

⑨ 이명박 정부

㉠ 대북 강경책을 고수하였다.

㉡ 천안함 침몰 사건으로 대북 관계가 악화되었다.

정답 ④

1 흥선대원군이 다음과 같은 개혁정책을 추구하였던 궁극적인 목적은?

> ㉠ 양반에게도 군포를 부과, 징수하는 호포법을 실시하였다.
> ㉡ 「대전회통」, 「육전조례」 등을 편찬하여 법치질서를 재정비하였다.
> ㉢ 비변사 기능을 축소하고 의정부 기능을 강화하였으며 삼군부를 부활시켰다.
> ㉣ 붕당의 근거지로 백성을 수탈해 온 600여개소의 서원을 철폐하였다.

① 부족한 국가의 재정기반을 확대함이 목적이었다.
② 지배층의 수탈을 억제하여 민생을 보호함이 목적이었다.
③ 문란한 기강을 바로 잡아 왕권을 재확립함에 있었다.
④ 열강의 침략을 대비하기 위해 국방을 강화함에 있었다.

Point

흥선대원군은 집권 후 안으로는 문란해진 기강을 바로 잡아 전제 왕권의 강화를 꾀하였고, 밖으로는 외세의 통상요구와 침략에 대비하는 정책을 강행하였다.

2 근세 조선이 외국과 근대적 조약을 체결한 올바른 순서는?

① 일본 – 청 – 영국 – 미국 – 프랑스 – 독일
② 일본 – 미국 – 영국 – 독일 – 러시아 – 프랑스
③ 청 – 일본 – 화란 – 프랑스 – 미국 – 영국
④ 영국 – 일본 – 미국 – 독일 – 러시아 – 프랑스

Point

우리나라의 근대적 조약은 일본과 1876년 2월 처음으로 맺음을 계기로 1882년 3월 미국, 1882년 4월 영국, 1882년 5월 독일, 1884년 5월 이탈리아, 1884년 6월 러시아, 1886년 5월 프랑스와 각각 수교를 맺었다.

Answer 1.③ 2.②

3 다음 사건이 일어난 왕의 재위 기간에 있었던 사실로 옳은 것은?

> 그들 조선군은 비상한 용기를 가지고 응전하면서 성벽에 올라 미군에게 돌을 던졌다. 창칼로 상대하는데 창칼이 없는 병사들은 맨손으로 흙을 쥐어 적군 눈에 뿌렸다. 모든 것을 각오하고 한 걸음 한 걸음 다가드는 적군에게 죽기로 싸우다 마침내 총에 맞아 죽거나 물에 빠져 죽었다.

① 군포에 대한 양반들의 면세특권이 폐지되었다.

② 금난전권을 제한하려는 통공정책이 시작되었다.

③ 결작세가 신설되면서 지주들의 부담이 증가하였다.

④ 영정법이 제정되어 복잡한 전세 방식이 일원화 되었다.

 Point

해당 사건은 조선 후기 고종 대에 미국이 제너럴셔먼호 사건을 빌미로 강화도를 공략한 신미양요(1871)이다. 당시 고종의 아버지인 흥선대원군이 서구 열강의 접근에 대해 대외적으로는 쇄국정책을 추진하였고, 대내적으로는 왕권강화를 위하여 서원 철폐, 비변사 혁파, 경복궁 중건 등의 정책을 시행하였다. 동시에 삼정의 문란을 시정하여 민생 안정을 도모하였는데 전정에 대한 개혁으로는 양전사업을 시행하여 은결을 색출하였고, 군정에 대해서는 호포제를 시행하여 양반에게도 군포를 징수하였다. 또한 환곡에 대한 개혁으로 사창을 시행하였다.
② 조선 정조 때 시행되었다.(1791)
③ 조선 영조 때 시행된 균역법이다.(1751)
④ 영정법은 조선 인조 때 시행되었다.(1635)

4 문호 개방 이후 전개된 새로운 움직임으로 볼 수 없는 것은?

① 근대적 정치사상을 수용하여 입헌 군주제를 확립하려는 노력이 대두되었다.

② 민족적이고 민중적인 새로운 종교가 창시되어 근대 사회 건설과 반제국주의 운동을 주도하였다.

③ 농업 중심의 봉건적 토지경제에서 벗어나 상공업 중심의 근대 자본주의 경제를 추구하려는 움직임이 나타났다.

④ 양반 중심의 특권체제를 부정하고, 민권보장과 참정권 운동을 통해 평등사회를 구현하려는 노력이 대두되었다.

 Point

② 민족적 · 민중적 · 반제국적 성격의 동학은 개항 전에 창시되었다(1860).

5 다음 중 광무개혁이 추진된 시기에 일어난 사건과 관련된 것을 고르면?

① 상공업의 육성과 양전사업
② 물산장려운동과 민립대학설립운동
③ 모스크바 3국외상회의
④ 가쓰라 · 태프트밀약

 Point

광무개혁은 1896년 아관파천 직후부터 1904년 러일전쟁 발발까지 주로 보수파에 의해 추진된 제도 개혁이다.
② 물산장려운동은 1920년 평양에서 시작되어 1923년 전국으로 확산되었다.
③ 미 · 영 · 소의 3국 외상들은 1945년 12월 모스크바에 모여 한반도의 전후 문제를 상의하였다.
④ 1905년 7월 29일 일본 총리 가쓰라와 미국 육군장관 W.H. 태프트 사이에 맺어진 비밀협약이다.
※ 광무개혁 … 대한제국이 근대화 시책으로 구본신참과 민국건설의 국가통치이념으로 교전소, 사례소 등을 설치하여 개혁작업을 실행하였으며 군주로의 권력집중을 통한 정책추진을 기본으로 국방력, 재정력, 상공업 육성 및 양전사업, 금본위화폐금융제도의 개혁 등을 시도하였다.
㉠ 정치 : 전제 왕권의 강화, 군제개혁 및 군대확충
㉡ 경제 : 지계발행의 양전사업, 산업진흥을 위한 식산흥업정책 추진
㉢ 사회 : 상공업학교, 공장, 재판소, 전보사, 국립병원 등 설치
㉣ 교육 : 실용교육과 관리양성교육에 중점을 둔 상공학교, 광무학교, 전무학교, 우무학교, 모범양잠소 등 설치

6 다음의 조 · 일 통상 규정(1876)의 내용을 통해 추론한 것 중 옳은 것은?

> • 화물의 출입에는 특별히 수년간의 면세를 허용한다.
> • 일본 정부에 소속된 모든 선박은 항구세를 납부하지 않는다.
> • 일본인은 모든 항구에서 쌀과 잡곡을 수출할 수 있다. 단, 재해시 1개월 전에 통고하고 방곡령이 가능하다.

① 조선에 대한 일본의 경제 원조가 시작이 되었다.
② 조선과 일본은 자유 무역을 통하여 상호이익을 얻었다.
③ 조선 정부는 방곡령을 통해 미곡의 유출을 방지할 수 있었다.
④ 일본으로 양곡이 무제한 유출되어 조선의 농촌경제는 피폐해졌다.

Point

조 · 일통상장정은 일본이 조선에 대한 경제적 침략을 용이하게 하기 위해 맺은 것으로서, 이 조약 이후 일본 상인의 곡물유출이 심각하여 조선은 식량난을 겪게 되었다. 이에 대한 저항책으로 방곡령을 선포하였으나 배상금을 물어 주는 등 실패로 돌아갔다.

(Answer) 3.① 4.② 5.① 6.④

7 다음 중 외세의 직접적인 개입으로 실패한 운동에 대한 설명으로 옳은 것을 고르면?

① 반봉건적, 반침략적 근대민족운동의 성격을 띠었다.
② 자주권, 행정·재정·관리 임용, 민권 보장의 내용을 규정한 국정 개혁의 강령을 발표하였다.
③ 민중적 구국운동을 전개하며 외세의 이권 침탈을 배격하였다.
④ 일제의 황무지 개간권 요구에 반대운동을 벌였다.

Point

외세의 직접적인 개입으로 실패한 것은 동학농민운동이다.
① 동학농민운동(1894) : 반봉건적, 반침략적 성격의 동학농민운동은 폐정개혁안 12조를 주장하였으나 관군과 일본군과의 우금치전투에서 패하면서 실패하였다.
② 갑오개혁(1894) : 온건개화파들이 국왕의 명을 받아 교정청을 설치하여 자주적 개혁을 추진하였다. 이는 비록 일본의 강압에 의한 타율적 성격도 있으나 조선인의 개혁의지가 일부 반영된 근대적 개혁이었다.
③ 독립협회(1896) : 과거의 개혁이 민중의 지지를 얻지 못해 실패한 것을 깨닫고 민중계몽에 힘썼으나 입헌군주제를 반대하던 보수세력이 황국협회를 이용하여 탄압하였으며 결국 해산되었다.
④ 보안회(1904) : 일제가 황무지개간권을 요구하자 보안회는 이를 저지하기 위해 가두집회를 열고 반대운동을 하여 결국 일본의 요구를 철회시켰다.

8 임오군란에 대한 글을 읽고 그 성격을 말한 것 중 옳지 않은 것은?

> 임오군란은 민씨정권이 일본인 교관을 채용하여 훈련시킨 신식군대인 별기군을 우대하고, 구식군대를 차별대우한 데 대한 불만에서 폭발하였다. 구식군인들은 대원군에게 도움을 청하고, 정부고관의 집을 습격하여 파괴하는 한편, 일본인 교관을 죽이고 일본 공사관을 습격하였다. 뿐만 아니라 도시빈민들이 합세한 가운데 민씨정권의 고관을 처단한 뒤 군란을 피해 달아나는 일본 공사 일행을 인천까지 추격하였다. 임오군란은 대원군의 재집권으로 일단 진정되었으나, 이로 인하여 조선을 둘러싼 청·일 양국의 새로운 움직임을 초래하였다.

① 친청 운동   ② 반일 운동
③ 대원군 지지운동   ④ 개화 반대 운동

Point

① 1882년에 일어난 임오군란은 정부고관의 집을 습격하는 등의 반정부운동, 일본인 교관 살해 및 일본 공사관 습격의 반일운동, 흥선대원군에게의 도움 요청과 대원군 재집권 지지운동, 구식군인의 주도와 신식군대인 별기군에 대한 반발 등의 개화반대운동의 성격이 있었다.

9 갑신정변을 추진한 정치세력에 대한 설명으로 옳은 것을 고르면?

> ○ 입헌군주제와 토지의 재분배를 추구하였다.
> ○ 청의 내정간섭과 민씨정권의 보수화에 반발하였다.
> ○ 청의 양무운동을 본받아 점진적인 개혁을 추구하였다.
> ② 일본의 메이지유신을 본받아 급진적인 개혁을 추구하였다.
> ○ 민중을 개화운동과 결합하여 일본의 정치적 · 경제적 침략을 저지하려 하였다.

① ○, ○   ② ○, ○, ②
③ ○, ②   ④ ○, ○, ○

> 갑신정변은 급진개화파로 이루어진 개화당이 일으켰다. 이들은 국내 민중의 지지기반 없이 일본에 의존하여 개혁을 추진했기 때문에 실패했으며, 또한 지주 출신이 대부분이었기 때문에 토지의 재분배를 추진하지 않았다.

10 다음의 내용을 통해 알 수 있는 것을 고르면?

> • 탐관오리는 그 죄상을 조사하여 엄징한다.
> • 노비문서를 소각한다.
> • 왜와 통하는 자는 엄징한다.
> • 토지는 평균하여 분작한다.

① 시민사회로 전환하는 계기가 되었다.
② 봉건 제도의 성립 원인이 되었다.
③ 우리말과 우리글의 사용이 금지되었다.
④ 반외세, 반침략적 성격을 띤 운동이다

> ④ 제시된 내용은 동학농민운동 때의 폐정개혁 12조 중의 일부이다. 동학농민운동은 안으로 봉건적 체제에 반대하여 노비문서의 소각, 토지의 평균분작 등 개혁정치를 요구하였고, 밖으로는 외세의 침략을 물리치려고 한 반봉건 · 반침략적이며 밑으로부터의 근대민족운동의 성격을 띤 것이다.

Answer 7.① 8.① 9.③ 10.④

11 다음 내용에 관한 역사적 사건 후의 영향으로 바른 것은?

> • 지조법을 개혁하여 관리의 부정을 막고 백성을 보호하며, 국가 재정을 넉넉히 한다.
> • 4영을 합하여 1영으로 하되, 영 중에 장정을 선발하여 근위대를 급히 설치한다.
> • 의정부, 6조 이외의 모든 불필요한 기관을 없앤다.

① 청나라 군대가 우리나라에 주둔하게 되었다.
② 개화운동의 흐름이 약화되었다.
③ 상민수륙무역장정이 체결되고 군국기무처가 설치되었다.
④ 비변사가 강화되어 왕권이 유명무실화되었다.

Point

제시된 내용은 갑신정변 때의 14개조 정강의 일부이다. 갑신정변의 결과 조선은 일본의 강요로 배상금 지불과 공사관 신축비 부담 등을 내용으로 하는 한성조약을, 청·일 양국은 양국군의 철수와 조선에 파병할 경우에 상대방에 미리 알릴 것 등을 내용으로 하는 텐진조약을 체결하였다. 또한 청의 내정간섭이 더욱 강화되고 보수세력의 장기집권이 가능하게 되었으며, 개화세력이 도태되어 상당기간 동안 개화운동의 흐름이 단절되었다. 이런 점에서 갑신정변은 조선의 자주와 개화에 오히려 부정적인 영향을 끼치기도 하였다.

12 다음 활동을 전개한 단체로 옳은 것은?

> 평양 대성학교와 정주 오산학교를 설립하였고 민족 자본을 일으키기 위해 평양에 자기 회사를 세웠다. 또한 민중 계몽을 위해 태극 서관을 운영하여 출판물을 간행하였다. 그리고 장기적인 독립운동의 기반을 마련하여 독립전쟁을 수행할 목적으로 국외에 독립운동 기지 건설을 추진하였다.

① 보안회   ② 신민회
③ 대한 자강회   ④ 대한 광복회

Point

신민회는 교육구국운동의 일환으로 정주의 오산학교, 평양의 대성학교, 강화의 보창학교 등을 설립하였고 그 외 여러 계몽강연이나 학회운동 및 잡지·서적 출판운동, 그리고 민족산업진흥운동, 청년운동, 무관학교 설립과 독립군 기지 창건 운동 등에 힘썼다.

13 다음 중 그 연결이 바르지 못한 것은?

① 외세 의존 – 개화당
② 외세 배격 – 동학
③ 봉건체제 지속 – 동학
④ 봉건체제 약화 – 개화당

Point
③ 봉건체제 지속 – 위정척사사상

14 ㈎, ㈏ 자료에 나타난 사건 사이에 있었던 사실로 옳지 않은 것은?

> ㈎ 우리 국모의 원수를 생각하며 이미 이를 갈았는데, 참혹한 일이 더하여 우리 부모에게서 받은 머리털을 풀 베듯이 베어 버리니 이 무슨 변고란 말인가.
>
> ㈏ 군사장 허위는 미리 군비를 신속히 정돈하여 철통과 같이 함에 한 방울의 물도 샐 틈이 없는지라. 이에 전군에 전령하여 일제히 진군을 재촉하여 동대문 밖으로 진격하였다.

① 외교권이 박탈되고 통감부가 설치되었다.
② 고종이 강제로 퇴위되고 군대가 해산되었다.
③ 안중근이 하얼빈에서 이토 히로부미를 저격하였다.
④ 헤이그에 이상설, 이준, 이위종을 특사로 파견하였다.

Point
㈎는 을미사변과 단발령에 반발하여 발생한 을미의병(1895)이고 ㈏는 1908년 13도 창의군의 서울진공작전에 대한 내용이다. 안중근이 하얼빈에서 이토 히로부미를 저격한 것은 1909년 이다.
① 을사늑약(1905)
②, ④ 헤이그 특사 파견이 발각된 이후 일제는 고종의 강제 퇴위와 군대를 강제 해산 (1907)

Answer 11.② 12.② 13.③ 14.③

15 다음에서 설명하고 있는 기관의 공통된 이름으로 옳은 것은?

> • 고려와 조선에서는 왕명 출납, 군사 기무, 숙위의 일을 맡았다.
> • 대한제국에서는 정부의 자문기구로 개편되었고, 독립협회가 의회로의 개편을 시도하였다.

① 중추원　　　　　　　　　　　② 홍문관
③ 규장각　　　　　　　　　　　④ 성균관

> 중추원은 고려와 조선시대 때 왕명 출납, 군사기무, 숙위 등을 담당했던 관서였으며 갑오개혁이 한창 진행되던 1985년 3월부터 이후 대한제국이 멸망할 때까지 정부의 자문기관으로써의 역할을 하였다. 또한 독립협회는 1898년 7월 중추원의 의회식 개편을 구체화시키고 10월 중추원의 의회식 개편을 적극 추진한 후 결국 정부측과 중추원의 의회식 개편안에 합의하였다.

16 다음은 근대 개혁 방안에 관한 자료이다. 이를 시기 순으로 바르게 나열한 것은?

> ㉠ 내시부를 없애고 그 가운데서 재능있는 자가 있으면 뽑아 쓴다.
> ㉡ 왕실 사무와 국정 사무를 모름지기 나누어 서로 뒤섞지 아니한다.
> ㉢ 대한국 대황제는 육해군을 통솔하고 편제를 정하며 계엄과 해엄을 명한다.
> ㉣ 재정은 모두 탁지부에서 전담하여 맡고, 예산과 결산은 인민에게 공포한다.

① ㉠→㉡→㉢→㉣　　　　　　② ㉠→㉡→㉣→㉢
③ ㉡→㉠→㉢→㉣　　　　　　④ ㉡→㉠→㉣→㉢

> 근대 개혁 방안
> ㉠ 갑신정변 14개조 중 제4항의 내용으로 갑신정변 14개조 정강은 1884년에 작성되었다.
> ㉡ 왕실 사무와 국정 사무를 분리한 것은 제1차 갑오개혁(1894년 7월부터 11월까지) 때이다.
> ㉢ 대한국 국제 제5조의 내용으로 대한국 국제(大韓國 國制)는 1899년인 광무 2년 8월 14일에 반포된 대한제국 헌법을 말한다.
> ㉣ 헌의 6조 제3조의 내용으로 헌의 6조는 1896년 7월에 독립협회가 나라의 개혁을 위해 관민공동회를 개최하고 결의한 6개조의 개혁안이다.

17 독립협회가 주장한 내용과 거리가 먼 것은?

① 개인의 생명과 재산의 자유권을 주장했다.

② 국민 주권론을 토대로 국민 참정권을 주장했다.

③ 중추원을 개편하여 의회를 설립할 것을 주장했다.

④ 군주제를 폐지하고 공화제를 실시할 것을 주장했다.

Point

④ 독립협회는 전제군주제를 입헌군주제로 개혁하고, 행정·재정제도를 근대적으로 개혁하며, 신교육과 산업개발의 필요성을 역설하였다.

18 독립협회에서 주최했던 관민공동회에서 결의한 헌의 6조의 내용에 나타난 주장이라고 볼 수 없는 것은?

> ㉠ 외국인에게 아부하지 말 것
> ㉡ 외국과의 이권에 관한 계약과 조약은 각 대신과 중추원 의장이 합동 날인하여 시행할 것
> ㉢ 국가재정은 탁지부에서 전관하고, 예산과 결산을 국민에게 공포할 것
> ㉣ 중대 범죄를 공판하되, 피고의 인권을 존중할 것
> ㉤ 칙임관을 임명할 때는 정부에 그 뜻을 물어서 중의를 따를 것
> ㉥ 정해진 규정을 실천할 것

① 공화정치의 실현

② 권력의 독점방지

③ 국민의 기본권 확보

④ 자강 개혁 운동의 실천

Point

① 독립협회가 추구한 정치형태는 입헌군주제였고, 공화정치의 실현을 추구한 최초의 단체는 신민회였다.

(**Answer**) 15.① 16.② 17.④ 18.①

19 1920년대 만주에서의 독립운동에 대한 설명으로 옳지 않은 것은?

① 대한독립군은 봉오동전투에서 일본군을 대파하였다.
② 자유시참변을 겪으면서 독립군은 큰 타격을 받았다.
③ 천마산대가 결성되어 일본 군경과의 치열한 교전이 전개되었다.
④ 만주의 여러 독립군은 참의부, 정의부, 신민부로 통합되었다.

Point

③ 평북의 동암산을 근거로 무장활동을 하던 보합단, 평북 천마산을 근거지로 한 천마산대, 황해도 구월산의 구월산대는 3·1운동 이후 국내의 대표적인 무장단체이다.

20 다음 연설문이 들어갈 시기로 적절한 곳은?

> 나는 통일된 조국을 건설하려다가 38선을 베고 쓰러질지언정 일신의 구차한 안일을 취하여 단독정부를 세우는 데는 협력하지 아니하겠다 …….
>
> — 김구의 삼천만 동포에게 울면서 간절히 고함(1948. 2) —

(가)	(나)	(다)	(라)	
모스크바 3상회의	미·소 공동위원회	5·10 총선거	대한민국 정부수립	

① (가) 　　　　　　　　　　② (나)
③ (다) 　　　　　　　　　　④ (라)

Point

(가) 모스크바 3상회의(1945. 12) → (나) 미·소공동위원회(1946. 3) → (다) 5·10총선거(1948. 5) → (라) 대한민국정부 수립(1948. 8. 15)

21 다음 사건 이후 전개된 대한민국임시정부의 활동으로 옳은 것은?

> 대한민국임시정부는 충칭에서 광복군을 창립하였다. 총사령에는 지청천, 참모장에는 이범석이 임명되었다.

① 건국 강령을 공포하였다.
② 국무령 중심의 내각책임제를 채택하였다.
③ 구미위원부를 설치하였다.
④ 국민 대표 회의를 소집하였다.

 Point

대한민국 임시정부는 1940년 9월 중국 충칭에서 광복군을 창립하였다.
① 건국강령 발표는 1941년에 하였다.
② 국무령 중심의 내각책임제는 1925년 대한민국 임시정부의 임시헌법(제2차 개헌) 때 채택하였다.
③ 구미위원부는 1919년 미국 워싱턴에서 설립된 대한민국 임시정부의 외교담당 기관이다.
④ 국민대표회의는 1923년 중국 상하이에서 열렸다.

22 다음은 헌병 경찰 통치하의 식민정치양식이다. 옳지 않은 것은?

① 교원까지도 제복을 입히고 칼을 차게 하였다.
② 조선 총독은 군대통수권까지 장악하고 집행하였다.
③ 105인 사건은 신민회 해산의 배경이 되었다.
④ 중추원을 따로 두어 조선인의 의사도 어느 정도 반영하였다.

Point

④ 중추원은 친일 귀족들로 구성된 형식적인 자문기관으로 단 한 차례도 회합한 일이 없었다.

Answer 19.③ 20.③ 21.① 22.④

23 다음 사건의 공통점으로 옳지 않은 것은?

> • 한 · 일 학생간에 충돌로 광주학생항일운동이 일어났다.
> • 순종 황제의 인산일을 기하여 6 · 10만세운동이 일어났다.

① 민족주의계와 사회주의계의 대립 극복에 기여하였다.
② 학생들이 독립투쟁에 있어 주역이었음을 알 수 있다.
③ 민족 유일당 운동으로 조직된 신간회가 주도한 독립운동이다.
④ 일제의 식민지 교육에 대한 반발이 배경이 되었다.

 Point

③ 민족 유일당 운동으로 조직된 신간회가 후원한 것은 광주학생항일운동이었다.

24 다음과 관련된 단체에 대한 설명으로 옳지 않은 것은?

> 무릇 우리나라의 독립은 오직 자강의 여하에 있을 따름이다. 우리 대한이 종전에 자강의 방법을 강구하지 않아 인민이 스스로 우매함에 묶여 있고 국력이 쇠퇴하여 마침내 오늘의 위기에 다다라 결국 외국인의 보호를 당하게 되었으니, 이는 모두 자강의 도에 뜻을 다하지 않았던 까닭이다. …… 자강의 방법을 생각해 보면 다름이 아니라 교육을 진작함과 식산흥업에 있다. 무릇 교육이 일어나지 못하면 백성의 지혜가 열리지 못하고 산업이 늘지 못하면 국부가 증가하지 못한다.
>
> 〈대한자강회 월보〉

① 교육 및 산업의 진흥을 위한 애국 계몽 운동을 전개했다.
② 학교의 설립 등 실력 양성 운동을 전개했다.
③ 입헌정체를 주장했다.
④ 고종의 강제 퇴위를 반대하는 운동을 주도하였다는 이유로 해산되었다.

 Point

제시된 글은 윤호정 장지연이 헌정연구회를 발전시켜 조직한 대한자강회의 취지서이다. 이들은 윤치호를 초대 회장으로 내세우고, 교육과 식산흥업을 주장한 대표적인 애국 계몽 운동 단체이다. 즉 교육진작과 산업부흥의 실력 양성을 통해 독립할 것을 주장하였다. 하지만 일제가 고종을 강제퇴위시킨 것에 대한 반대운동을 전개하다가 해산되었다.
③ 입헌정체의 주장은 급진개화파의 갑신정변과 갑오개혁, 독립협회의 주장에서 살펴볼 수 있다.

25 3 · 1운동을 일으키게 된 시대적 배경이 될 수 없는 것은?

① 동경 유학생들의 2 · 8선언

② 중화민국의 대일본 선전포고

③ 해외에서의 항일 민족운동

④ 윌슨 미국 대통령의 민족 자결 주의

> ② 3 · 1운동의 배경에는 윌슨의 민족자결주의, 파리강화회의에 대표 파견, 국내외의 독립운동 준비, 2 · 8독립선언, 고종의 독살설 등이 있다.

26 1948년 남북연석회의에 관한 옳은 설명으로만 묶인 것은?

⊙ 김구, 김규식이 제안했으며, 김일성, 김두봉이 이에 응함으로써 성사되었다.

⊙ 남북연석회의에서는 남한 단독정부 수립을 반대하는 의사를 명확히 했다.

⊙ 이승만은 향후 자신의 정치적 입지를 강화하기 위해 막판에 참석했다.

⊙ 미국은 '한국문제의 유엔 이관'을 대신할 수 있는 현실적인 대안으로 생각하고 적극 지원했다.

⊙ 이 회의에서 미, 소 양군의 동시 철수를 요구하는 결의를 하였다.

---

① ㉠, ㉡, ㉤

② ㉠, ㉣, ㉤

③ ㉡, ㉢, ㉣

④ ㉡, ㉢, ㉤

남북연석회의

ⓒ 단독정부수립을 주장한 이승만은 남북연석회의에 참석하지 않았다.

ⓔ 미국은 남북제정당 사회단체 연석회의를 지원하지 않았다.

27 다음과 같은 내용으로 개혁을 추구하였던 운동에 대한 설명 중 옳지 않은 것은?

> • 문벌을 폐지하여 인민평등의 권리를 제정하고 능력에 따라 관리를 등용할 것
> • 재정은 모두 호조에서 관할하게 하고 그 밖의 재무관청은 폐지할 것

① 민중의 지지를 받지 못해 3일 천하로 끝났다.
② 청의 무력 간섭으로 실패하였다.
③ 반외세운동으로 평가받고 있다.
④ 근대국가 건설을 목표로 하였다.

③ 갑신정변은 김옥균, 박영효를 비롯한 급진 개화파들이 일본의 힘을 얻어 추진하였다. 실패 후에는 청의 내정간섭이 더욱 심해졌고, 개화세력이 위축되었다. 그러나 근대국가 건설을 목표로 하는 최초의 정치개혁 운동이라는 점에 그 의의가 있다.

28 1972년 7·4남북공동성명에서 남북이 합의한 평화통일 3대 기본원칙이 아닌 것은?

① 자주통일
② 평화통일
③ 연방제 통일
④ 민족적 통일

7·4남북공동성명(1972. 7. 4) … 조국통일의 3원칙(자주적·평화적·민족적 통일)에 합의하고, 서울과 평양간에 상설 직통전화를 가설하며, 남북조절위원회의 구성과 운영에 합의하는 등 남북대화의 획기적 계기가 마련되었다.

29 다음 중 흥선대원군의 개혁정치로 옳지 않은 것은?

① 대전회통의 편찬
② 호포법의 시행
③ 사창제의 실시
④ 비변사의 기능 강화

④ 대원군은 왕권을 강화하기 위해 비변사를 폐지하고, 의정부와 삼군부의 기능을 회복시켰다.

30 다음에서 설명되는 독립운동세력을 고르면?

> 이들은 만주의 독립군과 긴밀한 연락을 취하면서 일제의 식민통치기관 파괴, 일본 군경과의 교전, 친일파 처단, 군자금 모금 등의 무장항일투쟁을 벌였다.

> ㉠ 보합단 ㉡ 천마산대
> ㉢ 대한광복회 ㉣ 조선국권회복단

① ㉠, ㉡ ② ㉡, ㉢
③ ㉢, ㉣ ④ ㉠, ㉣

3 · 1운동 이후 무장항일투쟁은 주로 만주와 연해주를 중심으로 전개되었으나, 국내에서도 보합단 · 천마산대 · 구월산대 등의 무장단체가 결성되어 일본 군경과 치열한 전투를 전개하였다.
㉢, ㉣ 대한광복회와 조선국권회복단은 1910년대에 국내에서 조직된 항일결사단체이다.

31 다음 개헌안을 발표한 대통령 때에 일어난 사건이 아닌 것은?

> 제55조 대통령과 부통령의 임기는 4년으로 한다. 단, 재선에 의하여 1차 중임할 수 있다. 대통령이 궐위될 때에는 부통령이 대통령이 되고 잔임 기간 중 재임한다.
> 부칙 이 헌법 공포 당시의 대통령에 대하여는 제55조 제1항 단서의 제한을 적용하지 아니한다.

① 진보당 사건 ② 4 · 19혁명
③ 인민 혁명당 사건 ④ 2 · 4 정치 파동

사사오입 개헌안의 내용으로 이승만 정권에서 발표한 개헌안이다.
③은 1964년 박정희 정권에서 혁신계 인사들이 인민 혁명당을 만들어 북한에 동조하려 했다는 혐의로 탄압한 사건이다.

Answer 27.③ 28.③ 29.④ 30.① 31.③

32 다음의 주장과 관련된 설명으로 옳은 것은?

> 양이의 화가 금일에 이르러서는 비록 홍수나 맹수의 해로움일지라도 이보다 심할 수 없겠사옵니다. 전하께서는 부지런히 힘쓰시고 경계하시어 안으로는 관리로 하여금 사학의 무리를 잡아 베이시고 밖으로는 장병으로 하여금 바다를 건너오는 적을 정벌케 하옵소서. 사람 노릇을 하느냐 짐승이 되느냐 하는 고비와, 존속하느냐 멸망하느냐 하는 기틀이 잠깐 사이에 결정되오니 정말 조금이라도 지체해서는 아니 되옵니다.

> ㉠ 개항 이후 서양세력의 경제적 침투를 경계하고 있다.
> ㉡ 서양문물을 제한적으로 수용할 것으로 주장하고 있다.
> ㉢ 흥선대원군의 통상수교거부정책과 동일한 맥락에 있다.
> ㉣ 성리학적 정통에 입각하여 크리스트교를 이단시하고 있다.

① ㉠, ㉡　　　　　　　　　　　　② ㉠, ㉣

③ ㉡, ㉢　　　　　　　　　　　　④ ㉢, ㉣

 Point

1866년 병인양요 때 이항로가 척화주전론의 입장에서 올린 글이다. 이들은 성리학 이외의 모든 사상을 이단으로 여겨, 천주교를 비롯한 서양문화를 철저히 배격하였다. 그리고 프랑스의 무력침략에 대항하여 싸워야 한다는 주장을 전개하면서 흥선대원군의 통상수교거부정책을 적극적으로 뒷받침하였다.

33 다음 개혁안을 제시한 민족 운동에 대한 설명으로 옳은 것은?

> • 노비 문서를 소각한다.
> • 7종의 천인 차별을 개선하고 평량갓은 없앤다.
> • 과부의 개가를 허용한다.
> • 무명의 잡세는 일체 폐지한다.
> • 왜와 통하는 자는 엄징한다.
> • 공사채를 막론하고 기왕의 것을 무효로 한다.

① 구식 군대의 차별 대우에 대한 불만으로 일어났다.

② 영남만인소를 올렸다.

③ 전주성을 점령하고 정부와 전주 화약을 맺었다.

④ 은본위 화폐제도와 조세의 금납화를 실시하였다.

Point

제시된 개혁안은 동학농민운동의 폐정개혁안이다.

① 임오군란 발발의 원인이다.

② 1880년대 김홍집이 가져온 「조선책략」의 유포에 반발하여 이만손, 홍제학 등은 영남만인소를 올렸다.

④ 갑오개혁에서는 은본위 화폐제도와 조세의 금납화를 실시하고, 탁지아문이 국가 재정을 관할하도록 하였다.

Answer 32.④ 33.③

34 다음과 같은 사건으로 인해 나타난 사실로 옳은 것은?

> • 박종철 사건
> • 4 · 13 호헌 조치
> • 6 · 10 국민대회 개최

① 5년 단임의 대통령 직선제 개헌이 이루어졌다.

② 국회를 해산하고 전국에 계엄령을 선포하였다.

③ 국가 재건 최고 회의와 중앙정보부를 설치하여 혁명 공약을 발표하였다.

④ 부정 선거를 규탄하는 시위가 마산에서 발생했다.

Point

위 사건들은 6월 항쟁과 관련이 있다. 1987년 4월 13일 전두환 대통령이 개헌논의 중지와 제5공화국 헌법에 의한 정부 이양을 골자로 한 4 · 13호헌조치를 발표하였다. 또한 박종철 고문치사사건이 조작된 사실임이 밝혀지면서 정부에 대한 국민의 분노가 확산되었다. 이에 민주헌법쟁취 국민운동본부는 6월 10일 국민대회를 개최하였다.

② 7차 개헌에 관한 내용으로 국가 비상 사태를 선언한 후, 국회를 해산하고 전국에 계엄령을 선포하여 10월 유신을 단행하였다.

③ 5 · 16 군사정변에 관한 내용이다.

④ 3 · 15 부정선거를 규탄하는 시위가 마산에서 발생하였다.

35 (가)와 (나)가 발표될 시기에 있었던 사실을 보기에서 알맞게 고른 것은?

> (가) 1. 통일은 외세에 의존하거나 외세의 간섭을 받지 않고 자주적으로 해결해야 한다.
> 2. 통일은 상대를 반대하는 무력행사에 의거하지 않고 평화적인 방법으로 실현해야한다.
> 3. 사상과 이념, 제도의 차이를 초월하여 하나의 민족으로서 민족적 대단결을 도모하여야 한다.
> (나) 1. 남과 북은 나라의 통일 문제를 서로 힘을 합쳐 자주적으로 해결해 나가기로 하였다.
> 2. 남과 북은 나라의 통일을 위한 남측의 연합제와 북측의 낮은 단계의 연방제 안이 공통성이 있다고 인정하고 이 방향에서 통일을 지향시켜 나가기로 하였다.
> 3. 남과 북은 인도적인 문제를 조속히 풀어가기로 하였다.
> 4. 남과 북은 민족경제를 균형적으로 발전시키고 여러 분야에서의 교류와 협력을 활성화 하여 서로의 신뢰를 다져나가기로 하였다.

① (가) 한민족 공동체 통일 방안 (나) 3·1 민주 구국 선언
② (가) 국풍 81 (나) 언론 기본법 폐지
③ (가) 베트남 파병 (나) 외환 위기 극복
④ (가) 한민족 공동체 통일 방안 (나) 언론 기본법 폐지

Point

(가)는 박정희 정부의 7·4 남북 공동선언, (나)는 김대중 정부의 6·15 남북 공동 선언이다.
- 베트남 파병 : 박정희 정부 때 일이다.
- 외환위기 극복 : 김대중 정부 때 일이다.
- 한민족 공동체 통일방안 : 노태우 정부에서 자주·평화·민주의 원칙을 설정하여, 남북 연합을 구성하여 총선거를 실시하자고 제안하였다.
- 3·1 민주 구국 선언 : 유신에 반대하여 문익환, 김대중 등이 명동 성당에서 민주 구국 선언을 낭독하였다.
- 국풍 81 : 전두환 정부의 유화정책 중 하나로 여의도에서 열린 대규모 예술제이다.
- 언론기본법 폐지 : 노태우 정부 때 일이다.

Answer 34.① 35.③

02 근현대의 경제변화

section 1 열강의 경제침탈과 경제적 구국운동

(1) 개항과 농촌경제

① 개항 초기에는 일본의 몰락한 상인이나 무사층이 불평등 조약을 바탕으로 약탈무역을 자행하여 농촌경제의 약화를 가져왔다.

② 청·일 전쟁 이후에는 일본인 대자본가들이 침투하여 대농장을 경영하였다.

③ 러·일 전쟁 이후에는 철도부지와 군용지를 확보하는 구실로 토지약탈이 본격화되었다.

(2) 열강의 경제적 침탈

① 일본 상인의 무역독점

〈열강의 이권 침탈〉

　ᄀ 개항초기 : 외국 상인의 활동범위가 개항장을 10리 이내로 제한하는 거류지무역이 행해졌다.

　ᄂ 1880년대 : 외국 상인의 활동무대가 개항장 100리까지 확대되어 일본 상인들이 내륙으로 진출하게 되었다.

　ᄃ 임오군란 이후 : 일본 상인과 청나라 상인의 경쟁이 치열해지면서 국내 상업은 더욱 위축되었다.

　ᄅ 청일전쟁 이후 : 일본 상인들은 국내 상권을 독점적으로 지배하였다.

② 제국주의 열강의 경제침탈

　ᄀ 일본 은행이 진출하여 은행업무, 세관업무, 화폐정리 업무까지 담당하여 금융지배가 시작되었다.

　ᄂ 열강의 이권탈취는 아관파천 이후 극심해지며 철도부설권, 광산채굴권, 삼림채벌권이 일본·러시아·미국·영국 등에게 넘어갔으며 정부는 이에 효과적으로 대처하지 못하였다.

(3) 경제적 침탈에 대한 저항

① **방곡령 시행** … 일제의 미곡 유출에 대항하여 황해도·함경도 지역에서 방곡령이 실시되었다.

> **Point 팁** 방곡령 … 일본 상인들이 농촌시장으로 침투하여 지나친 곡물을 반출해가자 곡물가격이 폭등하게 되었다. 방곡령은 흉년이 들면 지방관의 직권으로 실시되었는데, 방곡령을 실시하기 1개월 전에 통고해야 하는 조·일통상장정의 의무를 어겨 외교문제화되었다. 결과적으로 방곡령을 철회하고 배상금을 지불하였다.

② **상권수호운동** … 서울 상인들은 황국중앙총상회를 조직했으며, 경강상인들은 증기선을 도입하여 일본 상인에게 빼앗긴 운송권 회복을 시도하였다.

③ **이권침탈 저지운동** … 독립협회가 이권침탈에 대항하여 이권수호운동을 벌였다.

④ **회사 설립**

　⊙ 일부 상인들은 열강의 경제적 침탈에 대항하여 자본주의 생산방식이나 새로운 경영방식을 도입하고 많은 회사들을 설립하였다.

　ⓛ 1880년대에는 대동상회·장통상회 등이 설립되었으며 1890년대에는 40여개에 달하였다.

　ⓒ 대한제국의 상공업 진흥정책이 실시된 이후에는 해운회사, 철도회사, 광업회사 등과 같은 근대적 형태의 주식회사도 나타났다.

⑤ **국채보상운동** … 일제의 차관제공에 의한 경제예속화 정책에 대항하여 국민들은 국채보상기성회를 조직하여 모금운동을 벌였으나 일제 통감부의 탄압을 받아 좌절되었다.

section 2 일제하 민족경제의 변화

(1) 식민지 수탈경제

① **토지조사사업(1910~1918)**

　⊙ **배경** : 근대적 토지소유제도를 확립한다는 명분아래 토지의 약탈, 토지세의 안정적인 확보를 위해 실시하였다.

　ⓛ **실시** : 우리 농민이 토지소유에 필요한 서류를 갖추어 지정된 기간 안에 신고해야만 소유권을 인정받게 하였으나, 신고기간이 짧고 절차가 복잡하여 신고의 기회를 놓친 사람이 많았다. 또한 조선 총독부는 토지 조사 사업을 통해 조선 왕조의 관청과 궁실이 수조권을 가지고 있던 역둔토 등 각종 관전(官田)과 궁장토(宮庄土)를 조사, 정리해 무상으로 조선총독부 소유지를 창출해 점유하였다.

기출문제

🔲 다음과 같은 취지로 전개된 운동에 대한 설명으로 옳은 것은?

▶ 2023. 6. 10. 제1회 지방직

　지금 우리들은 정신을 새로이 하고 충의를 떨칠 때이니, 국채 1,300만 원은 우리 대한 제국의 존망에 직결된 것입니다. 이것을 갚으면 나라가 보존되고 이것을 갚지 못하면 나라가 망할 것은 필연적인 사실이나, 지금 국고에서는 도저히 갚을 능력이 없으며, 만일 나라에서 갚지 못한다면 그 때는 이미 삼천리 강토는 내 나라 내 민족의 소유가 못 될 것입니다.
　　　　 —『대한매일신보』—

① 조선 형평사를 조직하였다.

② 조선 물산 장려회를 조직하였다.

③ 신사 참배 거부 운동을 전개하였다.

④ 1907년 대구에서 시작되어 전국으로 확산되었다.

> **Tip** 1907년 국채보상기성회를 중심으로 전개된 국채보상운동이다. 국채보상운동은 일본의 화폐정리사업과 차관 제공에 따른 경제적 지배에 저항한 대표적인 경제적 구국운동으로 대구 광문사의 김광제, 서상돈이 중심이 되어 시작되었다. 이후 대한매일신보에 관련 내용이 실리며 전국적인 운동으로 확산되었다.
> ① 조선 형평사(1923)는 백정 출신들의 차별 철폐를 목적으로 경남 진주에서 설립되었다.
> ② 조선 물산 장려회(1920)는 국산품 애용 운동을 주도하였고, 평양에서 시작하였다.
> ③ 신사 참배 거부 운동은 1930년대 후반 일제의 신사 참배 강요를 거부한 운동으로 기독교가 중심이 되었다.

┃정답 ④

문 다음 ㉠의 추진 결과 나타난 현상으로 옳지 않은 것은?

▶ 2015. 6. 13. 서울특별시

일본은 1910년대 이후 자본주의 경제가 급속하게 발전하면서 농민들이 도시에 몰려 식량조달에 큰 차질이 빚어졌다. 이를 해결하기 위해 ____㉠____을 추진하였는데, 이는 토지 개량과 농사 개량을 통해 식량 생산을 대폭 늘려 일본으로 더 많은 쌀을 가져가고 우리나라 농민생활도 안정시킨다는 목표로 추진되었다.

① 쌀 생산량의 증가보다 일본으로의 수출량 증가가 두드러졌다.
② 만주로부터 조, 수수, 콩 등의 잡곡 수입이 증가하였다.
③ 한국인의 1인당 연간 쌀 소비량이 이전보다 줄어들었다.
④ 많은 수의 소작농이 이를 통해 자작농으로 바뀌었다.

Tip ㉠은 1920년대에 실시한 산미증식계획이다. 산미증식계획으로 증산량보다 많은 양을 수탈해 갔기 때문에 조선의 식량 사정은 악화되어 만주에서 잡곡을 수입하게 되었다. 이 사업의 결과, 수리조합비와 토지개량 사업비를 농민에게 전가하여 농민의 몰락이 가속화 되었고 많은 수의 자작농이 소작농으로 바뀌었다.

ⓒ 결과 : 3%의 지주가 경작지의 50% 이상을 소유하여 지주제가 강화되고 소작농이 증가하였으며, 고율의 소작료를 부담하게 되자 농민들은 몰락하기 시작했다. 이는 이후에 소작쟁의 발생의 배경이 되었고, 농민들이 만주, 연해주 등으로 이주하기도 하였다.

② 산미증식계획(1920~1934)
㉠ 배경 : 일본의 공업화가 진전되면서 쌀 수요가 증가하게 되어 쌀값이 폭등하게 되었다.
ⓛ 실시 : 증산량보다 많은 양을 수탈하였다.
ⓒ 결과 : 조선의 식량 사정을 악화시켜 만주에서 잡곡을 수입하였고, 수리조합 사업비와 토지개량 사업비를 농민에게 전가하여 농민의 몰락이 가속화되었다. 쌀 중심의 단작형 농업구조가 심화되었으며 목포, 군산을 통해 쌀을 수탈해 갔다.

③ 산업의 침탈
㉠ 화폐정리사업으로 통감부 시기에 민족자본의 축적이 와해되었다.
ⓛ 회사령을 공포하여 한국인의 회사설립과 경영을 통제하였다. 이에 민족 자본의 성장은 억제되었고, 일본인이 한국 공업을 주도하게 되었다.
ⓒ 광업령, 임야조사사업, 어업령을 통해 우리 자원을 약탈하였다.
ⓔ 일본의 군수공업화 정책으로 전기, 제철, 중화학 공장을 설립하여 병참 기지화되었다.
ⓜ 식량배급제도와 각종 물자의 공출제도를 강행하였다.

Point 팁
화폐정리사업(1905) … 일본이 한국 금융을 지배하고자 하는 목적으로 '한국의 화폐가 문란하고 재정이 고갈되었으니 화폐를 급속히 정리하고 국가재정의 원천인 세금제도를 개혁해야 한다'는 명목 아래 금본위 화폐제도를 실시하였다. 그리고 한국의 백동화와 엽전을 일본 제일은행권과 교환하였던 것이다. 결국 한국 화폐의 가치는 하락하게 되었고 한국의 금융산업은 일본에 예속되고 말았다.

(2) 경제적 민족운동
① 소작 쟁의 … 소작농들은 일본인 지주와 조선인 지주에 대항하여 소작료 인하와 소작권 박탈반대 등을 요구하였고, 이것은 점차 일제의 수탈에 반대하는 항일 민족운동으로 발전하게 되었다.(암태도 소작쟁의)
② 민족기업의 성장 … 중소상인자본으로 직포 공장, 메리야스 공장, 고무신 공장 등 경공업 관련 공장들이 세워졌고, 대자본가는 경성방직 주식회사를 세웠다.

정답 ④

③ **물산장려운동** … 민족기업을 지원하고 민족경제의 자립을 달성하는 것을 목적으로 하였다. 그러나 총독부가 물자를 통제하는 등 일제의 탄압이 가해졌으며, 기업 정비령을 내려 강제로 청산하거나 일본인 공장에 합병하는 등 민족기업을 억압하였다.

④ **노동쟁의** … 노동자들은 생존권을 지키기 위하여 임금인상이나 노동조건 개선 등을 주장하는 노동 운동을 벌였다. 이는 항일민족운동으로 발전하였다.(원산 노동자 총파업)

section 3 현대의 경제발전

(1) 광복 직후의 경제혼란

① 미군정하의 우리 경제는 극심한 인플레이션, 원자재와 소비재의 부족, 식량부족, 국토 분단 등으로 인한 경제적 혼란이 가속화되었다.

Point 팁 미곡수집제
광복 후 일제강점기 시기의 배급제가 끝나고 쌀의 자유거래가 허용되자 매점매석으로 인해 곡물가가 급등하였다. 이에 미군정은 1946년 1월 농가의 잉여곡물을 매입하여 비농가에 보급하는 미곡수집제를 시행했으나, 이미 농가의 잉여곡물이 거의 없어 큰 혼란을 가져온다.

② **대한민국 정부의 경제**

ㄱ **기본방향** : 농업과 공업의 균형있는 발전, 소작제의 철폐, 기업활동의 자유보장, 사회보장제도의 실시, 인플레이션의 극복 등이 경제정책의 기본방향이었다.

ㄴ **경제안정시책** : 농지개혁법을 제정하고 시행하여 농촌경제의 안정을 꾀하였고, 귀속재산의 불하로 산업자본이 형성되었다.

Point 팁 농지개혁법(1949. 6)
ㄱ 목적 : 농지를 농민에게 적절하게 분배함으로써 농민생활의 향상 내지 국민경제의 균형과 발전에 기여하기 위하여 제정되었다.
ㄴ 방법 : 산림과 임야를 제외한 3정보 이상의 농지를 가진 부재지주의 농지를 국가에서 유상매입하고 영세농민에게 3정보를 한도로 유상분배하여 5년간 수확량의 30%씩을 상환하도록 하였다.
ㄷ 결과 : 소작농으로 시달렸던 농민들이 자기 농토를 가질 수 있게 되었으나, 지주 중심의 개혁과 한국전쟁으로 인하여 철저한 개혁이 이루어지지 못하였다.

ㄷ **6 · 25전쟁의 피해** : 생산시설의 42%가 파괴되어 전비 지출로 인플레이션이 가속화된 데다가 물가 폭등과 물자 부족으로 국민생활의 어려움이 극심해졌다.

기출문제

문 **다음 법령에 의해 실시된 정책에 대한 설명으로 옳은 것은?**
▶ 2024. 6. 22. 제1회 지방직

제1조 본법은 헌법에 의거하여 농지를 농민에게 적정히 분배함으로써 … (중략) … 농민생활의 향상 내지 국민경제의 균형과 발전을 기함을 목적으로 한다.
제12조 농지의 분배는 농지의 종목, 등급 및 농가의 능력 기타에 기준한 점수제에 의거하되 1가당 총경영면적 3정보를 초과하지 못한다.

① 한국민주당과 지주층의 반발로 중단되었다.
② 주택 개량, 도로 및 전기 확충 등도 추진하였다.
③ 유상 매수, 유상 분배의 방식으로 시행되었다.
④ 자작농이 감소하고 소작농이 증가하는 결과를 낳았다.

Tip 제시문은 해방 이후 수립된 이승만 정부에서 제정된 농지개혁법(1949)이다. 농지개혁법은 소유자가 경작하지 않는 농지에 대하여 정부가 5년 간 유상 매입하여 농민에게 유상 분배하는 방식이었다. 농지 소유의 상한선을 3정보로 하였고, 농지개혁법의 시행으로 인하여 지주제는 철폐되었지만 유상분배 받은 농민들의 경작 환경은 개선되지 못하였고, 무상몰수 및 무상분배 원칙에 따라 시행된 북한의 토지개혁에 비하여 한계점이 분명하였다.

정답 ③

(2) 경제발전

① 전후 경제복구사업으로 제분 · 제당공업, 면방직공업이 성장하였고, 시멘트와 비료 등의 생산도 늘어났다. 그러나 소비재산업이 급속하게 성장한 데 비하여 기계 공업 등의 생산 산업은 발전하지 못하였는데, 이로 인하여 한국 경제는 생산재와 원료를 수입에 의존하지 않으면 안 되는 취약성을 안게 되었다. 또한 농업분야의 복구가 지체되었고, 원조가 줄어들면서 우리 경제는 상당한 어려움을 겪게 되었다.

② **경제개발 5개년 계획**

　㉠ **경과**

　　• 제1 · 2차 경제개발 5개년 계획 : 기간산업을 육성하고, 경공업의 신장에 주력하였다.

　　• 제3 · 4차 경제개발 5개년 계획 : 중화학공업의 육성에 주력하여 광공업 비중이 증가하였고, 공업구조가 경공업 중심에서 중화학공업으로 변화하게 되었다.

　　• 경부고속도로를 비롯한 도로와 항만, 공항 등의 사회간접시설이 확충되었으며, 간척사업과 작물의 품종개량으로 식량생산이 증대되었다.

　㉡ **결과** : 수출이 비약적으로 증대하는 등 고도의 경제성장을 이루었으며, 국내자본이 축적되어 외국자본에 의존하던 자본구조가 어느 정도 개선되었다.

　㉢ **문제점** : 소수 재벌에 의해 자본의 집중이 심화되었고, 국내산업의 수출의존도가 심해졌다.

③ **노동 운동** … 1970년대 이후 노동자의 수가 크게 늘어나고 6월 민주화운동의 진전과 함께 사회의식이 높아지면서 노동운동이 활성화되었다. 정부는 노동정책으로 노동관계법을 개정하였으며, 기업가와 노동자의 인간적 관계와 직업윤리를 정착시키기 위하여 많은 노력을 기울인 결과 새로운 노사문화가 정착되고 노동환경이 개선되었다.

④ 오늘날의 한국 경제는 해외 진출이 확대되어 동아시아 경제의 한 축을 만들어 가고 있으며, 아시아 · 태평양 경제협력체(APEC)와 경제협력 개발기구(OECD)에 참여하여 우리의 경제활동을 강화하여 나가고 있다.

1 다음 중 방곡령 선포에 관련된 내용으로 옳지 않은 것은?

① 일본 상인들이 농촌시장으로 침투하여 지나친 곡물을 반출해가자 곡물가격이 폭등하게 되었다.

② 방곡령은 흉년이 들면 중앙정부에서 직접 실시하였다.

③ 방곡령을 실시하기 1개월 전에 통고해야 하는 조·일 통상정정의 의무를 어겨 외교문제가 되었다.

④ 결국 방곡령을 철회하고 배상금을 지불하였다.

> **Point**
> ② 방곡령은 흉년이 들면 지방관의 직권으로 실시할 수 있었다.

2 다음 자료와 관련된 정책에 대한 설명으로 옳지 않은 것은?

1. 소유권의 주장은 신고주의를 원칙으로 한다.
2. 불복자에 대해서는 증거주의를 채택한다.
3. 토지의 지주가 조선 총독이 정하는 기간 내에, 그 주소, 씨 명 또는 명칭 및 소유지의 소재, 지목, 자번호, 사표, 등급, 지적 결수를 임시 토지조사 국장에게 신고한다.
4. 사정(査定)에 대해 불복하는 자는 공시 기간 만료 후 60일 이내에 고등 토지조사위에 신고하여 재결을 구할 수 있다.

① 미신고 토지, 황실 소유지, 마을 및 문중의 공유지 등 전 국토의 약 40%가 총독부로 귀속되었다.

② 약탈한 토지를 동양척식주식회사를 통해 일본인에게 헐값으로 넘기며 일본인의 조선 이주 작업을 도왔다.

③ 조선 농민들은 관습상 경작권을 상실하고 기한부 계약제 소작농으로 전락하였다.

④ 시행 결과 소작농으로 전락한 조선 농민들의 불만을 잠재우기 위해 일제는 농촌진흥운동을 전개하였다.

> **Point**
> 1조의 신고주의 원칙과 3조의 기간 내 신고 등이 언급되어 있기 때문에 주어진 자료는 토지 조사령이다.
> ④ 농촌진흥운동은 1930년대 농민운동을 탄압하기 위해 실시되었다.

Answer 1.② 2.④

3 일제의 통치 정책 중의 일부이다. 이와 같은 내용을 모두 포괄하는 일제의 식민 통치 방법은?

> • 일본식 성명의 강요 • 신사참배의 강요
> • 징병 · 징용제도의 실시 • 부녀자의 정신대 징발

① 문화 통치 ② 헌병경찰 통치
③ 민족말살 통치 ④ 병참기지화 정책

Point

일제는 태평양전쟁 도발 후, 한국의 인적 · 물적 자원의 수탈뿐 아니라 민족문화와 전통을 완전히 말살시키려 하였다. 우민
화정책과 병참기지화정책도 민족말살통치의 하나이다.

4 광복 후의 우리나라 농지개혁에 대한 설명으로 옳은 것은?

① 농지개혁으로 모든 농민들이 영세농에서 벗어나게 되었다.
② 지주의 농지를 유상으로 매수하여 소작인에게 무상으로 분배하였다.
③ 미 군정기에 실시되었다.
④ 국가가 매수한 토지는 영세 농민에게 유상으로 분배하였다.

Point

농지개혁법은 1949년에 제정되어 1950년에 실시되었고, 유상매수 · 유상분배의 원칙을 적용하였다. 하지만 지주 중심의 개혁
과 한국전쟁으로 인하여 철저한 개혁이 이루어지지 못하였다.

5 1880~1890년대에 일어난 경제 자주권 수호운동이 아닌 것은?

① 상회사의 설립운동 ② 함경도와 황해도의 방곡령
③ 관세자주권 확보의 노력 ④ 일제의 황무지 개간권 요구에 대한 반대 투쟁

Point

④ 일제의 황무지개간권 요구는 러 · 일전쟁 중인 1904년에 일어난 것으로서, 국민들의 반발을 불러 일으켜 결국 보안회의
주도로 요구는 철회되었다.

6 밑줄 친 '운동'에 대한 설명으로 옳은 것은?

> 조선 사람은 조선 사람이 만든 물건만 쓰고 살자고 하는 <u>운동</u>이 일어나고 있다. 그렇게 하면 조선인 자본가의 공업이 일어난다고 한다. …(중략)… 이 <u>운동</u>이 잘 되면 조선인 공업이 발전해야 하지만 아직 그렇지 않다. …(중략)… 이 <u>운동</u>을 위해 곧 발행된다는 잡지에 회사를 만들라고 호소하지만 말고 기업을 하는 방법 같은 것을 소개해야 한다.
>
> 「개벽」

① 조선총독부가 회사령을 폐지하는 계기가 되었다.
② 원산총파업을 계기로 조직적으로 전개될 수 있었다.
③ 조만식 등에 의해 평양에서 시작되어 전국으로 확산되었다.
④ 조선노농총동맹의 적극적 참여로 대중적인 기반이 확충되었다.

> **Point**
> 밑줄 친 '운동'은 물산장려운동(1922)이다. 물산장려운동은 3·1운동 후 개화한 근대 지식인층 및 대지주들이 중심이 되어 물자 아껴 쓰기 및 우리 산업 경제를 육성시켜 민족경제의 자립을 달성하는 것을 목표로 하였다.

7 다음 중 민족기업에 관한 설명으로 옳지 않은 것은?

① 민족 기업은 순수한 한국인만으로 운영되었다.
② 지주 출신 기업인이 지주와 거상의 자본을 모아 대규모 공장을 세웠다.
③ 대규모 공장은 평양의 메리야스 공장 및 양말 공장, 고무신 공장들이었다.
④ 3·1운동 이후 민족 산업을 육성하여 경제적 자립을 도모하려는 움직임이 고조되어 갔다.

> **Point**
> ③ 메리야스 공장, 양말 공장 등은 서민 출신의 상인들이 1~2대에서 3~4대의 기계로 제품을 생산하는 정도에 불과하였다.

8 다음 중 일본의 경제적 침탈에 대항하기 위한 목적이 아닌 것은?

① 조선은행, 한일은행, 천일은행 등 금융기관 설립

② 일본에 신사유람단을 파견

③ 경강상인이 일본에서 증기선을 도입

④ 대한직조공장, 종로직조공장, 연초공장, 사기공장 등의 공장 설립

 Point

일본의 경제적 침탈

①, ④ 공장 설립, 금융기관 설립은 각각 산업자본과 금융자본을 육성시키기 위함이다.

② 신사유람단의 파견은 일본의 정부기관 및 산업시설 시찰이 목적이었다.

③ 경강상인은 일본 상인에게 대항하기 위해 증기선을 도입하였다.

9 다음 중 소작쟁의에 관한 설명으로 옳지 않은 것은?

① 전국적인 농민조직은 1927년에 결성된 조선농민총동맹이다.

② 당시 소작인들은 소작료로 수확량의 50% 이상을 일본인 지주에게 바쳤다.

③ 소작쟁의는 농민들의 생존권 투쟁이었으며, 일제의 수탈에 항거하는 성격이 강하였다.

④ 소작쟁의는 1912년 토지조사사업 때 처음 발생하였으나 3·1운동과 더불어 진압되었다.

 Point

④ 소작쟁의는 1919년에 처음으로 발생하였고, 1920~1930년대에 더욱 적극적으로 전개되었다. 초기의 쟁의는 소작권 이전이나 고율 소작료에 대한 반대 투쟁임에 비해 1930년대 이후의 쟁의는 항일민족운동의 성격을 띠었다.

10 다음 중 노동운동과 관련된 설명으로 옳지 않은 것은?

① 1950년대 이후 빈부의 격차가 커지자, 상대적 빈곤감을 느끼는 계층들의 불만을 자아내게 되었다.

② 1960년대는 공업화 초기로 실업자가 일자리를 얻게 되고, 절대 빈곤인구가 감소되어 갔다.

③ 1970년대 이후부터는 빈부의 격차가 커지고, 상대적 빈곤감을 느끼게 되었다.

④ 1980년대 이후에는 정부의 탄압으로 노동 운동이 활성화되지 못하였다.

Point

④ 1987년 이후 정치적 민주화가 추진되면서 노동운동도 임금의 인상, 노동 조건의 개선, 기업가의 경영 합리화 등을 목표로 활성화 되었다.

11 다음 중 광복 후 농지개혁에 대한 설명으로 옳은 것은?

① 모든 토지를 국유화하여 무상으로 분배하였다.

② 철저하게 농민의 입장에서 추진된 개혁이었다.

③ 실시 결과 소작농이 줄고 어느 정도 자작농이 늘어났다.

④ 미군정 하에서 입법이 추진되어 정부 수립 이전에 끝마쳤다.

Point

농지개혁

① 부재지주(不在地主)의 농지를 국가에서 유상매입하고 영세농민에게 3정보를 한도로 유상분배하여 5년간 수확량의 30%씩 상환하도록 하였다.

② 지주 중심의 개혁이었다.

④ 농지개혁은 1949년에 입법되어 1950년에 실시되었다.

12 1915~1918년 사이에 일본의 경제는 수출이 7억 8천만엔에서 19억엔으로 비약적으로 증가하여 호황을 누렸다. 그러나 1920년부터는 심각한 경제공황을 겪어 많은 기업이 도산하였으며, 쌀값이 폭등하였다. 이때 일본이 취한 대책을 다음에서 고른다면?

⊙ 조선에서 회사령을 실시하여 기업의 설립을 억제하였다.

ⓒ 중국 대륙으로 진출을 서둘러 1931년에 만주를 점령하였다.

ⓒ 토지조사사업을 실시하여 일본의 빈민을 조선에 이주시켰다.

ⓔ 조선에서 산미 증식계획을 실시하여 식량난을 해결하고자 하였다.

ⓜ 일본 국내의 산업구조를 경공업에서 석유화학공업으로 변경시켰다.

① ⊙, ⓒ   ② ⊙, ⓔ

③ ⓒ, ⓔ   ④ ⓒ, ⓜ

Point

1920년대 이후 일본의 식민지 경제정책은 병참기지화정책, 산미증식계획 등으로 추진되었다.

Answer)   8.②   9.④   10.④   11.③   12.③

13 다음은 1970년대 우리 사회에 나타난 현상이다. 이러한 문제점을 해결하기 위해 정부가 취했던 정책은?

> 성장 위주의 경제정책으로 빈부의 격차가 커지자 상대적으로 빈곤감을 느끼는 계층들의 불만이 표출되었다. 해외시장에서의 가격경쟁력을 유지하기 위하여 근로자에 대한 저임금정책이 상당 기간 계속됨으로써 생산 증가와 실질임금 사이에 큰 격차가 발생하였다. 뿐만 아니라 장시간의 근로조건과 열악한 노동환경으로 인하여 사용자와 근로자 사이의 관계는 악화되지 않을 수 없었다.

① 노동 쟁의 운동을 불법화시켰다.
② 노동조합의 설립을 적극 지원하였다.
③ 근로자의 임금인상을 적극적으로 유도하였다.
④ 환경문제에 관심을 갖고 많은 공해업소를 폐쇄시켰다.

Point
① 성장 위주의 경제정책은 노동자 계층의 불만을 야기시켰고, 이에 노동운동이 점차 활발해지자 정부는 그 대응책으로 노동 쟁의 운동을 불법화시켰다.

14 다음은 한국 현대사에 발생한 사건들이다. 시기적으로 ㉠과 ㉡ 사이에 들어갈 수 있는 사실은?

> ㉠ 박정희를 중심으로 한 군부 세력은 사회혼란을 구실로 군사정변을 일으켜 정권을 잡았다.
> ㉡ 10월 유신이 단행되어 대통령에게 강력한 통치권을 부여하는 권위주의 통치체제가 구축되었다.

① 자유당의 독재와 부정선거를 규탄하는 대규모 시위가 일어났다.
② 내각 책임제와 양원제 국회의 권력구조로 헌법을 개정하였다.
③ 베트남으로 국군이 파병되었으며 한일협정이 체결되었다.
④ 7년 단임의 대통령을 간접선거로 선출하는 헌법이 공포되었다.

Point
㉠은 1961년 5월, ㉡은 1972년 10월에 일어난 사건이므로 박정희를 중심으로 한 제3공화국의 해당 내용을 찾으면 된다.
① 제1공화국
② 제2공화국
③ 베트남 국군 파병은 1965년 7월의 사건으로 제3공화국 시기에 해당한다.
④ 제5공화국의 탄생이 일어나는 제8차 개헌이다.

15 일제의 산미증식계획에 대한 설명으로 옳지 않은 것은?

① 일본의 식량 공급을 목적으로 한 계획이었다.

② 한국 농업을 논농사 중심의 농업 구조로 바꾸었다.

③ 쌀이 증산되면서 농민들의 소작료는 점점 인하되었다.

④ 수리시설의 증가는 도리어 농민을 빈곤하게 만들었다.

Point

③ 우리 농민은 증산량보다 훨씬 초과한 양의 미곡을 수탈당함으로써 식량사정이 극도로 악화되어 기아 선상에 허덕이게 되었다.

16 대한제국 당시에 써진 다음 글과 관련된 민족운동은?

> 근대 우리나라는 국유광산이라든지, 철도기지·서북삼림·연해어업 등 이 모든 것에 대한 외국인들의 권리 취득 요구가 그칠 줄 모르는데, 오늘에 이르러서는 일인들이 또다시 국내 산림과 원야개발권까지 허가해 줄 것을 요청하기에 이를 정도로 극심해졌으니, 정부는 또 이 요구를 허가할 작정인가. 만일 이것마저 허가한다면 외국인들이 이 위에 또다시 요구할 만한 무엇이 남아 있겠으며, 우리도 또한 무엇이 남아서 이런 요구에 응할 것이 있겠는가.
>
> 〈이상재의 상소문〉

① 항일 의병운동

② 상권 수호운동

③ 근대적 주식회사 설립

④ 이권 침탈 저지운동

Point

아관파천 이후 열강들의 이권침탈을 저지할 것을 주장한 글이다. 열강들은 금광채굴권, 철도부설권, 삼림채벌권 등 경제적 이권을 침탈하였는데, 이것은 우리나라의 발전에 절대 필요한 자원들이었다.

Answer 13.① 14.③ 15.③ 16.④

17 1930년대 일제의 식민지 경제정책에 해당되는 것은?

① 산미증식계획 수립

② 군수공업화 정책

③ 화폐정리사업 실시

④ 쌀 공출과 배급제도 시행

Point

1930년대에는 일본이 만주와 중국을 침략함에 따라 우리나라는 군수물자를 공급하는 병참기지가 되어 일본인의 중공업 투자가 더욱 증가하게 되었다.

18 다음과 같은 열강의 경제침탈에 대응하여 일어난 우리의 저항 운동은?

> 일본은 우리 정부로 하여금 차관을 도입하게 하는 한편, 화폐정리업무까지 담당하여 대한제국의 금융을 장악하였다.

① 방곡령 선포

② 만민공동회 개최

③ 상회사의 설립

④ 국채보상운동 전개

Point

일제는 대한제국 말기에 차관제공을 통해 화폐정리 및 금융지배를 해나갔다. 이에 우리 민족은 1907년 국채보상운동을 전개하여 일제의 침략정책에 맞섰으나 일제의 방해로 중단되었다.

19 1920~1930년대에 빈번하게 일어났던 소작쟁의와 노동쟁의에 대한 설명으로 옳지 않은 것은?

① 노동쟁의는 회사령의 발표로 종식되었다.

② 항일민족운동과 결부되어 일어났다.

③ 일제의 탄압과 수탈로 점차 약화되고 말았다.

④ 노동자들의 요구는 노동조건의 개선, 임금인상이었다.

Point

① 일제는 1930년대에 한국 노동자의 임금을 더욱 인하하고 노동시간을 연장하였으며 각종 부담금을 강제로 징수하였다. 그리하여 노동자들의 생활은 급격히 악화되었고 계속적인 파업이 발생하였으며, 마침내 노동자들은 지하조직을 갖춘 노동조합을 결성하여 지속적으로 노동쟁의를 전개하였다.

20 다음은 일제가 우리나라에서 실시하였던 경제정책을 나열한 것이다. 이에 대한 설명으로 옳은 것을 모두 고르면?

> ㈎ 토지조사령을 발표하여 전국적인 토지조사사업을 벌였다.
>
> ㈏ 회사령을 제정하여, 기업의 설립을 총독의 허가제로 하였다.
>
> ㈐ 발전소를 건립하고 군수산업 중심의 중화학공업을 일으켰다.

> ㉠ ㈎의 결과로 우리 농민이 종래 보유하고 있던 경작권이 근대적 소유권으로 전환되었다.
>
> ㉡ ㈏의 목적은 우리의 민족자본을 억압하기 위한 것이었다.
>
> ㉢ ㈎, ㈏의 정책이 추진되었던 시기에는 주로 소비재 중심의 경공업이 발달하였다.
>
> ㉣ ㈐의 시설은 북동부 해안지방에 편중되어 남북간의 공업 발달에 심한 불균형을 초래하였다.

① ㉠, ㉡, ㉢　　　　　　　　　　② ㉠, ㉡, ㉣

③ ㉡, ㉢, ㉣　　　　　　　　　　④ ㉠, ㉡, ㉢, ㉣

 Point

㉠ 종래 우리나라의 농민은 토지의 소유권과 함께 경작권도 보유하고 있었는데, 토지조사사업으로 많은 농민이 기한부 계약에 의한 소작농으로 전락하고 말았다.

03 근현대의 사회변동

section 1 평등사회의 추구

(1) 평등의식의 확산

① 천주교 … 평등의식이 확산되자 중인과 평민층의 입교가 증가하였고, 특히 부녀자 신도가 많았다.

② 동학 … 인내천 사상으로 평민층 이하의 지지를 받았다.

③ 개신교 … 교육과 의료사업을 전개하였고, 남녀평등사상을 보급하였으며, 애국계몽운동에 이바지하였다.

④ 갑신정변 … 양반신분제도와 문벌을 폐지하고 인재를 등용하여 인민의 평등을 실현하려 하였다.

(2) 동학농민군의 사회개혁운동

① 폐정개혁안 제시 … 탐관오리 · 횡포한 부호 · 양반 유생의 정벌, 노비 문서 소각, 천인들에 대한 처우개선, 과부의 재가허용, 모든 무명잡세의 폐지, 문벌과 지벌을 타파한 인재의 등용, 토지의 평균분작을 주장하였다.

② 집강소 설치 … 농민들의 집강소에서는 폐정을 개혁하면서 한편으로는 노비문서와 토지문서를 소각하고 창고를 열어 식량과 금전을 농민에게 나누어 주었다.

Point 팁 동학농민운동의 성격
    ⊙ 반봉건적 성격 : 전통적 지배체제에 반대하여 노비문서의 소각, 토지의 평균분작 등의 개혁정치를 요구하였다.
    ⊙ 반외세적 성격 : 외세의 침략을 물리치고자 한 아래로부터의 농민운동이었다.

(3) 갑오개혁과 신분제의 폐지

① 사회면의 개혁
    ⊙ 반상과 귀천을 초월한 평등주의적 사회질서를 수립하였으며, 노비 및 기타 천민층의 점진적 해방이 이루어졌다.
    ⊙ 여성의 대우가 향상되고, 혼인풍습도 개선되었다.

기출문제

② 의의 … 조선사회가 근대화되고, 양반들의 권력독점체제가 해체되는 계기가 되었다.

③ 한계 … 전통적 신분제도(양반제, 노비제)는 점진적이고 개량적인 개혁의 추진에 그치고 말았다.

(4) 민권운동의 전개(독립협회 활동)

① 민권운동
   ⊙ 인권확대운동 : 천부인권사상을 근거로 국민의 생명과 재산권을 보호할 목적으로 전제군주제 및 양반관료제의 횡포로부터 백성을 보호하려는 것이었다.
   ⓒ 참정권 실현운동 : 의회 설립 운동으로 중추원을 의회로 개편하고, 관민공동회를 개최하였다(헌의 6조 – 입헌군주제 지향).

> **헌의 6조(1898. 10.)**
> 제1조. 외국인에게 기대하지 아니하고 관민이 동심 협력하여 전제 황권을 공고히 할 것.
> 제2조. 외국과 이권에 관한 계약과 조약은 각 대신과 중추원 의장이 합동 날인하여 시행할 것.
> 제3조. 국가 재정은 탁지부에서 모두 관리하고 예산, 결산을 국민에게 공포할 것.
> 제4조. 중대 범죄를 공판하되, 피고의 인권을 존중할 것.
> 제5조. 지방관을 임명할 때에는 정부에 그 뜻을 물어 중의에 따를 것.
> 제6조. 장정을 실천할 것.

② 민권사상의 확산 … 관민공동회에서 천민이 연사로 나서거나, 만민공동회에서 시전상인이 회장으로 선출되는 일이 나타났다.

[독립협회의 3대 사상]

자주국권사상	자유민권사상	자강개혁사상
• 자주주권의 옹호 • 자주적 중립외교의 추진 • 민족문화의 창조적 계승	• 자주독립, 민권의 신장 • 국민참정권의 주장(언론·출판·집회·결사의 자유)	• 입헌군주제 실시 • 산업의 개발 • 신 교육의 실시
민족주의 사상	민주주의 사상	근대화 사상

기출문제

문 (개와 (내) 사이의 시기에 있었던 사실로 옳은 것은?

▶ 2024. 3. 23. 인사혁신처

(개) 순종의 인산일을 기하여 '동양 척식 주식회사를 철폐하라!', '일본인 지주에게 소작료를 바치지 말자!' 등의 격문을 내건 운동이 일어났다.
(내) 광주에서 한국인 학생과 일본인 학생 사이에 일어난 충돌을 계기로 학생들이 총궐기하는 운동이 일어났다.

① 신간회가 창설되었다.
② 진단학회가 설립되었다.
③ 진주에서 조선 형평사가 창립되었다.
④ 대구에서 국채보상운동이 시작되었다.

Tip 제시문의 (개)는 6·10 만세운동(1926)이고, (내)는 광주학생항일운동(1929)이다.
① 신간회(1927)는 6·10 만세운동 이후 독립운동 세력에 대한 일제의 탄압이 심화되자 정우회 선언을 계기로 민족주의 계열과 사회주의 계열이 합작하여 조직된 민족 운동 단체이다.
② 진단학회(1934) : 이병도, 손진태 등이 중심이 되어 조직한 역사단체
③ 조선 형평사(1923) : 과거 백정 출신의 차별 철폐 운동 전개
④ 국채보상운동(1907) : 서상돈, 김광제를 중심으로 전개된 운동

정답 ①

section 2 민족독립운동기의 사회변화

(1) 한인의 국외 이주와 독립운동

① **만주** … 19세기 중엽에는 기아와 열악한 경제상황을 타개하기 위해서 이주를 하였다면, 20세기 초반에는 일제의 탄압을 피하고 항일운동을 위해 이주하였다.

② **연해주** … 한민회를 설치하고 대한광복군 정부를 수립하여 무장투쟁의 기반을 마련하였다.

③ **미국** … 신민회, 한인협성회, 공립협회(국민회)와 흥사단을 조직하여 활동하였다.

④ **일본** … 조선청년독립단을 구성하여 2·8독립선언을 발표하여 3·1운동의 도화선을 제공하였다.

(2) 사회주의 운동의 대두와 신간회 운동

① **사회주의 사상의 수용**

㉠ 1920년대 러시아와 중국에서 활동하고 있던 독립운동가들이 사회주의 사상을 받아들였다.

㉡ 초기에는 청년, 학생, 소수의 지식인이었으나 본격적으로 사회주의 운동이 시작되면서 노동운동, 농민운동, 청년운동, 학생운동 등이 전개되었다.

② **사회주의 사상의 영향**

㉠ 사회경제적 민족운동이 활성화되었지만 이념과 노선이 다른 민족주의 운동과의 갈등이 커졌다.

㉡ 민족주의와 사회주의 운동을 통합하는 민족유일당 운동이 일어났다.

③ **신간회 운동**

㉠ 민족주의 진영과 사회주의 진영은 민족유일당, 민족협동전선이라는 표어 아래 이상재, 안재홍 등을 중심으로 신간회를 결성하였다.

㉡ 신간회는 기회주의 배격을 내세워 자치운동을 배척하였고 일제 강점기에 가장 규모가 큰 단체였다.

㉢ 민중의식 고취를 위해 민중대회 및 전국 순회강연을 열어 대중적 기반을 확대하였다.

㉣ 광주 학생 운동을 지원하였으나 일제의 철저한 탄압으로 중단되었다.

㉤ 일제의 철저한 탄압과 민족주의 계열 내에 타협적 노선이 등장하면서 사회주의계에서 신간회 해소를 주장하게 되었다.

Point 팁 신간회 ··· 민족주의계와 사회주의계가 이념과 방략을 초월하고 단일화된 민족운동을 추진하고자 결성한 단체이다. 이들은 민족의 단결과 정치·경제적 각성의 촉구, 친일 기회주의자를 배격하자는 강령 아래 활동하였다. 광주 항일 학생운동에 조사단을 파견하고, 수재민 구호운동을 벌였으며, 재만 동포 옹호운동을 전개하고, 농민 운동과 학생운동을 지원하였다. 그러나 일제의 탄압과 내부의 이념 대립으로 1930년대 초에 해체되고 말았다.

(3) 농민 운동

① **배경** ··· 토지 조사 사업으로 대다수 농민이 기한부 계약의 소작농이 되고, 산미 증식계획으로 고율소작료와 생산비용을 농민이 부담하고, 사회주의 운동으로 인한 농민의 조직화는 소작쟁의를 일어나게 하였다.

② **농민 운동 성격**
　㉠ 1920년대 초는 주로 소작권 이전과 고율 소작료 반대 투쟁 등의 생존권 투쟁이 중심이 이루었다.
　㉡ 1930년대에는 농민조합이 소작쟁의를 주도하여 일제의 식민지배를 부정하는 항일민족운동의 성격을 띄었다.

(4) 노동 운동

① **배경** ··· 사회주의 운동의 대두는 계급투쟁을 강조하여 노동자의 각성과 단결이 강화되었다.

② **노동 운동의 성격**
　㉠ 1920년대는 임금 인상 및 노동시간 단축, 작업 환경과 비인간적인 대우 개선 등의 노동자의 생존권 투쟁으로 합법투쟁을 전개하였다.
　㉡ 1920년 후반기에는 일본의 탄압에 맞서 노동조합이 지하조직화 되었으며, 전국적으로 노동 운동이 확산되어 영흥 노동자 총파업(1927), 원산 노동자 총파업(1929) 등 항일적 성격을 띤 운동으로 변모하게 되었다.

(5) 여성 운동과 학생 운동

① **여성 운동** ··· 1920년대 초반기에는 가부장제와 전통적 인습타파를 외치는 계몽 차원에서 전개되었고, 중반기에 이르러서는 사회주의 운동과 결합하여 발달하였다.

기출문제

문 다음의 (　) 안에 들어갈 말을 바르게 나열한 것은?
　▶ 2017. 3. 18. 제1회 서울특별시

일제의 민족분열정책과 자치운동론의 등장에 대응하여, 민족해방운동의 단결과 통일적 대응을 모색하던 사회주의 진영과 비타협적 민족주의 진영은 1926년 (㉠) 선언을 계기로, 1927년 1월 (㉡)를 발기하였다. 이어서 서울청년회계 사회주의자와 물산장려운동 계열이 연합한 (㉢)와도 합동할 것을 결의, 마침내 2월 15일 YMCA 회관에서 (㉡) 창립대회를 가졌다.

① ㉠ 북풍회
　㉡ 정우회
　㉢ 고려 공산 청년회
② ㉠ 정우회
　㉡ 신간회
　㉢ 조선민흥회
③ ㉠ 정우회
　㉡ 근우회
　㉢ 고려 공산 청년회
④ ㉠ 북풍회
　㉡ 신간회
　㉢ 조선민흥회

Tip 일제의 민족분열정책과 자치운동론의 등장에 대응하여, 민족 해방운동의 단결과 통일적 대응을 모색하던 사회주의 진영과 비타협적 민족주의 진영은 1926년 정우회 선언을 계기로, 1927년 1월 신간회를 발기하였다. 이어서 서울청년회계 사회주의자와 물산장려운동계열이 연합한 조선민흥회와도 합동할 것을 결의, 마침내 2월 15일 YMCA 회관에서 신간회창립대회를 가졌다.

정답 ②

🔮 **다음 창립 취지문을 발표한 단체에 대한 설명으로 옳은 것은?**

▶ 2024. 6. 22. 제1회 지방직

우리 사회에서도 여성운동이 제기된 것은 또한 이미 오래되었다. 그러나 회고하여 보면 여성운동은 거의 분산되어 있었다. 그것에는 통일된 조직이 없었고 통일된 목표와 정신도 없었다. … (중략) … 우리가 실제로 우리 자체를 위해, 우리 사회를 위해 분투하려면 우선 조선 자매 전체의 역량을 공고히 단결하여 운동을 전반적으로 전개하지 않으면 아니 된다.

① 호주제 폐지 운동을 전개하였다.
② 여학교 설립을 주장하는 「여권통문」을 발표하였다.
③ 어린이날을 제정하고 잡지 『어린이』를 창간하였다.
④ 봉건적 인습 타파, 여성 노동자의 임금 차별 철폐 등을 주장했다.

> **Tip** 제시문은 1927년 조직된 근우회이다. 근우회는 신간회의 자매단체로 여성의 지위 향상과 단결을 강령으로 하여 차별 철폐, 봉건적 인습과 미신 타파, 조혼 폐지, 여성 노동자 임금 차별 철폐 등을 주장하였다.
> ① 호주제 폐지 : 2005년도에 폐지되었다.
> ② 여권통문(1898) : 서울 북촌 양반여성들을 중심으로 여성의 평등교육, 경제활동 참여, 정치참여 등을 주장하였다.
> ③ 천도교 소년회의 방정환을 중심으로 잡지 〈어린이〉 창간 및 어린이날을 제정하였다.

② 근우회

   ㉠ 신간회의 창립을 계기로 기독교 계열의 여성과 사회주의 계열의 여성이 참여하는 민족유일당으로 조직되었다.

   ㉡ 전국순회공연과 강연회 등을 통하여 여성해방에 대한 인식의 확산과 노동·농민 운동 등 사회운동에 적극적으로 개입하였고 1931년 신간회가 해소되면서 해체되었다.

③ 학생 운동 … 동맹휴학 형태로 전개되어 식민지 노예교육의 철폐, 조선역사의 교육, 교내 조선어 사용 등을 요구하였다. 광주 학생 항일운동이 대표적인 예이다.

Point 팁 광주 학생 항일운동(1929) … 광주 학생 항일운동은 광주에서 일본 남학생이 한국 여학생을 희롱한 사건을 계기로, 한·일 학생 간에 충돌이 일어나면서 시작되었다. 일본 경찰이 일방적으로 한국 학생들만 검거·탄압하자, 광주의 모든 학교 학생들이 궐기하였다. 이에 일반 국민들도 가세함으로써 광주학생항일운동은 전국적인 규모의 항일투쟁으로 확대되었다.

section 3 현대사회의 변화

(1) 복지사회의 추구

① 배경 … 1960년대 이후 성장 위주의 경제정책으로 농촌의 피폐, 이농현상, 도시 빈민의 형성, 환경오염, 근로기준법 위반 등의 문제가 발생하였다. 또한 노약자, 빈곤층, 실업자, 노숙자 등 소외계층이 생겨났다.

② 대책 … 정부는 서민을 위한 생활보조금 제공, 무주택자를 위한 주택건설, 고용보험 및 연금제도를 시행하는 등 사회보장 제도를 마련하였다.

(2) 산업화와 도시화

① 환경문제 … 성장 우선주의 정책을 편 결과 경제는 비약적으로 발전하였으나, 공해문제가 발생하였고 그 결과 정부는 환경부를 설치하였다.

② 농촌 경제의 피폐 … 산업화에 따른 노동자들의 저임금 정책을 뒷받침하기 위하여 저곡가 정책을 실시하였기 때문에 농촌의 생활은 어려워졌으며 이를 보완하기 위해 새마을 운동이 전국적으로 전개되었다.

┃정답 ④

③ 새마을 운동
  ⊙ **전개**: 1970년대 제창되었고, 근면·자조·협동을 기본정신으로 삼아 침체된 농촌에 활기를 불어 넣었고 이는 도시로 확대되었다.
  ⓒ **결과**: 새마을 운동은 생활 태도의 혁신과 농어촌의 환경개선, 소득증대에 기여하였다.
④ **문제점** … 산업화와 도시화로 인해 가족제도의 붕괴, 노동자문제, 실업자문제 등 여러가지 문제들이 나타나기 시작했고, 이를 해결하려는 움직임이 전개되기도 하였다
⑤ **여성의 지위향상** … 여성의 취업인구가 크게 늘어났고, 농촌에서도 여성의 경제활동 참여가 증가되었다. 여성의 직업분야도 저임금 미숙련 노동자에서 전문직으로까지 확대되었으며 사회적 위상도 높아졌다.

단원평가　근현대의 사회변동

1　다음의 내용에 대하여 옳게 설명한 것은?

> • 최초로 설립된 조선은행에 이어 한성은행, 천일은행 등의 민간은행이 설립되었다.
> • 1880년대 초기부터 대동상회, 장통상회 등의 상회사가 나타나 갑오개혁 이전의 회사수가 전국 각지에 40여 개에 달했다.

① 토착상인은 외국상인의 침략으로 모두 몰락하였다.
② 민족자본은 외국자본의 유입으로 그 토대를 마련하였다.
③ 근대적 민족자본은 정부의 지원과 보조로만 형성될 수 있었다.
④ 외국자본에 대항하여 민족자본을 형성하려는 노력이 전개되었다.

④ 토착상인은 외국상인의 침략에 대해 다각적으로 대항하였으며, 근대적 민족자본 형성에는 국민의 자율적 노력이 크게 작용했다.

2　다음 중 종교와 그에 대한 설명을 바르게 연결한 것을 고르면?

> ㉠ 천지개벽으로 미래에는 이상세계가 도래한다는 예언사상이 큰 호응을 받았다.
> ㉡ 의료기관 및 학교를 설립하는 것을 포교의 수단으로 삼았다.
> ㉢ 초기의 양반보다 중인과 평민, 부녀자의 신도가 많았다.

① ㉠ - 개신교 　　　　　　② ㉡ - 불교
③ ㉢ - 천주교 　　　　　　④ ㉢ - 동학

우리나라의 종교
㉠ 동학 : 인내천사상으로 평민층 이하의 지지를 받았으며 현세를 말세로 규정해 반드시 미래에는 이상세계가 도래할 것이라는 예언사상이 큰 호응을 얻었다
㉡ 개신교 : 교육과 의료사업을 전개하였고 남녀평등사상을 보급하였으며 애국계몽운동에 이바지하였다.
㉢ 천주교 : 19세기 중엽에 양반들이 초기 신도였으나 평등의식이 확산되자 중인과 평민층의 입교가 증가했다.

3 일제에 의한 수난기에 우리 민족이 행하였던 저항이 시기적으로 맞게 설명된 것은?

① 1910년대 – 무장독립전쟁, 신간회 활동
② 1920년대 – 조선교육회 설립, 해외독립운동기지 건설
③ 1930년대 – 비밀결사운동, 조선어학회 사건
④ 1940년대 – 광복군의 활동, 신사참배 거부운동

 Point

일제에 대한 저항
① 1910년대: 해외독립운동기지 건설, 비밀결사운동
② 1920년대: 신간회 활동, 무장독립전쟁, 조선교육회 설립
③ 1930년대: 조선어학회의 활발한 활동, 해체는 1942년
④ 1940년대: 광복군의 활동, 신사참배 거부운동

4 다음 중 사회주의가 비판한 것은?

① 신간회
② 소작쟁의
③ 물산 장려 운동
④ 노동쟁의

 Point

사회주의 사상은 청년·지식인층을 중심으로 청년운동, 소년운동, 여성운동, 농민운동, 노동운동 등 각 방면에 걸쳐 우리 민족의 권익과 지위 향상을 위한 활동을 하였다.

5 다음을 바탕으로 정부가 추진한 시책을 바르게 추론한 것은?

> • 국민교육헌장을 선포하여 새로운 정신지표를 제시하였다.
> • 근면, 자조, 협동을 기본이념으로 새마을운동을 전개하였다.

① 복지 사회의 건설
② 정의 사회의 구현
③ 국민 의식의 개혁
④ 소득 격차의 완화

 Point

국민교육헌장의 선포와 새마을운동은 국민들의 의식개혁과 민족의식을 높이려는 목적에서 전개되었다.

Answer 1.④ 2.③ 3.④ 4.③ 5.③

6 다음의 사회교육활동을 시대순으로 바르게 나열한 것은?

> ㉠ 멸공필승의 신념과 집단 안보 의식의 고취　　㉡ 국민 교육 헌장 선포
> ㉢ 홍익인간의 교육이념 수립　　㉣ 재건 국민운동의 추진

① ㉠ - ㉢ - ㉣ - ㉡　　　　② ㉠ - ㉣ - ㉡ - ㉢
③ ㉢ - ㉠ - ㉣ - ㉡　　　　④ ㉢ - ㉣ - ㉡ - ㉠

　㉢ 홍익인간의 교육이념 수립(정부 수립 후) → ㉠ 멸공 필승의 신념과 집단안보의식의 고취(6 · 25 중) → ㉣ 재건국민운동의 추진(5 · 16 후) → ㉡ 국민교육헌장 선포(1968)

7 갑오개혁, 을미개혁을 통해 이루어진 근대적 개혁내용 중 가장 소홀하였던 분야는?

① 과거제의 폐지와 새로운 관리임용제의 실시
② 훈련대 창설과 사관양성소를 통한 군사력 강화
③ 행정권과 사법권의 분리를 통한 행정업무의 개선
④ 신분제의 타파와 연좌법의 폐지 등 봉건적 폐습 타파

　② 갑오 · 을미개혁은 봉건적 전통질서를 타파하려는 제도면에서의 근대적인 개혁이었으나 군사적인 개혁에는 소홀하였다. 한때, 훈련대의 창설 · 확충과 사관 양성소의 설치 등이 시도되었으나 큰 성과는 없었다.

8 갑신정변과 동학농민운동의 공통점으로 옳지 않은 것은?

① 평등사회를 추구하였다.
② 외세의 개입이 결정적인 실패원인이었다.
③ 민중들의 광범위한 지지를 받았다.
④ 양반 중심의 지배질서가 동요되는 가운데 전개되었다.

Point
　③ 갑신정변 당시의 민중들은 개화당의 개혁의지를 이해하지 못하였고, 오히려 이들을 적대시하였다.

9 다음의 내용과 관련된 조직을 바르게 나열한 것은?

> 동일한 목적, 동일한 성공을 위하여 운동하고 투쟁하는 혁명가들은 반드시 하나의 기치 아래 모이고, 하나의 호령 아래 모여야만 비로소 상당한 효과를 얻을 수 있음은 더 말할 나위가 없다.

① 물산장려회 조직
② 조선어학회와 진단학회 조직
③ 신간회와 조선어학회 조직
④ 신간회와 근우회의 조직

 Point

    1920년대에 들어와 사회주의 사상이 유입되면서 민족의 독립운동에 이념적인 갈등이 초래되었다. 이러한 문제를 해결하기 위해 민족주의계와 사회주의계의 통합이 논의되었고, 그 결과 결성된 단체가 신간회와 근우회였다.

10 다음 중 1920년대 초에 유입된 사회주의 사상의 영향으로 활발하게 전개된 운동을 바르게 고른 것은?

> ㉠ 소작쟁의   ㉡ 노동쟁의
> ㉢ 청소년운동   ㉣ 물산장려운동
> ㉤ 6 · 10만세운동

① ㉠ - ㉡ - ㉢ - ㉣   ② ㉠ - ㉡ - ㉢ - ㉤
③ ㉠ - ㉡ - ㉣ - ㉤   ④ ㉠ - ㉢ - ㉣ - ㉤

 Point

    ㉣ 물산장려운동은 지주자본가 계층이 중심이 되어 민족자본의 형성을 목표로 일으킨 경제적 민족운동이다.

Answer   6.③ 7.② 8.③ 9.④ 10.②

11 다음과 관련된 단체에 대한 설명으로 옳지 않은 것은?

> 강령
> 우리는 정치적 · 경제적 각성을 촉진한다.
> 우리는 단결을 공고히 한다.
> 우리는 기회주의를 일체 부인한다.

① 민족유일당 운동의 일환으로써 결성된 단체이다.
② 일제강점기 가장 큰 규모의 단체였다.
③ 애국계몽운동을 위한 비밀결사 단체였다.
④ 광주 학생 항일운동을 지원하였다.

　　지문의 내용은 신간회 강령이다. 신간회는 1920년대 이후 일제가 허용하는 범위 내에서 자치권을 획득하자는 '자치 운동'이 생겨나자, 이에 반대하여 1927년 비타협적 민족주의와 사회주의권이 연합하여 신간회를 결성했다. 1928년까지 국내외에 148개 지부, 3만 9천여 명의 회원을 확보하여 일제강점기 가장 큰 규모의 단체였다. 신간회는 민중의식 고취를 위해 민중대회 및 전국 순회강연을 열었고 광주 학생 항일운동 당시 학생운동을 지원하기도 했다.
　　③ 애국계몽운동을 위한 비밀결사 단체는 신민회이다.

12 간도와 연해주에서의 독립운동에 대한 설명으로 옳지 않은 것은?

① 2 · 8독립선언을 발표하여 3 · 1운동의 도화선을 제공하였다.
② 한국독립군은 중국군과 연합하여 항일전을 전개하였다.
③ 대부분의 독립운동단체들은 경제 및 교육단체를 표방하였다.
④ 대한광복군 정부가 수립되어 무장투쟁의 기반이 마련되었다.

　　① 1919년 일본에 유학하고 있던 유학생들이 도쿄에 모여 독립을 요구하는 2 · 8독립선언문을 선포하고 이를 일본정부에 통고한 뒤 시위를 전개하였다. 이는 3 · 1운동의 도화선이 되었다.

13 다음과 같은 일이 발생한 이유에 대한 설명으로 가장 옳은 것은?

> 우리 민족은 서·북간도를 비롯한 만주와 시베리아 연해주로 이주하여 활발한 국외 독립 운동을 전개하였다.

① 고구려와 발해의 정기를 이어받아 민족의 부흥을 꾀했기 때문이다.
② 중국정부의 경제·문화적인 도움을 받아 독립운동기지의 건설이 쉽기 때문이다.
③ 국경적으로 유리한 특징과 지역주민들의 도움을 받을 수 있었기 때문이다.
④ 이주민을 위한 특별한 정책이 운영되어 상대적으로 경제적인 어려움을 덜 수 있었기 때문이다.

 Point
　　③ 독립운동을 하며 우리민족이 국외로 이주한 가장 큰 이유는 국내의 기아와 열악한 경제상황을 타개하기 위하였으며 만주, 연해주 등은 국내 진공이 유리한 국경적인 특징을 갖고 있었던 것과 동포들의 협조를 받을 수 있었기 때문이었다.

14 1930년대에 전개된 소작쟁의에 대한 설명으로 옳은 것은?

① 산미증식계획의 추진으로 감소되었다.
② 소작료 인하가 소작쟁의의 주된 쟁점이었다.
③ 신민회의 적극적인 지도하에 전국으로 확산되었다.
④ 일제의 식민지 지배에 저항하는 민족운동의 성격이 보다 강화되었다.

 Point
　　④ 1930년대의 소작쟁의는 일제의 수탈에 저항하는 민족운동의 성격을 띠면서 더욱 격렬해져 갔다.

Answer 11.③ 12.① 13.③ 14.④

15 〈보기〉의 독립운동단체 결성 시기를 순서대로 바르게 나열한 것은?

〈보기〉

㉠ 조선의용대　　　　　　　　　　　　　㉡ 의열단
㉢ 참의부　　　　　　　　　　　　　　　㉣ 대한광복회
㉤ 근우회

① ㉠ - ㉡ - ㉢ - ㉣ - ㉤　　　　　　　② ㉡ - ㉢ - ㉤ - ㉠ - ㉣
③ ㉢ - ㉣ - ㉤ - ㉡ - ㉠　　　　　　　④ ㉣ - ㉡ - ㉢ - ㉤ - ㉠

 Point

㉣ 대한광복회(1915) : 박상진과 김좌진을 중심으로 결성된 단체로 공화정을 추구하며 친일파를 처단하고 군자금 모금활동을 전개하였다.

㉡ 의열단(1919) : 김원봉을 중심으로 결성된 무장단체로 김상옥, 나석주 등으로 하여금 식민통치기관을 파괴하는 활동을 전개하였다. 신채호는 의열단 선언문인 〈조선혁명선언〉을 작성하기도 하였다.

㉢ 참의부(1923) : 대한민국 임시정부의 직할부대이다.

㉤ 근우회(1927) : 민족유일당 운동으로 사회주의와 민족주의 계열 간 통합이 이루어지면서 신간회가 창립되었고, 그 자매단체로 여성 인권운동을 위한 근우회가 설립되었다.

㉠ 조선의용대(1938) : 김원봉이 중심이 되어 조직된 군대로 중국 관내에서 조직된 최초의 한인 무장부대였다. 이후 충칭 임시정부 산하 한국광복군에 합류하였다.

04 근현대 문화의 흐름

section 1 근대 문화의 발달

(1) 근대 문명의 수용

① **근대 문물의 도입** … 19세기 후반부터 개화파는 우리의 정신문화는 지키면서 서양의 과학기술을 수용하자는 동도서기(東道西器)론을 개창하였고, 정부는 과학기술을 비롯한 서양의 근대문물을 도입하여 개화정책을 추진하였다.

> **동도서기론**
> 군신(君臣), 부자(父子), 부부(夫婦), 붕우(朋友), 장유(長幼)의 윤리는 하늘에서 얻은 것이고, 인간의 본성에 부여된 것으로서, 천지를 통하는 만고불변의 이치입니다. 그리고 위에 존재하는 것으로서 도(道)가 됩니다. 이에 대하여 배, 차, 군대, 농업, 기계 등 백성을 편하고 국가를 이롭게 하는 것들은 외형적인 것으로서 기(器)가 됩니다. 신이 변혁을 꾀하고자 하는 것은 기(器)이지 도(道)가 아닙니다.
> 〈윤선학의 상소문〉, 「승정원 일기」

② **근대 시설의 수용**
  ㉠ **통신 시설**: 전신·전화를 가설하였고, 우정국을 운영하여 근대적 우편제도를 실시하였다.
  ㉡ **교통 시설**: 전차를 운행하였으며, 경인선과 경부선이 부설되었다.
  ㉢ 근대시설은 국민의 편리와 생활 개선에 이바지하였으나, 본질은 외세의 이권 침탈과 침략이 목적이었다.

③ **근대의료시설** … 광혜원을 비롯한 여러 병원들이 설립되어 질병퇴치와 국민보건 향상에 공헌하였으며, 경성 의학교·세브란스 병원 등에서는 의료요원을 양성하였다.

④ **건축** … 근대문물의 수용과 함께 명동성당, 덕수궁 석조전 등 서양식 건물이 세워졌으며, 교회와 학교 건축을 중심으로 서양식 건축의 보급이 확산되었다.

(2) 근대 교육과 학문의 보급

① **근대 교육** … 1880년대부터 근대 교육이 시작되었다.
  ㉠ **교육기관**
    • **원산학사**: 최초의 근대적 사립학교로서, 외국어·자연과학 등 근대 학문과 무술을 가르쳤다.

• 육영공원 : 관립학교로서 미국인 교사를 초빙하여 상류층 자제에게 영어 · 수학 ·
지리학 · 정치학 등의 근대학문을 교육하였다.
• 동문학 : 영어강습기관으로 통역관을 양성하였다.
ⓒ 개신교 선교사 : 배재학당, 이화학당 등의 사립학교를 설립하여 근대 학문을
가르치고 민족의식 고취와 민주주의 사상의 보급에 이바지하였다.
ⓒ 갑오개혁기 : 근대적 교육제도를 마련하여 관립학교와 사립학교가 생겨났다.
ⓔ 애국계몽운동기 : 사립학교를 중심으로 구국교육운동을 전개하고 민족의식 고
취를 위한 교육활동이 성행하고 근대 학문과 사상이 보급되어 갔다.

② **국학운동** … 민족의식과 애국심을 고취하려는 국학운동이 전개되었다.

㉠ 국사연구 : 신채호 · 박은식 등은 구국위인들의 전기를 써서 보급하였다.
ⓒ 국어연구 : 지석영과 주시경이 국어연구에 공헌하였다.

(3) 문예와 종교의 새 경향

① **문학의 새 경향**

㉠ 이인직의 「혈의 누」, 이해조의 「자유종」 등의 신소설이 등장하여 계몽문학
의 구실을 하였고, 최남선은 신체시인 「해에게서 소년에게」를 써서 근대시
의 형식을 개척하였다.
ⓒ 외국 문학 : 천로역정, 이솝 이야기, 로빈슨 표류기 등 외국문학의 소개는 신
문학의 발달과 근대의식의 보급에 기여하였다.

② **예술계의 변화**

㉠ 음악 : 애국가, 권학가, 독립가와 같은 창가가 유행하였다.
ⓒ 연극 : 원각사라는 서양식 극장이 설립되고 은세계, 치악산 등의 작품이 공연
되었으나 민중 사이에서는 전통적인 민속가면극이 성행하였다.
ⓒ 미술 : 서양식 유화가 도입되고 김정희 계통의 문인화가들이 한국 전통회화
를 발전시켰다.

③ **종교운동의 변화**

㉠ 천주교 : 1880년대부터 자유롭게 선교활동을 벌여 교육 · 언론 · 사회사업 등
에 공헌하였다.
ⓒ 개신교 : 교육과 의료사업 등에 많은 업적을 남겼다.
ⓒ 동학 : 제3대 교주인 손병희 때 천도교로 개칭하여 새로운 발전을 이룩하였다.
ⓔ 불교 : 한용운이 중심이 되어 불교의 혁신과 자주성 회복을 위한 움직임이
일어났다.
ⓜ 대종교 : 단군신앙을 기반으로 대종교가 창시되어 민족적 입장을 강조하고 항
일운동에 적극 참여하였다.

section 2 민족문화수호운동

(1) 일제의 민족말살 정책과 한국사 왜곡

① 우민화 교육과 동화 정책 … 일제는 우민화 교육과 동화 정책을 통하여 한국인의 황국신민화를 꾀하였고, 민족말살 정책을 강행하면서 우리말과 우리 역사교육을 금지하였다.

② 한국사의 왜곡 … 한국사를 왜곡하여 한국인의 민족의식을 약화시키고 나아가 말살시키려 하였다. 이에 한국사의 타율성·정체성 등이 강조되었고, 자율성과 독창성 등은 무시되었다. 일제가 설치한 조선사편수회가 이에 앞장섰다.

(2) 민족문화수호운동의 전개

① 한글보급 운동

　⊙ 조선어 연구회: 이윤배·최현배 등의 국어학자들은 조선어 연구회를 조직하여 국어연구와 한글보급에 힘썼다. 그들은 「한글」을 간행하고, 가갸날(한글날)을 제정하였다.

　ⓒ 조선어 학회

　　• 한글맞춤법통일안과 표준어를 제정하였으며, 「우리말큰사전」의 편찬에 착수하였으나 일제의 방해로 성공하지 못하였다.

　　• 조선어학회 사건을 일으켜 수많은 회원들을 투옥하였다.

② 한국사의 연구

　⊙ 민족주의 사학

　　• 박은식: 19세기 이후 민족의 수난을 밝힌 「한국통사」와 우리의 항일투쟁을 다룬 「한국독립운동지혈사」를 저술하였고, 민족정신을 '혼'으로 파악하여 혼이 담겨 있는 민족사를 강조하였다.

> **Point 팁** 박은식 「한국통사」… 옛 사람이 말하되 나라는 반드시 멸망하나, 역사는 멸하지 않는 것이니라. 따라서 나라는 형(形)이요, 역사는 신(神)이다. 심이 있어 멸망치 아니하면 형이 때때로 되살아 날 수 있는 것이다. …(중략)… 대저 예루살렘이 비록 망하여 유대인들이 다른 나라를 유리하고 있으나, 다른 민족에게 동화되지 아니하고 이제 2천 년에 이르기까지 유대 민죽의 칭호를 잃지 않고 있는 것은 그들 조상의 가르침을 보존할 수 있었기 때문이다.

　　• 신채호: 「조선상고사」, 「조선사연구초」, 「을지문덕전」, 「이순신전」, 「이태리 건국 삼걸전」, 「최도통전」 등을 저술하여 민족주의 역사학의 기반을 확립하였고 낭가사상을 강조하였다. 의열단의 조선혁명선언서를 작성하였고, 대한매일신보에서 「독사신론」을 연재하였다.

다음에서 설명하는 단체는?

▶ 2024. 3. 23. 인사혁신처

• '가갸날'을 제정하였다.
• 기관지인 『한글』을 창간하였다.

① 국문연구소
② 조선광문회
③ 대한자강회
④ 조선어연구회

> **Tip** 현재의 한글날인 가갸날을 제정하고 잡지 〈한글〉을 간행한 단체는 조선어연구회(1921)이다. 이후 조선어연구회는 조선어학회(1931)로 명칭을 변경하였다.
> ① 국문연구소(1907): 한글 연구 기관
> ② 조선광문회(1910): 최남선을 중심으로 한 고전 연구 기관
> ③ 대한자강회(1906): 윤치호, 장지연 등을 중심으로 조직된 애국계몽운동 단체

정답 ④

- 정인보 : 고대사 연구에 치중하였고 '오천년간 조선의 얼'을 신문에 연재하고 얼사상을 강조하였다.
- 문일평 : 민족문화의 근본으로 세종을 대표자로 하는 조선심 또는 조선사상을 강조하였다.

ⓛ **사회경제 사학**

- 백남운 : 유물사관에 바탕을 두고 한국사가 세계사의 보편법칙에 따라 발전하였음을 강조하여 식민사관의 정체성론을 비판하였다.

ⓒ **실증 사학** … 청구학회를 중심으로 한 일본 어용학자들의 왜곡된 한국학 연구에 반발하여 이윤재, 이병도, 손진태, 조윤제 등이 진단학회를 조직하고 한국학 연구에 힘썼다.

ⓔ **신민족주의 사학** … 문헌고증을 토대로 사회경제사학의 세계사적 발전법칙을 수용하여 민족주의 사학을 계승, 발전시켰으며 손진태, 안재홍, 홍이섭 등이 중심인물이다.

- 손진태 : 진단학회의 주요 회원으로 신민족주의사관에 입각하여 「조선민족사 개론」을 저술하였다.
- 안재홍 : 고대사 연구에 몰두, 일제의 식민사관을 극복하고자 애썼으며 신민족주의와 신민주주의을 내세웠다. 「조선상고사감」, 「신민족주의와 신민주주의」을 저술하였다.

Point 팁 조선학운동 … 정인보, 문일평, 안재홍 등이 「여유당전서」의 간행을 계기로 과거 민족주의 역사학이 국수적·낭만적이었음을 비판하고 실학에서 자주적인 근대 사상과 우리 학문의 주체성을 찾으려고 하였다.

(3) 민족 교육 진흥 운동

① **조선 교육회**
  ㉠ 한규설과 이상재 등의 민족지도자들이 한국인 본위의 교육을 위해 조직하였다.
  ㉡ 조선에 고등학교기관이 전무함을 이유로 총독부에 대학설립을 요구하였으나 무시당하자 민립대학설립운동을 전개하여 모금운동을 벌였으나 일제의 방해로 실패하였다. 대신 일제는 경성제국대학을 설립(1924)하여, 조선인의 불만을 무마하려고 하였다.

② **조선 여자 교육회**
  ㉠ 차미리사를 중심으로 창립되어 여자 야학교 설립하여 조선어와 산술 등을 가르쳤다.
  ㉡ 토론회와 강연회를 개최하여 여성계몽에 힘썼다.

③ 문맹퇴치와 농촌계몽운동

  ㉠ 언론계와 청년 학생이 힘을 합쳐 문맹퇴치와 농촌계몽을 통하여 민족의 자강을 이룩하고자 노력하였다.

  ㉡ 1920년대 전국 각지에서 야학이 설립되었고 조선일보는 '아는 것이 힘, 배워야 산다'라는 표어를 내걸고 문맹퇴치 운동에 힘썼고, 동아일보는 브나로드 운동을 전개하였다.

(4) 일제강점기의 종교활동

① 천도교

  ㉠ 제2의 3·1운동을 계획하여 자주독립선언문을 발표하였다.

  ㉡ 「개벽」, 「어린이」, 「학생」 등의 잡지를 간행하여 민중의 자각과 근대문물의 보급에 기여하였다.

② 개신교

  ㉠ 민중계몽과 각종 문화사업을 활발히 전개하였다.

  ㉡ 신사참배를 거부하여 탄압을 받기도 하였다.

③ 천주교 … 사회사업과 민중계몽에 이바지하였고, 만주에서 항일운동에 나서기도 하였다.

④ 대종교 … 무장항일단체인 중광단을 조직하였고, 3·1운동 직후에는 북로군정서로 개편하여 청산리대첩에 참여하였다.

⑤ 불교

  ㉠ 한용운을 비롯한 승려들이 한국 불교를 일본 불교에 예속시키려는 일제의 불교통합정책에 저항하였다.

  ㉡ 교육기관을 설립하여 민족교육운동에 이바지하였다.

⑥ 원불교 … 개간사업과 저축운동을 통해 민족의 역량을 배양하였고 생활개선 및 새생활 운동에도 앞장섰다.

기출문제

📖 (개)에 대한 설명으로 옳은 것은?
▶ 2020. 7. 11. 인사혁신처

문화통치의 일환으로 한글 신문의 발행이 허용되었다. 이에 따라 (개) 이/가 창간되었다. (개) 은/는 자치운동을 모색하던 이광수의 〈민족적 경륜〉을 실어 비판받기도 하였으나, '일장기 말소사건'으로 일제로부터 정간 처분을 받기도 하였다.

① 한글 보급 운동에 앞장서 「한글 원본」을 만들었다.
② 브나로드 운동이라는 농촌 계몽 운동을 전개하였다.
③ 「개벽」, 「신여성」, 「어린이」 등의 잡지를 발행하였다.
④ 신간회가 결성되자 신간회 본부와 같은 역할을 하게 되었다.

Tip (개)는 동아일보이다. 1920년대 일제가 문화통치로 식민통치 방식을 전환하면서 표면적으로 언론, 출판의 자유를 허용하였고 당시 창간된 신문으로 조선일보와 동아일보가 있었다. 1924년 이광수의 〈민족적 경륜〉이라는 사설을 실은 신문은 동아일보이다. 동아일보는 1931년 농촌계몽운동의 일환으로 브나로드 운동을 전개했으며, 조선일보는 문자보급 운동을 전개하였다.
① 조선일보이다.
③ 천도교가 주도하였다.
④ 신간회는 조선일보 사장이었던 이상재를 회장으로 선출했다.

∥정답 ②

(5) 일제 강점기의 문예활동

① 문학활동

㉠ 근대 문학
• 이광수, 최남선 : 근대 문학의 개척에 공헌하였다.
• 한용운, 김소월, 염상섭 : 민족정서와 민족의식을 담은 작품을 통해서 근대 문학 발전에 이바지하였다.

㉡ 1920년대 : 신경향파 문학이 대두하여 문학의 사회적 기능이 강조되었다.

㉢ 1930년대 : 순수문학 잡지가 간행되었고, 정지용·김영랑은 시문학 동인으로 활약하면서 순수문학과 서정시의 발전에 이바지하였다.

㉣ 일제말기 : 이육사, 윤동주 등은 항일의식과 민족정서를 담은 작품을 창작하였다. 그러나 이광수, 최남선 등의 일부 문인들은 일제의 침략전쟁을 찬양하는 활동에 참여하기도 하였다.

② 예술

㉠ 음악 : 안익태, 윤극영 등이 많은 활동을 하였다. 특히 안익태는 애국가, 한국환상곡을 작곡하여 유명하였다.

㉡ 미술 : 안중식은 한국화, 이중섭은 서양화를 발전시켰다.

㉢ 연극 : 토월회, 극예술연구회 등의 활동으로 근대 연극이 발전하였다.

㉣ 영화 : 나운규가 아리랑을 발표하여 한국 영화 발전에 기여하였다.

section 3 현대문화의 동향

(1) 현대의 교육

① 광복 이후 … 미국식 교육이 도입되었고, 6·3·3·4제의 학제를 근간으로 하는 교육제도가 마련되었으며, 홍익인간의 교육이념이 채택되었다.

② 이승만 정부 … 초·중등학교와 대학의 증설로 교육이 양적으로 확대되었으나 6·25전쟁으로 인하여 교육환경은 매우 열악해졌다. 이 기간 동안 교육은 멸공통일의 신념을 길러 안보의식을 고취시키는 데 중점을 두었다.

③ 4·19혁명 이후 … 교육의 정치적 중립을 확보하려는 움직임과 함께 학원 민주화 운동이 일어났으나 5·16 군사 정변으로 좌절되었다.

④ 박정희 정부 … 반공교육이 강화되고, 기능양성교육에 치중하였다. 이런 상황에서 교육자치제는 명목상으로만 존재하였고, 교육의 중앙집권화와 관료적 통제가 강화되었다. 1968년에 발표한 국민교육헌장은 이 시기 교육의 방향을 제시한 것이었다.

⑤ 1980년대 … 국민정신교육을 강조하고 통일 안보 교육, 경제 교육, 새마을 교육을 실시하였으며, 특히 입시과외의 폐해를 줄이기 위한 조치를 취하였다.

⑥ 1990년대 … 급속한 정보화와 기술의 향상에 따라 변화·발전하는 경제와 사회 구조에 능동적으로 대처하기 위하여 창의력 신장과 시민의식을 육성하기 위한 교육개혁을 추진하였다.

기출문제

(2) 현대의 사상과 종교

① 사상

　㉠ **광복 이후** : 민족주의와 민주주의 및 반공 등 여러 이념이 혼재한 시기로, 민족주의가 정치 사회적으로 남용되어 민주주의는 시련을 겪기도 하였으며, 남북 분단상황에서 반공이념이 강조되었다.

　㉡ **1960~1970년대** : 민족주의와 민주주의가 정착되어 민주화에 진전을 보였다.

　㉢ **1980년대** : 5·18 민주화 운동과 6월 민주 항쟁으로 민주주의가 뿌리를 내리게 되었다.

　㉣ **1980년대 말 이후** : 냉전체제가 해체되고, 남북 관계에도 진전을 가져오게 되었다.

② 종교

　㉠ **개신교** : 여러 교단으로 나뉘어졌던 교단의 통일과 사회참여를 모색하면서 교세를 크게 확장하였다.

　㉡ **천주교** : 세계적 연계성과 통일된 교구조직을 통하여 획기적인 발전을 이루었다.

　㉢ **불교** : 혁신운동을 통하여 승려의 자질 향상, 교육의 쇄신, 포교의 다양화 등을 추진하여 농촌지역뿐만 아니라 도시에서도 지속적인 발전을 이룩하였다.

　㉣ **천도교, 대종교, 원불교** : 민족 종교도 그 나름의 기반 확립과 교세 확장에 노력하였다.

　㉤ **1970년대 이후** 종교계는 민주화 운동에 크게 기여하였다.

(3) 현대의 문화활동과 과학기술의 발전

① 문화활동

　㉠ **광복 직후** : 문화예술 단체들은 좌익과 우익에 따라 성격이 나뉘어 분열하였다.

　㉡ **1950년대** : 6·25 전쟁 이후에는 민족주의적 자유주의 문인 중심의 순수문학이 주류를 이루었다.

　㉢ **1960년대** : 중등교육이 확대되고 경제여건이 향상됨에 따라 문화의 대중화현상이 나타났다. 문화의 대중화는 텔레비전 등 대중 전파 매체가 널리 보급되면서 가속화되었고, 산업화와 도시화가 진전됨에 따라 더욱 확산되었다.

ⓔ 1970년대 : 민족문학론이 대두되어 현실의 비판과 민주화 운동의 실천, 그리고 민족의 통일문제를 다루는 데까지 나아갔으며, 민중문학운동이 전개되기도 하였다.

ⓜ 1980년대 이후 : 경제발전에 힘입어 문화 향유층이 급격하게 확대되었고, 영화나 가요 등 다양한 성격의 대중문화가 발전하게 되었다.

ⓗ 최근 : 이전 문화의 틀에서 벗어나 더 분방한 경향을 추구하는 포스트모더니즘이 나타나기도 하였다.

② 과학기술 ··· 1960년대부터 과학기술이 발달하기 시작하였다. 과학 선진국에 유학을 갔던 인재들이 한국과학기술연구소(KIST)로 돌아오면서 현대과학기술이 발전할 수 있는 기반이 마련되었다.

③ 전통 문화 ··· 점점 대중화와 서양화에 밀려 자리를 잃어가고 있으며, 감각적이고 상업적인 대중문화가 성행하게 되었다. 이는 민족문화를 발전시키고 세계적인 문화를 창출해야 하는 과제를 낳았다.

1 다음 글에서 설명하고 있는 문화유산은?

> 이곳은 원래 성종의 형인 월산대군(月山大君)의 집이 있던 곳으로, 선조가 임진왜란 뒤 임시 거처로 사용하면서 정릉동 행궁으로 불리었고, 광해군 때는 경운궁이라 하였다. 아관파천 후 고종이 이곳에 머물렀다. 주요 건물로는 중화전, 함녕전, 석조전 등이 있다.

① 경복궁
② 경희궁
③ 창덕궁
④ 덕수궁

> 덕수궁에 관한 설명이다. 이전의 명칭은 경운궁으로 아관파천으로 러시아 공사관에 피신했던 고종이 다시 돌아온 곳이기도 하며, 이후 대한제국을 선포하였다.
> 덕수궁 석조전은 1910년에 완성된 대한제국의 대표적인 서양식 건물이다.

2 다음의 근대적 시설들을 통해 공통적으로 파악되는 사실은?

> • 전신　　　　　　　　• 철도
> • 전화　　　　　　　　• 전차

① 부국강병에 기여
② 민족교육에 기여
③ 대외진출에 공헌
④ 외세의 침탈도구로 이용

> 근대적 시설은 민중들의 사회·경제적 생활개선에 도움을 주었으나, 외세의 이권과 침략의 목적으로 이용되기도 하였다.

Answer　1.④　2.④

3 다음 중 근대문물의 수용이 잘못 연결된 것은?

① 에비슨 – 세브란스병원을 설립

② 알렌 – 근대 의료시설인 광혜원 설치

③ 모스 – 서울~인천 간 전신선 가설

④ 콜브란 – 한성전기회사의 전차 부설

③ 미국인 모스는 경인선을 착공한 후 일본 회사에 이권을 전매하였다.

4 다음에 나타난 공통적인 의의와 목표는?

> • 신채호는 「독사신론」을 지어 민족주의 사학의 방향을 제시하였다.
> • 역사상 외국의 침략에 대항하여 승리한 전쟁영웅들의 이야기나, 외국의 건국 또는 망국의 역사를 번역하여 소개하였다.
> • 최남선과 박은식은 조선광문회를 조직하였다.
> • 지석영과 주시경 등은 국문연구소를 설립하였다.

① 성리학적 정통성을 계승하고자 하였다.

② 민족의식을 고취하여 국권을 회복하고자 하였다.

③ 서양의 선진문물을 수용하여 근대화를 앞당기고자 하였다.

④ 서양의 민권의식을 바탕으로 민주운동을 전개하고자 하였다.

계몽사학, 민족주의 사학, 민족 고전의 정리 및 발간, 한글연구의 공통적 목표는 일본 침략에 대항한 국권회복이었다.

5 개항 이후 우리나라의 건축양식에 있어 서양의 영향을 받은 건축물을 골라 묶은 것은?

ⓘ 독립문   ⓛ 광화문
ⓒ 경복궁 근정전   ⓔ 독립관
ⓜ 명동 성당   ⓗ 덕수궁 석조전

---

① ⓘ, ⓒ, ⓜ   ② ⓘ, ⓜ, ⓗ
③ ⓛ, ⓒ, ⓜ   ④ ⓛ, ⓒ, ⓗ

    독립문은 프랑스의 개선문을 본땄으며, 덕수궁의 석조전은 르네상스식으로, 명동성당은 고딕양식으로 지어졌다.

6 다음 학교들이 지니는 공통점을 지적한 것 중 사실과 다른 것은?

ⓘ 서전서숙   ⓛ 보성학교
ⓒ 대성학교   ⓔ 동덕여학교
ⓜ 진명여학교   ⓗ 숙명학교

---

① 근대식 학문과 사상을 보급시킨 학교들이었다.
② 애국계몽운동시기에 설립된 학교들이었다.
③ 외국 선교사들의 지원을 받아 설립된 학교들이었다.
④ 항일민족운동을 일깨우는 데 공헌한 학교들이었다.

    ③ 외국인 선교사가 설립한 학교에는 배재학당, 이화학당, 경신학교, 정신여학교 등이 있다.

Answer   3.③   4.②   5.②   6.③

7 한말 국학연구에 대한 설명 중 옳지 않은 것은?

① 박은식은 「독사신론」에서 구국항쟁사를 다루었다.

② 최남선은 광문회를 조직하여 민족의 고전을 정리하였다.

③ 정인보는 「조선사연구」에서 민족의 주체성을 강조하였다.

④ 유길준의 「서유견문」은 새로운 국한문체를 발전시키는 데 공헌하였다.

Point

① 박은식은 「한국통사」, 「한국독립운동지혈사」를 저술하였고, 「독사신론」은 「조선상고사」, 「조선사연구초」, 「을지문덕전」, 「이태리 건국 3걸전」, 「최도통전」 등과 함께 신채호가 저술했다.

8 다음을 통해 알 수 있는 우리나라 근대문화의 성격은?

- 미술에서는 유화도 그려지기 시작하였다.
- 문학에서는 신소설과 신체시가 나왔다.
- 음악에서는 독립가, 권학가 등의 창가가 유행하였다.
- 연극에서는 원각사가 세워져 은세계, 치악산 등의 작품이 공연되었다.

① 민족문화의 전통을 계승하려 하였다.

② 서양문화의 침투에 경계심을 보였다.

③ 전통문화와 외래문화와의 갈등과 대립이 심화되었다.

④ 서양의 근대문화가 도입되어 문학과 예술의 각 분야에 변화가 일어났다.

Point

신문학은 언문일치의 문장과 계몽문학적 성격을 특징으로 하고, 창가는 서양식 악곡으로 지어졌으며, 원각사는 우리나라 최초의 서양식 극장이다.

9 다음 인물들의 공통점을 무엇인가?

> 장지연, 신채호, 박은식

① 국·한문체의 보급에 크게 공헌하였다.
② 민족 고전을 정리·간행하는 데 힘썼다.
③ 유교문화를 중심으로 국사인식을 체계화하였다.
④ 민족사의 주체성, 우수성을 강조한 계몽사학자였다.

Point
④ 한말의 역사학은 민족의 정통성을 찾고 외국의 침략으로부터 국권을 수호하려는 강렬한 민족주의 사학이 발달하였다.

10 다음은 19세기 우리나라의 어떤 사상에 대한 내용이다. 이 사상에 대한 설명으로 옳은 것은?

> ㉠ 전통적인 민족신앙   ㉡ 후천개벽의 운수사상
> ㉢ 사람이 곧 하늘이다   ㉣ 여러 종교의 교리 통합

① 보국안민을 내세워 서양과 일본의 침투를 배격하였다.
② 우리나라에 자생적 자본주의의 이념적 기초를 제공하였다.
③ 당시의 지배계층이 중심이 된 현실개혁의 사회운동이었다.
④ '올바른 것을 지키고 사악한 것을 배척한다(위정척사)'는 명분을 내세웠다.

Point
동학의 사회사상 … 사회사상으로서의 동학은 '사람이 곧 하늘'이라는 인내천사상을 바탕으로 평등주의와 인도주의를 지향하고 하늘의 운수사상을 바탕으로 하였다. 동학은 운수가 끝난 조선 왕조를 부정하는 혁명사상을 내포하였으며, 대외적으로는 보국안민을 내세워 서양과 일본의 침투를 배격하였다.

Answer 7.① 8.④ 9.④ 10.①

11 다음 문인과 그와 관련된 작품 또는 설명이 옳지 않은 것은?

① 심훈 – 그날이 오면
② 최남선 – 조선의 일본화가 최대의 급선무
③ 김활란 – 일장기가 날리는 곳이 곧 우리의 일자리
④ 노천명 – 내가 만약 남자라면, 군대에 가야지

 Point

③ 설명은 이광수의 수필「성전 3주년」에 제시된 문장이다.

12 다음과 같은 성격을 지니고 있었던 한말의 종교는?

> 나철 · 오기호가 창시하였으며 보수적 성격을 지니고 있었으나, 민족적 입장을 강조하는 종교활동을 벌였고, 특히 간도 · 연해주 등지에서 항일운동과 밀접한 관련을 가지면서 성장하였다.

① 천주교   ② 대종교
③ 동학   ④ 불교

 Point

단군신앙을 바탕으로 한 대종교는 독립운동을 펼치기도 하였는데, 중광단이나 청산리대첩에서 승리한 북로군정서는 이와 관련이 깊다.

13 다음 중 성격이 다른 한 단체를 고르면?

① 조선어연구회   ② 조선사편수회
③ 조선어학회   ④ 진단학회

 Point

② 다른 단체들은 모두 일제강점기에 민족문화의 수호를 위해 활동한 단체들이다.

※ 조선사편수회 … 일제가 조선 역사를 왜곡하고 일제 식민통치를 합리화하기 위해 1922년에 만든 조선사편찬위원회가 확대 · 개편된 기관이다.

14 일제하에 다음과 같은 민족운동을 전개하게 된 배경이 아닌 것은?

> • 조선교육회의 민립대학설립운동
> • 조선일보의 문자보급운동
> • 동아일보의 브나로드운동
> • 발명협회의 과학대중화운동

① 일제는 각급 학교에서의 국어 교육과 국사 교육을 폐지하였다.
② 일제는 사립학교, 서당, 야학 등 민족교육기관을 억압하였다.
③ 일제는 식민지 통치에 유용한 하급기술인력의 양성에 힘썼다.
④ 일제는 정규 학교에서의 한국인을 위한 민족교육을 금지시켰다.

Point

> 제시된 글은 문화통치시기(1919~1931)의 사건들인데, ①은 민족말살통치시기(1937~1945)에 일어난 일이므로 배경이 될 수 없다.

15 다음 내용을 뒷받침하기에 적절한 역사적 사실로 옳지 않은 것은?

> 일제는 식민지 지배체제의 영속화를 위해 우민화 교육을 통한 한국인의 황국신민화를 꾀하는 한편, 우리 말과 우리 역사교육을 금지시키고 우리 민족사를 왜곡하기까지 했다. 이에 맞서 애국지사들은 민족문화수호 운동과 민족교육운동을 전개하였다.

① 민립 대학 설립 운동
② 조선어학회의 결성
③ 조선어연구회의 결성
④ 청구학회의 한국학 연구 활동

Point

> ④ 청구학회는 일본 어용 학자들의 단체로서, 극동문화 연구를 위해 조직되었다.

Answer   11.③ 12.② 13.② 14.① 15.④

16 국권 피탈 이후 일제는 다른 사업에 우선하여 한국학 연구에 집중하였는 바, 그 이유는 무엇인가?

① 문화정치를 표방하였기 때문이다.

② 한국의 문화재를 일본으로 반출하기 위해서이다.

③ 오랜 동안 주자학의 발달로 한국학에 외면당했기 때문이다.

④ 식민사관을 전개하여 식민정책을 보다 효과적으로 수행하기 위해서이다.

④ 일제는 조선사편수회, 고적조사회, 법전조사국 등을 두어 한국 문화를 연구하고 열등의식을 강조하여 의타심과 사대주의에 몰아넣어 식민정책에 이용하였다.

17 다음은 어떤 단체의 활동에 대한 판결문이다. 어느 단체를 말하는 것인가?

> 이 단체는 1919년 만세소요사건(3·1운동)의 실패에 비추어 조선의 독립을 장래에 기하기 위하여 문화운동에 의한 민족정신의 환기와 실력양성을 급무로 삼아서 대두된 실력양성운동이 출발점이었고, 그 뒤 1931년 이후에는 피고인 이극로를 중심으로 하는 어문운동을 벌여 조선의 독립을 목적한 실력양성단체를 조직하였다.

① 신간회

② 조선청년 총동맹

③ 조선어학회

④ 조선물산장려회

조선어학회는 조선어연구회를 개편하여 조직한 한글연구단체로서 한글을 보급하여 민족문화의 향상, 민족의식의 고취에 노력하였다.

18 다음 글을 저술한 인물에 대한 설명으로 옳은 것은?

> 대개 국교·국학·국어·국문·국사는 혼(魂)에 속하는 것이요, 전곡·군대·성지·함선·기계 등은 백(魄)에 속하는 것으로 혼의 됨됨은 백에 따라서 죽고 사는 것이 아니다. 그러므로 국교와 국사가 망하지 않으면 그 나라도 망하지 않는 것이다. 오호라! 한국의 백은 이미 죽었으나 소위 혼은 남아 있는 것인가?

① 유교구신론을 발표하여 유교 개혁을 주장하였다.
② 조선심을 강조하며 역사 대중화를 위해 노력하였다.
③ 의열단의 기본 정신이 나타난 조선혁명선언을 저술하였다.
④ 민족문화의 고유성과 세계성을 찾으려는 조선학 운동에 참여하였다.

Point

민족의 혼(정신)을 강조한 대표적 민족주의 역사학자 박은식은 성리학적 유교질서 체제를 비판하고 실천적 유학정신을 강조하면서 '유교구신론'(1909)을 저술하였다. 이후 일제강점기에도 민족정신을 강조하면서 「한국통사」, 「한국독립운동지혈사」를 저술하였다.
② 문일평
③ 신채호
④ 정인보

19 다음은 일제 치하의 어떤 역사가의 역사의식이다. 이 역사가의 한국사 연구와 상반된 경향의 역사서술을 주도하던 어용단체는?

> 옛 사람이 이르기를 "나라는 없어질 수 있으나 역사는 없어질 수 없다"고 하였으니, 그것은 나라의 형체이고, 역사는 정신이기 때문이다.
> 이제 한국의 형체는 허물어졌으나, 정신만이라도 오로지 남을 수 없는 것인가. 이것은 한국통사를 저술하는 까닭이다.

① 청구학회 ② 일진회
③ 신간회 ④ 대한자강회

Point

제시된 글은 박은식의 민족주의 사학을 보여주고 있다. 민족주의 사학과 상반된 일제의 식민사관에 관련된 것은 청구학회이다.

20 다음 내용과 관련된 종교단체는?

> 국권 피탈 이후 경제, 사회, 문화 각 방면에 걸쳐 민족운동을 보다 적극적으로 전개함으로써 일제로부터 극심한 탄압을 받았다. 일제 말기에는 신사참배운동을 거부함으로써 그 지도자들의 일부가 체포·투옥 당하기도 하였다.

① 천주교   ② 개신교
③ 대종교   ④ 원불교

 Point

제시된 내용은 개신교와 관련된 설명이다.
① 천주교는 의민단을 통한 무력투쟁을 전개하였다.
③ 대중원불교는 해외에서 항일무장투쟁을 전개하였다.
④ 원불교는 저축운동과 개간운동을 전개하였다.

21 다음과 관련된 민족운동으로 옳은 것은?

> 교육에도 종류가 있어서 민중의 보통적인 지식은 이를 보통교육으로써 능히 할 수 있으나 심원한 지식과 오매한 진리는 고등교육에 의하지 않으면 불가능하다. 사회 최고의 비판을 구하고 유능한 인물을 양성하려면 최고 학부의 존재가 필요하다.

① 문자 보급 운동   ② 과학대중화 운동
③ 브나로드 운동   ④ 민립 대학 설립 운동

 Point

민립대학설립운동은 일제의 우민화교육정책에 맞서 한국인의 재력과 노력으로 대학을 설립하자는 독립운동의 한 방편이었다.

22 다음은 어떤 단체의 설립목적을 제시한 것이다. 이 단체와 관련이 있는 사실은?

> ㉠ 교육기관을 설치하고 청소년의 교육을 진흥할 것
> ㉡ 동지를 발견하고 단합하여 국민운동의 역량을 축적할 것
> ㉢ 각종 상공업 기관을 만들어 단체의 재정과 국민의 부력을 증진할 것

① 삼원보와 같은 해외 독립운동 기지를 건설하였다.
② 원산학사를 세워 근대 학문을 가르쳤다.
③ 물산장려운동을 전개하였다.
④ 비밀행정조직인 연통제를 조직하였다.

Point

신민회는 안창호 · 양기탁 등이 조직한 비밀결사단체로 민족교육의 추진(대성학교, 오산학교), 민족산업의 육성(자기회사), 민족문화의 계발, 독립운동기지 건설(서간도의 삼원보) 등 각 방면에서 진흥운동을 전개한 단체였다.

23 광복 이후의 교육활동과 관련하여 잘못 설명한 것은?

① 5 · 16 군사정변 후 조국 근대화에 목표를 두어 인간 개조 운동을 추진하였다.
② 유신체제하에서 교육자치제가 부활하면서 중학교 무시험 진학제가 실시되었다.
③ 4 · 19 혁명을 계기로 교육의 민주화를 위해 사도의 확립, 학원정상화에 힘을 기울였다.
④ 6 · 25 전쟁 중 교육은 멸공통일의 신념과 집단안보의식의 고취에 중점을 두었다.

Point

② 제3공화국의 교육활동이다.

24 다음의 정책들이 나오게 된 공통적인 이유는 무엇인가?

> • 1968년 국민교육헌장의 선포
> • 1973년 중·고등학교 국사교과서의 국정화
> • 1973년 반공교육과 국민윤리교육의 강화

① 정권의 장기집권을 위한 이데올로기의 창출
② 평화적 통일을 위한 민족공동체 의식의 고양
③ 농어촌의 생활개선과 근대적 의식으로의 개혁 추구
④ 급격한 국제화로 야기된 민족주의 의식의 약화 방지

Point

① 제3공화국에서 정권의 연장을 위해 나타난 유신정권하에서 이러한 이념교육이 극단적으로 강화되었다.

25 다음과 같은 역사관을 가진 인물에 대한 설명은?

> 옛 사람이 이르기를 나라는 없어질 수 있으나 역사는 없어질 수 없다고 하였으니, 그것은 나라는 형체이고 역사는 정신이기 때문이다. 이제 한국의 형체는 허물어졌으나, 정신만이라도 오로지 남을 수 없는 것인가.

① 고대사 연구로 「조선상고사」를 저술하였다.
② 독립선언서를 기초하였다.
③ 역사를 아(我)와 비아(非我)의 투쟁으로 파악하여 의열단을 조직하였다.
④ 「한국독립운동지혈사」를 저술하였고 임시정부에서도 활동하였다.

Point

제시된 내용은 박은식의 「한국통사」의 일부로 박은식의 역사의식을 알 수 있다. 박은식은 중국 상하이에서 「한국통사」를 저술하여 근대 이후 일본의 한국침략 과정을 밝혔으며, 「한국독립운동지혈사」에서는 일제의 침략에 대항하여 투쟁한 한민족의 독립운동을 서술하였다. 그는 민족정신을 '혼'으로 파악하여 혼이 담겨 있는 민족사의 중요성을 강조하였다.

26 개항 이후 서양 과학기술의 우월성이 인정됨에 따라, 우리의 정신문화는 지키되 서양의 과학기술은 받아들이자는 주장을 무엇이라고 하는가?

① 위정척사론　　　　　　　　　　　② 북학론

③ 척화주전론　　　　　　　　　　　④ 동도서기론

> **Point**
> 개항 초기의 개화파는 동도서기론을 제창하였다.

27 다음 단체에 대한 설명으로 옳지 않은 것은?

(가) 조선어 연구회　　　　　　　　　　　(나) 조선어 학회

① (가) – 이윤배·최현배 등의 국어학자들이 조직하였다.

② (가) 「한글」을 간행하였다.

③ (나) – 한글맞춤법통일안과 표준어를 제정하였다.

④ (나) 「우리말큰사전」을 편찬하여 보급하였다.

> **Point**
> ④ 조선어 학회는 「우리말큰사전」의 편찬에 착수하였으나 일제의 방해로 성공하지 못하였다.

28 일제 시대 각 종교 단체의 활동으로 옳지 않은 것은?

① 천주교 – 1880년대부터 선교활동을 시작해 교육·언론·사회사업 등에 공헌하였다.

② 천도교 – 제2의 3·1운동을 계획하여 자주독립선언문을 발표하였다.

③ 대종교 – 만주에서 의민단을 조직하여 무장 항일투쟁에 적극 참여했다.

④ 개신교 – 신사참배를 거부하여 탄압을 받았다.

> **Point**
> ③ 의민단은 천주교인이 중심이 되어 조직한 무장독립단체이다.

Answer　24.① 25.④ 26.④ 27.④ 28.③

29 일제강점기 문예활동으로 옳지 않은 것은?

① 1920년대 신경향파 문학이 대두하여 문학의 심미적 기능이 강조되었다.

② 일제말기 이육사, 윤동주 등은 항일의식과 민족정서를 담은 작품을 창작하였다.

③ 나운규가 아리랑을 발표하였다.

④ 토월회, 극예술 연구회의 활동으로 근대 연극이 보급되었다.

Point

① 1920년대 신경향파 문학이 대두하여 문학의 사회적 기능이 강조되었다.

30 다음 ㉠의 인물에 대한 설명으로 옳은 것은?

> ㉠은 조선시대에 민중을 위해 노력한 정치가들과 혁명가들을 드러내고, 세종과 실학자들의 민족지향, 민중지향, 실용지향을 높이 평가하는 사론을 발표하여 일반 국민의 역사의식을 계발하는 데 기여하였다. 또한 국제 관계에서 실리적 감각이 필요함을 절감하고, 이러한 시각에서 「대미관계 50년사」라는 저서를 내기도 하였다.

① 정인보, 안재홍과 「여유당전서」를 간행하였다.

② 고대사 연구에 치중하였다.

③ 한국사가 세계사의 보편적 법칙에 입각하여 발전하였음을 강조하였다.

④ 우리 민족의 정신을 '혼'으로 파악하여 혼이 담겨 있는 민족사를 강조하였다.

Point

㉠의 인물은 민족주의사학자인 문일평이다. 문일평은 민족문학의 근본으로 세종을 대표자로 하는 조선심 또는 조선사상을 강조하였다. 조선학운동은 정인보, 문일평, 안재홍 등이 「여유당전서」의 간행을 계기로 과거 민족주의 역사학이 국수적·낭만적이었음을 비판하고 실학에서 자주적인 근대 사상과 우리 학문의 주체성을 찾으려고 한 운동이다.

② 정인보는 고대사 연구에 치중하였고 '오천년간 조선의 얼'을 신문에 연재하고 얼사상을 강도하였다.

③ 백남운은 유물사관에 바탕을 두고 한국사가 세계사의 보편법칙에 따라 발전하였음을 강조하였다.

④ 박은식은 민족정신을 '혼'으로 파악하여 혼이 담겨 있는 민족사를 강조하였다.

Answer   29.① 30.①

자격증

한번에 따기 위한 서원각 교재

한 권에 따기 시리즈 / 기출문제 정복하기 시리즈를 통해 자격증 준비하자!